ANDREAS WIRSCHING

DER PREIS DER FREIHEIT

ANDREAS WIRSCHING

DER PREIS DER FREIHEIT

GESCHICHTE EUROPAS IN UNSERER ZEIT

C.H.BECK

Meinen Augsburger Freunden und Kollegen

Mit 26 Bildern, 13 Grafiken und 10 Tabellen

Satz: Fotosatz Amann, Aichstetten
Druck und Bindung: Druckerei C.H.Beck, Nördlingen
Gedruckt auf säurefreiem, alterungsbeständigem Papier
(hergestellt aus chlorfrei gebleichtem Zellstoff)
Printed in Germany
ISBN 978 3 406 63252 5

www.beck.de

INHALT

VORWORT

Die Geschichte seiner Zeit zu schreiben, ist für den Historiker eine zwar ungewöhnliche, aber – wie ich im Verlauf der letzten Jahre erfahren durfte – ungemein spannende Aufgabe. Um so leichter erliegt er der Versuchung, bis zuletzt noch ganze Passagen umzuschreiben. Am Ende bin ich daher dankbar dafür, das Buch aus der Hand legen zu können. Künftig wird mir wieder eine unbefangenere Zeitungslektüre möglich sein, ohne die bange Frage, welcher Teil meines Manuskripts damit wohl gerade wieder zur Disposition gestellt wird.

Der DFG und ihren Gutachtern danke ich für eine zweisemestrige Freistellung von der Lehre für den Abschluß des Manuskripts. Materielle Hilfe kam von der Universität Augsburg. Einige Kapitel konnte ich während einer Gastprofessur an der Université de Montréal entwerfen, wo Till van Rahden ein ebenso charmanter Gastgeber wie anregender Gesprächspartner war. Er, Helmut Altrichter und Martina Steber unterzogen sich der Mühe, einzelne Teile bzw. das Gesamtmanuskript kritisch zu lesen. Hierfür und für die vielen hilfreichen Hinweise danke ich herzlich.

Größtenteils entstand das Buch an meinem früheren Augsburger Lehrstuhl, wo mich Margaretha Bauer, Anne Bieschke, Agnes von Bressensdorf, Sandra Fürgut, Stefan Schäfler, Johannes Schmid und Katarzyna Woniak fachkundig, engagiert und immer geduldig unterstützten. Ihnen sowie den Lehrstuhlsekretärinnen, Heidrun Kilian und Sabine Pielmann, danke ich zutiefst für die jahrelange Mitarbeit, ohne die vieles nicht möglich gewesen wäre. An meinem neuen Wirkungskreis danke ich Kristina Milz, Maren Vogt und vor allem Annette Wöhrmann für ihre tatkräftige Hilfe.

Dankbar verbunden weiß ich mich dem Verlag C.H.Beck, seinem Verleger Wolfgang Beck und Detlef Felken, für die Anregung des Themas und die Aufnahme des Manuskripts in sein Programm. Sebastian Ullrich gilt besonderer Dank für seine engagierte Unterstützung des Projekts sowie das kompetente und entgegenkommende Lektorat; ebenfalls danke ich Carola Samlowsky für ihre Hilfe bei der Fertigstellung und der Bildbeschaffung.

Auch dieses Buch wäre ohne den Rückhalt meiner Frau Marianne nicht entstanden. Einmal mehr gilt ihr mein tiefer Dank für ihr Verständnis und ihre selbstlose Unterstützung.

Gewidmet sei das Buch, im Sinne eines dankbaren Rückblicks, meinen Freunden und Kollegen an der Universität Augsburg. Sie haben meine Arbeit wohl mehr beeinflußt, als ihnen bewußt sein dürfte. Denn die von ihnen geprägte akademische Atmosphäre war ein kostbares Gut. Ihr Ertrag entzieht sich zwar der exakten Berechnung, aber sie hat entscheidend dazu beigetragen, daß ich mich über dreizehn Jahre hinweg dem Wesentlichen widmen konnte.

München, den 3. Oktober 2011

EINFÜHRUNG

Kann man eine Geschichte Europas seit 1989 schreiben – eine Geschichte Europas «in unserer Zeit»? Läßt sich überhaupt eine Geschichte schreiben, solange man ihr Ende nicht kennt? Auf den ersten Blick mag sich Skepsis einstellen. Denn allzu vieles in der jüngsten Geschichte Europas scheint doch noch allzu undeutlich vor uns zu stehen. So wissen wir zum Beispiel nicht, wie offenkundige politisch-konstitutionelle Rückschritte in manchen europäischen Ländern wie Ungarn oder Italien längerfristig einzuordnen sind. Handelt es sich um Einzelfälle, die sich nur aus sich selbst erklären lassen, etwa aus der problematischen Rolle der Nationalgeschichte in Ungarn, dem atemberaubenden Parteienzerfall in Italien und der sich hieraus ergebenden übermäßigen Bedeutung Silvio Berlusconis? Weisen diese Länder möglicherweise auf eine allgemeinere Regression der europäischen Demokratien hin? Oder handelt es sich, was doch wohl wahrscheinlicher ist, um vorübergehende Phänomene, gleichsam um Normvarianten eines Entwicklungstypus der westlichen Demokratien seit 1989?

Damit hängt die Frage nach dem Stand der postkommunistischen Transformation zusammen. Ist die ökonomische Stabilisierung gelungen? Sind Rückfälle in autoritäre Regierungsformen zu befürchten? Können die ostmittel- und südosteuropäischen Regionen wirtschaftlich und politisch zu ihren westlichen Nachbarn aufschließen und damit ihre 1989 eingeläutete «Rückkehr nach Europa» besiegeln? Wie steht es ferner mit dem Schicksal der sowjetischen Nachfolgestaaten? Bewegt sich die russische, weißrussische oder ukrainische Geschichte seit 1991 in Richtung «Europa»? Entwickelt sich trotz aller Rückschläge eine zivilgesellschaftlich fundierte, demokratisch-rechtsstaatliche Ordnung mit einer funktionierenden Marktwirtschaft? Oder etabliert sich ein eigenständiger, präsidial-autoritärer Typus, der, zumindest gemessen am westlichen Anspruch, demokratische und zivilgesellschaftliche Defizite aufweist?

Schließlich die Gretchenfrage Europas, die nun im zweiten Jahrzehnt des dritten Jahrtausends unserer Zeitrechnung beunruhigender denn je auf die Tagesordnung drängt: Wie steht es um die europäische Integration? Wächst Europa zusammen oder bricht es zusammen? Steht die Europäische Union heute auf einem gewachsenen Fundament oder ist sie gerade dabei, «ihre große historische Chance» zu verspielen?[1] Und wie sieht die Zukunft des Euro-Raumes aus? Kann Europa seine aktuelle Schulden- und Vertrauenskrise überwinden? Verspricht ein entschlossener Schritt in die Richtung einer weiteren finanzpolitischen Vergemeinschaftung – zum Beispiel durch Eurobonds – die Lösung der Krise oder droht der Zerfall des Euro in seine nationalen Einzelteile?

Niemand kann gegenwärtig diese Fragen beantworten. Das gilt für Ökonomen, Politikwissenschaftler und andere Experten gleichermaßen, für den Historiker aber erst recht. Denn anders als der Nachgeborene kann er weder alle Zusammenhänge noch das Ende kennen. Die jeweils eigene Zeit – «unsere Zeit» – bleibt der wissenschaftlichen Erkenntnis nur in begrenzter Weise zugänglich. Fehlen dann aber nicht eben jene Distanz, jene Kenntnis der Folgen und auch jene Quellenzugänge, die für eine adäquate historische Analyse die notwendige Voraussetzung bilden?[2]

Es versteht sich von selbst, daß dieses Buch in eine andere Richtung argumentiert, sonst hätte es auch gar nicht geschrieben werden können. Zum einen behandelt es einen Untersuchungszeitraum, der, zeithistorisch betrachtet, keineswegs kurz ist. Er umfaßt inzwischen ein volles Drittel der gesamten Nachkriegszeit; zwei Generationen von Europäern wurden in diese Phase hineingeboren. Der Zeitverlauf als solcher trägt also zur Historisierung der hier in Frage stehenden Epoche bei und erlaubt es überdies, die Zäsur von 1989 bereits mit der gebotenen Distanz zu betrachten. Gegenstand und Untersuchungszeitraum der Zeitgeschichte können also schon nicht mehr auf die Zeit davor beschränkt und im Sinne eines bloßen «kurzen» 20. Jahrhunderts definiert werden. Dringend erforderlich sind vielmehr neue Impulse für die Erforschung der Periode seit 1989/90. Je länger, desto mehr muß sie als zeithistorische Periode eigenen Rechts konstituiert und mit einer spezifischen Forschungsagenda ausgestattet werden.

Dabei ergibt sich ein erster fundamentaler Befund. Denn das Schlüsselwort für die europäische Geschichte unserer Zeit lautet Freiheit. Tatsächlich dürfte es nur wenige Epochen der neueren Geschichte geben, in denen binnen zweier Jahrzehnte ein solch gewaltiger Zuwachs an Freiheit zu verzeichnen war, wie nach 1989. Keineswegs betraf dies nur die Befreiung Osteuropas vom Kommunismus, wenngleich allein dieser Prozeß eine historische Zäsur markierte. Indes begleiteten den politischen Freiheitsgewinn in den früheren Ostblockstaaten tiefgreifende Veränderungen in der westlichen Welt. Dort hatten schon vor dem Umbruch von 1989 Politiker und Experten daran gearbeitet, die Bedingungen für neue politische, wirtschaftliche und finanzielle Freiheiten zu schaffen. Die Liberalisierung der Finanzmärkte begann ebenso in den 1980er Jahren wie die Vorbereitung auf den Euro. Beides zusammen ermöglichte eine zuvor nicht gekannte Freiheit im Verkehr von Waren, Dienstleistungen und Kapital. Parallel hierzu stieg die persönliche Freizügigkeit zunächst in West-, nach 1989 aber in ganz Europa in einer Weise an, die man noch eine Generation zuvor kaum für möglich gehalten hätte. Erstmals in seiner neueren Geschichte wurde Europa nun für alle seine Bürger zum gemeinsamen Erfahrungsraum. Der Abbau der innereuropäischen Grenzkontrollen und die Etablierung der Wirtschafts- und Währungsunion ermöglichten es, sich in ihm in freier Wahl einzurichten. Dabei war die innereuropäische Freizügigkeit nur Teil einer weltweiten Entwicklung. Und die Europäer hatten nachhaltig Teil an der sich dynamisch beschleunigenden Globalisierung. Sie eröffnete dem Einzelnen wie auch kollektiven Akteuren – vor allem den Wirtschaftsunternehmen – niemals zuvor gekannte Chancen auf freie Entfaltung.

Aber wie immer in der Geschichte hat die Freiheit ihren Preis. Am unmittelbarsten greifbar ist er in den postkommunistischen Staaten, wo der teilweise schockartige Übergang von der Parteidiktatur in die freie Marktwirtschaft erhebliche politische und soziale Verwerfungen nach sich zog. Unvermeidlich gebar eine Umwälzung, die Gewinner und Verlierer zugleich produzierte, Enttäuschungen und Bitterkeit. Aber vor dem Hintergrund der fortschreitenden Liberalisierung waren auch die westlichen Gesellschaften von einer zunehmenden Polarisierung gekennzeichnet. Die Globalisierung und die Modernisierungsstrategien der Europäischen Union wie der meisten nationalen Regierungen bewirkten eine neuartige Wettbewerbssituation, die viele Bürger Europas in ihrer Existenz traf. Begleitet wurden diese «neoliberal» inspirierten Prozesse ironischerweise von neuen Bürokratisierungsschüben. Eindeutig technokratische oder gar sozialtechnologische Tendenzen bildeten die problematische Schattenseite des europäischen Einigungsprozesses. In jedem Fall verursachte die Steigerung der Freiheit Folgekosten, die Europa teuer zu stehen kommen können. Und wie hoch am Ende der Preis für die unleugbaren Freiheitsgewinne durch den Euro sein wird, ist ohnehin noch längst nicht ausgemacht.

Zugleich wachsen auch die kulturellen Risiken, die die gesteigerte Freiheit birgt. Globalisierung, Freizügigkeit und Individualisierung haben neue Formen der kulturellen Diversität hervorgebracht, über deren Folgen heftig gestritten wird. Tatsächlich ist sich Europa weniger denn je seiner «Identität» gewiß angesichts der Debatten um Migration und Religion, Individualrechte und Gemeinschaftsbedürfnisse. Und schließlich stellt sich die Frage nach dem Preis der Freiheit, den Europa zu entrichten hat, auch auf internationaler Ebene. Mehr und mehr scheinen nämlich die Krisenherde in aller Welt die «humanitäre Intervention» der westlichen Mächte zu erfordern. Will, ja muß es sich die «Weltmacht Europa» in diesem Zusammenhang leisten, auch außerhalb des eigenen Kontinents für Freiheit und Menschenrechte einzutreten? Und will sie dies auch unter Inkaufnahme eigener finanzieller und personeller Opfer tun?

Der Preis der Freiheit geht also im europäischen Maßstab weit über den «Preis der Einheit» (Gerhard A. Ritter) hinaus, den die Deutschen zu zahlen hatten. Er ist im Spannungsfeld eines dialektischen Prozesses zu entrichten, in dessen Verlauf Europa zwar unleugbar zusammenwächst, aber eben hierdurch immer neue Krisen produziert. Im Mittelpunkt der folgenden Kapitel steht daher die Frage, wie sich in dem zusammenwachsenden Europa Freiheitsgewinn und neues Risiko zueinander verhalten. Sie wird in den folgenden Kapiteln aus ihren verschiedenen Blickwinkeln beleuchtet und eingehend behandelt werden. Dabei zeigt sich, daß sich in der jüngsten Geschichte Europas mehrere Entwicklungsprozesse überschneiden, die einer unterschiedlichen Chronologie folgen, sachlich aber doch eng miteinander zusammenhängen. Seit den späten 1970er Jahren nämlich entfaltet sich eine geschichtliche Epoche «nach dem Boom», in der die meisten ökonomischen und soziokulturellen Gewißheiten der bürgerlichen Moderne, aber auch des kommunistischen Gegenentwurfs fraglich werden oder sogar verschwinden.[3] Sie prägte in Ost- wie Westeuropa in jeweils spezifischer Weise die 1980er Jahre, untertunnelte die Zäsur von 1989 und setzte neue, langfristig wirksame und tiefgreifende Umbrüche frei. Das große politische Ereignis des Jahres 1989, die Befreiung der osteuropäischen Völker vom Kommunismus, ist letztendlich in diese übergreifende Dynamik eingebettet, ja wahrscheinlich ist es schlicht deren Teil, auch wenn es einen eigenständigen, aus 40 Jahren kommunistischer Herrschaft gespeisten Geschehenszusammenhang besaß und zur Heroisierung der Akteure vielfachen Anlaß bot.

In jedem Fall gilt es, mehr als zwei Jahrzehnte nach dem Umbruch von 1989, Hans Rothfels' 1953 verkündeten Anspruch der Zeitgeschichte, die «Epoche der Mitlebenden» wissenschaftlich zu behandeln, mit neuem Leben zu erfüllen.[4] Eine europäische Geschichte «unserer Zeit» zu schreiben, ist mithin ein erster, freilich vorläufiger Versuch, jenseits der überkomplexen, lauten und undurchsichtigen Gegenwart zeithistorische Linien zu ziehen, die überbordende Fülle des Stoffes zu ordnen, erste Zusammenhänge zu erkennen und zugleich Wichtigeres von weniger Relevantem zu unterscheiden.[5]

Daß es dagegen unmöglich ist, einen Endpunkt des Untersuchungszeitraums zu konstruieren, beschränkt zwar die Erkenntnis, hat aber auch unübersehbare Vorteile. Deren wichtigster ist der erzwungene Verzicht auf jegliche Teleologie. Jede Geschichtsschreibung läuft Gefahr, die Ergebnisse eines historischen Prozesses zum Ziel der Geschichte zu erklären. Das eigene Wissen um den weiteren Verlauf der Ereignisse verführt nur allzu schnell dazu, das bloß zeitliche Ende zum sinnhaften Telos umzudeuten. Und es gibt kaum ein Datum in der neuesten europäischen Geschichte, bei dem die entsprechende Versuchung größer wäre als in bezug auf das Jahr 1989. Die systematische zeithistorische Analyse der darauffolgenden Epoche, die offen ist und deren Zukunft sich dem historischen Erkennen verschließt, kann daher den Blick auf den Umbruch von 1989 schärfen und dabei helfen, ihn in einen übergreifenden Zusammenhang einzuordnen.

Das Ende nicht zu kennen, hält für eine europäische Geschichte der Gegenwart zudem noch einen weiteren Vorteil bereit. Denn ganz unverkennbar besteht die Gefahr, die Teleologie der Nationalgeschichten durch die Teleologie eines europäischen Fortschrittsnarrativs zu ersetzen. Die politische Sprache und die Deutungskultur der europäischen Integration selbst wirken beständig auf eine solche europäische Meistererzählung hin.[6] Um so vorteilhafter ist es, über den Ausgang der behandelten Entwicklungen im unklaren zu sein. So lehrt der Blick auf die Entwicklung seit 1989, daß der Weg von den vertrauten Interessenstrukturen und Erzählkategorien des beendeten westeuropäischen Nachkriegsprojekts nunmehr in ein unübersichtlicheres, pluralisiertes, größeres und vor allem globalisiertes Europa geführt hat. Dies verweist auf die schon ältere Einsicht, daß Europa nichts Statisches ist. So wie die europäischen Nationen als «vorgestellte Gemeinschaften» – *imagined communities* – entstanden sind[7], so wandelt sich auch die Vorstellung davon, was Europa sei. Europa erfindet sich immer wieder neu und erscheint als ein Raum, dessen Außengrenzen historisch ebenso wandelbar sind wie die Mechanismen seiner Binnenintegration. Überdies wird der Kontinent seit 1989 mehr als jemals zuvor zur «Provinz» innerhalb eines größeren Ganzen, das heißt eines globalen Wirtschaftsraums oder auch einer «Weltgesellschaft», die ihre eigenen Bewegungsgesetze hervorbringen.[8] Um so offener ist gegenwärtig die Frage nach der kulturellen Identität und nach der Zukunft Europas.

Auch räumlich läßt sich der Gegenstand dieses Buches nicht eindeutig definieren.[9] Eine enzyklopädische Übersicht im Sinne der Addition einzelner Ländergeschichten wird ohnehin niemand erwarten. Und wo Europas Grenzen verlaufen, ist nicht nur im Zuge der heftigen Kontroverse um den möglichen EU-Beitritt der Türkei zu einer kaum präzise zu beantwortenden Frage geworden. Europa ist ein Geschichtsraum mit einem Überschuß an Bedeutungs- und Sinnzuschreibung. Räumliche Vorstellungen verändern, verflüssigen und formen sich neu im Zeitalter globaler Vernetzung. So war auch der osteuropäische Raum nach dem Fall des Kommunismus fluide geworden und überhaupt erst wiederzuentdecken.[10] Räumliche Zuschreibungen wie «Mitteleuropa» oder «Ostmitteleuropa» erfuhren eine Renaissance und in der sprachlichen Formulierung bildeten sich alte und neue Abgrenzungen – etwa gegenüber «Ost»- oder «Südosteuropa» – und neu konstruierte *mental maps* ab.[11]

Im folgenden geht es daher weniger um eine räumlich umfassende Geschichte, die im übrigen auch gar nicht zu leisten wäre, als um eine problemorientierte Gegenwartsgeschichte Europas. Ihre Leitfragen ergeben sich aus den Konstellationen «unserer Zeit», die zwar einerseits stets auch gemeineuropäischen Charakter aufweisen, sich andererseits aber in jeweils konkreten Räumen unterschiedlich verdichten. So ist zwar die Geschichte des Zusammenbruchs des Kommunismus selbstverständlich zunächst ein Thema der ost(mittel)europäischen Geschichte; aber sowohl die Ursachen wie die Folgen dieses Zusammenbruchs, schließlich auch die Transformation der postkommunistischen Staaten lassen sich nicht räumlich begrenzen, sondern beeinflussen den Kontinent in seiner Gesamtheit. Analoges gilt für die Desintegration Jugoslawiens und die jugoslawischen Nachfolgekriege. Und auch alle weiteren Themen, die auf den folgenden Seiten abgehandelt werden, betreffen die «vorgestellte Gemeinschaft» der Europäer in jeweils wechselnder räumlicher Verdichtung.

Wenngleich also auf eine feste Definition des hier behandelten Untersuchungsraumes verzichtet wird, prägen natürlich räumliche Schwerpunktsetzungen und pragmatische Erwägungen den Gang der Darstellung. Verzichtet wird insbesondere auf ausführlichere Darlegungen zur Geschichte der sowjetischen Nachfolgestaaten. Die russische beziehungsweise postsowjetische Geschichte seit 1991 adäquat zu behandeln, erforderte einen spezifischen disziplinären Zugriff, ja eine ganz eigene Darstellungsform, die über die Geschichte Europas hinausgehen und Reichweite und Umfang dieses Buches sprengen würde. Dagegen ist es ein Anliegen dieses Buches, die traditionelle Konzentration auf einen verengten westlichen Europa-Begriff zu überwinden. Auf die Transformation der ostmittel- und südosteuropäischen Staaten des früheren Ostblocks richtet sich daher immer wieder die besondere Aufmerksamkeit. Einen besonderen Schwerpunkt bilden jene ostmitteleuropäischen Länder, in denen sich der Umsturz von 1989 als klares Bekenntnis zum demokratisch-marktwirtschaftlichen Modell des Westens vollzog. In hervorgehobener Weise betraf dies die baltischen sowie jene drei Staaten, die sich 1991 in der ungarischen Stadt Visegrád zu einer lockeren Verbindung zusammenschlossen: nämlich Polen, die Tschechoslowakei und Ungarn.

Im übrigen aber folgt der Gang der Darstellung jenen Themenfeldern in Politik, Wirtschaft und Kultur, denen nur eine gesamteuropäische Perspektive gerecht wird. Sie betrachtet den Formwandel der Demokratie und die Herausforderung des Populismus ebenso als europäische Phänomene wie die ökonomischen und sozialen Auswirkungen der Globalisierung und die leidenschaftlich kontroversen Auseinandersetzungen um die kulturellen Grundlagen des neuen Europa. In allen diesen Lebensbereichen sitzt überdies die Europäische Union als Mitspieler stets mit am Tisch. Während des Untersuchungszeitraums hat sie fraglos an Statur und Einfluß gewonnen, ohne damit freilich jeden Zweifel an ihrer Zweckmäßigkeit ausräumen zu können. Insofern gehört auch der schwierige, durch Krisen und Rückschläge gezeichnete Fortgang der europäischen Integration zu den Themen dieses Buches.

Wenn also die Schlüsselthemen unserer Zeit konsequent auf einer europäischen Betrachtungsebene abgehandelt werden, so verweist dies auf die hier entfaltete Kernthese: daß nämlich die Gegenwartsgeschichte Europas einem mächtigen historischen Trend zur Konvergenz folgt. Mit Konvergenz sind freilich nicht nur Angleichung und Ähnlichkeiten gemeint, sondern im Sinne Hartmut Kaelbles auch «wachsende Verflechtungen, intensivere wechselseitige Erfahrungen und erfahrungsgesättigte wechselseitige Bilder».[12] Vor dem Hintergrund der eingangs gestellten skeptischen Fragen, vor allem aber der sich zuletzt so dramatisch zuspitzenden Schulden- und Vertrauenskrise des Euro-Raumes mag eine solche Auffassung überraschen. Dies wäre dann berechtigt, wenn man Angleichung und Konvergenz als linearen Prozeß begriffe und damit dann doch wieder einem europäischen Fortschrittsnarrativ die Hintertür öffnete. Eine solche Konstruktion wäre aber empirisch nicht haltbar. Die folgenden Kapitel argumentieren vielmehr mit der Paradoxie einer unbestreitbar nachzuweisenden europäischen Konvergenz, den aus ihr erwachsenden gegenläufigen Prozessen und ihrer zur selben Zeit regelmäßig stattfindenden diskursiven Infragestellung. Um die Geschichte Europas «in unserer Zeit» adäquat zu erfassen, braucht es ein dialektisches Modell, in dem Konvergenz und Krise konzeptionell aufeinander bezogen sind.

Tatsächlich gleicht Europa einer in die Zukunft gerichteten Vorstellung, die im selben Atemzug aus sich selbst heraus deren negatives, eben krisenhaftes Gegenbild hervorbringt. Die Vorstellung vom Aufbau, von der weiteren Integration und Konvergenz Europas ist mithin immer schon gekennzeichnet durch die gegenläufige Diagnose seines Auseinanderdriftens, seiner Divergenzen, ja Fragmentierung und durch die Beschwörung eines drohenden Rückfalls in die Zeit nationaler Egoismen. Objektive Prozesse wie die gegenwärtige Überschuldung Griechenlands, Italiens und anderer europäischer Staaten verknüpfen sich regelmäßig mit der diskursiv hergestellten Verfestigung eines Krisenszenarios. Keineswegs also folgt im Sinne einer fortschreitenden Linearität einer Krise deren Überwindung beziehungsweise entsteht ein spannungsfreier Zustand, der dann in die «Krise» geriete. Vielmehr wird dieses Buch die strukturelle Gleichzeitigkeit aufzeigen zwischen dem unbestreitbaren Trend zur europäischen Konvergenz und den sie in Frage stellenden Gegenkräften.

Dabei folgt die Geschichte Europas ganz der Logik einer Pfadabhängigkeit, in der Probleme nur mit den bereits bekannten, auf dem Pfad schon einmal eingesetzten Werkzeugen gelöst werden können. Vom einmal eingeschlagenen Pfad abzuweichen, ist dagegen angesichts der Folgekosten und des erheblichen Legitimitätsverlustes grundsätzlich nicht mehr möglich. Zwischen der zukunftsgerichteten Vorstellung von Europa, dem gleichzeitig konstruierten Gegenbild von der «Krise» Europas und dem ebenfalls gleichzeitig geäußerten Willen, die Situation durch den erhöhten Einsatz europäischer Mittel – eben durch «mehr Europa» – zu bewältigen, besteht daher ein systemischer Zusammenhang. Er treibt den Prozeß der Konvergenz und der Angleichung Europas ebenso an wie seine Krise.

I. EUROPA UND SEINE DEMOKRATISCHE REVOLUTION 1989/90

1. Vor dem Umbruch: Europa in den 1980er Jahren

Am Beginn der 1980er Jahre sah es nicht gut aus für Europa. Im Westen des Kontinents türmten sich die Probleme, und in bezug auf die Zukunft überwog die Skepsis. Vielen schien es, als bewege sich Europas Geschichte in einer Krisenspirale, aus der kein Ausweg mehr führte. Die Besetzung Afghanistans durch die Sowjetunion, deren atomare Rüstungsoffensive und der NATO-Doppelbeschluß vom Dezember 1979 zerstörten die Blütenträume der Entspannung. Mehr denn je schien Europa zerspalten durch den Ost-West-Gegensatz, der sich zu einem neuen «Kalten Krieg» zu vertiefen begann. Das transatlantische Verhältnis litt zunächst unter amerikanischer Schwäche während der Regierungszeit Jimmy Carters, dann, seit 1981, unter zunehmendem Vertrauensverlust, als nämlich deutlich wurde, wie sehr Carters Nachfolger, Ronald Reagan, auch ohne die Europäer neue militärische und politische Stärke anstrebte. Nicht nur der Sowjetunion damit Paroli zu bieten war das Ziel; vielmehr wollte die Reagan-Administration die USA in die Lage versetzen, unilateral und weltweit ihre Rolle als Führungsmacht zurückzugewinnen und ihre Ansprüche gegebenenfalls auch militärisch durchzusetzen.[1] Zu einem Zeitpunkt, als der Zusammenbruch der Sowjetunion und das Ende der Militärblöcke noch überhaupt nicht abzusehen waren, wurde daher die Abhängigkeit Westeuropas von den Vereinigten Staaten erneut schmerzlich erkennbar.

Wirtschaftlich hinterließen der Konjunktureinbruch des Jahres 1975 und die Weltwirtschaftskrise von 1979 bis 1982 tiefe Spuren in den europäischen Ökonomien. Das Gespenst der «Stagflation» hielt Einzug: Hohen Inflationsraten von durchschnittlich 9,8 Prozent standen Nullwachstum, negative Leistungsbilanzen, steigende Haushaltsdefizite sowie die «Rückkehr der Arbeitslosigkeit» mit einem dramatischen Anstieg der Erwerbslosenquoten gegenüber – auf 10,6 Prozent im Jahre 1983.[2] Begleitet wurde die tiefe Wirtschaftskrise von der Sorge um die Umwelt: Horrorszenarien von vergifteten Flüssen, sterbenden Wäldern und verunreinigter Luft wurden gezeichnet. Um so deutlicher schienen sich die «Grenzen des Wachstums» abzuzeichnen – obwohl doch Wirtschaftswachstum eigentlich dringend erforderlich war, um den europäischen Wohlstand zu sichern. Kein

Wunder schließlich, daß sich angesichts eines solchen Berges von Problemen auch das Vertrauen in die politische Planung verbrauchte. Bis in die Mitte der 1970er Jahre bestand die Hoffnung, die Politik könne, wenn sie denn nur auf wissenschaftlicher Basis richtig beraten werde, eine langfristige gesellschaftliche Steuerungskapazität gewinnen. Am Beginn der 1980er Jahre aber war dieser «kurze Sommer der konkreten Utopie» (Michael Ruck) in einen stürmischen Herbst bedrohlicher Unsicherheit übergegangen.

Und die Europäische Gemeinschaft? Deren Mitgliedsstaaten fanden keinen gemeinsamen Nenner. Regelmäßig verstrickten sich die neun Staats- und Regierungschefs in einen kleinlichen Streit über die gemeinsame Agrarpolitik. «Eurosklerose» lautete das Stichwort der Stunde. Trotz bedrohlicher Wolken, die am internationalen Horizont heraufzogen, konstatierte *Die Zeit* einen «hanebüchenen Rückfall in den nationalen Egoismus».[3]

Am Ende der 1980er Jahre sah es sehr gut aus für Europa. Der Kontinent befand sich in einem geradezu euphorischen Zustand. Der Kalte Krieg war überwunden; Sowjets und Amerikaner reichten sich die Hand; die Völker Osteuropas warfen das Joch der kommunistischen Diktaturen ab und bereiteten ihre «Rückkehr nach Europa» vor. Westeuropa schien seine Wirtschaftskrise überwunden zu haben. Die inzwischen zwölf EG-Staaten erfreuten sich steigender Wachstumsziffern und waren im Begriff, die Gemeinschaft zur Wirtschafts- und Währungsunion weiterzuentwikkeln. «In Europa ist der Optimismus schier grenzenlos», so kommentierte *Die Zeit*.[4]

Zu Beginn des 21. Jahrhunderts schließlich sehnte sich mancher nach den 1980er Jahren zurück. Der Blick zurück verklärte die Dekade. Auf einmal erschien sie nun fast als «goldene Zeit»: übersichtlich, politisch klar geordnet und ökonomisch noch geschützt vor dem kalten Wind der Globalisierung. Selbst in Osteuropa meldeten sich nostalgische Stimmen zu Wort, die die soziale Sicherheit des späten Kommunismus positiv mit der «sozialen Kälte» des neuen Europa kontrastierten. Allerdings war inzwischen eine ganze Generation in dieses neue Europa hineingeboren worden; ihr mußte man nun schon historisch erläutern, was der Kommunismus gewesen war; was die Durchlässigkeit der innereuropäischen Grenzen und die gemeinsame europäische Währung bedeuteten. Kein Zweifel: Die 1980er Jahre waren zur Geschichte geworden.

Solche unterschiedlichen Perspektiven auf das Jahrzehnt vor dem europäischen Umbruch von 1989/90 sind lehrreich. Stärker als dies die Zeitgenossen zu erkennen vermochten, offenbart der Rückblick die fundamental widersprüchliche Signatur der 1980er Jahre und zeigt zugleich, wie stark sich damals bereits die zukünftigen Entwicklungen abzeichneten. Wie dies in historischen Krisenzeiten meist der Fall ist, konvergierten auch um 1980 aktuelle Problemlagen mit längerfristigen Prozessen, die freilich als forcierte Veränderung empfunden wurden. Die späten 1970er und die 1980er Jahre bildeten gleichsam die Scharnierzeit eines umfassenden ökonomischen und gesellschaftlichen Strukturwandels, dessen Dynamik durch die aktuellen Krisenerscheinungen katalytisch verstärkt wurde.[5] «Strukturwandel» avancierte zum zentralen wirtschafts- und gesellschaftspolitischen Schlagwort der 1980er Jahre und erhielt geradezu schicksalhaften Charakter.

Konkret bedeutete dies, daß einerseits traditionelle und langvertraute Wirtschafts- und Erwerbsformen in eine irreversible, strukturell betrachtet zum Teil letale Krise eintraten. So fochten in Großbritannien Bergarbeiter und Drucker, einst die Speerspitze der Gewerkschaftsmacht, ihre letzten großen Schlachten gegen die Regierung Margaret Thatcher und den Pressezaren Robert Maxwell – vergeblich: Beschleunigter technologischer Wandel, konjunktureller Abschwung und internationale Konkurrenz wirkten zusammen, um dem Markt die Übermacht zu verleihen und aus dem letzten gewerkschaftlichen Kampf die letzte große Niederlage zu machen.[6] 1989 rückten in Süd-Wales, wo einst 250 000 Kumpels mit ihren Familien ein Auskommen gefunden hatten, weniger als 5000 Arbeiter in die Kohlegruben ein.[7] Desgleichen vollendete sich der Niedergang der west- und mitteleuropäischen Textilindustrie. Es waren die 1980er Jahre, in deren Verlauf die letzten großen Textilfabriken geschlossen wurden, während zugleich an Saar und Ruhr die deutschen Stahlarbeiter um die Fortexistenz ihrer Arbeitsplätze kämpften.[8] Leicht ließen sich mehr Beispiele nennen: Mit elementarer Wucht und innerhalb weniger Jahre vollzog sich ein Marktgeschehen, dessen Bewegungsrichtung von keinen wirtschafts- und sozialpolitischen Instrumenten mehr zu verändern war. Selbst in der Bundesrepublik Deutschland, deren Industriekonzerne sich durch Rationalisierung und Innovation relativ erfolgreich an die neuen Gegebenheiten anzupassen vermochten, gingen zwischen 1973 und 1984 im produzierenden Gewerbe mehr als zwei Millionen Arbeitsplätze verloren.[9]

Andererseits aber gingen von den späten siebziger und den achtziger Jahren vielfältige Formen neuer Modernität aus. Im Bereich der Medien, der Laser- und Satelliten-, vor allem aber der Computertechnologie bahnte sich nichts weniger als eine Revolution an. Die technischen Innovationen ermöglichten neue Produktivität im Dienstleistungssektor – beginnend mit den neuen Medien bis hin zur Entstehung eines digitalen Finanzsektors. Dies verbürgte eine erhebliche, wenngleich partielle ökonomische Dynamik und eröffnete neue Zukunftschancen. Mithin waren die 1980er Jahre eine Periode des offenen Zusammenpralls ökonomischer, sozialer, aber auch kultureller Widersprüche.

Mehrere Entwicklungslinien, die in ihrem Ursprung zumindest ein Jahrzehnt zurückreichten, trafen in der wirtschaftlich prekären Situation um 1980 zusammen. Die schockartige Erhöhung des Ölpreises in den Jahren 1973 und 1979 hatte in der Weltwirtschaft tiefe Spuren hinterlassen. In allen westlichen Industriestaaten verstärkte sie die sich bereits zuvor abzeichnenden inflationären Tendenzen, zwang die Industrieunternehmen zu schmerzhaften Anpassungs- und Rationalisierungsmaßnahmen und beschleunigte somit den Abbau industrieller Arbeitsplätze. Aus der Erfahrung von «Stagflation» und hoher Arbeitslosigkeit nährte sich daher Anfang der 1980er Jahre ein grenzüberschreitendes Empfinden der wirtschaftlichen Krise, aus der es keine einfachen Auswege zu geben schien.[10] Die unübersehbare Internationalisierung der Weltwirtschaft stellte überdies ganz grundsätzlich traditionelle Gewißheiten und Absatzmärkte der westeuropäischen Industriestaaten in Frage. Europa und die USA standen vor der Herausforderung Japans und zunehmend auch der fernöstlichen «Tigerstaaten» wie Taiwan und Südkorea, die im Bereich der Automobil- und Elektroindustrie zu dynamischen Konkurrenten avancierten. Noch im Windschatten der Weltgeschichte, aber mit langfristig geradezu revolutionären Konsequenzen betrat zur gleichen Zeit China unter seinem großen Reformer Deng Xiaoping den Weg der Modernisierung. Schon in den 1980er Jahren zeichnete sich daher die neue, für die Zukunft so bedeutsame Achse der Globalisierung von Nordamerika über Europa nach Nordostasien in ihren Umrissen deutlich ab.

Die wirtschafts- und finanzpolitischen Reaktionen auf diese Herausforderungen glichen sich in den westlichen Industrienationen im Verlauf der achtziger Jahre weitestgehend an. Europaweit vollzog sich ein lautloser Abschied von sozialdemokratischen, keynesianisch begründeten Rezepten.[11] Statt dessen suchten die Regierungen ein neues wirtschaftspolitisches Gleichgewicht, neues Wachstum und neue Stabilität: Im Mittelpunkt stand die Bekämpfung der Inflation und der Arbeitslosigkeit. Finanzpolitisch hatte dies zur Folge, daß alle westeuropäischen Regierungen auf einen mehr oder minder strikten monetaristischen Stabilitätskurs einschwenkten. Zugleich zollte der konsequente Abbau von Kapitalrestriktionen den Bedingungen fortschreitender Internationalisierung Tribut und erleichterte grenzüberschreitende Direktinvestitionen. Auch die Verbesserung steuerlicher Rahmenbedingungen sollte Investitionen und innovative Branchen fördern. Dem gleichen Ziel dienten Maßnahmen zur Verstärkung des Wettbewerbs und zur Deregulierung, womit zwei ordnungspolitische Schlüsselbegriffe der achtziger Jahre genannt sind. Die Rückführung bzw. Begrenzung sozialpolitischer Leistungen zielte auf die Gesundung der Staatsfinanzen sowie die Entlastung der Arbeitskosten. Mit Margaret Thatcher und Großbritannien an der Spitze eroberten die «Krise des Sozialstaats» und die Überlegungen, wie ihr zu begegnen sei, die Tagesordnung der Innenpolitik. Flankierend hierzu suchten die Regierungen durch ein Bündel arbeitsmarktpolitischer Maßnahmen höhere Beschäftigungszahlen zu erzielen. Die damit vorangetriebene, tiefgreifende Transformation der europäischen Gesellschaften setzt sich bis in die Gegenwart fort.[12]

Zugleich aber machten sich die sozialen und kulturellen Folgen der voraufgegangenen Epoche bemerkbar. Denn die «goldenen Jahre» des Nachkriegsbooms hatten aus sich selbst heraus neue Deutungsmuster, Mentalitäten und Lebensformen hervorgebracht. Sie sind als Trend zur «Postmoderne», «reflexiven Moderne», zum «Wertewandel» oder auch zum Postmaterialismus bezeichnet worden.[13] In jedem Fall vervielfältigten sich seit den 1970er Jahren die Möglichkeiten des Individuums, sein eigenes Leben zu gestalten. Der für die Moderne insgesamt charakteristische Basisprozeß der «Individualisierung», das heißt die fortschreitende Herauslösung des Einzelnen aus rechtlichen und sozio-kulturell normierten Sozialbezügen, beschleunigte sich noch einmal erheblich. Die Urbanisierung und die in Westeuropa überall etablierte Konsumgesellschaft hatten das «System der Bedürfnisse» verändert und die Prioritäten der Menschen verschoben. Tief verwurzelte soziale Standards, die in der bürgerlichen Moderne als Orientierungsmarken dienten, begannen zu erodieren. Insbesondere wurde die dominierende Ordnung der Geschlechter nachhaltig in Frage gestellt. Die neue Frauenbewegung pochte auf Emanzipation, während sich zugleich die Arbeitswelt veränderte. Um so weniger selbstverständlich wurde es, daß sich die individuellen Lebensläufe in das lang tradierte Modell des männlichen Alleinverdieners und der Hausfrauenehe einfügten. Zwar übten entsprechende Leitvorstellungen noch bis gegen die Jahrhundertwende Einfluß aus und sie blieben auch noch längere Zeit ein normativer Bezugspunkt gewerkschaftlicher wie staatlicher Sozialpolitik. Aber Frauen forderten immer nachdrücklicher ihre Teilhabe am Arbeitsmarkt ein, und im expandierenden Dienstleistungssektor fanden sie zunehmende Möglichkeiten, diese Forderung auch zu verwirklichen. In allen westeuropäischen Staaten begann die Frauenerwerbsquote signifikant zu steigen.

Zugleich geriet die männliche Erwerbsbiographie, die ja entscheidend auf den Arbeitsplätzen der reifen Industriegesellschaft basierte, in die Krise. Häufigere Jobwechsel, niedrigere Verweildauer beim jeweiligen Arbeitgeber und reduzierte Beschäftigungs- und Qualifikationsstabilität waren deutliche Kennzeichen hierfür.[14] Rückblickend steht außer Frage, daß die lebenslange, räumlich stationäre (männliche) Normalerwerbstätigkeit seit den 1970er Jahren einem mehr oder minder tief greifenden Wandlungsprozeß unterworfen ist.[15] So wie einst die Industrialisierung einen tiefen Wandel in den Familienstrukturen und Geschlechterbeziehungen bewirkte, so hat auch der Zug zur postindustriellen Gesellschaft die Familienstrukturen verändert. Er hat den männlichen Lebenslauf destabilisiert und die Frauen in den Arbeitsmarkt gezogen. Denn es besteht kein Zweifel daran, daß vor allem weibliche Arbeitskraft genutzt wurde, um den fundamentalen Strukturwandel in den westlichen Ökonomien seit 1970 zu bewältigen. Frauen haben neue und dringend benötigte Flexibilität in den Arbeitsmarkt gebracht. Und zugespitzt läßt sich argumentieren, daß für das dynamische Wachstum des Dienstleistungssektors während der letzten 40 Jahre die expandierende weibliche Arbeitskraft eine Art flexible, postindustrielle «Reservearmee» gebildet hat.

Bedeutsam ist, daß auch die Erwerbsquote verheirateter Frauen spürbar anstieg. Dies offenbarte das Nachlassen der Familienbindung im weiblichen Lebenslauf. Tatsächlich tendierten alle seit Mitte der 1970er Jahre zu beobachtenden Entwicklungen dazu, die Zentralinstanz Ehe, Familie, Kinder als biographische Standardnorm zu relativieren. Materielle, rechtliche und mentale Prozesse verschränkten sich mit einer erstaunlichen Veränderungsdynamik des Verhaltens. Der ausgebaute Sozialstaat versprach zumindest potentiell nicht wenige Funktionen der Familie zu übernehmen; das liberalisierte Ehescheidungsrecht vergrößerte die individuellen Wahl- und Entscheidungsmöglichkeiten, und die neuen Methoden der Empfängnisverhütung entkoppelten die Sexualität endgültig von ihrer Reproduktionsfunktion. Innerhalb weniger Jahre erfolgte fast ein Totalabbruch traditioneller Einstellungen und Konventionen; zugunsten der Freiheit, die Lebensform individuell zu gestalten, wurden sie in einer Radikalität beiseite geschoben, die ihresgleichen sucht.

Parallel hierzu vollzog sich Europas «zweite demographische Transition»: Seit den 1970er Jahren sank nicht nur die Geburtenrate, sondern auch die Zahl der Eheschließungen. Dagegen stieg das durchschnittliche Heiratsalter ebenso an wie die Zahl der Ehescheidungen, der Alleinerziehenden, der Ledigen, der nichtehelichen Lebensgemeinschaften und der Einpersonenhaushalte.[16] Hieraus resultierte nicht nur eine vormals unbekannte «Pluralisierung» der Lebensformen, sondern auch eine neue Form des Entscheidungsdrucks. Denn aus der neuen Freiheit entstanden neue Risiken, und tatsächlich bedeutet Individualisierung ja keineswegs nur Freiheitsgewinn und Emanzipation, sondern auch die Freisetzung aus tradierten Versorgungssicherheiten. Im Zeichen der ökonomischen Krise koinzidierte nun der kulturelle Wandel mit einem Verlust an wirtschaftlicher und sozialstaatlicher Sekurität.

Entsprechend unwiderstehlich waren die Einflüsse auf die Politik. Die Regierungen der westlichen Staaten sahen sich mit einer Art «Zangenbewegung» konfrontiert: Auf der einen Seite mußten sie die sozialen und fiskalischen Rückwirkungen des Strukturwandels und zunehmend auch der Globalisierung bewältigen. Auf der anderen Seite aber machten sich die genannten politischen Folgen des sozio-kulturellen Wandels seit den 1960er Jahren bemerkbar. Arbeitslosigkeit und chronische Staatsverschuldung, Geburtenrückgang und Individualisierung der Lebensstile veränderten dauerhaft die Tagesordnung und zunehmend auch die Form demokratischer Politik.

Die größte Herausforderung betraf den etablierten Sozialstaat, der seit den 1980er Jahren permanent zur Disposition stand. Tatsächlich waren ein erheblicher Teil der innenpolitischen Kontroversen im Kern sozialpolitische Debatten, in denen sich die Konsequenzen des Strukturwandels ausdrückten. So bestand über die gesamten 1990er und 2000er Jahre eine hohe, strukturell bedingte Sockelarbeitslosigkeit fort. Sie war überwiegend dem Mißverhältnis zwischen Angebot und Nachfrage auf dem Arbeitsmarkt geschuldet, konkret zwischen den Kenntnissen freigesetzter Industriearbeiter und den steigenden Kompetenzanforderungen der neuen Dienstleistungsbranchen. Ferner bestand ein gemeinsames Interesse der Unternehmer und der Regierungen, ältere, als unflexibel geltende Industriearbeiter aus dem Arbeitsmarkt zu nehmen. Die schon in den 1980er Jahren aufgelegten Programme zur Frühverrentung halfen den Unternehmen bei der Rationalisierung, erlaubten der Politik kosmetische Verbesserungen der Arbeitslosenstatistik und trugen entscheidend dazu bei, daß die männliche Erwerbsquote seit den 1970er Jahren deutlich zurückging. Ebenso wurden die Arbeitszeiten flexibilisiert, was es den Unternehmern ermöglichte, ihre Produktion den jeweiligen konjunkturellen Rahmenbedingungen anzupassen. Flankierend hierzu legten Wirtschaft und Politik gesteigerten Wert auf die Güte der Bildung und Ausbildung der Arbeitskräfte. Insbesondere wurde die Idee eines «lebenslangen Lernens» propagiert, das die Arbeitsmarktchancen des Einzelnen erhöhen und ihn zugleich in die Lage versetzen sollte, sich in seinem Arbeitsleben für mehrere Berufstätigkeiten zu qualifizieren. Diese Aussicht auf erhöhte Job-Mobilität implizierte freilich zugleich eine deutlich geringere Arbeitsplatzsicherheit. So begannen sich denn auch häufigere Wechsel des Arbeitsplatzes,

Zeitarbeit und unbezahlte Praktika vor allem in den boomenden Dienstleistungsbranchen zunehmend zu verbreiten.

Überdeutlich also erwies sich Jean Fourastiés «Große Hoffnung des 20. Jahrhunderts» als Illusion. Wo der französische Soziologe 1949 das Verschwinden der Arbeitslosigkeit, ein höheres Bildungsniveau und eine steigende Lebensqualität prognostiziert hatte, etablierten sich Langzeitarbeitslosigkeit, Bildungskrise und «neue Armut». Während Fourastié selbst seine Voraussagen mit dem Ende des Booms für überholt hielt, gewannen andere Analysen, die eine neue «Verwundbarkeit» auf dem Markt konstatierten, an Gewicht.[17]

Vor eben solcher Verwundbarkeit schien die Menschen im östlichen Teil Europas noch das kommunistische System zu schützen. In der «heilen Welt der Diktatur» gab es keine Arbeitslosigkeit, höchstens chronische Unterbeschäftigung. Zwar unterzog die Staatsmacht den einzelnen einer Kontrolle «von der Wiege bis zur Bahre». Aber der diktatorische Alltag ließ durchaus Nischen für das kleine private Glück bestehen;[18] auch die Familienplanung schien insofern leichter als in Westeuropa zu sein, als der sozialistische Staat die Berufstätigkeit der Frauen förderte und Kinderkrippen bereitstellte. Die männliche Erwerbsbiographie war durch ein zwar unproduktives, aber politisch rückversichertes Industriesystem geschützt.

Zum Hauptproblem der kommunistischen Regime wurde allerdings im Verlauf der 1980er Jahre ihre finanzielle und ökonomische Lage. War zum Beispiel in der DDR während der 1970er Jahre die mangelnde Versorgung der Bevölkerung mit Konsumgütern noch notdürftig durch den fremdfinanzierten Import westlicher Waren kompensiert worden, so führte dies seit dem Ende der Dekade in eine nicht mehr aufzuhaltende Schuldenspirale.[19] Aber der aussichtslose Rückstand, in den die sozialistische Zentralverwaltungswirtschaft gegenüber dem Westen geraten war, traf auf wachsende Bedürfnisse der Bevölkerung. Durch die westlichen Medien verstärkte Wünsche nach individueller Lebensgestaltung und nach verbesserter Versorgung mit Konsumgütern, die nun zunehmend auch eine jüngere Generation artikulierte, vermochten die kommunistischen Regime nicht mehr zu befriedigen. Hinzu trat in manchen Staaten des Warschauer Paktes die Forderung nach politischer Selbstbestimmung. In Polen ließ sich die oppositionelle Gewerkschaft Solidarność, in der Tschechoslowakei die Bürgerrechtsbewegung der Charta 77 auch durch Haftstrafen nicht einschüchtern. Tastsächlich stand die kommunistische Herrschaft in den osteuropäischen Ländern nicht nur auf tönernen Füßen, sondern auch – wie der Rückblick schonungslos offenbart – auf den Bajonetten der Roten

Armee. Allerdings hätte dieser prekäre Zustand wohl noch lange Zeit andauern können. Wirtschaftlicher Rückstand und politische Unfreiheit waren ja in den 1980er Jahren nichts grundsätzlich Neues, sondern dem kommunistischen Regime von Beginn an eingeschrieben. Zwar kann man von einer fortschreitenden Erosion des kommunistischen Deutungsmonopols während der 1980er Jahre ausgehen; aber die notwendige Voraussetzung für das Ende des Kommunismus war der Wandel in der Machtzentrale. Erst als in Moskau lang tradierte Gewißheiten der kommunistischen Welt zur Disposition gestellt wurden, konnte die Selbstbefreiung des östlichen Teils Europas beginnen.

2. Zusammenbruch des Kommunismus und demokratische Revolution

Eine globale «Welle» der Demokratie?

Für die meisten Zeitgenossen kam der Zusammenbruch des Kommunismus völlig überraschend. Binnen kurzem stürzte ein plötzliches, revolutionäres Geschehen gleichsam «ewige» Sicherheiten um und beschleunigte die europäische Geschichte wie seit 1945 nicht mehr. Kaum wußten die Menschen in Ost wie West, wie ihnen geschah, und das momentane Glücksgefühl von gelungener Revolution, politischer Befreiung und europäischem Aufbruch erhielt die Aura des Wunderbaren. Für einen Augenblick zumindest schien das Unvorhersehbare auch unerklärlich zu sein. Im Rückblick allerdings stellt sich das Ende des Kommunismus als durchaus erklärbarer Vorgang dar. Bei genauerem Hinsehen erscheint der Umbruch von 1989 weniger überraschend, als er von den Zeitgenossen empfunden wurde. Seine Dramatik aber hat sich dauerhaft und tief in die jüngste europäische Geschichte eingeprägt.

Einerseits trugen die Ereignisse den Charakter eines Zusammenbruchs. Die ökonomisch ausgezehrten, politisch-moralisch diskreditierten kommunistischen Regime implodierten gewissermaßen. Andererseits besaß das Jahr 1989 auch ganz unverkennbar revolutionäre Charakterzüge. Viele Merkmale einer Revolution, wie man sie auch aus anderen Epochen kennt, prägten das Geschehen: Politische Führungseliten wurden untereinander uneins, bevor sie dem Ansturm erlagen und durch neue politische Eliten ersetzt wurden. Diese neuen Eliten rekrutierten sich zumindest anfangs aus einer Opposition, die stark intellektuell geprägt war. Kleine Gruppen von Bürgerrechtlern hatten meist über eine längere Zeit hinweg nach Wegen gesucht, der kommunistischen Diktatur sozialistische Reformalternativen oder auch demokratische Forderungen entgegenzustellen und waren infolgedessen regelmäßig in Konflikt mit der Staatsmacht geraten. Am Ende freilich griffen die Massen in entscheidender Weise ein. Erst ihre spontane Erhebung versetzte dem bereits erodierten System den letzten Stoß und erzwang eine neue freiheitlich-demokratische Rechtsordnung. In allen Warschauer-Pakt-Staaten erfolgte 1989 eine beispiellose politische Mobilisierung. Überall entstanden politische Diskussionszirkel und Oppositionsgruppen; neue Medien blühten auf und trugen dazu bei, daß sich die politische Kommunikation in einem Maße verdichtete wie wohl seit 1918/19 nicht mehr. Politische Mobilisierung und Kommunikation transportierten dabei stets eine positiv besetzte Idee von der Zukunft. Sie lebten von der Hoffnung auf eine bessere Welt, womit ein weiteres Kriterium für revolutionäre Übergänge erfüllt ist.

All dies vollzog sich in bemerkenswert friedlicher Weise. Zwar kannte der Umbruch Zusammenstöße zwischen Demonstranten und Sicherheitsorganen, und vor allem in Rumänien und an der Peripherie der Sowjetunion gab es auch gewaltsame Exzesse. Insgesamt aber läßt sich die «Friedliche Revolution» des Jahres 1989 einem historischen Typus von Umbrüchen zuordnen, wie er sich aus der Entwicklungsstufe moderner, hoch arbeitsteiliger Gesellschaften ergibt. Das komplexe Zusammenspiel ihrer Versorgungs- und Dienstleistungsstrukturen ist durch die Anwendung offener Gewalt gefährdet; die Angst vor einem Zusammenbruch der öffentlichen Versorgung begründet bei allen Akteuren eine Art «Anti-Chaos-Reflex», der einer Revolutionierung von Industriestaaten strukturell entgegensteht.[20] Je rückständiger ein Land war, so ließe sich daher zuspitzen, desto größer auch die Wahrscheinlichkeit, daß Gewalt zum Begleiter der Revolution wurde. Neben weiteren Besonderheiten erklärt eine solche Betrachtung denn auch den spezifischen und weitaus gewaltsamer als in den anderen Ländern verlaufenden Umbruch in Rumänien.

War es Zufall, daß der Kommunismus 1989 zusammenbrach, zweihundert Jahre nach der Französischen Revolution? In einem engeren Sinne zweifellos. Stellt man aber die Geschehnisse in einen weiteren Kontext, so verlieren sie ihren zufälligen Charakter. Tatsächlich ließ sich bereits in den 1970er und 1980er Jahren ein weltweit spürbarer Trend zu Demokratie und Freiheit beobachten. In Europa schüttelten Griechenland, Spanien und Portugal ihre autoritären Regime ab; in Lateinamerika kehrten die Militärdiktaturen in Argentinien und Chile zur Demokratie zurück. In Südafrika wurde ab 1990 unter Präsident Frederik Willem de Klerk die Apartheid in mehreren Schritten abgeschafft; und in Asien liberalisierte sich der schlafende Riese China unter Deng Xiaoping, wenngleich das

Massaker auf dem Tiananmen-Platz am 5. Juni 1989 zu einem vorläufig letzten Menetekel kommunistischer Repression wurde.

Auch wenn man nicht mit Samuel Huntington von einer «dritten Welle» der Demokratie am Ende des 20. Jahrhunderts sprechen möchte, so fügte sich die Umwälzung Osteuropas doch offenkundig in einen größeren welthistorischen Entwicklungszusammenhang ein. Und für die europäische Geschichte stellte das Jahr 1989/90 nach 1789, 1848, 1918/19 und 1945–1949 einen weiteren entscheidenden Schritt in der historischen Etappenfolge demokratischer «Durchbrüche» dar.[21]

Bei der Frage nach den konkreten Ursachen muß man sich allerdings eines stets vor Augen halten: Zu keinem Zeitpunkt war das kommunistische Regime in den Staaten des Warschauer Paktes populär gewesen. Niemals in freien Wahlen an die Macht gekommen, verkörperte der Kommunismus für die große Mehrheit der osteuropäischen Bevölkerungen ein Zwangs- und Unrechtssystem, und als solches mangelte es ihm strukturell und dauerhaft an Legitimität. 1953 in der DDR, 1956 in Ungarn und 1968 in der Tschechoslowakei war beides, das Legitimitätsdefizit ebenso wie der Zwangs-, ja Gewaltcharakter des Sowjetkommunismus offen zutage getreten. Diese Daten gerieten nicht in Vergessenheit, im Gegenteil: Die Erinnerung an sie wirkte fort, verstärkte latente Ängste und weckte offene Gegensätze. Kommunistische Machthaber konnten sich ihrer Position ohne den Rückhalt durch die Sowjetunion und die Rote Armee nicht sicher sein; umgekehrt mußten aktive Regimegegner immer mit physischer Unterdrükkung rechnen. Erst als die Angst vor Repression nachließ und die Sorge der Opponenten wich, Leib oder gar Leben zu riskieren, keimte die Hoffnung von Millionen; und umgehend trat der Kommunismus in seine letale Phase ein. «Das Gros der Bevölkerung», so beschrieb der polnische Intellektuelle Adam Michnik die Stimmung, «lehnte den Kommunismus ab, haßte ihn.» An seinem Ende erwachten die Menschen nicht deshalb, «weil sie plötzlich die Wahrheit über den Kommunismus entdeckten; sie wußten um diese Wahrheit. Sie erwachten, weil sie allmählich Hoffnung schöpften – Hoffnung, daß sie vielleicht doch etwas ausrichten könnten und womöglich imstande seien, ihr eigenes Schicksal zu verbessern und der kommunistischen Diktatur entgegenzutreten.»[22]

Möglich wurde dies allerdings erst in dem Augenblick, da sich der eiserne Gürtel lockerte, den Moskau um seine Satellitenstaaten geschlungen hatte. Es entsprach daher einer inneren Logik, wenn der Schlußakt in der Geschichte des Kommunismus dort begann, wo sie ihren Anfang genommen hatte: in Rußland. Insofern bildet Michail Gorbatschows Wahl zum Generalsekretär der KPdSU am 11. März 1985 eine bleibende Zäsur in der europäischen Geschichte. Allein wegen seines im Vergleich zu den Vorgängern Leonid Breschnew, Juri Andropow und Konstantin Tschernenko besonders jungen Lebensalters zog Gorbatschow das Interesse der Weltöffentlichkeit auf sich. Mit ihm trat eine neue Generation von kommunistischen Reformern ins Rampenlicht, für welche die Erfahrung des Zweiten Weltkrieges bereits zum Horizont verblaßt war. Überdies eilte dem 54jährigen sein Ruf als «Reformer» bereits voraus; unmittelbar mit seinem Amtsantritt begannen daher westliche Experten und Beobachter darüber zu spekulieren, ob der neue Generalsekretär eine grundsätzliche Veränderung der sowjetischen Politik einleiten werde. Andere dagegen prognostizierten, Sowjetkommunismus bleibe nun einmal Sowjetkommunismus, und mit wirklichen Reformen sei nicht zu rechnen.[23]

Ihre Bedeutung erhalten die Person Gorbatschows und das Datum seines Amtsantritts allerdings nur durch die überindividuellen Umstände der Epoche. Erst das Ineinandergreifen von strukturellen Gegebenheiten und längerfristigen Prozessen verlieh den Handlungen einzelner Politiker geschichtsprägendes Gewicht. In seiner verhältnismäßig kurzen Amtszeit, zwischen 1985 und 1991, drückte Gorbatschow wie keine andere Einzelperson im Europa der Nachkriegszeit dem Lauf der Geschichte seinen Stempel auf; aber zugleich erwiesen sich auch für ihn die Kräfte, zu deren Entfesselung er maßgeblich beitrug, als unbeherrschbar. Am Ende ließen sie ihn, das «große» Individuum, in den Ruinen seiner Zielvorstellungen gescheitert zurück.[24]

Gorbatschow als «Zauberlehrling»

Als Folge der Ölpreiskrisen von 1973 und 1978 sowie des weltweiten Rückgangs der Konjunktur hatten die westlichen Industriestaaten zu Beginn der 1980er Jahre mit schweren wirtschaftlichen Problemen zu kämpfen. In systemspezifisch verschärfter Form galt das Gleiche für die Staaten des Warschauer Paktes. In mehrfacher Hinsicht bildeten die anderthalb Jahrzehnte von 1970 bis 1985 daher eine Wasserscheide. Unerbittlich und unüberhörbar läutete die Wirtschaftsgeschichte in diesen Jahren ein neues Zeitalter ein. Das Jahrhundert der Schwerindustrie, das die Welt in so beispielloser Weise verändert, Europa aber auch zum waffenstarrenden Kontinent gemacht hatte, ging definitiv zu Ende; eine neue Epoche, angetrieben von neuen Basisinnovationen wie Mikroelektronik und Informationstechnologie sowie einem expandierenden Dienstleistungssektor, entfaltete sich. Die westlichen Industriestaaten konfrontierte dieser Übergang mit gewaltigen Anpassungsproblemen. Ökonomisches Krisenmanagement und «Modernisierung» der Wirtschaft wurden zu Dauergästen auf der Tagesordnung der Politiker. Die tiefgreifenden Veränderungsprozesse in Politik und Wirtschaft, Gesellschaft und Kultur bildeten daher häufig nur die schillernde Außenseite des ökonomischen Epochenwechsels.

Im zwischenstaatlichen Bereich gab der Epochenwechsel das Startsignal zur «Globalisierung», das heißt zu einem neuen, weltweiten Wettlauf: einem Wettlauf um technologischen Fortschritt und Produktivitätszahlen, um gesellschaftlichen Wohlstand und neu zu vergebende Plätze auf dem Weltmarkt. Dieser Wettlauf fand auf mehreren Ebenen statt: zwischen den USA, Japan und Westeuropa; zwischen den EG-Mitgliedsstaaten untereinander, zwischen den fernöstlichen «Tigerstaaten» der ehemaligen Dritten Welt und zwischen allen zusammen. Weniger offenkundig freilich, aber in weltgeschichtlich um so dramatischerer Form vollzog er sich zwischen den westlichen Industriestaaten und den kommunistischen Parteidiktaturen.

Nicht umsonst avancierte seit Mitte der 1980er Jahre das Schlagwort des «Globalen» auch im osteuropäischen Raum zu einer Schlüsselkategorie. Innerhalb eines durch die Vereinten Nationen geförderten Projekts zur Erforschung von «Global Challenges and the East European Responses» diskutierten osteuropäische Wissenschaftler die Chancen einer «globalen Rationalität». Gemeint war damit ein Fortschrittsmodell, in dem die bewußt gesteuerte, weltweite Anwendung vernünftiger Prinzipien die Menschheitsentwicklung befördern würde. Im selben Atemzug konzedierte die Forschergruppe aber, daß die Ressourcen für eine solche globale Rationalität allein im Westen, und hier vor allem in den USA lägen, wo sie allerdings in partikularer, letztlich egoistischer Weise verwendet würden. Dagegen verfügten die sozialistischen Länder Osteuropas nicht über die erforderlichen Mittel, «um eine effektive globale Steuerung durchzuführen; auch können sie nicht erwarten, von dem Wandel hin zu einer globalen Rationalität ökonomisch zu profitieren».[25] Dem entsprach die Selbsteinschätzung Gorbatschows, der seinen Amtsantritt mit heftiger Kritik an den wirtschaftlichen Zuständen im Sowjetreich verband.

Tatsächlich läßt erst der historische Rückblick in voller Klarheit erkennen, daß die kommunistischen Staaten nicht nur schlecht gerüstet, sondern auch ohne jede Chance in den Globalisierungswettlauf gingen. Für die Sowjetunion galt dies zuallererst. Den schwerindustriellen Zyklus – aus dem die marxistisch-leninistische Ideologie ja geboren worden war – hatte das rohstoffreiche Land noch mitgehen können. Investitionen in die Infrastruktur, die Schwerindustrie und nicht zuletzt in die Rüstungsindustrie standen im Vordergrund der sowjetischen Nachkriegswirtschaft. Konsumgüterindustrie und Dienstleistungssektor wurden dagegen sträflich vernachlässigt. Mit dem weltweiten Krisenzyklus und dem Niedergang der

Schwerindustrie seit den 1970er Jahren verschärften sich die systemimmanenten Schwächen der kommunistischen Planwirtschaft dramatisch. Industrieproduktion, Arbeitsproduktivität und Einkommen gerieten in eine lähmende Wachstumshemmung. Innovative Impulse fehlten. Gegenüber dem Westen, der den Übergang zur «postindustriellen» Gesellschaft forcierte, verlor die Sowjetunion den Anschluß. Immer schmerzlicher erkannte man in Moskau, daß die RGW-Staaten der Forschungs- und Technologieoffensive des Westens, die auf Mikroelektronik, Laser- und Satellitentechnik setzte, nicht gewachsen war. Tatsächlich markierte der Technologieschub der 1980er Jahre ziemlich exakt den wirtschaftsgeschichtlichen Scheitelpunkt, an dem die Sowjetunion als Supermacht scheiterte.

Solche Entwicklungen lagen an der Wurzel der revolutionären Veränderungen des internationalen Systems seit Mitte der achtziger Jahre und waren letztendlich auch für den Zusammenbruch der Sowjetunion verantwortlich. Eine Strukturgeschichte der internationalen Beziehungen wird daher in dem ökonomischen Desaster, das sich in den kommunistischen Staaten abzeichnete, wesentliche Antriebskräfte für das Ende des Kalten Krieges erblicken. Allerdings blieb dies lange Zeit überdeckt durch die wuchtige und scheinbar intakte politisch-militärische Struktur des Ostblocks. Zum Teil erklärt das die grenzenlose Überraschung, die den Westen im Umbruchsjahr 1989 erfaßte. Denn die politische Struktur des Ostblocks als quasi unumstößliche Realität hinzunehmen: das hatten die meisten politischen Akteure in den westlichen Staaten gelernt.

Demgegenüber wollten Gorbatschow und seine Berater mit ihrem «neuen Denken» eben jene verkrusteten Vorstellungen aufbrechen. Umgehend eröffnete der neue Parteichef eine rhetorische Reformoffensive, wie man sie von einem sowjetischen Führer noch niemals zuvor vernommen hatte. Der Sowjetunion verordnete er Wirtschaftsreformen, politisch insistierte er auf Offenheit (*Glasnost*) und Umbau (*Perestroika*). Außenpolitisch beflügelte das ältere, von Gorbatschow wiederbelebte Wort vom «gemeinsamen europäischen Haus» die Phantasie. Und mit den USA begann Gorbatschow einen umfassenden Abrüstungsdialog.

Für die Veränderung Europas war aber entscheidend, daß Gorbatschow allmählich von der sogenannten «Breschnew-Doktrin» abrückte. Sowjetische Parteiideologen hatten mit dieser Doktrin nachträglich die gewaltsame Niederschlagung des Prager Frühlings von 1968 gerechtfertigt. Sie dekretierte die Vorstellung einer «begrenzten Souveränität sozialistischer Länder», was de facto einen Anspruch der Sowjetunion auf militärische Intervention begründete. Und noch 1980 war es lange Zeit ungewiß geblieben, ob sowjetische Panzer nicht einmal mehr mobilisiert würden, um diesmal in Polen einzurücken und die oppositionelle Gewerkschaftsbewegung Solidarność zu zerschlagen. Unmißverständlich wurde Polens Regierung dazu gezwungen, das Kriegsrecht auszurufen und die Opposition wieder in die Illegalität zu drängen.

Schon bald begann Gorbatschow damit, die Breschnew-Doktrin rhetorisch aufzuweichen. Auf einer internen Beratung der Partei- und Staatschefs der Warschauer-Pakt-Staaten am 10./11. November 1986 gab der Sowjetführer im Kern bereits Sensationelles zu Protokoll. Nachdem er ausführlich die wirtschaftlichen Schwierigkeiten der sozialistischen Staaten analysiert hatte, wandte er sich dem Verhältnis zwischen der Sowjetunion und ihren Bruderstaaten zu. In den ersten Nachkriegsjahrzehnten, so führte er aus, sei die Sowjetunion «das einzige Land mit Erfahrungen beim sozialistischen Aufbau gewesen. Sie habe zwangsläufig als Pate des Weltsozialismus auftreten müssen, ob schlecht oder gut, wolle er hier nicht bewerten.» In dem Maße aber, in dem «die sozialistischen Länder selbst Erfahrungen sammelten, an Kraft und Stabilität gewannen, reife politische Verhältnisse herstellten und ihr internationales Ansehen erhöhten», sei eine solche Patenschaft zum «bremsenden Faktor» geworden. Im Politbüro der KPdSU habe man daher intensiv über die Zukunft der Beziehungen zu den Bruderstaaten beraten. Im Ergebnis gehe es nun darum, «das ganze System der politischen Beziehungen zwischen den sozialistischen Ländern auf der Grundlage der Gleichberechtigung und des gegenseitigen Vorteils zu gestalten. Gemeinsamer Standpunkt aller sei: Selbständigkeit jeder Partei, ihr Recht zur souveränen Entscheidung über die Entwicklungsprobleme ihres Landes, ihre Verantwortung gegenüber dem eigenen Volk. Dies seien unabdingbare Prinzipien. Niemand könne eine besondere Rolle in der sozialistischen Gemeinschaft beanspruchen.»[26]

Zwei Jahre später wurde Gorbatschow vor der Weltöffentlichkeit noch deutlicher. In seiner großen Rede vor der UNO-Vollversammlung am 7. Dezember 1988 beteuerte er «die Verbindlichkeit des Prinzips *der freien Wahl*». Dieses sei ein unbestreitbares Recht der Völker und «ein allgemeingültiges Prinzip, das keine Ausnahmen kennen soll». Sowohl im kapitalistischen wie auch im sozialistischen System gebe es stets «das *Vorhandensein mehrerer Varianten* der gesellschaftlichen Entwicklung».[27]

Dieses allmähliche, im Sommer 1989 noch einmal öffentlich bekräftigte Abrücken von der Breschnew-Doktrin förderte zunächst die Phantasie, erweckte sodann konkrete Hoffnungen und entfaltete am Ende eine ungeheure Sprengkraft. Was sich seit Sommer 1989 vollzog, war tatsächlich ein internationales Beben, das die Tektonik der bekannten Politik grundlegend verschob. Auch im Hinblick auf die deutsche Frage beflügelte Gorbatschow mehr als einmal die Phantasie, so etwa wenn er sich mit dunklen Hinweisen auf «die» Geschichte zur Zukunft der deutschen Frage äußerte. Zwar wurde der sowjetische Parteichef – das ist unstrittig – von den Ereignissen in Deutschland nach dem 9. November und in Europa im allgemeinen überrascht, ja sogar überrumpelt. Aber er blieb konsequent bei seiner Linie. Tatsächlich hätte er Anfang Dezember 1989, als sich schon der Weg zur deutschen Einheit abzeichnete, auch anders handeln können: Wie richtig bemerkt worden ist, hätte er auch erklären können, einer Wiedervereinigung werde Moskau niemals zustimmen; er hätte die Beziehungen mit der Bundesrepublik einfrieren lassen und die Ost-West-Verhandlungen blockieren können. Daß er all dies nicht tat, zeugte von der grundsätzlichen Bereitschaft Gorbatschows, auch weitgehende Veränderungen zu akzeptieren.[28]

Es war eben diese politische, aber auch persönliche Geradlinigkeit, die Gorbatschow in Europa geradezu den Status eines Helden verlieh. Tatsächlich ließ er sich «beim Wort nehmen», wie es der bundesdeutsche Außenminister Hans-Dietrich Genscher schon in seiner Davoser Rede vom 1. Februar 1987 gefordert hatte. Ende der 1980er Jahre begleiteten Gorbatschow bei all seinen Auslandsreisen die Sympathie der Bevölkerungen und der Ausdruck spontaner Begeisterung. In der Sowjetunion selbst dagegen fand er wenig Resonanz. Vor allem die Wirtschaftsreformen zeigten zu wenig Wirkung, um ihm innenpolitische Popularität zu verleihen. Und je länger desto mehr verübelten es ihm seine Gegner, daß er auch dann nicht von seiner außenpolitischen Linie abwich, als sie das sowjetische Imperium zu gefährden begann. Die Nomenklatura schlug zurück, und insofern blieb am Ende eine fast tragisch zu nennende Ambivalenz: In aller Welt gefeiert als der Sowjetführer, der den Kalten Krieg beendete und ganz Europa einen neuen Aufbruch in die Geschichte ermöglichte, blieb Gorbatschow doch zu Hause im Morast der Probleme stecken.

War Gorbatschow also ein «großer Mann» der Geschichte oder am Ende ein gescheiterter Politiker? Keineswegs schließt sich beides aus. Im Gegenteil, Gorbatschows politische Karriere liest sich fast wie ein Kommentar zu den Ausführungen, die der Baseler Kulturhistoriker Jacob Burckhardt mehr als hundert Jahre zuvor unter dem Eindruck der «großen Männer» Napoleon und Bismarck formuliert hatte. Individuelle «historische Größe» war demzufolge nur möglich auf den Schultern jener gewaltigen kollektiven Kräfte, die einer Krise entsprangen. Die Krise ist es im wesentlichen, die das Individuum groß macht. In ihrem Verlauf liebt es die Geschichte bisweilen, «sich auf einmal in einem Menschen zu verdichten, welchem hierauf die Welt gehorcht».[29]

Tatsächlich stellte allein die wirtschaftliche, politische und moralische Krise der Sowjetunion und ihres Imperiums jene Kulisse, vor der Michail Gorbatschow die Bühne betrat. Auf ihr verkörperte er binnen kurzem und für das Publikum völlig überraschend eine «historische Größe», mit der am Ende des 20. Jahrhunderts niemand mehr rechnete. Freilich tat er dies als ein unentwegt Getriebener: zunächst getrieben von dem dramatischen ökonomischen Niedergang, der aus sowjetischer Sicht eine rüstungspolitische Entlastung ebenso zwingend erforderlich machte, wie er eine Politik der inneren Reform erheischte.[30] Je länger desto mehr wurde Gorbatschow aber auch von den Erwartungen getrieben, die seine eigenen Reformankündigungen im In- und Ausland weckten. «Aber was wollt ihr?», so fragte er schon im September 1986 seine engsten Berater. «Je mehr die KPdSU den Prozess der Perestroika vertieft, umso mehr Probleme wird es geben. Das ist normal.»[31] Zunehmend trieb ihn schließlich auch der schiere Mangel an innen- und vor allem wirtschaftspolitischen Erfolgen. Dieser Mangel ließ Gorbatschow immer wieder die Bühne der internationalen Politik suchen, auf der er in der zweiten Hälfte der 1980er Jahre zum unbestrittenen Star avancierte.

Keine Einzelperson hat seit dem Ende des Zweiten Weltkriegs den Lauf der Geschichte so beschleunigt wie Gorbatschow. Und im Gegensatz zu den anderen großen «Bewegern» der Geschichte des 20. Jahrhunderts trat er als Reformer auf: vielleicht als der «größte Reformer des Jahrhunderts», als den ihn sein Mitstreiter Alexander Jakowlew bezeichnete;[32] letztlich aber wohl doch eher als ein Zauberlehrling, der am Ende inmitten der zusammenbrechenden Sowjetunion stand. Ob indes «größter Reformer» oder Zauberlehrling: In Gorbatschow verschränkten sich das Individuelle und das Allgemeine in einer ebenso dynamischen wie unauflöslichen Weise, wie sie nur Zeiten großer Krisen hervorbringen können. Die sowjetische Krise war die notwendige Voraussetzung für Gorbatschows Rolle; aber dessen überragendes Talent, seine Mediengewandtheit und seine – mit Burckhardt gesprochen – «Seelengröße» eroberten die westliche Welt im Sturm.

Das Erwachen der Völker und die Revolutionen des Jahres 1989

Unterdessen rangen die sowjetischen Satellitenstaaten mit ihren eigenen Problemen. Die wirtschaftliche Misere Osteuropas bildete dabei einen entscheidenden Faktor. Bei einer ungebremst steigenden Auslandsverschuldung erfaßte das ökonomische Desaster in den 1980er Jahren tatsächlich alle Staaten des Warschauer Paktes. Und dies hatte unmittelbar politische Rückwirkungen. Denn die ältere Garde der Parteikommunisten war häufig noch direkt an der Niederschlagung der Volksaufstände von 1953, 1956 und 1968 beteiligt gewesen. In der Folge hatten sie versucht, den politischen Legitimationsverlust mit dem Versprechen zu kompensieren, den Lebensstandard der Bevölkerung nachhaltig zu verbessern. Gustáv Husák in der Tschechoslowakei, János Kádár in Ungarn und Erich Honecker in der DDR standen beispielhaft für diese Politik. Nun aber, gegen Ende der 1980er Jahre, konnten zumindest die jüngeren kommunistischen Politiker ihre Augen vor der wirtschaftlichen und finanziellen Notlage ihrer Länder nicht mehr verschließen. Dabei spielte es keine entscheidende Rolle, ob ein Land, wie Rumänien, auf Biegen und Brechen seine Auslandsschulden abbaute und dafür die Verarmung der eigenen Bevölkerung in Kauf nahm, oder ob es, wie Ungarn, eine beschleunigte Inflation erfuhr.

Aber wie so häufig in der Geschichte brachten ökonomische Problemlagen allein noch keinen politischen Protest hervor. Vielmehr bedarf wirtschaftliche Unzufriedenheit einer politisch-kulturellen Sprache, eines «Codes», um zur Protestbewegung zu werden; und es war von entscheidender Bedeutung, daß in den achtziger Jahren ein solcher Code zur Verfügung stand. In den Kaukasusrepubliken der Sowjetunion, aber auch im afghanischen Widerstand war es der Islam, der zum politischen Ausdrucksmittel eines wachsenden Antikommunismus avancierte. In den europäischen Satellitenstaaten der Sowjetunion übte dagegen das Modell der westlichen Demokratie – und ihrer Lebensweise – unwiderstehliche Anziehungskraft aus. Schon die Entspannungspolitik hatte dazu beigetragen, die politische Freiheitsbotschaft des Westens tief in die ostmittel- und osteuropäischen Bevölkerungen hineinzutragen, etwa in Form des sogenannten Korbes Drei der KSZE-Schlußakte, der von den Warschauer-Pakt-Staaten unterzeichnet worden war und der doch auf die Einhaltung menschenrechtlicher Mindeststandards pochte. Und wirtschaftlich lockte der Westen ohnehin mit seinem schier unerschöpflichen Überfluß.

Die Sehnsucht, Anschluß an die europäische Entwicklung von Freiheit, Demokratie und Wohlstand zu gewinnen, verschränkte sich mit einer Wiederbelebung des Anspruchs auf nationale Selbstbestimmung. Nationale Freiheitstraditionen reaktivierten sich, und gerade in jenen Staaten, die auf eine eigenständige demokratische Vergangenheit in der Zwischenkriegszeit zurückblickten, in Polen, Ungarn und der Tschechoslowakei, wurzelten diese Traditionen tief. Überdies waren weder der ungarische Aufstand von 1956 noch der Prager Frühling von 1968 vergessen. Die demokratische Herausforderung und die nationale Unabhängigkeitsbewegung verbanden sich in den 1980er Jahren erneut zu einer hartnäckigen Opposition gegen den real existierenden Sozialismus. Eine von den Fesseln der Breschnew-

Doktrin befreite nationaldemokratische Bewegung versetzte schließlich dem Kommunismus den Todesstoß.

Die Palme in diesem Prozeß gehörte den Polen. Antikommunistischer Protest entwickelte hier schon seit den 1970er und über die gesamten 1980er Jahre hinweg die weitaus größte und weltweit wahrgenommene Dynamik. An Weichsel und Ostsee steigerte sich die Opposition als erste zu einem nachhaltigen Massenprotest. Und weitaus stärker als in anderen kommunistischen Ländern war dies – ironischerweise – auch und vor allem ein *proletarischer* Protest. Diese dialektische Wendung des arbeitenden – und zugleich verarmten – Volkes gegen das Regime der Arbeiter und Bauern und ihre Speerspitze, die Polnische Vereinigte Arbeiterpartei (PVAP), dauerte rund zwei Jahrzehnte lang. Es war ein heroischer Kampf, der große Entbehrungen mit sich brachte, viele die Freiheit kostete und nicht wenige sogar das Leben. Zugleich brachte er mit Lech Wałęsa einen populären «Helden» des Widerstands hervor. Schon in den 1970er Jahren in Konflikt mit der Staatsmacht, katapultierte ihn die Kraftprobe des Jahres 1980 aus der Anonymität in die Rolle einer politischen Ikone, die den Übergang Polens vom Kommunismus zur nationalen Demokratie verkörperte.

Als die oppositionelle Gewerkschaft Solidarność 1980 nach langem Ringen legalisiert wurde, stieg ihre Mitgliederzahl binnen kurzem lawinenartig an. Um die Jahreswende 1980/81 betrug sie fast zehn Millionen. Im Rahmen einer unglaublich hohen Mobilisierung fand sich mehr als ein Viertel der Gesamtbevölkerung in der oppositionellen Bewegung zusammen. Möglich war dies aufgrund des vorbehaltlosen Brückenschlags zwischen Arbeitern, oppositionellen Intellektuellen und der katholischen Kirche, die 1978 durch die Wahl Karol Wojtyłas zum Papst Johannes Paul II. enorm an gesellschaftlichem Einfluß gewonnen hatte. Daß schließlich sogar rund eine Million Mitglieder der Polnischen Vereinigten Arbeiterpartei der neuen Gewerkschaft beitraten, signalisierte die galoppierende Erosion des kommunistischen Macht- und Deutungsmonopols.

Die sozialistischen «Bruderländer» reagierten alarmiert. Sie betrachteten Polen, wie auch der spätere Staats- und Regierungschef Woijcieh Jaruzelski wußte, «als ein stark risikobehaftetes Gebiet».[33] Über das gesamte Jahr 1981 hinweg stand es auf der Kippe, ob die polnische Bewegung nicht doch noch wie ihre ungarischen und tschechischen Vorgängerinnen durch sowjetische Panzer erstickt werden würde. Unter anderem waren es Erich Honecker und die DDR-Führung, die einer «solidarischen» Unterdrückung der polnischen Freiheitspflanze am deutlichsten das Wort redeten. Am 26. November 1980 trat Honecker an Breschnew mit der Bitte heran, ein Treffen aller Parteichefs einzuberufen, «um kollektive Hilfsmaßnahmen für die polnischen Freunde [...] auszuarbeiten». Und im Mai 1981 forderte Honecker Breschnew auf, die polnische Regierung abzusetzen und «eine Führung zu schaffen, die bereit ist, den Ausnahmezustand zu verhängen und entschieden gegen die Konterrevolution vorzugehen.»[34] Das Drängen Honeckers läßt auf eine spezifische Art der Hellsichtigkeit schließen. Offenkundig erkannte die SED-Führung die Gefahr genau, die von einer breiten, durch nationale Untertöne unterlegten Herausforderung des kommunistischen Machtmonopols auch für die *eigene* Position in Ost-Berlin ausging.

Am Ende freilich war es bemerkenswert, daß die Sowjetunion anders als 1953, 1956 und 1968 nicht militärisch intervenierte. Zwar drohte sie um die Jahreswende 1980/81 massiv mit einem solchen Schritt, wirklich bereit hierzu war sie nicht. Man hat hierin ebenso einen Erfolg der Entspannungspolitik sehen wollen wie ein deutliches Indiz für den schleichenden Machtverlust Moskaus im Schatten der Besetzung Afghanistans.[35] Gleichviel welcher Meinung man mehr vertrauen möchte – die Tatsache der Nichtintervention deutete einen neuen Handlungsspielraum der sowjetischen Satellitenstaaten an. Zwar zwang der sowjetische Druck die polnische Partei dazu, Jaruzelski als neuen Premierminister zu installieren, der sogleich das Kriegsrecht verhängte. Und über die ganze Zeit der 1980er Jahre hinweg kostete das zähe Ringen zwischen der kommunistischen Herrschaft und der ab 1981/82 im Untergrund agierenden Solidarność zahlreiche Opfer. Doch am Ende eines dornigen Weges und im Kontext des sowjetischen Tauwetters unter Gorbatschow sah sich das kommunistische Regime zum Nachgeben genötigt: Schon 1986 begann die Parteiführung einzulenken. Mit einer politischen Amnestie und der Einberufung eines «Konsultativen Rates» sandte sie eindeutige Signale aus. Und als im Januar 1989 der erste «Runde Tisch» in der Geschichte des Ostblocks eröffnet und mit ihm paritätische Verhandlungen zwischen Regierung und Opposition aufgenommen wurden, bedeutete dies den Anfang vom Ende des Kommunismus in Polen.

Im April 1989 wurde Solidarność wieder staatlich anerkannt und kandidierte bei den ersten teilweise freien Parlamentswahlen am 4. und 18. Juni 1989. Das politische Klima in Polen war dabei auf Versöhnung und Kompromiß gestimmt. Die Führung der Solidarność sicherte von Beginn an einen «nicht konfrontativen» Ablauf der künftigen freien Wahlen zum Sejm und zum Senat zu.[36] Aber als die Gewerkschaft sämtliche 160 freigewählten Sitze (von insgesamt 460) gewann und bei den völlig freien Senatswahlen 99 von 100 Sitzen erhielt, konnte über die Stimmung im Lande

Januar 1989: Regierung und Opposition verhandeln paritätisch am ersten «Runden Tisch» in Warschau

kein Zweifel mehr bestehen. «Das Volk [will] uns einfach nicht mehr», so lautete die ebenso ungeschminkte wie zutreffende Diagnose des Politbüro-Mitglieds Władysław Baka.[37]

Erneut aber folgte die Führung der Solidarność ihrem Kurs der Kooperation und ließ sich von ihm auch nicht von manchen Forderungen der Basis nach einer härteren, kompromißlosen Haltung abbringen. Die Lösung, die Adam Michnik am 3. Juli 1989 in der wichtigsten Oppositionszeitung *Gazeta Wyborcza* formelhaft auf den Punkt brachte, lautete: «Euer Präsident, unser Premier.»[38] So geschah es denn auch: Während sich Jaruzelski nach anfänglichem Zögern zum Staatspräsidenten wählen ließ, wurde am 24. August 1989 mit Tadeusz Mazowiecki erstmals ein nicht-kommunistischer Politiker zum Regierungschef eines Warschauer-Pakt-Landes gewählt.

War es 1980 vor allem Honecker gewesen, der auf eine Intervention in Polen drängte, so sah sich nun ein anderer alarmiert: der rumänische Parteichef Nicolae Ceaușescu. Zwar hatte Ceaușescu in der Vergangenheit stets auf einen gewissen Eigenweg seines Landes gepocht; die Aussicht auf die Wahl eines nicht-kommunistischen Premierministers in Polen fand er allerdings «äußerst gravierend», wie er die DDR-Führung wissen ließ. Die damit implizierte «Öffnung eines Weges zur Beseitigung der Errungenschaften des Sozialismus in Polen», könne man nicht als strikte «innere

Angelegenheit» des Landes betrachten. Vielmehr erfordere die Lage eine «entschlossene Haltung» der Bruderländer. Alles Notwendige müsse unternommen werden, «um in Richtung Aufhalten des Kurses, der auf Beseitigung des Sozialismus in Polen gerichtet ist, zu wirken».[39] Doch der Appell verhallte ungehört. Auch die Regierung der DDR wußte keinen Rat. Angesichts der Tatsache, daß die PVAP nicht auf den Rückhalt in der Bevölkerung rechnen könne, sei selbst «mit außerordentlichen Maßnahmen eine Wende in der Situation nicht erreichbar».[40] Schlaglichtartig offenbarte sich hier der Wandel, der sich innerhalb des Ostblocks seit 1980, wenn nicht bereits seit 1968, vollzogen hatte.

Die Transformation einer parteikommunistischen Diktatur zu einer Demokratie westlicher Prägung war ohne historisches Beispiel. Zwar folgte die Entwicklung in allen osteuropäischen Ländern derselben Bewegungsrichtung, die maßgeblich durch Gorbatschows Politik der Liberalisierung angestoßen worden war. Aber jeder Weg verlief anders und entwickelte eine eigene Logik. Das galt auch für Ungarn, wo Parteichef János Kádár – eine Schlüsselfigur in der Niederschlagung des Aufstandes von 1956 – seit den 1960er Jahren eine Politik der begrenzten Liberalisierung verfolgt hatte. Im Vergleich zu den Bürgern der sozialistischen Bruderländer genossen die Ungarn ein etwas höheres Maß an ökonomischer Bewegungsfreiheit und auch an Freizügigkeit. Aber Mitte der 1980er Jahre stieß Kádárs «Gulaschkommunismus» definitiv an seine ökonomischen Grenzen. «Der Niedergang der ökonomischen Situation», so resümierte ein interner ZK-Bericht im September 1986, «ist dauerhaft und hängt auch mit inneren Faktoren zusammen, also mit dem langsamen Wandel der Wirtschaftsstruktur sowie mit der unzureichenden Verbesserung der internationalen Wettbewerbsfähigkeit und Effektivität.»[41]

Solche Wendungen verrieten die nüchterne Einsicht in die ökonomischen Realitäten und markierten damit bereits eine erste notwendige Voraussetzung für den politischen Wandel. Denn schon bald setzte die unverblümte Diagnose der verheerenden Wirtschaftsverhältnisse eine neue Veränderungsdynamik in Gang. In der Führung der kommunistischen MSZMP (Ungarische Sozialistische Arbeiterpartei) wurde die Position Kádárs und mit ihm die der alten Garde binnen Jahresfrist unhaltbar. Bereits Anfang Juli 1987 verabschiedete das ZK der MSZMP eine «Stellungnahme zum Programm der wirtschaftlich-gesellschaftlichen Entfaltung», das bereits eindeutige Hinweise auf eine mögliche politische Transformation enthielt. «Zur Umsetzung unseres wirtschaftlich-gesellschaftlichen Programms», so hieß es, «ist es unerläßlich, die sozialistische Demokratie zu entwickeln und die Funktion des Systems der politischen Institutionen zu modernisieren. Der Prozeß der Umgestaltung, bei dem die Rolle des Individuums im gesellschaftlichen Handeln zunimmt […], soll fortgesetzt werden.»[42]

Das Ringen darum, ob sich Ungarn künftig allein im Rahmen des Einparteien-Sozialismus «entfalten» würde, oder ob dies die Transformation des existierenden Regimes und die Etablierung einer Demokratie westlichen Zuschnitts voraussetzte, bestimmte in den folgenden drei Jahren die ungarische Politik. Jüngere Parteikader drängten nun nach vorne und bereiteten die schrittweise Entmachtung Kádárs vor; im Mai 1988 wurde er schließlich endgültig zum Rücktritt gezwungen. Im Unterschied zu Polen begann die Systemtransformation in Ungarn also nicht, indem sich eine starke Opposition etablierte. Vielmehr blieben die oppositionellen Kräfte bis in das Jahr 1989 hinein eher schwach und wenig organisiert. Den Einstieg in den Wandel vollzog dagegen die kommunistische Partei selbst. Die jüngeren, reformorientierten Parteikommunisten zunächst um Károly Grósz, der im Mai 1988 Nachfolger Kádárs als Generalsekretär wurde, dann vor allem um Imre Pozsgay, Miklós Németh und Gyula Horn drängten nun nach vorne.

In der Folge rangen die kommunistischen Reformer mit den eher konservativen Kräften, die der Transformation des Regimes zu einem Mehrparteiensystem weiterhin skeptisch gegenüberstanden. Der Durchbruch erfolgte erst, als sich die Oppositionsgruppen deutlicher artikulierten. Unverkennbar beeinflußt von der polnischen Entwicklung, fanden sie sich am 22. März 1989 zum «Oppositionellen Runden Tisch» zusammen. Unter dem gemeinsamen Druck einer zunehmend an Stärke gewinnenden politisch-intellektuellen Opposition und dem reformorientierten Flügel der «Transformer» innerhalb der MSZMP schaffte die ungarische kommunistische Partei im Mai und Juni 1989 ihr eigenes Machtmonopol ab und ebnete bis zum Oktober des Jahres den Weg zum Mehrparteiensystem und zur parlamentarischen Demokratie.[43]

Begleitet wurde dieser Prozeß von einer Sequenz denkwürdiger erinnerungspolitischer Akte: Schon seit dem Parteitag vom Mai 1988 hatte eine Parteikommission an der Neubewertung der ungarischen Zeitgeschichte gearbeitet.[44] Ein Jahr später wurde Imre Nagy, der Führer des ungarischen Aufstandes von 1956, umfassend rehabilitiert. Zunächst wurden seine Gebeine am 16. Juni 1989, auf den Tag 31 Jahre nach seiner Hinrichtung, unter Anteilnahme einer riesigen Menschenmenge in Budapest neu beigesetzt.

Dieser für sich genommen schon sensationellen Zeremonie folgte am 6. Juli 1989 Nagys förmliche juristische Rehabilitation. Daß János Kádár just am selben Tage verstarb, erhöhte noch den Symbolcharakter des

Geschehens. Am 23. Oktober schließlich, dem 33. Jahrestag des Beginns des ungarischen Aufstandes, wurde die «Volksrepublik» Ungarn förmlich zu Grabe getragen und die parlamentarisch-demokratische «Republik» Ungarn ausgerufen. Sie galt als legitime Nachfolgerin früherer national-demokratischer Anläufe in Ungarn, so 1848, 1918 und 1945–1948.[45]

Diese an sich inner-ungarische Entwicklung brachte zugleich eine entscheidende Bewegung in die deutsche Frage. Tatsächlich begann der historische Test auf die Reform- beziehungsweise Überlebensfähigkeit der DDR am 2. Mai 1989, als die ungarische Regierung damit begann, die Sperranlagen an der Grenze zu Österreich abbauen zu lassen.[46] Zwar hieß dies zunächst noch nicht, daß die ungarische Grenze zum Westen geöffnet worden wäre; aber sie wandelte sich zu einer Art «grüner Grenze». Dem Mutigen, der das Risiko eines illegalen Grenzübertritts nicht scheute, winkten fortan deutlich erhöhte Erfolgschancen. In dem Maße, in dem sich in der DDR die Möglichkeit eines Fluchtweges über die sozialistischen «Urlaubsländer» Tschechoslowakei und Ungarn nach Österreich und von hier aus in die Bundesrepublik herumsprach, stand das SED-Regime vor einer ganz neuen Situation. Rasch stieg die Zahl derer, die über die ungarisch-österreichische Grenze flüchteten, auf etwa hundert Personen täglich. Zwischen Anfang Mai und dem 10. August 1989 waren schon rund 1600 Menschen auf österreichischen Boden gelangt.[47] Großen Symbolcharakter erhielt das «europäische Picknick», das die Paneuropäische Union am 19. August 1989 in der Nähe des Grenzortes Sopron veranstaltete und das rund 900 Menschen aus der DDR zur Massenflucht in den Westen nutzten.[48] Bis Ende August hatten mehrere tausend Flüchtlinge die ungarisch-österreichische Grenze passiert.[49]

So wurde die rund 350 Kilometer lange Grenze zwischen Österreich und Ungarn zur Achillesferse des SED-Regimes, an der es seine schließlich tödliche Wunde empfing. Schritt für Schritt verabschiedete sich die ungarische Regierung unter Ministerpräsident Miklós Németh und Außenminister Gyula Horn aus der sozialistischen Solidarität. Selbst mit seinen wirtschaftlichen und finanzpolitischen Problemen kämpfend, hatte Ungarn vom RGW und der Sowjetunion nichts mehr zu erwarten, setzte vielmehr alle Hoffnungen auf westliche Hilfe, vor allem von der Bundesrepublik, der Europäischen Gemeinschaft und den USA. Schon während der frühen 1980er Jahre hatte sich die ungarische Regierung weitaus offener gegenüber Bonn verhalten als andere Staaten des Warschauer Paktes und sich am Konfrontationskurs Moskaus möglichst wenig beteiligt. In der Krise des Jahres 1989 ließ sich hierauf aufbauen. Am 25. August trafen Németh und Horn zu einem geheimen Treffen mit Bundeskanzler Helmut Kohl und

Budapest, 16. Juni 1989: Miklós Németh (links) und Imre Pozsgay nehmen an den Beisetzungsfeierlichkeiten für Imre Nagy teil

Außenminister Hans-Dietrich Genscher auf Schloß Gymnich bei Bonn zusammen, wo sie ihre Sorgen unterbreiteten. Kohl sagte weitgehende Hilfe zu, die Ungarn dagegen versicherten, bis Mitte September ihre Grenze für die flüchtigen DDR-Bürger zu öffnen. Als dies am 10./11. September tatsächlich geschah, verließen auf diesem Wege weitere rund 11 000 Menschen die DDR. Bis Ende des Monats stieg die Zahl der Flüchtlinge auf mehr als 25 000 an.[50]

Nur folgerichtig entstand im Politbüro der SED ein geradezu flammender Haß auf die ungarischen Reformkommunisten. Bereits im Juni 1989, beim Gipfeltreffen der kommunistischen Länder in Havanna, befürchtete Honecker, Ungarn sei für den Sozialismus verloren. Und im Politbüro der SED gingen die Wellen der Empörung hoch über das Land, das – wie Erich Mielke formulierte – den Sozialismus «verrät».[51] Während die DDR eine geharnischte Protestnote nach Budapest sandte, versicherte umgekehrt Bundeskanzler Kohl den ungarischen Ministerpräsidenten seiner tiefen Dankbarkeit für dessen «großherzigen Akt der Menschlichkeit».[52] Tatsächlich setzte die ungarische Regierung ihre Politik der offenen Grenzen trotz erheblichen Drucks aus Ost-Berlin fort.

Trotz aller Unterschiede im einzelnen, wozu im Falle Polens auch die einzigartige Rolle der katholischen Kirche gehörte, repräsentierten Ungarn und Polen doch einen gemeinsamen Typus der Transformation. Er ergab sich aus dem am Ende friedlichen, auf Kooperation, Verhandlung und Kompromiß ausgerichteten Übergang zur demokratischen Herrschaft. Beide Länder stellten für diesen Übergang gleichsam ein Konsensmodell zur Verfügung, auch wenn in Polen die Opposition eine ungleich dynamischere Rolle als Motor der Transformation spielte.

Ein anderer, hiervon klar zu unterscheidender Typus entfaltete sich in der DDR und in der Tschechoslowakei. Hier dominierte unter den kommunistischen Parteieliten bis zum bitteren Ende eine Art kognitiver Realitätsverweigerung. Zu einer schonungslosen Diagnose der ökonomischen Schwierigkeiten waren sie erst in der Lage, als es zu spät war. So war es mehr als ein Zufall, wenn die denkwürdige Sitzung des ZK der SED am 9. November 1989 der wirtschaftlichen und finanziellen Lage der DDR gewidmet war. Sie ließ sich nur noch in der Sprache des Insolvenzverwalters beschreiben. Das Eingeständnis des Finanzexperten der SED, Günter Ehrensperger, daß die Bürger der DDR angesichts einer hoffnungslosen Verschuldung im «kapitalistischen Ausland» und mangelnder internationaler Wettbewerbsfähigkeit mindestens fünfzehn Jahre lang «hart arbeiten und weniger verbrauchen» müßten,[53] rief im Plenum erhebliche Wut und heftige Reaktionen hervor. Allein weil noch am selben Abend die Berliner Mauer fiel, verschoben sich die Prioritäten. Die Debatte über die verheerende Wirtschaftslage wurde nicht fortgesetzt, und die Tage der SED in ihrer bisherigen Form waren bald ohnehin gezählt.

Es ist bekannt, daß sich die DDR-Führung unter Erich Honecker den Reformimpulsen Gorbatschows bis zum Schluß verweigerte. Gorbatschow selbst hielt dies für den entscheidenden Fehler Honeckers und der SED-Führung: «Als bei uns die Veränderungen begannen, hätten sie genau dasselbe tun müssen: Möglichkeiten eröffnen, damit die Menschen sich verwirklichen können und der Zeit entsprechende Formen finden, auch was die Kontakte mit der BRD betrifft. Aber Honecker hielt sich für den Hüter des heiligen Feuers.»[54] Man kann diese Haltung als Starrsinn interpretieren, aber auch als eine mehr oder minder genaue Vorstellung davon, was mit der DDR passieren würde, wenn die Staatsführung echte Reformen, zum Beispiel persönliche Freizügigkeit gewährte. Die alte Garde der SED-Führung wußte offensichtlich genau, daß ihre Herrschaft letztendlich auf den stalinistischen Strukturen ruhte und endgültig zu Ende ginge, wenn diese erodierten.

In der Tschechoslowakei verhielt es sich kaum anders. 1986 war zwar der Liquidator des Prager Frühlings, Gustáv Husák, als Generalsekretär der Kommunistischen Partei zurückgetreten; aber sein Nachfolger, Milouš Jakeš, gehörte gleichfalls zu jenen Hardlinern, die sich noch im Sommer

1989 als strikte Gegner jeglicher politischer Meinungsfreiheit erwiesen.[55] Tatsächlich ging die tschechoslowakische KP-Führung so weit, retrospektiv noch einmal die Niederschlagung des Prager Frühlings von 1968 zu rechtfertigen. Kurz vor dem 21. Jahrestag der Invasion der Tschechoslowakei durch Truppen der Warschauer-Pakt-Staaten (21. August 1968) gaben Politiker in Polen und Ungarn ihrem Bedauern über das damalige Geschehen Ausdruck und betonten das Recht jedes sozialistischen Staates, über seine Entwicklung selbst zu entscheiden. Die tschechoslowakische Führung wies diese Distanzierung als «Einmischung in die inneren Angelegenheiten» zurück und zögerte nicht, eine Demonstration, die auf dem Wenzelsplatz der Niederschlagung des Prager Frühlings gedachte, gewaltsam aufzulösen und über 300 Demonstranten aus dem In- und Ausland zu verhaften.[56] Daß sich allein die DDR in dieser Angelegenheit an die Seite der tschechoslowakischen Kommunisten stellte, paßte ins Bild.

Unter diesen Umständen kam es, wie es kommen mußte: In beiden Ländern formierte sich die Opposition und gewann je länger, desto mehr an Stoßkraft. In der DDR verband sie sich seit August 1989 mit der unwiderstehlichen Welle der Flüchtlinge, die ihren Weg nach Westen suchten. Anfang September gründeten Bürgerrechtler das Neue Forum, eine übergreifende Oppositionsbewegung, der bald weitere folgten. Seit Oktober 1989 sah sich die SED-Führung daher mit einer veritablen Massenbewegung konfrontiert, die zunehmend revolutionäre Züge annahm und vor der sie schließlich kapitulieren mußte. In der Tschechoslowakei spielte die bereits 1977 gegründete Charta 77 eine entscheidende Rolle für die Formierung der Opposition. Auch wenn der charismatische Intellektuellen-Oppositionelle Václav Havel im Februar 1989 noch einmal zu einer mehrmonatigen Haftstrafe verurteilt worden war: Der Druck der Bürgerrechtler, die mit Havel eine überragende Integrationsfigur besaßen, und der sich hinter ihnen immer stärker formierenden politischen Massenbewegung brach sich nun seine Bahn.

Den Typus des Übergangs, den DDR und Tschechoslowakei repräsentierten, kennzeichneten mithin zunächst Konfrontation und Zuspitzung, am Ende aber ein plötzlicher, friedlich-revolutionärer, durch die Massenbewegung erzwungener Machtwechsel. Nicht zufällig brachte daher in beiden Ländern eine Massendemonstration den endgültigen Umschwung. In der DDR fanden am 6./7. Oktober 1989 die Feierlichkeiten zum 40. Jahrestag der Staatsgründung in einer fast gespenstischen Atmosphäre statt. Den geladenen Gästen aus den teilweise schon nicht mehr sozialistischen «Bruderstaaten» fiel dabei vor allem der Realitätsverlust der alten SED-Garde um Erich Honecker auf. Von der offiziellen Choreogra-

Massendemonstration auf dem Wenzelsplatz in Prag Anfang November 1989

phie keineswegs vorgesehene «Gorbi, Gorbi»-Rufe übertönten phasenweise den inszenierten Festablauf. Viele Anwesende erkannten den tieferen Gehalt der Szene, und der polnische Ministerpräsident Rakowski meinte zu Gorbatschow: «Das bedeutet das Ende.» Einsilbig stimmte Gorbatschow zu; und die geflügelten Worte, die er mehrfach an Honekker richtete – «Wer zu spät kommt, den bestraft das Leben» – gingen in die Geschichte ein.[57]

Honecker selbst und sein Sicherheitschef Erich Mielke wären wohl auch bereit gewesen, die anschwellende Massenbewegung mit einer «chinesischen Lösung» zu unterdrücken.[58] Noch am 4. Oktober war es in Dresden zu gewaltsamen Auseinandersetzungen gekommen. Allein, als sich am 9. Oktober auf dem Innenstadtring in Leipzig immer mehr Menschen versammelten und in der bis dahin machtvollsten «Montagsdemonstration» am Ende mehr als 70 000 Demonstranten die Parolen «Wir sind das Volk» und «Keine Gewalt» skandierten, kapitulierte die Staatsgewalt. Der 9. Oktober wurde somit zum Gründungsmythos der «Friedlichen Revolution» in der DDR. Ihm folgte eine Serie von Massendemonstrationen, in denen nun immer mehr Bürger mitmarschierten, die ihre Angst vor den Organen des SED-Staates verloren hatten.

24. November 1989: Alexander Dubček und Václav Havel feiern in Prag gemeinsam das Ende der kommunistischen Herrschaft

In der Tschechoslowakei, wo das kommunistische Regime ohnehin an «chronischer Verspätung»[59] litt, kam es ab Anfang November ebenfalls zu ersten Massendemonstrationen.

Zum endgültigen Wendepunkt wurde der 17. November 1989. In Prag eskalierte eine offiziell genehmigte Studentendemonstration zum Gedenken eines 1939 von den Nazis getöteten Studenten, als unabhängige Studentengruppen ihre Unzufriedenheit mit der aktuellen Regierung äußerten. Als sich die Menge, die auf rund 10 000 Menschen angewachsen war, zum Wenzelsplatz begeben wollte, kam es zur Konfrontation mit der Polizei, die wahllos Schlagstöcke und Wasserwerfer einsetzte und 143 Demonstranten festnahm. Die Folge war eine lagerübergreifende Panik, die sich auf der Seite der Opposition mit Wut, auf der Seite der Regierung aber mit Konfusion anreicherte. Beide Seiten verband indes, wie auch in der DDR, die Sorge vor einer weiteren Gewalteskalation. Die in der Woche nach dem 17. November stattfindenden Dauerkundgebungen zwischen Wenzelsplatz und *Laterna Magika*, bei denen Václav Havel zum Dreh- und Angelpunkt wurde, verliefen friedlich.

Danach war nichts mehr wie zuvor. Indem sie davor zurückschreckten, die Massendemonstrationen offen gewaltsam niederzuschlagen, wichen die kommunistischen Regime in Ost-Berlin und Prag gleichsam über den Rubikon zurück. Die Massenbewegung nahm das Heft in die Hand, erzwang den Rückzug der alten Eliten und ebnete den Weg zur Demokratie. Am Ende erwies sich das bald zum geflügelten Wort werdende Urteil des britischen Zeitzeugen Timothy Garton Ash als zutreffend: In Polen hatte der Sieg über den Kommunismus zehn Jahre gedauert, in Ungarn dagegen zehn Monate. In der DDR waren es zehn Wochen, während in der Tschechoslowakei zehn Tage genügten.[60]

Im Dezember 1989 wurde auch Alexander Dubček rehabilitiert, der weltweit bekannte Führer des Prager Frühlings. Zwar blieb ihm eine bedeutende politische Rolle verwehrt, und sein Verhältnis zu Václav Havel war auch nicht ungetrübt; aber in seinen gemeinsamen Auftritten mit der Integrationsfigur der tschechoslowakischen Selbstbefreiung verschränkten sich Geschichte und Gegenwart sehr eindringlich. Tatsächlich symbolisieren die Rehabilitierungen von Nagy und Dubček die Verknüpfung von demokratischer und nationaler Tradition, die in den ostmitteleuropäischen Staaten nun ihre unwiderstehliche Durchschlagskraft entwickelte und die sanften Revolutionen des Jahres 1989 antrieb.

Einen dritten Typus des Übergangs bildeten die beiden Volksrepubliken auf dem Balkan, Bulgarien und Rumänien. In beiden Ländern, die im Winter 1989 mit grassierender Armut, Kälte und mit Versorgungsschwierigkeiten zu kämpfen hatten, nahm der Umsturz den Charakter einer «fingierten Revolution» an.[61] Eine politisch organisierte Opposition gegen das Regime existierte weder in Bukarest noch in Sofia. Unter dem Siegel einer formalen Demokratisierung vollzog sich im Kern ein Machtwechsel innerhalb der Kommunistischen Parteien. Die ältere Nomenklatura um den bulgarischen Staats- und Parteichef Todor Schiwkow wurde am 10. November von einer Fraktion jüngerer Parteikader gestürzt. Neuer Parteichef wurde Petar Mladenow. Ein wirklicher Austausch der politischen Eliten fand dagegen nicht statt.

Die auch in Bulgarien während des Jahres 1989 aufflackernden Massenproteste besaßen anfangs eine starke ethnisch-nationale Grundierung. Immerhin lebten nach wie vor mehr als 800 000 Türken im Land, eine starke ethnische Minderheit von etwa zehn Prozent der Gesamtbevölkerung. Schon in der Vergangenheit hatte die kommunistische Regierung in Sofia gegenüber dieser Minderheit eine Politik der Repression und der kulturellen Zwangsassimilation betrieben. Im Sommer 1989 führte ein neues Namensrecht zu einer Vielzahl von Protesten, die schließlich in der förmlichen Abschiebung von rund 300 000 Angehörigen dieser Minderheit in die Türkei gipfelte. Ganz offenkundig suchte das Regime innenpolitische Spannungen auf die nationalen Minderheiten abzuleiten.

Hierin bestanden unübersehbare Parallelen zum rumänischen Nachbarn. Nicht zufällig begann der rumänische Umsturz in Timişoara, der westlichsten Großstadt des Landes, unweit der ungarischen Grenze. Hier lebten Rumänen mit Angehörigen der deutschen, ungarischen, serbischen und jüdischen Minderheiten zusammen. Die Drangsalierung der Minderheiten gehörte schon lange zu den Herrschaftstechniken Ceauşescus und hatte vor allem das Verhältnis zu Ungarn notorisch belastet. Rumänen ungarischer Abstammung konnten in Timişoara problemlos das ungarische Fernsehen empfangen und sich über die Entwicklungen in den anderen «Bruderstaaten» informieren. Der allgemein im Jahre 1989 zu beobachtende politische Kommunikationsschub übte insofern auch eine über die Grenzen hinweg gehende, transnationale Wirkung aus.

Allerdings war Rumänien das einzige Land, in dem der Umsturz gewaltsam verlief und in einen kurzen, aber heftigen Bürgerkrieg mündete. Seine Ursache hatte dies darin, daß sich hier in einzigartiger Weise wirtschaftliche Rückständigkeit, kommunistische Parteiherrschaft und die persönliche Herrschaft eines zur Tyrannis neigenden Diktators miteinander verschränkten. Nicolae Ceauşescu war 1965 zum Generalsekretär der Kommunistischen Partei Rumäniens erhoben worden. Durch chinesische und nordkoreanische Vorbilder ließ er sich schon bald zu einem Personenkult inspirieren, wie er im Sowjetblock seit Stalins Tod nicht mehr anzutreffen war. Nicht zufällig titulierte er sich als *Conducator* – «Führer» – und sicherte sich und seinen Familienangehörigen, allen voran seiner Frau Elena, Machtpositionen und persönliche Privilegien. Überall im Land prangte auf großen Plakaten sein Konterfei.

Sollte Ceauşescu anfangs noch ein gewisses Maß an Popularität genossen haben, so verspielte er es in den 1980er Jahren nicht nur durch seine intransigente Haltung gegenüber den deutschen und ungarischen Minderheiten, sondern vor allem durch seine megalomanischen Großprojekte. In Bukarest ließ der Diktator rund 40000 Wohnungen abreißen, um einen Repräsentationsbau von grotesken Ausmaßen, den «Palast der Republik» zu bauen. Auf dem Land kündigte er ein monströses Programm der «Siedlungssystematisierung» an: 6000 Dörfer sollten geschleift, ihre Bewohner umgesiedelt und statt dessen hunderte sogenannter «agro-industrieller Zentren» errichtet werden. Zwar meldeten sich vor dem Hintergrund einer beispiellosen Verarmung der Bevölkerung, die sich teilweise direkt auf das persönliche Regiment des Diktators zurückführen ließ, in der ersten Hälfte des Jahres 1989 vereinzelte kritische Stimmen zu Wort. Noch am 23. November aber, als in den «Bruderländern» die kommunistische Herrschaft schon zusammengebrochen war, wurde Ceauşescu auf dem

Parteitag der Kommunistischen Partei Rumäniens einstimmig und unter dem Jubel der Delegierten in seinem Amt bestätigt.

Aber während Ceauşescu bis in den Dezember hinein eine ungebrochene Aktivität an den Tag legte, Auslandsreisen unternahm, Staatsgäste empfing und Interviews gab, spitzten sich unter der Hand die Zustände in der Provinz zu. In Timişoara entzündete sich der Widerstand an der drohenden Deportation des ungarisch-reformierten Pfarrers László Tőkés. Tőkés hatte gegen die Siedlungssystematisierung opponiert, sich über ein Predigtverbot seines ihm vorgesetzten Bischofs hinweggesetzt und stand im Dezember 1989 vor der Zwangsversetzung. Die von den Behörden angestrebte Deportation Tőkés' verhinderten jedoch seine Anhänger, die Mahnwachen und Kundgebungen organisierten. Am 17. Dezember ließ Ceauşescu Einheiten der Polizei, der Armee und der Staatssicherheit in die Stadt einrükken. Die Befehlshaber vor Ort erinnerte er per Telefonkonferenz unmißverständlich daran, daß über Timişoara der Ausnahmezustand verhängt sei und er Schießbefehl gegeben habe.[62] Die Offiziere eröffneten daraufhin das Feuer und verursachten mitten im Zentrum der Stadt ein Blutbad. Den Widerstand stachelte dies freilich nur noch weiter an. Die Bevölkerung von Timişoara bekundete ihren politischen Willen durch Massenkundgebungen. Es kam zu Verhaftungen und Verhören, Demonstranten und Ordnungskräfte standen sich frontal gegenüber; erneut geschossen wurde jedoch nicht. Am 20. Dezember gründete sich in der Stadt die erste oppositionelle Gruppierung, die umgehend den Rücktritt Ceauşescus forderte.

Der Diktator selbst kehrte am Abend desselben Tages von einem Staatsbesuch im Iran zurück und suchte umgehend, die Zügel wieder in die Hand zu nehmen. Es gelang ihm nicht. Eine große, im Fernsehen übertragene Ansprache, in der er die Vorfälle in Timişoara auf «Faschisten» und «Hooliganelemente» schob, wirkte kontraproduktiv. Angetrieben von Hunger und Kälte, wandten sich die Rumänen massenweise gegen das Regime. Am 21. Dezember kam es an mehreren Orten des Landes zu gewaltsamen und zum Teil tödlichen Auseinandersetzungen zwischen Demonstranten und Ordnungskräften. Unter diesen Umständen fand sich eine Koalition von Militärs und jüngeren Parteikadern unter Ion Iliescu zusammen, die Ceauşescu am 22. Dezember stürzte und gefangensetzte. Noch schwiegen die Waffen allerdings nicht, da sich Teile des Sicherheitsdienstes, der Ceauşescu ergebenen *Securitate*, gewaltsam zur Wehr setzten. Am 26. Dezember, als die Schießereien endgültig aufhörten, waren landesweit über 1000 Tote zu beklagen. Das Ehepaar Ceauşescu freilich erlebte das Ende dieses kurzen, aber heftigen Bürgerkrieges nicht mehr. Am 25. Dezember wurden beide in einer Art standgerichtlichem Verfahren zum Tode verurteilt und unmittelbar danach exekutiert.

An Weihnachten 1989 setzte dies einen sensationellen Schlußpunkt unter ein dramatisches Jahr der europäischen Geschichte, faktisch das dramatischste seit 1945. An seinem Ende existierte der Kommunismus in Europa nicht mehr. Überall hatten sich die Kommunistischen Parteien neue Führer gegeben und ihren eigenen politischen Führungsanspruch aus den Statuten gestrichen.

Das Ende der Sowjetunion

Während also die Reformpolitik Gorbatschows die Koordinaten Europas verschob, bedrohten ihre Rückwirkungen am Ende die Sowjetunion selbst in ihrer Existenz. Auch im Kernland des Kommunismus verfehlte die politische Liberalisierung ihre Wirkung nicht. Im Zeichen von *Glasnost* belebte sich die politische Szenerie; Oppositionsgruppen entstanden und nutzten die neue Meinungsfreiheit. Tatsächlich charakterisierte auch in Rußland ein «Strukturwandel durch Öffentlichkeit» (Helmut Altrichter) das Jahr 1989.

Aber in den außerrussischen Sowjetrepubliken setzte die Liberalisierung zentrifugale Kräfte frei. Seit Mitte der 1980er Jahre und im Rhythmus der Gorbatschowschen Reformpolitik eröffneten sich den innersowjetischen Nationalbewegungen neue Bewegungsspielräume. Massendemonstrationen in den Hauptstädten der Sowjetrepubliken, zum Teil auch in Rußland selbst, offenbarten, wie weit sich die Völker der Sowjetunion von der kommunistischen Zwangsgemeinschaft abgewandt hatten. In das Vakuum, das Gorbatschows Reformpolitik aufgerissen hatte, strömten nun die Nationalbewegungen an der Peripherie.[63] Nationalismus wurde zum Instrument der Selbstverteidigung gegen den als illegitim betrachteten Anspruch des Sowjetkommunismus; und zugleich wurde er zum Instrument des Angriffs gegen den ungeliebten Status quo. Wie in den europäischen Satellitenstaaten verbarg sich im Rekurs auf die Nation die Hoffnung auf Fortschritt und Zukunft.

Vor diesem Hintergrund vollzog sich die nach 1918 zweite große Sezessionsbewegung in der europäischen Geschichte des 20. Jahrhunderts. Mit einer atemberaubenden Dynamik, die kaum ein Beobachter für möglich gehalten hätte, konstituierten sich die Völker der Sowjetunion zu politischen Nationen. Die Sprache ihrer Proklamationen knüpfte dabei unmittelbar an die seit dem 18. Jahrhundert bekannte westliche Tradition der Nationsbildung an. «Die Souveränität der Estnischen SSR ist einheitlich und unteilbar», so eröffnete bereits im November 1988 der reformkommunistisch orientierte Oberste Sowjet der Estnischen Sowjetischen Sozialistischen Republik das neue Zeitalter nationalen Aufbegehrens.[64] «Die Ukrainische SSR», so erklang anderthalb Jahre später das Echo aus Kiew, «entwickelt sich als ein souveräner nationaler Staat in den existierenden Grenzen auf der Grundlage der Verwirklichung des unwiderruflichen Rechtes der ukrainischen Nation auf Selbstbestimmung.»[65]

Am dramatischsten verlief die hiermit eingeläutete Phase der «sezessionistischen» Nationalstaatsgründungen[66] in den baltischen Staaten und hier vor allem in Litauen. Dort fanden am 24. Februar und 10. März 1990 die ersten tatsächlich demokratischen Wahlen auf sowjetischem Territorium statt. Als Sieger ging der aristokratische Intellektuelle Vytautas Landsbergis mit seiner national-litauischen und antikommunistischen Bewegung *Sajudis* hervor. Kurz darauf wurde Landsbergis zum ersten nicht-kommunistischen Präsidenten einer Sowjetrepublik gewählt. Auf der Basis des Wahlergebnisses spitzte sich die Entwicklung rasch zu: Am 11. März 1990 erklärte das Parlament in Vilnius Litauen für unabhängig. Die KPdSU reagierte unmittelbar und erklärte nur wenige Tage später die litauische Unabhängigkeitserklärung für nichtig. Hierauf folgte ein rund einjähriger Nervenkrieg. Schon im August 1990 beschloß die KPdSU im Rahmen ihres konservativ-restaurativen Schwenks, das frei gewählte litauische Parlament mitsamt seiner Regierung wenn nötig gewaltsam zu beseitigen. Dabei stützte sie sich auf die russischen Minderheiten in den baltischen Staaten. Sogenannte prosowjetische «Nationale Rettungskomitees» sondierten in Litauen wie auch in Lettland die Möglichkeiten eines Putsches. Als sie im Januar 1991 einen solchen Umsturz tatsächlich herbeizuführen versuchten, floß in Vilnius wie in Riga Blut. Letztlich aber scheiterte die Anstrengung, das Rad der Geschichte zurückzudrehen, an der geradezu heroischen Widerstandshaltung der Balten, am Protest der Weltöffentlichkeit, aber auch an den zunehmenden Protesten in Rußland selbst, wo sich demokratisch orientierte Kräfte mit den baltischen Republiken solidarisch erklärten.[67] Die nationale Spannung an der Peripherie der Sowjetunion schlug nun auf das politische Zentrum zurück.

Anfang 1991 war Gorbatschow, dem viele Größen in Partei und Militär die Erosionserscheinungen des sowjetischen Imperiums persönlich vorwarfen, innenpolitisch geschwächt. Wichtige Mitstreiter traten zurück, wie Außenminister Eduard Schewardnadse, den der Lockruf der georgischen Politik ereilte; andere, wie Innenminister Wadim Bakatin, wurden aufgrund des Drucks aus der Partei durch Reformgegner ersetzt. Gorbatschow geriet nun in ein praktisch unlösbares Dilemma. Zwar wünschte er nichts mehr, als die Sowjetunion in ihrem Bestand zu erhalten; aber er blieb konsequent bei seiner Linie, auf militärische Zwangsmittel zu verzichten. In der realistischen Erkenntnis, daß sich die Sowjetunion nicht durch Gewalt zusammenhalten ließ, richtete er seine Hoffnungen auf eine vertragliche Neubegründung der Union. Sie sollte auf den Prinzipien Freiwilligkeit und Gleichberechtigung errichtet werden. Als sich jedoch im März 1991 die baltischen Republiken sowie Armenien, Georgien und Moldawien verweigerten, war der Plan gescheitert. Den letzten, verzweifelten Versuch Gorbatschows, mit den kompromißbereiten Sowjetrepubliken eine neue, nunmehr verkleinerte Union auszuhandeln, vereitelten seine Gegner durch den Putschversuch vom August 1991.

Die Welt hielt den Atem an, als Gorbatschow, seine Familie und engsten Mitarbeiter am 18. August 1991 in seinem Feriendomizil auf der Krim festgesetzt wurden. Aber wie zwei Jahre zuvor die Kommunistischen Parteien der europäischen Satellitenstaaten schreckten nun auch die sowjetischen Verschwörer vor der Anwendung offener Gewalt, das heißt vor einer «chinesischen Lösung» zurück. Ihr Zögern bahnte den Weg für Boris Jelzin und jene rund 100 000 Demonstranten, die den Putsch in Moskau binnen dreier Tage mit friedlichem Protest zusammenbrechen ließen. Bis Ende August kehrte sich die Situation in erneut dramatischer Weise um: Die Putschisten gingen ins Gefängnis, die KPdSU wurde verboten und Jelzin avancierte nun zum Rivalen des geschwächten Gorbatschow, aber auch zum Hoffnungsträger eines neuen, demokratischen Rußland. Zugleich ergriffen die abtrünnigen Republiken die Gelegenheit beim Schopfe und erklärten ihre volle Unabhängigkeit.

Somit läutete das Scheitern des Putsches vom August 1991 das definitive Ende der Sowjetunion ein. Die gegen Jahresende gegründete «Gemeinschaft Unabhängiger Staaten» (GUS) entsprach nicht den Plänen Gorbatschows und blieb eine lose Gruppierung ohne inneren Zusammenhalt. Tatsächlich hatte Gorbatschow, als er am 25. Dezember 1991 als Präsident der Sowjetunion zurücktrat, das Imperium verloren. Aber in der Fernsehansprache zu seinem Rücktritt konnte er mit Recht behaupten, anderes, Wichtigeres gewonnen zu haben: «Der Prozeß der Erneuerung des Landes und der grundlegenden Veränderungen in der Weltgemeinschaft erwies sich als weitaus komplizierter, als man es erwarten konnte. Aber das, was getan wurde, muß nach Gebühr bewertet werden. Die Gesellschaft hat die Freiheit erhalten, hat sich politisch und geistig aus der Knechtschaft befreit.»[68]

3. Das geöffnete Tor: Der Westen und der Umbruch in Europa

Überraschung und Teilnahme im Westen

Nicht nur der östliche Teil des Kontinents erlebte den Zusammenbruch des Kommunismus und den Übergang zur Demokratie als existentielle Herausforderung. Auch die westeuropäischen Länder sahen sich mit erheblichen Anpassungszwängen konfrontiert. Wie nie zuvor wurde Europa zu einer unruhigen Zone des Wettbewerbs. Die Uhren begannen anders und vor allem schneller zu ticken als in dem weitaus übersichtlicheren und so viel vertrauteren westlichen Teil des Kontinents.

Für die Westeuropäer barg dieser beschleunigte Wandel[69] zunächst ein enormes Verunsicherungspotential. Zu Beginn des osteuropäischen Revolutions- und Transformationsprozesses überwog im Westen fraglos die Überraschung, ja Begeisterung: Begeisterung darüber, daß der Aufbruch in die Freiheit zu gelingen schien und der Kontinent eine neue historische Chance erhalten hatte. Nunmehr unverhofft in Staatsämter eingerückt, avancierten die früheren osteuropäischen Oppositionellen in den westeuropäischen Hauptstädten zu politischen Lieblingsgästen. Doch wie in den postkommunistischen Staaten wurde auch in Westeuropa die Hochzeit der Gefühle bald von den Niederungen des politischen Alltags abgelöst. Es fiel nicht leicht, die manchmal schmerzlichen, häufig grauen, immer aber schwierigen europäischen Herausforderungen der neuen Zeit anzunehmen und zu bewältigen.

Diese Herausforderungen kamen gleichsam aus allen Himmelsrichtungen. Aus dem Osten drohten jene in Europa altbekannten, im satten Westen der Nachkriegszeit aber fast vergessenen Gefahren der politischen und wirtschaftlichen Instabilität sowie der zerstörerischen Sprengkraft des Nationalismus: Not und Anarchie, ethnische Konflikte und «Balkanisierung». Um so zwingender war es, den Transformationsprozeß aktiv zu unterstützen. Es ging um die politische und moralische Verantwortung für einen Teil des Kontinents, dessen einziges Verschulden darin bestand, daß er sich zur falschen Zeit auf der falschen Seite der Demarkationslinie befunden hatte. «Die Fügung, die uns in der Vergangenheit so gut behandelt hat», so lautete ein konsequentes Urteil aus dem Westen, «fordert uns jetzt zur Großzügigkeit auf.»[70] Dem entsprach die osteuropäische Forderung an den Westen nach «Opferbereitschaft und [...] Sensibilität für die Andersartigkeit des Denkens des Partners».[71]

Aber auch aus westlicher Richtung drängten neue Herausforderungen heran, die vor allem das Verhältnis zu den Vereinigten Staaten betrafen. Spätestens der erste Irak-Krieg im Jahre 1991[72] offenbarte, daß die USA einen Großteil ihrer Truppen aus Europa abziehen und den alten Kontinent eines Tages vielleicht sogar ganz verlassen würden. Unmißverständlich signalisierte die Auseinandersetzung mit dem Irak, wie sich die weltpolitischen Prioritäten der USA verschoben. Und keineswegs bedeutete das Ende der kommunistischen Bedrohung auch das Ende globaler Risiken. Die transatlantischen Auseinandersetzungen um die Lastenteilung, das «burden sharing» zwischen Westeuropa und den USA, fanden eine überraschende Fortsetzung. Auf der Tagesordnung stand aber nicht mehr der europäische Beitrag zur Abschreckung des kommunistischen «Feindes», sondern die aktive – und kostspielige – Teilnahme der Westeuropäer an militärischen Einsätzen weit außerhalb des alten Kontinents: im Nahen Osten, in Afrika, später auch in Afghanistan. Die Aussicht, vom alten Verbündeten in neue Konflikte hineingetrieben zu werden und dies auch finanziell noch tragen zu müssen, wurde keineswegs von allen Westeuropäern begrüßt.

Aber der erste Irak-Krieg verdeutlichte auch die Gefahren, die sich Europa von Süden aus näherten. Ob dies das latent fortbestehende Problem der Ölversorgung betraf, die religiös-politisch motivierte Infragestellung des Westens durch islamistische Gruppierungen oder die demographische Herausforderung infolge der zu erwartenden Wanderungsbewegungen aus Nord- und Schwarzafrika – alle diese Faktoren versprachen ausreichendes Konfliktpotential, um die internationale Agenda der Westeuropäer nicht verwaisen zu lassen.

Wie aber würden sich diese neuen Herausforderungen in die jeweiligen nationalen Kontexte, Mentalitäten und Identitäten einfügen? Unabhängig von der gleichzeitig geführten Dauerdebatte über die europäische «Identität»[73] hatten die Funktionseliten der westlichen Staaten ihre Positionen neu zu überdenken. Dies implizierte Fragen nach dem Standort des eigenen Landes im neuen Europa, nach der (Neu-)Definition der nationalen Interessen und nach den Möglichkeiten, sich in ihrem Rahmen aktiv am Neuaufbau Osteuropas zu beteiligen. Dabei verbanden sich sehr bald schon die Freude und Begeisterung über den Umbruch in Osteuropa mit gewissen nationalen Schmerzen. Die beiden westlichen Vormächte des Kontinents schlidderten geradezu in eine Identitätskrise. Sie ergab sich aus der Notwendigkeit, ältere, aus der Kriegs- und Nachkriegszeit stammende Deutungsmuster endgültig den gewandelten Realitäten anzupassen. Insbesondere den politischen Klassen und Funktionseliten bereitete dies erhebliche Schwierigkeiten.[74]

So hatte sich die französische Elite stets als Motor des europäischen

Einigungsprozesses verstanden, dies allerdings unter der Prämisse einer fortbestehenden kulturellen und politischen Bedeutung der eigenen Nation und des Nationalstaates.[75] Frankreich hatte es im Sinne de Gaulles verstanden, mittels einer Außen- und Europapolitik, die rhetorisch und symbolisch weiter ausgriff, als es die nationalen Möglichkeiten eigentlich erlaubten, die eigene Identität neu zu definieren. Nach der Öffnung Europas und der deutschen Wiedervereinigung verlor Frankreich sein Patentrecht am europäischen Integrationsprozeß. Und wenn sich in dem pluralisierten Europa der postkommunistischen Zeit beides wandelte, der Rhythmus der europäischen Integration ebenso wie die Rolle der Nation, so bedeutete dies eine Realitätsverschiebung nicht geringen Ausmaßes. Vielstimmig war daher der Chor derer, die befürchteten, Frankreich könne seine «Identität» verlieren oder zu einer bloßen «Provinz der Europäischen Union» werden.[76] Ein bloß noch ökonomisch orientiertes Europa, dessen Gravitationszentrum sich in die Mitte des Kontinents verschob und das sich zugleich unter das Joch der anglo-amerikanischen Massenkultur begab, drohte die französische Identität zu beschädigen.[77]

Auch in Großbritannien provozierte der europäische Umbruch eine Krise der politischen Klasse, die sich zunächst allerdings vor allem zu einer Krise der seit 1979 regierenden Tories auswuchs. Nirgendwo anders in Westeuropa blieb die politische Sprache der hohen Regierungsvertreter so stark in spezifisch national gefärbten Denkmustern befangen wie auf den Britischen Inseln. Diese Sprache, in der sich Premierministerin und Parlamentarier gleichermaßen über den Umbruch in Europa äußerten, sei «zutiefst ideologisch», so lautete eine Analyse im Jahre 1991: «Sie beschwört alle Elemente des englischen Nationalmythos herauf: Magna Charta, Parlamentssouveränität, die Kontinuität unserer 700 Jahre alten parlamentarischen Traditionen, unseren Inselstatus, ‹das britische Volk›, ‹die Nation›.»[78]

Die Vorbehalte der Tory-Regierung gegenüber Brüssel und die Formen britischer Interessenvertretung durch Margaret Thatcher waren ebenso bekannt wie berüchtigt. Die ewige Auseinandersetzung um die britischen EG-Beitragssätze war bereits Mitte der 1980er Jahre zu einem Thema geworden, bei dem «die meisten Beteiligten Mühe [hatten], die Fassung zu wahren, wenn darüber gesprochen wurde».[79] Im September 1988 unterstrich Thatcher in einer lange vorbereiteten Grundsatzrede in Brügge noch einmal die Distanz der britischen Regierung zum europäischen Einigungsprozeß. Nur wenig verhüllt attackierte sie den Brüsseler Kommissionspräsidenten Jacques Delors und seinen Plan zu einer weiteren Vertiefung der Gemeinschaft: «Wir haben nicht in Großbritannien die Grenzen des Staates erfolgreich zurückgedrängt, nur um sie auf der europäischen Ebene neu auferlegt zu sehen – mit einem europäischen Superstaat, der von Brüssel aus eine neue Dominanz ausübt.»[80]

Wieweit Thatcher, nun kurzfristig «Lady de Gaulle» genannt,[81] in ihrer aufsehenerregenden Rede der britischen Mehrheitsmeinung Ausdruck gab, mag dahin gestellt sein. Zweifel hieran sind freilich angebracht, deutete sich doch schon im Vorfeld ein klarer Dissens zwischen Thatcher und dem britischen Außenminister Sir Geoffrey Howe an. Eine frühere Version der Rede, die maßgeblich auf Thatchers eigene Redaktion zurückging, kritisierte Howe ungewöhnlich scharf. Insbesondere bemängelte er die Tendenz, «die Welt zu betrachten, als seien wir niemals einem der Verträge beigetreten». Zwar meine ein stärkeres Europa nicht notwendig die Schaffung eines europäischen Superstaates. «Aber ein stärkeres Europa wird das Opfer der politischen Unabhängigkeit und der Rechte der nationalen Parlamente erfordern. Diese Tendenz wohnt den Verträgen inne.»[82]

Thatchers Rede und ihre diplomatische Vorbereitung offenbarten unverkennbare Risse innerhalb der Tory-Regierung. Tatsächlich motivierte die Europapolitik zwei Jahre später maßgeblich die innerparteiliche Fronde gegen die Premierministerin. Nicht zufällig wurde sie von Howe angeführt.[83]

Thatcher beflügelte einen problematischen innerbritischen Diskurs, der am Ende des 20. Jahrhunderts nur in die Sackgasse führen konnte. Sie bestätigte jene, die sich immer schon um die britische «Souveränität» gesorgt hatten und sie durch die europäische Integration gefährdet sahen. Die britische Souveränität «wiederherzustellen» – dies wurde bis in die Mitte der 1990er Jahre ein entscheidendes Leitmotiv der Konservativen.[84] Die sich hinter ihm versammelnden Anti-Europäer machten auch Thatchers Nachfolger im Amt des Premierministers, John Major, schwer zu schaffen. Im Extremfall artikulierte sich der Ruf nach dem Schutz britischer Souveränitätsrechte in Form eines dezidierten Anti-Europäismus mit anti-deutschen Obertönen. Einer konstruktiven Neudefinition britischer Positionen und Interessen im zusammenwachsenden Europa war eine solche Haltung kaum zuträglich.

Die britische Beschäftigung mit der Frage der nationalen Souveränität hatte tiefreichende historische Wurzeln. Im Kern reflektierte sie ein weiteres Mal, wie schwer Teile des konservativen Spektrums daran trugen, den Abstieg Großbritanniens von der Weltmacht zur Mittelmacht gedanklich zu verarbeiten und mental zu akzeptieren. Der Aufbruch Europas seit 1989 verschärfte dieses alte britische Dilemma noch einmal. Denn die Genugtuung über das Ende des Kalten Krieges verbarg nicht, daß die Bedeutung Großbritanniens in diesem neuen Europa noch weiter zurückgehen würde.

Mit dem Zwei-plus-Vier-Vertrag verlor es seinen Status als Siegermacht; das wiedervereinigte Deutschland avancierte endgültig zur ökonomisch und demographisch stärksten Macht in Europa, dem sich überdies im östlichen Mitteleuropa eine breite Einflußzone zu eröffnen schien. Daß also ein Teil des konservativen Milieus im Vereinigten Königreich auf die Geschehnisse von 1989/90 mit der Betonung britischer «Souveränität» reagierte, kann daher kaum überraschen.

Freilich fehlte es nicht an Stimmen, die auf den anachronistischen Charakter und die problematische Wirkung der britischen insularen Neigungen zu Beginn der 1990er Jahre hinwiesen. Chris Patten etwa, konservativer Politiker und langjähriges Mitglied in Thatchers Kabinett, hielt das «Ballyhoo» um die Souveränität für inadäquat und schädlich, vor allem für die Konservative Partei, aber auch für das Land im ganzen. 1992 zum (letzten) Gouverneur nach Hongkong berufen, fragte er sich dort überdies, was nationale Souveränität wohl bedeuten möge in einer Zeit der globalen Märkte: da ein Computer-Klick ausreichte, um Milliardenbeträge von London, Frankfurt oder New York in Bewegung zu setzen – oder auch zu vernichten.[85] Und für den einflußreichen Publizisten Anthony Sampson hatten die Briten schlicht zu wählen zwischen einer Existenz als Europäer, die zum Kontinent in ein Verhältnis des offenen Gebens und Nehmens traten, oder dem Rückzug in eine «gefährlichere insulare Mentalität».[86]

Überaus wirksam blieb freilich die Tradition einer «angelsächsischen» Weltsicht, die glaubte, weiterhin von der *special relationship* zu den USA und einer hierauf gegründeten weltweiten *leadership* mit den USA als unverrückbarer Achse der britischen Identität ausgehen zu können. Dieser *Pan-Anglo-Saxonism* (D. C. Watt) diente der britischen politischen Elite seit 1945 als Vehikel, um gleichsam von Europa auf die «offene See» zu entkommen, übertünchte aber doch nur mühsam die faktisch irreversible Abhängigkeit Großbritanniens vom amerikanischen Partner. Die Grenzen der entsprechenden Möglichkeiten hatte Margaret Thatcher während des Umbruchs von 1989/90 und der deutschen Wiedervereinigung erfahren müssen. Und diese Grenzen bestanden fort, auch wenn die Kuwait-Krise von 1990 und der hieraus folgende erste Irak-Krieg britische Illusionen nähren mochte und manchem als Möglichkeit galt, «Großbritanniens moralische Autorität wieder geltend zu machen».[87]

Privat hätten zwar wohl die meisten britischen Politiker zu Beginn der neunziger Jahre konzediert, daß von der transatlantischen *special relationship* de facto nicht mehr sehr viel übrig geblieben war. Und es ließ sich nicht leugnen, daß der Kontinent selbst, allen voran die Bundesrepublik Deutschland, zum wichtigsten Handelspartner des Königreichs geworden war. Andererseits konnte der britische Verwaltungsapparat im Bereich der Außen-, Sicherheits- und Militärpolitik auf eine langjährig eingespielte und vertrauensvolle Zusammenarbeit mit den Amerikanern zurückblikken. Sie durch einen grundlegenden Wandel der Konzeption aufs Spiel zu setzen, widerstrebte daher der britischen Führungselite.[88] Gleichzeitig ging es für Großbritannien in den 1990er Jahren darum, den Kern einer funktionierenden transatlantischen Partnerschaft zu bewahren und ihn mit einer stärkeren Anbindung an den europäischen Kontinent zu verknüpfen.

Ungeachtet der Irritationen, die von der Transformation Osteuropas auf die langetablierten westeuropäischen Identitäten ausgingen, stand es für die handelnden Akteure doch außer Frage, daß die fragile Situation nach 1989/90 eine aktive Anteilnahme und Hilfestellung des Westens erforderte. Hatten die meisten westlichen Politiker und Intellektuellen nur auf der «Zuschauerbühne» gesessen, als die Demokratie im östlichen Teil des Kontinents gleichsam «im Handstreich» siegte,[89] so betraten sie danach sehr rasch selbst die Arena. Jenseits der abgründig-kulturellen Frage, welche «Identität» die westlichen Staaten in dem neuen Europa zu verteidigen oder zu verlieren hatten, war es leichter, sich pragmatisch auf ökonomische Probleme zu konzentrieren. Unabhängig von den erheblichen Unterschieden in der Handelsintensität wurde der Aufbau einer Marktwirtschaft in den postkommunistischen Staaten doch als gemeinsames westliches «Projekt» betrachtet. Eine der ersten Maßnahmen war daher die Gründung der Europäischen Bank für Wiederaufbau und Entwicklung im Jahre 1991.

Welchen Beitrag würden, so ließ sich fragen, die einzelnen westeuropäischen Länder zur Stabilisierung der neuen Demokratien leisten können? Kulturelle Identitäten, wirtschaftliche Stärkeverhältnisse und politische Prioritäten der westeuropäischen Staaten bildeten sich in der je spezifischen Form der Teilhabe am osteuropäischen Aufbruch ab und fanden ein neues Betätigungsfeld.

Was Großbritannien betraf, so hatte zwar Premierministerin Thatcher in ihrer Brügger Rede von 1988 eine Parallele gezogen zwischen dem damals schon erodierenden «demokratischen Zentralismus» des Ostblocks und dem Gespenst eines Brüsseler Zentralismus.[90] Aus dieser Sicht stand daher nicht zu erwarten, daß sich das Freiheitsstreben der osteuropäischen Völker an der Europäischen Gemeinschaft orientierte. Vielmehr vermutete man, daß das anglo-amerikanische Modell mit seiner Betonung auf Freihandel, Liberalismus und Demokratie für die Transformationsländer attraktiver sein werde. Diese Erwartung erfüllte sich allerdings höchstens in wirtschaftspolitischer, nicht aber in ordnungs- und außenpolitischer Hinsicht. Kaum vom Joch der kommunistischen Herrschaft befreit, beantragten die osteuropäischen Länder die Mitgliedschaft in der Europäischen Union. Neben dem historisch-politischen und symbolisch aufgeladenen Hoffnungssignal, das die Europäische Union verkörperte, brauchten die Beitrittskandidaten vor allem auch verfassungsrechtliches und demokratietheoretisches Know-how – Güter, die Großbritannien mit seiner ungeschriebenen Verfassung und seinem Common law eben gerade nicht bieten konnte. Tatsächlich führte der Weg von Warschau, Prag und Budapest nach Europa nicht über London, sondern über Bonn, Brüssel und Paris.

Dagegen fühlte sich Großbritannien, wie der britische Premierminister John Major im April 1991 betonte, besonders dazu berufen, seine Kompetenz als Finanz- und Dienstleistungszentrum sowie die in der Zeit des Thatcherismus erworbene Erfahrung in der Politik der Privatisierung anzubieten.[91] In Sachen Privatisierung, so kommentierte der *Economist*, «the lead was given bei Thatcherdom». Jetzt aber wurde es von allen früheren kommunistischen Staaten als ein Mittel betrachtet, «durch welches sich all jene Industrien und Dienstleistungen, die lange unter dem toten Sozialismus begraben waren», wiederbeleben ließen.[92]

Frankreich betonte, wenn es um die Neugestaltung Europas ging, den sicherheitspolitischen Aspekt. Anders als in Großbritannien hieß Sicherheitspolitik nach traditioneller französischer Lesart zugleich immer europäische Sicherheitspolitik, welche die Eigenständigkeit Europas jenseits der transatlantischen Bindung betonte.[93] Auf dieser Linie lag es, wenn der 1995 neu gewählte, gaullistische Staatspräsident Jacques Chirac den Beginn seiner Amtszeit mit einem Paukenschlag eröffnete. Frankreich nahm seine lange Zeit sistierten Atomversuche wieder auf – eine unilaterale Maßnahme, die bei den europäischen Partnern auf scharfe Kritik stieß.

Solche nationalen Alleingänge verknüpften die französischen Regierungen mit bilateralen Kooperationen und europäischen Initiativen. An die gemeinsamen französisch-deutschen Sicherheitsinitiativen der 1980er Jahre[94] ebenso anknüpfend wie an den sicherheitspolitischen Geist des Vertrags von Maastricht, verabredete der deutsch-französische Gipfel von La Rochelle im Mai 1992 die Aufstellung eines gemeinsamen Militärcorps. Aber es war charakteristisch für die gewandelte Gesamtsituation, daß Frankreich sich zugleich auch wieder der NATO anzunähern begann. Dies setzte Ende der 1990er Jahre einen Prozeß in Gang, der schließlich im Jahre 2009 in die volle Rückgliederung des Landes in die Kommandostruktur des westlichen Militärbündnisses mündete.[95] Nichts könnte besser dokumentieren, wie sehr sich die Voraussetzungen gewandelt hatten, unter denen Frankreich eine sicherheitspolitische Sonderrolle in Anspruch nehmen konnte.

Die Bundesrepublik Deutschland versuchte an ihre erfolgreiche Politik der 1970er und 1980er Jahre auch im erweiterten Europa anzuknüpfen. Dies bedeutete zum einen, die wirtschaftliche Bedeutung des Landes in die Waagschale zu werfen und die ökonomische Verflechtung weiter zu fördern. Zum anderen beharrte auch das wiedervereinigte Deutschland, das mit einigem Abstand der bedeutendste Handels- und Finanzpartner seiner ostmitteleuropäischen Nachbarn war, auf multilateralen Ansätzen. Dahinter stand die alte Bonner Staatsräson, deutsche Politik wo immer möglich in einem gesamteuropäischen Rahmen zu formulieren und Ziele im Konsens mit den Nachbarn zu erreichen.

So betätigte sich die deutsche Regierung unmittelbar als Schrittmacher für eine rasche Osterweiterung der EU und bot darüber hinaus Wirtschafts- und Finanzhilfe an. Bereits die «Prager Thesen», die Bundesaußenminister Hans-Dietrich Genscher am 11. April 1991 mit seinem tschechoslowakischen Amtskollegen Jiří Dienstbier vereinbarte, enthielten die Kernbotschaft dieser Haltung: «1. Es entspricht der Bedeutung der Europäischen Gemeinschaft für die Zukunft Europas, daß sie den neuen Demokratien in Mittel- und Osteuropa zur Mitgliedschaft offen steht. 2. Die Sicherheit und Stabilität der Staaten Westeuropas ist eng verbunden mit dem Erfolg der demokratischen und wirtschaftlichen Veränderungen der Staaten in Mittel- und Osteuropa.»[96]

Tatsächlich blieb die Bundesrepublik auch gegenüber anfänglicher Skepsis insbesondere in Frankreich der wichtigste Advokat und Makler der ostmitteleuropäischen Beitrittskandidaten. Bundeskanzler Helmut Kohl gab den polnischen Gesprächspartnern geradezu sein Wort, sich für den baldmöglichsten Beitritt des östlichen Nachbarn zur EU einzusetzen. Und auch als die polnische Regierung Mitte der 1990er Jahre vor allem aus sicherheitspolitischen Gründen auf eine Beschleunigung des Beitrittsprozesses drängte, versicherte Bundesaußenminister Kinkel dem polnischen Ministerpräsidenten Józef Oleksy und Außenminister Władysław Bartoszewski, daß Deutschland «aus der Verpflichtung, die uns aus der Vergangenheit erwachsen ist», ein Anwalt Polens bei seinen Bemühungen um schnelle Aufnahme in die westlichen Bündnissysteme bleiben werde.[97]

Das vereinigte Deutschland als Testfall

Kohls aktive Erweiterungspolitik entsprang der sicheren Erkenntnis, daß auch das wiedervereinigte Deutschland Europa brauchte. Wenn es das anfänglich unübersehbare Mißtrauen in Ost wie West zerstreuen wollte, dann war Deutschland auf eine berechenbare Politik angewiesen. Mehr noch: Das vereinigte Deutschland in der Mitte Europas wurde geradezu

Roland Dumas, Eduard Schewardnadse, James Baker, Michail Gorbatschow, Hans-Dietrich Genscher, Lothar de Maizière und Douglas Hurd bei der Unterzeichnung des Zwei-Plus-Vier-Vertrages in Moskau

zum Testfall für die Stabilität des neuen gemeinsamen europäischen Hauses. Nur wenn deutsche Interessen im Rahmen einer europäischen Politik formuliert und zur Geltung gebracht wurden, würde sich die neue europäische Mächtearchitektur stabilisieren und Deutschland eine Rolle in ihr finden.

Schon die starke Präsenz der deutschen Wirtschaft in den postkommunistischen Ländern bestätigte so manche Befürchtungen. Ende 1989 und zu Beginn des Jahres 1990 häuften sich bei den westeuropäischen Nachbarn die Stimmen, das wiedervereinigte Deutschland könne zu stark werden für eine europäische Friedensordnung und am Ende sogar von den verhängnisvollen Geistern seiner Vergangenheit eingeholt werden. In jedem Fall aber taten sich die westeuropäischen Nachbarn schwer, «die plötzliche Verwandlung der Deutschen Frage von einem abstrakten Prinzip in eine politische Realität» zu verarbeiten.[98]

Bevor die Außenminister der vier Siegermächte und der beiden deutschen Staaten am 12. September 1990 in Moskau den Zwei-plus-Vier-Vertrag unterzeichneten, der völkerrechtlich die Funktion eines Friedensvertrags erfüllte und das vereinigte Deutschland mit der vollen Souveränität nach innen und außen ausstattete, waren eine Fülle von Bedenken zu überwinden.

Die größten und nachhaltigsten Bedenken bestanden in Großbritannien, wo Teile der Konservativen ihre Antipathie gegen die Europäische Union mit dezidiert antideutschen Affekten verknüpften. Unter den westeuropäischen Regierungschefs erwies sich Margaret Thatcher als die entschlossenste Gegnerin einer deutschen Wiedervereinigung. «Großbritannien und Westeuropa haben kein Interesse an der Vereinigung Deutschlands», ließ sie Gorbatschow am 23. September 1989 wissen. «Wir wollen die Vereinigung Deutschlands nicht. Sie würde zu Veränderungen der Nachkriegsgrenzen führen, und wir können dies nicht zulassen, weil eine solche Entwicklung die Stabilität der ganzen internationalen Situation unterminieren würde und zur Bedrohung unserer Sicherheit führen könnte.»[99] Und Anfang Dezember malte Thatcher im Gespräch mit François Mitterrand ein Horrorgemälde an die Wand: «Wenn wir nicht vorsichtig sind, kann die Wiedervereinigung ganz schnell zustande kommen. Wenn das geschieht, brechen alle Fixpunkte in Europa zusammen: die Frontlinie der NATO, die Struktur der NATO, der Warschauer Pakt und Gorbatschows Reformhoffnungen.»[100]

Kurzfristig zumindest schien eine Mehrheit der Briten der Premierministerin in ihren deutschlandpolitischen Ängsten zu folgen. Umfragen zufolge standen noch im Oktober 1989 70 Prozent der Befragten einer deutschen Wiedervereinigung positiv gegenüber; aber sofort nach dem Fall der Mauer stieg das Mißtrauen gegen das sich vereinigende Deutschland an. Bereits Ende November ging die Zustimmung zu einer Wiedervereinigung auf 55 Prozent zurück und im Januar 1990 betrug sie nur noch 45 Prozent.[101] Parallel zu dieser raschen Abkühlung der Sympathien reaktivierte sich ein wenig vorteilhaftes Deutschlandbild. Nach anfänglicher Freude über das Ende des Kalten Krieges wurden entsprechende Stereotypen, die auf den Zweiten Weltkrieg zurückgingen, auch von der britischen Presse gezielt angeheizt. Dabei beschränkten sich die Befürchtungen nicht nur – wie dies in Frankreich der Fall war – auf die möglichen Gefahren eines wirtschaftlich und politisch erstarkten Deutschlands, sondern auch die Mentalität und «Natur» der Deutschen wurden mehr oder weniger unterschwellig in die Nähe des Dritten Reiches gerückt.[102]

Wie man den Bogen allerdings auch überspannen konnte und wo die Grenzen des antideutschen Diskurses verliefen, zeigte die Affäre um den britischen Handelsminister Sir Nicholas Ridley. Am 14. Juli 1990 kolportierte der *Spectator* Äußerungen Ridleys, die unmittelbar zu seinem Rücktritt führten. Ridley zog eindeutige Parallelen zwischen Hitler und Helmut Kohl, der nun mit der Macht der Bundesbank und dem Instrument der Europäischen Währungsunion den Kontinent zu beherrschen drohe. «Dies ist alles eine deutsche Gaunerei, um ganz Europa zu übernehmen, und sie muß vereitelt werden. Diese im Eiltempo durchgeführte Machtübernahme der Deutschen auf der schlimmstmöglichen Basis, während sich die Franzosen wie Pudel gegenüber den Deutschen benehmen, ist absolut unerträglich.»[103] Zu der Empörung über Ridleys Faux pas paßte es gut und es war natürlich kein Zufall, daß nur einen Tag später das Protokoll eines britisch-amerikanischen Expertenseminars an die Öffentlichkeit geriet, das Ende März 1990 unter Beteiligung Margaret Thatchers in Chequers stattgefunden hatte.[104] Das Thema lautete: «Wer sind die Deutschen», und obgleich es sich hierbei um eine differenzierte Analyse handelte, entstand ein weiteres Mal der – in diesem Fall unzutreffende – Eindruck, die Londoner Politik würde von dumpfen antideutschen Stereotypen beherrscht.[105]

Allerdings fehlte es auch nicht an Stimmen, die die stark vergangenheitsbezogene Deutung der Geschehnisse des Jahres 1989/90 kritisierten. Verspielte Großbritannien am Ende mit seiner unflexiblen Haltung wichtige Möglichkeiten, auf das neue Europa Einfluß zu nehmen? Der britische Botschafter in Bonn, Sir Christopher Mallaby, warnte im Februar 1990 eindringlich davor, daß Großbritannien am Ende in den Augen der Deutschen als die einzige Macht dastehen könnte, die sich gegen die Wiedervereinigung sperrte.[106] Und am Ende des Jahres zog der Labour-Politiker und nachmalige NATO-Generalsekretär George Robertson eine bittere Bilanz der britischen Deutschlandpolitik: Natürlich seien viele andere Nationen anfangs besorgt gewesen über die sich abzeichnende deutsche Einigung. Aber im Gegensatz zu Großbritannien hätten sie die Unausweichlichkeit der Entwicklung akzeptiert und überdies erkannt, daß zwischen der Bundesrepublik und dem Vorkriegsdeutschland ein «tiefer qualitativer Unterschied» bestehe. Schließlich hätten die anderen Länder richtig kalkuliert, «daß man von den Deutschen einen Preis verlangen konnte, wenn man sie in ihrer tief empfundenen Hingabe zur Vereinigung unterstützte. Die Franzosen erhielten so die Unterstützung für die Wirtschafts- und Währungsunion […]. Die Amerikaner sicherten sich ihren Platz in den bilateralen Verhandlungen zwischen Deutschen und Russen und überdies den fortwährenden deutschen Rückhalt für die NATO. Selbst die Sowjetunion erhielt etwas – die Verpflichtung zur Truppenreduzierung und ökonomische Hilfe. Aber Großbritannien hatte sich durch taktlose und beleidigende Diplomatie Blößen gegeben und mußte nun das Unvermeidliche ohne Gegenleistung akzeptieren. Das Traurige war dabei, daß es gar keinen Preis gab, den wir gewollt hätten, und daher auch keine Strategie, keinen Entwurf, kein Ergebnis.»[107]

Rückblickend erscheinen die Ridley-Affäre und die sich in ihrem

Schlepptau entfaltende «Chequers-Affäre» als Wendepunkt in der britischen Deutschland-Wahrnehmung. Noch im selben Jahr demissionierte Margaret Thatcher, und die britische Außenpolitik wurde deutlich flexibler. Auch in der Öffentlichkeit verlor der Bezug auf den Zweiten Weltkrieg, der das britische Deutschland-Bild über Gebühr prägte, allmählich an Gewicht. Die zum Teil grotesken Befürchtungen vor einem «Vierten Reich» bzw. einem von Deutschland beherrschten Europa machten einer realistischeren Einschätzung Platz. Zwar fuhr die britische Presse fort, immer wieder einmal auf Deutschlands nationalsozialistische Vergangenheit anzuspielen; aber bis Mitte der 1990er Jahre registrierte man ein zunehmend verändertes deutsches Selbstverständnis. Augenscheinlich fanden die Deutschen zu einem gleichsam «normalen» Maß an Patriotismus zurück, so daß das wiedervereinigte Deutschland im Rahmen der internationalen Institutionen künftig auch mehr Verantwortung würde übernehmen können.[108]

Auch in Frankreich benötigten Politik und Öffentlichkeit geraume Zeit, ältere Deutschlandbilder mit der neuen europäischen Architektur zu versöhnen. 1984 zeigten sich die Franzosen noch wenig besorgt hinsichtlich einer möglichen deutschen Wiedervereinigung: 15 Prozent der Befragten sprachen sich offen gegen eine Wiedervereinigung aus, 28 Prozent hielten es für richtig, sie zu unterstützen. Dagegen waren rund 42 Prozent der Ansicht, Frankreich solle sich aus dieser Frage heraushalten.[109] Und noch wenige Tage vor dem Mauerfall erklärte Präsident François Mitterrand, er habe «keine Angst vor der Wiedervereinigung».[110]

Allerdings offenbart Mitterrands Haltung, wie schwer sich auch der wichtigste europäische Partner der Bundesrepublik mit der unvorhergesehenen Veränderung des Status quo tat. Tatsächlich suggerierte der französische Staatspräsident eine grundsätzliche Zustimmung zu etwas, was er zu diesem Zeitpunkt für politisch unmöglich hielt. So hatte er am 2. Oktober in einer internen Besprechung gesagt: «Diejenigen, die von einer deutschen Wiedervereinigung sprechen, begreifen nichts. Die Sowjetunion wird sie niemals akzeptieren. Sie wäre der Tod des Warschauer Paktes, können Sie sich das vorstellen?»[111] Und als sich nach dem 9. November die Möglichkeit einer Wiedervereinigung abzuzeichnen begann, ruderte Mitterrand auch in der Öffentlichkeit zurück und nahm eine eher zurückhaltende Position ein.

Dem entsprach die mehrheitliche Auffassung in der Presse. Wenn eine deutsche Wiedervereinigung möglich werde, so sollte sich diese doch zumindest in Form eines längeren Prozesses, das heißt über einen Zeitraum von mehreren Jahren hinweg, vollziehen. Einen entsprechenden Standpunkt vertraten bis weit in das Jahr 1990 hinein die drei großen französischen Tageszeitungen *Le Monde, Le Figaro* und *Libération.* Sie sprachen sich für eine längere Übergangsperiode mit zwei deutschen Staaten aus und kritisierten Bundeskanzler Helmut Kohl zunehmend wegen seiner seit Ende 1989 erkennbar auf eine rasche Wiedervereinigung zielenden Politik.[112] Politische Bedenken verbanden sich wie in Großbritannien mit der Sorge vor der zu erwartenden wirtschaftlichen Dominanz eines künftig wiedervereinigten Deutschland. Französische Hoffnungen, wirtschaftlich und demographisch zur alten Bundesrepublik aufzuschließen, rückten mit der deutschen Wiedervereinigung endgültig in weite Ferne. Faktisch zerstörte diese, wie immer wieder offen ausgesprochen wurde, die französische Vision eines von Paris aus dominierten Westeuropa. Auch Valéry Giscard d'Estaing wurde kurz nach dem Mauerfall mit den Worten zitiert: «Die Wiedervereinigung ist das Ende Europas.»[113]

Schneller als dies in Großbritannien der Fall war, überwanden jedoch die französische Politik und Öffentlichkeit anfängliche Befürchtungen zugunsten einer pragmatischen Haltung. Angeführt von ihrem Präsidenten Mitterrand, der das Prinzip der Wiedervereinigung bald akzeptierte, spielten die Franzosen in den Verhandlungen des Jahres 1990 eine konstruktive Rolle. Das schloß gelegentlich geäußerte Ängste vor einem neuen deutschen «Mitteleuropa» und einem neuen «Sonderweg» der Deutschen zwar nicht aus.[114] Zunehmend setzte sich aber die realistische Erkenntnis durch, daß sich Frankreichs außen- und sicherheitspolitische Lage selbst grundlegend verändert hatte und sich die Partner Deutschlands mit den neuen Gegebenheiten abzufinden hatten.[115] Es galt, die lange Zeit gültigen, von Charles de Gaulle aufgestellten und seit 35 Jahren weitgehend unveränderten Richtlinien zu überdenken. Auf Frankreich und die USA kam nun die Aufgabe zu, Europas zukünftige Ausrichtung zu gestalten.[116] Das von deutscher Seite aufrechterhaltene und häufig wiederholte Bekenntnis zur Fortsetzung der europäischen Integration erschien hierfür als geeigneter Ausgangspunkt. Anders als die Briten, die eine Vertiefung der Europäischen Gemeinschaft im Kern ablehnten, verfügte Frankreich mit der «Methode Monnet» über ein Konzept, wie die Stärke des wiedervereinigten Deutschlands europapolitisch einzuhegen und möglichen deutschen Dominanzbestrebungen entgegenzuwirken wäre.[117]

Im Grunde gebar dieses Kalkül dann schon die Formel, auf deren Basis Frankreich den Weg zur deutschen Wiedervereinigung mitging. «Es muss erreicht werden», so unterstrich Mitterrand am 6. Dezember 1989 gegenüber Gorbatschow, «dass der gesamteuropäische Prozess sich rascher entwickelt als die deutsche Frage und die deutsche Bewegung überholt. Es gilt, gesamteuropäische Strukturen zu schaffen. Und die deutsche Komponente sollte nur eines der Elemente der europäischen Politik sein, aber keineswegs ein dominierendes, führendes Element.»[118] Nur zwei Tage später kam es daher auf dem Straßburger Gipfel des Europäischen Rates, in phasenweise eisiger Atmosphäre und nach einer Phase erheblicher deutsch-französischer Verstimmungen, zu einem Kompromiß. Zwar nicht formell, aber faktisch schmiedete der Gipfel eine Art Junktim zwischen deutscher Wiedervereinigung und europäischer Währungsunion: Kohl stimmte zu, dass bereits für den Dezember 1990 eine Regierungskonferenz zur konkreten Vorbereitung der Währungsunion einberufen wurde. Im Gegenzug bestätigten die europäischen Partner, angeführt von Frankreich, das deutsche Recht auf freie Selbstbestimmung. Wenn auch stark verklausuliert, so hatte doch damit der Europäische Rat – nur wenige Tage nach dem stark umstrittenen Zehn-Punkte-Plan Helmut Kohls – zum Thema der Einheit Deutschlands Stellung bezogen. Insofern wiederholte sich auf einer anderen Ebene die Situation der 1950er Jahre: Die Sorge der westlichen Nachbarn vor einem politischen Abdriften der Deutschen mit ihrem überlegenen Wirtschaftspotential gebar die europäische Lösung. Der bereits 1988 in Gang gekommene Maastricht-Prozeß erfuhr somit durch die deutschen Ereignisse des Jahres 1989/90 eine entscheidende Beschleunigung und Konkretisierung, an deren Ende 1999 die Einführung des Euro stand. Die Zwangslage, die sich für alle Beteiligten aus dem Zusammenbruch der DDR und der unvorhergesehenen Dynamik des Vereinigungsprozesses ergab, ließ sich auf diese Weise europäisch auflösen.

Für erhebliche Irritationen sorgte allerdings noch einmal die Frage der polnischen Westgrenze und ihrer künftigen Garantie durch ein vereinigtes Deutschland. Helmut Kohls zögerliche Haltung, die sich aus dem Wunsch ergab, die bundesrepublikanische Rechte und die Vertriebenenverbände nicht zu verprellen, verärgerte nicht nur die westlichen Alliierten.[119] Die über die Oder-Neiße-Grenze entstehenden Diskussionen drohten im Frühjahr 1990 Sand in das Getriebe der internationalen Verhandlungen zu streuen und belasteten das Bonner Koalitionsklima. Entspannung brachte erst die gleichzeitige Erklärung beider deutscher Parlamente am 21. Juni 1990, in der Bundestag und Volkskammer die polnische Westgrenze für unverletzlich erklärten. Und im Zwei-Plus-Vier-Vertrag wurden die künftigen deutschen Außengrenzen ex ante festgeschrieben. Dementsprechend verzichtete das künftige Gesamtdeutschland auf jegliche späteren Gebietsansprüche und verpflichtete sich, in seine Verfassung keine dem entgegenstehenden Artikel aufzunehmen. Schon die Zwei-Plus-Vier-Verhandlungen wiesen daher auf eine wichtige Entwicklung hin, die es den europäischen

Nachbarn rasch ermöglichte, sich an das wiedervereinigte Deutschland und seine neue Rolle zu gewöhnen. Denn zu den Markenzeichen der Bundesrepublik gehörte es in den 1990er Jahren, dezidiert auf eine Renationalisierung ihrer Außenpolitik zu verzichten. Bundeskanzler Helmut Kohl, Außenminister Hans-Dietrich Genscher, dessen Nachfolger Klaus Kinkel und mit ihnen die Mehrheit der Deutschen blieben unumstößlich davon überzeugt, daß auch das wiedervereinigte Deutschland der festen Integration in das westliche Bündnis und in die Europäische Gemeinschaft bedurfte.

Erleichtert wurde den europäischen Nachbarn der Umgang mit der Bundesrepublik schließlich auch noch durch etwas anderes: Jene Prognosen nämlich, die davon ausgingen, daß das wiedervereinigte Deutschland quasi automatisch zum Wirtschaftsgiganten werden würde, erwiesen sich als falsch. Im Gegenteil: Die Vereinigung Deutschlands forderte einen hohen Preis und wurde auch in dieser Hinsicht zum Testfall für das neue, postkommunistische Europa. Wie dies in allen postkommunistischen Staaten der Fall war, warf der schockartige Übergang von der sozialistischen Zentralverwaltungswirtschaft zur Marktwirtschaft auch im östlichen Teil Deutschlands gewaltige ökonomische und soziale Folgeprobleme auf. Unter den RGW-Staaten war die DDR die am höchsten industrialisierte und – scheinbar – die leistungsfähigste Industriewirtschaft gewesen. Im kalten Scheinwerferlicht des Weltmarktes allerdings schrumpfte diese Leistungsfähigkeit zur *quantité négligeable*. Infolge der schnellen innerdeutschen Währungsunion brachen einerseits die Exportmärkte der DDR im osteuropäischen Rubel-Raum weg. Andererseits wurde die mangelnde Wettbewerbsfähigkeit der ostdeutschen Industrie im Vergleich zur alten Bundesrepublik offen sichtbar. Die Folge war eine ebenso dynamische wie schmerzhafte Deindustrialisierung. Unter der Ägide der Treuhandanstalt, die den politischen Auftrag erfüllte, die Staatsbetriebe der DDR zu privatisieren, schrumpfte das produzierende Gewerbe auf jene Größe, die durch Investitionen und Innovationen aus dem Westen getragen wurde. Zwischen 1989 und 1996 ging die Zahl der Beschäftigten in der Industrie von 4,39 auf 2,14 Millionen zurück. Die Gesamtzahl der Erwerbspersonen sank bis 1995 von 9,1 auf 7,4 Millionen. Und insgesamt blieb nur einem knappen Drittel aller Erwerbstätigen ihr Arbeitsplatz erhalten. Langfristige Massenarbeitslosigkeit mit Quoten von bis zu über 20 Prozent war die logische Konsequenz.[120]

Vor diesem Hintergrund mündete die Euphorie der ersten Stunde unvermeidlich in Enttäuschungen.[121] Mauerfall und Wiedersehensfreude, Begrüßungsgeld und Konsumtaumel hatten ungetrübte Zukunftshoffnungen und überzogene Erwartungshaltungen hervorgebracht. Sie realisierten sich aber nur für die Gewinner der Einheit – für gut qualifizierte, flexible und junge Ostdeutsche, die von den wirtschaftlichen Chancen des zusammenwachsenden Deutschland profitierten. Ältere und minder qualifizierte Erwerbstätige, aber auch viele gut ausgebildete Facharbeiter litten hingegen am flächendeckenden Abbau der Arbeitsplätze. Infolge der forcierten Entindustrialisierung verloren sie häufig den Boden unter den Füßen, während Angestellte des öffentlichen Dienstes ausgedehnten tariflichen und rechtlichen Schutz genossen.[122] Auch bei den Frauen gab es große Unterschiede. Während jüngere Frauen von zusätzlicher Arbeitslosigkeit durchschnittlich weniger betroffen waren als ältere, litten Mütter mit kleinen Kindern unter dem Abbau öffentlicher Betreuungseinrichtungen. Dies minderte zumeist auch ihre Erwerbschancen beträchtlich. Wie in den anderen postkommunistischen Staaten auch ging daher die Frauenerwerbsquote in den neuen Bundesländern zunächst deutlich zurück.[123]

Der «Freiheitsschock» (György Dalos), den alle Bürger der Transformationsstaaten verarbeiten mußten und der vor allem ein Marktschock war, blieb also auch auf dem Territorium der früheren DDR nicht aus. Hinzu trat ein für die deutsche Situation spezifischer «Vereinigungsschock».[124] Zwar wurde der Übergang durch gewaltige Transferleistungen, die Politik und Steuerzahler der alten Bundesrepublik aufbrachten, gemildert, so daß die ostdeutsche Bevölkerung im Vergleich mit ihren östlichen Nachbarn materiell wesentlich besser gestellt blieb. Aber eben diese weitgehende Abhängigkeit vom Westen brachte bei vielen Ostdeutschen eine spezifische Abgrenzungsmentalität hervor. Gesteigert wurde sie durch die Dynamik des Elitenaustausches. Während politisch belastete frühere SED-Kader und Stasi-Mitarbeiter keine Chance mehr hatten, rückten in fast alle politischen, administrativen und privatwirtschaftlichen Chefetagen Ostdeutschlands die zunehmend skeptisch beäugten «Wessis» ein. Für manche Beobachter glich dieser Vorgang gar einer «brutalen Eroberung», in der die «Westdeutschen kamen, um ihren schnellen Profit zu machen»[125] und sich auf diese Weise an den Ostdeutschen «gesund» stießen.[126] So übertrieben und häufig von interessierter ex-kommunistischer Seite lanciert solche Stimmen auch waren: Die nüchterne Rationalität – und mitunter auch Kälte –, die die Tätigkeit des Heeres westdeutscher Politiker, Beamter, Juristen und sonstiger Experten in den neuen Bundesländern begleitete, führte unvermeidlich zu Verwerfungen. Auch konnten die Vertreter der Generation der über Fünfzigjährigen den Eindruck erhalten, ihnen sei der Ertrag eines langen Arbeitslebens genommen worden. So schlug die Euphorie der ersten Stunde bald in einen Prozeß erneuter Entfremdung um: einer Entfremdung zwischen dem «unsensibel einherdampfenden ‹Besserwessi›» und dem in Westdeutschland verbreiteten Bild des «aktivitätsentwöhnten, initiativscheuen ‹Ossi› mit Versorgungsmentalität».[127] Die parallel hierzu aus Enttäuschung, Frustration und zunehmend auch DDR-Nostalgie gespeiste Abgrenzungsmentalität läßt sich als kulturelle Kompensation für die Negativfolgen des Freiheits- und Marktschocks der frühen 1990er Jahre begreifen.

Im April 1993 gaben in einer Allensbach-Umfrage 71 Prozent der befragten Westdeutschen und 85 Prozent der Ostdeutschen an, jeweils entgegengesetzte Interessen zu haben.[128] Und angesichts solcher Daten stieg die Versuchung, das Bild von der fortbestehenden «Mauer im Kopf» zu zeichnen. «Die Mauer ist weg, aber die Mauer in den Köpfen wächst»[129], konstatierte der *Spiegel* Anfang 1993, und die *Berliner Zeitung* titelte «Aus Brüdern und Schwestern werden Fremde»[130]. Ob die Deutschen in Ost und West überhaupt zusammengehörten oder ob es so etwas wie eine deutsche «Identität» gebe, wurde damit zunehmend zur offenen Frage.[131] Und Stimmen wie die des Schriftstellers Patrick Süskind stellten dem Zusammengehörigkeitsgefühl der Deutschen ein geradezu vernichtendes Zeugnis aus: «Denn was gehört denn da zusammen, bitte sehr? Gar nichts. Im Gegenteil: Nichts Unzusammenhängenderes läßt sich denken als die DDR und BRD! Verschiedene Gesellschaften, verschiedene Erziehungssysteme, verschiedene Lebensstandards, verschiedene Blockzugehörigkeit, verschiedene Geschichte, verschiedene Promillegrenze – gar nichts wächst da zusammen, weil gar nichts zusammengehört.»[132]

Allerdings wäre es falsch, die Gegensätze allein im Verhältnis zwischen Ost und West zu suchen. Vielmehr polarisierte sich die ostdeutsche, postkommunistische Gesellschaft auch in ihrer Binnenstruktur erheblich. Der schwierige und häufig schmerzhafte Umgang mit der kommunistischen Vergangenheit tat ein Übriges. Die Wunden, welche die Parteidiktatur geschlagen hatte, verheilten nicht über Nacht, und das Gegenüber von Tätern und Opfern überlagerte noch lange die durch wirtschaftliche Probleme ohnehin gebeutelte ostdeutsche Gesellschaft. Politisch schlug sich die Polarisierung in wachsenden Wahlerfolgen der SED-Nachfolgepartei PDS nieder. Gleichsam als Milieupartei derer, die sich durch die Wiedervereinigung politisch benachteiligt, sozial beschädigt und in ihrer Identität verletzt fühlten, stieg die PDS in den meisten Neuen Bundesländern bald wieder zur zweitstärksten politischen Kraft auf. Bei Landtagswahlen erzielte sie meist über 20 Prozent und beteiligte sich 1998 in Mecklenburg-Vorpommern erstmals wieder an einer Landesregierung.

Die deutsche Wiedervereinigung geriet also auch zum problematischen Testfall für die Transformation einer kommunistischen in eine demokratische und marktwirtschaftliche Gesellschaft. In der Bilanz mischten sich am Ende der 1990er Jahre Licht und Schatten. Auf der einen Seite ließ sich nicht leugnen, daß in manchen Gegenden der früheren DDR tatsächlich so etwas wie die von Helmut Kohl versprochenen «blühenden Landschaften» entstanden war. Neubauten, instandgesetzte Häuser, verbesserte Umweltwerte und eine moderne Infrastruktur überzogen alle Neuen Bundesländer. Manche Städte wie zum Beispiel Dresden, aber auch der Ostteil Berlins wurden zu großen internationalen Anziehungspunkten. Auf der anderen Seite aber hinterließen die Probleme des Übergangs tiefe Spuren. Enttäuschung, Arbeitslosigkeit und Bevölkerungsrückgang prägten die zu kurz gekommenen Regionen: viele kleinere Städte und ländliche Gegenden. Besonders betroffen waren Sachsen-Anhalt, Brandenburg und Mecklenburg-Vorpommern. Die Möglichkeit, in den besser gestellten westlichen Bundesländern Arbeit und Brot zu finden, lockte vor allem die jüngeren, mobilen Erwerbspersonen, darunter überdurchschnittlich viele Frauen.

Unterdessen begann der Westen des Landes unter den Lasten der Sozialtransfers zu ächzen. Allein bis 1996 brachte Westdeutschland Nettotransferleistungen von rund 615 Milliarden D-Mark auf. Als Folge dieses Kraftaktes stiegen die Sozialleistungsquote, die Staatsquote und die Neuverschuldung des vereinigten Deutschlands stetig an. Der deutsche Sozialstaat, der schon vor 1989 dringend reformbedürftig gewesen war, geriet nun vollends in die Krise. Im zunehmend scharfen Wind der globalisierten Weltwirtschaft kam es zu einer ebenso deutlichen wie überraschenden Verschlechterung des Wirtschaftsstandorts Deutschland. Regelmäßig beklagten Ökonomen, aber auch internationale Institutionen wie die OECD und die Europäische Union den «Reformstau» in Deutschland, die Überlastung der Sozialsysteme und die Verkrustungen des Arbeitsmarktes. Mit der Leistungsfähigkeit der Bundesrepublik sank freilich auch die Sorge der Nachbarn vor ihrer wirtschaftlichen Übermacht. Während in Deutschland die durchschnittlichen Reallöhne zurückgingen, stieg der Lebensstandard in boomenden Volkswirtschaften wie Spanien oder Irland. Als die Bundesrepublik daher zwischen 2003 und 2005 die Stabilitätskriterien des Vertrags von Maastricht regelmäßig verfehlte, mangelte es nicht an zum Teil hämischen Kommentaren gegenüber dem früheren «Musterknaben». Erst als Deutschland die tiefe Finanz- und Wirtschaftskrise von 2008/2009 überraschend gut verkraftete, aus ihr sogar gestärkt und erneut als Lokomotive der europäischen Wirtschaft hervorging, stellten sich auch die alten europäischen Sorgen vor einer unverträglichen Übermacht der deutschen Wirtschaftskraft wieder ein. Den

Test, wie sie die inneren Folgen des Freiheits- und Vereinigungsschocks bewältigen würde, hatte die Bundesrepublik aber zu diesem Zeitpunkt bestanden.

Die Europäische Union als Verheißung

Die deutsche Frage war nicht nur im Rahmen des zusammenwachsenden Europa gelöst worden, sondern die deutsche Wiedervereinigung hatte den europäischen Integrationsprozeß auch unverkennbar beschleunigt. Europa hatte seine Bewährungsprobe bestanden. Nichts war daher naheliegender als das bewährte Konzept «Europa» auch angesichts der neuen Aufgaben und Problemhorizonte weiterzuentwickeln. Seit der Öffnung des Kontinents nach Osten galt es mehr denn je, eine neue, den westeuropäischen Status quo transzendierende Zukunftsvision zu entwickeln. Nach Lage der Dinge konnte sie nur «Europa» heißen. Zumindest stand kein besseres Konzept zur Verfügung, um die vielfältigen sich abzeichnenden Herausforderungen, Spannungen und Gegensätze unter dem Dach einer zukunftsorientierten Perspektive zu sammeln und ihnen Richtung und Ziel vorzugeben.

Es ist in diesem Zusammenhang von entscheidender Bedeutung gewesen, daß sich längst vor 1989 eine Art europäischer Mythos herausgebildet hatte. Er formte das europäische Gedächtnis und disziplinierte damit auch die internationale Politik. Denn der alte Kontinent trat in die 1990er Jahre auf einem bereits ausgetretenen Pfad ein, den letztlich kein westeuropäischer Staatsmann mehr verlassen konnte und auf den nun auch die postkommunistischen Länder ganz selbstverständlich drängten. Solche Formen einer europäischen «Pfadabhängigkeit» gingen zurück auf die erste große «Meistererzählung» der europäischen Integration, die zu einem entscheidenden Antriebsmoment der supranationalen Integration geworden war und seit Mitte der 1980er Jahre den Weg zur Europäischen Wirtschafts- und Währungsunion zu ebnen half.[133] Seit den Anfängen der europäischen Bewegung nach dem Zweiten Weltkrieg hatte sich diese große Erzählung als ebenso einfach wie vital erwiesen. Sie handelte von einem Europa, das sich aufgrund nationaler Zerrissenheit und nationalistischer Hybris in zwei Kriegen an den Rand der Selbstzerstörung gebracht hatte. Vor dem Hintergrund dieser bitteren historischen Erfahrung gab es nur einen Weg, Europa zu retten und ihm die Möglichkeit zu geben, wiederaufzusteigen und die Freiheit seiner Bürger zu sichern: nämlich die Feindschaften zu überwinden, die Gräben aufzuschütten und sich zur Lösung der Probleme dauerhaft zusammenzuschließen. Die Gemeinschaft bekannte sich «zu den Grundsätzen der Freiheit, der Demokratie und der Achtung der Menschenrechte und Grundfreiheiten und der Rechtsstaatlichkeit»; sie stärkte «die Solidarität zwischen ihren Völkern unter Achtung ihrer Geschichte, ihrer Kultur und ihrer Traditionen» und förderte deren «wirtschaftlichen und sozialen Fortschritt».[134] So formulierte es die Präambel des Vertrages von Maastricht.

Unmittelbar nach dem Zusammenbruch des Kommunismus verfügten daher die Protagonisten des Maastricht-Prozesses über eine gemeinsame Sprache. Sie enthielt das dominante Deutungsmuster des europäischen Einigungsprozesses seit den 1950er Jahren, und in ihr ließ sich nun auch die europäische Geschichte über den Maastricht-Prozeß hinaus gleichsam weitererzählen. Auch für den östlichen Teil Europas würde die Gemeinschaft als Modell für Rechtsstaatlichkeit, Demokratie und Prosperität dienen. «Nicht der Westen driftet nach Osten, sondern der Osten fühlt sich immer stärker vom Westen angezogen», versprach Jacques Delors bereits im Herbst 1989.[135] Und im Dezember 1990, auf einem KSZE-Gipfeltreffen in Paris, verabschiedeten die Staats- und Regierungschefs eine grundsätzliche Erklärung, die «Charta von Paris für ein neues Europa», in der die Grundelemente des kommenden Europa aufgeführt wurden: Menschenrechte, Demokratie und Rechtsstaatlichkeit, wirtschaftliche Freiheit und Verantwortung sowie freundschaftliche Beziehungen zwischen den Teilnehmerstaaten sollten sich in einem durch Sicherheit und Einheit geschaffenen Rahmen künftig in ganz Europa entfalten können.[136]

Über sachlich-politische Bedenken hinaus öffnete eine solche Sprache das Tor für den ehemals kommunistischen Teil des Kontinents und lud ihn gleichsam ein, an ihr teilzuhaben. «Wir sind vom selben Kontinent», so rief François Mitterrand im April 1991 bei einem Staatsbesuch den rumänischen Parlamentariern zu, «wir berufen uns auf dieselbe Zivilisation, wir müssen an derselben Zukunft teilhaben, und wir müssen, jenseits der Identitätsunterschiede, ausreichend gemeinsame Ausdrucksformen herausarbeiten, damit Europa Konturen annimmt».[137] Symbolhaft für diesen Willen des Westens, die Spaltung Europas zu überwinden, war im Mai 1991 die Verleihung des Karlspreises an den wohl profiliertesten Protagonisten des osteuropäischen Aufbruchs: den Intellektuellen-Politiker Václav Havel.[138] Havel, der stets an der europäischen Idee und der Hoffnung auf ein geeintes Europa festgehalten hatte und dem Mitterrand in Aachen die Laudatio hielt, verwies für die Zukunft ebenfalls auf die übernationalen Strukturen, «die im westeuropäischen Bereich seit dem Zweiten Weltkrieg entstanden sind und die sich bewährt haben».[139]

Auch im östlichen Mitteleuropa war zu Zeiten des Eisernen Vorhangs die Debatte um Europa nicht versiegt. Konzeptionen eines die Einzelnationen übergreifenden «Mitteleuropa» spielten bei Milan Kundera, Adam Michnik, György Konrád, György Dalos und anderen eine wichtige Rolle. Ebenso wie das «andere Europa» des polnischen Dichters und Essayisten Czesław Miłosz handelte es sich um Aufrufe zur Debatte um ein «geistig-kulturelles Prinzip».[140] Mitteleuropa galt als ein Kulturraum, eine kulturelle Einheit mit westeuropäischem Kontext.[141] In den 1980er Jahren ging es den Systemkritikern darum, sich von der Sowjetunion zu distanzieren und die Teilung Europas in Ost und West auch begrifflich zu entkräften. Hinzu traten Sonderentwicklungen wie etwa in Polen, wo der Amtsantritt von Papst Johannes Paul II. im Jahre 1978 einen «unverhofften Europäisierungsimpuls» freisetzte. Das polnische Pontifikat verstärkte und erneuerte die polnische Überzeugung, dem zivilisatorischen Kern Europas anzugehören. Und darüber hinaus demonstrierte der in alle Welt reisende polnische Papst gewissermaßen physisch, «wie künstlich die Beschränkung europäischer Identität auf den politischen ‹Westen› war».[142]

Vor diesem Hintergrund galt den ostmitteleuropäischen Oppositionsgruppen des Jahres 1989 die Europäische Gemeinschaft als das Symbol schlechthin für die organische Verknüpfung von politischer Freiheit, Demokratie und Wohlstand. Nach Jahrzehnten der Sowjetherrschaft, die vielen Oppositionellen große persönliche Opfer abverlangt hatte, bildete die Europäische Union eine Verheißung. Die Mitgliedschaft in ihr würde die Flucht vor Moskau und die «Rückkehr nach Europa» schlußendlich besiegeln. Nicht zufällig nahm das tschechoslowakische Bürgerforum schon im November 1989 den Beitritt zur Europäischen Gemeinschaft als zentralen Punkt in sein außenpolitisches Programm auf.[143]

Vorhaben und Ziele, Wünsche und Hoffnungen der postkommunistischen Politik verdichteten sich in der Erklärung, welche die Regierungen der Tschechoslowakei, Ungarns und Polens am 15. Februar 1991 im ungarischen Visegrád abgaben. Neben der Verpflichtung auf Demokratie und Freiheit, Rechtsstaat und Marktwirtschaft avisierten die drei Regierungen vor allem auch «die volle Beteiligung am europäischen politischen und wirtschaftlichen System».[144] Unübersehbar also drückten die Visegrád-Staaten einen anfänglichen Enthusiasmus für die Europäische Union aus. Er folgte der politischen Sprache der Westeuropäer und erfüllte in der revolutionären Übergangsphase mehrere diskursive Funktionen: Er zog den Trennungsstrich zur kommunistischen Vergangenheit ebenso wie zur Sowjetunion und evozierte die Geschichte der ostmitteleuropäischen Völker als Teilhaber der europäischen Kultur. Für einen kurzen Moment überbrückte er die inneren Gegensätze der neuen Regierungskoalitionen und versprach den Stimmbürgern ein baldiges Aufschließen zum westlichen

Lebensstandard. Die Perspektive eines raschen Beitritts zur EU verlieh dem politischen Prozeß in Ostmitteleuropa eine Finalität, die auch dringend gebraucht wurde angesichts des ruinösen Zustands der postkommunistischen Gesellschaften. Auf welch fruchtbaren Boden diese europäische Verheißung auch weiter östlich, im Bulgarien seiner Jugend fiel, reflektierte rückblickend der französische Schriftsteller bulgarischer Herkunft Tzvetan Todorov: «Bulgarien liegt eigentlich mitten im europäischen Kontinent, und dennoch sprach man in meiner Jugend von Europa wie von einem Traumland, das in Venedig oder Wien begann. Selbstredend bedeutete ‹Europa› damals für uns vor allem die Qualität von Fabrikprodukten im Vergleich zu ihren einheimischen Äquivalenten. ‹Europäische› Rasierklingen rasierten schärfer, aus ‹Europa› importierte Hosen saßen besser, ‹europäische› Elektrogeräte hielten länger. Doch das war noch nicht alles: Über alle materiellen Vorzüge hinweg genoß ‹Europa› ein Ansehen und einen Ruf geistiger Überlegenheit, die wir nur schwerlich hätten begründen können, von denen wir jedoch nichtsdestoweniger überzeugt waren.»[145]

So nachvollziehbar, ja vielleicht erforderlich dieser europäische Verheißungsdiskurs also war, so sehr verdeckte er doch die bestehenden Untiefen. Ganz offenkundig handelte es sich um einen stark normativen und zugleich integrativen Diskurs. Er fragmentierte sich in dem Augenblick, da sich abzeichnete, wie weit das angesteuerte Ziel faktisch noch entfernt war und welche Schwierigkeiten der Weg dorthin bereithalten würde.[146] Enttäuschung war die Folge.

Das galt einerseits schon im Hinblick auf die politischen und ökonomischen Zustände in den postkommunistischen Ländern. So mußte dem nüchternen Beobachter die geistige wie materielle Diskrepanz zwischen den Staaten der Europäischen Gemeinschaft und den Transformationsgesellschaften schmerzlich bewußt werden. Der polnische Historiker Jerzy Jedlicki brachte sie 1990 auf den Punkt: «Rückkehr nach Europa! Jeden Tag bringt die polnische Presse neue Artikel über die Konditionen unserer Rückkehr nach Europa. Wir kehren nach Europa zurück, weil wir gerade unsere ersten freien Wahlen hatten. Wir kehren nach Europa zurück, weil wir erwarten, daß Polen ein Mitglied des Europarates wird. Und doch können wir nicht nach Europa zurückkehren, solange unsere Städte drekkig sind, unsere Telefone nicht funktionieren, unsere politischen Parteien reaktionär und engstirnig und unsere Mentalitäten sowjetisiert sind. Europa ist ein Maßstab, ein Ziel, ein Traum.»[147]

Andererseits wurde rasch deutlich, daß die Regierungen der Europäischen Gemeinschaft einem Beitritt der ost(mittel)europäischen Nachbarn in der Praxis ebenso skeptisch gegenüberstanden, wie sie ihn in der Theorie befürworteten. Manche Länder wie Großbritannien oder Österreich behielten den Visumszwang auch für die Bürger der Visegrád-Staaten bei. Innerhalb der EG entstand eine quälende Diskussion, ob nicht eine unzeitige Osterweiterung die eigentlich erforderliche «Vertiefung» der Gemeinschaft behindern, ja sogar das Prinzip der Integration selbst gefährden würde. Zum wichtigsten Fürsprecher dieser Auffassung machte sich Frankreich mit seinem Präsidenten François Mitterrand an der Spitze. Dahinter stand auch die Angst vor einer übermäßigen «Billigkonkurrenz», wenn osteuropäische Produkte und vor allem Arbeitskräfte den westeuropäischen Markt ungehindert würden überziehen können.

Entgegen den Hoffnungen der Osteuropäer verzichtete die Europäische Gemeinschaft daher nicht auf protektionistische Maßnahmen. Als im Sommer und Herbst 1991 die ersten Assoziierungsabkommen mit der EG verhandelt wurden, sahen sich die osteuropäischen Verhandlungsführer mit «einem Dschungel an komplexen Quotenregelungen» konfrontiert und verloren sich im «Feilschen über die genauen Details getrockneter Pilze». Und als die französische Delegation ihr Veto gegen eine winzige Erhöhung der Fleischimportquoten einlegte, verließen die Polen unter Protest die Verhandlungsrunde.[148] Tatsächlich lernten die Osteuropäer nun die mühsamen, technizistischen Abläufe der Europäischen Gemeinschaft kennen, wie sie die Brüsseler Agenda selbst schon seit Jahr und Tag kennzeichneten. Dem Schwung der potentiellen Neuankömmlinge, die ja noch keine Mitgliedsrechte genossen, war dies allerdings eher abträglich. Schon warnte der tschechoslowakische Außenminister Dienstbier die westeuropäischen Staaten davor, «eine neue Mauer» gegen die sozialökonomischen Bedingungen in Ost- und Ostmitteleuropa aufzurichten.[149]

Ein freier Zugang zum westeuropäischen Markt blieb den osteuropäischen Ländern denn auch zunächst versagt. Insbesondere für «sensible Bereiche» – landwirtschaftliche Erzeugnisse, Stahl und Textilien – in denen die osteuropäischen Ökonomien auf Exportüberschüsse vertrauen konnten, blieb die EG-Barriere aus Zöllen und Einfuhrkontingenten bestehen. Die Versprechungen auf eine schrittweise Einebnung der Handelsbarrieren innerhalb der nächsten zehn Jahre konnte diese Enttäuschung kaum kompensieren. Wenn der ungarische Außenminister Géza Jeszenszky daher im Budapester Parlament die Auffassung vertrat, das Assoziierungsabkommen werde den Weg zur vollen Mitgliedschaft Ungarns binnen weniger Jahre bahnen,[150] so erwies sich dies bald als kalkulierter Zweckoptimismus.

Zwar fuhren die osteuropäischen Regierungen fort, alles zu tun, um die Bedingungen der Europäischen Gemeinschaft, wie sie die Assoziierungsabkommen und die Kopenhagener Kriterien von 1993 niedergelegt hatten, zu erfüllen. Sie konsolidierten die Institutionen einer Marktwirtschaft wie stabile Währungen, ein unabhängiges Bankensystem und Rechtssicherheit. Und zweifellos hatte der von 1989 bis 1991 amtierende polnische Finanzminister Leszek Balcerowicz recht, wenn er rückblickend meinte: «Die Aussicht eines EU-Beitritts stellte in den baltischen und ostmitteleuropäischen Ländern eine wichtige positive Reformkraft dar.»[151] Aber der Enthusiasmus verflog. Im Kontext zunehmend prekärer wirtschaftlicher Lebensumstände breitete sich unter den Stimmbürgern Skeptizismus aus, und die Zustimmung zum schnellen EU-Beitritt sank in den Meinungsumfragen von mehr als 80 Prozent bis auf etwa 40 Prozent.[152] Zugleich begann das Thema «Europa» die innenpolitische Landschaft der postkommunistischen Länder zu spalten. Während die liberalen und sozialdemokratischen Kräfte an der Perspektive der baldigen EU-Mitgliedschaft festhielten, nahmen Exkommunisten und Konservative die entstehenden Ressentiments auf. Europa ließ sich aus dieser Perspektive auch als Gefährdung interpretieren: ökonomisch als Mittel zur Ausbreitung eines ungezügelten Kapitalismus und als Instrument westeuropäischer Überlegenheit; kulturell als eine Kraft, die die nationale Identität einzuebnen drohte. Zumindest ein EU-Beitritt «um jeden Preis» war aus dieser Sicht abzulehnen; zuerst müßten sich die postkommunistischen Länder regenerieren und aus sich selbst heraus neue Kräfte schöpfen.[153] Außerhalb der Visegrád-Staaten wie etwa in Bulgarien wandelten sich «rosarote Utopien von einer raschen Integration in die Europäische Gemeinschaft» sogar zur blanken Angst vor sozialer Explosion und ethnischem Konflikt.[154] In jedem Fall stand das postkommunistische Europa vor der gigantischen Aufgabe, die Prinzipien von Nation und Demokratie in ein neues Gleichgewicht zu bringen. Dies war eine historische Chance, die zugleich erhebliche und 1989/90 noch ganz unkalkulierbare Risiken barg.

II. DAS ÖSTLICHE EUROPA IN DEN 1990ER JAHREN

4. Nation und Demokratie: Aufbruch in die Freiheit

Staaten, Territorien, Bevölkerungen

Die «Abwahl des Jahrhunderts» in den Staaten des Warschauer Paktes begleitete eine Welle der Emotionen und des Enthusiasmus. Nach 1918/19 und 1945–1947 unternahmen die Völker Ostmittel- und Südosteuropas den dritten Anlauf zur Demokratie. Tatsächlich sprach alles dafür, ein Zeitalter des Optimismus auszurufen. Anders als in der Vergangenheit mußte dieses Mal die Freiheit nicht durch Blut und Krieg erkauft werden. 1919 hatten nicht nur die Folgen des Ersten Weltkriegs und der deutsch-polnische Antagonismus, sondern auch der polnisch-russische und der griechisch-türkische Krieg die Anfänge der neuen, der demokratischen Ära überschattet. 1945 lag der ganze Kontinent in den Wunden des Zweiten Weltkriegs und litt je länger desto mehr unter dem Diktat der Sowjetunion. 1989/90 dagegen erfolgte der Aufbruch in die Freiheit im Frieden, und keine sowjetischen Panzer hinderten ihn. Vielmehr geschah das kurz zuvor noch Undenkbare: Die Rote Armee griff nicht nur nicht ein, sie zog sich alsbald zurück. Frieden, Freiheit und Wohlstand – das Modell, das man sich in den osteuropäischen Hauptstädten vom westlichen Europa machte – schienen in greifbare Nähe gerückt.

Aber einmal mehr bestätigte sich, wie eng in revolutionären Umbruchzeiten Hoffnung und Enttäuschung, Jubel und Ernüchterung beieinander liegen. Nicht nur in den ostdeutschen Gebieten, die sich als «neue Bundesländer» organisierten und am 3. Oktober 1990 kollektiv der Bundesrepublik beitraten, verebbte der Enthusiasmus der ersten Stunde. Auch die Bevölkerungen und Politiker der anderen postkommunistischen Staaten stellten bald fest, daß das Traumland des Übergangs genau dort endete, wo es galt, die Freiheit konkret zu gestalten: Gesellschaften mußten geordnet, politische Strukturen geschaffen und wirtschaftliche Risiken abgewogen und begrenzt werden.[1]

Die größte Herausforderung bestand freilich darin, Nation und Demokratie miteinander zu vermitteln und in eine neue verfassungspolitische Form zu bringen. So oft in der Geschichte die nationale Identität der Balten und Polen, der Tschechen und Slowaken, aber auch der Ukrainer und

Belorussen mit Füßen getreten worden war, so nachhaltig begehrte sie jetzt endlich ihre freie Entfaltung. Tatsächlich hatte die Nation ja schon vor 1989 ein entscheidendes Vehikel gebildet, mit dem sich – etwa in Polen, Rumänien oder Ungarn – eine eigene Identität gegenüber dem Sowjetkommunismus bewahren ließ. Dem entsprach es, daß die osteuropäischen Völker nach 1989 die Abwicklung ihrer kommunistischen Regime mit einer ungeahnten Renaissance des Nationalen verknüpften. Ihre Demokratien begründeten sie im Gehäuse des Nationalstaats. Nationale Mythen und Symbole, Hymnen und Feiertage, Geschichtserzählungen und Geschichtsdeutungen blühten im Zuge der Befreiung vom Kommunismus auf. Fast überall im östlichen Europa fand daher der Rückgriff auf die Nation im Bewußtsein statt, mit ihr den politischen und kulturellen Fortschritt zu sichern.[2] Zu einem Zeitpunkt, da in Westeuropa die Überwindung nationalstaatlich enggeführter Politik auf der Tagesordnung stand, gewann im östlichen Mitteleuropa – von den sowjetischen Nachfolgestaaten ganz zu schweigen – die Nation noch einmal den Status eines Fortschrittskonzepts. Nach dem Aufbrechen des kommunistischen Panzers wappneten sich die osteuropäischen Staaten damit für die Aufgabe, ihre in den 1920er und 1930er Jahren abgebrochene Identität als demokratische Nationalstaaten wiederzugewinnen und fortzuentwickeln.

Wie immer in der Geschichte eignete dem Bezug auf das Nationale eine tiefe Ambivalenz. Von der patriotischen Wiederbelebung oder Erfindung eigenständig-nationaler Kulturen und Traditionen konnten wichtige Impulse zur emanzipativen Identitätsbildung ausgehen. Aber dahinter lauerte stets auch die häßliche Fratze des übersteigerten Nationalismus im Zeichen von Ausgrenzung, Gewalt und Chauvinismus. Das nationale und ethnisch-kulturelle (Wieder-)Erwachen Osteuropas drohte daher alte Feindschaften wiederzubeleben und neue Verletzungen zuzufügen.

Der Blick zurück auf die Erfahrung der Zwischenkriegszeit verdeutlicht dies. Schon bis 1926 gab es in Europa ein veritables Flüchtlingsproblem. Hierzu gehörten die 1,5 Millionen Griechen und Türken, die 1923 aufgrund des Friedens von Lausanne zwischen beiden Nationalstaaten gegen ihren Willen ausgetauscht wurden und ihre Heimat verlassen mußten; 280 000 Personen wechselten zwischen Griechenland und Bulgarien; und die Zahl der Polen, Ukrainer, Russen, Ungarn, Balten und Deutschen, die ihre Heimat verloren, belief sich insgesamt auf weit mehr als fünf Millionen. In den Augen des britischen Historikers und Osteuropaexperten, Carlile Macartney, gab es tatsächlich nur wenige Auswege aus dem Dilemma: Entweder die Revision der Grenzen oder den Austausch bzw. die forcierte Emigration der Bevölkerung. «Alle Versuche, das Minoritätenproblem dadurch zu lösen, daß man die Minorität selbst los wird, sind völlig entmutigend», so schrieb Macartney 1934: Grenzrevisionen seien nur in wenigen Fällen möglich. Der Austausch der Bevölkerung habe großes Leid verursacht und nur zweifelhafte Ergebnisse erzielt. Die Assimilation schließlich sei vollständig gescheitert, weil sich Minoritäten nicht assimilierten.[3]

Nach 1989 erforderte eine Politik, die solches zu vermeiden trachtete, von Beginn an die Akzeptanz von Pluralität. Um diese demokratisch zu sichern, reichte es freilich nicht aus, die «westlichen» individual- und menschenrechtlichen Standards einfach zu übernehmen. Als weitaus schwieriger erwies es sich, eine Kultur der Diversität einzuüben, die unterschiedliche kulturelle, religiöse, regionale oder auch ethnische Gruppierungen innerhalb desselben Staates bestehen ließ und ihnen ausreichenden Bewegungsspielraum zugestand. Das alte Dilemma der pluralistischen Demokratie, die Gefahr der Sprengung des Ganzen durch die Wucht partikularer Kräfte, erreichte nun mit Macht die östliche Hälfte des Kontinents. Tatsächlich hatten (und haben) die Staaten Ost- und Ostmitteleuropas eine Entwicklung nachzuholen, die der Westen bereits ein- bis zweihundert Jahre zuvor vollzogen und auch «durchlitten» hatte. Gleichsam im Zeitraffer mußten Nation, Demokratie und Diversität miteinander vermittelt und in eine neue verfassungspolitische Form gebracht werden, und dies alles vor dem Hintergrund einer 40jährigen Prägung der politischen Kultur durch den Kommunismus.

Daß in Jugoslawien die Lösung dieser Aufgabe nicht nur mißlang, sondern in ein Inferno von Bürgerkrieg und Massenverbrechen mündete, wurde zur schockierendsten Erfahrung, die das neue Europa mit sich selbst machen mußte. Allerdings übersieht man angesichts der jugoslawischen Katastrophe allzu leicht, daß der weitaus größere Teil Osteuropas sich der neuen Herausforderung durchaus mit Erfolg stellte, nachhaltige Strukturen entwickelte und einen im wesentlichen friedlichen Übergang zum demokratischen Nationalstaat erzielte. Hierzu trug freilich auch die im Vergleich zur Zwischenkriegszeit weitaus günstigere Ausgangssituation bei. So gab es keine Großmacht mehr, die – wie damals das nationalsozialistische Deutschland – die Minoritätenfrage zu eigenen Zwecken propagandistisch hochspielte. Statt dessen sorgte die Europäische Union mit ihren Standards für Anpassungsdruck. Insbesondere die 1993 vom Europäischen Rat beschlossenen «Kopenhagener Kriterien» forderten von den Beitrittskandidaten explizit die institutionell gesicherte «Achtung und den Schutz von Minderheiten».[4]

Entscheidend für den offeneren Umgang mit der Minderheitenthematik war aber wohl noch etwas anderes: Nach 1989 verfügten nämlich die meisten osteuropäischen Staaten über eine weitaus größere ethnisch-kulturelle

Homogenität als jemals zuvor. Hierzu hatten mehrere Faktoren beigetragen: die Verbrechen unter der nationalsozialistischen Besatzungsherrschaft ebenso wie die Deportationen unter Stalin sowie die massiven Bevölkerungstransfers, territorialen Verschiebungen und Vertreibungen am Ende des Zweiten Weltkriegs. Überdies war die Nationalitätenfrage durch die Herrschaft des Sowjetkommunismus gleichsam stillgelegt worden. Unter ihr nahm auch zwischen 1945 und 1989 die Bevölkerungszahl der jeweiligen nationalen Minderheiten kontinuierlich ab. Eine Mischung aus Anpassungsdruck, Assimilation und Weggang war hierfür verantwortlich. Mit Fug und Recht läßt sich also sagen: Die relative ethnisch-kulturelle Stabilität der Jahre nach 1989 war erst durch das massenhafte Leid der Vorgängergenerationen erkauft und ermöglicht geworden.

Was dies konkret bedeutete, läßt sich am Beispiel Polens zeigen. Nach 1918 beherbergte Polen als neu gegründeter «Nationalitätenstaat» in seinen Grenzen eine starke polnische Mehrheit von knapp 70 Prozent. Mehr als 30 Prozent der Bevölkerung gehörten jedoch anderen Nationalitäten an, darunter 5,6 Millionen Ukrainer, 2,2 Millionen Belorussen und 1,1 Millionen Deutsche. Hinzu kam mit annähernd drei Millionen Juden, die acht Prozent der Bevölkerung ausmachten, die größte jüdische Population eines einzelnen europäischen Landes. Im Verlauf der 1930er und 1940er Jahre veränderte sich diese ethnisch-kulturelle Gemengelage dramatisch und gewaltsam. Nicht nur wurde der jüdische Bevölkerungsteil im Zuge des Holocaust systematisch ausgerottet; aufgrund der von Stalin im Jahre 1945 erzwungenen «Westverschiebung» des wiedererstehenden polnischen Staates kam überdies der größte Teil der ukrainischen und belorussischen Bevölkerung Polens an die Sowjetunion. Ihre Siedlungsgebiete wurden von der Sowjetunion annektiert, die dort ansässigen Polen dagegen in die deutschen Ostprovinzen östlich der Oder und Neiße, das heißt in die neuen polnischen Westgebiete, umgesiedelt. Während die dortige deutsche Wohnbevölkerung vertrieben wurde, verließen auch die meisten Angehörigen der ehemaligen deutschen Minderheit in Polen das Land. Bis 1989 zählte man eine knappe Million deutscher «Spätaussiedler».[5]

Alles dies erfuhr in den Zeiten der kommunistischen Herrschaft eine umfassende Tabuisierung. Im Kontext des verordneten Internationalismus sozialistischer «Bruderländer» unter sowjetischer Führung konnte weder über die komplexe Vorgeschichte der erneuten polnischen Nationalstaatsgründung noch über das Verhältnis der Nachbarvölker zueinander offen gesprochen werden. Auch wenn zum Beispiel die genaue Bezifferung der deutschen Minderheit in Nachkriegspolen immer wieder Anlaß zu politischen Auseinandersetzungen zwischen den Regierungen in Bonn und Warschau gab, so war beim Zusammenbruch des Kommunismus doch eines offenkundig: Nach Weltkrieg und Holocaust, Westverschiebung und Vertreibung war die ethnisch-kulturelle Zusammensetzung Polens 1989 ungleich homogener als jemals zuvor. Gemäß dem Zensus des Jahres 1992 lebten in den Grenzen des polnischen Staates 37,6 Millionen Polen, was einem Anteil von fast 98 Prozent der Gesamtbevölkerung entsprach. Demgegenüber erschienen Umfang und Bedeutung der Minoritäten mit 2,1 Prozent der Bevölkerung, darunter rund 300 000 Ukrainer und ca. 200 000 Deutsche, verschwindend gering.

Es war nicht zuletzt diese ethnisch-kulturelle «Bereinigung», die dem postkommunistischen Polen während der 1990er Jahre eine flexiblere Minoritätenpolitik ermöglichte. In einer Reihe von Verhandlungen und Gesetzen erhielten die verbliebenen nationalen Minderheiten politische und kulturelle Rechte. Die polnische Regierung erleichterte den Zugang für Repräsentanten der ukrainischen, belorussischen und deutschen Minderheiten zum Sejm und erlaubte den Schulunterricht sowie Rundfunksendungen in den jeweiligen Sprachen.[6] Entsprechende Verbesserungen in der Lage nationaler Minderheiten wie insbesondere der deutschen gab es auch in anderen ostmitteleuropäischen Staaten wie der Tschechischen Republik.[7]

Der in Polen besonders starke Trend zur ethnisch-kulturellen Homogenisierung infolge der gewaltsamen historischen «Flurbereinigung» der Nationalitätenfrage im Kontext des Zweiten Weltkriegs läßt sich in den meisten Staaten des früheren Ostblocks beobachten. So ging etwa zwischen 1940 und 1989 in Ungarn die Zahl der Slowaken, Rumänen und Kroaten stetig zurück, in Rumänien dagegen die Zahl der Ungarn, Deutschen, Serben und Ukrainer. Folgt man mithin der These des amerikanischen Soziologen Michael Mann, wonach die «dunkle Seite der Demokratie» immer dann hervortritt, wenn sich die Idee eines sprachlich und kulturell einheitlichen Ethnos mit der Realität eines pluralistischen Demos vermischt,[8] so ist leicht erkennbar, warum in Osteuropa die Bedingungen für eine stabile Demokratiegründung nach 1989 weitaus günstiger waren als jemals zuvor. Vom Sonderfall Jugoslawien abgesehen, entfaltete das Problem ethnischer Minoritäten zu keinem Zeitpunkt mehr eine ähnlich zerstörerische Brisanz wie nach dem Ersten Weltkrieg.

Gleichwohl blieb das Thema auf der Tagesordnung. Selbst in den Nationalstaaten, die sich als ethnisch geschlossen betrachteten, gab es 1990 mehr oder minder starke Minderheiten: ob es sich um die 1,6 Millionen Ungarn in Rumänien (7,12 Prozent der Gesamtbevölkerung), die rund 566 000 Ungarn in der Slowakei (10,7 Prozent) oder die ca. 820 000 Türken in Bulgarien (9,7 Prozent) handelte. Hinzu kam die Volksgruppe der Sinti und

Roma, die sich über den ganzen ostmitteleuropäischen Raum verbreitete und in manchen Ländern wie in Ungarn und Rumänien eine starke Minderheit von bis zu knapp vier Prozent der Gesamtbevölkerung stellte.[9]

Vor diesem Hintergrund lassen sich verschiedene Formen der ethnisch-kulturellen Mobilisierung unterscheiden. Sie haben die Geschichte des osteuropäischen Raumes seit 1989 und zum Teil bis heute in hohem Maße mitbestimmt. Unmittelbar mit dem Zusammenbruch des Kommunismus meldeten sich die meisten der osteuropäischen Minderheiten mit dem Anspruch auf eine rechtlich gesicherte, kulturelle Wiederbelebung ihrer Traditionen zu Wort. Solche Forderungen, die etwa die Deutschen, aber auch die Ukrainer in Polen oder die Ungarn in der Slowakei stellten, korrespondierten am ehesten mit der Politik der Europäischen Union. Deren Ziel war es, unter Wahrung der bestehenden Staatsgrenzen einen effektiven Minderheitenschutz zu gewährleisten.

Problematischer war demgegenüber der Anspruch regionalistischer Gruppierungen, die zwar die staatlichen Grenzen nicht grundsätzlich in Frage stellten, jedoch auf Dezentralisierung und die Gewährung politischer Autonomierechte pochten. Regionalistische Traditionen konvergierten hier mit kulturellem Sonderbewußtsein und dem ebenso vagen wie weit verbreiteten Eindruck, in der Verteilung nationaler Ressourcen zu kurz zu kommen. Entsprechende Bewegungen beriefen sich auch auf ethnische Konzepte und artikulierten zugleich das Unbehagen an der Globalisierung und an der fortschreitenden Macht Brüssels. Seit Ende der 1980er Jahre zogen sie auch in West- und Südeuropa die Aufmerksamkeit auf sich, so vor allem in Oberitalien und in Frankreich, mit gewaltsamen Untertönen im Baskenland und in Nordirland.

In den Staaten Ostmittel- und Südosteuropas freilich erfüllten die erwachenden regionalen Bewegungen noch eine weitere, sehr spezifische Funktion. Indem sie Ansprüche auf größere regionale Autonomie erhoben, forcierten sie zugleich den Ruf nach Dezentralisierung und damit den endgültigen Bruch mit kommunistischen Strukturen. Kommunistische Herrschaft hatte zugleich stets auch die Dominanz der Zentrale über die Provinzen und Regionen bedeutet; deren Eigenleben galt aus Sicht der kommunistischen Regime als historisch rückständig und politisch gefährlich. Dezentralisierung war in den postkommunistischen Staaten daher gleichbedeutend mit dem Aufbrechen traditioneller autoritärer Hierarchien und signalisierte eine Verlagerung der Macht vom ehemals kommunistischen Zentrum auf die Peripherie. Dieser antikommunistische Subtext bildete in den 1990er Jahren ein wichtiges Antriebsmoment der ostmitteleuropäischen Regionalbewegungen.

In der Tschechoslowakei zum Beispiel erfuhr der mährisch-schlesische Regionalismus nach 1989 einen erheblichen Aufschwung. Aufblühendes kulturelles Selbstbewußtsein bündelte sich in ihm mit Forderungen nach politisch-administrativer Autonomie und ökonomischer Besserstellung. Hiervon ausgehend forderten die Advokaten des mährischen Regionalismus zunächst, den dualen tschechisch-slowakischen Verband zu einer Dreier-Föderation zu erweitern, in der die mährische Region als gleichberechtigter dritter Partner eintreten sollte. Es war diese Plattform, die den mährischen Regionalisten bei den Parlamentswahlen im Jahre 1990 erhebliche Erfolge bescherte, so daß sie ihr Anliegen nun auch in der Hauptstadt Prag vertreten konnten.

Sehr viel nachdrücklicher und im Endeffekt auch weitaus dramatischer gestaltete sich demgegenüber die Anti-Prag-Politik der Slowaken. Wieweit Tschechen und Slowaken unterschiedliche ethnische Gruppen bildeten, war in der Vergangenheit durchaus umstritten gewesen. Tomáš Garrigue Masaryk etwa, der Begründer der ersten Republik, sah in der unleugbaren Verschiedenheit beider Gruppen eine eher akzidentielle, vorübergehende Differenz. Umgekehrt richtete sich jede Betonung des Gegensatzes gegen die Idee eines historisch wirksamen Tschechoslowakismus, der auf der Einheit einer Nation aus beiden Volksgruppen beharrte und bei der Begründung der ersten Republik im Jahre 1918 Pate gestanden hatte. In der Praxis freilich war dieser Tschechoslowakismus immer auf spürbare Grenzen gestoßen. Allzu regelmäßig fühlten sich die Slowaken wirtschaftlich und politisch benachteiligt, von tschechischem Zentralismus bedrückt und in ihrer kulturellen Identität bedroht. Das Unterlegenheitsgefühl der wirtschaftlich weniger entwickelten und politisch weniger einflußreichen, per Saldo «rückständigen» Region ließ sich daher leicht in der Sprache eines ethnischen Gegensatzes formulieren. Und in eben dem Maße, in dem dies geschah, überstieg das slowakische Eigenbewußtsein die Grenzen des bloßen Regionalismus.

Obwohl 1969 eine föderative Verfassung verabschiedet wurde, die der Slowakei den Status einer autonomen Republik gewährte, lebte der tschechisch-slowakische Gegensatz auch in der Zeit des Kommunismus fort. Nach dessen Zusammenbruch, als ohnehin die Nation zumindest vorübergehend zum Vehikel der Identitätsbildung gebraucht wurde, spitzte sich der Gegensatz noch einmal zu. Schon die Tatsache, daß sich erneut – wie nach 1945 – in beiden Landesteilen eigenständige Bürgerrechtsbewegungen bzw. Parteien etablierten, zeugte von dem Ausmaß der Entfremdung. Auch Václav Havels Konzept von der «authentischen Föderation», das anfangs in beiden Volksgruppen begrüßt wurde und die Differenz zur kommunistischen Föderativverfassung hervorhob, erwies sich als nicht tragfähig. Zwar konnten sich im August 1990 nur fünf Prozent der Tschechen und acht Prozent der Slowaken eine Teilung des gemeinsamen Staates vorstellen. Aber binnen zwei Jahren wuchs in den Umfragen die Zahl derer sprunghaft an, die dem gemeinsamen tschechoslowakischen Staat nur geringe Zukunftsaussichten zubilligten; und im Herbst 1992 hielt jeder zweite Tscheche und fast jeder zweite Slowake die Teilung des Staates für «unumgänglich».[10]

Vor diesem Hintergrund fanden im Juni 1992 die nationalen Parlamentswahlen bereits im Rahmen eines zunehmenden Verfallsprozesses der bundesstaatlichen Ebene statt. Überdies etablierten sich mit Václav Klaus und Vladimír Mečiar auf tschechischer wie auf slowakischer Seite zwei politische Führungspersönlichkeiten, die zunehmend unvereinbare Sichtweisen auf die Zukunft der Föderation verkörperten. Für Klaus waren bestimmte Kernbedingungen wie das Fortbestehen eines einzigen Völkerrechtssubjekts, liberale Wirtschaftsreformen und die Präsidentschaft Havels nicht verhandelbar; Mečiar, der einen unübersehbar populistischen Politikstil praktizierte, pochte auf letztlich unannehmbare Forderungen wie die Existenz zweier Völkerrechtssubjekte, zweier Armeen und zweier Zentralbanken. Havels Präsidentschaft lehnte er überdies ab. So blieb im Verlauf der Verhandlungen beider Wahlsieger über Formen und Inhalte einer künftigen Föderation und einer gemeinsamen Zentralregierung am Ende nur noch die Feststellung eines *agree to disagree*, um aus der Sackgasse herauszukommen. Die Trennung der Slowakei vom gemeinsamen Staatsverband und die Neugründung der Tschechischen Republik zum 1. Januar 1993 wurden damit unvermeidbar.[11]

Somit hatten die Ereignisse seit der «samtenen Revolution» den Tschechen wie den Slowaken nachdrücklich vor Augen geführt, wie brüchig ihr staatliches Gehäuse war. Tatsächlich konnte von einer tschechoslowakischen staatlichen Identität, die beide Volksgruppen umfaßte, nicht wirklich gesprochen werden. Sie blieb der letztlich unerfüllte Traum jener tschechischen Elite, die sich in der Tradition Masaryks sah und der der tschechische Schriftsteller Ludvík Vaculík im Mai 1990 gleichsam aus dem Herzen sprach: «Von meiner ethnischen Zugehörigkeit her bin ich Tscheche [...], von meiner Erziehung, der bürgerlichen Gesinnung und dem beruflichen Ehrgeiz her Tschechoslowake. [...] Ich betrachtete das ganze tschechoslowakische Gebiet als das meinige, alle großen Slowaken waren für mich Tschechoslowaken. [...] Einen tschechischen Staat gesondert zu entwickeln – das ist doch ein Rückschritt.»[12]

So schmerzlich also die staatliche Trennung zumindest für viele Tschechen sein mochte und so mühsam sich die Entwicklung einer engeren tschechischen Identität gestaltete, so ermutigend war doch immerhin die gewaltlose Art und Weise, in der sich die Trennung vollzog. Sie bewies, daß auch in der Mitte Europas nicht nur die Tilgung künstlicher Grenzen – wie der innerdeutschen –, sondern auch eine staatliche Sezession mit der Errichtung neuer Grenzen auf friedlichem Wege möglich war. Für eine europäische Öffentlichkeit, die mit zunehmendem Entsetzen die Ereignisse in Jugoslawien verfolgte, bildete das tschecho-slowakische Beispiel daher gleichsam eine Rückversicherung für ihre zivilisatorische Identität.

Das Ende der tschechoslowakischen Föderation wies eine Reihe von klassischen Elementen einer Sezession auf.[13] Trotz aller nachholenden Modernisierungsprozesse war die Slowakei bis 1989/90 der wirtschaftlich weniger entwickelte, eher «rückständige» Landesteil geblieben; dementsprechend tief wurzelten Unsicherheit und Mißtrauen. Die slowakische Vorstellung, von Prag über Gebühr benachteiligt, ja sogar majorisiert zu werden, brach sich nach der Befreiung vom Kommunismus um so stärker Bahn und trieb das Trennungsbegehren voran. Von der Vorstellung einer solchen Benachteiligung war es dann nur ein kleiner Schritt hin zu einer ethnisch definierten «vorgestellten Gemeinschaft» (Benedict Anderson): von der slowakischen Nation, die auf Unabhängigkeit und Souveränität pochte.

Schon die staatlichen Neu- und Wiedergründungen auf dem Boden der kollabierenden Sowjetunion, vielleicht aber mehr noch die Trennung von Slowaken und Tschechen markierten eine letztlich unübersteigbare Grenze im demokratischen Neuaufbau Ost- und Ostmitteleuropas. Diese Grenze zeigte an, wieviel ethnisch-kulturelle Diversität das ohnehin noch fragile demokratische Prinzip im postkommunistischen Europa vertrug. Was unter dem kommunistischen Regime zumindest vordergründig erträglich schien, erwies sich unter demokratischen Bedingungen als Sprengkörper. Dort, wo die Gegensätze der Volksgruppen als zu groß empfunden wurden, wo zu unterschiedliche Vorstellungen von Vergemeinschaftung bestanden, ließ sich auch ein gemeinsames demokratisches Haus nicht bauen. Die zu Beginn der 1990er Jahre neu errichteten staatlich-territorialen Grenzen repräsentierten in Europa also zugleich auch die Grenzen der kulturellen Vielfalt, die neu gegründete Demokratien ertragen können.

Einübung in die Demokratie

Innerhalb dieser Grenzen ging es freilich darum, Pluralität zu organisieren und demokratische Willensbildungsprozesse zu ermöglichen – mit einem Wort: demokratische Systeme zu begründen und zu konsolidieren. Trotz aller erwartbaren Schwierigkeiten und Reibungsverluste, die diese Aufgabe unvermeidlich hervorrief, muß doch eines betont werden: Der unbedingte und von keiner größeren politischen Kraft in Frage gestellte Wille zur Demokratie westlichen Zuschnitts war das hervorstechendste Merkmal der Transformationsphase. Gleichsam unhinterfragt, ohne grundsätzlichen Zweifel und zu keinem Zeitpunkt nachhaltig angefochten, bestand ein parlamentarisch-demokratischer Verfassungskonsens. Seine Zielvorstellung richtete sich auf ein liberales, marktwirtschaftliches, zugleich freilich sozialstaatlich abgestütztes Modell der parlamentarischen Demokratie, gegründet auf Verfassung und Rechtsstaatlichkeit. So schwierig und entbehrungsreich sich die Übergangsphase auch gestalten mochte, so unverrückbar blieb doch die Demokratie das Ziel aller politischen Hoffnungen und Bestrebungen. Wie nie zuvor in der Geschichte, so läßt sich zuspitzen, war die europäische Identität nach 1989 eine demokratische Identität, neben der weder diktatorische noch autoritäre, weder nationalistische noch utopistische Alternativen eine echte Chance hatten. Die gleichwohl vielfältigen, häufig erbitterten und immer wortreich ausgetragenen Konflikte vollzogen sich weitestgehend im Rahmen dieser demokratischen Identität, und in allen osteuropäischen Ländern stabilisierte eine klare Zielvorgabe die Phase der postkommunistischen Transformation. Sie lautete: baldmöglichste Verabschiedung einer Verfassung und demokratische Konsolidierung. Und trotz aller wirtschaftlichen Hindernisse, politischer Rückschläge und populistischer oder sogar, wie im Falle Ungarns, rechtsextremer Gefährdungen läßt sich mehr als zwei Jahrzehnte nach der Umwälzung von 1989 eine im Kern positive Bilanz ziehen. Die neugeformte demokratische Identität Europas hat sich seitdem ohne Zweifel bewährt und stabilisiert. Eine ganze Generation junger Europäer im östlichen Mitteleuropa kennt inzwischen nichts anderes mehr als die Demokratie.

Tatsächlich orientierten sich die Völker Osteuropas wie selbstverständlich an einer vorsozialistischen, europäischen, das heißt westlich-liberalen Verfassungstradition. Alle postkommunistischen Staaten, am Ende auch die Rechtsnachfolger Jugoslawiens, gaben sich Verfassungen, die in einer solchen Tradition standen. Zwar lag ein kodifiziertes europäisches Verfassungsrecht nicht vor. Aber die unausgesprochen und alternativlos gültigen Prinzipien und im Kern nicht bestrittenen Entwicklungen seit 1990 zeugten von der ungemein hohen normativen Bindungskraft des westlichen Verfassungsverständnisses. Die neuen Konstitutionen waren auf individuelle Gegebenheiten und Bedürfnisse der Transformationsstaaten zugeschnitten; aber in ihrem Grundtenor bestätigten und verstärkten sie ihrerseits das Faktum einer bereits bestehenden gemeineuropäischen Verfassungskultur. Sie setzte sich aus einem Ensemble einzelner Verfassungsprinzipien zusammen, die in allen europäischen Verfassungsstaaten präsent waren und damit – ob geschrieben oder ungeschrieben – ein «gemeinsames» Recht begründeten. Über die positive Rechtssetzung hinaus schien ein solches gemeinsames Recht kulturell und gleichsam in der Tiefe verankert zu sein. Nicht zufällig enthielten alle osteuropäischen Verfassungen mehr oder minder ausführliche Grundrechtsartikel und die Proklamation der Unantastbarkeit der Menschenwürde – Elemente, die häufig direkt dem Vorbild des deutschen Grundgesetzes entlehnt waren.[14]

Diese in den postkommunistischen Staaten kodifizierte grundrechtliche Anerkennung der Menschenwürde, der Rechtsstaatlichkeit, Eigentumsordnung und pluralistischen Demokratie, zeigte eine vorgängig bestehende Gemeinsamkeit an. Optimistisch betrachtet, war hier ein Europa verbindendes, «rechtskulturell Gemeinsames» am Werk.[15] Auf der Basis solcher gemeinsamer Rechtskultur tat sich freilich eine Vielzahl gravierender Unterschiede auf, und von Beginn an ließen sich historisch gewachsene und geographisch benennbare Kreise unterscheiden. Unwiderstehliche Dynamik erhielt der Prozeß demokratischer Identitätsbildung in einem ersten Kreis, der die östliche Mitte Europas umfaßte, das heißt konkret die baltischen Staaten, Polen, die Tschechoslowakei und Ungarn, seit der Unabhängigkeit im Jahre 1991 auch Slowenien. Deutlich war hier die Anknüpfung an frühere, durch Nationalismus, Faschismus und Kommunismus unterbrochene Traditionen erkennbar. Die parlamentarische Demokratie erschien wie ein nach dem Zweiten Weltkrieg «abgerissener Faden», den die Opposition gegen die kommunistische Diktatur wieder aufnehmen konnte. Selbst wenn biographisch-generationell eine direkte Anknüpfung an die Zeit nach dem Zweiten Weltkrieg nicht möglich war, so spielte doch die *Vorstellung*, man knüpfe an autochthone, wenngleich verschüttete Demokratiepotentiale an, eine wichtige Rolle im Selbstverständnis der Protagonisten. Am direktesten erfolgte eine solche Wiederanknüpfung in Lettland: Dort vertraten die politischen Eliten 1991 die Auffassung, die neue unabhängige Republik sei rechtsidentisch mit der 1918 gegründeten ersten lettischen Republik. Dem entsprach es, wenn deren Verfassung aus dem Jahre 1922 zunächst wieder in Kraft gesetzt, sehr bald freilich ergänzt und den neuen Bedingungen angepaßt wurde.

Zwar erschien eine so direkte Wiederinkraftsetzung verschütteten Verfassungsrechts in den anderen Ländern nicht praktikabel oder zumindest nicht probat; aber der Gedanke der Wiederanknüpfung an die früheren Anläufe zur Demokratie spielte doch stets eine zentrale Rolle. «Die parlamentarische Demokratie», so formulierte es 1991 der Präsident der ungarischen Nationalversammlung, György Szabad, «erschien nicht mehr nur als ein legendäres Modell, sondern als wiedererreichbare Wirklichkeit.»[16]

Auch in den zweiten historisch-geographischen Kreis, den südöstlichen Teil des Kontinents, dehnten sich die Einflüsse der gemeinsamen europäischen Verfassungskultur kontinuierlich aus. Das gilt zunächst für Bulgarien und Rumänien. Zwar gaben sich beide Länder im Gleichschritt mit den ostmitteleuropäischen Nachbarn eine demokratische Verfassung; zugleich freilich blieb die Entwicklung in Sofia wie in Bukarest für viele westliche Beobachter ein Gegenstand immerwährender Besorgnis. Sie speiste sich aus offenkundig fragilen Strukturen, einer fortbestehend hohen Kriminalität und Korruption sowie einer politischen Kultur, die deutliche Grenzen der demokratischen Integration aufwies. Vor diesem Hintergrund erschien vielen die Befürchtung allzu berechtigt, ob sich nicht die Mitgliedschaft beider Länder in der EU als verfrüht und als kaum zu kalkulierendes Risiko erweisen würde. Allerdings haben sich seitdem die pessimistischsten Szenarien nicht erfüllt, so daß eine demokratische Konvergenz auch des südosteuropäischen Raumes durchaus vorstellbar erscheint. So verabschiedeten etwa die Wähler in Rumänien im Oktober 2003, den Blick schon fest auf die Europäische Union gerichtet, per Referendum eine revidierte Verfassung. Sie hat seitdem die demokratische Integration offenkundig gestärkt und die Arbeit der Verfassungsorgane selbst wirksamer gemacht.[17]

Auch die Nachfolgestaaten des früheren Jugoslawiens begannen je länger desto eindeutiger an der gemeinsamen europäischen Verfassungskultur teilzuhaben. Nach den nationalkommunistisch-diktatorischen Exzessen und ethno-nationalistisch begründeten Gewalttaten, die den Auflösungsprozeß Jugoslawiens begleiteten, stellte sich seit dem Beginn des 21. Jahrhunderts ein unverkennbarer Stabilisierungsprozeß ein. Er ist in Kroatien nach der Ära des Franjo Tuđman, die von autoritären Elementen nicht frei war, durch die Verfassungsrevision des Jahres 2000 und in jüngster Zeit auch in Serbien deutlich erkennbar geworden.

Den dritten historisch-geographischen Kreis bildeten die GUS-Staaten Rußland, Ukraine und Belarus. Hier hatte die kommunistische Herrschaft nicht nur 40, sondern 70 Jahre gedauert, und anders als ihre ostmitteleuropäischen Nachbarn verfügten die Nachfolgestaaten der Sowjetunion kaum über eigenständige demokratische und zivilgesellschaftliche Traditionen. Es ist daher nicht verwunderlich, daß die demokratische Erneuerung insgesamt widersprüchlicher blieb als in Ostmittel- und auch in Südosteuropa. Dies galt einerseits in bezug auf den konstitutionellen Gehalt. Keineswegs zufällig etablierte sich allein in den Nachfolgestaaten der Sowjetunion eine Art semi-präsidentielles oder sogar präsidial dominiertes System. Die Verkörperung und Personalisierung des politischen Willens der Nation im Staatspräsidenten leistete zum einen autoritären Überformungen Vorschub – wie insbesondere im Weißrußland Lukaschenkos; andererseits barg das präsidentielle Prinzip vordemokratische Einheitsideologien, die sich gegen die pluralistische Entfaltung der Zivilgesellschaft richteten. Das immer wieder zu beobachtende «Antiparteiensyndrom» der präsidialen Eliten in Rußland etwa wirkte in dieser Weise. In Verbindung mit den weitläufigen organisatorischen und bürokratischen Ressourcen, die den russischen Präsidenten zur Verfügung stehen, trägt es dazu bei, die starken Präsidialregime unter Boris Jelzin und Wladimir Putin zu erklären.[18]

In politisch-gesellschaftlicher Hinsicht bergen die «semi-präsidentiellen» Regime der GUS-Staaten eine autoritäre Tendenz in sich, die sie, zusammen mit der eklatanten Schwäche der Parteien, Verbände und Medien, zum Teil aber auch aufgrund der zweifelhaften Rolle der Justiz, bislang noch am Rand des «gemeinsamen» europäischen Verfassungsrechts und seiner kulturellen Verankerung verharren läßt.

Es kennzeichnete die demokratische Konsolidierung in den ostmitteleuropäischen Staaten des ersten, aber auch in den südosteuropäischen des zweiten Kreises, daß sich anfänglich vorhandene «semi-präsidentielle» Tendenzen bald verflüchtigten. Zwar konnte Anfang der 1990er Jahre der Eindruck entstehen, präsidial-autoritäre Entwicklungen verbreiteten sich und gefährdeten mithin den Aufbau der Demokratie. Aber dies hatte seinen Grund weniger in der Verfassungsnorm selbst als in der Schwäche der parlamentarischen Kräfte und auch der Parteien. Mit zunehmender Verfassungspraxis konsolidierte sich indes das parlamentarische Prinzip, was sich auch in einer Reihe substantieller Verfassungsreformen ausdrückte. So beschränkten die Verfassungsrevisionen in Polen (1997), in der Slowakei (1999), in Kroatien (2000) und in Moldawien (2001) die präsidialen Rechte und untermauerten das repräsentative System.

Bis 1991/92 beendeten die osteuropäischen Länder die Transformationsphase, indem die neu gewählten Konstituanten bzw. Parlamente demokratische Verfassungen erstellten und verabschiedeten. Nur in wenigen Ländern erfolgte eine zusätzliche Legitimation durch ein Referendum. Gründe hierfür lagen im Mangel an Zeit, aber auch darin, daß die neuen Eliten das Risiko eines zu lange währenden konstitutionellen Vakuums fürchteten. Die funktionale Konsolidierung des demokratischen Verfassungsstaates erhielt also eine klare Priorität vor unkalkulierbaren demokratietheoretischen Grundsatzdiskussionen. Dieser Verzicht auf eine breitere demokratietheoretisch informierte und politisch-inhaltlich weiterführende Generaldebatte führte nicht selten zu einer Entfremdung zwischen den Revolutionären und Reformern der ersten Stunde und den neuen, herandrängenden parlamentarischen und technokratischen Eliten.

Nicht nur in der DDR, sondern auch in Polen und der Tschechoslowakei hatte ja eine verhältnismäßig schmale Elite von Bürgerrechtlern – Schriftsteller, Wissenschaftler und andere Intellektuelle – den Wandel von 1989 erzwungen. Zumindest waren viele von ihnen davon überzeugt, die historische Hauptrolle gespielt zu haben. In dem Maße freilich, in dem die Zeit der Opposition zu Ende ging, wandelte sich ihre Hauptrolle während der Umbruchszeit rasch zur Nebenrolle der Konsolidierungsphase. Dies hatte im wesentlichen zwei Ursachen: Zum einen reklamierten unweigerlich die breiten Massen der Stimmbürger und Demonstranten die Hauptrolle für sich – und mit ihnen veränderte sich die politische Agenda. Wirtschaftliche Fragen und Probleme, Ängste und Wünsche gewannen zentrale Bedeutung. Dies begünstigte zum anderen populistisch bewanderte Talente ebenso wie politische Technokraten, die nun die Organisation von Parteien und Regierungen in die Hand nahmen und Politik zu ihrem Beruf machten. Bei den politisch-prozedural häufig unerfahrenen Bürgerrechtlern der ersten Stunde beobachtete man dagegen einen problematischen Hang zum Individualismus. Václav Havel etwa hatte schon lange vor dem Umbruch von 1989 seine Abneigung gegenüber Parteien klar gemacht. Sie sollten aus seiner Sicht den Charakter «politischer Klubs haben, in denen sich die Menschen kennenlernen können und ihre Meinungen miteinander abzustimmen lernen». Entscheidend müsse allein die «individuelle Verantwortung» bleiben.[19] Tatsächlich entsprang solchem Individualismus jedoch nicht selten, wie es Jan Sokol, tschechischer Bürgerrechtler und einer der Erstunterzeichner der Charta 77, formulierte, eine eher primitive Auffassung vom Parlament «als einer Institution, wohin einfach gute oder ehrliche und gebildete Leute kommen, dort reden und hören und dann nach ihrem Ermessen die Hand heben».[20]

Die Erfahrung, daß sie den ebenso idealistischen wie entbehrungsreichen, bürgerrechtlich erkämpften und direkt-demokratisch orientierten Schwung sowie den darauf gründenden Konsens der Oppositionszeit nicht in die neue Zeit hinüberretten konnten, zog Enttäuschung nach sich. Sie blieb weder den ostdeutschen noch den tschechischen Bügerrechtlern, weder dem Neuen Forum in der DDR noch dem Bürgerforum in der Tschechoslowakei erspart. Und selbst die stolze Solidarność, die ja in Polen die Brücke geschlagen hatte zwischen Arbeitern und Intellektuellen, zerbrach an ihren inneren Widersprüchen. Nicht Tadeusz Mazowiecki, der feinsinnige Intellektuelle, erhielt bei den Präsidentschaftswahlen vom

Dezember 1990 das Mandat zum Aufbruch in das neue Polen, sondern Lech Wałęsa, dessen Appell an die Einheit der Nation auf nicht wenige populistisch, antipluralistisch, machtehrgeizig und grobschlächtig wirkte. «An die Stelle der sachlichen Debatte», so klagte Adam Michnik im Vorfeld der Präsidentenwahl, «ist die marktschreierische Rhetorik des Wahlkampfes getreten.»[21] Tatsächlich schien Timothy Garton Ash das Richtige zu treffen, als er 1994, abgeklärt durch jahrzehntelange westliche Diskussionen über das Problem des Intellektuellen in der Politik, auf dem 61. Weltkongreß des PEN in Prag diagnostizierte: Unabhängige Intellektuelle und Berufspolitiker hätten ein «gegnerisches (aber nicht zwangsläufig feindliches) Verhältnis» zueinander. «Die Aufgabe des Intellektuellen sei es, nach der Wahrheit zu trachten und dies so umfassend, klar und interessant wie möglich darzustellen. Der Politiker dagegen arbeite mit Halbwahrheiten.»[22]

In jedem Fall geriet das Jahr 1990 zum Ende der Runden Tische, an denen die Bürgerrechtler, noch zusammen mit den alten kommunistischen Eliten, den Ton angegeben hatten. In den Parlamenten, die folgten, fanden sie dagegen wenn überhaupt nur noch einen randständigen Platz. Kaum jemals honorierten die Wähler die Pionierarbeit der Bürgerrechtler und gaben ihnen daher nur kleine Stimmanteile. «Die Hoffnung», so formulierte 1990 der frühere kommunistische Dissident, Bürgerrechtler und tschechische Europapolitiker Miroslav Kubin, «daß nach einem halben Jahrhundert der Unfreiheit, nach politischer, ökonomischer, ideologischer und nicht zuletzt auch ethischer Deformation, nach einem gewaltigen Exodus der intellektuellen Elite eine breite, demokratische Entfaltung in freien, demokratischen Wahlen zur Konstitution neuer vollwertiger Parlamente führen würde, wurde enttäuscht.»[23] Tatsächlich schien sich Anfang der 1990er Jahre eine umfassende, durch Desillusionierung und Unzufriedenheit gespeiste Malaise in den neu gegründeten Demokratien zu verbreiten. Allerdings entsprang sie keineswegs nur der Enttäuschung der Bürgerrechtler; vielmehr war auch die Masse der Bürger selbst enttäuscht, und die Zustimmung der Bevölkerung zur Demokratie und zur eigenen Regierung ging deutlich zurück. Von wirtschaftlichen Alltagsproblemen massiv bedrängt, mußten die Menschen in Osteuropa die Hoffnung auf eine rasche Verbesserung der Lage aufgeben. Soweit demoskopisch faßbar, sanken in allen Transformationsländern die Zufriedenheit und das Vertrauen in die Problemlösungskompetenz der Demokratie und ihrer Repräsentanten deutlich ab. Die Teilnahme an parlamentarischen Wahlen ging geradezu bedrohlich zurück – auf z. B. nur 63 Prozent in Ungarn im Jahre 1990 und sogar nur 43,2 Prozent in Polen im Jahre 1991. «Der euphorische Aufbruch des Jahres 1989 hat einer nüchternen und sorgenvollen Stimmungslage Platz gemacht. Enttäuschung, Erschöpfung, politische Apathie und nationalistische Emotionen prägen vielfach den mühsamen Alltag der neuen Demokratien in Ost-Mitteleuropa», so resümierten die Leiter eines größeren demoskopischen Forschungsprojektes ihre Ergebnisse im Jahre 1992.[24]

Rückblickend erkennt man freilich, daß das Stimmungstief faktisch mit der ersten Konsolidierungsphase der jungen Demokratien zusammenfiel. Die Verabschiedung der Verfassungen konvergierte mit dem demoskopischen Abwärtstrend. Aber das Erstaunliche war: Trotz der Absenz und dem Ressentiment fast der Hälfte aller Stimmbürger funktionierten die neuen Verfassungen ganz überwiegend, und auch die Parteiensysteme stabilisierten sich im Verlauf der 1990er Jahre. Am Ende des Jahrzehnts ließ sich jedenfalls geradezu von einer neuen Phase der Konsolidierung sprechen, und die Aufnahme der neuen Demokratien in die Europäische Union stand unmittelbar bevor. So schmerzhaft und enttäuschend also die ersten Schritte im Einüben der Demokratie auch gewesen waren – es waren Schritte in die richtige Richtung: auf einem Weg freilich, der keine Umkehr und keine Alternative kannte, der aber je länger desto mehr zu einer gut begehbaren Bahn wurde und heute im Begriff ist, eine neue demokratische «Pfadabhängigkeit» in ganz Europa zu begründen.

Welche Wirtschaftspolitik?

Dafür, daß der demokratische Anlauf zunächst in Ernüchterung mündete und sich zu Beginn der 1990er Jahre Enttäuschung verbreitete, war in hohem Maße die wirtschaftliche Lage der breiteren Bevölkerung verantwortlich. 1990 und 1991 kumulierten in den neuen Demokratien Ostmitteleuropas die Negativtrends in geradezu besorgniserregender Weise. Vor dem Hintergrund eines scharfen Rückgangs des Bruttoinlandsprodukts von minus 11,6 bis minus 16,4 Prozent gingen die Reallöhne um bis zu 25 Prozent zurück, während die Verbraucherpreise in eine nur wenig gebremste Inflation taumelten. Die Sorge um die materielle Situation der eigenen Familie, wirtschaftliche Zweifel und Ängste, ließen wenig Zeit und Raum für eine aktive, zivilgesellschaftliche Teilnahme am demokratischen Aufbau. So bezeichneten 1991 und 1992 in Polen, Ungarn und der Slowakischen Republik rund zwei Drittel der Bevölkerung ihr reguläres Berufseinkommen als «nicht wirklich» oder «überhaupt nicht ausreichend», um den Lebensunterhalt zu bestreiten. Die wirtschaftliche Situation der Familie wurde in Polen und Ungarn von mehr als drei Vierteln der Befragten als «nicht sehr» oder «überhaupt nicht zufriedenstellend» bewertet. Nur wenig günstiger lauteten die Resultate in der Tschechischen Republik, wo «nur» rund die Hälfte Berufseinkommen und wirtschaftliche Lage der Familie rundweg negativ einschätzten.[25] Vor diesem Hintergrund war es wenig überraschend, daß aus der politischen Euphorie der Selbstbefreiung sehr bald wirtschaftliche Zweifel und Ängste erwuchsen. «Es gibt gegenwärtig keine sichtbare Perspektive der Überwindung der Katastrophe, die die zentrale Planwirtschaft hinterlassen hat», so formulierte es 1991 der junge polnische Politikwissenschaftler Jerzy Maćków.[26]

Aber welche Wirtschaftspolitik konnte denn an die Stelle der bankrotten Planwirtschaft treten? Diese ebenso große wie schmerzhafte Frage stellte sich in allen Transformationsstaaten. Indem sie ökonomisch bedingte Arbeitslosigkeit und Inflation politisch-ideologisch eskamotiert hatten, verdeckten die sozialistischen Volkswirtschaften ihren verheerenden Produktivitätsrückstand. So verfügte die tschechische Industrie im Jahre 1989 über eine Arbeitsproduktivität von 30 Prozent der westdeutschen und über eine Wertschöpfung von 18 Prozent. Für Ungarn lauteten die entsprechenden Ziffern 44 und 20 Prozent.[27] Der politische Umbruch brachte diese Kluft unerbittlich ans Tageslicht. Eine sachliche und zeitliche Parallelität von demokratischer Konsolidierung und ökonomischem Prosperitätsgewinn zu erreichen, stellte sich daher den Transformationsländern als geradezu imperative Aufgabe.

Dabei stand jede wirtschaftspolitische Option vor einer doppelten Schwierigkeit: Zum einen war eine mehr oder minder vollständige Neuorganisation der wirtschaftspolitischen Ordnung erforderlich. Konkret hieß dies: das Privateigentum sichern, den Kräften des Marktes Priorität einräumen, die Währung stabilisieren, Investitionen ermöglichen und hierüber neue Produktivität schaffen. Über dieses grundsätzliche Ziel bestand kein wirklicher Dissens, wenngleich Mittel und Wege leidenschaftlich umstritten blieben.

Zum anderen aber entfielen quasi über Nacht die innersozialistischen «Märkte». Vor allem der abrupte Abbruch der Wirtschaftsbeziehungen zur Sowjetunion stieß die vormals sozialistischen Volkswirtschaften in ein tiefes Vakuum. In der Vergangenheit langfristig eingebunden in die spezifische internationale Arbeitsteilung des entschwindenden RGW und ohne weltmarktfähige Produkte, standen die postkommunistischen Länder dem Zusammenbruch ihres gemeinsamen Wirtschaftsraums unvorbereitet und im Grunde auch ohne Konzeption gegenüber. Zwar brauchte sich hierüber niemand zu wundern angesichts der Tatsache, daß der forcierte Übergang von der Plan- zur Marktwirtschaft sich quasi experimentell und ohne historisches Vorbild zu vollziehen hatte. Umso interessanter ist es zu prüfen, ob – ähnlich wie für die demokratische Verfassungsschöpfung ein «gemeinsames europäisches Verfassungsrecht» existierte – auch eine gemeinsame europäische Wirtschaftsordnung zur Verfügung stand, an der sich die postkommunistischen Reformer orientieren konnten.

Im Prinzip und idealtypisch zugespitzt, boten sich drei Modelle westlicher marktwirtschaftlicher Ordnungen als Vorbild an:[28] Das sozialdemokratische schwedische Modell verknüpfte einen egalitären Sozialstaat mit hoher gewerblicher Produktivität. Es war durch staatlichen Interventionismus, erhebliche Sozialkosten und hohe Steuersätze gekennzeichnet. Daß es für die Transformationsstaaten, von denen jeder wußte, daß ihnen eine mühsame Aufholjagd in Sachen Produktivität erst noch bevorstand, als Vorbild taugte, war mehr als unwahrscheinlich. Weitaus größere Plausibilität besaß dagegen das deutsche Modell des «rheinischen Kapitalismus» mit seiner durchaus präsenten, aber flexiblen, auf eine soziale Marktwirtschaft verpflichteten Staatstätigkeit. Marktwirtschaft hieß in Deutschland nicht «Laissez-faire», sondern vollzog sich innerhalb eines ebenso komplexen wie flexiblen Rahmens von Gesetzgebung und Mitbestimmung, Interessenorganisation und sozialer Sicherung. Noch war es nicht lange her, daß die Bundesregierung unter Bundeskanzler Helmut Schmidt das «Modell Deutschland» als Vorbild für die Bewältigung der Weltwirtschaftskrise von 1978 bis 1982 propagiert hatte. Unter der Herrschaft dieses im Kern unveränderten Modells erfolgte seit 1990 die aus Sicht der ostmitteleuropäischen Nachbarn beneidenswert erfolgreiche Integration der DDR-Wirtschaft in das vereinigte Deutschland. Würde es nun nicht auch, unterstützt von der überlegenen bundesdeutschen Finanzkraft, für die gewaltigen wirtschafts- und sozialpolitischen Herausforderungen Ostmitteleuropas das geeignete Vorbild abgeben?

Das anglo-amerikanische Modell schließlich, das auf einer langen Tradition eng begrenzter Staatstätigkeit, geringer Regulierungsdichte und entsprechend großen Freiheitsräumen beruhte, war in den 1980er Jahren durch die Regierungen Thatcher und Reagan im «neoliberalen» Sinne renoviert und mit geradezu messianischem Eifer vorangetrieben worden. Um 1990, als der Kommunismus als der säkulare Gegner seinen weithin sichtbaren und totalen wirtschaftlichen Zusammenbruch erlitten hatte, erschien das Modell als eine Art globaler Sieger. Zusammen mit dem weltumspannenden Einfluß der Wall Street und der ungebrochenen Attraktivität der amerikanischen Massen- und Konsumkultur stand es im Zenit seines internationalen Ansehens. Berücksichtigt man überdies die dominante Rolle der Amerikaner in den wichtigen internationalen Wirtschafts- und Finanzorganisationen wie Weltbank und Internationalem Währungsfonds, dann ist es wenig überraschend, daß das anglo-amerikanische Modell –

oder das, was man dafür hielt – im ostmitteleuropäischen Transformationsprozeß anfangs die wohl wichtigste Vorbildfunktion übernahm.

Überdies halfen «neoliberale» Rhetorik und ihr Vokabular, das auf Entstaatlichung, Eigenverantwortung und Privatinitiative setzte, den kommunistischen Etatismus auch sprachlich-ideologisch zu überwinden. Wer an die diskursive Verfertigung der Wirklichkeit glaubte, für den waren Begriffe wie Markt, Freiheit, Wettbewerb usf. allemal geeigneter als Adjektive wie «staatlich», «sozial», «gerecht» etc. Reformer wie Václav Klaus argumentierten denn auch gerade deshalb dezidiert gegen Termini wie «soziale Marktwirtschaft», weil sie in bezug auf die kommunistische Vergangenheit und die Rolle des Staates zweideutig zu bleiben drohten: «Erneut wird der Marktwirtschaft der scheinbar neutrale Terminus ‹soziale› hinzugefügt, ohne dabei offen zu sagen, daß hinter dieser rhetorischen Camouflage eine völlig andere Vorstellung über unsere künftige Gesellschaft versteckt ist.»[29]

Wer als Entwicklungspfad den Weg des anglo-amerikanischen Modells wählte, vertrat die Notwendigkeit einer «Schocktherapie» bzw. eines kapitalistischen «Big Bang». Am frühesten und nachhaltigsten erfolgte eine solche Wahl in Polen. Sie ist historisch eng verbunden mit dem Namen von Leszek Balcerowicz, einem anerkannten Finanz- und Wirtschaftsexperten, der in der Regierung Mazowiecki das Finanzministerium übernahm. Bereits am 23. September 1989 legte Balcerowicz seinen Plan zur Wirtschaftsreform in Polen vor. Daß er dies gegenüber dem Internationalen Währungsfonds tat, entbehrte nicht der tieferen Symbolik und unterstrich die strikt monetaristische Ausrichtung seiner Politik.

Das «Balcerowicz-Programm» sah den schnellstmöglichen Übergang zu einer «echten» Marktwirtschaft vor.[30] Damit distanzierte sich sein Urheber ausdrücklich vom polnischen Status quo der 1980er Jahre, der bereits einige zaghafte Reformschritte in Richtung Privatisierung und Wettbewerb eingeleitet und eine Art Mischwirtschaft etabliert hatte. Keinesfalls aber sollte es bei diesem Stand der Dinge bleiben. Vielmehr stellte die neoliberale Doktrin einmal mehr die schärfste sprachliche Waffe gegen die Überreste des alten Regimes zur Verfügung.

Das Programm, das am 9. Oktober im polnischen Ministerrat beschlossen und am 12. Oktober 1989 veröffentlicht wurde, konstatierte, daß die Umwandlung der Wirtschaft unter dem Unstern denkbar schwieriger Verhältnisse beginne, unvermeidlich schmerzhaft sein werde und daher rasch und radikal sein müsse. Kernelemente waren die weitgehende Freigabe der Preise bei gleichzeitiger drastischer Geldmengensteuerung und scharfer Zinspolitik, um die Inflation möglichst schnell und nachhaltig zu bekämpfen. Ordnungspolitisch zielte das Programm auf den Aufbau funktionierender Markt- und Wettbewerbsstrukturen und die rasche Privatisierung der großen staatlichen Betriebe. Der kompromißlose Abbau von Subventionen und die grundlegende Reform des Steuersystems sollten die Staatsfinanzen sanieren, den Złoty konvertibel machen, den Außenhandel ankurbeln und das Land für ausländische Investoren öffnen.

Zwar verschwieg das Programm nicht die zu erwartenden Folgen in Form von Preisanstieg und Reallohnverlust, Produktionsabfall und Arbeitslosigkeit. Aber dies sei der notwendig zu erbringende Preis für das Ziel einer «grundlegenden Systemänderung», nämlich eines Marktsystems, «das dem in den hoch entwickelten Ländern gleicht». Die «beschwerliche Übergangsperiode» sollte demgegenüber so kurz wie möglich gehalten werden.[31]

Im Kern die gleichen Ziele verfolgten in der Tschechoslowakei Václav Klaus, der sich als dezidierter Anhänger der neoliberalen Ökonomen Friedrich Hayek und Milton Friedman bekannte,[32] und in Ungarn die liberalen Befürworter einer wirtschaftlichen «Schocktherapie». Klaus konnte sich im tschechischen Teil des Landes gegen die Konzepte der früheren Reformkommunisten Ota Šik und Valtr Komárek durchsetzen, die vor dem forcierten Übergang zum Marktprinzip zunächst die bestehende Wirtschaft restrukturieren und modernisieren wollten. Einen vergleichbaren, «gradualistischen» Kurs verfolgte die aus den ungarischen Parlamentswahlen vom Frühjahr 1990 hervorgegangene konservative Regierung József Antalls. Nicht zuletzt mit Rücksicht auf die Stimmung im Lande und aus Sorge um zu große soziale Verwerfungen favorisierte die Regierung Antall eine Wirtschaftspolitik der kleineren Schritte. Dies war kein Zufall. Denn wie kein anderes Land im Bereich des RGW hatte bereits das kommunistische Ungarn seit den 1970er Jahren kleinere pragmatische Öffnungen zugelassen, in begrenztem Maßstab Privateigentum gestattet und den Weg für Joint-Venture-Unternehmen mit westlichen Investoren geebnet. Wirtschaftspolitischer «Gradualismus» hatte also Tradition in Ungarn, während in der Tschechoslowakei die «reine Lehre» des Kommunismus noch bis in das Jahr 1989 hinein auch die Wirtschaft beherrschte. Mithin war hier das Bedürfnis nach einem klaren politischen, symbolischen und auch sprachlichen Bruch mit dem alten Regime noch deutlich stärker.

Überdies fiel in Ungarn die Entscheidung für den «Gradualismus» auf der Basis parlamentarischer Wahlen, das heißt mit einem demokratischen Mandat. In Polen dagegen verordnete eine nur begrenzt demokratisch legitimierte Regierung die wirtschaftspolitische Schocktherapie, noch lange vor den ersten freien Präsidentschafts- und Parlamentswahlen. Und auch in der Tschechoslowakei glich die Durchsetzung der neo-liberalen Wirtschaftspolitik eher einem Top-Down-Prozeß: Der vorbereitende Diskurs vollzog sich im relativ engen Zirkel der Experten und erreichte in der Formationsphase kaum jemals eine breitere demokratische Öffentlichkeit.[33] Dagegen wurde die wirtschaftspolitische Diskussion der Jahre 1991 und 1992 zunehmend in den Kategorien der wachsenden Spannung zwischen Tschechen und Slowaken geführt. In der Slowakei fand die von Mečiar stets auf großer Bühne vertretene These viele Anhänger, die Hauptlast der Schocktherapie trage der wirtschaftlich ohnehin benachteiligte slowakische Landesteil. Tatsächlich hat Klaus' Wirtschaftspolitik zur Entfremdung und schließlichen Separation der beiden Republiken nicht unerheblich beigetragen. Und während Tschechien nach der Teilung den einmal eingeschlagenen Weg zunächst unbeirrt weiterverfolgte, setzte sich in der unabhängig gewordenen Slowakei ein vorsichtigerer Kurs durch, der auf die sozialstaatliche Abfederung des Transformationsprozesses achtete.

Die sozialen Kosten der «Schocktherapie» waren in jenen beiden Ländern, die sie am nachhaltigsten durchführten, in Polen und der Tschechischen Republik, erheblich. Dies war auch eine Folge des in Warschau wie in Prag primär verfolgten «makroökonomischen» Lösungsansatzes. Im Mittelpunkt standen eindeutig der monetäre Sektor und damit die Verbesserung der außenwirtschaftlichen Situation des Landes sowie die rasche Privatisierung staatlicher Unternehmen. Der realwirtschaftliche Sektor und die damit verbundenen «mikroökonomischen» Konzepte standen demgegenüber zurück. So wiesen die polnische wie die tschechische, aber auch die ungarische Regierung eine explizite Industriepolitik mehr oder minder brüsk zurück. So sehr sie zur Modernisierung der Wirtschaftsstruktur erforderlich gewesen wäre, so suspekt war sie als potentielles Mittel zur Konservierung alter Strukturen. Die ideologische Überlagerung der als rein «sachlich» und «rational» deklarierten Wirtschaftspolitik wurde hier sehr deutlich.

Hinzu kam die sehr unterschiedliche Wirtschaftsstruktur in den einzelnen Ländern. In Polen etwa, das noch über weite Strecken ein Agrarland war, verknüpfte sich die marktwirtschaftliche Transformation untrennbar mit der Frage nach der Zukunft der Landwirtschaft. Dieses gleichsam historische, seit dem Beginn des 19. Jahrhunderts zunächst in Großbritannien, später auch auf dem Kontinent bekannte Problem bildete auch noch nach 1945 einen dauerhaften sozialen Brennpunkt der westlichen Industriegesellschaften. In der kommunistischen Planwirtschaft blieb es gewissermaßen unter der Glocke des generellen, systemtypischen Mangels an Produktivität verborgen. Mit dem Übergang zur Marktwirtschaft aber schoß das Thema an die Oberfläche. Unter den abrupt eingeführten Bedingungen einer freien Preisbildung, bei steigender Bedeutung des tatsächlichen Bedarfs, sinkender staatlicher Protektion und wachsender auswärtiger Konkurrenz verschlechterte sich die Rentabilität der ohnehin wenig produktiven polnischen Landwirtschaft sprunghaft. Sinkende Einkommen, Arbeitslosigkeit und Rückgang der Investitionen verursachten in der polnischen Landwirtschaft einen ökonomischen Schock ganz besonderer Art.

In erster Linie betraf dies den staatlichen Sektor der Landwirtschaft. Aufgrund der nach 1945 in Polen abgebremsten bzw. überhaupt nicht durchgeführten Kollektivierung umfaßte er nur ein knappes Viertel des gesamten primären Sektors, während mehr als 75 Prozent der landwirtschaftlichen Nutzfläche von privaten Bauernhöfen, meist im Familienbetrieb, bewirtschaftet wurde. Zu kommunistischen Zeiten steuerte der Staat die Preise und kam für die Kredite und Schulden seiner Agrarunternehmungen auf. Die Organisationen des staatlichen Agrarsektors, sogenannte Staatsfarmen (PGR) bzw. Landwirtschaftliche Produktionsgenossenschaften (RSP) waren daher mit einer Art «planmäßigen Defizits» ausgestattet. Als nun 1989 die neue polnische Regierung unter Ministerpräsident Mazowiecki die Zuschüsse für die PGR blockierte, taumelte der staatliche Agrarsektor, ohne hierauf irgendwie vorbereitet zu sein, in das finanzielle und ökonomische Desaster.

Der Zusammenbruch der Staatsfarmen zog massive Arbeitslosigkeit und die Pauperisierung von mehr als 100 000 Landarbeitern nach sich. Noch zu Beginn des 21. Jahrhunderts wurde die Zahl der ländlichen Arbeitslosen, inklusive einer «versteckten Arbeitslosigkeit», auf rund 1,4 Millionen geschätzt, was etwa 43 Prozent der gesamten polnischen Arbeitslosenzahl entspricht.[34] Diese massive Degradierung des größten Teils der vormals staatlich beschäftigten Landarbeiter führte in vielen polnischen Dorffamilien zu schweren Verwerfungen oder sogar zu sozialen Pathologien. Nicht selten erbten Kinder den pauperisierten Status ihrer Eltern; eine bessere berufliche Perspektive lag meist außer Reichweite. Dementsprechend provozierte die schockartige Privatisierung der staatlichen landwirtschaftlichen Betriebe und die damit verbundene faktische Entlassung der staatlichen Landarbeiter eine bittere Debatte über Gewinne und Verluste der ökonomischen Transformation.[35] Während der polnische Staat die Masse der kleinen und mittleren Privatbetriebe unterstützte, überließ er seine ehemaligen Landarbeiter einem ungewissen Schicksal und trieb sie nicht selten in die Migration.

In dem Maße, in dem auch bäuerliche Schichten zu verarmen drohten, wurden sie zu Transferempfängern und, zugespitzt formuliert, zu «Staatsrentnern».[36] Tatsächlich wurde die finanzielle Unterstützung für die Landwirte zu einem der bedeutendsten staatlichen Ausgabeposten. Der polnische Staat bezahlte ein vollständiges Versicherungspaket und befreite darüber hinaus die Landwirte von der Einkommensteuer. Kritiker sprachen von einem «Freilichtmuseum», in dem die Bauern die bis zur Erreichung wirtschaftlichen Wohlstands spürbaren «Transformationsschmerzen» aushalten sollten.[37]

Solche Schmerzen waren freilich weitaus heftiger und langwieriger, als es die Protagonisten der Schocktherapie versprochen hatten. In den ersten Jahren des Übergangs deuteten die nackten Zahlen der volkswirtschaftlichen Gesamtrechnung die Dramatik des Geschehens nur von ferne an. Von 1990 bis 1992 ging das Bruttoinlandsprodukt in Polen wie in Tschechien um 18,2 bzw. 21,7 Prozent zurück. Die Industrieproduktion brach um 38 bzw. 36,3 Prozent ein. Hohe Inflationsraten korrespondierten mit einem empfindlichen Reallohnverlust. Zwar wiesen Ungarn, die Slowakei und die anderen Transformationsstaaten ähnliche Ziffern auf;[38] aber nirgends ließen sich die sozialen Folgen der Schocktherapie so eindeutig dem politischen Konto der Regierungen zurechnen wie in Polen und Tschechien. Überdies wurde sehr bald deutlich, daß die forcierte Privatisierungspolitik nicht der breiten Bevölkerung, sondern am Ende nur einigen wenigen zugute kam. Zwar strebten die Reformer ursprünglich eine breite Streuung des vormaligen Staatsbesitzes an. Zu diesem Zweck wurden die Anteilcoupons klein gestückelt und entsprechend breit verteilt. Aber schon bald setzte sich eine unwiderstehliche Tendenz zur Konzentration durch, von der letztlich eine limitierte Anzahl an Investmentfonds mit ihren finanzwirtschaftlichen Hintermännern profitierte.

Entsprechend hart war die Kritik. Adam Michnik, der zur Linken neigende frühere Berater der Solidarność, schrieb 1991 resigniert: «Beschleunigung der Wirtschaftsreformen heißt heute in Polen, daß die erforderlichen Preiserhöhungen schneller kommen, die unrentablen Betriebe schneller bankrott gehen, es schneller mehr Arbeitslose geben wird. Das ist der einzige Sinn der Beschleunigung.»[39] Und in der Tschechoslowakei beklagte Miroslav Kubin zur gleichen Zeit den «wirtschaftlichen Analphabetismus» und eine «naive Auffassung der Marktwirtschaftstheorien», deren Folgen «falsch und verheerend» seien.[40]

Daß solche Entwicklungen, hinter denen sich ja eine Fülle ökonomischer Besorgnis und persönlichen Leids verbargen, auf die politische Stimmung drückten und die generelle Einstellung zur neuen Demokratie nicht unbeeinflußt ließen, kann niemanden überraschen. Aber keineswegs verlief die

Entwicklung so linear nach unten, wie es manche Kritiker befürchteten. Tatsächlich liegt ein entscheidender Schlüssel für die längerfristige politische Stabilisierung der osteuropäischen Transformationsstaaten auch und besonders in der ökonomischen Erholung. So dramatisch und für viele auch tragisch der Einbruch der ersten Jahre war, so unleugbar begann sich das Bild seit 1993 aufzuhellen. Die Entwicklung des Bruttoinlandsprodukts schwenkte zumindest kurzfristig auf einen soliden Wachstumspfad ein. Die Inflation ging ebenso zurück wie die Arbeitslosigkeit, während das Volumen des Außenhandels sowie der ausländischen Direktinvestitionen deutlich anstieg. Parallel hierzu wuchsen die Realeinkommen und das Produktionsniveau. Vielleicht nicht zufällig war das «schocktherapierte» Polen dasjenige Land, das das Niveau von 1989 am raschesten wieder erreichte und übertraf, nunmehr freilich mit einer weit gesteigerten Produktivität.

Insofern waren die Bilanzen, die Mitte und Ende der 1990er Jahre über die ökonomische Transformation Osteuropas gezogen wurden, zwiespältig. Je nach Temperament und Blickwinkel konnte man die positiven oder die problematischen Aspekte hervorheben. So drohte sich zwischen Weichsel und Wolga eine europäische Spaltung aufzutun: zwischen dem post-sowjetischen Raum, der ökonomisch und politisch instabil blieb, und den Visegrád-Staaten, die ihre «Rückkehr nach Europa» vorbereiteten. Denn hier ließ sich ganz unbestreitbar eine deutliche und von vielen nicht erhoffte Parallelität von politischer und wirtschaftlicher Konsolidierung beobachten. Dies war Voraussetzung und Grundlage für die Perspektive eines Beitritts zur Europäischen Union, die die Phantasie der Menschen beflügelte. Andererseits ließ sich ebenso wenig leugnen, daß die Transformation Gewinner und Verlierer hervorgebracht und die Gesellschaft in bis dahin ungekannter Weise polarisiert hatte. Armut und Hoffnungslosigkeit nisteten sich als Dauergäste inmitten neuer Modernitätskerne ein. Zugleich zeigten sich die Vorboten einer neuen Instabilität, ja sogar «Prekarisierung» der Erwerbsbiographien, die allmählich die westlichen Volkswirtschaften erfaßte und auch vor den postkommunistischen Staaten nicht halt machen sollte. Alles dies gehörte zum Risiko der Freiheit, das auf den Transformationsgesellschaften spürbar lastete. Vor dem Hintergrund, daß die Freiheit so eindeutig Gewinner und Verlierer hervorbrachte, stellte sich allerdings zunächst noch drängender die Frage, welche Rolle denn frühere Kommunisten in diesem Prozeß spielten und wie mit ihnen umzugehen sei.

Die Last der Vergangenheit

Der vordergründig einfachste Weg, die kommunistische Vergangenheit aufzuarbeiten, bestand darin, ihre höchsten Protagonisten zu kriminalisieren und sie ansonsten, zumindest vorerst, ruhen zu lassen. Am konsequentesten wurde ein solches Verfahren in Rumänien angewendet. Das rechtsstaatlichen Kriterien Hohn sprechende Todesurteil, welches das Militärgericht über Nicolae Ceauşescu und seine Ehefrau Elena verhängte, sparte nicht mit monströsen Schuldzuweisungen. Dabei entwickelte es einen radikalen Dualismus zwischen dem Diktatorenehepaar und dem rumänischen Volk: Die Ceauşescus hätten alle Macht an sich gerissen, «um ihre bösartigen Interessen zu befriedigen und um das rumänische Volk zu unterdrücken». Um ihre «wahnsinnigen Pläne» durchzuführen, hätten die «beiden Megalomanen» und «Tyrannen» das Volk systematisch ausgeplündert.[41] Dies bezog sich insbesondere auf Ceauşescus Ehrgeiz, «pharaonische Gebäude zu bauen» – vor allem den «Palast der Republik» in Bukarest, für dessen Errichtung rund 40 000 Wohnungen abgerissen worden waren.

Auch nach seiner Hinrichtung wurde der rumänische Diktator regelmäßig als «Monster» und «Vampir», ja als «Dracula» verteufelt.[42] Zugleich freilich vermied Ceauşescus Nachfolger, Ion Iliescu, jede nachhaltigere Auseinandersetzung mit dem untergegangenen kommunistischen Regime, dem er selbst entstammte. Die Archive blieben geschlossen, eine Überprüfung der alten Eliten, geschweige denn ein breiterer Elitenaustausch fand nicht statt; statt dessen herrschte im Bereich der staatlichen Institutionen eine starke Kontinuität.[43] Zwar begannen sich auch in Rumänien allmählich demokratische Strukturen und eine zivile Gesellschaft zu entwickeln. Von zaghaften Ansätzen abgesehen[44], wurde die kommunistische Vergangenheit jedoch nicht aufgearbeitet, sondern von der Erinnerung an das Ceauşescu-Regime entkoppelt und sodann in die postkommunistische Gesellschaft integriert.

Das eindrücklichste Beispiel hierfür ist die Geschichte des ebenso monumentalen wie monströsen, eben «pharaonischen» «Palastes der Republik» in Bukarest. 1989 noch längst nicht fertiggestellt, war die Diskussion um die Nutzung des grotesken Gebäudes überraschend wenig kontrovers. Zwar sprachen sich einzelne Stimmen für den Abriß in Form eines Happenings oder eine postmoderne Nutzung als kommunistisches «Disneyland» aus. Der Hauptstrom der Diskussion um das allzu rasch nun «Volkshaus» genannte architektonische Monstrum befürwortete aber eine «patriotisch-repräsentative» Nutzung des Gebäudes. Indem der Palast diskursiv von seiner kommunistischen Vergangenheit ebenso wie von seinem Erbauer

Ceauşescu entkoppelt wurde, erfolgte die Versöhnung der kommunistischen Vergangenheitsarchitektur mit der nationalen und demokratischen Kultur der Gegenwart. Der Umzug der rumänischen Deputiertenkammer in das nunmehr zum «Parlamentspalast» mutierte Relikt der Despotie im Jahre 1996 – nur von einer liberalen Minderheit als «nationale Schande» bezeichnet – vollendete diesen Prozeß.[45]

Tatsächlich dauerte es weitere zehn Jahre, bis nach der langen Dominanz Iliescus, der von 1990 bis 1996 und von 2000 bis 2004 als Staatspräsident amtierte, eine neue vergangenheitspolitische Bewegung entstand. Sie ist einerseits eng mit dem Namen des Ende 2004 gewählten neuen Staatspräsidenten Traian Băsescu verbunden, andererseits aber mit dem Beitritt Rumäniens zur Europäischen Union mit Beginn des Jahres 2007. Vor allem dieser Hintergrund hilft die Volte zu erklären, die sich in der Amtszeit Băsescus vollzog. Er berief eine international besetzte Historikerkommission ein, die im Dezember 2006 ihren Abschlußbericht vorlegte. Sie verurteilte zum einen die kommunistische Herrschaft im ganzen als «Feind der menschlichen Rasse» und als das «totalitäre Böse»; zum anderen kritisierte sie die seit 1990 anhaltende, «systematisch geförderte Amnesie».[46] Die damit eingeleitete kollektiv-abstrakte Verurteilung des Kommunismus war zwar noch nicht gleichbedeutend mit einer juristischen Aufarbeitung individueller Schuld; aber die fühlbare Veränderung des vergangenheitspolitischen Diskurses bildete eine wichtige Voraussetzung für künftige Anstrengungen.

In Bulgarien wurden zwar zentrale Zeichen der kommunistischen Herrschaft wie das Dimitrow-Mausoleum schon vorher beseitigt; auch gab es 1989 keine blutige Liquidation. In der Struktur aber wies der bulgarische Umgang mit der Vergangenheit eine Reihe von Ähnlichkeiten mit dem rumänischen Fall auf. Auch hier bestand die einfachste Methode, die problematische Gegenwart zu erklären und die Sorgen um die Zukunft kognitiv erträglich zu machen, darin, die Vergangenheit zu kriminalisieren und klare Schuldzuweisungen vorzunehmen. Entsprechend entschlossen wirkte die Abrechnung mit dem Regime des Todor Schiwkow. Schiwkow war allerdings auch ein geradezu dankbarer Gegenstand für den symbolisch-voluntaristischen Bruch mit der Vergangenheit. Von 1954 bis zu seinem Sturz am 10. November 1989 ununterbrochen an der Spitze der Kommunistischen Partei stehend, hatte sich Schiwkow vor allem durch seine unbedingte Loyalität zur Sowjetunion, notorische Reformfeindschaft und eine repressive Politik gegen die türkisch-muslimische Minderheit des Landes ausgezeichnet. Sein größter Vorzug war wohl – wie gesagt worden ist – seine Mediokrität.[47]

Unter der ersten nachkommunistischen, bürgerlich-liberalen Regierung Filip Dimitrows wurde Schiwkow wegen Korruption und Veruntreuung angeklagt und 1992 zu sieben Jahren Haft verurteilt – eine Strafe, die später aus gesundheitlichen Gründen zu Hausarrest gemildert wurde. Auch andere Spitzenrepräsentanten des Regimes wurden zu hohen Haftstrafen verurteilt, so insbesondere der zuletzt amtierende Ministerpräsident, Georgi Atanassow. Selbst Andrej Lukanow, der als führender Reformkommunist am Sturz Schiwkows maßgeblich beteiligt war und 1990 als Ministerpräsident einer Übergangsregierung vorstand, wurde 1992 der Veruntreuung bezichtigt und vorübergehend in Untersuchungshaft genommen.

So kraftvoll diese strafrechtliche Abrechnung mit dem alten Regime auch scheinen mochte, so wenig bewahrte sie Bulgarien vor der lähmenden Last der Vergangenheit. Im Gegenteil: Die Länge des kommunistischen Schattens und die fortdauernde Wirkmacht des untergegangenen Systems verhielten sich während der 1990er Jahre fast umgekehrt proportional zur juristischen Härte, mit der die führenden Repräsentanten dieses Regimes abgeurteilt wurden. So betrat die frühere Kommunistische Partei sogleich als Bulgarische Sozialistische Partei wieder die politische Bühne. Die zentrale Rolle, die die Reformkommunisten selbst während des Umbruchs gespielt hatten und die damit verbundene organisatorische Kontinuität ermöglichten es den postkommunistischen Sozialisten, auch unter den Bedingungen der prekären Demokratie eine dominante Rolle zu spielen.[48] Bereits 1990 und dann vor allem 1994 – mit 43,2 Prozent der Stimmen – erzielten sie beachtliche Wahlsiege. Die von 1994 bis Ende 1996 unter Šan Videnow amtierende sozialistische Regierung beendete denn auch die aktive, auf die Aufarbeitung der kommunistischen Verbrechen zielende Vergangenheitspolitik.

Aber es war weniger die Existenz einer kommunistischen Nachfolgepartei als solche, welche die bulgarische Demokratie belastete. Solche Parteien existierten in fast allen Transformationsstaaten. Vielmehr kam in Bulgarien hinzu, daß auf der Basis früherer kommunistischer Kreise ausgeprägte illegale Organisationen entstanden, denen der Staat teilweise duldend, teilweise machtlos gegenüberstand. In der Folge prägten Korruption und mafiöse Strukturen die bulgarische Wirtschaft und Gesellschaft. Alte Nomenklatura und neuer Kapitalismus verbanden sich zu undurchsichtigen Seilschaften. Als symptomatisch hierfür erschien das dramatische Schicksal des gewendeten früheren kommunistischen Politikers Lukanow, der selbst über ausgedehnte internationale und geschäftliche Beziehungen verfügte. Im Oktober 1996 wurde er vor seiner Wohnung erschossen; der Mord trug alle Züge einer gezielten Hinrichtung, was auf eine mafiöse

Auftragstat hinwies. Weder Mörder noch Hintermänner wurden jedoch jemals identifiziert.[49]

Ziemlich drastisch führten die Beispiele Rumäniens und Bulgariens also die begrenzte Bedeutung einer kurzatmigen, rein strafrechtlichen «Abrechnung» mit dem Kommunismus vor Augen. Kommunistische Spitzenpolitiker abzuurteilen und sie in einen radikalen Gegensatz zum guten «Volk» zu stellen, begründete noch keine nachhaltige Aufarbeitung der Vergangenheit. Im Gegenteil, ein solches Verfahren wirkte geradezu kontraproduktiv, wenn ein letztlich bloß symbolischer Akt die Vergangenheit gleichsam «abhakte», zugleich aber das mehr oder minder ungehinderte, systemische Fortwirken kommunistischer Kader zuließ.

Welche komplexen politischen, rechtlichen und moralischen Probleme die «Vergangenheitsbewältigung» aufwarf, erwies sich erst dann, wenn ihre Instrumente gegenüber jenen angewandt werden sollten, die das kommunistische Regime vertreten und gestützt, mit ihm kollaboriert hatten oder ihm auf andere Weise zu Diensten waren. Dies betraf nicht mehr nur einzelne «verbrecherische» Protagonisten, sondern Hunderttausende. Es betraf hartnäckig «unbelehrbare» Kommunisten, Mitarbeiter der Geheimpolizei ebenso wie Wendehälse. Und schließlich betraf es nicht wenige, die sich selbst aktiv am Übergang vom Kommunismus zur Demokratie beteiligt oder sich sogar um ihn verdient gemacht hatten. Hier brach sich die Eindeutigkeit des Strafrechts – «schuldig» oder «nicht schuldig» – an der Uneindeutigkeit der politischen und sozialen Praxis vor 1989. Oft genug entzog sich der konkrete Einzelfall einer einfachen Bewertung. Dies konnte kollektive Unschuldsvermutungen – wie lange Zeit im Falle Rumäniens – ebenso befördern wie die Annahme einer allgemeinen, systemimmanenten Schuld – wie sie insbesondere Václav Havel äußerte: «Die Position in der Machthierarchie differenziert die Menschen in bezug auf das Maß der Verantwortung und Schuld, gibt jedoch niemandem die volle und unbedingte Verantwortung und Schuld und entbindet andererseits niemanden voll von der Verantwortung und Schuld.»[50] Wie immer man sich auch zu Havels Auffassung stellen mochte, die einer Kollektivschuldthese nahekam und die Aufarbeitung individueller Verantwortlichkeiten erschwerte: An der unhintergehbaren Komplexität des Gegenstandes änderte auch jene berechtigte Wut der vom Kommunismus Geschädigten nichts, die nachhaltig eine politisch-rechtliche Aufarbeitung der Diktatur verlangten.

Unter allen postkommunistischen Staaten konnte sich das wiedervereinigte Deutschland zugute halten, das in der DDR geschehene Unrecht besonders intensiv und umfassend zu erforschen und rechtlich-politisch aufzuarbeiten. Mit dem 1991 in erster Fassung verabschiedeten Stasi-Un-

Akten, Akten, Akten: Lagerraum der Staatssicherheit in der sog. Gauck-Behörde

terlagen-Gesetz und der mehr oder minder kompletten Verbannung früherer Stasi-Mitarbeiter und SED-Funktionsträger aus dem öffentlichen Dienst hat die Bundesrepublik einen internationalen Standard gesetzt, den keines der Transformationsländer erreichte. Ermöglicht wurde dieser Standard – dessen Einzelheiten und Reichweite freilich stets umstritten blieben – vor allem dadurch, daß das von der kommunistischen Vergangenheit «unbelastete», rechtsstaatliche System der «alten» Bundesrepublik zur Aufarbeitung der DDR-Vergangenheit eingesetzt wurde.[51] Über eine solche «westliche», von außen kommende, mit administrativer und legislativer (Über-)Macht ausgestattete Instanz verfügten die Transformationsländer nicht. Vielmehr blieben sie mit ihrer eigenen Vergangenheit allein. Im Vergleich zu Deutschland machte dies den Aufarbeitungsprozeß zwar vielleicht autonomer, keineswegs jedoch weniger schmerzhaft.

Vergleichsweise unproblematisch waren dagegen die Maßnahmen zur Rehabilitation früherer Opfer des Kommunismus. Daß hier rasches Handeln erforderlich war und den vom Kommunismus verfolgten Personen soweit im Rahmen begrenzter Staatsfinanzen möglich auch materielle Wiedergutmachung zustand, ist überall lebhaft empfunden worden. Dem entsprach es, wenn fast alle postkommunistischen Parlamente binnen kurzem eigene Rehabilitations- und Entschädigungsgesetze verabschiedeten.[52]

Weitaus schwieriger, schmerzhafter und umstrittener war der juristische Umgang mit den Tätern. Mehrere Faktoren wirkten zusammen, daß die vergangenheitspolitische Frage entweder wie ein Damoklesschwert über den osteuropäischen Gesellschaften hing oder wie ein schleichendes Gift deren politische Kultur infizierte. Zunächst war der Umgang mit der kommunistischen Vergangenheit durch die Kompromißstruktur des Umbruchs von 1989/90 präjudiziert worden. Insbesondere in Polen und Ungarn, aber auch in Bulgarien war das alte Regime durch eine Koalition von Reformkommunisten und oppositionellen Bürgerrechtlern überwunden worden. Diese «Refolution» (Timothy Garton Ash), das heißt eine Mischform von Selbstreform von oben und einer Revolution von unten, bildete einen evolutionären Prozeß. Reformkommunisten, kommunistische Dissidenten und Oppositionsgruppen betraten gemeinsam einen Steg, der in das neue, postkommunistische Zeitalter führte. Für eine ebenso breite wie tiefschürfende, ins Detail individueller Schuld gehende, gar justitielle Aufarbeitung der Vergangenheit ließ dieser Steg keinen Raum.

Sprichwörtlich wurde in diesem Zusammenhang das Diktum vom «dikken Strich» unter die Vergangenheit, das Tadeusz Mazowiecki in seiner ersten Regierungserklärung im September 1989 verwendete. Einen solchen «dicken Strich» zu ziehen, bedeutete nicht nur, den Bruch mit der Vergangenheit zu betonen, sondern kündete auch von der Absicht, Gegenwart und Zukunft von der Vergangenheit möglichst unbeeinträchtigt zu lassen. In Polen war dies der Preis für den Konsens des Runden Tisches, das vorübergehende Bündnis mit den Reformkommunisten und den damit ermöglichten friedlichen Charakter des Umbruchs.

Ein weiterer Grund, der viele von einer allzu eingehenden vergangenheitspolitischen Diskussion zurückschrecken ließ, war das komplexe und schwierig zu bestimmende Verhältnis von Opfern und Tätern. Nicht selten verschwammen in der individuellen Detailbetrachtung die Grenzen; zu vielfältig und uneindeutig, häufig auch zu gebrochen waren die Biographien derer, die auf die eine oder andere Weise das Regime repräsentiert oder mit ihm kollaboriert hatten. Ein eindeutiges Urteil über ambivalente Befunde zu sprechen, lehnten aber häufig gerade jene Dissidenten und Reformkommunisten ab, die selbst den Umbruch von 1989 intellektuell und organisatorisch vorbereitet hatten.

Ein besonders heißes Eisen bildete in diesem Zusammenhang die Frage nach der Vertrauenswürdigkeit der Akten der Staatssicherheit. Auf der einen Seite waren diese Akten die wichtigste Quelle für vergangenheitspolitische bzw. strafrechtliche Beweisführungen. Auf der anderen Seite empfanden es nicht wenige als sachlich problematisch oder gar als moralisch verwerflich, ausgerechnet die Stimme des Unterdrückers zum Verdikt über die Vergangenheit heranzuziehen. Schien nicht der Blick in die Namenslisten der kommunistischen Diktatur diese selbst wieder zum Leben zu erwecken und ihr eine sinistre Fortwirkung *post mortem* zu erlauben? Um so mehr galt dies, wenn Politiker und Dissidenten, die entscheidend an der Transformation beteiligt waren, selbst ins Fadenkreuz der aktengestützten Ermittlung gerieten. Individuelle Beispiele wie dasjenige von Jan Kavan, der später Außenminister der Tschechischen Republik und ihr UNO-Vertreter wurde, unterstrichen eine solche Auffassung. 1968 aus der Tschechoslowakei nach Großbritannien emigriert, war Kavan erst 1990 in seine Heimat zurückgekehrt und hatte sich sofort politisch engagiert. Sein Lustrationsverfahren endete indes mit einem positiven Befund: 1991 traf ihn der Vorwurf, er habe mit dem kommunistischen Geheimdienst zusammengearbeitet. Es dauerte bis 1994 bzw. mit der Revision bis 1996, bevor Kavans Unschuld erwiesen wurde, was für den Betroffenen nichts anderes bedeutete als jahrelange Unsicherheit über das eigene Schicksal.

Welche zeitbombenartige Fernwirkung die Akten der Staatssicherheit ausüben können, zeigt schließlich das Beispiel des großen tschechischen Literaten Milan Kundera. Im Oktober 2008 wurde Kundera von einem tschechischen Historiker aufgrund des Studiums geheimpolizeilicher Dokumente mit dem Vorwurf konfrontiert, er habe im Jahre 1950 einen Kameraden an die Staatssicherheit verraten. Die Affäre schlug internationale Wellen. Methodisch stand im Mittelpunkt der Diskussion einmal mehr die Frage nach der Verläßlichkeit der Quellen. Kundera selbst wies den Vorwurf entrüstet zurück; für andere blieb der einmal geworfene Schatten bestehen.

All dies waren beste Voraussetzungen, um das vergangenheitspolitische Dauerthema politisch zu instrumentalisieren und als Waffe im Kampf gegen den politischen Gegner zu verwenden. Es gab daher von Beginn an genug Gründe und Argumente gegen den Versuch, eine kompromißlos «harte» Aufarbeitung der kommunistischen Vergangenheit durchzusetzen. Aber gleich, für welchen Weg sich die Transformationsgesellschaften entschieden: Die Schattengeister der Vergangenheit ließen sich nicht vertreiben.

Am tiefsten und nachhaltigsten versuchten die Tschechen, mit ihrer kommunistischen Vergangenheit abzurechnen. Innerhalb der früheren Ostblockstaaten nahm die Tschechische Republik mit vergleichsweise harten Maßnahmen gegen frühere Regimeträger eine Art Sonderstellung ein. Zwei Gründe dürften hierfür den Ausschlag gegeben haben: Zum einen bestand in Tschechien wie in keinem anderen der Nachbarländer die Sehnsucht, auf die «goldene Zeit» der Vorkriegsdemokratie zurückzublicken.

Die auch unter den prekären Bedingungen der Zwischenkriegszeit leidlich funktionierende Demokratie des Tomáš Masaryk erfüllte für die tschechische Identität zentrale Orientierungsfunktionen. Um so dunkler dagegen hob sich von ihr die kommunistische Nachkriegsgeschichte ab – eine Geschichte der Unfreiheit, der Repression und der Gewalt. In vielen tschechischen Familien bestanden noch sehr lebendige und zugleich schmerzhafte Erinnerungen an den Prager Frühling 1968, seine Niederschlagung und die darauf folgende Eiszeit.

Damit hing zum anderen zusammen, daß sich die Tschechoslowakei, ähnlich wie die DDR, bis zum Herbst 1989 im gleichsam eisernen Griff der kommunistischen Orthodoxie befunden hatte. Anders als in Polen, Ungarn oder auch Bulgarien gab es hier keinen Prozeß der «Refolution». In der Tschechoslowakei hatte kein gemeinsamer Steg in das Zeitalter Demokratie geführt, der Reformkommunisten und Opposition ausreichend Platz geboten hätte. Um so stärker brach sich das Bedürfnis nach Distanzierung, ja nach Abrechnung mit den kommunistischen Eliten Bahn. Mithin ist es kein Zufall, daß die Tschechische Republik neben dem vereinigten Deutschland die konsequenteste «Vergangenheitspolitik» in Gang setzte.

Auf der symbolisch-diskursiven Ebene kulminierte sie in dem «Gesetz über die Rechtswidrigkeit des kommunistischen Regimes» («Kommunistengesetz») vom Sommer 1992. Die kommunistische Vergangenheit erschien hier als eine einzige verbrecherische Abirrung bzw. Vergewaltigung der tschechoslowakischen Geschichte. Die Mitglieder der Kommunistischen Partei der Tschechoslowakei traf demzufolge die Verantwortung «für die programmatische Vernichtung der traditionellen Werte europäischer Zivilisation, für die bewußte Verletzung der Menschenrechte und -freiheiten, für den moralischen und wirtschaftlichen Verfall, der begleitet wurde von Justizunrecht und Terror gegen Andersdenkende, für die Ersetzung der funktionierenden Marktwirtschaft durch eine Wirtschaft unter direktiver Leitung, für die Zerstörung der traditionellen Prinzipien des Eigentumsrechts, für den Mißbrauch der Erziehung, Bildung, Wissenschaft und Kultur zu politischen und ideologischen Zwecken sowie für die rücksichtslose Zerstörung der Natur.» Die tschechische kommunistische Partei selbst wurde als «verbrecherische und verwerfliche Organisation» delegitimiert.[53]

Ein solches, gesetzlich verordnetes Bild war gleichbedeutend mit der historisch-moralischen Ausgemeindung des Kommunismus aus der tschechoslowakischen Geschichte. Dementsprechend umstritten war das Gesetz im Vorfeld seiner Verabschiedung – für eine pluralistische Demokratie schien der antikommunistische Bannstrahl allzu einseitig zu sein. Was er in der Praxis bedeutete, blieb überdies weitaus weniger eindeutig. Eine rechtsstaatliche Be- und Verurteilung kommunistischer Schuld konnte nur auf dem Wege der individuellen Anklage und Beweiserhebung erfolgen. Und wie in allen posttotalitären Gesellschaften erwies es sich auch in der Tschechoslowakei als höchst mühsam zu entscheiden, welche einzelnen Personen konkret verwerflich oder möglicherweise sogar «verbrecherisch» gehandelt hatten.

Die rechtliche Grundlage hierfür sollte das sogenannte «Lustrationsgesetz» vom Oktober 1991 bilden. Zwar stieß es auf die Kritik Václav Havels, selbst des degradierten Protagonisten des Prager Frühlings, Alexander Dubček, wurde aber vom föderalen Parlament der damals noch existierenden Tschechoslowakei verabschiedet. Das Gesetz statuierte die «Durchleuchtung» der Verdächtigen. Es verbannte alle hohen kommunistischen Funktionäre, die Mitarbeiter und Informanten der Staatssicherheit sowie die Inhaber hoher Ämter im kommunistischen Staat für fünf Jahre aus dem öffentlichen Leben und untersagte ihnen während dieses Zeitraums die Bekleidung jeglicher staatlicher Ämter.

Wie Meinungsumfragen und politische Studien zeigten, konnte sich diese Linie auf eine Mehrheit der Bevölkerung stützen. Einerseits erhöhte dies den moralischen Druck auf die früheren kommunistischen Eliten, andererseits aber auch die Versuchung, die politische «Säuberung» zu «privaten Abrechnungen und Übelwollen» zu mißbrauchen.[54] Und die tschechische Praxis der 1990er Jahre demonstrierte denn auch das ganze Spektrum der Probleme, die jede ehrlich gemeinte «Vergangenheitsbewältigung» und offen geführte Diskussion wohl unvermeidlich aufwerfen und die auch die deutsche Diskussion nach 1989 kennzeichneten. Gerade wegen der anfänglichen Aufrichtigkeit ihres antikommunistischen Impulses blieb der tschechischen Gesellschaft die quälende Debatte über die Vergangenheit und deren Implikationen für die Gegenwart nicht erspart. Diese Diskussion spaltete frühere Dissidenten und neue Demokraten, sie durchzog Familien und Freundschaften und brachte Angehörige der jüngeren gegen die ältere Generation auf. Sie reflektiert den Deutungskampf, in dem sich, grob gesagt, zwei Lager gegenüber standen: auf der einen Seite die «68er», die das Narrativ des Prager Frühlings harmonisch in das Narrativ der «samtenen» Revolution und die postkommunistische Demokratie überführten; auf der anderen Seite jene Kräfte, die im Prager Frühling lediglich eine Konkurrenz unterschiedlicher kommunistischer «Fraktionen» erkennen und ihn damit zusammen mit dem Kommunismus im ganzen aus der Kontinuität tschechischer Geschichte verbannen wollten.[55]

Zwar ist die Behauptung übertrieben, auf die «sanfte Revolution» sei die «Zeit der sanften Lynchjustiz» gefolgt.[56] Aber das Bild verdeutlicht die schmerzhaften Uneindeutigkeiten und die eindeutigen Schmerzen, die ein offener Umgang mit vergangenem Unrecht so kurz nach dem Geschehen unvermeidlich hervorruft. Vergangenheitspolitische Gerechtigkeit war, so schien es, nur um den Preis neuer Ungerechtigkeiten zu haben.

Es ist daher nicht überraschend, daß in anderen Ländern der vergangenheitspolitische Diskurs und auch die gesetzgeberischen Maßnahmen gegen frühere Kommunisten sehr viel zurückhaltender verliefen. Dies gilt zunächst auch für die Slowakische Republik, die sich, angeführt von Vladimír Mečiar, der Lustrationspraxis zunehmend entzog und sie nach der Trennung von der Tschechischen Republik im Sande verlaufen ließ.[57] Aber auch in Polen und Ungarn, wo eine stärkere personelle Kontinuität vom alten zum neuen Regime bestand, wurde die Abrechnung mit dem Kommunismus zunächst auf einen hinteren Platz der politischen Agenda versetzt.

In Polen kontrastierte die umgehend eingeleitete wirtschaftliche Schocktherapie auffällig mit einer eher schleppenden legislativen und administrativen Liquidierung der kommunistischen Einrichtungen. Zwar war die Auseinandersetzung mit der Volksrepublik Polen die zweifellos «wichtigste zeitgenössische historische Debatte», aber sie war auch die längste und diejenige, die die meisten Kontroversen hervorrief, ja zum «Bürgerkrieg um die Tradition» geriet.[58] Allein die Abschaffung der verhaßten Geheimpolizei erfolgte bereits im November 1989, allerdings nicht als Regierungsmaßnahme, sondern aufgrund parlamentarischer Initiative. Erst die konservativ-christliche Regierung von Jan Olszewski, die aus den ersten freien Wahlen vom Oktober 1991 hervorging, schrieb sich die Abrechnung mit dem Kommunismus als eine der höchsten Prioritäten in ihr Programm. Aus «moralischer Notwendigkeit», erklärte Olszewski in seiner Regierungserklärung, ergebe sich «das Postulat der Abrechnung mit der vergangenen Schuld. Wir wollen keine kollektive Verantwortlichkeit, sondern eine Verantwortung für konkrete Entscheidungen. Menschen, die für ihre Karriere Taten gegen das nationale Interesse begangen haben, diese Menschen sollen sich nicht wundern, wenn sie dafür bestraft werden. Und wenn wir vergeben sollen, so wollen wir wissen, welche Schuld und wem wir vergeben.»[59]

Damit war eben jene quälende Debatte eingeleitet, die mancher in Polen gerne vermieden hätte. Wie in Tschechien auch rückte die Frage nach der Aussagekraft der Geheimdienstakten in den Mittelpunkt. Aktenvernichtungen, willkürliche Säuberungen und der allgemein schlechte Erschließungszustand der polnischen Akten ließen eine zielführende Öffnung der Archive als problematisch erscheinen, und mehrere Vorlagen für ein Lustrationsgesetz verliefen im Sande. Erst als der Ex-Kommunist Aleksander Kwaśniewski im Jahre 1995 gegen Lech Wałęsa zum Präsidenten gewählt wurde, gelangte das Thema wieder auf die Tagesordnung. Die Sorge vor einer kommunistischen Restauration begünstigte 1997 die Verabschiedung des polnischen Lustrationsgesetzes. Um der früheren Nomenklatura den Weg in Ämter und Mandate zu verbauen, kam dieses Gesetz freilich zu spät. Sein Ziel war es eher, Tatsachen öffentlich bekannt zu machen, aus denen dann jeder gesellschaftliche Akteur selbst seine Schlüsse ziehen konnte.[60]

Wer freilich glaubte, damit sei die vergangenheitspolitische Diskussion abgeschlossen und eine Phase unangenehmer, aber eindeutiger Entscheidungen erreicht, der sah sich getäuscht. Im Gegenteil: das erste polnische Lustrationsgesetz öffnete erst die Büchse der Pandora und trieb die Diskussionen bis weit in das 21. Jahrhundert an. Im März 1998 legte die «Wahlaktion Solidarność» (AWS), eine konservativ-katholische Abspaltung der Solidarność, dem Sejm eine Beschlußvorlage zur weiteren Abrechnung mit der Vergangenheit vor. In ihrer Diktion ähnelte diese Vorlage dem tschechoslowakischen «Kommunistengesetz» von 1992. So wollte die AWS die Volksrepublik Polen als verbrecherisches System brandmarken und forderte zugleich «Gerechtigkeit, Wiedergutmachung des Unrechts und Bestrafung der Schuldigen».[61] Die Initiative führte zu einem parlamentarischen Eklat und sorgte anschließend für wütende Debatten.

Zehn Jahre später stellten sich die Zwillingsbrüder Kaczyński in dieselbe Tradition. Das von der nationalistischen Regierung des Ministerpräsidenten Jarosław Kaczyński im April 2007 durchgesetzte neue Lustrationsgesetz sollte mehr als 700 000 Journalisten, Wissenschaftler und sonstige Personen des öffentlichen Lebens zwingen, an Eides statt über ihre möglichen Verbindungen mit dem polnischen Geheimdienst Auskunft zu erteilen. Zwar erfüllte Kaczyński damit ein Wahlversprechen und entsprach einer durchaus verbreiteten Stimmung, die sich gegen die Positionsgewinne der alten Nomenklatura in der neuen Demokratie und ihrem Kapitalismus richtete. Aber das neue Gesetz zog nicht nur den wütenden Protest vieler Intellektueller, darunter so angesehener Vertreter des postkommunistischen Polens wie Bronislaw Geremek, nach sich. Auch in der liberalen Auslandspresse wurde es als «Hexenjagd à la Joseph McCarthy» kritisiert.[62] Kurz nach seiner Verabschiedung erklärte das polnische Verfassungsgericht die neue Lustrationsgesetzgebung für nicht verfassungskonform und kassierte das April-Gesetz.

So hatte die Vergangenheit und die Frage des politischen Umgangs mit ihr auch die polnische Gesellschaft unerbittlich eingeholt. Am Ende rächte es sich, daß der Kompromiß des Runden Tischs, die Vergangenheit ruhen zu lassen, der demokratischen Legitimation entbehrte. Insbesondere gelang es den damaligen Akteuren des Übergangs nicht, ihre Version der Geschichte und ihre persönlich gefärbte Erinnerungskultur in der sich pluralisierenden polnischen Gesellschaft als vergangenheitspolitische Norm durchzusetzen. Veteranen der Solidarność wie Adam Michnik, der selbst unter dem Kommunismus langjährige Haftstrafen erdulden mußte, konnten dies nur schwer ertragen. Den Ruf nach einem härteren Kurs in der Abrechnung mit dem Kommunismus – von Wałęsa über Olszewski bis hin zu den Kaczyińskis – verwarf Michnik als populistisch. Und 2005 – ein Vierteljahrhundert nach der Gründung der Solidarność – hatten sich «Bitterkeit und Wehmut» bei Michnik angesammelt. Das Gedenken an den historisch-heroischen Aufbruch der 1980er Jahre sei durch die «Dreckschleuderei gegen die Verdientesten» entweiht: «Ich will und kann nicht gemeinsam mit denjenigen feiern, die heute ihr Wissen über die demokratische Opposition und die Solidarność aus den Archiven des Sicherheitsdienstes (SB) schöpfen und dabei polizeiliche Denunziationen wie eine Bibel behandeln. Ich fühle mich von ihnen besudelt.»[63]

Gerade in ihrer Unterschiedlichkeit kommt dem tschechischen wie dem polnischen Weg exemplarische Bedeutung zu. Beide Wege zeigen nachdrücklich, daß es freien posttotalitären Gesellschaften unter keinen Umständen erspart bleibt, über ihre Vergangenheit und die in ihr vermuteten oder verborgenen Verbrechen eine methodisch schwierige, häufig bittere, immer aber schmerzhafte Diskussion zu führen.

Das Risiko der Freiheit

Diese Erkenntnis war Teil eines Bündels von Zwängen und Befürchtungen, Emotionen und Enttäuschungen, die der Freiheit inhärent waren und schon sehr bald die Euphorie der revolutionären Stunde in den Hintergrund drängten. Als Václav Havel Anfang Juli 1990 vom ersten frei gewählten Parlament der Tschechoslowakei als Staatspräsident bestätigt wurde, stellte er auf einmal fest, «daß ich deprimiert war. [...] Dasselbe Gefühl hatten auch zahlreiche meiner Mitarbeiter auf der Prager Burg. Wir begriffen, daß die Poesie zu Ende gegangen war und die Prosa begonnen hatte. Der Karneval war zu Ende, und der Alltag begann.»[64]

Tatsächlich war die vielbeschworene «Rückkehr nach Europa», von der auch Havel selbst häufig sprach, in den Transformationsländern nicht zum Nulltarif zu haben. Vielmehr standen sie vor dem mächtigen «Dilemma der Gleichzeitigkeit», das heißt der Notwendigkeit, mehrere Transformationen zugleich durchzuführen: die demokratisch-konstitutionelle, die wirtschaftliche und die kulturelle.[65] Solche Aufgaben verlangten mühselige Alltagsarbeit am Detail; ihr entstiegen die Erfahrungen des Scheiterns ebenso wie zahllose Enttäuschungen. Dies alles waren unvermeidliche Begleiterscheinungen, ja Risiken der Freiheit, die sich anfangs freilich mit einer kaum zu bändigenden Ungeduld verbanden. «Wir haben zwanzig Jahre verloren, jetzt können wir keinen einzigen Tag mehr verlieren» – so gab Havel noch einmal, mit Blick auf den zerstörten Prager Frühling, den Takt an.[66] Kaum jemals in der europäischen Geschichte war das Bedürfnis nach nachholender Beschleunigung so wirksam wie im Osten des Kontinents nach 1989; dahinter verbarg sich die Hoffnung auf eine konkrete Besserung der Lebensumstände.

Aber einen schnellen Übergang zur sozialen Marktwirtschaft mit all ihren Versprechungen gab es nicht, konnte es auch nicht geben angesichts der Tatsache, daß sich das westliche liberal-kapitalistische Modell selbst im Verlauf der 1990er Jahre rasant veränderte. Was die Transformationsgesellschaften also erfuhren, war zunächst keineswegs die rasche Ersetzung des abgelegten, verworfenen Zustandes durch den erwünschten und verklärten neuen Zustand. Vielmehr hatten sie mit einer sehr spezifischen Übergangs- und Schwellensituation zu kämpfen: mit «der Auflösung vergangener Sinnhaftigkeiten und Sicherheiten, die im Nebel der (erhofften, versprochenen) neuen Ordnung verschwinden. Hier zeigt sich die inhärente Vieldeutigkeit der [...] Schwellensituation: keiner weiß wie lange sie dauert, wo sie endet, und was genau man davon halten kann.»[67]

Die politische und gesellschaftlich-kulturelle Umwälzung, der diese Hoffnungen entstiegen, stellte zugleich die Anpassungsfähigkeit von Millionen Europäern auf eine harte Probe. Dazu gehörte zunächst eine Umwertung aller Werte. Was gestern noch als unumstößlich richtig galt, war heute grundfalsch geworden. «Vom November 1956 bis 1989 erschien die Revolution von 1956 als das Werk satanischer Kräfte», so stellte sich der kulturelle «Schock der Freiheit» in Ungarn dar. «Der Zusammenbruch des Parteistaats zog die Glorifizierung der 56er Revolution und die moralische Entthronung der Kádár-Gruppe nach sich. Der hingerichtete Ministerpräsident wurde zum strahlenbekränzten Märtyrer, der Landesvater dagegen zum Massenmörder. Die junge Generation, für die diese Wende wie ein Blitz aus heiterem Himmel kam, konnte sich der quälenden Frage nicht entziehen, von welchen Menschen sie erzogen wurde. Was waren ihre Eltern und Lehrer für Menschen, die sie zur Lüge ausgebildet oder zumindest die Wahrheit vor ihnen verschwiegen hatten?»[68]

Noch weitaus tiefgreifender als solche erinnerungskulturellen Umwertungen war die schockartige Ablösung der im Kommunismus gültigen Wirtschafts- und Gesellschaftsmoral. Zwar herrschte im Ancien Régime eine Solidarität des Mangels, aber sie galt vielen als Manifestation menschlicher «Wärme» und zumindest gab es Solidarität. Zugleich sorgte der kommunistische Staat in seinem propagierten Selbstverständnis für die Befriedigung der elementaren Bedürfnisse wie Arbeit, Wohnung und Nahrung. Diese Form von «Moral» war zwar ein systemspezifisches Produkt der kommunistisch-muffigen «fürsorglichen Belagerung» und der von ihr strukturierten, im Kern unfreien Lebenswelt. Aber indem sie dem Individuum die Freiheit verwehrte, schützte sie es zugleich vor deren Risiken. Von der neu entstehenden Wirtschaftsordnung dagegen fühlten sich viele ausgeschlossen und empfanden dieses Ausgeschlossensein zugleich als Verlust moralischer Werte und Verbindungen.

«Die polnische Durchschnittsfamilie», so lautete eine enstprechende Diagnose im Jahre 1993, «akzeptierte es unter dem realen Sozialismus, daß Erwerbstätigkeit schlecht bezahlt wurde, aber es gab sie; daß man Wohnungen durch staatliche Unterstützung erhalten konnte; daß eine Mutter, die ein Kind haben wollte, während der Schwangerschaft und Erziehungszeit auf ein ganzes System von sozialer Unterstützung zählen konnte; daß freie medizinische Versorgung garantiert war, daß das Kind in einer Krippe oder einer Vorschule betreut wurde; daß die einzigen Schulgebühren aus freiwilligen Zahlungen an die Elternvereinigung bestanden, daß jeder interessierte und normal intelligente junge Mensch seine Ausbildung fortsetzten konnte. [...] Die heutige polnische Durchschnittsfamilie muß erkennen, daß sie völlig mittellos dastehen kann, wenn ihr Alleinverdiener seinen Arbeitsplatz verliert; daß es fast unmöglich ist, für den Erwerb einer Wohnung zu sparen; daß eine Mutter auch ein fünftes oder sechstes Kind austragen muß, wenn der Arzt für die Ausführung eines Schwangerschaftsabbruches mit Gefängnis bedroht wird; im Falle von Krankheit oder Behinderung kann sie es sich nicht leisten, Medikamente zu kaufen oder eine Operation zu bezahlen; sie wird niemals in der Lage sein, mit dem Kind in die Ferien zu fahren oder es auf die Universität zu schicken. Und so geht es weiter.»[69]

Tatsächlich empfanden Millionen von Menschen das transformierte System nicht als das ihrige und auch nicht als das beste. In einer Gesellschaft, die sich extrem rasch und extrem weit polarisierte, in der neben bitterer Armut plötzlicher Reichtum entstand und neue «Oligarchen» das große Wort führten, brauchte es niemanden zu überraschen, wenn am Sinn und am Ziel der Transformation gezweifelt wurde. Die Erfahrung sozialer Ungleichheit und sozialer Exklusion – in vierzig Jahren kommunistischer

Herrschaft ideologisch und autoritär stillgelegt – stellte für die Transformationsgesellschaften eine gewaltige Herausforderung dar.

Diese Herausforderung mochte um so größer sein, wenn sich herausstellte, daß die Unterdrücker von damals die Profiteure von heute waren. Tatsächlich krankte der Transformationsprozeß nicht wenig daran, daß der zweifellos dynamischen politischen Pluralisierung – demokratische Strukturen, Mehrparteiensysteme – die gesellschaftliche Pluralisierung und die Entstehung einer wirtschaftlich leistungsfähigen Zivilgesellschaft hinterherhinkten. In der unübersichtlichen Situation des Systemwandels hatten die alten Kader – sofern ihnen keine unüberwindlichen vergangenheitspolitischen Hindernisse in den Weg gestellt wurden – einen strategischen Vorsprung. Sie verfügten über administrative Erfahrung, Managementqualitäten, persönliche Netzwerke und einen Wissensvorsprung, den sie aus den Zentren bürokratischer Machtausübung heraus gewonnen hatten: alles Eigenschaften, die sich auch unter den Bedingungen der Marktgesellschaft einsetzen und produktiv verwerten ließen.[70]

In manchen Staaten wie in Bulgarien und Rumänien bestand eine entsprechend starke Elitenkontinuität. Aber auch in den anderen Transformationsländern beobachtete man eine schleichende Rückkehr früherer Kommunisten in die Zentren wirtschaftlicher, gesellschaftlicher und bisweilen auch politischer Macht. Handelte es sich also tatsächlich um eine «samtene Restauration», wie Adam Michnik zugespitzt formulierte?

1995 veröffentlichte das Institut für Politische Studien der Polnischen Akademie für Wissenschaften eine vergleichende Untersuchung über die Entwicklung der Eliten in Ungarn, Rußland und Polen von 1988 bis 1993. Bei allen Schwierigkeiten, die dem Elitebegriff eignen, und bei allen Vorbehalten, die gegenüber der scheinbaren Exaktheit konkreter Zahlen anzumelden sind: Die Studie offenbarte deutliche Kontinuitätsmuster. In Polen und Ungarn setzte sich demzufolge 1993 noch fast ein Drittel der politischen Eliten aus Angehörigen der früheren kommunistischen Kader zusammen (Polen 31 Prozent, Ungarn 32 Prozent, Rußland 83 Prozent). Höher waren die entsprechenden Zahlen im privaten Wirtschaftssektor, wo sich die Eliten in Polen zu 57 Prozent, in Ungarn zu 66 Prozent und in Rußland zu 53 Prozent aus der früheren Nomenklatura rekrutierten. Im Bereich der kulturellen Eliten, deren Systemkonformität freilich schwer zu bestimmen war, lauteten die entsprechenden Anteile 30 Prozent (Polen), 56 Prozent (Ungarn) und 78 Prozent (Rußland).[71]

Noch skeptischere Schätzungen gingen für Polen davon aus, daß noch 1998 mehr als 70 Prozent der Wirtschafts- und Finanzeliten aus Personen bestanden, die bereits vor 1989 leitende Funktionen innegehabt hatten.[72]

Besonders aktiv waren die früheren Mitarbeiter des Geheimdienstes. Von ihnen wurden nach 1989 15 000 entlassen; viele von ihnen nutzten ihren Wissens- und Kompetenzvorsprung, um sich in der neuen, privatisierten Welt der Wirtschaft zu etablieren – als Eigentümer und Teilhaber neu entstehender Firmen im Außenhandel, in privatisierten Industriesektoren, in der Energiewirtschaft oder im Finanzwesen.[73] Andere frühere Funktionsträger des Ancien Régime profitierten von der expandierenden Bürokratie, die – im Gegensatz zum marktwirtschaftlichen Credo – zusammen mit der Privatisierungspolitik wucherte. Die Folge waren Klientelismus und Korruption. Oder – wie es Ilija Trojanow mit Blick auf Bulgarien formulierte – «im Großen und Ganzen lenkte die ehemalige Nomenklatura, die regierende und privilegierte Oberschicht des ‹kommunistischen› Staates, die Ereignisse».[74]

Komplementär zu dieser teilweise offen zu Tage liegenden «samtenen Restauration» vermochten sich in den meisten osteuropäischen Ländern die früheren kommunistischen Parteien politisch rasch zu etablieren. Mit Ausnahme Tschechiens und der Slowakei konnten die ex-kommunistischen Parteien, die sich zu Parteien des demokratischen Sozialismus reformierten, an die vielfältigen Proteströmungen und -stimmungen anknüpfen und damit phasenweise große Erfolge erzielen. In der Regel gaben sie sich, wie in Ungarn, Polen und Bulgarien, das Image einer sozialen Partei, die ihr Ohr den Benachteiligten schenkte, das heißt denjenigen, die von dem wirtschaftlichen Wandel nicht profitierten. Damit konnte der «demokratisch-sozialistisch» gewendete Kommunismus die neu gebildete sozialdemokratische Konkurrenz häufig ausstechen und bald wieder eine beachtliche innenpolitische Rolle spielen. Zum Teil stellten die Ex-Kommunisten wie in Bulgarien und Ungarn wieder die Regierungen oder wie in Polen den Staatspräsidenten.[75]

Aber die Erfahrung zeigte sehr bald, daß eine Gefährdung der Demokratie als solcher von ihnen nicht mehr ausging, daß auch Ex-Kommunisten an der Macht das Transformationsrad der Geschichte weder zurückdrehen konnten noch wollten. So hatten sich auch diejenigen Regierungen, die von kommunistischen Nachfolgeparteien gestellt wurden, den mehr oder minder harten Tatsachen der ökonomischen Realität zu stellen. Dabei vermochten sie einerseits von den bereits durchgeführten, harten Wirtschaftsreformen zu profitieren; andererseits scheiterten sie nicht selten selbst an der sozial-ökonomischen Problematik der Verhältnisse. Das Entscheidende aber war: Sie konnten auch wieder abgewählt werden.

Der die parlamentarischen Demokratien kennzeichnende Mechanismus eines Mandats auf Zeit, der mühsame und langsame Kompromißcharakter der Politik und das Risiko der Abwahl betrafen somit auch die ex-kommunistisch-sozialistischen Regierungen der Transformationsperiode. Es war dies das Risiko der politischen Freiheit, das die Bulgarische Sozialistische Partei in den Jahren 1990 und 1994–1996, die ungarische MSZP von 1994 bis 1998 oder die beiden polnischen ex-kommunistischen Parteien SLD und PSL von 1993 bis 1997 erfuhren. Tatsächlich wurden die Ex-Kommunisten zum Bestandteil eines pluralistischen Parteiensystems, das bis gegen Ende der 1990er Jahre stark fragmentiert blieb, sich dann aber allmählich konsolidierte.[76] Und es bleibt ein erstaunliches Phänomen, daß sich trotz der damit einhergehenden notorischen Instabilität parlamentarischer Mehrheiten eine grundsätzliche Infragestellung der Demokratie nicht einstellte. Tatsächlich erwies sich, daß eine wirkliche Alternative zum demokratischen System nicht bestand und von der Mehrheit der Stimmbürger auch nicht wirklich gewollt wurde.

Insofern fielen auch die Bilanzen über die Transformation und die neuen Risiken der Freiheit unterschiedlich aus. Und wie bereits bei der demokratischen Verfassungsschöpfung zu beobachten war, so bestanden auch Mitte/Ende der 1990er Jahre klar identifizierbare historisch-geographische Kreise. Am problematischsten schienen sich die Verhältnisse im äußersten östlichen Kreis Europas zu entwickeln, in Rußland, Belarus und der Ukraine. Unter Beobachtern wechselte sich ein aus vagen Zukunftsperspektiven gespeister Optimismus mit blankem Pessimismus ab. «Ein Land am Abgrund. Die wirtschaftliche Lage in Rußland» – so lautete zum Beispiel eine dieser Stimmen. Die eingeleiteten Reformen scheiterten an ihrer Inkonsequenz, die Schattenwirtschaft wachse ungebremst, während reiche Geschäftsleute ihr Kapital legal oder illegal aus dem Land schafften. Zugleich wachse die Armut. «Rußland» so resümierte Werner Gumpel 1997, «befindet sich in einem Teufelskreis. Je länger die Krise währt, desto schwieriger wird es, aus ihr herauszufinden. Der Zerfall Rußlands scheint unvermeidbar.»[77] Entsprechend skeptisch lauteten die Bilanzen für Belarus – wo sich «auf den Trümmern des Parlaments» eine «Präsidialdiktatur» zu festigen schien – und für die Ukraine.[78]

Aber auch in dem zweiten historisch-geographischen Kreis, dem südöstlichen Europa, bestand große Skepsis. Immer wieder waren es die gleichen Merkmale, die hervorgehoben wurden: Korruption und mafiöse Strukturen, Machtmißbrauch und die Konzentration des Reichtums in der Hand weniger. Blickt man indes auf die zur gleichen Zeit auch in den GUS-Staaten unleugbar erzielten Fortschritte der Konsolidierung, so ist es unvermeidlich, daß die Bilanzen schlicht widersprüchlich ausfallen müssen. Eine angemessene Beurteilung der Transformationszeit verlangt daher im Grunde nach paradoxen Formulierungen – wie etwa «Stabilität in Widersprüchen».[79]

Eine solche widersprüchliche, daher immer wieder als gefährdet erachtete Stabilität bestand im Kern jedoch auch in den Ländern des am weitesten westlich liegenden historisch-geographischen Kreises. Zwar hatten die Staaten hier aufgrund ihrer eigenständigen demokratischen Traditionen aus der Zeit vor 1939, der relativ früh einsetzenden gesellschaftlichen Pluralisierung, durch ihre geopolitische Nähe zum Westen und schließlich durch die sich seit Mitte der 1990er Jahre konkretisierende Perspektive eines EU-Beitritts andere und bessere Voraussetzungen als die Staaten Südosteuropas und der GUS. Die Tschechoslowakei, Polen und Ungarn statuierten diese politische, ökonomische und kulturelle Nähe zu Europa im Februar 1991 in ihrem Abkommen von Visegrád; und dieser Zielrichtung entsprach es, wenn die Europäische Union und die *European Bank for Reconstruction and Development* in ihren regelmäßigen Berichten über die Transformationsländer den Staaten des westlichsten historisch-geographischen Kreises eine fortschreitende «Europa-Reife» attestierten.[80]

Die in dieser Hinsicht optimistischste Betrachtungsweise verfuhr geradezu teleologisch, und sie war wohl nicht zufällig unter Ökonomen am stärksten verbreitet. Der aus Ungarn stammende, amerikanische Wirtschaftswissenschaftler János Kornai ist hierfür das beste Beispiel. Zwar wollte er die vielen individuellen Deprivationserfahrungen in den Transformationsgesellschaften nicht gering schätzen. Primär makroökonomisch argumentierend, sah er aber im Jahre 2006 die ostmitteleuropäischen Länder Estland, Lettland, Litauen, Polen, Tschechien, die Slowakei, Slowenien und Ungarn auf einer breiten okzidentalen Straße angekommen. Die Transformation war irreversibel und ökonomisch betrachtet abgeschlossen. Die Länder Ostmitteleuropas hatten sich damit der «Hauptrichtung der ökonomischen Transformation in der westlichen Zivilisation» angeschlossen.[81]

Dem steht die teilweise überaus scharfe Kritik entgegen, die auch zu Beginn des 21. Jahrhunderts am Transformationsprozeß geübt wurde und welche die Dysfunktionalitäten des Systemwandels hervorhob. Im Jahre 2004 publizierte die polnische Soziologin Maria Jarosz eine vernichtende Bilanz des Transformationsprozesses in ihrem Land. Die «Ursünde der Regierenden» war demzufolge die kritiklose Übertragung, ja Verpflanzung des westlichen Marktmodells auf die polnischen Verhältnisse. Die Ungeduld der polnischen Reformer wie Balcerowicz paarte sich allzu frivol mit dem schädlichen Einfluß westlicher «Ideologen» wie Jeffrey Sachs und den Kohorten amerikanischer «fly-in fly-out consultants», die man in Warschau spöttisch die «Marriott-Brigade» nannte – frei nach dem Namen des von ihnen meist besuchten Hotels.[82] Die Folgen dieser überstürzten und aufgepfropften Schocktherapie, «die Implantation eines kulturell fremden Modells nach Polen», waren, Jarosz zufolge, verheerend. Besonders problematisch war die Verquickung zwischen der aus der kommunistischen Vergangenheit fortbestehenden Staatsstruktur einerseits und der Fetischisierung des kapitalistischen Erwerbsstrebens andererseits. Polen hatte somit eine Doppelstruktur, was konkret hieß: Es war ein «Staat der institutionalisierten Verantwortungslosigkeit und der sanktionierten Rechtlosigkeit [...], in dem das Privatinteresse immer gegen das Interesse der Gesellschaft obsiegt, wo bestimmte Formen der Rechtlosigkeit toleriert werden und zulässig sind, wo die politische Klasse das Recht, das Justizsystem und die öffentliche Meinung völlig mißachtet.»[83]

Andererseits konnte auch Jarosz nicht leugnen, daß Polen nach einem langjährigen Umbau «ein freier und demokratischer Staat mit einer sich entwickelnden Wirtschaft ist, der sich fest in Europa integriert hat. [...] Polen befindet sich heute [...] in einer positiven wirtschaftlichen Situation; es hat ein hohes wirtschaftliches Wachstumstempo, eine geringe Inflation – und sichere Grenzen.»[84]

Viel hing also davon ab, ob man die Risiken, Fehlentwicklungen und Gefahren höher wertete oder die Freiheit, die Chancen und die Konsolidierungserfolge. Jedes der Transformationsländer kannte beides; in jedem Fall mußte das Urteil uneindeutig bleiben – bis hin zur Paradoxie. Diese fundamentale Zweideutigkeit des Transformationsprozesses auf den Nenner zu bringen, verstand niemand besser als Adam Michnik: «Denn wie sieht die Bilanz der polnischen Transformation aus?», so fragte er im Jahre 2005. «Die Arbeiter besitzen heute alle Rechte, auch wenn ihre Lebensumstände mitunter dramatisch schwierig sind und die Gepflogenheiten privater Unternehmenseigentümer nicht selten an die Epoche des Wolfskapitalismus erinnern. Alle Rechte haben auch die Bauern, aber ihre Stimmung beherrscht die Furcht vor ausländischer Konkurrenz und dem Strukturwandel des polnischen Dorfes. Auch den Intellektuellen und Künstlern sitzt kein ideologisches Gebot und keine Zensur mehr im Nacken, sie schreiben, was sie wollen. Aber ihre in der Epoche der Diktatur so wichtige und vernehmbare Stimme verhallt heute in der Kakofonie der Massenkultur. Obwohl also alle die Rechte erhalten haben, für die die Menschen des August 80 kämpften, ist niemand zufrieden mit dem freien Polen. Mehr noch: Auch in Polen herrschten während der zurückliegenden 15 Jahre Korruption und Klientelismus, demagogische Versprechungen und Verratsvorwürfe. Und doch waren es die besten 15 Jahre in den letzten drei Jahrhunderten der polnischen Geschichte.»[85]

Von besonderer Bedeutung war schließlich, daß die Transformation sich überwiegend friedlich vollzog und die vielfachen Befürchtungen aus dem Jahre 1990 nicht bestätigte. Zwar änderten der Zusammenbruch des Kommunismus und die Sezessionen an der westlichen Peripherie des kollabierenden Sowjetimperiums die politische Landkarte Europas binnen kurzem so nachhaltig wie seit 1918 nicht mehr. Mit den baltischen Staaten, Weißrußland, der Ukraine und der moldawischen Republik entstanden neue Staaten; neue Grenzen durchschnitten das vormals sowjetische Territorium. Aber das Prinzip der souveränen Nation setzte sich in Osteuropa überwiegend friedlich durch. Von den gewaltsamen Auseinandersetzungen in Litauen, Lettland und Rumänien abgesehen, blieb die Region von größeren Erschütterungen verschont. Der Schwerpunkt gewaltsamer Auseinandersetzungen mit ethnisch-kultureller Grundierung verlagerte sich demgegenüber an die Peripherie. Zum einen setzte die Erosion der Sowjetmacht im Kaukasus eine Spirale der Gewalt in Gang. Sie begann schon im Jahre 1988 mit den Auseinandersetzungen zwischen Armenien und Aserbaidschan um Berg-Karabach, steigerte sich im Krieg Rußlands mit Tschetschenien und wirft mit dem georgisch-ossetisch-russischen Konflikt bis heute ihre Schatten. Zum anderen aber entwickelte sich der Balkan zu einem Herd ungekannter Gewalt. Was sich hier, im zerfallenden Jugoslawien während der 1990er Jahre abspielte, warf noch einmal die erschreckende Perspektive einer dauerhaften «Balkanisierung» von Teilen Europas an die Wand.

5. Sarajewo! – oder Europas jugoslawische Katastrophe

Der Zerfall Jugoslawiens

Während sich Europa stabilisierte und auch in der östlichen Mitte des Kontinents mehr und mehr zusammenwuchs, vollzog sich an seiner Peripherie eine Tragödie von geradezu epischen Dimensionen. Zwischen 1991 und 1999 wurde Jugoslawien in eine Katastrophe getrieben, wie man sie am Ende des 20. Jahrhunderts in Europa nicht mehr erwartet hätte. Weit mehr als 100 000 Jugoslawen wurden getötet, Millionen mehr vergewaltigt, verletzt und vertrieben. Gemeinschaften, die über viele Jahrzehnte, teilweise Jahrhunderte, friedlich als Nachbarn miteinander gelebt hatten, fielen nun fast plötzlich, unvermittelt, übereinander her.[86]

Aber waren sie alle Jugoslawen? Oder waren es nicht vielmehr Serben und Slowenen, Bosnier und Kroaten, Mazedonier und Montenegriner – schließlich auch Albaner? Ließ sich also der Krieg in Jugoslawien als

Nationalitätenkonflikt, als gewaltsame Auseinandersetzung zwischen ethnischen Gruppen erklären? Solche Fragen zu beantworten, ist insoweit schwierig, als sie ähnlich grundsätzliche Probleme aufwerfen, wie die schon 1882 von Ernest Renan gestellte Frage: «Was ist eine Nation?»[87] Dieser Stammvater eines kulturell erweiterten Nationsbegriffs spielte bereits alle möglichen Antworten durch, um sie am Ende alle zu verwerfen. Tatsächlich schärft der kulturhistorisch informierte Blick das Verständnis der jugoslawischen «Nationalitätenkonflikte» ganz außerordentlich. Ist die Nation gleichbedeutend mit einer «Rasse»? – so fragte Renan. Nein, so lautete seine Antwort, denn ganz offensichtlich wiesen am Ende des 19. Jahrhunderts alle modernen Nationen in Europa und Nordamerika ein ethnisches Gemisch auf. Und wer wollte einen solchen Befund im Hinblick auf Jugoslawien leugnen?[88]

Ist die Nation identisch mit der Sprache? – fuhr Renan fort. Auch hier lautete die Antwort nein, denn wie wären sonst die Abtrennungen Nordamerikas von Großbritannien und Lateinamerikas von Spanien und Portugal erklärbar gewesen? Und wie umgekehrt der Zusammenhalt der Schweiz? Auch im Falle Jugoslawiens ist die Sprache kein wirklich geeignetes Kriterium für die Trennung von Gruppierungen. Selbst wenn zwei Schriftsysteme – das lateinische und das kyrillische – existieren, so sind die einzelnen Gruppen sprachlich nicht wirklich trennbar. Das Südslawische stellt vielmehr eine Gemengelage von Mundarten dar, deren Grenzen überdies keineswegs mit den Siedlungsgrenzen identisch sind. Übergänge zwischen diesen verschiedenen Mundarten sind fließend. Und auch wenn der Kunstbegriff des «Serbokroatischen» inzwischen als diskreditiert gilt, so waren doch die inner-jugoslawischen Verständigungsmöglichkeiten ohne weiteres vorhanden. Die Unterschiede waren nicht größer als in anderen mundartlich differenzierten Sprachräumen Europas.[89]

Ist die Nation dann eine Gemeinschaft der Interessen? – so fragte Renan weiter und verneinte dies mit dem trockenen Hinweis darauf: «Ein Zollverein ist kein Vaterland.»[90] Dementsprechend wäre es auch nicht möglich, zum Beispiel die wirtschaftlichen Interessen, die das wohlhabendere Slowenien gegenüber dem jugoslawischen Zentralstaat entwickelte, als Antriebskraft für eine Nationsbildung zu betrachten.

Ebensowenig bildete die Geographie für Renan ein Definitionskriterium der Nation. Im Gegenteil, er hielt keine Theorie für willkürlicher, ja gefährlicher als die der «natürlichen Grenzen». Vielmehr hätten die Lebensräume der Nationen immer fluktuiert. Und welches Territorium gäbe hierfür wohl ein besseres Beispiel ab als Jugoslawien, wo aufgrund der säkularen, hin und her wogenden Auseinandersetzungen zwischen dem Osmanischen

Reich und dem von den Habsburgern angeführten «christlichen Abendland» eine fluide Situation entstanden war. Jahrhunderte lang kannte die ganze Region Migrationsbewegungen. Damit korrespondierte die Unsicherheit darüber, wohin die ethnisch-kulturelle Eigengruppe beziehungsweise das, was man dafür hielt, letztlich hingehörte.

Schließlich tauge auch die Religion, so mahnte Renan, nicht als Grundlage einer modernen Nation, wie ja die durchaus unterschiedlichen, nichtidentischen Grenzen von Staaten und Konfessionen bewiesen. Zwar fällt es tatsächlich schwer, die beiden Religionen auf jugoslawischem Boden – Christentum und Islam – oder gar die beiden christlichen Konfessionen – serbisch-orthodox und katholisch – als Merkmale zu betrachten, die eine Nation oder auch nur eine ethnische Gruppe begründeten. Aber in einer langfristig historischen Perspektive bildet die religiös-konfessionelle Differenz doch die entscheidende Antriebskraft für die Ethnisierung der Konflikte und daher auch für die Geschehnisse der 1990er Jahre. So ist sich die Forschung darin einig, daß die Ethnisierung innerjugoslawischer Konflikte im 19. Jahrhundert begann, in jenem Jahrhundert also, in dem ganz Europa durch die kulturellen Nationsbildungsprozesse gewissermaßen durchschnitten wurde. Zwar war die slawische Basis von Serben, Kroaten und Bosniern historisch betrachtet dieselbe. Aber die auf dem Territorium des späteren Jugoslawiens siedelnden Slawen trennte über Jahrhunderte hinweg das Merkmal der Religion. In dem zwischen dem Osmanischen Reich und der Habsburgermonarchie langfristig umstrittenen Gebiet lebten Katholiken, Orthodoxe und Muslime. Die zahllosen Binnenmigrationen und die ebenso zahllosen Konversionen hatten im Laufe der Jahrhunderte die Situation noch unübersichtlicher gemacht.

Im besonderen galt dies für Bosnien-Herzegowina, wo die Mehrheit der slawischen Muslime lebte. Erst im 19. Jahrhundert erfolgte hier die allmähliche Ethnisierung des religiösen Unterscheidungsmerkmals beziehungsweise eine entsprechende Zuschreibung. Zunehmend galten Katholiken als «Kroaten», Orthodoxe dagegen als «Serben», auch wenn dies unter historischen Gesichtspunkten schlichter «Unsinn» war.[91] Aber unter den Bedingungen der 1878 erfolgenden Besetzung Bosniens durch Österreich-Ungarn verschärfte sich diese Zuschreibung sogar noch.

Während sich also in der zweiten Hälfte des 19. Jahrhunderts die Ethnisierung der Religion und – wie überall in Europa – die kulturell angetriebene Nationsbildung vollendeten, blieb die staatliche Ordnung des westlichen Balkans ungeklärt. Eine slawische Nationalstaatsbildung scheiterte bis 1918/19 an den multinationalen Großreichen Österreich-Ungarns und des Osmanischen Reiches und an den übergeordneten Interessen der europäischen Mächte.[92] Diese Nichtidentität von Nationsbildung und Staatsbildung hat überall in Europa, wo sie anzutreffen war, zu Problemen geführt und der Entstehung eines rigiden, gemeinschaftsideologisch orientierten Ethno-Nationalismus Vorschub geleistet. Auf dem westlichen Balkan vermachte sie dem 20. Jahrhundert ein besonders schweres Erbe. Die Gründung Jugoslawiens erfolgte zu spät und zu sehr unter serbischen Vorzeichen, um die bereits ausgereiften nationalen Identitäten der slawischen Völker noch integrieren zu können. Das zweite, 1945 gegründete Jugoslawien kennzeichnete hingegen ein tiefsitzender und ungelöster Widerspruch: Einerseits ließ der zentralistische Universalismus des Tito-Kommunismus das Recht auf kulturelle Differenz nicht zu; andererseits akzeptierte er einen formalen Föderalismus, der die faktische Existenz verschiedener «Völker und Volksgruppen» hervorhob und ihnen Gleichberechtigung versprach. So schwächte die jugoslawische Verfassung von 1974 die Bundesebene empfindlich und stärkte zugleich die föderale Stellung der Republiken und Regionen. Republiken bezeichnete die Verfassung explizit als «Staaten», deren Grenzen sie zugleich garantierte. Dies implizierte zwar ein Recht auf Lostrennung, wenngleich die Verfassung keinerlei Verfahren für eine mögliche Sezession vorsah. In den 1980er Jahren, nach Titos Tod, offenbarte das System allerdings rasch deutliche Erosionserscheinungen, und die Nationalitätenfrage brach in einer kaum vermuteten Intensität wieder auf.[93]

Im postkommunistischen Jugoslawien wirkten also mehrere charakteristische Merkmale zusammen, um eine nicht mehr zu kontrollierende Radikalisierung zu verursachen. Die Ethnisierung der Konflikte unterstützte das Bestreben der «nationalen» Teilrepubliken nach Unabhängigkeit. Daß der jugoslawische Bundesstaat diesen Autonomietendenzen Einhalt zu bieten suchte, konnte als gleichsam «normal» gelten; aber seit 1989 war die Bundesebene ebenfalls ethnisiert, das heißt zunehmend serbisch kontrolliert, was den Konflikt ein weiteres Mal aufheizte. Insbesondere das Einschreiten der Jugoslawischen Volksarmee, in der bald nur noch Serben dienten, provozierte den Widerstand durch «nationale» bewaffnete Kräfte in Slowenien, Kroatien, Bosnien, schließlich auch im Kosovo. Und ein weiteres kam hinzu: Der ethnisch aufgeladene Konflikt zwischen Peripherie und Zentrum wurde unheilvoll überlagert durch die Schaffung von Minderheiten. Bevölkerungsgruppen, die durch die neu entstehende staatliche Konfiguration in eine Minderheitenposition gedrängt wurden, sahen sich in ihrer «nationalen» Identität gefährdet. Sie setzten der Bildung neuer Nationalstaaten Widerstand entgegen und suchten sich gegebenenfalls mit ihrem eigenen «Mutterstaat» zu vereinen.

So bildet die Auflösungs- und Gewaltgeschichte Jugoslawiens geradezu ein Paradebeispiel für die Gefahren, die sich aus einer Nichtidentität von kulturell gebildeter Nation und staatlicher Ordnung ergeben können. Mit guten Gründen ist plausibel gemacht worden, daß gerade die unterschiedlichen Vorstellungen dessen, was das «Volk» sei, der Gewalt Vorschub leisteten. Wenn der als organisch-einheitlich gedachte *ethnos* sich in den Konzepten der beteiligten Akteure mit dem *demos* eines bestehenden oder künftigen Staates verknüpfte, stieg die Versuchung, im Namen des ersteren eine ethnisch «reine» Territoriallösung erforderlichenfalls auch mit Gewalt durchzusetzen.[94]

Bei der Analyse dieses Prozesses ist die Erinnerung an Renan nützlich, weil sie einem essentialistischen Nationsbegriff den Boden entzieht, die Vielfalt der Faktoren bewußt macht und zugleich den kritischen Blick gegenüber allzu reduktionistischen Erzählformen schärft. Zu einfach wäre es zum Beispiel, die jugoslawische Gemengelage als ein per se explosives Gemisch zu betrachten: gleichsam als «Nationalitäteneintopf, scharf gewürzt».[95] Hiermit liefe man Gefahr, das Jugoslawienproblem klischeehaft auf langfristig endogene Faktoren, alten Nationalhaß und neue Gegensätze, zurückzuführen – «der» Balkan eben, nach einem vielzitierten Bonmot ein Raum aus sechs Republiken, fünf Nationen, vier Sprachen, drei Religionen und zwei alphabetischen Schriftsystemen, zusammengehalten allein von einer einzigen (kommunistischen) Partei. Aus einem solchen Blickwinkel erfolgte die Explosion fast zwangsläufig mit dem Ende des Kommunismus, der gleichsam den Deckel über die Büchse der Pandora gehalten hatte.

Ebenso reduktionistisch wäre es aber, primär exogene Kräfte für die Explosion verantwortlich zu machen. Unter Verweis auf die jahrhundertelange Fremdherrschaft, der das jugoslawische Territorium unterworfen war – Osmanen und Habsburger, Russen, Deutsche und Italiener –, ist eine solche Betrachtungsweise zwar verführerisch. Der innerjugoslawische Konflikt erscheint in ihr eher als ein später Fluch imperialer Manipulation und die Fortsetzung der Einmischung von außen als die Folge einer ethnisch-kulturell begründeten Feindschaft.[96]

Die apologetische Tendenz einer solchen These ist unübersehbar. Aus ihrer Sicht war vor allem die völkerrechtliche Anerkennung Sloweniens und Kroatiens als unabhängige Staaten durch die Europäische Union Anfang 1992 unbedacht und voreilig, ja schädlich. Die Kriege in Jugoslawien ließen sich somit in die Kontinuität einer von außen gesteuerten Ausbeutung und Manipulation der Region einfügen. Entsprechend lautete die Verteidigungsstrategie Slobodan Miloševićs vor dem Tribunal in Den Haag. Hier machte er «Deutschland, den Vatikan, die Vereinigten Staaten und die Europäische Union» für den Krieg und die Kriegsverbrechen in Jugoslawien verantwortlich.[97] Demgegenüber muß jede Erörterung des Jugoslawienkrieges auch von den Akteuren selbst handeln: jenen Akteuren, die im historischen Geschehen Verantwortung trugen und deren Schuld an konkreten Verbrechen auch durchaus konkret benennbar war.

Als seit Mitte der 1980er Jahre das kommunistische Regime zuerst in eine schwere Wirtschafts- und Finanzkrise, bald aber in eine veritable Systemkrise geriet,[98] stifteten die bereits in der Verfassung von 1974 benannten Regionen und Republiken neue, aus der Geschichte freilich bekannte Identitäten. Eine zwingende Notwendigkeit für die Desintegration des Landes bestand nicht, hierüber waren sich die Experten einig;[99] aber das offenkundige Versagen der jugoslawischen Partei- und Staatsführung während der Wirtschaftskrise der 1970er/80er Jahre, in dem sich ideologische Reformfeindschaft, Ängste und wachsendes Mißtrauen bündelten, akzentuierte die ökonomischen Gegensätze des Landes. Insbesondere die wohlhabenderen Republiken Slowenien und Kroatien wollten den ohnehin schrumpfenden Kuchen materieller Güter nicht mehr teilen. Die Folge war eine galoppierende Entsolidarisierung bei stark sinkendem Wohlstand.

Im kleineren Raum und gleichsam wie im Zeitraffer wiederholte sich in Jugoslawien etwas, was schon für den sowjetisch beherrschten Ostblock festzustellen war: Die Peripherie stellte sich gegen das Zentrum, das als kommunistisch galt und seine Legitimation eingebüßt hatte. Und wie auch im übrigen kommunistischen Europa lauteten die prägenden Parolen Nation, Region und Kultur, mit der sich die Peripherie gegen das Zentrum mobilisieren ließ. Die Ethnisierung wirtschaftlicher und in der Folge dann auch politischer Gegensätze nahm ihren verhängnisvollen Lauf. Nun kamen auch die in der Verfassung garantierten Rechte der Republiken zum Tragen, was eine klare Parallele zu den Sezessionen in der Slowakei, aber auch in der Sowjetunion darstellte. Der verfassungsrechtlich bereits existierende Status als Republik bildete für Slowenien und Kroatien den entscheidenden Hebel, um Unabhängigkeitsansprüche rechtlich zu begründen. So beschleunigte sich im Ferment des zerfallenden Kommunismus der «allgemeine Willensschwund zum gemeinsamen Staat» Jugoslawien. Der «Jugoslawismus», der das Land zusammengehalten hatte, zerbrach unter dem Ansturm der einzelnen Nationalitäten.[100]

Es war in dieser historisch spezifischen Situation, daß Renans Definition dessen, was eine Nation sei, wirkmächtig wurde: Wir haben gesehen, wie er alle Möglichkeiten zurückgewiesen hatte, die Nation materiell zu bestimmen und in ihr eine unverrückbare Substanz zu sehen. Statt dessen sei eine Nation, so folgerte Renan, «eine Seele, ein geistiges Prinzip». Sie speise sich aus dem reichen Erbe der gemeinsamen Erinnerungen und dem gegenwärtigen Einvernehmen darüber zusammenzuleben. Das Dasein einer Nation sei also ein «tägliches Plebiszit». Entscheidend für die Vitalität dieser immer wieder neu zu konstituierenden Gemeinschaft sind demzufolge die nichtmateriellen Faktoren: kulturelle Aspekte wie die Konstruktion einer gemeinsamen Geschichte bzw. einer gemeinsamen Erinnerung. Dies allein sowie das Bewußtsein, Opfer gebracht zu haben und künftig vielleicht auch noch bringen zu müssen, verleiht – so Renan – der Gegenwart Orientierung. Nähert man sich von dieser Seite dem Problem des zerfallenen Jugoslawiens, steigen die Chancen auf ein tieferes Verständnis. So waren in dem Chaos von Gewalt und Blutvergießen all jene Kräfte am Werk, die Renan bereits mehr als ein Jahrhundert zuvor benannt, als Alleinkriterien für das Wesen einer Nation aber verworfen hatte: Sprache und Kultur, Religion und Konfession, Territorium und wirtschaftliche Interessen. Entscheidend war indes am Ende die Deutung dieser Faktoren und ihre Bündelung zu einem Narrativ. Es ging um eine erzählbare Vorstellung dessen, was Slowenen und Kroaten, was Serben und Kosovaren usf. seien und in welchem Verhältnis sie zueinander stünden. In diesem Sinne waren die Nationen auf dem westlichen Balkan, wie zutreffend festgestellt worden ist, «ein Produkt der Kommunikation und der kollektiven Selbstinterpretation».[101] Erst eine sich solcherart durchsetzende «vorgestellte Gemeinschaft» konnte dann auch «Plebiszite» im Sinne Renans in Gang bringen – Plebiszite freilich, die in den Bürgerkrieg mündeten.[102]

Den Anfang machte Slowenien. Die Teilrepublik verfügte über eine weitgehend homogene Bevölkerung und fühlte sich traditionell stark zu Mitteleuropa hingezogen. Nicht zufällig entstand hier während der krisenhaften 1980er Jahre eine zunehmend starke Zivilgesellschaft. Mehr und mehr machte sich das Gewicht sozialer Bewegungen geltend: von Protestaktionen gegen die Bombardierung Libyens durch die Amerikaner im April 1986 bis hin zur sozialen Aktion von Homosexuellen und Feministinnen.[103] Der Übergang zur nationalen Unabhängigkeitsbewegung mit demokratischer Legitimation verlief fließend: Unter der Führung ihres ZK-Vorsitzenden, Milan Kučan, setzte die Slowenische Kommunistische Partei einen ähnlichen Reformprozeß in Gang wie bei den ungarischen und polnischen Kommunisten. Bis 1989 gelang die Selbsttransformation vom kommunistischen Parteiregime zum Parteienpluralismus. Im April 1990 fanden die ersten Mehrparteienwahlen statt. Kučan wurde zum ersten demokratisch gewählten Präsidenten der Republik gewählt, und im Dezember 1990 entschieden sich rund 88,5 Prozent der Slowenen in einer Volksabstimmung für die Souveränität der Teilrepublik.[104]

Zwar hätten es wohl die meisten Slowenen zunächst akzeptiert, wenn der jugoslawische Bundesstaat im Sinne eines echten Föderalismus mit substantiellen Autonomierechten für die Republiken umgestaltet worden wäre. Aber die Vektoren der Entwicklung ließen eine solche Lösung nicht mehr zu. Wie dies überall in den osteuropäischen Transformationsstaaten der Fall war, galt die Nation als die entscheidende Agentur des Fortschritts. Sie allein gewährleistete Sicherheit, Befreiung von kommunistischer Bevormundung und die adäquate Repräsentation der Interessen. Parteibildungen und demokratische Wahlen reproduzierten daher die ethnischen Gegensätze, während übergreifende – etwa im Rahmen der bundesstaatlichen Ordnung zu lösende – Sachfragen zurücktraten. «Niemand will mehr Jugoslawe sein», so formulierte es 1989 Goran Bregović, ein bosnischer Musiker mit serbischer Mutter und kroatischem Vater. «Die Leute wollen Serben oder Kroaten oder Slowenen sein.»[105] Diese Selbstwahrnehmung, die sich in ganz Jugoslawien verbreitete, erfaßte in sehr spezifischer Weise auch die Serben. Sie bildeten nicht nur die größte Bevölkerungsgruppe in der Republik Serbien selbst, wo sich Milošević keineswegs mehr als Kommunist, sondern als nationaler Führer steigender Popularität erfreuen konnte. Serben waren auch in allen anderen Teilrepubliken als mehr oder minder starke Minderheit vertreten.

Es ist dieser konkrete Hintergrund, der den Aufstieg Miloševićs begünstigte und seine persönliche historische Rolle ermöglichte. Ein Angehöriger der kommunistischen Nomenklatura, war Milošević 1987 durch eine Art innerkommunistischen Putsch an die Macht gekommen. Im Verlauf des Achten Plenums des Zentralkomitees der Serbischen Kommunistischen Partei entmachtete er seinen politischen Ziehvater Ivan Stambolić und sicherte sich die Kontrolle über den Parteiapparat.[106] Zwei Jahre später wurde er Präsident der jugoslawischen Teilrepublik Serbien, ein Amt, in dem er 1990 bei den ersten freien Wahlen Serbiens mit großer Mehrheit bestätigt wurde.

Miloševićs Aufstieg in die höchsten Partei- und Staatsämter verband sich von Beginn an unmittelbar mit dem Zerfallsprozess des jugoslawischen Staates. Hintergrund war das unaufhaltsame Ende des Kommunismus, das in Jugoslawien wie in ganz Osteuropa jeden Politiker der alten Parteielite vor neue Herausforderungen stellte. In dem Maße nun, in dem die kommunistische Parteiideologie keine Machtbasis mehr bereithielt, verknüpfte Milošević die fortbestehenden kommunistischen Strukturen mit einem offenen großserbischen Nationalismus. Dieser Rekurs auf die Nation inmitten des zusammenbrechenden Kommunismus diente auch in anderen Staaten Ost- und Südosteuropas als probates Mittel zur neuen

Identitätsbildung. Die Tatsache allerdings, dass Jugoslawien eben kein abgeschlossener Nationalstaat war, sondern als «Nationalitätenstaat» eine Art Überhang aus der ersten Hälfte des 20. Jahrhunderts bildete, verlieh dieser Mischung aus Postkommunismus und Nationalismus eine besondere Explosivität. Unabhängig von Miloševićs letzten Intentionen versah ihn der auf den Straßen Belgrads plebiszitär akklamierte serbische Nationalismus mit einer neuen Machtbasis.

Milošević gelang es vor allem auch dadurch, Anhänger zu gewinnen und zu mobilisieren, daß er eine klare, propagandistisch zugespitzte, direkte Sprache sprach und konkrete Ziele avisierte. Seine Absichten lassen sich als Vierstufenplan zusammenfassen:[107] Erstens galt es, die eigene Machtposition so zu sichern und auszubauen, daß er die ganze Teilrepublik Serbien kontrollierte. Die Säuberung der Apparate und erste Elemente eines Personenkultes waren die Begleiterscheinungen. Der zweite Schritt bestand darin, die serbische Kontrolle über die zu Serbien gehörenden, halbautonomen Provinzen Montenegro und Kosovo wiederherzustellen. Dies implizierte bereits eine Wendung gegen die Verfassung von 1974, die Milošević in einem dritten Schritt zu beseitigen und damit die serbische Dominanz in ganz Jugoslawien auszubauen hoffte. Der vierte und letzte Schritt hätte darin bestanden, die serbisch zentralisierte jugoslawische Republik zu konsolidieren und sie mittels einer «kontrollierten Demokratisierung» so zu stärken, daß sie in der postkommunistischen Welt des 21. Jahrhunderts einen starken internationalen Platz einnehmen konnte.

Nur den ersten Schritt seines Planes konnte Milošević verwirklichen. Dagegen provozierte schon der Versuch, in den autonomen Provinzen die serbische Prärogative durchzusetzen, erheblichen Widerstand; und der zum Teil militante Protest, der Milošević und der von ihm betriebenen faktischen Aufhebung der Teilautonomie im Kosovo entgegenschlug, liest sich rückblickend wie die Generalprobe für den Kosovo-Krieg 1998/99. Mit dem dritten Etappenziel strebte Milošević die Revision der Verfassung von 1974 und die serbisch dominierte Zentralisierung Jugoslawiens an; was er statt dessen erreichte, waren Staatszerfall und Bürgerkrieg.

Zahlreich sind die Stimmen jener Beobachter, die in Milošević einen reinen Machtpolitiker sahen.[108] Aber der Wille zur Macht und taktisches Geschick allein reichen nicht aus, seine Laufbahn zu erklären, die ihn vom eher farblosen kommunistischen Apparatschik zum in Serbien meist geliebten, im übrigen Jugoslawien dagegen meist gehaßten Politiker machten. Ohne die Stunde des Nationalismus, die in Jugoslawien nach Tito schlug, wäre das «Phänomen» Milošević nicht erklärbar. Er brauchte die kollektive Kraft des serbischen Nationalismus und das Ferment der Minderheitenfrage im zerfallenden Jugoslawien, um eine solch bedeutsame persönliche Rolle zu spielen. Im Grunde war Milošević nichts anderes als ein Nationalpopulist, wie ihn das Europa des ausgehenden 20. Jahrhunderts in vielen Ländern kannte.[109] Der entscheidende Unterschied bestand allerdings darin, daß die ungeklärte und fragile staatliche Struktur Jugoslawiens sowie die Ethnisierung der damit aufgeworfenen Konflikte der national-populistischen Propaganda bald einen anderen, viel gefährlicheren Handlungsrahmen aufzwangen. Um «glaubwürdig» zu bleiben, mußten sich Milošević und seine Propaganda sehr bald «beim Wort» nehmen lassen und die abschüssige Straße der Gewalt und des Bürgerkrieges betreten.

Es war daher nur logisch, daß die serbisch kontrollierte jugoslawische Bundesarmee die slowenische Unabhängigkeit zunächst mit Gewalt zu verhindern suchte. Am 25. Juni 1991 erklärten die slowenischen und kroatischen Parlamente die Unabhängigkeit ihrer Republiken. Schon zwei Tage danach, am 27. Juni 1991, griff die jugoslawische Bundesarmee in Slowenien ein und versuchte, die Kontrolle über die abtrünnige Republik zu gewinnen. In dem darauf folgenden «Zehntagekrieg» scheiterte sie jedoch am entschlossenen Widerstand der Slowenen, die sich in milizartigen Einheiten erfolgreich gegen eine jugoslawische Besetzung zur Wehr setzten. Im Waffenstillstand vom 7. Juli 1991 einigten sich beide Seiten auf einen Kompromiß: Die jugoslawische Armee zog aus Slowenien ab; im Gegenzug verpflichteten sich die Slowenen, ihre Unabhängigkeitsbewegung auszusetzen. Allerdings hielt sich die slowenische Regierung nur halbherzig an diese Abmachung, und bereits am 23. Dezember 1991 trat die erste Verfassung eines unabhängigen Sloweniens in Kraft.

Trotz der kurzen militärischen Intervention der jugoslawischen Bundesarmee verlief der Weg in die slowenische Unabhängigkeit vergleichsweise friedlich. Hierzu trug entscheidend bei, daß die neue souveräne Republik über eine relativ große ethnisch-kulturelle Homogenität verfügte. In einer Volkszählung des Jahres 1991 bezeichneten sich über 90 Prozent der Einwohner als Slowenen, dagegen eine Minderheit von nur 6,5 Prozent als Serben, Kroaten oder Montenegriner. Die Tatsache, daß es kaum Serben in Slowenien gab, erleichterte Miloševićs Entscheidung, der slowenischen Souveränität am Ende keinen Widerstand mehr entgegenzusetzen.

Anders lagen die Verhältnisse in Kroatien, wo sich seit Ende der 1980er Jahre eine demokratisch-nationale Oppositionsbewegung gegen die Kommunisten gebildet hatte. Wie in Budapest, Warschau und Ljubljana verständigten sich auch in Zagreb die alten kommunistischen mit den neuen oppositionellen Eliten und führten Ende 1989 einen friedlichen Regimewechsel herbei. Im Mai 1990 fanden in Kroatien die ersten freien Wahlen statt, und sie besiegelten den Machtwechsel. Klarer Wahlsieger war mit 41,9 Prozent die «Kroatische Demokratische Union» (HDZ) mit ihrem politischen Führer Franjo Tuđman.[110] Tuđman hatte früher selbst der kommunistischen Nomenklatura angehört, sich aber seit den 1960er/70er Jahren zum nationalistisch orientierten Dissidenten gewandelt und war während der 1980er Jahre phasenweise inhaftiert worden. Als neuer Präsident der kroatischen Teilrepublik wurde er nun zum Haupt einer breiten kroatischen Nationalbewegung, die kompromißlos auf das Ziel der vollen nationalen Unabhängigkeit zusteuerte. Am 22. Dezember 1991 verabschiedete das kroatische Parlament eine Verfassung, in der die Republik als einheitlicher und souveräner Staat festgeschrieben wurde. Die Anerkennung durch die Europäische Union ließ wie im Falle Sloweniens nicht lange auf sich warten.

Daß die Bundesrepublik Deutschland dabei eine führende Rolle spielte und ihre Partner «erfolgreich unter Druck» setzte, die Republiken Slowenien und Kroatien als souveräne Staaten völkerrechtlich anzuerkennen,[111] stieß nicht nur im serbischen Rest-Jugoslawien auf scharfe Kritik, sondern im Nachhinein auch bei den westeuropäischen Partnern. So bedauerte der französische Außenminister Roland Dumas rückblickend, daß man sich dem Druck Hans-Dietrich Genschers nicht energisch genug widersetzt habe, «und so haben wir selbst die Sterbeurkunde Jugoslawiens unterschrieben. Wenn wir damals widerstanden hätten, hätte sich die ganze Situation vielleicht anders entwickelt.»[112]

Für eine kritische Würdigung der deutschen Jugoslawienpolitik dieser Phase lassen sich unbestreitbar Argumente finden. So vertrat die Bundesregierung zwar offensiv eine werthaltige Position, war aber aus historischen und verfassungsrechtlichen Gründen nicht bereit, irgendeine Form militärischer Mitverantwortung zu tragen. Selbst eine Beteiligung an Blauhelmeinsätzen lehnte Bundesaußenminister Genscher noch im September 1991 ab.[113] Aber der serbisch-kroatische Konflikt war, anders als im Falle der slowenischen Unabhängigkeit, schon im Verlauf des Jahres 1991 zum Bürgerkrieg eskaliert. Gewalt und Blutvergießen hatten längst vor der völkerrechtlichen Anerkennung durch die Europäische Gemeinschaft unerträgliche Ausmaße erreicht. Vergeblich pochte das jugoslawische Bundespräsidium am 5. März 1991 auf seine verfassungsmäßige Autorität, da das Land vor einem Bürgerkrieg stehe. Seinen galoppierenden Machtverlust konnte es damit nicht kaschieren. Entweder konnte sich das Präsidium nicht einigen, oder es faßte unwirksame Beschlüsse, während es immer wieder zu schweren Kämpfen zwischen der jugoslawischen Bundesarmee und kroatischen Polizeitruppen kam. Ende August 1991 forderten die EG-Außenminister im Rahmen ihrer Politischen Zusammenarbeit (EPZ) Serbien ultimativ dazu auf, den Einsatz militärischer Gewalt in Kroatien zu beenden und einer Überwachung der Waffenruhe durch die Europäische Gemeinschaft zuzustimmen. Ansonsten würden «die Gemeinschaft und ihre Mitglieder zusätzliche Maßnahmen prüfen einschließlich internationaler Schritte».[114]

Doch obwohl alle beteiligten Teilrepubliken den Friedensvorschlägen der EG zustimmten und am 1. September 1991 ein entsprechendes Waffenstillstandsabkommen unterzeichneten, gingen die schweren Kämpfe zwischen Serben und Kroaten ungebremst weiter. Der Vorsitzende des jugoslawischen Staatspräsidiums, der Kroate Stipe Mesić, erhob schwere Vorwürfe gegen die jugoslawische Bundesarmee. Diese beteilige sich widerrechtlich an den Kämpfen in Kroatien und nehme willkürliche Zerstörungen vor. Die Generäle der Bundesarmee seien außer Kontrolle geraten und führten einen «schmutzigen Krieg» gegen Kroatien. Am 19. September verließen Eliteeinheiten der Jugoslawischen Volksarmee Belgrad unter dem Ruf chauvinistischer Parolen und brachen – unter dem Jubel der Bevölkerung – nach Kroatien auf.[115]

Alle Bemühungen um eine friedlichen Lösung – sei es innerhalb des jugoslawischen Gesamtstaates, sei es auf internationaler und hier insbesondere auf europäischer Ebene[116] – scheiterten, indes die jugoslawische, faktisch nunmehr serbische Bundesarmee die kroatische Küstenstadt Dubrovnik, bald aber auch Zagreb selbst angriff. Vergeblich erklärten die EG-Außenminister ihre tiefe Besorgnis darüber, «daß die Kämpfe und das wahllose Blutvergießen anhalten, obwohl wiederholte Waffenstillstandsverpflichtungen eingegangen wurden». Die Gewaltanwendung gegenüber der Bevölkerung von Dubrovnik wurde als eine «unannehmbare Bedrohung» betrachtet.[117]

Doch ungeachtet solcher Befriedungsversuche setzte sich der serbisch-kroatische Krieg fort. Zum vorläufigen Höhepunkt geriet die Zerstörung der nordostkroatischen Stadt Vukovar, die am 18. November 1991 von serbischen Truppen eingenommen wurde. In der völlig zerstörten Stadt hatten sich etwa 300 Personen in ein Krankenhaus zurückgezogen. Sie wurden von serbischen Einheiten aus der Stadt geführt und ermordet; der Rest der Bevölkerung wurde entweder vertrieben oder deportiert. Dieses Massaker von Vukovar wurde später zu einem ersten wichtigen Gegenstand vor dem Internationalen Gerichtshof in Den Haag.[118]

Bürgerkrieg und «ethnische Säuberungen»

Längst schon war also die Spirale von Haß und Gewalt in Gang gesetzt worden, bevor die Europäische Gemeinschaft mit der völkerrechtlichen Anerkennung Sloweniens und Kroatiens eine im Grunde unvermeidliche Konsequenz aus dem Verfall des jugoslawischen Gesamtstaates zog.[119] In der Anerkennung der Teilrepubliken die eigentliche Ursache für den jugoslawischen Bürgerkrieg erblicken zu wollen, wäre daher absurd. Allerdings besiegelten zunächst Deutschland, dann auch die EG die internationale Anerkennung der neuen Nationalstaaten, bevor deren künftiger Umgang mit Minderheiten verläßlich statuiert und pragmatisch erprobt worden war. Zwar betonten die EG-Außenminister in ihren Verlautbarungen immer wieder die Notwendigkeit des Minderheitenschutzes; aber es mangelte an konkreten Instrumenten, um diesen auch durchzusetzen.

Anders als in Slowenien war daher schon der kroatische Weg in die Unabhängigkeit von Anfang an überschattet durch das aufkeimende Problem einer serbischen Minderheit. So bestand in der sogenannten Krajina, im Zentrum Kroatiens rund um die westliche Grenze Bosnien-Herzegowinas, ein relativ geschlossenes serbisches Siedlungsgebiet. Die kroatischen Serben empfanden die Tatsache, gleichsam über Nacht von einer innerhalb Gesamtjugoslawiens dominierenden Mehrheitsgruppe zu einer ethnischen Minderheit zu werden, als Gefährdung ihrer Existenz. Schon im August 1990 sprachen sich daher 90 Prozent der Krajina-Serben in einem Referendum für die Autonomie ihrer Region aus;[120] und im Laufe des Jahres 1991 begannen sie sich paramilitärisch zu organisieren. Bereits im Frühjahr und Sommer 1991 kam es zu bewaffneten Konflikten zwischen kroatischen Einheiten und serbischen Freischärlern: eine Situation, die sich unumkehrbar verschärfte, als die Krajina-Serben in Reaktion auf die kroatische Unabhängigkeit sich ihrerseits für autonom erklärten und die «Republik Serbische Krajina» ausriefen. Zwar war dieses ephemere Staatsgebilde von sich aus nicht lebensfähig, kontrollierte aber vorübergehend rund ein Drittel des Kroatischen Staatsgebietes. Die «Republik Serbische Krajina» führte eine eigene Währung ein, und in dem ganzen Territorium wurden die in lateinischer Schrift gehaltenen Ortsschilder durch kyrillische Ortsbezeichnungen ersetzt.[121]

Diese forcierte Ethnisierung der Konflikte übte ungeheuren Druck aus. Auch wer sich ihm zunächst zu verweigern suchte, konnte der nationalistischen Eindimensionalität letztendlich nicht entgehen. Eindringlich berichtete 1992 die kroatische Schriftstellerin Slavenka Drakulić, für sie wie für viele ihrer Freunde habe es «keine sonderliche Bedeutung» gehabt, Kroatin zu sein. Aber die vielen blutigen Kriegsmonate machten ihr die Nationalität «zum Schicksal», und sie frage sich, wie sie nunmehr ihren Freunden im Ausland erklären könne, «daß ich in diesem Krieg über meine Nationalität definiert werde, und zwar einzig und allein darüber? [...] Ich habe darum gekämpft, die Nationalität nicht als Hauptkriterium für die Beurteilung eines Menschen zu akzeptieren; ich habe mich bemüht, die Menschen hinter dem Etikett zu sehen; ich habe mir die Möglichkeit zum Dialog mit meinen Freunden und Kollegen in Serbien selbst dann noch offengehalten, als alle Telefonverbindungen und Straßen unterbrochen und ein Drittel Kroatiens besetzt war und unter Beschuß lag. [...] Am Ende hat all das mir nicht viel genutzt. Zusammen mit Millionen anderer Kroaten wurde ich schließlich mit dem Rücken an die Wand der Nationalfrage gedrängt – nicht allein aufgrund des äußeren Drucks durch Serbien und die Bundesarmee, sondern auch durch die innere nationale Homogenisierung in Kroatien. Eben das ist es, was der Krieg uns antut: Er reduziert uns auf eine einzige Dimension, die Nation.»[122]

Anders, aber im Kern doch ähnlich ging es jenem jungen «jugoslawisch orientierten» Serben, der in Karlovac, an der nordwestlichen Grenze der Krajina, lebte. Vor dem Krieg betrieb er private Geschäfte und lebte «wie ein Zar». «Was soll ich sagen: Auto, Freundin, Wochenenden in Österreich.» Zum «Serben» wird er nach der «Amselfeld-Rede» Miloševićs am 28. Juni 1989, in dem er nun den besten Ersatz für Tito erblickt. Er beginnt, geschichtliche Literatur zu «verschlingen», und liest zum ersten Mal in seinem Leben serbische Zeitungen in kyrillischer Schrift. Die extrem nationalistische Propagandasprache dessen, was er liest, verfehlt seine Wirkung nicht: «Damals wurde mir langsam klar, daß dem serbischen Volk während der ganzen Geschichte Ungerechtigkeiten zugefügt wurden: von Kosovo bis in die Gegenwart hinein.» Als er 1991 vor der Einziehung in die kroatische Armee steht, flieht er und meldet sich schließlich freiwillig zu den neu gebildeten Einheiten der «Serbischen Republik Krajina». «In der Krajina ging es zu jener Zeit drunter und drüber. Alles erinnerte an ein Städtchen im Wilden Westen, voll von verschiedenen Truppen, in dem wild gefeiert und gezecht wurde und in dessen Kneipen böse Kämpfe ausgefochten wurden. Ich kann nichts dafür, damals gefiel mir dies: [...] Es erinnerte mich an die vollständige Anarchie, an die Demokratie in ihrem robusten Zustand. Es gab Geld, Zigaretten, Getränke, alles ...» Ende 1991 wird er erstmals in Kämpfen gegen die Kroaten eingesetzt, die umstandslos in Erinnerung an die faschistische Bewegung der 1930er und 1940er Jahre «Ustascha» genannt werden. Es folgen drei unstete Jahre zwischen Apathie, Krieg und Scham, Jahre, in denen die Lebensbedingungen immer schwieriger werden und sich nur mit viel Alkohol bewältigen lassen. Tränen im Angesicht brennender Häuser wechseln sich ab mit Allmachtsphantasien an den Stellungen der Artillerie: «Wenn es dabei Schnaps gibt, wer frei ist, geht von einer Kanone zur anderen und schenkt ein.» Am Ende freilich sind alle Ideale, «mit denen ich in den Krieg gezogen bin», gebrochen: ein sinnloser Einbruch des Ethnischen, der das Leben zigtausender junger Männer aus der Bahn warf.[123]

Diese ideologische Reduktion des Individuums wie auch größerer Gemeinschaften auf ihre «ethnische» Identität leistete einem rigiden, angstbesetzten und am Ende gnadenlosen Freund-Feind-Denken Vorschub. Unheilvoll verband es sich überdies mit der unklaren staatlich-territorialen Konfiguration im zerfallenden Jugoslawien. Der ethno-nationalistische Reduktionismus und seine Verknüpfung mit räumlich-territorialen Ansprüchen, Vorstellungen und Phantasien lagen denn auch an der Wurzel jenes Vorgangs, der als das beklemmendste Menetekel der jugoslawischen Bürgerkriege in Erinnerung bleiben sollte: der sogenannten «ethnischen Säuberungen». Deren fatale Mechanik begann in der Krajina: Stets nach dem gleichen Muster verfahrend, setzten zunächst serbische Einheiten die Häuser der nichtserbischen Nachbarn in Brand, die damit obdachlos und zum Verlassen ihrer Heimat gezwungen wurden. Binnen kürzester Zeit wurden Hunderttausende von Kroaten aus dem Gebiet der «Republik Serbische Krajina» vertrieben und bosnische Serben gezielt angesiedelt. Zwischen 1991 und 1995 stieg dementsprechend die Zahl der Serben in der Krajina von 625 000 auf 875 000, während die Zahl der Kroaten und muslimischen Bosnier von 550 000 auf nur noch 50 000 zurückging.[124]

Allerdings wurde der serbisch-kroatische Krieg schon bald durch die Auseinandersetzungen in der Republik Bosnien-Herzegowina überlagert und übertroffen. Die Probleme der ethnisch-kulturellen Mischung stellten sich hier besonders gravierend dar. Von den insgesamt 4,36 Millionen Einwohnern erklärten sich in der Volkszählung von 1991 43,7 Prozent als (muslimische) Bosniaken, 31,4 Prozent als Serben und 17,3 Prozent als Kroaten. Nur 5,5 Prozent bezeichneten sich als «Jugoslawen».[125] Jeder Versuch einer Abgrenzung zwischen den verschiedenen Gruppen bzw. «vorgestellten Gemeinschaften» wäre angesichts der komplexen Gemengelage zum Scheitern verurteilt gewesen. Gleiches galt auch für die späteren Bestrebungen, den Bürgerkrieg durch Aufteilung des Landes entlang seiner ethnischen Grenzen zu beenden. «An geschichtlichen Beweisen herrscht kein Mangel: alte Landkarten, Ortsnamen, die Überlieferung, Gotteshäuser und Gräber [...] Beweise für einmalige Verwendung tauchen auf und verschwinden wieder. [...] Die Städte sind national gemischt, und die Dörfer sind so verflochten, daß sie die ethnische Karte von Bosnien und Herzegowina zu einer spitzenartigen Struktur werden lassen.»[126]

Ermutigt durch die internationale Anerkennung Sloweniens und Kroatiens veranstaltete die bosnische Regierung am 29. Februar/1. März 1992 ein Referendum über eine mögliche künftige Unabhängigkeit der Teilrepublik Bosnien-Herzegowina. Dieses Referendum wurde zum Auslöser des Bürgerkriegs. Von den bosnischen Serben boykottiert, ergab es eine Mehrheit von 99,4 Prozent der abgegebenen Stimmen für die Sezession.[127] Allerdings hätte wohl kaum ein Staatswesen schlechter auf die Verteidigung der Unabhängigkeit vorbereitet sein können als Bosnien-Herzegowina. Weder existierte eine eigene Armee noch ein staatliches Gewaltmonopol, das durch administrative Strukturen hätte durchgesetzt werden können. Für die bosnischen Serben war es daher ein Leichtes, sich wie in Kroatien als schutzlos zu erklären und zur «Selbsthilfe» zu greifen. In einer offenkundig gut vorbereiteten Aktion beschlagnahmten serbische Einheiten unmittelbar nach dem Referendum Lastwagen, Busse und Straßenbahnen. Andere gingen als Heckenschützen in Stellung.[128] Zugleich drohte der bosnische Serbenführer Radovan Karadžić für den Fall, daß die Mehrheit der Bosnier auf der Unabhängigkeit bestünde, mit einem «inter-ethnischen Krieg». Verglichen mit einem solchen Krieg werde Nordirland «wie ein Urlaub am Meer» aussehen.[129]

Damit begann die lange Leidenszeit der bosnischen Hauptstadt Sarajewo. Ihrer jahrelangen Belagerung und Beschießung durch serbische Einheiten fielen zwischen 1992 und 1995 mehr als 10 000 Menschen zum Opfer. 80 Jahre nach dem Attentat auf den habsburgischen Thronfolger Franz Ferdinand wurde somit am Ende des Jahrhunderts das schwer zerstörte Sarajewo erneut zum Symbol des blutigen Völkerkonfliktes in Europa.

Zugleich beschleunigte sich die staatliche Dekomposition Bosnien-Herzegowinas. Als Brückenkopf einer von Belgrad unterstützten großserbischen Aggression fungierte die am 7. April 1992 ausgerufene autonome «Serbische Republik Bosnien und Herzegowina» mit ihrem Regierungschef Radovan Karadžić und Generalstabschef Ratko Mladić. Im Sommer 1992 riefen die Kroaten ebenfalls ihren eigenen «unabhängigen» Staat auf bosnischem Territorium aus: die «Kroatische Gemeinschaft Herceg-Bosna». Im August 1992 bestanden auf bosnischem Territorium nicht weniger als fünf serbische «Autonome Gebiete» und zwei «Kroatische Gemeinschaften», die zusammen fast 80 Prozent des bosnischen Staatsgebietes umfaßten.[130]

Unter diesen Bedingungen vollendeten die bewaffneten Volksgruppen die Ethnisierung Bosnien-Herzegowinas. Die politisch-militärischen Versuche, die jeweils eigene Volksgruppe territorial zu festigen, entluden sich in ungehemmter Gewalt. Die schon aus der Krajina bekannte Spirale «ethnischer Säuberungen» und ihre fatale Eskalationsmechanik wurden in Bosnien-Herzegowina erneut und mit noch schrecklicheren Folgen in Gang gesetzt. Es besteht heute kein Zweifel mehr, daß serbische Einheiten in diesem grauenvollen Geschehen, das in Europa am Ende des 20. Jahrhunderts niemand mehr erwartet hätte, den Ton angaben. Ziel der bosnischen Serben war es, im Norden und Nordosten Bosnien-Herzegowinas ein geschlossenes serbisches Siedlungsgebiet zu errichten. Zu diesem Zweck wurde die dort ansässige nicht-serbische, zumeist muslimische Bevölkerung mittels des systematischen Einsatzes von Gewalt ermordet, gedemütigt und vertrieben. Exekutionen und Plünderungen, willkürliche Geiselnahmen und Deportationen, Internierung in Konzentrationslagern, Massenvergewaltigungen: Dies waren die Methoden, von denen überlebende und geflohene Muslime regelmäßig berichteten und die die frühere jugoslawische Teilrepublik – wie eine häufig verwendete Metapher lautete – zur wahrhaftigen «Hölle» werden ließen.[131] Alles deutete darauf hin, daß es sich bei diesen Exzessen um strategisch geplante Gewalt handelte, die völkisch-ideologisch begründet und systematisch angewandt wurde, um das territoriale Ziel zu erreichen.

Dies galt auch für die massenhaften Vergewaltigungen, die überwiegend serbische Männer an jungen muslimischen Frauen begingen. Zahlreich waren die Hinweise, daß es sich hierbei nicht um gleichsam regelmäßig auftretende Begleitumstände eines jeden Krieges handelte, bei dem männliche Truppen in Kontakt mit der Zivilbevölkerung kamen. Vielmehr deutet alles darauf hin, daß auch sexuelle Gewalt gezielt eingesetzt wurde: Neben der Eroberung von Territorien und der Zerstörung von Kulturgütern sollte schließlich auch die im weiblichen Körper versinnbildlichte Nation gedemütigt und verletzt werden.[132]

Morde, Massaker und Folterungen, Vertreibungen und Vergewaltigungen sowie sonstige Menschenrechtsverletzungen erreichten in Bosnien-Herzegowina ein solches Ausmaß, daß sich per Saldo nur noch von Kriegsverbrechen mit genozidalen Zügen sprechen ließ. Zwar stehen in diesem Zusammenhang die serbischen Kriegsverbrechen außer Frage. Ihre Existenz ist unbestreitbar, und sie wurden von der UNO, Amnesty International, dem Internationalen Gerichtshof in Den Haag, anderen Organisationen und vor allem vielen tausend Augenzeugen breit dokumentiert. Aber keineswegs läßt sich der Konflikt in bloßen Schwarz-Weiß-Kategorien beschreiben. Die erbarmungslose Ethnisierung der Konflikte zerrte noch ein letztes Mal im Europa des 20. Jahrhunderts latente Gewaltpotentiale «ganz normaler Männer» hervor bzw. prämierte sie im Kontext völkischen Ideengutes. Und dieser Mechanismus betraf keineswegs nur serbische Männer. Täter-Opfer-Relationen verkomplizierten sich in dem Maße, in dem militante Propaganda die Geschehnisse vernebelte und in dem auch die Angehörigen anderer Volksgruppen zur Gewalt griffen.

Bereits im März 1991 hatten sich der kroatische Präsident Tuđman und Milošević mehrfach getroffen und über die mögliche Aufteilung der Teilrepublik Bosnien-Herzegowina verhandelt. Und während zu Beginn des Krieges in Bosnien-Herzegowina Kroaten und Bosnier in einer förmlichen Koalition standen, blieb die kroatische Position doch durch eine stete Ambivalenz gekennzeichnet. Dem großserbischen Nationalismus stand ein zumindest latenter großkroatischer Expansionismus entgegen, der sich seit 1992 in einem kroatisch-bosnischen «Krieg im Kriege» äußerte und auch auf kroatischer, phasenweise auch auf muslimischer Seite zu Kriegsverbrechen führte.[133] Es ist anzunehmen, daß eine einvernehmliche Teilung und eine teilweise Annexion Bosnien-Herzegowinas die Ambitionen Zagrebs durchaus befriedigt hätte; als freilich eine solche serbisch-kroatische Einigung nicht zustande kam, öffneten sich alle Schleusen der Gewalt.

Nach mehreren vergeblichen Versuchen, einen Waffenstillstand zu etablieren, steuerte der Bürgerkrieg 1995 schließlich seinem blutigen Höhepunkt zu. Die kroatische Armee hatte sich reorganisiert und konnte im Frühjahr 1995 bedeutende Erfolge verbuchen. Insbesondere gelang es kroatischen Einheiten, die serbische Krajina-Republik zu erschüttern. Als deren Hauptstadt Knin im August 1995 von der kroatischen Armee erobert wurde, war die Existenz der serbischen Republik auf kroatischem Boden beendet. «Ethnische Säuberungen» fanden nun in umgekehrter Richtung statt. Kroatische Einheiten begingen Verbrechen an der serbischen Zivilbevölkerung. Mehr als 170 000 Serben mußten die Krajina verlassen, sei es gezwungenermaßen, sei es um befürchteten Übergriffen zu entgehen. Als überdies die Präsidenten Kroatiens und Bosniens, Tuđman und Izetbegović, im Juli 1995 ein Bündnis eingingen, wendete sich das Blatt endgültig. Bosnischen Regierungstruppen gelang es, die über Jahre hinweg von Serben eingeschlossene muslimische Enklave Bihać im Nordwesten Bosnien-Herzegowinas zu entsetzen. Bihać, wo sich mehr als 100 000 bosnische Flüchtlinge aufhielten, wurde somit kurz vor der von vielen Beobachtern befürchteten humanitären Katastrophe befreit.[134]

Srebrenica und das Abkommen von Dayton

In diesem prekären Kontext kamen auch die internationalen Bemühungen, den jugoslawischen Bürgerkrieg zu beenden, einen entscheidenden Schritt voran. Das «Verbrechen des Appeasement» gegenüber den Serben, wie ein britischer Journalist es in bitteren Worten geißelte, sollte nun ein Ende haben.[135] Schon früher wurde eine aktive Vermittlung von außen gefordert; bereits im August 1991 erklärte etwa die Europäische Gemeinschaft, sie könne «nicht tatenlos zusehen, wie das Blutvergießen in Kroatien Tag für Tag zunimmt».[136] Und als im Jahr darauf der bosnische Bürgerkrieg seinem ersten Höhepunkt zusteuerte, mehrten sich die Stimmen, die sogar eine militärische Intervention forderten.[137]

Bis 1995 blieben die Wirkungen internationaler Aktivitäten in Bosnien allerdings höchst begrenzt, um nicht zu sagen problematisch. Nacheinander scheiterten die KSZE, die EU und die UNO in ihren Bemühungen um einen dauerhaften Waffenstillstand. Ein Mißerfolg folgte dem anderen, und ebensowenig gelang der militärische Schutz der Zivilbevölkerung. Unter dem Eindruck der prekären Situation Sarajewos entsandte der UN-Sicherheitsrat zwar schon 1992 Blauhelm-Soldaten in die bosnische Hauptstadt, um den Transport von Hilfsgütern zu sichern. Überdies erklärte der Sicherheitsrat 1993 einige Städte und Zentren der bosnischen Muslime zu offiziellen «Schutzzonen». Neben Sarajewo waren dies insbesondere Bihać, Goražde und Srebrenica, zu deren Verteidigung die Vereinten Nationen ebenfalls eigene Schutztruppen entsandten. Die Präsenz dieser UNPROFOR-Truppen bewirkte indes wenig, ja phasenweise wurden die Truppen geradezu zu Kollaborateuren der ethnischen Säuberungen. Zur politisch-militärischen Neutralität verpflichtet, konnten sie nicht aktiv gegen die serbischen Einheiten vorgehen, sollten andererseits aber humanitäre Hilfe für die drangsalierte muslimische Bevölkerung leisten. Damit kamen sie in eine Situation, in der sie de facto das Vertreibungsgeschehen nolens volens förderten.[138]

Erst der Friedensplan, den die beiden Sonderbeauftragten der Internationalen Jugoslawien-Konferenz, Cyrus Vance und David Owen, Anfang 1993 vorlegten, nährte vorübergehend die Hoffnung auf ein Ende des Blutvergießens. Selbst Milošević schien für einen Augenblick dem Plan zustimmen zu können, und sei es nur, um serbische Eroberungen zu sichern. Der Vance-Owen-Plan sah vor, Bosnien-Herzegowina als unabhängigen Staat zu erhalten und ihn durch die Schaffung weitgehend autonomer Provinzen zu befrieden. Da aber deren Grenzen entlang der teilweise neu gezogenen ethnischen Trennlinien verlaufen sollten, scheiterte der Plan schließlich an seinen inneren Widersprüchen. Hinzu kamen unüberwindbare transatlan-

Niederländische Blauhelme mit bosnischen Flüchtlingen aus Srebrenica am 12. Juli 1995 in Potočari, 5 km nördlich von Srebrenica

tische Meinungsverschiedenheiten, da die Europäische Union vor militärischen Mitteln weiterhin zurückschreckte. Auf diese Weise wirkte der Plan partiell sogar konfliktverschärfend. Denn die Kriegsparteien versuchten, Fakten zu schaffen und die von ihnen beherrschten Gebiete mit weiterem Gewalteinsatz zu arrondieren.[139]

Erst mit dem 11. Juli 1995 kam die entscheidende Wende. An diesem Tag nahmen die schon stark in die Defensive gedrängten bosnischen Serben die von UN-Truppen besetzte «Schutzzone» in Srebrenica, ganz im Osten Bosniens, ein. Die Ankunft der bosnischen Serben verursachte panikartige Reaktionen der ansässigen Muslime, die zu Tausenden in das nahe gelegene Potočari flüchteten. In den folgenden Tagen sonderten serbische Einheiten aus den Flüchtlingsgruppen die Männer aus, internierten sie getrennt von ihren Angehörigen und exekutierten sie anschließend. Diesem Massaker von Srebrenica fielen fast 8000 bosnische Jungen und Männer zum Opfer.[140] Tatsächlich handelte es sich um das schwerste Kriegsverbrechen in Europa seit dem Zweiten Weltkrieg, das die internationale Öffentlichkeit mit Grauen erfüllte.

Für den bosnischen Bürgerkrieg wurde Srebrenica zum Menetekel und Wendepunkt. Im Westen stärkte das Massaker die Entschlossenheit, im früheren Jugoslawien zur Not auch militärisch zu intervenieren. Vor allem in den USA, wo die amerikanische UN-Botschafterin Madeleine Albright am 10. August Satellitenbilder präsentierte, die auf die Greueltaten bosnischer Serben hinwiesen, stieg nun endgültig die Bereitschaft zur robusten Intervention. Als am 28. August eine erneute Bombardierung Sarajewos 37 Todesopfer kostete,[141] war das Maß voll. Zwei Tage später begannen NATO-Flugzeuge serbische Stellungen anzugreifen. Zugleich traten die kroatischen und bosnischen Armeen zu einer Gegenoffensive an; im Spätsommer 1995 kontrollierten sie bereits mehr als die Hälfte der Republik Bosnien-Herzegowina. Solcherart in die Defensive gedrängt, willigte Milošević zunächst in einen Waffenstillstand (10. Oktober 1995), dann auch in einen Friedensvertrag ein.

Dieser Friedensvertrag, das Abkommen von Dayton (Ohio), signalisierte zugleich den definitiven Terrainverlust der Europäer: Aus eigenen Kräften waren sie nicht in der Lage, das Grauen des jugoslawischen Bürgerkrieges zu beenden. Zum maßgeblichen Akteur avancierte nun der amerikanische Sonderbeauftragte Richard Holbrooke; unter seiner Ägide gingen die drei Staatspräsidenten Slobodan Milošević (Serbien), Franjo Tuđman (Kroatien) und Alija Izetbegović (Bosnien-Herzegowina) ab dem 1. November 1995 in eine dreiwöchige Klausur, während der sie über eine dauerhafte Friedenslösung verhandelten. Was zweieinhalb Jahre zuvor, im Zuge der Beratungen über den Vance-Owen-Plan, unter anderem noch an der fluiden Bevölkerungssituation in Bosnien gescheitert war, wurde nun leichter. Denn die «ethnischen Säuberungen» hatten in der Zwischenzeit mit größeren ethnisch «reinen» Territorien Tatsachen geschaffen. Den Verhandlungsführern erleichterte dies, in die Neuzuschneidung der innerbosnischen Grenzen einzuwilligen.

Das am 21. November paraphierte und am 14. Dezember 1995 in Paris unterzeichnete Abkommen von Dayton implementierte eine prekäre Lösung, die dem durch den Bürgerkrieg so schwer gezeichneten Land aber für längere Zeit als vielleicht erwartet einen fragilen Frieden brachte. Unter dem Auge einer internationalen Schutztruppe blieb Bosnien-Herzegowina mit der Hauptstadt Sarajewo als souveräner und ungeteilter Staat in seinen existierenden und international anerkannten Grenzen bestehen. Allerdings wurde die gesamtstaatliche Ebene trotz der Einrichtung klassischer staatlicher Institutionen wie Parlament, Präsidium, Verfassungsgericht und Zentralbank eher schwach ausgeformt. Weitgehende Autonomie erhielten dagegen die beiden Teilrepubliken, deren Schaffung die ethnischen Konflikte beilegen sollte. Die serbische Republik erhielt 49 Prozent, die bosniakisch-kroatische Föderation 51 Prozent des Staatsgebietes. Innerhalb des Gesamtstaates herrschte völlige Freizügigkeit, ein demokratisch-marktwirtschaftliches System, und die Flüchtlinge sollten das volle Recht auf Rückkehr bekommen.[142]

21. November 1995: Slobodan Milošević, Alija Izetbegović und Franjo Tuđman paraphieren das Friedensabkommen von Dayton

Diese am Reißbrett in Dayton entwickelte Lösung warf eine Fülle von Fragen auf: Würden die von allen drei Volksgruppen paritätisch besetzten zentralstaatlichen Institutionen funktionieren? Würde das Land wirtschaftlich wiederaufgebaut werden können? Wie würde sich das Verhältnis zwischen den Volksgruppen entwickeln, wenn Flüchtlinge wieder zurück in ihre Heimat wollten? All dies signalisierte einen mehr als mühsamen Prozeß, der keineswegs abgeschlossen ist und über den die Meinungen bis heute auseinandergehen. Allerdings kann die bloße Beendigung des Bürgerkriegs und seiner Grausamkeiten ebenso als Erfolg gelten wie die Tatsache, daß seit 1995 rund eine Million Vertriebene wieder an ihre früheren Wohnorte zurückgekehrt sind.[143]

Der Kosovo-Krieg

Für Bosnien-Herzegowina selbst war es ein Segen, daß die verheerenden Greuel des Bürgerkriegs beendet wurden. Einen blinden Fleck aber hatte das Abkommen von Dayton, und der hieß Kosovo. Indem der Dayton-Prozeß den Kosovo nicht thematisierte, überantwortete er die dortige albanische Zivilbevölkerung den großserbischen Ambitionen Belgrads. So kritisch man dies im Rückblick zweifellos betrachten muß,[144] so schwer wiegt doch auch das Argument, die Aufnahme des Kosovo auf die Agenda von Dayton hätte eine Verständigung zwischen Kroaten, Bosniern und Serben vollends unmöglich gemacht. Tatsächlich tauchte hier in der Geschichte des Balkankonflikts ein unauflöslicher Widerspruch, ja eine fast «tragische» Dimension auf.[145]

Im Kosovo, im äußeren Süden der serbischen Teilrepublik, hatte der ethnisch-kulturelle Zerfallsprozeß Jugoslawiens während der 1980er Jahre seinen Ausgangspunkt genommen und hier vollendete er sich. Nicht nur die jahrhundertealte Geschichte und die nationalen Mythen der Gegenwart gingen im Kosovo eine besonders unheilvolle Verbindung ein. Hier lebte auch die mit Abstand größte nicht-slawische Bevölkerungsgruppe des früheren Jugoslawien. Zwar stellten die Kosovo-Albaner mit rund 90 Prozent die große Mehrheit der Bevölkerung. Aus serbischer Sicht hatten sie aber keineswegs die historische Legitimität auf ihrer Seite. Vielmehr bildete das seit den 1960er Jahren andauernde Zurückdrängen des serbischen Elements im Kosovo, gleichermaßen verursacht durch die höheren Geburtenraten der Kosovo-Albaner wie die zunehmende Abwanderung der Serben, für das serbische Selbstbewußtsein eine Quelle dauerhafter Kränkung. Schon Mitte der 1980er Jahre sprachen serbische Schriften propagandistisch vom «Genozid», den die Serben im Kosovo erlitten.[146]

Zugleich aber erkannte die serbische Propagandasprache im Kosovo durchweg die «Wiege» der eigenen Nation: ein historisches «Herzland», durchtränkt von serbischer Kultur und dem Blut ihrer Märtyrer. Milošević selbst, der 1987 in Priština sein nationales «Erweckungserlebnis» gehabt haben soll,[147] spielte diese Klaviatur in seiner legendären Rede auf dem Amselfeld, dem historischen Schauplatz der Schlacht von 1389.[148] Im Rückblick erschien diese Rede wie ein erinnerungspolitischer Auftakt zu den jugoslawischen Bürgerkriegen. Für Milošević enthielt der Kosovo neben seiner historischen Bedeutung «das Symbol des Heroismus». Über sechs Jahrhunderte hinweg habe dieses Symbol die serbische Kreativität inspiriert, den Stolz genährt und «uns davor bewahrt zu vergessen, daß wir einst eine große und tapfere Armee waren. [...] Sechs Jahrhunderte später befinden wir uns wieder in Kämpfen und vor Kämpfen. Dies sind keine bewaffneten Kämpfe, obwohl diese nicht ausgeschlossen werden können. Aber unabhängig von der Art der Schlachten, können diese nicht gewonnen werden ohne Entscheidungskraft, Tapferkeit und Selbstaufopferung – Eigenschaften, die im Kosovo so lange vorher schon gang und gäbe waren.»[149]

Schon die serbische Medienpropaganda, die 1989 der Aufhebung des Autonomiestatuts des Kosovo folgte, reduzierte in ihrer eindeutigen Ideologiesprache das Verhältnis der Volksgruppen zueinander zu einem schroffen Gegenüber von Freund und Feind: Das Kosovo sei für Serbien, so schrieb die *Politika*, die wichtigste Tageszeitung des Landes, eine «Tragödie», ein «Golgatha» und ein «serbisches Seelenepos». Die Kosovo-Albaner dagegen wurden als «bestialisch», «monströs» und als «Terroristen», «Separatisten» und «fanatische Demonstranten» diskreditiert.[150] In jedem Fall aber war klar, daß keine serbische Regierung auf das Kosovo verzichten konnte. Allzu sehr war es in der politischen Kultur Serbiens verankert – als «Wiege des Serbentums», das «serbische Jerusalem» oder als «heilige serbische Erde».[151]

Zugleich aber vollzog sich im Kosovo schon längst das «tägliche Plebiszit», das die postjugoslawische Nationsbildung antrieb, in Form von Parallelgesellschaften und Abgrenzungen, die an die Apartheid erinnerten. Unter diesen Umständen drohte die allgegenwärtige Tendenz zur Ethnisierung der Konflikte, wie aufmerksame Beobachter schon früh diagnostizierten, besonders gefährlich zu werden.[152] Während sich zwischen 1992 und 1995 die Aufmerksamkeit der Weltöffentlichkeit auf die Fragen von Krieg und Frieden in Bosnien-Herzegowina richtete, bereitete sich in dem alten Brandherd Jugoslawiens die nächste Katastrophe vor. Die Ansiedlung von rund 100 000 serbischen Flüchtlingen aus der Krajina im Kosovo warf unheilvolle Schatten voraus.[153]

Im Kosovo selbst dominierte zu diesem Zeitpunkt noch eine defensive Tendenz, wie sie der Literaten-Politiker Ibrahim Rugova verkörperte. Rugova hatte 1989 die Demokratische Liga des Kosovo (LDK) gegründet und setzte sich für einen friedlichen Übergang in die Unabhängigkeit bzw. einen gewaltfreien Widerstand ein. Er selbst und die ganze von ihm vertretene Richtung wurden 1995/96 auf der internationalen Bühne aufs schwerste desavouiert. Würden ethnische Säuberungen belohnt, auf friedliche Aktion verpflichtete Politik aber bestraft werden? Daß die Frage einer Autonomie des Kosovo in und nach Dayton nicht mehr auf die Tagesordnung kam, war für die Kosovo-Albaner eine schwere Enttäuschung. Bitterer noch: Die umstandslose Anerkennung der alten Teilrepublik Serbien als neue «Bundesrepublik Jugoslawien» machte den Konflikt zwischen Serben und Kosovaren zu einer rein innerjugoslawischen Angelegenheit. Zwar suchten insbesondere die deutsche und die amerikanische Außenpolitik die diplomatische Anerkennung des neuen Jugoslawien an die Bedingungen eines nachhaltigen Minderheitenschutzes, der Einhaltung der Menschenrechte und weitgehender Autonomierechte im Kosovo zu binden. So betonte Bundeskanzler Kohl im Januar 1996, «ein umfassender und gerechter Frieden im ehemaligen Jugoslawien ist ohne eine gerechte Lösung im Kosovo nicht möglich». Mit einer Politik der konditionierten Anerkennung Jugoslawiens konnten sich aber weder Bonn noch Washington gegenüber den übrigen Europäern durchsetzen. Wie schon 1991 gelangte die EU nicht zu einer gemeinsamen Haltung. Im Frühjahr 1996 fiel die Entscheidung zugunsten einer raschen Anerkennung des neuen Jugoslawien. Die Erwartung, dieses werde die Menschen- und Minderheitsrechte respektieren und dem Kosovo eine echte Autonomie gewähren, fand erst post festum Eingang in die europäische Diplomatie.[154]

Unter diesen Umständen besaß Milošević freie Hand, seinen großserbischen Traum nun zumindest noch in der geschrumpften neuen Republik Jugoslawien zu verwirklichen. Zwar blieb ihm die Aufnahme in die Vereinten Nationen verwehrt, aber durch die diplomatische Anerkennung war er international aufgewertet worden und galt westlichen Politikern wieder als legitimer Gesprächspartner. Zugleich verlor Rugova, der 1992 zum Präsidenten des Kosovo gewählt worden war, zunehmend an Rückhalt. Enttäuscht über die Haltung der internationalen Organisationen und sorgenvoll auf die Belgrader Politik der «Serbisierung» blickend, erhielten militantere Kräfte im Kosovo Zulauf. Mit der 1996 erfolgten Gründung einer «Befreiungsarmee des Kosovo», der UČK, war der Weg in die neuerliche Eskalation des serbisch-kosovarischen Konflikts vorgezeichnet.[155]

1997 begann die UČK eine Taktik der militanten Nadelstiche gegen serbische Behörden und Funktionsträger, die sich im Verlauf des Jahres 1998 in einen regelrechten Guerillakrieg ausweiteten. Der Regierung in Belgrad diente diese Situation als Fanal, ihre großserbischen Bestrebungen im Kosovo noch einmal gewaltsam zu verfolgen. Nicht nur wurde die UČK seit 1998 massiv und erfolgreich bekämpft, sondern die serbische Gewalt richtete sich einmal mehr gegen die nunmehr schutzlose albanische Zivilbevölkerung. Erneut betrat das Gespenst der Kriegsverbrechen und der «ethnischen Säuberungen» den Südosten Europas.

Abermals spät, im Grunde zu spät, aber immerhin früher als im Falle Bosniens reagierte die internationale Gemeinschaft. Dies galt vor allem für die USA und unter ihrer Führung für die NATO. Zunächst rangen sie Milošević unter Androhung militärischer Gewalt das Zugeständnis ab, im Kosovo eine Beobachtergruppe der OSZE zu stationieren. Aber selbst wenn überzogene Daten im Umlauf waren: Die von den Vereinten Nationen mitgeteilten Zahlen – 260 000 Binnenflüchtlinge und 100 000 Flüchtlinge, die im Ausland um Asyl nachkamen –, signalisierten dringenden Handlungsbedarf. Eine Katastrophe wie in Bosnien-Herzegowina sollte dieses Mal, dazu waren vor allem die Amerikaner entschlossen, verhindert werden. Nachdem im Februar 1999 in Rambouillet ein letzter, unter der Ägide der Balkan-Kontaktgruppe eingeleiteter Verhandlungsversuch gescheitert war, begannen am 24. März 1999 NATO-Kampfflugzeuge mit der Bombardierung Belgrads. Erklärtes Ziel dieser «humanitären Intervention» war die Vermeidung einer menschlichen Katastrophe im Kosovo.

Die NATO-Intervention im Kosovo ist seitdem zum Paradebeispiel für die völkerrechtliche Problematik und das Für und Wider einer «friedenserzwingenden» Militärmaßnahme geworden. Für die Serben und proserbische Stimmen in Westeuropa war der völkerrechtswidrige Charakter der Intervention, die zunächst ohne UN-Mandat durchgeführt wurde, unstrittig. Vielmehr wurde dem Westen vorgeworfen, er habe durch seine Intervention die Katastrophe beschleunigt oder überhaupt erst ausgelöst. Tatsächlich eskalierten die «ethnischen Säuberungen» im Schatten des Bombenkrieges nun erst recht. Mit brutaler Härte trugen die jugoslawische Armee und die UČK ihre Kämpfe aus, während einmal mehr die Zivilbevölkerung das hauptsächliche Leid ertragen mußte. Als sich die jugoslawischen Einheiten im Juni 1999 unter dem Druck der westlichen Militärintervention aus dem Kosovo zurückzogen und am 10. Juni 1999 ein Waffenstillstand eintrat, zählte man mehr als 860 000 Flüchtlinge, die das Land verlassen hatten und rund 500 000 Binnenflüchtlinge, die, entwurzelt, im Land herumirrten. Annähernd 90 Prozent der albanischen Gesamtbevölkerung des Kosovo war auf der Flucht. Umgekehrt mehrten sich die Morde, Gewalttaten und Vertreibungen, die die UČK gegen die serbische Zivilbevölkerung verübte. Kein Zweifel: Der «humanitäre Krieg» der NATO trug einen Januskopf.[156]

Andererseits mußte jedem Sehenden klar sein, daß UN, NATO und EU durch den Verzicht auf eine Intervention eine noch weitaus größere Verantwortung auf sich geladen hätten. Nichts sprach Anfang 1999 mehr dafür, daß die Konfliktparteien im Kosovo sich friedlich würden einigen können, und ebenso wenig sprach dafür, daß den «ethnischen Säuberungen» ohne äußeren Druck Einhalt geboten werden konnte. Dem Vorwurf aber, gegenüber dem schwersten Blutvergießen in Europa seit 1945 erneut, nach dem Fiasko des bosnischen Bürgerkrieges, allzu lange untätig geblieben zu sein, hätte sich die westliche Staatengemeinschaft nicht aussetzen können. Trotz manch unterschiedlicher Einschätzungen im einzelnen[157] dominierte am Ende doch der Eindruck, mit Milošević sei ein Tyrann in die notwendigen Schranken gewiesen worden.

Das Ende Miloševićs, Den Haag und die Frage der Schuld

Die internationale Aktion gegen Serbien und der serbische Rückschlag im Kosovo blieben nicht ohne Folgen für die innere Entwicklung des Landes.[158] Unter dem Eindruck des grenzenlosen Fiaskos, in das seine großserbische Politik geführt hatte, erodierte die zuvor überwältigende Zustimmung zu Milošević. Stärker als jemals zuvor formierte sich die politische Opposition, die sich angesichts der bevorstehenden Präsidentschaftswahlen zum Bündnis «Demokratische Opposition Serbiens» (DOS) zusammenschloß. Ihre Führer, Vojislav Koštunica und Zoran Đjinđić, konnten sich der Unterstützung durch den Westen sicher sein. Zwar suchten Milošević und seine Sozialistische Partei ihre Anhänger noch einmal mit den bewährten Mitteln zu mobilisieren und die Öffentlichkeit von der Berechtigung ihrer Politik zu überzeugen. Nationalistische und antikapitalistische Parolen verknüpften sich dabei mit klaren Schuldzuschreibungen. Gegenüber der von den USA geführten NATO habe Milošević die Serben zu «Sieg und Widerstand» geführt. Das die Globalisierung antreibende internationale Kapital ziele darauf, «Jugoslawien zu vernichten». «Der Westen schmälert, zerdrückt und demütigt unseren erfolgreichen und beeindruckenden Widerstand.»[159]

Aber die nationalistischen Parolen verfingen nicht mehr. Trotz des Einsatzes der regierungstreuen Propagandamaschinerie ging das Ansehen Miloševićs und seiner Partei rapide zurück. Und als Milošević bei den Präsidentschaftswahlen am 24. September 2000 nur noch 38,2 Prozent, der Kandidat des DOS, Koštunica, dagegen fast 49 Prozent erhielt, waren «Slobos» Tage gezählt. Unter dem Eindruck einer gewaltigen, gegen seine Regierung gerichteten Massendemonstration am 5. Oktober erkannte er Koštunica als Wahlsieger an und räumte das Präsidentenamt. Nur ein halbes Jahr später ließ ihn der westlich orientierte Đjinđić, der zum neuen serbischen Ministerpräsidenten gewählt worden war, verhaften. Am 28. Juni 2001 schließlich lieferte die serbische Regierung den früheren Präsidenten, Patron des großserbischen Gedankens und – nach allgemeiner Auffassung – wichtigsten Kriegstreiber in Belgrad, an den Internationalen Strafgerichtshof in Den Haag aus.

Miloševićs Schicksal verknüpfte sich fortan symbolhaft mit einer der bedeutendsten Neuerungen des internationalen Völkerrechts, das aus der jugoslawischen Tragödie geboren wurde. Schon am 25. Mai 1993 hatte der Sicherheitsrat der Vereinten Nationen unter dem Eindruck der «ethnischen Säuberungen» und sonstigen Kriegsverbrechen in Bosnien-Herzegowina die Einrichtung eines internationalen Tribunals beschlossen. Erstmals seit dem Zweiten Weltkrieg wurden daraufhin mutmaßliche Täter vor ein internationales Gericht gestellt, angeklagt und am Ende auch abgeurteilt. Zur rechtlichen Begründung griff der neu gebildete Internationale Strafgerichtshof für das ehemalige Jugoslawien (ICTY) unter anderem auf den Straftatbestand des Verbrechens gegen die Menschlichkeit zurück, womit explizit an das 1945 im Zuge des Nürnberger Kriegsverbrecherprozesses neu geschaffene internationale Recht angeknüpft wurde.

Naheliegenderweise hatte das ICTY von Beginn an mit dem Vorwurf zu leben, es sei ein rein «politisches» Gericht, unfähig zu fairer Verfahrensführung und gesteuert durch antiserbische politische Interessen.[160] Um so größer war daher die Leistung des Gerichtshofes, dem es im Verlauf von weniger als zehn Jahren gelang, zu einer anerkannten Autorität in der Be- und Aburteilung jugoslawischer Kriegsverbrecher zu werden. Auch dank tatkräftiger Chefankläger übte das Gericht schon bald eine weitaus größere jurisdiktionelle Macht aus, als dies viele Beobachter anfangs für möglich gehalten hätten. Für die Befriedung der Region und für den Umgang Europas mit seiner eigenen jüngsten Gewaltgeschichte war dies von eminenter Bedeutung.[161]

Neben der Sühne für konkret nachweisbare Verbrechen gehörte es auch zu den Funktionen des neuen Gerichtshofes, über die Mechanik des Grauens überhaupt erst einmal verläßliche, eben «gerichtsfeste» Informationen zu erheben. Die akribische Aufklärungsarbeit der Ermittler konnte am Ende neben der Tat selbst auch deren organisatorisches, personelles und institutionelles Umfeld erhellen und damit die Ermöglichungsgründe der Verbrechen aufklären. Diese Zielstellung richtete das Visier der Ermittler zunächst auf die politischen Führer der Serben: neben Milošević und seinem unmittelbaren Umfeld auf den bosnischen Serbenführer Radovan Karadzić, dessen General Ratko Mladić und viele andere.

Vor allem die kanadische Chefanklägerin des ICTY, Louise Arbour, trieb die Causa Milošević an. Anfang 1999 drängte sie darauf, durch die Androhung von Verhaftung, Prozeß und Urteil potentielle serbische Täter im Kosovo abzuschrecken. Am 27. Mai 1999, auf dem Höhepunkt des Kosovo-Krieges, verkündete sie offiziell die internationale Anklage gegen den jugoslawischen Präsidenten.[162] Milošević wurde damit als erstes amtierendes Staatsoberhaupt angeklagt und konnte sich fortan vor rechtlicher Verfolgung nicht mehr sicher fühlen. Als ihm nach seiner Auslieferung ab 2002 der Prozeß gemacht wurde, hatte er sich wegen Massenvertreibungen, Deportationen, Morden an Zivilisten und anderen Anklagepunkten zu verantworten. Zwar akzeptierte er zu keinem Zeitpunkt die Legitimität des Gerichtshofes; indem er sich selbst verteidigte, mag er womöglich gehofft haben, das Tribunal zum internationalen Propagandaforum für seine historische Rechtfertigung zu formen. In diesem Sinne beschuldigte er Deutschland, die NATO und Österreich, den Krieg in Jugoslawien verursacht und vorangetrieben zu haben.[163] Phasenweise schien Miloševićs Strategie aufzugehen, so etwa wenn Autoren wie Peter Handke, der frühere

Milošević vor dem Internationalen Strafgerichtshof in Den Haag im Juli 2001

DDR-Botschafter Ralph Hartmann oder Journalisten wie Jürgen Elsässer und Germinal Civikov Milošević in Schutz nahmen, demgegenüber aber die Politik des Westens und damit auch die Tätigkeit des Internationalen Gerichtshofs attackierten. Im Jahre 2004 kulminierte dieser Trend in einem u. a. von Handke und Harold Pinter verfaßten internationalen «Künstler-Appell für Milošević», den Dutzende von Künstlern aus vielen Ländern unterzeichneten. Dem ICTY sprach dieser Appell jegliche Legitimität ab. Vielmehr sei es «unerträglich, dass Gerichte missbraucht werden, um das Töten von Zivilisten, die Zerstörung einer souveränen Nation und die Dämonisierung und Gefangennahme des Führers dieser Nation zu rechtfertigen»[164]. Erst der Tod des schwer zucker- und herzkranken Milošević in der Haager Untersuchungshaft am 11. März 2006 setzte dieser Auseinandersetzung zumindest vorläufig ein Ende.

Im übrigen aber reichte die Konzentration auf die «großen» Täter nicht aus, um sich ein genaueres Bild von dem Geschehen zu machen. Insbesondere lehrt dies der vergleichende Blick auf die Geschichte von Kriegsverbrechen im 20. Jahrhundert. Auch in bezug auf die nationalsozialistischen Verbrechen, die immer wieder als Vergleichsfolie herangezogen wurden, hatte erst die umfassende Erforschung der vielen hunderttausend anonymen Täter zu einem klareren Bild von der gesellschaftlich-kulturellen Dynamik des Grauens geführt. Insofern gehörte es zu den großen Verdiensten des ICTY, nicht nur für die juristische, sondern auch für die zeitgeschichtliche Erforschung und Beurteilung der Gewalttaten in Bosnien, Kroatien und im Kosovo eine breite Materialgrundlage bereitzustellen. Denn die entscheidende Frage blieb am Ende diejenige, die schon die Forschung über die NS-Zeit bewegt hatte und die Slavenka Drakulić in direkter Parallelisierung zum berüchtigten Bataillon 101 der nationalsozialistischen Ordnungspolizei formulierte: «Was muß einem normalen Menschen geschehen, damit er in seinem Kollegen oder Nachbarn einen Feind sieht? Wie ist es möglich, daß Haß, Demütigung, Brutalität, ja sogar Mord zum normalen Verhalten wurden? [...] Welche politischen, sozialen und psychologischen Prozesse machen solches Denken möglich? Was verursacht den massenhaften Haß und die nachfolgenden ethnischen Säuberungen?»[165]

Drakulićs Reportagen über die Haager Prozesse erregten großes Aufsehen und erinnerten nicht nur von ferne an die «Banalität des Bösen», die Hannah Arendt 1961 während des Eichmann-Prozesses festgestellt hatte. Häufig waren die Täter «normale» Männer; und das Zusammenwirken verschiedener Faktoren stachelte sie zum Töten, Vergewaltigen und Vertreiben an. Eine notwendige Voraussetzung war zweifellos die Ideologisierung der jugoslawischen Kultur seit dem Ende der 1980er Jahre. Die zunächst vor allem in Serbien, im Konflikt mit dem Kosovo hochgeschaukelte, dann aber auch in Kroatien ausgefeilte «völkische» Propagandasprache trug maßgeblich dazu bei, eine an ethnisierten Mustern orientierte Kampfmentalität zu etablieren und Gewalt ideologisch zu legitimieren. Dies stellte das notwendige sprachlich-mentale Instrumentarium zur Verfügung, um den «anderen» – und sei es der frühere Nachbar – von der «eigenen» Existenz zu isolieren und ihn so zum Haßobjekt werden zu lassen. Hinzu kamen die spezifischen historischen Narrative, die das eigene «Volk», seien es Serben oder Kroaten, als die schon in aller Vergangenheit Gedrückten und Verfolgten deuteten. Insbesondere der serbische Nationalismus vermochte sich nicht anders als in den Kategorien einer dauerhaften Opferrolle wahrzunehmen.[166]

Die unterschiedlichen Narrative und Deutungen erklären auch, warum praktisch alle Kriegsteilnehmer subjektiv davon überzeugt waren, sich selbst, ihre Familie oder ihre Volksgruppe zu verteidigen. «Seinerzeit überzeugte ich mich sehr leicht davon, daß dies eine Frage des Überlebens und der Selbstverteidigung war» – so schilderte die in Den Haag wegen Kriegsverbrechen angeklagte bosnische Serbin Biljana Plavšić ihre ursprüngliche Haltung. Hiervon ausgehend, sei sie nicht mehr in der Lage gewesen, die Untaten der eigenen Leute als solche wahrzunehmen: «Obwohl ich wiederholt über Berichte von grausamen und inhumanen Übergriffen gegen Nicht-Serben informiert wurde, weigerte ich mich, sie anzuerkennen geschweige denn, ihnen nachzugehen. Tatsächlich beschränkte ich mich darauf, mich mit dem Leiden der am Kriege unschuldigen serbischen Opfer zu beschäftigen. Diese tägliche Arbeit bestätigte mich darin, daß wir uns in einem Überlebenskampf befanden und daß die internationale Gemeinschaft in diesem Kampf unser Feind war. So leugnete ich einfach die genannten Vorwürfe und unternahm nichts, um sie untersuchen zu lassen. Ich blieb sicher in meinem Glauben, daß Serben zu solchen Untaten nicht in der Lage waren. Mit unserer fixen Idee, nie wieder Opfer zu werden, ließen wir es zu, selbst zu Tätern zu werden.»[167]

Dieses Gefühl, sich in einem (Verteidigungs-)Krieg zu befinden, verband sich zunehmend mit einer landsknechthaften Lebensweise, gekennzeichnet durch unstete Verpflegung, schlechte äußere Bedingungen und viel Alkohol.[168] Hinzu traten Elemente eines subjektiv empfundenen Befehlsnotstands. Viele der in Bosnien vergewaltigten Frauen berichteten, ihre Peiniger hätten darauf hingewiesen, daß sie so handeln «mußten» und Befehl zu ihren Handlungen erhalten hätten. Am Ende jedenfalls standen die postjugoslawischen Gesellschaften vor der Frage, ob sie schockiert sein oder sich anpassen würden. «Schockierend war zu Beginn die Nachricht vom Tod eines Menschen. Jetzt, nach den vielen Berichten über Kriegsgreuel, geht alles an einem vorbei, als wäre nichts geschehen. Vielleicht werden wir nach dem Krieg keinen Schock erleben, aber wir werden das fürchterliche Gefühl der Unbehaglichkeit, der Niedergeschlagenheit und der Depression haben, das lange anhalten wird.»[169]

Unbehaglich fühlten sich auch viele Serben, wenn es um die Aufarbeitung dieser eigenen Vergangenheit ging. Zum Symbol hierfür wurden die neben Milošević prominentesten Kriegstreiber und meistgesuchten mutmaßlichen Kriegsverbrecher, die bosnischen Serben Radovan Karadžić und Ratko Mladić. Persönlich des Massakers von Srebrenica, des Völkermords und vieler weiterer Kriegsverbrechen beschuldigt,[170] wurden sie seit 1996 mit internationalem Haftbefehl gesucht. In der serbischen Heimat aber galten sie vielen noch als Helden. Daß es beiden gelang, nach dem Rückzug der Serben aus Bosnien-Herzegowina zunächst unterzutauchen, war ohne die Hilfe von Sympathisanten in den serbischen Behörden kaum vorstellbar. Erst die allmähliche Abkehr Serbiens von seiner jüngsten Vergangenheit, die Annäherung an den Westen und der Wunsch, der Europäischen Union beizutreten, veränderten die Lage. Einmal mehr erwies die EU mit ihrer ungebrochenen Strahlkraft ihre disziplinierende Wirkung. Tatsächlich wurde die serbische «Vergangenheitsbewältigung» in dem

Maße zu einem europäischen Thema, in dem die Belgrader Regierungen eine Eintrittskarte nach Europa lösen wollten. Um den Status als EU-Beitrittskandidat zu erhalten, war die klare Distanzierung von den mutmaßlichen Kriegsverbrechern, ihre Ergreifung und Überstellung an das ICTY erforderlich. Karadžić, der unter falscher Identität und mit stark verändertem Äußeren lange Zeit unbehelligt in Belgrad lebte, bekam den Wandel der serbischen Regierungspolitik zuerst zu spüren. Am 21. Juli 2008 wurde er festgenommen und umgehend dem Internationalen Tribunal in Den Haag übermittelt. Im Oktober 2010 verzehnfachte die Regierung in Belgrad die auf die Ergreifung Mladićs ausgesetzte Belohnung. Dies zeige, so äußerte der stellvertretende serbische Staatsanwalt für Kriegsverbrechen, Bruno Vekaric, «Serbiens klaren politischen Willen, die letzte verbleibende Hürde auf dem Weg in EU zu beseitigen».[171] Bald danach, am 26. Mai 2011, wurde Mladić, der sich in dem kleinen Ort Lazarevo im Norden Serbiens versteckt hielt, aufgespürt und festgenommen.[172] Vor Gericht hatte er keine Chance. Gegen seinen Widerspruch lieferten ihn die serbischen Behörden nur wenige Tage später an das Internationale Tribunal im Haag aus. Zwar offenbaren die Prozesse gegen beide mutmaßlichen Kriegsverbrecher die ihnen innewohnenden juristischen Schwierigkeiten. Sie sind beträchtlich; die rechtsstaatlich korrekte Beweisführung wird noch längere Zeit benötigen. Serbien freilich hat mit der Auslieferung Karadžićs und Mladićs ein ebenso dramatisches wie trübes Kapitel seiner jüngsten Vergangenheit abgeschlossen und einen großen Schritt «nach Europa» gemacht.

III. DAS GEMEINSAME EUROPA ALS POLITISCHES PROJEKT

6. Vergemeinschaftung und Konvergenz in der Europäischen Union

Das neue Haus, in das nun auch Serbien strebte, hatte die Gemeinschaft der westeuropäischen Staaten schon vor dem Umbruch in Osteuropa zu bauen begonnen. Konzipiert war es als ein Haus der Demokratie im Zeitalter der Globalisierung: Nach außen sollte es die wirtschaftliche Position Europas in der Welt stärken, nach innen das politische Zusammenleben der europäischen Partner weiter harmonisieren. Als daher die Regierungen der zwölf Mitgliedsstaaten 1992 den Vertrag von Maastricht unterschrieben, verliehen sie der europäischen Integration den nachhaltigsten Schub seit den Römischen Verträgen von 1957. Theoretisch ruhte die in Maastricht gegründete Europäische Union auf drei Säulen: In den Europäischen Gemeinschaften gingen die bereits bestehenden Gemeinschaften, die EGKS, Euratom und die EG auf; sie sollten in die Wirtschafts- und Währungsunion münden (WWU); hinzu traten die Gemeinsame Außen- und Sicherheitspolitik (GASP) sowie die Zusammenarbeit in der Justiz- und Innenpolitik (ZJI). Die Bürger der Mitgliedsstaaten erhielten zusätzlich zu ihrer nationalen Staatsangehörigkeit das Unionsbürgerrecht. Symbolisiert im einheitlichen Reisepaß, verlieh es ihnen gleiche Rechte auf dem Territorium der EU. Freizügigkeit, Freiheit des Waren- und Kapitalverkehrs sowie der Dienstleistungen bildeten künftig die «vier Grundfreiheiten» des vereinigten Europa.

Wenn das europäische Programm der Zukunft darauf zielte, der wirtschaftlichen Integration die politische Union zur Seite zu stellen, so war allerdings von Beginn an ein Ungleichgewicht festzustellen. Seit ihren Anfängen im Jahre 1950/51 verknüpfte die europäische Integration stets das supranationale Prinzip mit dem Prinzip der Regierungskooperation (intergouvernementale Zusammenarbeit). Daran änderte auch der Vertrag von Maastricht nichts. Dem supranationalen Prinzip unterlagen die wirtschaftspolitischen Fragen. Dagegen blieben die Gemeinsame Außen- und Sicherheitspolitik sowie die justitielle und innere Zusammenarbeit zunächst Angelegenheiten des intergouvernementalen Verfahrens. Es lag daher in der Entwicklungslogik der europäischen Integration, daß sich der wirtschaftliche als der am stärksten vergemeinschaftete Sektor auch am dynamischsten entfaltete.

Zugleich wirft diese Feststellung allerdings recht grundsätzliche Fragen auf. Denn wohin bewegte sich letztendlich die genannte Entwicklungslogik der europäischen Politik? Gab es so etwas wie eine gemeinsame Vision von Europa? Verfolgte Europa ein Ziel jenseits der Sicherung seines materiellen Wohlstands, etwa als «Wertegemeinschaft» oder als internationale Friedensmacht? Ging es primär um die Schaffung eines politischen Freiheitsraums oder eines sozialstaatlich verfaßten Solidarraums? Befindet sich Europa auf dem Weg der Konvergenz, oder dominieren die zentrifugalen Kräfte sowie die fortbestehenden oder sich sogar vergrößernden Ungleichheiten? Wie die folgenden Kapitel zeigen werden, spielten zwar alle in diesen Fragen angeschnittenen Elemente eine gewisse Rolle für die europäische Entwicklung, und manche rückten phasenweise auch in den Vordergrund des Geschehens. Verfehlt wäre es indes, hieraus eine wie auch immer geartete Linearität des europäischen Entwicklungsprozesses zu folgern. Dieser verlief vielmehr wenig gradlinig, und ein Kontinuum bestand höchstens darin, daß den europäischen Akteuren das Steuer immer wieder entglitt. Tatsächlich verfügt das Europa unserer Zeit weder über eine einheitliche kulturelle Identität,[1] noch vermag es auf Dauer angelegte gemeinsame politische Ziele zu formulieren.

Wenn die europäische Politik gleichwohl voranschritt und unleugbar innovative und gestalterische Projekte hervorbrachte, so resultierte dies primär aus dem funktionalen Ineinanderspiel heterogener Interessen, Problemlagen und Lösungsansätze. Es ergab sich aus dem steten Bemühen, Europa in einer sich rapide verändernden Welt gleichsam «oben» zu halten.

Tatsächlich läßt sich hierin der bei weitem wichtigste und dauerhaft wirksame Motivationsstrang der europäischen Politik erkennen: auf kurz- und längerfristige Krisen zu reagieren, Europa wirtschaftlich und politisch zu festigen und so dem alten Kontinent seine Rolle als globaler Player zu bewahren. Der europäische Prozeß entspringt also einem überwiegend reaktiven Mechanismus, der durch Krisen angetrieben wurde. Ein solcher Mechanismus lag schon an der Wurzel des Schuman-Plans von 1950 und lieferte auch danach die entscheidenden Antriebskräfte der Integration. Im Europa unserer Zeit läßt er sich am klarsten im Bereich der Wirtschaftspolitik ablesen. Auch wenn das lebhafte Empfinden bestand, man müsse in der neuen Weltordnung die politische Kohärenz und Interventionskraft der Europäischen Union stärken, so zog doch die Wirtschaft die größte Aufmerksamkeit auf sich. Im Gefolge der prekären Konjunktur «nach dem

Boom» widmeten der Europäische Rat, die Kommission und die anderen maßgeblichen Akteure ihre größte Aufmerksamkeit der Wirtschaft. Aus dieser Sicht bestimmte letztendlich die ökonomische Basis die Möglichkeiten Europas, seine Rolle in der Welt weiter zu spielen. Und es waren die sich hieraus speisenden Sorgen, die dazu führten, daß sich die Europäische Union, aber auch viele ihrer Mitgliedsländer, mehr oder minder komplett dem neoliberalen Zeitgeist der 1990er Jahre verschrieben. Die ökonomischen Herausforderungen im Zeichen von Internationalisierung und Globalisierung schienen keine andere Wahl zu lassen, als Europa durch ein von oben und stark technokratisch gesteuertes Modernisierungsprogramm gleichsam «fit» zu machen für den neuen Weltmarkt. Nach der politischen Durchsetzung des Binnenmarktes und der Wirtschafts- und Währungsunion bestimmte dies wesentliche Aspekte der politischen Agenda der Union.[2]

Gemeinsame Währung, gemeinsame Wirtschaft

In ihren Anfängen ging die WWU auf die Mitte der 1980er Jahre und die Einheitliche Europäische Akte von 1986 zurück. Ihre Geschichte ist eng verbunden mit dem Namen Jacques Delors, damals Kommissionspräsident der Europäischen Gemeinschaft. Als der Bericht der von ihm präsidierten Kommission, der sogenannte Delors-Bericht, im April 1989 verabschiedet und veröffentlicht wurde, nahm der europäische Integrationsprozeß neue Fahrt auf. Delors gelang es, auch Skeptiker wie den deutschen Bundesbankchef Karl Otto Pöhl zu überzeugen; und als ab November 1989 überraschend die Frage der deutschen Einigung auf die Tagesordnung kam, beschleunigte sich der Prozeß noch einmal. Auf dem Europäischen Gipfel in Straßburg vom 8./9. Dezember 1989 bekräftigten die Staats- und Regierungschefs einerseits auf Drängen Helmut Kohls das deutsche Recht auf nationale Selbstbestimmung; andererseits beschlossen sie im Gegenzug und auf französische Initiative einen konkreten Zeitplan auf dem Weg zur Wirtschafts- und Währungsunion. Deutsche Einigung und europäische Integration verliefen daher in der kritischen Phase des Jahres 1990 parallel. Schon am 1. Juli 1990 trat die erste Stufe der WWU in Kraft, und am 15. Dezember eröffnete der Europäische Rat in Rom die Regierungskonferenzen zur Aushandlung eines Unionsvertrags.

Grundlinien und Daseinszweck der Union folgten deutschen Vorgaben. Gegen Ende der 1980er Jahre war die Stellung Westdeutschlands sowie der Bundesbank aufgrund ihrer Wirtschafts- und Finanzkraft so überlegen, daß die Bundesregierung ihre Vorstellungen weitgehend durchsetzen konnte. Gleichsam als Preis dafür, daß die Bundesrepublik auf die D-Mark als europäische Leitwährung verzichtete, wurde die Währungsunion von Beginn an auf Stabilität verpflichtet. Die absolut unabhängige Stellung einer künftigen Europäischen Zentralbank sowie deren strikte Verpflichtung auf die Geldwertstabilität bildeten das gegebene Verhandlungsziel.

Mit der ersten Stufe der WWU liberalisierte die Gemeinschaft ihren gesamten Kapitalverkehr, was für sich genommen bereits einen erheblichen Integrationsfortschritt darstellte. Zugleich sah die erste Stufe verstärkte multilaterale Absprachen zwischen den Mitgliedsstaaten vor. Sie sollten zunächst auf freiwilliger Basis die nationalen Wirtschafts- und Haushaltspolitiken gegenseitig abstimmen, um mehr Konvergenz und Stabilität zu erzielen – beides notwendige Voraussetzungen für eine gemeinsame Währung.

Der Vertrag von Maastricht regelte dann die zweite und dritte Stufe der WWU. Die zweite Stufe, die 1994 in Kraft trat, erhöhte die Verbindlichkeit und legte klare Konvergenzkriterien fest. Die Mitgliedsstaaten entließen ihre nationalen Zentralbanken in eine Form der Unabhängigkeit, wie sie die Bundesbank ohnehin schon genoß; und das neu gegründete Europäische Währungsinstitut (EWI) begann die Regeln einheitlicher Geldpolitik und deren vorgegebenes Ziel der Preisstabilität zu überwachen. Das Kernstück war der in Maastricht verabschiedete Stabilitätspakt, der die jährliche Neuverschuldung eines Staates auf drei Prozent des BIP und die Gesamtverschuldung auf maximal 60 Prozent des BIP begrenzte. Nach der Überprüfung der Konvergenzkriterien und mit einjähriger Verspätung trat am 1. Januar 1999 die dritte Stufe der WWU in Kraft. Die Mitgliedsstaaten legten die Wechselkurse ihrer Währungen unwiderruflich fest und führten auf dieser Basis den Euro ein, über den nun die schon 1998 gegründete Europäische Zentralbank wachte. Zunächst als bloßes Buchgeld fungierend, lag die neue Gemeinschaftswährung binnen dreier Jahre auch als Bargeld in den Portemonnaies der Europäer. Technisch und logistisch war diese komplette und reibungslose Umstellung von zwölf nationalen Währungen auf den Euro, die im Januar und Februar 2002 erfolgte, eine bemerkenswerte Leistung. Sie signalisierte den Willen und die Fähigkeit der Europäer zur gemeinsamen Aktion und kann insgesamt als großer Erfolg der europäischen Integration bewertet werden.

Der Euro war mehr als ein bloßes Zahlungsmittel. Seit den Römischen Verträgen von 1957 symbolisierte er den wichtigsten Triumph des supranationalen Prinzips. Mit ihm gossen die Europäer ihre Absicht, die Herausforderungen der Zukunft gemeinsam zu bewältigen, in eine münzgewordene Sicherheit. Zugleich symbolisierte der Euro das Ausmaß der Verpflichtung, welche die europäischen Mitgliedsstaaten für diese gemeinsame europäische Politik eingegangen waren.[3] So war die Wirtschafts- und

Währungsunion durchaus geeignet, lang gehegte und häufig erträumte Zukunftshoffnungen vieler Europäer zu erfüllen. Aber die hochfliegenden Erwartungen verbanden sich von Beginn an mit Kritik, Unsicherheit und erheblichen Legitimationsproblemen. Drei Länder der 1995 zur EU 15 erweiterten Union – Schweden, Dänemark und Großbritannien – weigerten sich gänzlich, den Euro einzuführen. Und schon in den 1990er Jahren zeichnete sich ab, wie sehr die WWU von Spannungen und komplexen Einwirkungen gekennzeichnet sein würde. Dies hat sich in den 2000er Jahren bestätigt. Auf zumindest drei Feldern entwickelte die WWU aus sich selbst heraus gegenläufige, zum Teil sogar paradoxe Tendenzen. Sie brachten eine Fülle von Konflikten hervor und behinderten die lineare und organische Weiterentwicklung der Union.[4]

(1) Das erste dieser Spannungsfelder betraf die Währungsunion und den Euro selbst. Sie waren zu deutschen Konditionen eingerichtet worden, und tatsächlich hielt die EZB die Inflation unter Kontrolle. Gleichzeitig etablierte sich der Euro auf internationalem Parkett. Nachdem er anfangs unter die Dollarparität gefallen war, gewann er seit 2002 deutlich an Wert. Der in Euro abgewickelte Finanzmarkt blühte binnen kürzester Zeit auf, und der Euro avancierte bald auch zur nach dem Dollar weltweit wichtigsten globalen Reservewährung.[5] Aber diese unbestreitbaren Erfolge konnten die traditionellen und gravierenden Unterschiede in den ökonomischen Lehrmeinungen nicht überdecken. Die fortbestehende Kritik an der WWU spannte sich dabei gleichsam zwischen zwei äußeren Polen auf: Auf der einen Seite standen jene, die die Glaubwürdigkeit und Wirkungsmacht des Stabilitätspaktes mittelfristig für ungenügend hielten und von seiner Aufweichung die erneute Desintegration der WWU befürchteten. Gerade in Krisenzeiten forderten sie eine striktere Orientierung an den Stabilitätskriterien und eine entsprechend straffere Kontrolle. Solche Positionen wurden vor allem in Deutschland, aber auch in Österreich und den Benelux-Ländern vertreten; allerdings gewannen sie nicht unbedingt dadurch an Überzeugungskraft, daß Deutschland selbst – zusammen mit Frankreich – von 2002 bis 2005 regelmäßig gegen die Haushaltsstabilität verstieß und eine Neuverschuldungsquote von deutlich über drei Prozent des BIP aufwies. Um das vom Stabilitätspakt vorgesehene und gegen ihre Länder bereits eingeleitete Defizitstrafverfahren abzuwenden, kooperierten die deutsche und französische Regierung, um den Pakt zu reformieren – oder, wie nicht wenige meinten, zu verwässern. Die vom Europäischen Rat im März 2005 verabschiedete Reform hielt zwar an den Stabilitätskriterien im Kern fest. Aber sie erweiterte die möglichen, konjunkturell bedingten Sondertatbestände und Ermessensspielräume, mit denen ein Staat künftig den Verstoß

gegen die Stabilitätskriterien würde legitimieren können.[6] Folgerichtig stellte die Europäische Kommission ihre Defizitverfahren gegen Deutschland und Frankreich ein.

Diese Episode leitete Wasser auf die Mühlen der anderen Seite, nämlich jener, die den Stabilitätspakt ohnehin als ein zu starres Korsett empfanden. Wenn die Stabilitätskriterien zu exklusiv angewendet würden, so wirke dies prozyklisch und verhindere die aktive Krisenbekämpfung. Entsprechende Forderungen, die vor allem aus Frankreich und Italien kamen, zielten generell auf eine flexiblere Handhabung der Kriterien im Sinne einer Wachstumsstrategie. Besondere Valenz gewann dies im Hinblick auf die ostmitteleuropäischen Beitrittskandidaten, die sich bald auch dem Euroraum anschließen wollten. Als der Antrag Litauens auf Aufnahme in die Währungsunion wegen einer zu hohen Inflationsrate abgelehnt wurde, verstärkte dies die Kritik am Stabilitätspakt. Gerade die ostmitteleuropäischen Beitrittskandidaten bräuchten während ihres wirtschaftlichen Aufholprozesses mehr finanzpolitische Flexibilität und größere fiskalische Spielräume.

Welche gefährlichen Folgen freilich eine zu laxe Haltung gegenüber den Stabilitätskriterien nach sich ziehen konnte, bewies die Griechenlandkrise des Jahres 2010. Griechenland hatte die Kriterien der dritten Phase der WWU zunächst nicht erfüllt, 1999/2000 aber verbesserte Daten vorgelegt und gehörte somit 2002 zu den Gründungsmitgliedern des Euro. In der Folgezeit täuschten jedoch aus Athen gelieferte, geschönte Zahlen das Statistische Amt der Europäischen Union (Eurostat) über die griechische Haushaltsentwicklung hinweg. Als daher das völlig überschuldete Griechenland im Frühjahr 2010 zahlungsunfähig zu werden drohte, hatte dies massive Rückwirkungen auf die Gemeinschaftswährung. Bedrohlich war weniger die Situation in dem vergleichsweise kleinen Griechenland selbst mit einem Anteil von weniger als fünf Prozent des Euro-Raums. Befürchtet wurde vielmehr eine Kettenreaktion auf den Finanzmärkten, das heißt der durch Spekulationen gegen den Euro angeheizte Zusammenbruch weiterer überschuldeter Euro-Länder wie Portugal, Spanien, Italien und Irland. Um daher eine möglicherweise flächendeckende europäische Finanzkrise zu verhindern, stellten die Staaten der Eurozone zunächst 25 Milliarden Euro für die kurzfristige Rettung Griechenlands zur Verfügung. Und Anfang Mai 2010 mobilisierte die EU gemeinsam mit dem IWF einen gigantischen Rettungsschirm in Höhe von 750 Milliarden Euro, der die Gemeinschaftswährung auch künftig vor Turbulenzen bewahren sollte. «Das zeigt, dass wir den Euro verteidigen werden, koste es, was es wolle», resümierte der europäische Währungskommissar Olli Rehn, ohne freilich zu ahnen, welche Probleme sich im Verlauf der nächsten anderthalb Jahre noch auftürmen würden.[7]

Kurzfristig zumindest hatte der Kraftakt der Europäer Erfolg. Griechenland konnte wieder Anleihen auf dem Finanzmarkt begeben, der Euro erholte sich, und die Analysten wandten sich bald der schwächelnden amerikanischen Konjunktur zu. Offen blieb allerdings, welche langfristigen budgetären und politischen Verwerfungen die gigantische finanzpolitische Anstrengung in den EU-Staaten bewirken würden. Überdies geriet schon im Herbst 2010 der Euro erneut in das Fadenkreuz internationaler Besorgnis, diesmal aufgrund der zunehmend prekären Staatsfinanzen in Irland und Portugal. In einer ziemlich brutalen Offenheit erwies sich, daß die hoch verschuldeten Euro-Staaten wie Griechenland, Irland, Portugal und Spanien in der jüngeren Vergangenheit über ihre Verhältnisse gelebt hatten. Die erklecklichen Reallohnsteigerungen, die in diesen Ländern erzielt worden waren, beruhten zum guten Teil auf Pump und hatten ihre Wettbewerbsfähigkeit beschädigt. Umgekehrt verschloß der Euro die Möglichkeit, den entstandenen Produktivitätsverlust in Form einer Abwertung der nationalen Währung abzubilden und damit auszugleichen. Um so mehr gewannen evidente Fragen an Brisanz, die bis dahin eher zum Tabu-Bereich der europäischen Politik gehörten. Die Grenzen des Sagbaren verschoben sich, so etwa wenn über den möglichen Austritt Griechenlands aus der Euro-Zone spekuliert wurde – eine vertraglich gar nicht vorgesehene Option. Umgekehrt häuften sich seit 2011 die Forderungen, die nationalen Haushalts- und Fiskalpolitiken stärker zu koordinieren oder sogar ganz zu vergemeinschaften. In die gleiche Richtung ging der Vorschlag, sogenannte «Eurobonds» einzuführen, wodurch die Euro-Länder sich als Schuldengemeinschaft konstituiert hätten. Daß sich hiergegen in erster Linie die deutsche Regierung zur Wehr setzte, ist wenig überraschend. Denn mit den Eurobonds wäre der Rubikon zu einer Haftungs- und Transfergemeinschaft definitiv überschritten worden. In ihr wäre der ökonomisch und finanziell Stärkere zum Ausgleich der Defizite der Schwächeren verpflichtet worden: eine Aussicht, die in Deutschland zumindest zum jetzigen Zeitpunkt als kaum mehrheitsfähig erscheint.

(2) Ein zweites Spannungsfeld der WWU ergab sich aus einem letztlich unvermeidlichen Zielkonflikt. So erforderte nämlich die Errichtung des Binnenmarktes die völlige Liberalisierung der Märkte. Um aber die vielen nationalen Märkte zu einem einzigen zusammenzuführen, reichte es nicht aus, die Zollbarrieren abzuschaffen. Zugleich bedurfte es paradoxerweise auch der Regulierung. Normen und Vorschriften, Hygienestandards und Umweltauflagen usf. mußten geregelt werden, um auf dem einheitlichen

Gegen die «Diktatur der Bürokraten» sah der «Spiegel» eine Revolution herannahen. (Spiegel Nr. 23/2005)

Markt auch in der Tat einheitlich zu sein. Zumindest entsprach dies je länger desto mehr dem Blickwinkel der Europäischen Kommission. Sie richtete einen «Binnenmarktanzeiger» ein, der regelmäßig über die Umsetzungsquoten der EU-Richtlinien in den Mitgliedsstaaten berichtete. Für viele Bürger offenbarte sich hierin allerdings die gleichsam häßliche, weil bürokratische Kehrseite des europäischen Integrationsprozesses. Stolz sein wollten die Europäer auf den Abbau der Grenzen, die Freizügigkeit und ihre gemeinsame Währung. Diese verbanden sich über ihren wirtschaftlichen und touristischen Nutzen hinaus zu einem hohen Symbolwert. Aber der immer tiefere Eingriff einer anonymen Brüsseler Großbehörde in ihren beruflichen und geschäftlichen Alltag verstörte viele europäische Bürger. Aus der Agrarpolitik, dem historischen Kern des Gemeinsamen Marktes, war der entsprechende Trend zur Bürokratisierung zwar längst bekannt. Mit der Durchsetzung des Binnenmarktes aber traten Wettbewerbsrecht und Verbraucherschutz, der Strom- und Gasmarkt, die Beschaffenheit von Lebensmitteln und zahlreiche andere Bereiche als Betätigungsfelder der Brüsseler Behörden hinzu. Hier lag die wichtigste Quelle für den zunehmend kritisierten «Bürokratismus» der EU, der etwa Hans Magnus Enzensberger im Februar 2010 zu dem publikumswirksamen Aufschrei inspirierte: «Wehrt Euch gegen die Bananenbürokratie».[8]

Solche polemischen Vereinfachungen übersahen freilich, daß der einheitliche Binnenmarkt mit dem Vertrag von Maastricht nicht schlagartig geschaffen worden war, sondern daß mit ihm faktisch erst seine Ausgestaltung begann. Sollte das Prinzip des freien Waren- und Güterverkehrs letztlich auf alle Gewerbezweige ausgedehnt werden, so waren die regelmäßig wiederkehrenden Initiativen der Europäischen Kommission, aber eben auch die entsprechende Kritik an ihnen eine logische Folge. Ein gutes Beispiel hierfür ist die langwierige Auseinandersetzung um die Dienstleistungsrichtlinie. Industrielle Güter und Fertigprodukte waren bereits von Beginn an dem freien Verkehr unterworfen; dagegen hinkten die gesamtwirtschaftlich zunehmend bedeutsameren Dienstleistungen noch viele Jahre hinterher. Sehr zum Mißfallen der Europäischen Kommission, die sich immer stärker in der Rolle des Antreibers gefiel, blieben die Dienstleistungen entweder lokal begrenzt oder national reguliert.[9] Nach wie vor existierte eine «breite Kluft zwischen der Vision einer wirtschaftlich integrierten Europäischen Union und der Wirklichkeit».[10] Dementsprechend fiel der innereuropäische Handel mit Dienstleistungen deutlich zurück. Auch in dieser Hinsicht suchte die im Jahre 2000 verabschiedete «Lissabon-Strategie» eine neue Dynamik in Gang zu setzen. Der Europäische Rat forderte die Kommission auf, eine Strategie zu entwickeln, mit welcher interne Handelshemmnisse für den grenzüberschreitenden Austausch von Dienstleistungen abgebaut werden konnten.

Die Begründung hierfür verwies einmal mehr auf den technologischen Fortschritt. Die «Informationsgesellschaft» hatte demzufolge, so resümierte die Kommission im Jahre 2000, die Transaktionskosten für den Austausch von Informationen so stark gesenkt, daß ein großes Potential für grenzüberschreitende Nachfrage und Angebote von Dienstleistungen bestand. Freier Verkehr von Dienstleistungen würde daher auch, so das Kalkül der Kommission, neue Dynamik im Binnenmarkt freisetzen, Wachstum und Wettbewerbsfähigkeit der Union verbessern und mehr Arbeitsplätze schaffen.[11]

Der Erlaß einer europäischen Dienstleistungsrichtlinie erwies sich indes als ein zäher Brocken. Die Kommission favorisierte zunächst das «Herkunftslandprinzip». Ihm zufolge hätten Dienstleistungen europaweit angeboten und abgesetzt werden können, wenn nur die rechtlichen Vorschriften eines beliebigen EU-Heimatlandes erfüllt waren. Hiergegen formierte sich in dem Maße der Widerstand nationaler Regierungen, allen voran der deutschen, in dem man die billigere Konkurrenz auf dem Heimatmarkt befürchtete. Die Sorge vor «Sozialdumping» und strukturellem Lohnabbau befeuerte den Konflikt. Nach zähen Verhandlungen setzte die Mehrheit der Mitgliedsstaaten sowie des Europäische Parlaments gegen die Kommission die Abkehr vom Herkunftslandprinzip durch. Die Ende 2006 verabschiedete Dienstleistungsrichtlinie verankerte demgegenüber das «Bestimmungslandprinzip». Internationale Anbieter hatten nunmehr die Vorschriften, Tarife und Standards desjenigen Landes zu respektieren, in dem sie ihre Dienstleistungen absetzen wollten. Andere Branchen wie Finanz-, Gesundheits- und Sicherheitsdienstleistungen blieben von der neuen Richtlinie ganz ausgenommen. Umgekehrt waren immer mehr Projekte europaweit auszuschreiben, und jedes Mitgliedsland wurde verpflichtet, einen einheitlichen Ansprechpartner einzurichten, das heißt eine Stelle, bei denen europäische Dienstleistungsanbieter alle Informationen erhalten und alle notwendigen Verfahren erledigen konnten. Zugleich hatten die Mitgliedsstaaten die elektronische Infrastruktur vorzuhalten, die die Abwicklung der erforderlichen Kontakte aus der Ferne ermöglichte.

Die Dienstleistungsrichtlinie verdeutlicht beispielhaft den generellen Zielkonflikt, der die Ausgestaltung des europäischen Binnenmarktes begleitete: Um hinderliche Schranken und Vorschriften abzubauen, betrieb die EU eine klare Liberalisierungspolitik. Um aber die hierfür notwendigen einheitlichen und europaweit gültigen Standards durchzusetzen, betrieb sie eine nachhaltige und von vielen als störend und beängstigend empfundene Regulierung. Gemessen an einer idealen Entwicklung oder auch an klassisch liberalen Maßstäben liegt daher der Gedanke nahe, in der EU lediglich eine «internationale, marktkonforme Regulierungsbehörde» zu sehen.[12] Andererseits berührte das Werk der Europäisierung und Vereinheitlichung zwangsläufig eine solche Fülle von Politikfeldern, daß es ahistorisch wäre, sich einen linearen Fortschrittsprozeß vorzustellen. Vielmehr sollte man die EU und die Brüsseler Kommission eher als einen Akteur *sui generis* betrachten, der in einer spezifischen Konstellation die Harmonisierung des historisch Heterogenen vorantrieb, dabei allerdings durchaus eigene Ziele und Ideen verfolgte.[13]

(3) Die Frage nach der Regulierungskompetenz der EU und die Geschichte der Dienstleistungsrichtlinie weisen auf das dritte Spannungsfeld der WWU hin. Es ergab sich aus dem Problem, welche soziale Abfederung der Binnenmarkt erhalten sollte. Schon die Einheitliche Europäische Akte berücksichtigte die «soziale Dimension» des künftigen Binnenmarktes, und parallel zum Projekt seiner Errichtung verabschiedeten Rat und Parlament Ende 1989 die «Gemeinschaftscharta der sozialen Grundrechte der Arbeitnehmer». Sie erinnerte die EU an ihre «tiefgehende Bindung an ein Modell sozialer Beziehungen, das sich an gemeinsamen Traditionen und Gepflogenheiten orientiert. Die Charta wird [...] als Bezugspunkt dafür dienen, daß die soziale Dimension bei der Entwicklung der Gemeinschaft

in Zukunft in stärkerem Maße berücksichtigt wird.»[14] Freilich war dies mehr moralischer Appell als verbindliches Regelwerk. Daß sich Großbritannien weigerte, die Charta zu unterschreiben, offenbarte überdies ihren letztlich bloß symbolischen Charakter. Allerdings gab sie den künftigen großen Vertragswerken der EU eine soziale Richtschnur vor, die auch nicht einfach zu übergehen war. Zunehmend beschäftigten die Kommission daher auch der Kampf gegen Armut und Ausgrenzung sowie die Probleme der Alters- und Gesundheitsvorsorge. Seit Beginn der 2000er Jahre bildete die Antidiskriminierungs- und Gleichstellungspolitik ein weiteres zunehmend bedeutsames Betätigungsfeld der Kommission. Mehrere Richtlinien zielten auf die Verbesserung der sozialen Lage der Frauen im Hinblick auf Löhne, Mutterschaft und Zugang zum Arbeitsmarkt und zu Dienstleistungen.[15] Fallweise unterstützt vom Europäischen Gerichtshof begann die Kommission einen systematischen Kampf gegen die Diskriminierung aus ethnischen, kulturellen, religiösen oder aus Gründen der sexuellen Orientierung zu führen. Die Charta der Grundrechte der Europäischen Union, die im Jahre 2000 verabschiedet worden war, aber erst 2009 zusammen mit dem Vertrag von Lissabon in Kraft trat, untermauerte diese Politik noch einmal.[16]

Wie bei allen Gebieten, auf denen die Europäische Kommission Regulierungskompetenz beanspruchte, schieden sich auch hier die Geister. Dies galt insbesondere für die arbeitsmarktrelevanten Aspekte der europäischen Sozial- und Antidiskriminierungspolitik. Während arbeitgebernahe Stimmen stets darauf hinwiesen, eine zu starke sozialpolitische Reglementierung der EU werde ihre globale Wettbewerbsfähigkeit dauerhaft unterminieren,[17] forderten die Gewerkschaften ein Minimum an sozialer Sicherheit und vertraten die Auffassung, gerade in einem «sozialen» Europa lägen dessen Zukunftschancen. Hier stießen die großenteils «neoliberalen», an der OECD-Linie geschulten Auffassungen der Kommission mit den sozialpolitisch orientierten gewerkschaftlichen, aber auch nationalen sozial- und christdemokratischen Traditionen zusammen.

In der Geschichte der europäischen Sozialpolitik seit 1989 zeichnete sich rasch ab, daß weder eine komplette Harmonisierung der europäischen Sozialsysteme noch ein völliger Verzicht auf gemeinsame Zielvorstellungen möglich und erwünscht war. Betont wurde dagegen das Grundprinzip der Subsidiarität, was die Verabschiedung gemeinsamer sozialer Mindeststandards in den Mittelpunkt einer pragmatischen Kompromißpolitik rückte. Die konkrete ordnungspolitische Ausgestaltung der Arbeitsmärkte und Sozialsysteme blieb dagegen weitgehend den Mitgliedsstaaten überlassen. Gleichzeitig verblaßten die zum Teil sehr heftigen Auseinandersetzungen um den Sozialstaat, die während der 1980er und frühen 1990er Jahre die Debatte beherrscht hatten. Faktisch wurden die sozialstaatlichen Leistungen auch in keinem Land so weit zurückgefahren, wie es die neoliberalen Ideologen empfahlen. Im Gegenteil: Trotz aller offenkundigen Krisenerscheinungen und begrenzter Reformen blieben die Kernfunktionen sozialstaatlichen Handelns wie Kranken-, Renten- und Arbeitslosenversicherung, Familienhilfe sowie Unterstützung in besonderen Lebenslagen überall erhalten. Auf dieser Basis glichen sich die Sozialbudgets der europäischen Länder an, dominierten seit den 1990er Jahren die Konvergenzen gegenüber den Unterschieden. Gerade auch gegenüber anderen hochentwickelten Wirtschaftsregionen der Welt wie Nordamerika oder Nordostasien bewahrten die Europäer einen weit ausgebauten Wohlfahrtsstaat, der auch nicht wenig zur politischen «Identitäts»-Bildung des Kontinents beitrug.[18]

Dagegen bestanden deutlich unterschiedliche Auffassungen darüber, wie weit Binnenmarkt und Währungsunion zur Angleichung und Konvergenz Europas führten. Skeptiker kritisierten vor allem, daß die nationalen Wirtschafts- und Finanzpolitiken sich noch zu wenig an der WWU orientierten und auch ein Jahrzehnt nach deren Gründung noch nicht von einem einheitlichen Wirtschaftsraum gesprochen werden könne. Die europäischen Wirtschafts- und Sozialmodelle seien zu heterogen, und Europa weise mehrere «Spielarten des Kapitalismus» auf. Dies habe größere Umverteilungsmechanismen ausgelöst, als von den Begründern des Euro vorausgesehen worden war.[19] Demgegenüber kann mit guten Gründen geltend gemacht werden, daß sich die europäischen Wirtschaftsformen und Gesellschaften zwischen etwa 1985 und 2008 in einer Weise einander angenähert haben, die nur als historisch neuartig bezeichnet werden kann. Insbesondere verringerten sich die Abstände zwischen vormals rückständigen, agrarisch geprägten Ländern und den stärker entwickelten, klassischen Industriestaaten. Sofern man also die Entwicklung nicht an einem theoretischen Idealzustand mißt, so läßt sich die im Zuge der Wirtschafts- und Währungsunion angestoßene europäische Konvergenz kaum leugnen.[20]

Die Osterweiterung der EU

Ungeachtet solcher interpretatorischer Differenzen: Ausbau und Vollendung des (west-)europäischen Binnenmarktes wären schon zu «normalen» Zeiten eine politisch-administrative Herkulesaufgabe gewesen. Doch während die Europäische Kommission und die EU-12-Staaten sie in Angriff nahmen, erwartete sie zugleich eine noch weitaus größere Herausforderung: die Erweiterung der Union. Bereits 1995 traten Schweden, Finnland und Österreich der EU bei; und im Grunde seines Herzens wußte wohl jeder demokratische Politiker in der Europäischen Union, daß auch deren Osterweiterung zwingend auf der Tagesordnung stand. Natürlich sprachen unzählige Bedenken gegen einen raschen Beitritt der ostmitteleuropäischen Länder. War deren ökonomischer Rückstand nicht zu groß? Überstiegen nicht die Aufgaben eines innereuropäischen Ausgleichs die finanziellen und wirtschaftlichen Kräfte der EU? Gefährdeten nicht Millionen von osteuropäischen Arbeitnehmern Lohnniveau und Wohlstand der westlichen Staaten, wenn sie erst das Recht auf europäische Freizügigkeit erhielten und auf die westlichen Arbeitsmärkte drängten? Müßte nicht die weitere Vertiefung der Union jeder raschen Erweiterung vorangehen? Geriet nicht schließlich die gesamte, so mühsam ausgehandelte Architektur der Union in Schieflage, wenn sie durch einen unzeitigen Beitritt der postkommunistischen Länder erschüttert würde? Alle diese Fragen wurden gestellt und in der westlichen Öffentlichkeit kritisch diskutiert. Die zugrunde liegenden Unwägbarkeiten weckten Ängste und Abwehrreflexe. Obwohl die Europäer darin übereinstimmten, daß die Formel zur Lösung der Probleme letztendlich nur «Europa» lauten konnte, zögerten sie anfangs doch, die Tore der Union weit zu öffnen.

Wie schnell die Stimmung gegenüber den neuen europäischen Nachbarn im Osten umschlug, zeigte das Beispiel der französisch-polnischen Beziehungen. Traditionell dominierte in Frankreich die Vorstellung eines aus der Geschichte abgeleiteten besonderen Nahverhältnisses zwischen Paris und Warschau. Hatte man nicht von der napoleonischen Zeit bis in die Zeit der Weltkriege hinein stets auf der gleichen Seite der Barrikade gestanden? Hatten nicht die Polen in ihrer Geschichte immer wieder einen unbändigen Freiheitswillen und ein «demokratisches Ideal» an den Tag gelegt? Als daher in den 1980er Jahren ein vom Kriegsrecht gezeichnetes Polen heroischen Widerstand gegen den Kommunismus leistete, bewunderte die französische Öffentlichkeit die oppositionelle Gewerkschaftsbewegung Solidarność. Jene Polen, die aus politischen Gründen in Frankreich um Asyl nachsuchten, erfuhren eine bevorzugte Behandlung. Die französischen Behörden unterstützten sie bei der Niederlassung, der Arbeitssuche oder beim Studium.[21] Nach dem Umbruch von 1989 allerdings entpuppte sich die demonstrativ zur Schau gestellte französisch-polnische Verbundenheit doch eher als nostalgische Verklärung. Es handelte sich um eine Art Kopfgeburt, entstanden aus der historisch-politischen Erinnerung. Neben die durchaus fortbestehenden, aber diffusen Sympathien traten eher negativ besetzte Stereotypen. Aufgrund seiner Rückständigkeit erfuhr das vom Kommunismus befreite Polen keine Anerkennung als gleichwertiger Partner. Teilweise stellten die französischen Medien Polen, darüber hinaus aber auch die ganze osteuropäische Region, als korrupt, instabil und als wenig verläßliche Wirtschaftspartner dar.[22] Dem entsprach es, wenn die französischen Unternehmer Ostmitteleuropa zunächst weniger als Chance denn als Risiko für mögliche Investitionen betrachteten.[23] Reiseführer porträtierten «den Polen» als jemanden, der zur Arbeit «keine einheitliche Haltung hat. Er kann leistungsfähig sein, ist aber weder sparsam noch besonders fleißig. [...] Von den rund 900 Francs, die er im Monat verdient, gibt er ein Drittel für Nahrungsmittel und elf Prozent für Alkohol aus.»[24] Im Zeitalter offener Grenzen trat die Furcht vor osteuropäischer Billigkonkurrenz auf dem Arbeitsmarkt hinzu. Sprichwörtlich wurde «der polnische Klempner», der im Zeichen der anhebenden Globalisierungsdebatte geradezu zum Synonym für französische Ängste avancierte. Zwar muß man sich vor Augen halten, von welcher Art der «Bedrohung» man hier sprach und welchen gigantischen Entwicklungsschub es für Europa bedeutete, wenn sich binnen zehn Jahren die Hauptgefahr von russischen Panzern zu «polnischen Klempnern» wandelte.[25] Tatsächlich aber dauerte es bis 2006, bis klar wurde, daß in Frankreich rund 6000 Klempner fehlten und sich die öffentliche Diskussion entspannte. Als das Land zum 1. Juli 2008 seinen Arbeitsmarkt für die Staaten der ersten Osterweiterung vollständig freigab, wandte sich Präsident Nicolas Sarkozy denn auch mit Nachdruck gegen den «fantasme du plombier polonais».[26]

Anfang der 1990er Jahre aber hatte Staatspräsident François Mitterrand für die Mehrheit der Franzosen gesprochen, wenn er einen überstürzten Beitritt der früheren Ostblockstaaten für gefährlich hielt. Als Alternative entwickelte die französische Regierung neue Konföderationspläne. Schon in seiner Neujahrsansprache am 31. Dezember 1989 skizzierte Mitterrand die großen Linien: Einerseits sollte das bestehende Europa der Zwölf vertieft werden und gleichsam als Empfangsstruktur für die osteuropäischen Interessen dienen. Andererseits sollte sich der KSZE-Prozeß in Richtung einer gesamteuropäischen Konföderation fortbilden, die sich auf ein «europäisches Europa», auf Demokratie, Frieden und Sicherheit verpflichtete. Dieser Plan stand in der Kontinuität französisch-gaullistischer Europavorstellungen und glich einem Konzept des Europas zweier (oder mehrerer) Geschwindigkeiten.[27]

Solches Zögern trug erheblichen Sprengstoff in sich. Denn als die Völker östlich der Elbe 1989/90 das kommunistische Joch abstreiften, galt ihre Hoffnung und ihre Sehnsucht der «Rückkehr» nach Europa. Europa avancierte nun auch im Osten zur Chiffre für eine bessere Zukunft. Nicht nur lockte die Europäische Union mit beträchtlichen Finanzmitteln: mit Agrarfonds, Strukturfonds und Sozialfonds, die der sozialökonomischen Entwicklung der schocktherapierten osteuropäischen Gesellschaften Erleichterung versprachen. Der Beitritt zur Union verhieß den Völkern Osteuropas auch die Möglichkeit, eine jahrhundertealte Geschichte der Unterdrückung, der Benachteiligung und der wirtschaftlichen Rückständigkeit endgültig hinter sich zu lassen. Und niemand im Westen konnte ernsthaft wünschen, diese Hoffnung zu enttäuschen und nach dem Ende des Kommunismus einen neuen, ökonomisch gestrickten Vorhang fallen zu lassen. Ähnlich wie schon im Prozeß der deutschen Einigung setzte sich daher die Einsicht in das Notwendige durch. Bald triumphierte auch der politische Wille über das ökonomische Kalkül. Und es vollendete sich die Prophezeiung Robert Schumans aus dem Jahre 1963: «Wir müssen das geeinte Europa nicht nur im Interesse der freien Völker errichten, sondern auch, um die Völker Osteuropas in die Gemeinschaft aufnehmen zu können, wenn sie von dem Zwang, unter dem sie leiden, befreit, um ihren Beitritt und unsere moralische Unterstützung nachsuchen werden.»[28]

Zwar mußten die Details mühsam ausgehandelt werden, und der Prozeß der Osterweiterung verlief nicht ohne Rückschläge und Enttäuschungen: Aber daß er einer historischen Notwendigkeit gleichkam, konnte niemand ernsthaft bestreiten. So schloß die Europäische Gemeinschaft schon ab Ende 1991 Assoziierungsabkommen (sogenannte «Europa-Abkommen») mit den früheren kommunistischen Staaten ab, was insbesondere die Ausdehnung des Ost-West-Handels erleichterte.

Während der Westen also allmählich eine grundsätzliche Öffnungs- und Aufnahmebereitschaft erkennen ließ, richteten die postkommunistischen Staaten ihre Politik konsequent an der Perspektive eines EU-Beitritts aus. Die am 21./22. Juni 1993 in Kopenhagen festgelegten Beitrittskriterien dienten dabei als eine Art Leuchtturm und vermittelten unentbehrliche Orientierung. Indem sie die rechtlichen, politischen und wirtschaftlichen Bedingungen und Voraussetzungen für einen EU-Beitritt formulierten, wirkten sie aber auch tief in die politische und gesellschaftliche Alltagspraxis der Transformationsstaaten hinein. Voraussetzung für die Mitgliedschaft war demzufolge nicht nur die Bereitschaft, den «Acquis communautaire», das heißt das kodifizierte Gemeinschaftsrecht, in seiner Gesamtheit zu übernehmen. Potentielle Neumitglieder mußten vor allem auch eine ausreichende institutionelle Stabilität vorweisen können. Allein dies garantierte aus Sicht der EU die «demokratische und rechtsstaatliche Ordnung, [...] die Wahrung der Menschenrechte sowie die Achtung und den Schutz von Minderheiten». Zugleich setzte die Mitgliedschaft auch die Fähigkeit voraus, «dem

Wettbewerbsdruck und den Marktkräften innerhalb der Union standzuhalten», und die Beitrittskandidaten hatten sich «die Ziele der politischen Union sowie der Wirtschafts- und Währungsunion» zu eigen zu machen.[29]

Indem sie diese Bedingungen akzeptierten, stellten sich die Staaten Mittel- und Osteuropas unter die Kuratel des Europäischen Rates bzw. der Brüsseler EU-Kommission. «Bereitwillig» gaben die Beitrittskandidaten «Auskunft über den Stand der legislativen und institutionellen Vorbereitung ihrer Länder».[30] Langfristig warf dies erhebliche innenpolitische Legitimationsprobleme auf; kurz- und mittelfristig half es aber, dem ganzen Kontinent eine hinreichende Stabilität und ein Minimum an Konvergenz zu sichern. Schon in den mediterranen Beitrittsländern der 1970er Jahre, in den früheren Militärdiktaturen Griechenland, Spanien und Portugal, hatte die Perspektive des Beitritts zur Europäischen Gemeinschaft entscheidend dazu beigetragen, daß sich die Demokratie festigen konnte. Und angesichts der beträchtlichen Befürchtungen, die 1989/90 bezüglich der Zukunft Osteuropas aufgekeimt waren, läßt sich rückblickend die zielgerichtete Osterweiterung der EU als ein substantieller Erfolg betrachten. Sie sicherte den Frieden, reduzierte nationalistische Versuchungen und trug maßgeblich zum Aufbau einer pluralistischen Demokratie in den ehemals kommunistischen Ländern bei.

Besonderes Interesse an einer raschen Stabilisierung durch die Osterweiterung der EU hatte die Bundesrepublik Deutschland. Das wiedervereinigte Deutschland betätigte sich als deren Schrittmacher und bot darüber hinaus Wirtschafts- und Finanzhilfe an. Bereits die «Prager Thesen», die Bundesaußenminister Hans-Dietrich Genscher am 11. April 1991 mit seinem tschechoslowakischen Amtskollegen Jiří Dienstbier vereinbarte, enthielten die Kernbotschaft dieser Haltung: «1. Es entspricht der Bedeutung der Europäischen Gemeinschaft für die Zukunft Europas, daß sie den neuen Demokratien in Mittel- und Osteuropa zur Mitgliedschaft offen steht. 2. Die Sicherheit und Stabilität der Staaten Westeuropas ist eng verbunden mit dem Erfolg der demokratischen und wirtschaftlichen Veränderungen der Staaten in Mittel- und Osteuropa.»[31] Ähnlich versicherte Bundeskanzler Helmut Kohl seinen polnischen Gesprächspartnern: «Das vereinte Deutschland ist – als Mitglied der Europäischen Gemeinschaft – größter Wirtschaftspartner Polens. Wir sehen es deshalb als unsere besondere Verantwortung an, Polen auf seinem Reformweg nachhaltig zu unterstützen und an die Europäische Gemeinschaft heranzuführen. Dies schließt ein die Perspektive des Beitritts, sobald die Voraussetzungen dafür gegeben sind.»[32]

Dem lag die aus historischer Erfahrung gesättigte Einsicht zugrunde, daß es ein «stabilitätsgefährdendes Vakuum, ein Zwischen-Europa» nicht wieder geben dürfe. So lautete das europapolitische Axiom der Deutschen, wie es 1994 die CDU-Politiker Wolfgang Schäuble und Karl Lamers niederlegten. Jede deutsche Versuchung, das östliche Europa «alleine und in der traditionellen Weise» stabilisieren zu wollen, galt es unter allen Umständen zu verhindern. Deutschland hatte daher ein «fundamentales Interesse an der Osterweiterung der Union», aber ebenso an deren rascher Vertiefung, damit sie nicht wieder in den Stand einer lockeren Staatenverbindung zurückfiel. «Nur wenn es gelingt, das nach 1945 errichtete neue System zur Regelung von Konflikten, zum Interessenausgleich, zur wechselseitigen Förderung und zur Selbstbehauptung nach außen weiter zu entwickeln und auf die mittelosteuropäischen Nachbarn Deutschlands zu übertragen, hat Deutschland die Chance, zur ruhigen Mitte Europas zu werden. Dieses deutsche Interesse an Stabilität ist grundsätzlich mit dem Europas identisch.»[33] Das war die Basis, von der aus die Bundesregierung gegenüber ihren westeuropäischen Partnern intensiv auf die gleichzeitige Erweiterung und Vertiefung der EU drängte. Ebenso war es Teil einer aktiven deutschen Ausgleichs- und Versöhnungspolitik, Polen, Ungarn und Tschechen bei ihren Bemühungen um einen EU-Beitritt nachhaltig zu unterstützen. In dem Maße, in dem schließlich die Wege zur Osterweiterung und zur Revision der Verträge bis hin zur Verabschiedung einer europäischen Verfassung konvergierten, war diese deutsche Europapolitik erfolgreich. Zumindest in dieser Phase avancierte Deutschland – wie es 1997 der frühere polnische Außenminister Krzysztof Skubiszewski formulierte – zum «natürlichen Anwalt der mittel- und osteuropäischen Staaten».[34]

Nachdem der Europäische Rat im Dezember 1994 einen Leitfaden zur «Heranführung» der beitrittswilligen Länder verabschiedet und im Juni 1995 ein entsprechendes «Weißbuch» vorgelegt hatte,[35] gewann der konkrete, operative Erweiterungsprozeß an Fahrt. Im Dezember 1997, wenige Monate nach Verabschiedung des Vertrags von Amsterdam, beschloß der Europäische Rat in Luxemburg, mit Ungarn, Polen, Estland, der Tschechischen Republik und Slowenien sowie mit Zypern bilaterale Beitrittsverhandlungen aufzunehmen. Zugleich forderte der Rat die Kommission auf, künftig regelmäßig Bericht darüber zu erstatten, welche Fortschritte die einzelnen Kandidaten auf dem Weg zum Beitritt erzielten.[36] 1999 beschleunigte sich der Zug zur Osterweiterung ein weiteres Mal: Nach dem Rücktritt der EU-Kommission unter Jacques Santer, die durch eine Korruptionsaffäre in Mißkredit geraten war, und unter dem unabweisbaren Eindruck des Kosovo-Krieges beschloß der Europäische Rat im Dezember 1999 in Helsinki, auch mit Bulgarien, Lettland, Litauen, Malta und der Slowakei Beitrittsverhandlungen zu führen. Federführend wurde nun in Brüssel ein eigener «Erweiterungskommissar», ein Amt, das der deutsche sozialdemokratische Politiker Günter Verheugen übernahm.[37]

Zur Unterstützung der Beitrittsbemühungen wandte die EU erhebliche finanzielle Mittel auf: Von 1990 bis 2000 stellte sie insgesamt 10,6 Mrd. Euro bereit und zwischen 2000 und 2003 noch einmal sogenannte Heranführungshilfen für die zehn mittel- und osteuropäischen Beitrittskandidaten in Höhe von jährlich 3,12 Mrd. Euro. Auf der Basis solcher Anstrengungen – finanzielle und politische Unterstützung seitens der EU, enorme Anpassungsleistungen seitens der Beitrittskandidaten – machte der Integrationsprozeß kontinuierliche Fortschritte. Regelmäßig zog die Europäische Kommission aus ihren Bewertungen ermutigende Schlußfolgerungen: Seit 1999 galten die politischen Kriterien von Kopenhagen als erfüllt, und in den Bewerberländern erkannte man stabile rechtsstaatliche und demokratische Verhältnisse. Überdies attestierte die Kommission im Oktober 2002 den baltischen Staaten, der Visegrád-Gruppe sowie Slowenien, sie seien «funktionierende Marktwirtschaften» geworden. Es zeige sich, «dass diese Länder bei der makroökonomischen Stabilisierung und der wirtschaftlichen Reform zufriedenstellend vorangekommen sind und die Fortsetzung ihrer derzeitigen Reformbestrebungen sie in die Lage versetzen sollte, dem Wettbewerbsdruck und den Marktkräften in der Union standzuhalten.»[38]

Mithin konnten schon am 1. Mai 2004 alle genannten ostmitteleuropäischen Staaten in die Europäische Union aufgenommen werden; Bulgarien und Rumänien folgten Anfang 2007. In der Politik der Osterweiterung hatte sich damit ein offener Prozeß durchgesetzt. Zwar besaßen die Visegrád-Staaten einen unbestrittenen Entwicklungsvorsprung auf dem Pfad zu Demokratie, Rechtsstaat und Marktwirtschaft. Ausdrücklich honoriert wurde dies von der EU allerdings nicht. Vielmehr kennzeichnete die westeuropäische Position eine grundsätzliche Gleichbehandlung der ex-kommunistischen Staaten.

Dagegen schälten sich im Verlauf der Verhandlungen zwei einschränkende Prinzipien heraus. Sie lagen jenseits der Kopenhagener Kriterien und legten in sensiblen Bereichen spezifische Übergangsregelungen fest. Zum einen trugen die Beitrittsverträge der in Westeuropa und hier vor allem in Deutschland und Österreich ausgeprägten Sorge Rechnung, die Arbeitsmärkte könnten durch osteuropäische Arbeitnehmer überschwemmt werden. Das grundsätzliche Recht der EU-Bürger auf berufliche Freizügigkeit innerhalb der Gemeinschaft konnte daher von den einzelnen Staaten für sieben Jahre eingeschränkt werden. Umgekehrt wurden Übergangsregelungen für die Beitrittsländer vereinbart, die sie für eine Weile vor be-

1. Mai 2004: Die Schranken an der deutsch-tschechischen Grenze in Bayerisch Eisenstein fallen

stimmten, als unbillig betrachteten Anforderungen der Union schützen sollten. Im Einzelfall konnten solche Übergangsfristen bis zu zwölf Jahre betragen. Zum Beispiel brauchten die Beitrittsländer die besonders kostspieligen Vorschriften der EU im Bereich des Umweltschutzes erst bis 2017 umzusetzen.[39]

Ungeachtet vieler Schwierigkeiten, technischer Tücken und mancher Enttäuschungen, die der Verhandlungsprozeß mit sich gebracht hatte, waren die Tage der Osterweiterung doch ein Grund ungetrübter Freude. Mit einem klaren «Ja» bekräftigten die Stimmbürger der Visegrád-Staaten ihre «Rückkehr nach Europa». In eigens abgehaltenen Referenden votierten in Polen 79,1 Prozent, in der Slowakei 92,5 Prozent, in Ungarn 83,7 und in Tschechien 77,3 Prozent für den Beitritt zur EU.[40] Dabei erreichte die Wahlbeteiligung mit durchschnittlich mehr als 50 Prozent einen Wert, der optimistisch stimmen konnte. Tatsächlich machte der 1. Mai 2004, der Tag des Beitritts, endgültig den Eisernen Vorhang vergessen; es war ein Moment, der viele Herzen ergriff. Straßenfeste wurden gefeiert, Reden gehalten, und Feuerwerke waren zu sehen. Auch das sächsische Zittau, das Dreiländereck, wo die Grenzen Deutschlands, Tschechiens und Polens zusammenlaufen, wurde von einem gewaltigen Feuerwerk erleuchtet. Im Zeichen des integrierten Europas und unter Beteiligung der Regierungschefs feierten hier Tausende die Vereinigung dieses von der Geschichte so gezeichneten Raumes.[41]

Äußerlich betrachtet war der 1. Mai 2004 ein Tag der Superlative. Mit den zehn neuen Staaten Polen, Ungarn, Tschechien, Estland, Lettland, Litauen, der Slowakei, Slowenien, Malta und Zypern wuchs die Bevölkerung der Europäischen Union von 370 Millionen auf 455 Millionen Menschen. Damit vereinigte die EU mehr Menschen als die USA und Japan zusammen und avancierte zum weltweit wichtigsten Binnenmarkt. Politisch wie wirtschaftlich vollendete sich in Dublin, wo die europäischen Staats- und Regierungschefs auf ihr Werk anstießen, das Narrativ der europäischen Integration: Erst im Westen, nun aber auch im Osten war aus einem zerstörten, durch Gewalt und Diktatur gezeichneten Kontinent eine stabile Zone des Friedens und der Demokratie, der Freiheit und des Wohlstands geworden. Der irische Ministerpräsident und amtierende EU-Ratspräsident Bertie Ahern fügte sich nahtlos in dieses mächtige Deutungsmuster ein, wenn er die angereisten Staats- und Regierungschefs dazu aufrief, die Geschichte Europas nicht zu vergessen. «Aus Krieg haben wir Frieden geschaffen, aus Hass Achtung, aus Teilung Einigung, aus Diktatur und Unterdrückung lebendige und stabile Demokratien, aus Armut Wohlstand.»[42]

Unübersehbar freilich verbargen sich hinter dem Jubel und den Superlativen profunde Skepsis und sogar Ängste. In den westlichen Umfragen sank die Zustimmung der Bevölkerung zur Osterweiterung. Und auch auf höchster Ebene fiel «so manche heimliche Sorgenträne in die Champagnerkelche». «Willkommen im Club!», mochten die Alten den Neuen zurufen; was aber, wenn sich das neue Europa zur «Union der Schwarzarbeiter und Schieber, der Schnorrer und Schmuddelkinder» entwickelte?[43] Darüber hinaus beförderte die Osterweiterung auch die grundsätzliche Kritik an der Europäischen Union. Den schon länger bestehenden antieuropäischen Affekten, die in der EU ohnehin eine neue Version des «Imperialismus», die Herrschaft des «Kapitals» und eine Tendenz zum antidemokratischen Bürokratismus erblickten, verlieh die Erweiterung einen gewissen Aufschwung.[44] Solche Vorbehalte speisten sich aus «linken» wie aus «rechten» Elementen. In Frankreich und den Niederlanden bewegten sie am 29. Mai und am 1. Juni 2005 eine Mehrheit der Stimmbürger, den Entwurf einer neuen europäischen Verfassung abzulehnen. Spätestens zu diesem Zeitpunkt wurde klar: Die erstaunliche Dynamik des europäischen Integrationsprozesses war erst einmal vorüber. Die in ihren Wirkungen gewaltige «relance européenne» seit Mitte der 1980er Jahre hatte ausgereicht, die Wirtschafts- und Währungsunion ebenso wie die Osterweiterung auf den Weg zu bringen. Jetzt aber erschöpften sich die politischen und wirtschaftlichen Antriebskräfte ebenso wie die kulturellen Quellen des europäischen Narrativs und seiner Deutungsmuster. Dem Fest der Osterweiterung folgte der Beitrittskater. Die Europäer mußten innehalten, Atem holen und über Wege zur Konsolidierung des Erreichten nachdenken.

Dies galt um so mehr, als der Euphorie des 1. Mai 2004 auch in den osteuropäischen Beitrittsländern bald die Ernüchterung folgte. Schon der steinige Weg, über den die «Rückkehr nach Europa» führte, hatte für die Osteuropäer eine Vielzahl von Enttäuschungen bereitgehalten. Und auch nach vollzogenem Beitritt standen sich in den Visegrád-Staaten Euroskeptiker und Eurooptimisten gegenüber. Wie in den «alten» EU-Staaten des Westens breiteten sich auch in den Beitrittsländern das diffuse Gefühl einer europäischen Malaise und ein hieraus gespeister Euroskeptizismus aus. Zwar prägte sich solcher Skeptizismus von Land zu Land unterschiedlich aus, und es war auch wenig klar, wieweit es sich um eine «harte» Ablehnung der Europäischen Union oder eine eher «weiche», für Überzeugungsarbeit offene Haltung handelte. Dementsprechend fraglich war es, wieviele Akteure sich wie lange auf diesem Feld bewegten beziehungsweise auf ihm mobilisierbar waren. Eindeutig aber stellte sich schon kurz nach der ersten Osterweiterung ein unübersehbares Paradox ein: Kurz nachdem die Stimmbürger für den Beitritt zur EU votiert hatten, wählten sie europaskeptische Parteien oder sogar Regierungen wie in Polen, wo 2005 die Partei «Recht und Gerechtigkeit» der Gebrüder Kaczyński die Parlaments- und Präsidentschaftswahlen gewann. Unverkennbar wurde Euroskeptizismus in den Visegrád-Ländern zum populistischen Mobilisierungsfeld.[45]

Idealtypisch lassen sich ökonomische, auf nationaler Souveränität beharrende, politische und kulturelle Formen des Euroskeptizismus unterscheiden.[46] In der Praxis freilich vermischten sie sich: In Ost wie West verschränkte sich die Sorge vor Arbeitslosigkeit und sozialer Verarmung mit kulturellen Überfremdungsängsten und politischen Vorbehalten. In den Beitrittsländern machte sich in besonderer Weise die Furcht vor dem Verlust nationaler Identitäten bemerkbar, was niemanden zu wundern brauchte angesichts der Tatsache, daß sie die gerade erst erreichte nationale Selbstbestimmung nur ungern in einer supranationalen Einheit aufgeben wollten. Zum vielleicht wichtigsten Protagonisten solcher europapolitischer Reserven wurde neben den nationalkonservativen Kaczyński-Zwillingen in Polen der tschechische Liberale Václav Klaus mit seiner bürgerlich-demokratischen Partei ODS. Nach 1989 der wichtigste Antreiber im wirtschaftspolitischen Transformationsprozeß Tschechiens, profilierte sich Klaus, der 2003 zum Staatspräsidenten gewählt wurde und 2009 den Hayek-Preis erhielt, als wortgewandter Euroskeptiker. Zwar betonte auch er, daß es zum EU-Beitritt seines Landes keine Alternative gab;[47] aber um so härter kritisierte er die Tendenzen zur Überbürokratisierung und das supranationale Prinzip der EU im allgemeinen.

Noch in einer vielbeachteten Rede in der Berliner Humboldt-Universität am 3. Mai 2010 unterstrich Klaus seine Kritik. Seiner Auffassung nach seien die Bürger der EU-Mitgliedstaaten von der institutionellen Fortentwicklung der Union nicht überzeugt. Vielmehr erwiesen sich die zahllosen Defekte des europäischen Integrationsprozesses als «unkorrigierbare Geburtsfehler», die einem undemokratischen und bürokratischen Europa Vorschub leisteten. Auch der Lissabon-Vertrag werde den Europäern weder mehr Prosperität noch mehr Demokratie und Freiheit bringen. Auch die osteuropäischen Beitrittsländer verschonte Klaus nicht mit seiner Kritik: «Die neuen Mitgliedstaaten haben – trotz ihrer tragischen Erfahrung mit dem Kommunismus und der mit ihm verbundenen Form der Integration der Länder Mittel- und Osteuropas – zu meiner großen Enttäuschung nicht die Rolle des so nötigen Korrekturfaktors zum bisherigen Modell der europäischen Integration gespielt. Sie sind einen anderen Weg gegangen. Sie bemühten sich, so bald wie möglich ‹in› zu sein, damit sie nicht die Möglichkeit verlieren, sich an den positiven Effekten des europäischen Integrationsprozesses zu beteiligen. Die negativen Effekte haben sie völlig und ganz leichtsinnig übersehen. Sie haben deshalb leider nicht zur Beendigung oder zumindest Verlangsamung des parallel voranschreitenden Prozesses der Vertiefung, des Transfers der Kompetenzen nach Brüssel und der steigenden Steuerung und Regulierung Europas aus der EU-Zentrale beigetragen.»[48]

Die Kritik an den demokratisch nur unzureichend legitimierten, zugleich aber expandierenden Regelungskompetenzen der Brüsseler Kommission gehört zu den wichtigsten und am häufigsten formulierten Vorbehalten gegen die Praxis der europäischen Integration. Sie gilt für West- wie für Osteuropa. In bezug auf die Beitrittsländer lehrt allerdings der nüchterne Rückblick noch etwas anderes. Er zeigt nicht nur, wie unangemessen die enthusiastischen Erwartungen ebenso wie die überzogenen Ängste der Europaskeptiker waren. Unbestritten blieben zwar viele wirtschaftliche Hoffnungen zumindest kurzfristig unerfüllt. Aber der Rückblick offenbart auch, in wie hohem Maße das alte europäische Narrativ, das den einzelnen Völkern und Staaten materiellen Aufstieg und politische Sicherheit allein in und durch Europa verhieß, seine Bedeutung behielt. Im Osten des Kontinents entfaltete es sich sogar mit neuer Kraft. Nicht nur ließ sich die

Integration in die Europäische Union als sichtbares Zeichen für die Konsolidierung der postkommunistischen Demokratien betrachten; es kam auch zu einer deutlich erkennbaren Europäisierung der kollektiven Identitäten. Tatsächlich begannen die stark «von oben» kommenden Regulierungen bald mit der Praxis «von unten» zu korrespondieren. Vor allem die Jugend in Ostmitteleuropa, die Kommunismus und Kalten Krieg schon nicht mehr selbst erlebt hatte, machte sich gesamteuropäische Lebensformen zu eigen. Das vereinigte Europa bot ihr Chancen, von denen ihre Eltern nicht zu träumen gewagt hätten. Die europäische Politik ermöglichte ihr neue Bildungswege und ein Studium im Ausland, das Erlernen von Fremdsprachen, aus dem nicht selten binationale Lebenspartnerschaften hervorgingen.[49]

Vertiefung in der Erweiterung: Eine Verfassung für Europa?

Mithin hatte sich zwischen dem Inkrafttreten der Einheitlichen Europäischen Akte im Jahre 1987 und dem EU-Beitritt Rumäniens und Bulgariens genau zwanzig Jahre später das Gesicht des integrierten Europas ebenso radikal wie unumkehrbar gewandelt. Westeuropäische Vertiefung – der Vertrag von Maastricht – und osteuropäische Erweiterung hatten sich die Hand gereicht; und niemand hätte sich in den Zeiten der «Eurosklerose», die noch Anfang der 1980er Jahre so lähmend wirkte, auch nur annähernd eine solch dynamische Entwicklung träumen lassen. Zugleich freilich stellte sich zwingend die Frage, wie die Europäer mit ihrer selbst entfesselten Dynamik umzugehen gedachten. Drohte nicht der schiere Erfolg der Europäischen Gemeinschaft zum Problem, ja der Segen zum Fluch zu werden, wenn die zentrifugalen Kräfte immer stärker und die sozioökonomischen Ungleichheiten immer größer wurden? Wenn die neue Union schlicht überkomplex und unregierbar wurde mit ihren 27 Mitgliedsstaaten, mindestens ebenso vielen Sprachen und mit rund 500 Millionen Einwohnern? Eben jenes Empfinden der Überkomplexität und der bürokratischen Ferne fachte in den EU-Mitgliedsstaaten der 1990er Jahre latent vorhandene antieuropäische Stimmungen an und kam der populistischen Versuchung entgegen. Bei allen unleugbaren Fortschritten und neuen Chancen erschien Europa doch als eine zunehmend «abstrakte Gesellschaft» (Zijderveld), in der die politischen Entscheidungsprozesse zwar anonym, deren Folgen aber um so konkreter waren. Entsprechend lautstark richtete sich gegen die Union die Klage, sie leide an einem «demokratischen Defizit», das die Identifizierung ihrer Bürger mit ihr erschwere. Natürlich war diese Diagnose keineswegs neu.[50] Aber im Kontext von Osterweiterung und Globalisierung erhielt sie einen neuen, drängenderen Ton. Die Gefahr ließ sich nicht von der Hand weisen, daß dem integrierten Europa, das ja von Beginn an ein Projekt seiner Eliten gewesen war, nun die Bürger den Rücken kehrten; daß die Akzeptanz der Union «weit unter den Gefrierpunkt» sank.[51]

Kaum war daher der Vertrag von Maastricht in Kraft getreten, mußten die europäischen Politiker schon nach neuen Wegen suchen, die Transparenz, Effizienz und Legitimation ihrer Entscheidungen zu verbessern. Auch dies war kein neues Thema. Wie die europäische Handlungsfähigkeit gestärkt und kohärenter gemacht werden könne, war bereits früher diskutiert worden, und niemand konnte bestreiten, daß der Weg dorthin nur über eine institutionelle Vertiefung der Gemeinschaft führen würde. Neben die Wirtschafts- und Währungsunion hatten nun auch Elemente der lange aufgeschobenen politischen Union zu treten. Künftig würde Europa noch vielfältiger, komplexer sein. «Eine Union mit noch mehr Mitgliedern», so resümierte die Kommission im März 1996, «birgt die Gefahr der Auflösung in sich.» Keinesfalls dürfe es dahin kommen, «daß der letzte Kandidat zu etwas beitritt, das es schon gar nicht mehr gibt».[52] So betrachtet, bedeutete die Mitte der 1990er Jahre bereits klar absehbare Osterweiterung nicht das «Ende der Vertiefung», sondern sie erzwang sie geradezu.[53]

Unvermeidlich schob dies die alten und viel erörterten Fragen des europäischen Integrationsprozesses wieder auf die Tagesordnung: Wie stand es um die «Finalität» der europäischen Integration? Verlief die Entwicklung in Richtung eines europäischen Bundesstaates? Besaß die EU überhaupt eine ausreichende Staatlichkeit, um sie mit weiteren konstitutionellen Merkmalen auszustatten? Welche Gefahren lauerten im europäischen Föderalismus für die Handlungsfähigkeit und «Souveränität» der Einzelstaaten? Klafften nicht ein voluntaristischer und technokratischer Politikbegriff der Eliten und die Bedenken einer wenig informierten Öffentlichkeit immer weiter auseinander?[54]

Solche Fragen aktualisierten die altbekannte Grundproblematik des europäischen Integrationsprozesses. Denn seit ihrer Gründung ruhte die Europäische Gemeinschaft auf zwei nichtidentischen Prinzipien: Einerseits bestand das traditionelle Prinzip der Aushandlung zwischen den Regierungen souveräner Nationalstaaten (Intergouvernementalismus) fort. Im Organgefüge der EU verkörperten dies der Ministerrat und der Europäische Rat der Staats- und Regierungschefs. Andererseits lebte die europäische Integration seit ihren Anfängen im Jahre 1950/51 davon, daß nationale Souveränitätsrechte auf übergeordnete Instanzen übertragen wurden. Dieses Prinzip des Supranationalismus – in englischer Lesart des Föderalismus – war der EU in Gestalt der Kommission, des Europäischen Parlaments, aber auch des Europäischen Gerichtshofs unverwechselbar eingeschrieben. An-

Januar 1992: DIE GRÜNEN sammeln auf dem Marienplatz in München Unterschriften für einen Volksentscheid über die Verträge von Maastricht

gesichts der sprunghaften Vermehrung der Mitgliedstaaten von zwölf im Jahre 1989 auf 27 im Jahre 2007 mußte eigentlich jedem klar sein, daß nur eine Stärkung des supranationalen Prinzips die erforderliche Vertiefung der Union würde vorantreiben können. Demgegenüber würde jede intergouvernementale Tendenz den Fliehkräften in der Gemeinschaft gefährlichen Rückenwind verleihen.

Natürlich lassen sich das intergouvernementale ebenso wie das supranationale Prinzip nur als Idealtypen fassen; und ganz unbestritten ist es gerade ihre unauflösliche Verflechtung, die das Spezifikum der Europäischen Union ausmacht: Noch kein echter Bundesstaat, war sie doch weitaus mehr als ein bloßer Staatenbund mit angeschlossener Freihandelszone. Spätestens mit dem Vertrag von Maastricht war die EU, wie es das Bundesverfassungsgericht in seinem wegweisenden Urteil formulierte, zum Staatenverbund geworden, der zwar nicht die Kompetenz-Kompetenz besaß, aber doch in bestimmten Bereichen hoheitlich agieren konnte.[55] Freilich blieb dieser Staatenverbund eine eher merkwürdige Konstruktion, zumal er auch noch keine eigenständige Rechtspersönlichkeit war. Rechtlich betrachtet, blieb die Europäische Union zunächst einmal ein bloßes Dach, getragen von den «drei Säulen» der Europäischen Gemeinschaften, der polizeilichen und justitiellen Zusammenarbeit sowie der Gemeinsamen Außen- und Sicherheitspolitik.

Vor diesem Hintergrund verlief die kontroverse, meist mühsame, aber innovative und am Ende doch zumindest partiell erfolgreiche Debatte um die künftige Verfassung Europas. Unbestritten war dabei, daß wesentliche Funktionen einer Verfassung, wie insbesondere die Bindung der öffentlichen Gewalt an das Recht, im Vertragswerk der Union und dem nationalen Recht ihrer Mitglieder bereits erfüllt waren. Ob die Union also eine Verfassung überhaupt brauche, ließ sich daher durchaus unterschiedlich beantworten.[56] Die äußeren Pole der Argumentation verkörperten dabei einerseits die britische Regierung, welche die Grenze des erträglichen Souveränitätsverlusts ohnehin als bereits erreicht ansah, und andererseits die überzeugten «Föderalisten», für welche die Zukunft der Union allein in ihrer supranationalen Vertiefung lag. Im ersteren Sinne legte die britische Regierung Anfang 1996 ihr Weißbuch mit dem sprechenden Titel «A Partnership of Nations» vor.[57] In den anstehenden Verhandlungen ging es darum, die Union als «Partnerschaft von Nationalstaaten» auszubauen, «die in Verfolgung ihrer kollektiven Interessen freiwillig kooperieren und sich der Institutionen der Union nur dann bedienen, wenn es eindeutig notwendig ist.»[58] Zwar hielt die britische Regierung daran fest, daß ihre Mitgliedschaft in der EU im nationalen Interesse lag. Aber sie ließ auch keinen Zweifel daran aufkommen, daß «wir weder jetzt noch in Zukunft bereit [sind] zuzulassen, daß Großbritannien Teil eines föderalen supranationalen Staates wird».[59] Auch Tony Blair, der 1997 die Wahlen für die Labour Party gewann und anfangs als europäischer Hoffnungsträger galt, änderte an dieser grundlegenden europapolitischen Reserve nichts.[60]

Völlig gegensätzlich hierzu äußerte sich der deutsche Außenminister Joschka Fischer, der in seiner Amtszeit zwischen 1998 und 2005 zu einem Vordenker der europäischen Zukunft avancierte und die föderalistisch grundierte «Finalität» des Integrationsprozesses hervorhob. Bereits bei seinem ersten Auftritt vor dem Europäischen Parlament am 12. Januar 1999 forderte er eine europäische Verfassung. Und ein Jahr später schob er in einer vielbeachteten und umstrittenen Rede in der Berliner Humboldt-Universität die tagespolitischen Zwänge des Außenministers beiseite: Zwar stellten sich angesichts der Osterweiterung der EU eine Fülle von schwierigen Fragen, «auf die es allerdings eine ganz einfache Antwort gibt: den Übergang vom Staatenverbund der Union hin zur vollen Parlamentarisierung in einer Europäischen Föderation [...]. Und d. h. nichts geringeres als ein europäisches Parlament und eine ebensolche Regierung, die tatsächlich die gesetzgebende und die exekutive Gewalt innerhalb der Föderation ausüben. Diese Föderation wird sich auf einen Verfassungsvertrag zu gründen haben.»[61]

Zwar konzedierte Fischer selbst, daß seine «Vision» noch weit jenseits des Horizonts lag und die europäische Tagespolitik einem anderen Rhythmus folgte. Aber viele europäische Spitzenpolitiker nahmen den Ball auf und bereicherten die Diskussion mit eigenen Vorstellungen und konkreten Vorschlägen. Nun setzte sich endgültig die Einsicht durch, daß die Zukunft der Union eine organische Neujustierung ihrer institutionellen Kompetenzen und damit eine klarere Struktur verlangte.[62] Dies schloß die Erarbeitung einer Verfassung in dem Maße ausdrücklich mit ein, in dem Staat und Konstitution rechtsdogmatisch getrennt wurden. Auch wenn einzelne Verfassungsrechtler wie zum Beispiel Dieter Grimm bei ihrer Ablehnung blieben, so akzeptierte eine Mehrheit der Staatsrechtler doch die Möglichkeit, nichtstaatliches normatives Verfassungsrecht zu schöpfen.[63] Seit Mitte der 1990er Jahre avancierte daher die Überarbeitung und Änderung des Maastrichter Vertrags, der ja den Geist der 1980er Jahre atmete und lediglich auf die westeuropäische Wirtschafts- und Währungsunion zugeschnitten war, zu einem neuralgischen Punkt auf der EU-Agenda. Anknüpfend an frühere Vorschläge und Diskussionen wie etwa die beiden Verfassungsentwürfe des Europäischen Parlaments von 1984 und 1994, formulierte der Europäische Rat in Turin im März 1996 ein hinreichend konkretes Arbeitsprogramm: Die hier neu eingesetzte Regierungskonferenz müsse «eine bessere Anwendung und Durchsetzung des Subsidiaritätsprinzips gewährleisten, um die Transparenz und Offenheit der Arbeit der Union herzustellen, und sie sollte prüfen, ob es gegebenenfalls möglich ist, die Verträge zu vereinfachen und eine konsolidierte Fassung zu erstellen».[64]

Die Regierungskonferenz, der die Europäische Kommission mit konkreten Vorschlägen zuarbeitete, beendete ihre Arbeit im Juni 1997. Sie führte im Oktober 1997 zur Unterzeichnung des Vertrags von Amsterdam. Am 1. Mai 1999 in Kraft gesetzt, bildete er ein erstes, vieldiskutiertes, allerdings wenig tragfähiges Zwischenergebnis. Die wichtigsten Neuerungen betrafen die Schaffung eines gemeinsamen «Raums der Freiheit, der Sicherheit und des Rechts». In seinem Geltungsbereich wurde die polizeiliche und justitielle Zusammenarbeit ausgeweitet und wesentliche Befugnisse in der Migrations-, Zuwanderungs- und Asylpolitik vergemeinschaftet. Auch die Gemeinsame Außen- und Sicherheitspolitik sollte gestärkt werden. Zwar wertete die Union das Amt des Generalsekretärs des Rates zum «Hohen Vertreter für die Gemeinsame Außen- und Sicherheitspolitik» auf; da aber die außen- und sicherheitspolitischen Entscheidungen dem einheitlichen Votum des Europäischen Rates, also der zwischenstaatlichen Einigung, vorbehalten blieben, beschränkte sich die Einführung des «Mr. GASP» auf einen weitgehend symbolischen Akt. In institutioneller Hinsicht war dagegen bedeutsam, daß der Vertrag die Rechte des Europäischen Parlaments gegenüber der Kommission stärkte. Für die Kommission selbst sollte nach einer großen Osterweiterung jedes Land künftig nur noch einen statt zwei Kommissare nominieren können. Im Gegenzug avisierte die Regierungskonferenz den Übergang zu einem künftigen System von qualifizierten oder doppelten Mehrheitsentscheidungen im Europäischen Rat, das mit dem demographischen Gewicht der Einzelstaaten korrespondierte.[65]

Die eigentliche Bedeutung des Vertrags von Amsterdam lag indes weniger in seinen konkreten verfassungspolitischen Ergebnissen als darin, daß er die Pandorabüchse der Verfassungsdiskussion nun auch auf der europäischen Spitzenebene öffnete. Dies unterstrich bereits die Gemeinsame Erklärung Frankreichs, Italiens und Belgiens vom 15. September 1997. Hier gaben die drei Regierungen kund, der soeben unterzeichnete Vertrag trage zur institutionellen Stärkung der Union zu wenig bei und genüge daher nicht den Anforderungen der künftigen Osterweiterung.[66] Je mehr also der Vertrag von Amsterdam zum Dissens herausforderte und je mehr über seine Schwächen gesprochen wurde, desto weniger ließ sich die Diskussion beenden; und die Klage über fortbestehende Defizite implizierte umgekehrt das Bekenntnis zur noch unabgeschlossenen Finalität des europäischen Einigungsprozesses.[67] Unter dem unabweisbaren Handlungszwang der bevorstehenden Erweiterungsrunde beschloß der Europäische Rat Anfang Juni 1999 in Köln für das kommende Jahr die Einberufung einer erneuten Regierungskonferenz. Kaum war also der Vertrag von Amsterdam in Kraft getreten, sollten dessen «Left-overs» im Hinblick auf die institutionelle Vertiefung der EU beseitigt werden.

Damit wurde ein intensiver, zugleich aber mühsamer und höchst komplizierter Verhandlungsprozeß in Gang gesetzt. Er mündete am 11. Dezember 2000 in den Vertrag von Nizza, der am 26. Februar 2001 unterzeichnet wurde und am Ende kaum jemanden befriedigte. Offenkundig war das hier angewandte Verfahren, das heißt der zwischenstaatliche Verhandlungsmarathon unter der fallweisen Beteiligung der Kommission und des Europäischen Parlaments, aber auch informeller Akteure wie der sogenannten «Drei Weisen» (Jean-Luc Dehaene, Richard von Weizsäcker, Lord Simon),[68] an seine Grenzen gestoßen. Der gewaltige Aufwand und die ritualisierte nationale Interessenpolitik schienen in keinem vernünftigen Verhältnis mehr zum Ertrag zu stehen. Entsprechend scharf fiel das Urteil über das in Nizza Erreichte aus. Beobachter betrachteten auch nach den Gipfelbeschlüssen die «Zukunftsfähigkeit einer Europäischen Union mit 25 bis 30 Mitgliedern» als «spekulativ und mit erheblichen Fragezeichen» versehen: «Nicht nur das Ziel ist nebulös, offen ist auch, wie die Union die Herausforderungen der nächsten Jahre bewältigen wird.»[69]

Rückblickend freilich wird man den Vertrag von Nizza als eine bloße Etappe auf dem langen Weg zur institutionellen Vertiefung der EU beurteilen. Betrachtet man sie als offenen Prozeß, dann sinkt einerseits die relative Bedeutung des Vertrages selbst; andererseits läßt sich aber auch leichter anerkennen, was er denn doch für die Fortentwicklung des europäischen Verfassungsrechtes leistete. In erster Linie gilt dies für die Neuberechnung der Stimmengewichte im Europäischen Rat. Sie hatte der Vertrag von Amsterdam als Kompensationsleistung dafür festgeschrieben, daß die größeren Staaten in einer erweiterten EU auf einen zweiten Sitz in der Kommission verzichten würden. Der rasch einsetzende Kuhhandel um die Zahl der Stimmen im Europäischen Rat und um ihr demographisches Gewicht, um Steigerungsfaktoren und Vetomehrheiten stieß zwar viele Beobachter ab; aber war er letztlich nicht zwingend erforderlich, wenn man einerseits zu qualifizierten Mehrheitsentscheidungen, andererseits aber zu einer neuen und angemessenen Repräsentation der europäischen Völker gelangen wollte? Insofern erledigte die im Gipfel von Nizza kulminierende Regierungskonferenz eine Fülle unpopulärer und glanzloser Kärrnerarbeit, auf deren Ergebnissen aber die künftige Verfassungsdiskussion der EU aufbauen konnte. Neben der Zusammensetzung der Kommission und der Stimmengewichtung im Europäischen Rat betraf dies vor allem jene Materien, die nun dem Einstimmigkeitsprinzip entzogen und einer qualifizierten Mehrheitsentscheidung unterstellt wurden.[70]

Nach Nizza konnte kein europäischer Politiker realistischerweise davon ausgehen, daß die Diskussion um die Vertiefung Europas beendet war. Schon der Gipfel selbst verabschiedete auf deutsches und italienisches Drängen eine Erklärung, die auf die Fortsetzung des Reformprozesses zielte: «Die Konferenz hat den Weg für die Erweiterung geebnet und fordert nunmehr zu einer eingehenderen und breiter angelegten Diskussion über die künftige Entwicklung der Europäischen Union auf.»[71] Und unmittelbar nach der Unterzeichnung des Vertrages von Nizza bereitete sich der Rat auf einen weiteren Anlauf zur konstitutionellen Stärkung der EU vor. Der Schock des Terrorangriffs auf das New Yorker World Trade Center vom 11. September 2001 konnte die Europäer nur in ihrem Eindruck bestätigen, daß die institutionelle Handlungsfähigkeit einer künftig stark erweiterten Europäischen Union absolute Priorität besaß.

Allerdings beschritt man dieses Mal einen anderen Weg als den der mehrmonatigen Regierungskonferenz mit anschließendem Gipfel und Unterzeichnung des mühsam ausgehandelten Vertrags. Tatsächlich wurden ja die großen Verträge der Europäischen Gemeinschaft meist hinter verschlossenen Türen vorbereitet, bevor sie in einem großen Gipfelritual unterzeichnet wurden. Nach Nizza stimmten die Kritiker darin überein, daß dies die «Bürgernähe» der Union nicht gerade erhöhte. Um so innovativer und attraktiver schien die Idee, neue Formen der «Legitimation durch Verfahren» (Luhmann) zu erproben. Zu diesem Zweck berief der Europäische Rat einen öffentlich tagenden Konvent ein und ließ ihn den künftigen Verfassungstext erarbeiten. Schon im Juni 1995 hatte die damals oppositionelle SPD im Deutschen Bundestag angeregt, einen Konvent zur Erarbeitung eines europäischen Grundrechtekatalogs einzusetzen. Hiermit sollte die grassierende Europamüdigkeit bekämpft, zivilgesellschaftliches Engagement geweckt und die Europäische Union als Wertegemeinschaft vertieft und gestärkt werden.[72] Nach dem Regierungswechsel von 1998 übernahm die neue Bundesregierung dieses Vorhaben. Unter deutscher Präsidentschaft beschloß der Europäische Rat vom Juni 1999 in Köln neben der Einsetzung einer erneuten Regierungskonferenz zur Überarbeitung des Unionsvertrags zugleich auch die Einsetzung eines Konvents zur Erstellung eines Grundrechtekatalogs. Ihm sollten Vertreter der Regierungen, des europäischen Parlaments wie der nationalen Parlamente angehören. Vertreter des Europäischen Gerichtshofs sollten als Beobachter teilnehmen, Vertreter der Wirtschafts- und Sozialausschüsse, des Ausschusses der Regionen, gesellschaftlicher Gruppen und sonstige Sachverständige sollten angehört werden.[73]

Die Arbeit dieses Konvents wurde allgemein als Erfolg betrachtet. In den 18 Sitzungen, die er zwischen dem 17. Dezember 1999 und dem 2. Oktober 2000 abhielt, pflegte er eine offene, transparente und dynamische Arbeitsweise. Nicht nur tagte er öffentlich, sondern er suchte auch den Dialog mit der interessierten Öffentlichkeit. So bestand die Möglichkeit, von außen an den Konvent mit Eingaben und Vorschlägen heranzutreten. Die erstmalige Verwendung des Internets und die Einrichtung einer eigenen Website des Konvents unterstrichen noch den Eindruck eines «modernen» und interaktiven Modus der Kommunikation. Und am Ende stand mit der Charta der Grundrechte der Europäischen Union auch das gewünschte Ergebnis. Sie wurde auf dem Gipfel von Nizza verkündet und fand später Eingang in den Entwurf einer europäischen Verfassung.[74]

Eingedenk der problematischen Erfahrungen, die Europa mit den zähen zwischenstaatlichen Verhandlungen gemacht hatte und die ganz zweifellos zur Skepsis gegenüber der EU beitrugen, wählte der Europäische Rat nach Nizza erneut das Konventsverfahren, um die institutionelle Vertiefung voranzutreiben. Im belgischen Laeken gab der Rat im Dezember 2001 eine sorgfältig vorbereitete, grundlegende «Erklärung zur Zukunft der Europäischen Union» ab. In ihr bekannten sich die Staats- und Regierungschefs erstmals explizit zur Entwicklung einer europäischen Verfassung und betrachteten sie als geeignete Methode, um die Union «demokratischer, transparenter und effizienter» und damit bürgernäher zu machen. Ein öffentlich tagender Verfassungskonvent, wie sein Vorgänger bestehend aus Vertretern der Regierungen, der Parlamente und der Europäischen Kommission, wurde berufen. Die Vertreter der Beitrittskandidaten sollten in die Arbeit des Konvents angemessen einbezogen werden. Ausgestattet mit einem Forum, das «eine umfassende Debatte und die Beteiligung aller Bürger an dieser Debatte» sichern sollte, erhielt er die Aufgabe, binnen eines Jahres den Entwurf einer europäischen Verfassung auszuarbeiten.[75] Mit Valéry Giscard d'Estaing gewann der Konvent überdies einen Präsidenten, dessen Prominenz und Ausstrahlungskraft hohe Öffentlichkeitswirksamkeit versprach.

Von Anfang an strebte der «Konvent zur Zukunft der Europäischen Union» in den Worten seines belgischen Vizepräsidenten, Jean-Luc Dehaene, danach, «nicht abgeschottet von der europäischen Zivilgesellschaft zu arbeiten, sondern vielmehr eine Brücke zu ihr zu schlagen und so ein Forum der Zivilgesellschaft zu bilden, damit alle Bürger nicht nur informiert und sensibilisiert, sondern auch in die Lage versetzt werden, eigene Überlegungen einzubringen.»[76] Tatsächlich stellte der Konvent einen Brennpunkt zur Verfügung, der die nun geradezu explodierende öffentliche Diskussion um eine europäische Verfassung bündelte. Das Medieninteresse war beträchtlich, und kaum jemals zuvor hatte ein offizielles Gremium der EG bzw. EU ein vergleichbares öffentliches Interesse auf sich gezogen. Umfragen ergaben, daß 2003 knapp die Hälfte der Bevölkerung in den EU-15-Staaten wie in den Beitrittsländern von der Arbeit des Konvents und dem Projekt einer europäischen Verfassung gehört hatten.[77] Will man diese Zahlen bewerten, so ist es wie meist: Man kann bedauern, daß die andere Hälfte offenkundig von der Diskussion nicht erreicht wurde; man kann in den Ergebnissen aber auch ein Indiz dafür sehen, daß sich weit mehr als ein Drittel der Europäer für die Zukunft der EU und die Verfassungsfrage interessierte. Zumindest für einen Augenblick avancierte der Verfassungskonvent zum Kristallisationspunkt jener europäischen Öffentlichkeit, von der Kritiker meinten, sie existiere überhaupt nicht.

Der Konvent ging seine Aufgabe zielstrebig an und legte den Entwurf eines Verfassungsvertrags innerhalb der vorgesehenen Zeit, das heißt im Juli 2003, vor.[78] Unvermeidlich brach sich nun allerdings der Schwung der öffentlichen Debatte an den Klippen der Regierungsverhandlungen. Trotzdem war es ein Erfolg, daß sich die Staats- und Regierungschefs nach zähen Verhandlungen, einem gescheiterten Gipfel und etlichen Modifikationen am Konventsentwurf, einigten. Am 29. Oktober 2004 unterzeichneten sie in einer feierlichen Zeremonie in Rom den «Vertrag über eine Verfassung für Europa».

Indes fand diese Zeremonie in einer mehr als angespannten Atmosphäre statt. Denn sie stand im Zeichen einer Kraftprobe zwischen dem Europäischen Parlament und dem designierten EU-Kommissionspräsidenten José Manuel Barroso. Einige jener Kandidaten, die für die neue Kommission vorgeschlagen worden waren, sahen sich heftiger Kritik ausgesetzt. Das galt besonders für den Christdemokraten und Berlusconi-Vertrauten Rocco Buttiglione. Von der italienischen Regierung als Vize-Präsident und Kommissar für Justiz, Freiheit und Sicherheit nominiert, äußerte sich Buttiglione in seiner Anhörung kritisch über Homosexualität – die er für eine «Sünde» hielt – und alleinerziehende Mütter.[79] Dies führte zu einem bis dahin beispiellosen Eklat. Der Präsident des Europäischen Parlaments, der Spanier Josep Borrell, zeigte sich «schockiert» über Buttigliones Äußerungen und provozierte damit seinerseits die konservativen Parlamentarier. Trotzdem lehnte eine knappe Mehrheit Buttiglione ab. Barroso mußte seinen Kommissionsvorschlag schließlich ändern, wollte er nicht Gefahr laufen, daß das Parlament die Kommission im Ganzen ablehnte. Entsprechend «verkrampft» verlief die Begegnung der europäischen Staats- und Regierungschefs bei der Unterzeichnung des Verfassungsvertrages, die überdies ausgerechnet unter italienischer Ratspräsidentschaft in Rom stattfand und von Berlusconi bis ins Detail hinein inszeniert wurde. Der Fall Buttiglione beherrschte die Gemüter und führte zu mehr als einem scharfen Wortwechsel.[80]

Fast stand diese Episode symbolisch für das Schicksal des Verfassungsvertrags. Zwar statuierte er einen unbestreitbaren Zuwachs an Effizienz und Transparenz. Er verschmolz die «drei Säulen» – europäische Gemeinschaften, justitielle Zusammenarbeit und GASP – endgültig zu einer einzigen Union. Die EU avancierte damit zu einer Rechtspersönlichkeit, die nunmehr auch nach außen als Völkerrechtssubjekt würde auftreten können. Vor allem aber verankerte der Verfassungsvertrag das schon im Vertrag von Amsterdam avisierte Prinzip der «doppelten Mehrheit». Gerade im Hinblick auf den Mitgliederzuwachs infolge der Osterweiterung stärkte dieses Prinzip ebenso nachhaltig die Legitimation wie die Effizienz der europäischen Entscheidungen: Künftig würden 55 Prozent der Ratsstimmen und 65 Prozent der durch sie repräsentierten EU-Bevölkerung für Mehrheitsbeschlüsse des Europäischen Rats erforderlich sein. Zugleich weitete der Vertrag auch die politischen Materien aus, in denen die qualifizierte Mehrheit angewendet werden konnte.

Legitimationsstärkung verband sich also konsequent mit einem Zuwachs an Handlungsfähigkeit der Union. Hierzu gehörte weiterhin die Einführung neuer Ämter für die Exekutive der EU. An der Spitze der GASP sollte künftig ein eigener Außenminister der Union stehen, während ein für zweieinhalb Jahre amtierender Präsident des Europäischen Rates gegenüber dem halbjährlich rotierenden Vorsitz eine stärkere Kontinuität verbürgen würde. Zugleich wertete der Verfassungsvertrag das Amt des Kommissionspräsidenten auf. Er erhielt eine Art Richtlinienkompetenz ebenso wie das Europäische Parlament, dessen Kontroll- und Mitwirkungsrechte ausgebaut wurden. Schließlich sah der Vertrag auch die Möglichkeit eines europäischen Bürgerbegehrens vor, womit der europäischen Ebene erstmals direktdemokratische Elemente eingefügt wurden.

Vordergründig schien das Kalkül der europäischen Politiker aufzugehen, mit dem Verfassungsprojekt zugleich auch eine stärkere «Bürgernähe» zu demonstrieren. Diesen Eindruck vermittelte zumindest die höchst intensive Debatte, die im Anschluß an die Vertragsunterzeichnung in allen Mitgliedstaaten geführt wurde.[81] Wenn jemals, dann entstand in diesem Austausch über Verfassung und Zukunft der Union so etwas wie eine europäische «Öffentlichkeit». Aber trotz aller unbestreitbaren Fortschritte, die es verkörperte, gewann das Verfassungsprojekt zu keinem Zeitpunkt die volle Sympathie der Europäer. Verhaltene Zustimmung und euroskeptische Ablehnung hielten sich die Waage. In vielen Ländern, in Deutschland schon am 12. Mai 2005, nahm der Vertrag leicht die parlamentarische Hürde der Ratifizierung. Um so gespannter blickte Europa auf Frankreich und die Niederlande. Denn hier führte die Ratifizierung des Vertrages jeweils über eine Volksabstimmung, deren Ausgang mehr als unsicher war. Und gegen den eindringlichen Rat der meisten Politiker und der Mehrheitsmeinung der Medien verweigerten am 29. Mai 2005 die französischen und drei Tage später auch die niederländischen Wähler ihre Zustimmung. Die Mehrheiten gegen den Verfassungsvertrag waren mit 54,7 Prozent in Frankreich und mit 69,3 Prozent in den Niederlanden eindeutig.

Freilich kulminierten in diesem Nein komplexe und ganz unterschiedliche Motivationsströme, und keinesfalls ließ sich das Ergebnis einfach als Ablehnung der Osterweiterung lesen. Zwar bestärkte die Erweiterung diffuse Befürchtungen, in einer bürokratisch vergrößerten Union könnten nationale Einflüsse und Identitäten verlorengehen. Aber solche Reserven bestanden längst vor 2004; und Meinungsforscher beharrten darauf, daß etwa das Nein der Niederländer weder eine grundsätzliche Ablehnung der

Osterweiterung noch gar ein Mißtrauensvotum gegenüber den neuen ostmitteleuropäischen Mitgliedern bedeutete. Nach wie vor betrachtete die Mehrheit der Niederländer das Ende des Eisernen Vorhangs als eine historische Chance für den ganzen Kontinent. Auch im engeren Sinne nationalistische oder xenophobe Motive spielten keine zentrale Rolle, und selbst das eigentliche Verfassungsdokument, für die meisten viel zu lang und kompliziert, um gelesen zu werden, stand nicht im Mittelpunkt der Kritik. Entscheidend war vielmehr eben jenes Aufbegehren, dem die europäischen Politiker mit ihrem Bemühen um «Bürgernähe» eigentlich hatten den Boden entziehen wollen: ein Votum gegen zu viel Bürokratie, gegen bürgerferne Entscheidungen und zu hohe Kosten, die vielen in keinem Verhältnis mehr zum Nutzen der Europäischen Union zu stehen schienen. Hinzu traten materielle Sorgen, indem man die Europäische Union weniger als Protektor sozialer Sicherheit denn als Schrittmacher der Globalisierung wahrnahm. Keineswegs also handelte es sich bei den «Neinsagern» nur um überzeugte oder gar ideologische Anti-Europäer. Vielmehr nutzten viele Wähler offenkundig die Gelegenheit auszudrücken, daß sie «dieses Europa» nicht wollten oder zumindest nachhaltige Verbesserungen wünschten. Und last but not least spielten auch rein innenpolitische Gegensätze wie etwa innerparteiliche Rivalitäten oder die damals äußerst geringe Popularität der jeweiligen Regierungschefs, eine nicht zu unterschätzende Rolle.[82] Das Risiko aller demokratischen Volksabstimmungen, daß nämlich die Befragten auf andere als die gestellten Fragen antworteten, hatte Europa eingeholt.

Für die Anhänger der europäischen Verfassung bedeutete das Votum der Franzosen und Niederländer eine riesige Enttäuschung. «Ein historischer Moment der europäischen Integration» drohte nun dem «Wettlauf der Kleinkrämer und buchhalterischen Mathematiker» zum Opfer zu fallen».[83] Entsprechend ratlos blickte die politische Klasse in Brüssel und Straßburg auf das Ergebnis. Klar war eigentlich nur eines: Der technokratische Politikstil der EU, der nicht zu Ende geführte Strukturkompromiß zwischen intergouvernementalen und supranationalen Prinzipien – beides der Geschichte der europäischen Integration von Beginn an eingeschrieben –, schließlich auch die grundsätzliche, durch innenpolitische Spannungen verstärkte Euroskepsis standen dem Weiterbau Europas zunächst einmal im Wege. Die Ratifizierung des Verfassungsvertrags ließ sich nicht einfach in der vorgesehenen Form fortsetzen.

Der Europäische Rat reagierte bald, und er reagierte mit einer charakteristischen Mischung aus vorübergehendem Innehalten und dilatorischem Hinhalten. Auf dem Brüsseler Gipfel vom 16./17. Juni 2005 nahmen die

Staats- und Regierungschefs den Ausgang der Referenden in Frankreich und den Niederlanden «zur Kenntnis»; den zu Tage getretenen Bedenken und Ängsten der Bürger müsse «Rechnung getragen» und die Lage gemeinsam überdacht werden. Sie beschlossen daher eine Denkpause und eine «Zeit der Reflexion». Sie «wird in jedem unserer Länder für eine ausführliche Diskussion genutzt werden, an der die Bürger, die Zivilgesellschaft, die Sozialpartner, die nationalen Parlamente sowie die politischen Parteien teilnehmen werden. Diese aufrüttelnde Diskussion, die in einer ganzen Anzahl von Mitgliedstaaten bereits im Gange ist, muss intensiviert und erweitert werden.»

Dagegen sah der Europäische Rat keine Notwendigkeit, die Richtung grundsätzlich zu ändern. Die ablehnenden Voten in Frankreich und in den Niederlanden hätten «das Engagement der Bürger für das europäische Aufbauwerk nicht in Frage gestellt». Auch die «jüngsten Entwicklungen stellten nicht in Frage, dass die Fortsetzung der Ratifizierungsprozesse gerechtfertigt ist. Wir haben vereinbart, dass der Zeitplan für die Ratifizierung in verschiedenen Mitgliedstaaten angesichts dieser Entwicklungen und der jeweiligen Gegebenheiten in diesen Mitgliedstaaten erforderlichenfalls angepasst wird.» Im ersten Halbjahr 2006 wollte man zusammenkommen, um den Stand der Diskussion zu bewerten «und den weiteren Fortgang des Ratifizierungsprozesses zu vereinbaren».[84]

Diese Taktik, sich nämlich einerseits um mehr Diskussion und Bürgernähe zu bemühen, andererseits aber den eingeschlagenen Weg als gleichsam alternativlos zu deklarieren, war typisch für den Politikstil der Europäischen Union. Nach einem Jahr mehr oder minder fruchtloser Diskussionen sah der Europäische Rat zwar von der weiteren Ratifizierung des Verfassungsvertrags ab. Statt dessen aber wandte er sich im Juni 2007 wieder den erprobten Entscheidungsverfahren zu und berief erneut eine Regierungskonferenz ein. Deren Aufgabe war es, die bestehenden EU-Verträge im Sinne der Ausarbeitung eines Reformvertrages zu ändern.

Die ihr zugewiesenen Arbeiten erledigte die Regierungskonferenz in Rekordzeit. Nach nicht einmal drei Monaten, am 19. Oktober 2007, legte sie ihre Ergebnisse vor. Das lag freilich daran, daß sie sich weitestgehend an dem gescheiterten Verfassungsvertrag orientierte und dessen Kernstücke übernahm. Änderungen erfolgten vor allem in kosmetischer bzw. symbolischer Hinsicht. So vermied man den Begriff der «Verfassung», der als Signal des Aufbruchs gemeint gewesen, von vielen aber offenkundig als Irrweg in den bürokratischen Superstaat verstanden worden war. An die Stelle des Konzepts einer «Verfassung», das der Rat nun förmlich aufgab, trat der weitaus schwerfälligere «Vertrag zur Änderung des Vertrags

Wahlplakate für den zweiten Volksentscheid über den Vertrag von Lissabon in Dublin, Oktober 2009

über die Europäische Union und des Vertrags zur Gründung der Europäischen Gemeinschaft». Am 13. Dezember 2007 in der portugiesischen Hauptstadt feierlich unterzeichnet, setzte dieser «Vertrag von Lissabon» die Tradition der allmählichen Reform durch Änderung des bestehenden Vertragsrechts fort. Auf die Zuweisung von staatsähnlichen Symbolen und Insignien verzichtete er dagegen ganz. Ebenso wurde aus dem «Außenminister» der EU, wie ihn der Verfassungsvertrag vorsah, der «Hohe Vertreter für Außen- und Sicherheitspolitik».

Ansonsten aber übernahm der Vertrag von Lissabon das Organstatut des gescheiterten Verfassungsvertrages. Er verschmolz endgültig das unsystematisch zusammengesetzte europäische Vertragsrecht zu einer einzigen Union und grenzte nationale und supranationale Kompetenzen klarer voneinander ab. Handlungsfähigkeit und Effizienz der EU-Organe steigerte der Vertrag, indem er das Prinzip der doppelten Mehrheit vollendete, die vergemeinschafteten Politikfelder ebenso erweiterte wie die Kompetenzen des Kommissionspräsidenten und zugleich die Mitwirkungsbefugnisse des Europäischen Parlaments stärkte. Schließlich erhöhte der Vertrag die Sichtbarkeit der Union auch in personeller Hinsicht. So führte er das ebenfalls schon in der Verfassung vorgesehene Amt des Präsidenten des Europäischen Rates ein, der künftig gemeinsam mit dem Hohen Vertreter für die Außen- und Sicherheitspolitik die Rechtspersönlichkeit der EU nach innen wie nach außen verkörperte.[85]

Zwar hob der Lissabon-Vertrag das dialektische Gegenüber von intergouvernementalen und supranationalen Elementen nicht auf. Aber er stärkte doch unverkennbar die letzteren. Vertiefung konnte nach Lage der Dinge nur die Stärkung des supranationalen Prinzips bedeuten. Und in dieser Hinsicht setzte der Vertrag die Entwicklungslinien des Verfassungsvertrags fort, indem er bei grundsätzlicher Kontinuität der Integrationsmechanismen doch die Legitimation europäischer Entscheidungen deutlich stärkte und zugleich die inhaltliche Kohärenz des europäischen Handelns steigerte.[86]

Ließ sich der Vertrag von Lissabon am Ende doch noch als Erfolg bezeichnen, so entbehrte doch der Weg dorthin des äußeren Glanzes. Damit offenbarte er eben jene typischen Mechanismen, die auch in der Vergangenheit schon den europäischen Fortschritt gewährleistet hatten: So waren es wieder einmal die Eliten, die den Weg vorangingen; und sie gingen ihn auch gegen den Widerstand beträchtlicher Teile des europäischen «Volkes». Was die Eliten für Europa als notwendig betrachteten, stellten sie nicht zur Disposition und setzten es auch gegen schärfste Kritik durch. Nach dem Nein der französischen und niederländischen Wähler verlief die Geschichte der europäischen Verfassungsschöpfung daher in den vertrauten Bahnen eines Top-Down-Prozesses. Zum Mißvergnügen der Kritiker akzentuierte dies ein weiteres Mal den technokratischen Politikstil sowie das Legitimationsdefizit der Union. Dazu paßte es, daß der Vertrag von Lissabon nur noch in einem einzigen Land dem Volk vorgelegt wurde, nämlich in Irland, wo dies verfassungsrechtliche Gründe erzwangen. Als aber die irischen Wähler am 12. Juni 2008 den Vertrag mit 53,4 Prozent ablehnten, dachte der Europäische Rat nicht daran, den Ratifizierungsprozeß wie drei Jahre zuvor auszusetzen. Nach einer halbjährigen Pause griff er das Thema erneut auf. Und Anfang Oktober 2009, nachdem die irischen Stimmbürger gleichsam aufgeklärt worden waren, fand ein erneutes, diesmal positives Referendum statt.[87] So führten die europäischen Eliten die Macht einer als zwingend erkannten Notwendigkeit – die Europäische Union zu vertiefen, um sie handlungsfähig zu halten – gegen die erkennbare Mehrheit des Bürgerwillens ins Feld.

Dabei stand die europäische Elite unter massivem Druck. Wie in der Vergangenheit auch nötigte sie eine veritable Zwangslage zur Anwendung von Konzepten, die den Lauf der europäischen Integration beschleunigten. So hatten mehrere solcher Zwangslagen zusammengewirkt, den Weg nach Maastricht zu ebnen. Zu Beginn der 1980er Jahre drohte Westeuropa angesichts des sich verschärfenden Ost-West-Gegensatzes sowie der amerikanischen Tendenzen zum Unilateralismus unter Ronald Reagan in eine Sicherheitslücke zu geraten. Zugleich rief die Wirtschaftskrise seit 1978 nach einer entschlossenen gemeinsamen Anstrengung der Europäer. Schließlich beschleunigte 1989/90 die deutsche Wiedervereinigung den Weg zum Euro, indem Deutschlands Bereitschaft zu einem raschen Übergang in die Währungsunion den Interessenausgleich mit den westeuropäischen Nachbarn erleichterte.[88] Nach 1990 kreierte die für sich selbst genommen ebenfalls unausweichliche Osterweiterung die nächste Zwangslage. Denn kein verantwortlicher Politiker konnte sich der Einsicht verschließen, daß ein so stark erweitertes Europa der institutionellen Vertiefung bedurfte, um handlungs- und damit überlebensfähig zu bleiben.

Damit ist im Grunde das «Geheimnis» der europäischen Integration benannt. In keiner ihrer Schlüsselphasen und schon gar nicht in den 2000er Jahren entsprang sie einem souverän entworfenen Plan oder auch nur einer klaren Intention der Europäer. Vielmehr blieb «Europa» im Sinne seiner weiteren Integration stets die adäquate Lösungsformel, um konkrete Zwangslagen zu überwinden. Alternativen wie etwa die Rückkehr zu einer bloßen Freihandelszone oder auch der Austritt überschuldeter Staaten aus der Eurozone, wie er Ende 2010 von manchen Skeptikern gefordert wurde,[89] standen zu diesem Zeitpunkt nicht ernsthaft zur Debatte. Tatsächlich trat der alte Kontinent auf einem bereits ausgetretenen Pfad in die 1990er Jahre ein. Er formte das europäische Gedächtnis und disziplinierte die internationale Politik. Kein westeuropäischer Staatsmann, der handlungsfähig bleiben wollte, konnte ernsthaft erwägen, ihn zu verlassen, und auch die postkommunistischen Länder drängten auf ihn. Die Europäische Union hatte gleichsam ihre eigene Pfadabhängigkeit entwickelt, was nichts anderes hieß, als daß zur Lösung ihrer Probleme nur noch die ihr innewohnenden und bereits erprobten Instrumente zur Verfügung standen. Dem zugrunde lag die erste große «Meistererzählung» der europäischen Integration, die zu einem entscheidenden Antriebsmoment der supranationalen Integration geworden war und seit Mitte der 1980er Jahre, im Kontext der genannten Zwangslagen, auch den Weg zur Europäischen Wirtschafts- und Währungsunion zu ebnen half. Seit den Anfängen der europäischen Bewegung nach dem Zweiten Weltkrieg hatte sich diese große Erzählung als ebenso einfach wie vital erwiesen. Sie handelte von einem Europa, das sich aufgrund nationaler Zerrissenheit und nationalistischer Hybris in zwei Kriegen an den Rand der Selbstzerstörung gebracht hatte. Vor dem Hintergrund dieser bitteren historischen Erfahrung gab es nur einen Weg, Europa zu retten und ihm die Möglichkeit der Regeneration, des Wiederaufstiegs zu geben und die Freiheit seiner Bürger zu sichern: nämlich die Feindschaften zu überwinden, die Gräben aufzuschütten und sich zur Lösung der Probleme dauerhaft zusammenzuschließen. Die Gemeinschaft bekannte sich «zu den Grundsätzen der Freiheit, der Demokratie und der Achtung der Menschenrechte und Grundfreiheiten und der Rechtsstaatlichkeit»; sie stärkte «die Solidarität zwischen ihren Völkern unter Achtung ihrer Geschichte, ihrer Kultur und ihrer Traditionen» und förderte deren «wirtschaftlichen und sozialen Fortschritt».[90]

Angesichts des dramatischen Wandels der 1990er und 2000er Jahre stand den Politikern letztlich nur die Sprache dieser Erzählung zur Verfügung. Allein ihre Weitererzählung versprach die Lösung der anstehenden Probleme. Nicht zufällig kleidete auch der Europäische Rat die Initiative, die aus der verfassungspolitischen Sackgasse führen sollte, in eine entsprechende Sprache. Im März 2007, fünfzig Jahre nach der Unterzeichnung der Römischen Verträge, verabschiedete er unter deutscher Präsidentschaft die feierliche «Berliner Erklärung»: «Europa war über Jahrhunderte eine Idee, eine Hoffnung auf Frieden und Verständigung. Diese Hoffnung hat sich erfüllt. Die europäische Einigung hat uns Frieden und Wohlstand ermöglicht. Sie hat Gemeinsamkeit gestiftet und Gegensätze überwunden. Jedes Mitglied hat geholfen, Europa zu einigen und Demokratie und Rechtsstaatlichkeit zu stärken. Der Freiheitsliebe der Menschen in Mittel- und Osteuropa verdanken wir, dass heute Europas unnatürliche Teilung endgültig überwunden ist. Wir haben mit der europäischen Einigung unsere Lehren aus blutigen Auseinandersetzungen und leidvoller Geschichte gezogen. Wir leben heute miteinander, wie es nie zuvor möglich war. Wir Bürgerinnen und Bürger der Europäischen Union sind zu unserem Glück vereint.»[91]

Es wäre irreführend, solch offenkundig konstruiertes Narrativ – das sich auch nur allzu gut für Sonntagsreden eignete – zum Nennwert zu nehmen und aus ihm womöglich die «Finalität» der europäischen Integration abzuleiten. Damit zwänge man die europäische Geschichte in ein inadäquates teleologisches Korsett. Aus kulturhistorisch informierter Sicht ist aber nicht zu leugnen, daß die Europäer immer dann auf einen erfahrungsgeschichtlich abgelagerten Code zurückgreifen konnten, wenn sich scheinbar unlösbare Probleme vor ihnen türmten. Jenseits der gewaltigen nationalen, ökonomischen und sozialen Gegensätze innerhalb der EU erleichterte doch die strukturierte Erzählung der Vergangenheit die Vorstellung oder sogar

Planung der Zukunft. Zurückliegende Etappen der europäischen Integration hatten Modelle für künftiges gemeinsames politisches Handeln erzeugt. Oder wie es der Europäische Rat formulierte: «Wir stehen vor großen Herausforderungen, die nicht an nationalen Grenzen halt machen. Die Europäische Union ist unsere Antwort darauf.»[92]

Am 1. Dezember 2009, unmittelbar nach dem zweiten irischen Referendum, trat der Vertrag von Lissabon in Kraft. Von seiner Wirkung nahm die europäische Öffentlichkeit anfangs vor allem die neuen «Gesichter» an der Spitze der EU wahr. Tatsächlich begann die neue Verfassungswirklichkeit mit einer Personaldiskussion, die viele abstieß. Zum ersten Präsidenten des Europäischen Rates wurde der Belgier Herman van Rompuy ernannt, und als erste Hohe Vertreterin für Außen- und Sicherheitspolitik amtierte die britische Labour-Politikerin Catherine Ashton. Nicht alle hielten sie für die optimale Wahl, und schon bald nach ihrem Amtsantritt hatte sie sich zum Teil ätzender Kritik zu stellen.[93] Überdies konnte man fragen, ob der postwendende Aufbau eines diplomatischen Dienstes der EU mit der Schaffung vieler tausend kostspieliger Posten tatsächlich die drängendste Priorität einer Gemeinsamen Außen- und Sicherheitspolitik war. Manchem bestätigte sich damit das Negativimage der Union als Verschiebebahnhof für Postenjäger, während die neue «Außenpolitik» der Gemeinschaft auf sich warten ließ.

7. Weltmacht Europa?

Tatsächlich mochte man darin, daß die erste europäische «Außenministerin» nur wenige überzeugte und viele zum Spott anregte, eine tiefere Symbolik sehen. Skeptiker konnten sich jedenfalls bestätigt fühlen, und nur wenige glaubten daran, daß der Vertrag von Lissabon die angestrebte neue Ära einer Gemeinsamen Außen- und Sicherheitspolitik einleiten würde. Allerdings waren irgendwelche Quantensprünge ohnehin nicht zu erwarten, und im Grunde verhielt es sich hier nicht anders als in der Geschichte der europäischen Integration im allgemeinen: Fortschritte wurden nur langsam erzielt; komplizierten Verhandlungen folgten meist schmerzhafte Rückschläge in der Praxis. Überdies war ja gerade die außen- und sicherheitspolitische Zusammenarbeit stets das Stiefkind der europäischen Integration gewesen. Nicht zufällig war schon die Europäische Verteidigungsgemeinschaft (EVG) im Jahre 1954 gescheitert; und auch in den darauffolgenden Jahrzehnten schreckten die westeuropäischen Staaten in der Außenpolitik davor zurück, ihre Zusammenarbeit institutionell zu vertiefen oder gar eigene Souveränitätsrechte abzugeben. Mehr als andere Politikfelder war die Außenpolitik an lang etablierte nationale Entwicklungspfade gebunden. Unterschiedliche historische Erfahrungen und Wahrnehmungen gaben hier ebenso den Ausschlag wie die geographische und wirtschaftliche Lage der einzelnen Mitgliedsländer. Außenpolitik unterlag letztlich der nationalen Souveränität, und innerhalb der Europäischen Gemeinschaft blieb sie daher ausschließlich der «intergouvernementalen» Zusammenarbeit vorbehalten. Auch die 1970 beschlossene Europäische Politische Zusammenarbeit (EPZ) vollzog sich als «eine ganz bestimmte Form intergouvernementaler Kooperation in der Außenpolitik, die sicherheitspolitische und insbesondere militärpolitische Aspekte fast gänzlich ausklammerte».[94] Eine gemeineuropäische Verbindlichkeit ließ sich auf dieser Basis – von kleineren zwischenstaatlichen Abmachungen abgesehen wie zum Beispiel der deutsch-französischen Brigade von 1989 – nicht erzielen.

Andererseits bezweifelte niemand, daß das seit 1990 entstehende neue Europa auch mit neuen Sicherheitsrisiken konfrontiert sein würde, die eine immer engere Zusammenarbeit erforderten. Zu denken war an das Damoklesschwert der nuklearen Proliferation an «Schurkenstaaten» oder Terroristen, an den fragilen Zustand der postkommunistischen Transformationsstaaten und an die Sorge vor einem Erstarken des Nationalismus und hieraus resultierender ethnischer Konflikte. Nur eine entschlossene Integration der europäischen Willensbildung, so waren die maßgeblichen Politiker überzeugt, konnte der drohenden außenpolitischen Fragmentierung Europas entgegenwirken.[95]

Immerhin traf es sich gut, daß das Ziel einer gemeinsamen Außen- und Sicherheitspolitik schon 1986 vertraglich festgelegt worden war. In der Einheitlichen Europäischen Akte (EEA) gaben die damals zwölf EG-Mitglieder eine Absichtserklärung ab: Sie wollten sich bemühen, «gemeinsam eine europäische Außenpolitik auszuarbeiten und zu verwirklichen». Zu diesem Zweck verabredeten sie erstmals förmlich, sich einander in wichtigen außenpolitischen Fragen zu unterrichten und zu konsultieren. Jeder Mitgliedsstaat, so legte die EEA fest, würde künftig bei seinen «Stellungnahmen und einzelstaatlichen Maßnahmen den Standpunkten der übrigen Partner in vollem Umfang Rechnung tragen».[96]

Europa und der Erste Irak-Krieg 1990/91

Der Erfolg dieser Neuerung war zunächst allerdings zweifelhaft, und zu Beginn der 1990er Jahre wies die EPZ bestenfalls eine gemischte Bilanz auf. Überwiegend blieb sie auf der deklamatorischen Ebene angesiedelt und entbehrte der operativen Durchsetzungsinstrumente. Überdies beschränkte sie sich explizit auf die wirtschaftlichen und politischen Dimensionen der Außenpolitik. Zu gemeinsamen militärischen Aktionen war sie nicht befähigt, und die militärpolitische Zusammenarbeit blieb vorerst das Reservat der 1984 wiederbelebten Westeuropäischen Union (WEU).[97] Als am 2. August 1990 mit der irakischen Invasion des Kuwait aus heiterem Himmel der Blitz in die internationalen Beziehungen einschlug, stand daher die politische Zusammenarbeit der Europäer vor einer echten Herausforderung. Das irakische Vorgehen provozierte nicht nur die größte internationale Krise seit langem, sondern signalisierte auch die Heraufkunft einer neuen internationalen Ordnung. Noch am selben Tag beschäftigte Saddam Husseins Aggression den Sicherheitsrat der Vereinten Nationen. Bereits am 4. August 1990 kam auch der Europäische Rat in Rom zusammen. Im Rahmen der EPZ verurteilte er die Aktion des irakischen Diktators auf das Entschiedenste und forderte im Einklang mit dem UNO-Sicherheitsrat den sofortigen Abzug der irakischen Truppen. Als Sofortmaßnahmen beschloß er ein Embargo auf irakisches und kuwaitisches Erdöl, die Einfrierung irakischen Vermögens in den EG-Mitgliedstaaten und die Aufhebung jeglicher militärischer, technischer und wissenschaftlicher Zusammenarbeit mit dem Irak.[98]

Der gastgebende italienische Außenminister Gianni De Michelis erblickte in der Römischen Erklärung ein sichtbares Zeichen für die Funktionsfähigkeit der Europäischen Politischen Zusammenarbeit. Absichten und Entscheidungen der EG seien klar und effektiv. Die Intensität, mit der die EG auf die Golf-Krise reagiert habe, bedeute einen wichtigen Schritt auf dem Weg zu einer politischen Union und sei in Wort und Inhalt «Lichtjahre» entfernt von der europäischen Reaktion auf alle zurückliegenden großen internationalen Krisen.[99] Bei genauerem Hinsehen zeigte sich freilich, daß die nationalspezifischen und innenpolitischen Prioritäten der Partner divergierten. Tatsächlich war bereits der erste Irak-Krieg ein Lehrstück dafür, wie sehr die großen europäischen Staaten zumindest dann eine nationale Politik betrieben, wenn es um den Einsatz der Streitkräfte oder sogar um kriegerische Verwicklungen ging.

Die Bundesrepublik Deutschland hätte die Golf-Krise theoretisch nutzen können, um endgültig die außenpolitischen Fesseln der Vergangenheit abzustreifen. Jene «partnership in leadership», die der amerikanische Präsident George Bush Ende Mai 1989 in Bonn offeriert hatte, hätte die Bundesregierung zu einer entschlossenen Aktion an der Seite der USA motivieren können. Aber Deutschland war vollauf mit der Herstellung seiner inneren Einheit beschäftigt. Überdies untersagte das Grundgesetz einen Einsatz der Bundeswehr außerhalb des NATO-Territoriums, was die Handlungsfähigkeit der Bundesregierung substantiell einschränkte. In jedem Fall brauchte Deutschland Zeit, um sich den veränderten Rahmenbedingungen anzupassen, außenpolitische Ziele neu zu definieren und entsprechende Diskussionsprozesse in Gang zu setzen.

Die Bundesregierung schloß daher schon im Herbst 1990 jede Beteiligung an einer Militäraktion gegen Saddam Hussein aus. Im vollen Bewußtsein geschichtlicher Hypotheken und verfassungsrechtlicher Schranken lehnte sie eine internationale Führungs- und Gestaltungsrolle ab. Statt dessen gewährte sie im Spätsommer 1990 die von den USA gewünschte logistische Unterstützung. Zur Finanzierung des Krieges steuerte Deutschland zunächst drei, am Ende rund neun Milliarden D-Mark bei. In den USA hatte diese Haltung zum Teil scharfe Kritik zur Folge. Den Deutschen mangele es an Courage, sie seien sich «schlicht zu fein und fühlten sich moralisch zu überlegen, um bei der Befreiung Kuwaits mitzuhelfen»; nach 40 Jahren alliierter Solidarität und der nachhaltigen Unterstützung der Wiedervereinigung durch die USA erschien die Bundesrepublik nun vielen amerikanischen Kommentatoren als opportunistisch und als «Trittbrettfahrer».[100] Deutschland müsse sich die Frage stellen, welchen Beitrag es künftig zu leisten bereit sei, um die Stabilität der Weltordnung und seine lebenswichtigen Interessen in Bezug auf Öl und andere Rohstoffe auch in Zukunft zu schützen. Gespottet wurde über das in Deutschland offenkundig «fortbestehende Gefühl der Bitterkeit darüber, daß man so rasch in die schlimme Welt hineingezogen» werde.[101] Und selbst das Argument, ein deutscher Militäreinsatz außerhalb des Bündnisgebietes verstoße gegen das Grundgesetz, zählte aus dieser Perspektive nicht. Schließlich gehe es nicht um «juristische Paragraphenreiterei», sondern um die Kernfrage: «Sind die Deutschen bereit, sich in die Welt hinauszuwagen?»[102] Mithin richteten die USA schon 1990/91 neue Rollenerwartungen an das wiedervereinigte Deutschland. Auch wenn die Bundesregierung im Januar 1991 eine Fliegerstaffel in die Türkei entsandte und damit erstmals seit 1945 bewaffnete Einheiten außerhalb des Bundesgebietes verlegte, vermochte sie doch die gestiegenen Erwartungen vorerst nicht zu erfüllen.[103]

Andere Sorgen hatte die französische Politik. Ausgestattet mit einem ständigen Sitz im UNO-Sicherheitsrat, suchte Frankreich seine Rolle als europäische Macht mit weltpolitischer Verantwortung auszufüllen. Sein «Rang» in der Welt entschied sich nicht zuletzt an der Frage, wieweit es auf der weltpolitischen Bühne Präsenz zeigen und Einfluß nehmen konnte, wenn eine neue internationale Ordnung aus der Taufe gehoben wurde. Allerdings galt es dabei zahlreiche historisch gewachsene Klippen zu umfahren. So verfügte Paris nicht nur über langjährige freundschaftliche Beziehungen zum Irak, sondern über vielfältig gewachsene Kontakte und Verflechtungen in der ganzen arabischen Welt, die es nicht durch eine Militärintervention im Irak gefährden wollte. Ferner entsprach es dem historischen und politischen Selbstverständnis der französischen Politik, ihre Aktionen in voller Souveränität durchzuführen. Mitterrand unterstrich dies, wenn er von Beginn an auf der «Unabhängigkeit der Entscheidung und der Unabhängigkeit des Handelns» bestand. Unklar war allerdings, wie Frankreich diese Unabhängigkeit faktisch aufrechterhalten konnte in einem Unternehmen, das so eindeutig von den USA angeführt wurde.[104]

Angesichts der begrenzten französischen Profilierungsmöglichkeiten an der Seite der Amerikaner hätte – theoretisch betrachtet – eine enge und kraftvolle europäische Koordination, etwa im Rahmen der WEU, eine Alternative eröffnen können. Tatsächlich aber boten weder EPZ noch WEU eine ausreichend integrative Plattform, um eine gemeinsame und nachhaltige Politik zu formulieren. Die operative Politik Frankreichs entfernte sich daher fast zwangsläufig von der Europäischen Politischen Zusammenarbeit. Auch wenn er schon am 9. August 1990 von der Unvermeidlichkeit eines Krieges überzeugt zu sein schien,[105] suchte Mitterrand nach einer eigenständigen Rolle. Ohne die europäischen Partner zu konsultieren, unterbreitete er der UN-Vollversammlung am 24. September 1990 einen eigenen Vermittlungsvorschlag.[106] Und noch bis kurz vor Beginn des Krieges am 17. Januar 1991 suchte der französische Präsident nach Wegen zu einer Verhandlungslösung. Als schließlich die Operation «Wüstensturm» begann, kam die französische Regierung allerdings nicht umhin, ihre Kräfte «für eine strikt begrenzte Zeit» unter amerikanisches Oberkommando zu stellen.[107] Keineswegs hinderte dies Mitterrand daran, in einer Fernsehansprache zum Ende des Golfkrieges hervorzuheben, Frankreich habe es in diesem Krieg verstanden, «seine Rolle und seinen Rang» in der Welt zu untermauern.[108]

Einfacher stellten sich die Dinge in Großbritannien dar. Zumindest vordergründig hatte sich in den 1980er Jahren die «special relationship» zwischen Großbritannien und den USA mit neuem Leben erfüllt. Die von Ronald Reagan und Margaret Thatcher gepflegte Achse beruhte auf einer engen persönlichen Beziehung sowie gemeinsamen wirtschafts- und außenpolitischen Ansichten. Nicht zufällig wurde Thatcher als erster ausländischer Regierungschef im Dezember 1988 zum Antrittsbesuch bei Reagans Nachfolger, George Bush, eingeladen.[109] Auch am 2. August 1990 hielt sich Thatcher zufällig in den USA auf, nämlich in Aspen (Colorado), wo sie mit Bush zusammentraf. Noch am selben Tag beorderte sie zwei britische Kampfschiffe in die Golfregion. Von Beginn an plädierte sie ohne Wenn und Aber für eine harte Haltung unter amerikanischer Führung. Phasenweise war sie es sogar selbst, die Bush zu einer intransigenten Politik drängte. Am 18. Oktober 1990 äußerte sie gegenüber dem amerikanischen Präsidenten ihre Sorge, daß die Anti-Irak-Koalition auseinanderfallen könnte, wenn nicht spätestens bis Februar 1991 militärische Aktionen ergriffen würden: «Meine eigene Auffassung geht zunehmend dahin, daß wir, sobald wir die erforderlichen Streitkräfte in Position gesetzt haben, lieber früher als später vorgehen sollten. Andernfalls riskieren wir es, die Unterstützung der arabischen Regierungen zu verlieren, die den Aufschub nicht verstehen und unsere Entschlossenheit anzweifeln werden. Auch werden wir mit weiteren Friedensvorschlägen konfrontiert sein, mit weiteren Zwischenfällen in den besetzten Gebieten und wachsenden Spannungen in der Anti-Irak-Koalition. Saddam Hussein muß verlieren und muß gesehen werden, wie er verliert.»[110]

In der europäischen Zusammenarbeit sah die «eiserne Lady» dagegen keine Chance auf eine kraftvolle Politik. Ende August 1990 kritisierte sie die Reaktion des Europäischen Rates als «enttäuschend». Die Ereignisse hätten die vordergründige Rhetorik einer gemeinsamen europäischen Außen- und Sicherheitspolitik Lügen gestraft.[111] Irgendeine konstruktive Arbeit an einer solchen Politik wäre von Thatcher allerdings ohnehin nicht zu erwarten gewesen. Denn die am Golf spielbare globale Rolle paßte weitaus besser zum traditionellen Narrativ britischer Außenpolitik als eine wie auch immer geartete europäische Aktion, welche die Integration weiter hätte vorantreiben können. Thatcher nutzte daher die Kuwaitkrise und den Golfkrieg dazu, einmal mehr die *special relationship* zu den Amerikanern herauszustreichen. Auf diese Weise konnte London erneut weltpolitische Präsenz demonstrieren. Großbritannien sandte mit knapp 40 000 Soldaten das nach den USA größte Kontingent in den Irak. «Die *special relationship* mit den Vereinigten Staaten», so zog denn auch Sir Charles Powell, langjähriger außenpolitischer Chefberater in Downing Street 10 die Konsequenzen aus dem Golfkrieg, «wird in den kommenden Jahren lebendig bleiben. Wir werden noch härter arbeiten müssen, um sie zu bewahren.»[112] Ob freilich die *special relationship* nicht doch eher ein willkommenes Instrument bildete, um Großbritanniens Distanz zu Europa zu rechtfertigen, blieb eine offene Frage.

Am Ende konnte es jedenfalls niemanden überraschen, wenn EPZ und WEU ihre Bewährungsprobe am Golf nicht bestanden. Europa als Akteur spielte in Krieg und Krise keine eigenständige Rolle, sondern beteiligte sich lediglich in Form von einzelstaatlichen Beiträgen unterschiedlicher Art und

Größenordnung. Diese hatten aber keinen Einfluß auf das Ergebnis: Zwischen dem 17. Januar und dem 28. Februar 1991 befreite eine von den USA geführte Koalition aus mehr als 20 Staaten Kuwait und zwang den Irak in die Knie. Bodentruppen drangen in das Land ein und rückten rasch vor; trotzdem machte Präsident Bush noch vor Bagdad halt und zog die amerikanischen Truppen zurück. Saddam Hussein überlebte als Führer des Irak, wenngleich deutlich geschwächt und künftig unter enger Supervision Amerikas und der Vereinten Nationen.[113]

Gemeinsame Außen- und Sicherheitspolitik?

In aller Deutlichkeit war klar geworden, daß allein die Amerikaner in der Lage waren, größere militärische Aktionen fern vom eigenen Territorium durchzuführen. Nachdrücklich hatten die USA im Golfkrieg ihre quantitative und militärtechnische Überlegenheit demonstriert. In die neue internationale Ordnung traten sie als einzige Weltmacht ein. Europa hatte dem nichts entgegenzusetzen. Für die Zukunft ließen sich aus dieser Analyse allerdings durchaus gegensätzliche Schlüsse ziehen: Euro-Pessimisten stellten das Projekt einer politischen Union insgesamt in Frage und akzeptierten nolens volens eine unaufhaltsame Tendenz zum amerikanischen Unilateralismus. Optimistischer gesinnte Europäer mochten dagegen aus dem Golfkrieg die Lehre ziehen, daß eine engere Abstimmung der europäischen Außenpolitik um so zwingender erforderlich war. Ein solches institutionelles Zusammenrücken der Europäer würde dem Kontinent vielleicht allmählich eine gewichtigere Stimme in der Weltpolitik verleihen.[114]

Wie immer man es auch betrachtete, der erste Irak-Krieg hatte jedenfalls die Gefahren vor Augen geführt, die der außenpolitischen Zusammenarbeit in Europa drohten. Wenn Europas wichtigste Staaten in internationalen Krisensituationen rein nationalen Prioritäten folgten, stand die EPZ nur auf dem Papier. Allzu rasch fiel der Kontinent dann in jene unfruchtbare Blockade zurück, in der Frankreich seinen verlorenen Status als autonome Weltmacht noch einmal zu bestätigen suchte, Großbritannien dasselbe Ziel verfolgte, indem es sich als Juniorpartner der USA profilierte, während Deutschland danach trachtete, internationalen Verwicklungen oder gar militärischen Einsätzen mittels altbekannter «Scheckbuchdiplomatie» aus dem Weg zu gehen.[115]

Mithin offenbarten der zweite Golfkrieg, die Ende 1991 ihrem ersten Höhepunkt zusteuernde Jugoslawienkrise und schließlich die Frage der Anerkennung Sloweniens und Kroatiens schmerzhaft die tiefen Risse innerhalb der EG. Auch die EPZ vermochte sie nicht zu kitten. Aber es gehörte zur komplizierten und dialektisch-windungsreichen Geschichte der europäischen Integration, daß sich nun gleichsam auf außenpolitischer Ebene jener Lernprozeß wiederholte, der die EG schon in der Vergangenheit vorangetrieben hatte. Allein dadurch, daß die Zwölf 1986 die EPZ in eine vertragsgerechte Sprache gegossen hatten, war ihre außenpolitische Zusammenarbeit auf eine neue Stufe gehoben worden. Künftige Verhandlungen würden hinter diesem einmal erreichten Punkt kaum zurückbleiben können. Insofern war es nur folgerichtig, wenn der Vertrag von Maastricht die Gemeinsame Außen- und Sicherheitspolitik als «zweite Säule» der Europäischen Union in ihre Architektur aufnahm. In den Verhandlungen drängten vor allem Deutschland und Frankreich darauf, die außenpolitische Zusammenarbeit institutionell zu vertiefen und somit einen wichtigen Schritt in die Richtung einer politischen Union zu tun. Das «couple franco-allemand», das den europäischen Integrationsprozeß während der 1980er Jahre entscheidend vorangetrieben hatte, spielte damit ein weiteres Mal – noch unter den Bedingungen des «alten» Westeuropa – die Rolle des Motors. Angetrieben wurde er allerdings – wie in der Vergangenheit auch – längst nicht nur durch identische, sondern zunächst vor allem durch komplementäre Interessen.[116]

So mußte Frankreich darauf reagieren, daß sich seine relativ komfortable Situation während des Kalten Krieges verflüchtigte. Bequemerweise hatten die Mechanismen des Ost-West-Gegensatzes einerseits die Sowjetunion aus (West-)Europa herausgehalten, andererseits aber den westdeutschen Teilstaat unter doppelte Kontrolle gestellt: von Osten durch die sowjetische Bedrohung, von Westen durch die Integration in die EG und das westliche Bündnis. Nach dem Fall des Kommunismus indes gewann das wiedervereinigte Deutschland seine außenpolitische Souveränität wieder, für die sich in Osteuropa sogleich auch neue Aktionsräume anboten. Die traditionellen französischen Partner in Osteuropa – Jugoslawien, die Tschechoslowakei, Polen, aber auch Rußland – befanden sich in einem Prozeß der Auflösung oder doch der fundamentalen Transformation. Angesichts dieser historisch neuartigen Situation half der französischen Politik ein schon mehrfach bewährtes Konzept: Die außen- und sicherheitspolitische Vertiefung der europäischen Integration sollte Deutschland einerseits weiter in die Europäische Union einbinden und jegliche Renationalisierung der deutschen Verteidigungspolitik verhindern. Andererseits würde eine international handlungsfähigere EU Europas und *notabene* auch Frankreichs «Rang» in der Welt stärken. «Der Fortbestand von Frankreichs Rang in der Welt hängt großenteils davon ab, wieweit es die europäische Integration zu beeinflussen vermag und wie sich Europa künftig entwickeln wird.»[117]

Freilich stand alle französische Europarhetorik immer unter dem absoluten Vorbehalt der Nuklearautonomie. Keine Verpflichtung auf eine europäische Politik konnte Frankreichs «sanctuaire», die unbeschränkte Souveränität über die eigenen Atomwaffen tangieren.[118] Mit anderen Worten: Das französische Konzept, die europäische Dimension der Sicherheits- und Verteidigungspolitik im Rahmen der EU aufzuwerten, stand in der gaullistischen Tradition. In einer ausgewogenen transatlantischen Balance sollte Europa ein eigenes sicherheitspolitisches Profil erhalten, in dem Frankreich den vornehmsten Platz einnahm. Diese Tradition war in der Vergangenheit häufig an ihre Grenzen gestoßen, gewann aber unter den dramatisch gewandelten Rahmenbedingungen seit 1989 erneut an Relevanz. Für die künftige Entwicklung Europas lautete das adäquate Rezept daher: Vertiefung der Europäischen Union.

Das deutsche Interesse zielte demgegenüber darauf, die Wiedervereinigung durch weitere europäische Kooperation abzusichern und in diesen Prozeß auch die ostmitteleuropäischen Nachbarn mit einzubeziehen; in einem solcherart vertieften und erweiterten Europa würde Deutschland seine adäquate internationale Rolle finden. Die Zielperspektive deutscher Außen- und Sicherheitspolitik richtete sich also, bei aller fortbestehenden Bedeutung der transatlantischen Bindung, auf eine nachhaltige «Europäisierung».[119] Diese jeweils unterschiedliche, aber komplementäre Interessenlage motivierte beide Partner dazu, die EU institutionell zu vertiefen und zu einer politischen Union auszubauen. Zugleich beruhte diese Politik nicht nur auf ihren komplementären, sondern auch auf einem soliden Sockel weitgehend identischer Interessen. Denn sie bezog ihre Rationalität aus der veränderten Weltlage seit 1989. Die neuen globalen Konflikte und die damit verbundenen neuartigen Bedrohungspotentiale ließen die beiden kontinentaleuropäischen Vormächte zusammenrücken.[120]

Die von Helmut Kohl und François Mitterrand im Vorfeld des Maastricht-Vertrags angestrebte Politische Union sollte daher «eine echte gemeinsame Sicherheitspolitik umfassen» und am Ende «zu einer gemeinsamen Verteidigung führen». Gleichermaßen galt es, die bestehende Westeuropäische Union zu reaktivieren und zur künftigen Politischen Union der EU in eine «klare organische Beziehung» zu setzen. Gründlich reformiert und mit ausreichenden operativen Mitteln ausgestattet, könne die WEU einen integralen Teil der künftigen Politischen Union bilden «und für sie die gemeinsame Sicherheitspolitik erarbeiten».[121] Im Herbst 1991, kurz vor der Unterzeichnung des Vertrags von Maastricht, regten Kohl und Mitterrand noch einmal an, bestimmte Bereiche für eine gemeinsame Außen- und Sicherheitspolitik vertraglich zu fixieren. Als hierfür besonders geeignet nannten sie die Beziehungen mit der Sowjetunion, mit den Ländern Mittel- und Südosteuropas, mit den USA und Kanada, mit dem Mittelmeerraum sowie mit den Vereinten Nationen. Materiell hoben sie die Notwendigkeit eines gemeinsamen Vorgehens im Bereich der Rüstungskontrollpolitik in Europa, aber auch die Beteiligung an «friedenssichernden Maßnahmen, insbesondere im Rahmen der Vereinten Nationen» hervor.[122]

Zwar konnte sich die deutsch-französische Initiative auf der nachfolgenden Regierungskonferenz nicht in vollem Umfang durchsetzen; eine Mehrheit der europäischen Partner lehnte die Vergemeinschaftung der genannten außen- und sicherheitspolitischen Felder ab. Trotzdem stellte der Vertrag von Maastricht einen wichtigen, wenn auch noch vagen und in seinen Formulierungen unverbindlichen Schritt dar. Indem er nun förmlich die EPZ in die «Gemeinsame Außen- und Sicherheitspolitik» überführte und als zweite Säule der EU konstituierte, schuf er einen institutionellen Rahmen, innerhalb dessen die Europäer – so sie denn wollten – künftig näher zusammenrücken konnten. Wichtigstes innovatives Instrument war die «Gemeinsame Aktion», mit der das außenpolitische Vorgehen der EU-Mitglieder künftig koordiniert werden sollte. Welche politischen Inhalte für solche «Gemeinsamen Aktionen» in Frage kämen, präzisierten die Außenminister der EG im Juni 1992. Der Einfluß der deutsch-französischen Initiative war hier mit Händen zu greifen, wenn sie Mittel- und Osteuropa, den Maghreb und den Nahen Osten, die Rüstungskontrolle und den KSZE-Prozeß als Felder Gemeinsamer Aktionen nannten. Sachlich konkret wurden sie allerdings nur in Bezug auf Terrorismus und illegalen Drogenhandel, deren internationale Bekämpfung sie als gemeinschaftsfähige außenpolitische Gegenstände benannten.[123]

Die EG-Außenminister bezeichneten die Gemeinsame Außen- und Sicherheitspolitik als «qualitativen Sprung». Das neue Instrument der «Gemeinsamen Aktion» bedinge unter den Mitgliedsstaaten eine «strenge Disziplin» und werde die Gemeinschaft in die Lage versetzen, eine aktivere Rolle in der Vertretung ihrer außenpolitischen Interessen zu spielen.[124] Einen integrationspolitischen Quantensprung setzte der Vertrag von Maastricht allerdings nicht in Gang. Die zweite Säule der Gemeinschaft blieb strikt intergouvernemental. Alleiniger Herr des Verfahrens blieb der Europäische Rat; Kommission und Europäisches Parlament sollten nur in sehr begrenztem Rahmen konsultiert werden und erhielten kein formales Mitbestimmungsrecht. Die Entscheidung im Europäischen Rat hatte weiterhin einstimmig zu erfolgen, und Sanktionsmaßnahmen waren nicht vorgesehen. Daß dieser sehr allgemeine und offene Rahmen die Bestimmung gemeineuropäischer Positionen in strittigen Fragen praktisch unmöglich machte, sollte sich in naher Zukunft nur allzu schmerzhaft erweisen.[125]

Immerhin aber waren die zaghaften Schritte zur Institutionalisierung einer Gemeinsamen Außen- und Sicherheitspolitik bedeutsam genug, um die Amerikaner zu beunruhigen. Jenseits des Atlantiks wurde genau beobachtet, welche Formen eine Politische Union der Europäer annehmen und welche Rückwirkungen dies auf ihre Beziehungen zu den USA ausüben könnte. Daß die USA die europäische Integration nach 1945 großenteils aus einem Kalkül des informellen Imperialismus heraus förderten, ist eine gesicherte Erkenntnis der Forschung. Integration und transatlantisches Bündnis sollten (West-)Europa soweit stärken, daß der alte Kontinent wirtschaftlich unabhängig und für die Vereinigten Staaten zu einer Quelle global einsetzbarer Ressourcen wurde. Hieraus ergab sich eine zentrale Kontinuität der Nachkriegsgeschichte, die sich mit dem Stichwort «Lastenteilung» benennen läßt. Beginnend mit dem Korea-Krieg von 1950, begleitete die amerikanische Forderung nach stärkerem «burden sharing» die transatlantische Nachkriegsgeschichte. Auch in der ersten Hälfte der 1980er Jahre, im Kontext der Nachrüstung, war sie hoch präsent. Vor allem im amerikanischen Kongreß herrschte bisweilen der Eindruck, die Europäer beteiligten sich nicht in einem angemessenen Umfang an den westlichen Verteidigungslasten.[126]

Die Definitionshoheit darüber allerdings, welche politischen und militärischen Lasten zu teilen seien, beanspruchten die USA regelmäßig für sich selbst. Keineswegs sollte die Wiederaufrichtung Europas eine gleichberechtigte außen- und sicherheitspolitische Mitsprache der EG-Mitgliedsstaaten ermöglichen oder sogar auf dem alten Kontinent ein eigenständiges, weltweit agierendes Machtzentrum hervorbringen. Eine «frei schwimmende europäische Außenpolitik» war, so formulierte es Henry Kissinger schon 1973, für die USA unannehmbar. Schon die Konflikte der USA mit der letztlich gescheiterten «gaullistischen Herausforderung» hatten hier ihre Wurzel.[127] Und je weiter also der europäische Einigungsprozeß fortschritt, in ein desto spannungsvolleres Verhältnis mußte er zu dem globalen Führungsanspruch der Amerikaner geraten.

Mit entsprechender Skepsis betrachtete die amerikanische Politik den Aufbruch der Europäer zum Binnenmarkt. Zunächst hegte sie die Befürchtung, es könne eine «Festung Europa» entstehen. Bald aber setzte sich in der amerikanischen Öffentlichkeit und Politik eine optimistischere Sicht durch. Von dem Integrationsschub infolge der Einheitlichen Europäischen Akte versprach man sich nun eine kraftvolle Neujustierung des Dreiecks USA-Japan-Westeuropa, die letztlich auch den globalen amerikanischen

Sorge vor einer «Festung Europa»,
Karikatur von Walter Hanel (1994)

Interessen entgegenkäme. Überdies bürgte bis 1989 die sicherheitspolitisch-nukleare Logik des Ost-West-Gegensatzes dafür, daß die amerikanische Lesart der transatlantischen Partnerschaft die Realität bestimmte. Erst das Ende des Kalten Krieges, das Erwachen Osteuropas und die durch Saddam Husseins Griff nach dem Kuwait so drastisch demonstrierte Erweiterung sekundärer regionaler Handlungsspielräume veränderten die Situation grundlegend. Entsprechend nachhaltig wurde über die ganzen 1990er Jahre hinweg beiderseits des Atlantiks über die Entstehung einer «neuen Weltordnung» diskutiert. Wie sich in ihr die Kräfte neu einpendeln würden, blieb einstweilen eine offene Frage.

Erste starke Pflöcke für die Konzeption einer solchen neuen Ordnung schlug die Bush-Administration bereits Ende 1989 ein. Ihre langfristig einflußreiche Formel trug den Namen eines neuen «Atlantizismus», wie sie der amerikanische Außenminister James Baker im Dezember 1989 in Berlin vortrug. Das Rückgrat dieses Entwurfs bildete die NATO. Keineswegs hatte sie aus der Sicht der Amerikaner mit dem Ende des Kalten Krieges ihre Funktion verloren; vielmehr sollte sie auch künftig die transatlantische Sicherheitspartnerschaft gewährleisten und den postkommunistischen Staaten ein «attraktives Modell internationaler Beziehungen» bieten. Im Umkehrschluß hieß dies, daß sich die Amerikaner über das Ende des Kalten Krieges hinaus zu einer – wenngleich reduzierten – militärischen Präsenz in Europa verpflichteten. Zugleich pries Baker in warmen Worten die künftige Rolle der EG für den Aufbau des postkommunistischen Osteuropa, warnte implizit aber auch vor europäischen Alleingängen. Ganz in der Tradition der amerikanischen Nachkriegspolitik stehend, suchte er die Europäer auf eine dauerhafte Parallelität zu verpflichten: Eine engere politische Integration Europas war aus dieser Sicht ebenso denkbar wie erwünscht, wenn sie parallel mit einer ebenso intensiven Vertiefung der transatlantischen Beziehungen verlief. «Wir möchten, daß unsere transatlantische Zusammenarbeit mit der europäischen Integration und den institutionellen Reformen Schritt hält.»[128] Nicht angetan waren die Amerikaner dagegen von europäischen Initiativen, die sich über ihr Verhältnis zur NATO ausschwiegen. Geradezu verschnupft reagierten sie daher auf die deutsch-französische Initiative, unter dem Dach der Europäischen Union die WEU zur gemeinsamen Sicherheitsstruktur Europas aufzuwerten. Alle diese Vorschläge und schließlich auch der Vertrag von Maastricht litten aus amerikanischer Sicht daran, daß sie nicht explizit erläuterten, wie sich die künftige europäische Sicherheitsarchitektur zur NATO verhalten würde. In Washington stufte man solche Initiativen jedenfalls als «ziemlich gefährlich ein, denn immerhin zielten sie auf eine eigenständige und mit der NATO konkurrierende europäische Sicherheitsgemeinschaft».[129]

Am 23. November 1990 – inmitten der Mobilisierung gegen Saddam Hussein – nahm der angestrebte neue Atlantizismus Gestalt an, als in Rom eine grundlegende «Transatlantische Erklärung» unterzeichnet wurde. Vom Europäischen Rat entworfen und verabschiedet, sprach dieses erste «bilaterale» Übereinkommen zwischen den USA und der EG explizit von der «eigenen Identität» der Gemeinschaft im Bereich der Außen- und Sicherheitspolitik. Auf die NATO nahm dieses Dokument nur in der Präambel und in sehr allgemeiner Form Bezug. Einer von den USA und Großbritannien gewünschten näheren Verpflichtung auf das nordatlantische Bündnis hatte sich die französische Regierung widersetzt. Auf dieser Basis beabsichtigte die EG, zusammen mit den USA und «auf der Grundlage der Gleichberechtigung» einen wichtigen Beitrag zum politischen und wirtschaftlichen Fortschritt in Europa und in der Welt zu leisten.[130]

Faktisch handelte es sich um nicht viel mehr als um eine Absichtserklärung, die überdies auch in der Öffentlichkeit kaum wahrgenommen wurde; aber sie signalisierte das amerikanische Bewußtsein von der gestiegenen

Bedeutung der EG als institutionellem Partner – und dies fast zwei Jahrzehnte, bevor die EU mit dem Vertrag von Lissabon sich selbst zur vollgültigen Rechtspersönlichkeit erhob. Auf dieser Basis begrüßte George Bush denn auch das «neue Europa». Die Aussicht auf eine politische Union und das Ziel einer eigenen sicherheitspolitischen Identität der EG lagen im amerikanischen Interesse. «Ein einigeres Europa würde den USA einen wirkungsvolleren Partner geben, der auch bereit wäre, mehr Verantwortung zu tragen.»[131] Offen blieb allerdings, welche Verantwortung mit der Aufbringung welcher Lasten künftig zu tragen sein würde.

Einsatz im Kosovo

Vor diesem Hintergrund ist leicht einzusehen, daß das Thema «transatlantische Partnerschaft» in den 1990er Jahren Hochkonjunktur genoß und auf allen Ebenen intensiv diskutiert wurde.[132] Allerdings konnte letztlich nur die konkrete Entwicklung zeigen, wie sich das außen- und sicherheitspolitische Verhältnis zwischen Europa und den USA im Rahmen der «neuen Weltordnung» gestalten würde. Und wenn der erste Irak-Krieg die eindeutige Dominanz der Amerikaner und die kollektive Schwäche der EG vor Augen geführt hatte, so verschärfte sich dieser Eindruck noch mit den jugoslawischen Nachfolgekriegen. Zwar war die EG im kritischen Jahr 1991 die international federführende Instanz der Jugoslawienpolitik. Die damals beschlossene Anerkennung Sloweniens und Kroatiens bildete einen entscheidenden, von der EG unter deutscher Führung vollzogenen und unumkehrbaren Schritt. Aber bald geriet es zu einer bitteren Lehre für die junge Europäische Union, daß sie auch nicht ansatzweise in der Lage war, den eskalierenden, mörderischen Konflikt in ihrem Vorgarten selbständig zu beenden.[133] Dies galt zum einen in diplomatischer Hinsicht: Wo politischer Druck angemessen gewesen wäre, lockten die Europäer mit wirtschaftlichen Vorteilen; europäische Friedenspläne kamen zu spät und entbehrten der Durchsetzungskraft; und nach Beginn des Krieges um Bosnien-Herzegowina orientierten sich die Europäer allzu stark an einer Art «Äquidistanz» zwischen den Parteien, um ein glaubwürdiger Partner zu sein. Zum anderen manifestierte sich die europäische Schwäche in militärischer Hinsicht. Es mangelte der EU nicht nur an einsatzfähigen Truppen, sondern auch am Willen, sie einzusetzen.

Auch die USA gelangten anfangs nicht zu einer kohärenten Position.[134] Daher wurde Bosnien-Herzegowina während der ersten Hälfte der 1990er Jahre zu einer Art Experimentierfeld, auf dem sich die internationalen Aktivitäten teils überlappten, teils widersprachen. Kernstück war die von den Vereinten Nationen entsandte internationale Schutztruppe (UNPROFOR), die unter Wahrung der Neutralität die Einhaltung eines 1992 geschlossenen Waffenstillstands und damit die Aufrechterhaltung des Friedens gewährleisten sollte. Eine gemeinsame Außen- und Sicherheitspolitik der EU fand demgegenüber kaum statt. Ihre primäre Rolle spielten die europäischen Staaten, allen voran Großbritannien und Frankreich, vielmehr dadurch, daß sie der UNO einzelstaatliche Truppenkontingente zur Verfügung stellten. Auch wenn die NATO im Hintergrund bereit stand, der Präsenz der Blauhelme in Bosnien den nötigen militärischen Nachdruck zu verleihen, erwies sich UNPROFOR doch als unfähig, den Bosnienkrieg und die fortgesetzten ethnischen Säuberungen zu beenden. Eine definitive Wende brachte erst das katastrophale und menetekelhafte Scheitern der UNPROFOR bei Srebrenica: Unter dem verheerenden Eindruck des Massakers nahmen die USA und die NATO die Zügel nachhaltiger in die Hand. Bis dahin hatte man sich in Washington zurückgehalten, nicht zuletzt auch unter dem Eindruck des 1993/94 aus dem Ruder gelaufenen Eingriffs in Somalia, der «humanitäre Interventionen» von US-Truppen äußerst unpopulär erscheinen ließ. Daher überließen die Amerikaner die Initiative gerne den Europäern und der UNO und hatten deren Aktivitäten nur mäßig unterstützt. Jetzt aber führten die Fernsehbilder von Massengräbern, Flüchtlingen und Hungertoten zu einem Meinungsumschwung. Unter der klaren Führung der USA wandelte sich der Jugoslawieneinsatz der westlichen Gemeinschaft von einer erfolglosen «friedenserhaltenden» Maßnahme in eine friedensschaffende, ja friedenserzwingende Intervention.

So betrachtet hatte der Mißerfolg bis 1995 seine Ursache weniger im Handeln der beteiligten Institutionen (UNO, EU, KSZE) als im mangelnden politischen Willen jener Macht, die allein zu solchen Interventionen in der Lage war, eben der USA. Wie immer man den Umschwung auch beurteilt: Erstmals wurden nun Milošević und die bosnischen Serben zum Rückzug gezwungen. Während für Bosnien im Abkommen von Dayton 1995 noch eine zwar fragile, aber doch gangbare diplomatische Lösung erreicht wurde, führte die neue Politik vier Jahre später im Kosovo zur bewaffneten Intervention des Westens. Wenig später war das Kapitel der nationalkommunistischen Diktatur beendet; Milošević aber und viele seiner Helfershelfer standen vor dem Internationalen Gerichtshof in Den Haag.

Daß das beklemmende Schauspiel der enthemmten Gewalt und ethnischen Säuberungen in Europa beendet wurde, war in erster Linie eine Folge der seit 1995 entschlossenen Haltung der USA. Und es war die NATO und nicht die EU, die zum entscheidenden Instrument der Befriedung avancierte. Einen letzten Versuch, die sich abzeichnende Machtverschiebung

Kosovo-Konferenz der Balkan-Kontaktgruppe im Château de Rambouillet, Februar 1999

zugunsten den USA zu verhindern, unternahmen die Europäer Anfang 1999. Das Instrument hierfür war die bereits 1994 gebildete Balkan-Kontaktgruppe. Zwar agierte sie außerhalb der Europäischen Union und konterkarierte damit deren Gemeinsame Außenpolitik. Aber Ende der 1990er Jahre stellte sie die einzige Möglichkeit dar, die europäische Politik in der Kosovo-Krise sichtbar zu machen. Mit Vertretern aus Großbritannien, Frankreich, Deutschland, Italien, Rußland und den USA dominierten in ihr die Europäer. Auch wenn es innerhalb der Gruppe immer wieder zu starken Spannungen kam,[135] sah sie sich doch im Hinblick auf die im Kosovo erneut eskalierende Gewalt zum Handeln herausgefordert. Zugleich war dies ein Versuch, sich der erkennbaren Tendenz zum amerikanischen Unilateralismus entgegenzustemmen, freilich vergeblich. In der Konferenz im französischen Schloß Rambouillet – schon der Ort des Geschehens bildete einen symbolischen Kontrapunkt zur Wright-Patterson Air Force Base bei Dayton/Ohio – suchten die Vertreter der Gruppe einen letzten Ausweg zum Frieden ohne militärische Gewaltanwendung.[136]

Er endete im Fiasko. Die Weigerung der Serben, das mühsam ausgehandelte Rambouillet-Abkommen zu unterzeichnen, machte Krieg und Bombardierung Belgrads unvermeidlich. Die «Stunde Europas», die der luxemburgische Außenminister und damalige europäische Ratsvorsitzende Jacques Poos 1991 angesichts der Sezession Sloweniens und Kroatiens ausgerufen hatte, mündete in eine weitere europäische Stunde der USA.[137]

In allen beteiligten Ländern stiegen die Wellen der zum Teil stark emotionalisierten Diskussion über den Kosovo-Krieg hoch. In deren Mittelpunkt standen das strategische Für und Wider, die Folgen der «Kollateralschäden» – 1999 in Deutschland zum «Unwort des Jahres» gewählt –, vor allem aber die Legitimität des vom UN-Sicherheitsrat nicht mandatierten, völkerrechtlich mithin problematischen Unternehmens. Die Frage, ob es ein Recht auf «humanitäre Intervention» geben könne, gehört seitdem zu den meistdiskutierten Streitfragen des Völkerrechts. Mit besonderer Intensität diskutierten sie die Deutschen. Denn der Kosovo-Krieg mündete in den erstmaligen Kampfeinsatz der Bundeswehr und ihrer Luftwaffe, noch dazu auf dem Gebiet des ehemaligen Jugoslawien, welches im Zweiten Weltkrieg besonders stark unter den deutschen Truppen gelitten hatte. Wie offen diese Debatte geführt wurde, dokumentierte insbesondere die aufsehenerregende Position des neuen Bundesaußenministers, Joschka Fischer. Früher als militanter Friedensaktivist hervorgetreten, erwärmte er sich nun für eine «Kultur der Prävention» und befürwortete den Kosovokrieg zumindest als Grenzfall legitimer humanitärer Intervention.[138]

Zwar mangelte es nicht an Stimmen, die aus den Nachfolgekriegen im ehemaligen Jugoslawien das mehr oder minder komplette Scheitern der europäischen GASP folgerten. Beginnend mit dem Konflikt um die Anerkennung Sloweniens und Kroatiens hatte die EU einen allzu häufig uneinheitlichen und kraftlosen Eindruck vermittelt. Die klaffende Lücke zwischen den außenpolitischen Erwartungen und den Möglichkeiten der Union (*capability-expectations gap*) hätte kaum drastischer demonstriert werden können.[139] Wie man indes die Dinge auch geduldiger und pragmatischer betrachten konnte, zeigte schon 1994 der damalige britische Außenminister Douglas Hurd. Daß die EU den Krieg in Bosnien nicht beenden konnte, rufe zweifelsohne «bittere Frustration und Traurigkeit» hervor. Ermutigend sei aber die Tatsache, daß die westeuropäischen Mächte nunmehr jene «desaströsen Rivalitäten» konsequent vermieden, denen sie sich zu Beginn des 20. Jahrhunderts auf dem Balkan hingegeben hatten.[140] So betrachtet hatte das «Sarajewo» der 1990er Jahre mit dem «Sarajewo» des Jahres 1914 tatsächlich nichts mehr zu tun.

Man muß sich die dramatische Szenerie des Kosovo-Krieges vor Augen halten, um die noch dramatischere Entwicklung nach dem 11. September 2001 zu begreifen. Letztere bliebe ohne die Erfahrung ersterer unverständlich. Und sie hatte sehr widersprüchliche Folgen: Denn einerseits konnten die USA aus der Dekade der 1990er Jahre den berechtigten Schluß ziehen, daß sie zu unilateralem Handeln in der Lage waren. Der amerikanische Führungsanspruch hatte europäische Truppenkontingente bis vor Bagdad und nach Priština katapultiert und sogar die Bundeswehr zu ihren ersten Kampfhandlungen seit dem Zweiten Weltkrieg animiert. Selbst aber war er, zumindest vordergründig betrachtet, völlig unangefochten geblieben. Schon warnten daher weitsichtige amerikanische Experten die «einsame Supermacht» davor, aus ihrer einzigartigen Machtposition die falschen Schlüsse zu ziehen und einen rücksichtslosen und für das eigene Land auf Dauer gefährlichen Unilateralismus zu pflegen.[141] Andererseits folgerten die meisten Westeuropäer aus der Erfahrung der 1990er Jahre, daß sie die Gemeinsame Außen- und Sicherheitspolitik zwingend ausbauen mußten, um in der «neuen Weltordnung» ihre Stimme maßgeblich erheben zu können. In diesem Sinne brachte sogar die frustrierende Erfahrung des Kosovo-Krieges die europäische Außenpolitik voran. Viele europäische Politiker litten unter dem Empfinden, als Europäer versagt zu haben und gleichzeitig von den Amerikanern abgehängt worden zu sein. Abhilfe sollte künftig die Bildung einer europäischen Eingreiftruppe schaffen, ein Vorschlag, der erstaunlicherweise aus London kam. Tatsächlich begann die EU, ihre Pflugscharen zu beäugen und zu prüfen, «ob sich nicht doch das eine oder andere Schwert daraus hämmern» ließ.[142] Und im Dezember 1999 beschloß der Europäische Rat in Helsinki entsprechende Maßnahmen.[143] Auch die weitere institutionelle Verankerung der GASP in den Verträgen von Amsterdam und Nizza legte von dem entsprechenden Willen der Europäer Zeugnis ab.

Insbesondere auf dem Balkan gelangte die Europäische Union im Windschatten des Kosovo-Krieges zu einer beachtlichen Kohärenz. Denn schon drohte hier mit der Mazedonienfrage ein neuer potentiell gefährlicher Konfliktherd. Das 1991 formulierte Begehren Mazedoniens, Slowenien und Kroatien auf dem Weg in die staatliche Unabhängigkeit zu folgen, scheiterte zunächst am Veto Griechenlands, das die Entstehung eines revisionistischen Unruheherdes an seiner Nordgrenze befürchtete. Der Europäischen Union wuchs hieraus die Aufgabe zu, die mazedonisch-griechische Blockade allmählich aufzulösen, im Jahr 2000 ausbrechende ethnische Konflikte zwischen albanischer Minderheit und slawisch-mazedonischer Mehrheit zu befrieden und zugleich wirtschaftliche Aufbauhilfe zu leisten. Daß sie diese Aufgaben meisterte, indem sie – gleichsam «learning on the job» – ihre

Hans Koschnick, Mate Granić, Klaus Kinkel und Muhamed Sacirbey (v. l. n. r.) nach Friedensgesprächen auf der Behelfsbrücke über die Neretva in Mostar, 1996

außenpolitische Akteurskapazität deutlich steigerte, war vor dem Hintergrund des jugoslawischen Fiaskos nicht unbedingt zu erwarten.[144] Aber auch in dem ehemals jugoslawischen Kriegsgebiet selbst tauchte die EU unmittelbar mit Beendigung der Kampfhandlungen als eigenständiger Akteur auf. Schon im Sommer 1994, also noch vor der Unterzeichnung des Abkommens von Dayton, begann der deutsche SPD-Politiker Hans Koschnick seine Arbeit als EU-Administrator für Mostar in Bosnien-Herzegowina. Koschnicks Tätigkeit, die dem Wiederaufbau der schwer zerstörten Stadt galt, erhielt durch den Einsatz für die weltberühmte Brücke von Mostar hohe symbolische Bedeutung. Bis zu ihrer Zerstörung im Jahre 1993 durch kroatische Truppen hatte die 1566 erbaute Brücke als Symbol für das Zusammenleben von Christen und Muslimen gegolten. Unter Führung Koschnicks wurde zunächst eine Behelfsbrücke eingerichtet, später erlaubte es eine internationale Spendenaktion, die Brücke originalgetreu wieder aufzubauen.[145]

Am 10. Juni 1999 verabschiedete der Europäische Rat unter deutschem Vorsitz einen Stabilitätspakt für Südosteuropa. Dessen Ziel war es, Demokratie, Menschenrechte und wirtschaftlichen Wiederaufbau zu fördern. Die EU ernannte einen eigenen Koordinator für das Krisengebiet, an dessen Arbeit auch die Brüsseler Kommission teilhatte. Dem ersten Koordinator, dem damaligen deutschen Kanzleramtsminister Bodo Hombach, folgten bald weitere EU-Sonderbeauftragte in Bosnien und Mazedonien. Im Sinne einer aktiven Friedens-, Konsolidierungs- und Assoziierungspolitik spielte die Europäische Union fortan eine langfristige und sichtbare Rolle im früheren Jugoslawien.[146]

An der Wurzel dieser überraschenden Wendung hin zu einer deutlich sichtbareren kollektiven Akteursfähigkeit auf dem Balkan lagen einmal mehr komplementäre nationale Interessen, die in der GASP funktional ineinandergriffen.[147] Auf der Basis der allgemein geteilten Motivation, ein «zweites Kosovo» um jeden Preis zu verhindern, begannen vor allem die «großen Drei» der Europäischen Union – Großbritannien, Frankreich und Deutschland – aus den Institutionen ihrer Gemeinsamen Außenpolitik einen überraschenden Mehrwert zu ziehen. So blieb Frankreichs Politik im Kern gaullistisch und dem Ziel einer weitgehenden europäischen Eigenständigkeit verpflichtet; von einer verstärkten europäischen Handlungsfähigkeit versprach man sich auch die Erweiterung der eigenen, nationalen Optionen. Deutschland dagegen formulierte aufgrund seiner historischen Vorbelastungen eine tendenziell moralisch aufgeladene Politik der Selbstbescheidung. Die Vertiefung des europäischen Einigungswerks im Sinne einer fortschreitenden politischen Union kam dieser Staatsräson am ehesten entgegen und vermochte überdies den multilateralen Imperativ deutscher Verteidigungspolitik in Europa zu verankern. Großbritannien schließlich erblickte in der Gemeinsamen Außen- und Sicherheitspolitik in erster Linie ein Instrument, um die transatlantische Sicherheitsarchitektur zu stärken.

Mithin sah es so aus, als sei die Europäische Union gestärkt in das neue Millennium eingetreten. Zumindest auf humanitäre und friedensbewahrende Einsätze war sie besser als je zuvor vorbereitet. Aber dies war nur die eine Seite der Medaille. Auf ihrer Kehrseite zeigte sich, daß die EU ihre gemeinsamen militärpolitischen Optionen nur halbherzig betrieb und für militärische Einsätze weiterhin schlecht gerüstet blieb. Auch das an sich vielversprechende Projekt einer europäischen Eingreiftruppe, die rund 60 000 Mann umfassen sollte, schleppte sich ohne konkretes Ergebnis dahin. Es scheiterte vorerst an mangelnder Finanzierung, Abstimmungsproblemen mit der NATO und internen Kompetenzstreitigkeiten. Als internationale Zivilmacht machte die Union zwar Fortschritte, als Militärmacht blieb sie aber nach wie vor in den Kinderschuhen stecken. Wenn aktuelle internationale Krisen die Frage eines militärischen Einsatzes auf die Tagesordnung setzten, fand die EU daher weiterhin zu keiner einheitlichen Linie. Als europäische Akteure setzten sich nach wie vor die Einzelstaaten in Szene, allen voran die früheren Großmächte Großbritannien und Frankreich.

Spaltung Europas? «Nine Eleven» und der Zweite Irak-Krieg 2003

Vor diesem Hintergrund wird die ganze Dimension des Rückschlags deutlich, der sich im Rahmen des zweiten Irak-Kriegs vollzog. Vor dem erneuten, nun offen formulierten Anspruch der USA auf einen militärgestützten Unilateralismus brach die fragile Struktur der europäischen GASP in sich zusammen. Mochte sie in Fragen zweiter Ordnung leidlich bis gut funktionieren, war sie für Aufgaben weltpolitischen Zuschnitts oder gar militärische Einsätze offensichtlich unbrauchbar. Schlimmer noch: Die Herausforderung durch den amerikanischen Unilateralismus hatte die bis dahin tiefste politische Spaltung in der Geschichte des neuen Europa zur Folge.

Am Nachmittag des 11. Septembers 2001, als sich in Europa die Nachricht von dem verheerenden Terroranschlag auf das World Trade Center in New York verbreitete, sah dies zunächst ganz anders aus. Von Kiew, wo sie sich gerade zu Gesprächen befand, sandte die EU-Troika Bekundungen des Entsetzens und des Mitgefühls nach Washington.[148] Und schon tags darauf versammelten sich der Hohe Vertreter der GASP, Javier Solana, und die EU-Außenminister zu einer Krisensitzung in Brüssel. Der Rat «unterstrich seine uneingeschränkte Solidarität mit der Regierung der Vereinigten Staaten und dem amerikanischen Volk in dieser schrecklichen Stunde». Die Anschläge des 11. September seien ein «Angriff nicht nur gegen die Vereinigten Staaten, sondern gegen die Menschheit an sich und die Werte und Freiheiten, die wir alle teilen.» Zugleich versicherten die Minister die USA ihrer Mitwirkung im Kampf gegen den Terrorismus und setzten die Mechanismen der Gemeinsamen Außen- und Sicherheitspolitik in Gang. «Der Rat hat den Vorsitz, den Hohen Vertreter für die Gemeinsame Außen- und Sicherheitspolitik und die Kommission ersucht, so rasch wie möglich einen Bericht über empfohlene konkrete Maßnahmen vorzulegen, um die Anwendung und Stärkung der operativen Instrumente sowohl der Gemeinsamen Außen- und Sicherheitspolitik als auch des Bereichs Justiz und Inneres zu beschleunigen. Diese Maßnahmen werden darauf gerichtet sein, die Fähigkeit der Europäischen Union, den internationalen Terrorismus gemeinsam mit den Vereinigten Staaten und ihren anderen Partnern wirksam zu bekämpfen, zu verbessern.»[149] In diesem Sinne bekräftigten kurz darauf auch die Staats- und Regierungschefs ihren Willen, die GASP und die Europäische Sicherheits- und Verteidigungspolitik (ESVP) zu stärken, «damit die Union wirklich mit einer starken und gemeinsamen Stimme spricht»; ferner beabsichtigten sie, den gemeinsamen europäischen Rechtsraum beschleunigt auszubauen.[150]

Ohne Zögern beteiligten sich die Europäer an der großen internationalen Koalition gegen den Terrorismus, die sich unter Führung der USA bildete. Am 4. Oktober 2001 beschloß die NATO erstmals in ihrer Geschichte die Verkündung des Bündnisfalls; parallel hierzu billigte der Sicherheitsrat eine bewaffnete Aktion und versah sie mit einem UN-Mandat. Für den Drahtzieher der Anschläge vom 11. September hielt man die Terrororganisation Al Qaida und ihren Anführer Osama bin Laden. Da man ihn im islamisch regierten Afghanistan vermutete, richtete sich der «Krieg gegen den Terrorismus» zunächst gegen das von den Jahren der sowjetischen Besatzung und dem darauf folgenden Bürgerkrieg tief gezeichnete Land. Ziele der unter dem Namen «Enduring Freedom» laufenden Militäraktion waren zum einen der Sturz der islamistischen Taliban, die den afghanischen Bürgerkrieg für sich entschieden hatten. Zum anderen aber sollten vor allem die mit den Taliban verbündete Al Qaida zerschlagen und ihr Führer Osama bin Laden ergriffen werden. Weniger als vier Wochen nach «Nine Eleven», am 7. Oktober 2001, begannen amerikanische Kampfeinheiten afghanisches Territorium zu bombardieren. Nach weiteren vier Wochen war zwar das Regime der Taliban gestürzt, das eigentliche Kriegsziel aber verfehlt: Es gelang bin Laden, sich aus seiner afghanischen Hochburg abzusetzen und den Kern der Organisation zu retten.

Mit dem Krieg gegen Afghanistan begann auch die Verteidigung Europas «am Hindukusch». Die Europäer beteiligten sich an der Militäroperation «Enduring Freedom» und der darauf folgenden Sicherheits- und Aufbaumission ISAF mit eigenen Truppen. Letztere, in deren Mittelpunkt zunächst humanitäre Hilfe und Wiederaufbau standen, erhöhte die Sichtbarkeit der EU als kollektiver internationaler Akteur. Dabei drängte der Europäische Rat darauf, die Aktionen weiterhin eng mit der UNO und ihrem Generalsekretär abzustimmen und der humanitären Hilfe absolute Priorität zu verleihen. Auf dieser Basis entsandten die EU-Mitgliedsstaaten nicht nur einen Sonderbeauftragten nach Afghanistan, sondern Anfang 2002 auch den Löwenanteil der 4800 Mann starken Afghanistan-Schutztruppe.[151] Mithin fand die Union ähnlich wie im früheren Jugoslawien auch in Afghanistan ihre Rolle als «Zivilmacht». Es ging darum, die Folgen jener Kriege, die die Geburtswehen der «neuen Weltordnung» hervorbrachten, zu mildern und den Neuaufbau der betroffenen Gebiete zu organisieren. Je länger freilich ein solcher Einsatz dauerte und je weniger konkrete Erfolge er vorweisen konnte, desto schwieriger wurde es, ihn vor dem heimischen Publikum zu rechtfertigen.

Billigung und Beteiligung an den militärischen Aktionen stärkten vorübergehend die transatlantischen Bindungen, akzentuierten aber auch die innereuropäischen Gegensätze. Solche bestanden zwischen jenen Staaten, die wie vor allem Frankreich, Großbritannien oder auch Deutschland eigene militärische Kapazitäten aufbringen konnten, und denen, die dies nicht vermochten. Darüber hinaus bewies schon diese frühe Phase der neuen Weltunordnung, daß die EU-Mitglieder jenseits ihrer Abscheu gegenüber den Verbrechen vom 11. September, der Einsicht in die Notwendigkeit zu handeln und der humanitären Prioritätensetzung nicht mit einer Stimme sprachen. Zumindest die drei größten EU-Mächte waren vor allem daran interessiert, eine eigenständige internationale Rolle zu spielen. Weil ihnen dies wichtiger war, als die EU als kollektiven außenpolitischen Akteur zu stärken, knüpften sie mehr oder minder nahtlos an die Situation von 1991, zu Zeiten des ersten Irak-Krieges an. So lieferten sich Frankreich, Großbritannien und Deutschland zunächst einen regelrechten Wettlauf um die nachhaltigste Solidaritätsbekundung für die Amerikaner und um deren besondere Gunst. Noch vor dem ersten Zusammentreffen des Europäischen Rates am 21. September 2001 gaben sich Jacques Chirac, Tony Blair und Joschka Fischer in Washington die Türklinke in die Hand. Zugleich suchten sich die «Großen Drei» untereinander, ohne Rücksicht auf die Institutionen der GASP, miteinander abzustimmen. Ein exklusives Dreiergespräch zwischen Chirac, Blair und Schröder in Gent am 20. Oktober 2001, dessen Geheimhaltung voraussehbar scheiterte, schürte das Mißtrauen unter den Partnern. Schon ging das Wort vom «EU-Direktorium» um; und als Blair seine Kollegen aus Berlin und Paris am 4. November 2001 erneut zu einem exklusiven Abendessen in die Downing Street 10 einlud, kam es zum Eklat. Die ausgeschlossenen EU-Mitglieder lieferten sich einen Wettlauf der Selbsteinladungen, «der an Peinlichkeit kaum zu überbieten war». Enttäuschung machte sich unter den kleineren EU-Mitgliedstaaten vor allem über die deutsche Politik breit. Meist war Deutschland ja ihr wichtigster Partner in der EU gewesen, nun aber mußten sie zusehen, «wie sich die Berliner neben Briten und Franzosen in Europas exklusivem Herrenzimmer räkeln».[152]

Besonders überraschend war dies freilich nicht. Zum einen war es vernünftig, wenn sich die militärisch wichtigsten europäischen Partner der USA untereinander abstimmten; zum anderen war es kaum zu erwarten, daß die großen EU-Mitgliedstaaten ausgerechnet in einer solch zugespitzten internationalen Krisensituation wie nach dem 11. September ihr nationales Letztentscheidungsrecht in der Außen- und Sicherheitspolitik aus der Hand geben würden. Bei Entscheidungen über Krieg und Frieden hatten nach Lage der Dinge auch nur die Einzelstaaten der EU die nötige demokratische Legitimation, um gegebenenfalls sogar das Leben ihrer Soldaten aufs Spiel zu setzen. Die internationale Sichtbarkeit der EU war demgegenüber, wie Skeptiker argwöhnten, nur eine scheinbare. «Europa wird nicht schon deswegen zum relevanten Akteur, nur weil sein außenpolitischer Repräsentant auf Reisen geht. [...] Seine Sichtbarkeit, die gelegentlich schon als Erfolg an sich gerühmt wird, verdeckt nur die materiellen Schwächen.»[153]

Auch die Beteiligung am sogenannten «Nahost-Quartett», das die EU zusammen mit den Vereinten Nationen, den USA und Rußland bildete und das erstmals am 10. April 2002 in Madrid zusammentrat, konnte diese Grundkonstellation nicht verdecken. Es hatte keinen Einfluß auf den sich stetig verfestigenden amerikanischen Willen, im Irak eine zweite Front im «Krieg gegen den Terror» zu eröffnen. Als Präsident George W. Bush am 26. Februar 2003 in Washington öffentlich bekräftigte, daß die USA bereit waren, den «Irak mit Gewalt zu entwaffnen»[154], war die Entscheidung für den Krieg schon längst gefallen.

Auf das zähe internationale Ringen um die Frage, ob Saddam Husseins Irak Massenvernichtungswaffen bereithielt und über die zweifelhafte Legitimation des zweiten, dieses Mal nicht durch ein UN-Mandat gestützten Irak-Krieges braucht hier nicht näher eingegangen zu werden.[155] Gleiches gilt für die Einzelheiten in der Geschichte des zweiten Irak-Krieges vom 19. März bis 1. Mai 2003. Er endete mit dem Sturz Saddam Husseins und der Besetzung des Landes. Entscheidend waren jedoch die Rückwirkungen des Krieges auf die internationale Politik und insbesondere auf die transatlantischen Beziehungen. Über dem Krieg und den Auseinandersetzungen in seinem Vorfeld brachen nicht nur die internationale Koalition gegen den Terror, sondern auch jeder verbliebene Schein einer einheitlichen europäischen Politik zusammen.

Stein des Anstoßes war vor allem die amerikanische Weigerung, die eigene Politik, die überdies immer klarer auf einen bewaffneten Konflikt zusteuerte, in die Strukturen internationaler Organisationen und Bündnisse einzubinden. Nicht Kooperation, sondern Konfrontation, nicht multilaterale Diplomatie, sondern unilateraler Weltmachtanspruch schienen von Washington auszugehen. Zu diesem Eindruck trug auch die militante, politisch-moralisch aufgeladene Sprache der Bush-Administration bei. In den Reden und Verlautbarungen amerikanischer Spitzenpolitiker dominierte eine klare Einteilung der Welt in Freund und Feind, gut und böse, demokratisch und diktatorisch. Moralische Zuschreibungen wie etwa die von George W. Bush vorgenommene Charakterisierung der «Achse des Bösen», bestehend aus den «Schurkenstaaten» Iran, Irak und Nordkorea,[156] erschien manchen Europäern als deutlich unterkomplex. Hier fürchtete man im Gegenteil, daß ein Krieg gegen den Irak die bestehende Koalition gegen den Terror sprengen, die arabischen Staaten gegen den Westen aufbringen und damit eben jenen «Kampf der Kulturen» heraufbeschwören würde, den es dringend zu vermeiden galt.

Mit einer solchen Einschätzung entwickelte sich einmal mehr Frankreich im Verlauf des Jahres 2002 zu einem wichtigen Antipoden der USA. Zwar erkannte die französische Regierung die Gefahr, die von irakischen Massenvernichtungswaffen möglicherweise ausging, an. Aber sie beharrte darauf, kompromißlos nach friedlichen Lösungen im und mit dem Irak zu suchen, die Arbeit der Waffeninspektoren fortzusetzen, schließlich vor allem auch die Vereinten Nationen und die europäischen Partner einzubinden. Im Sicherheitsrat wandte sich Frankreich daher zunehmend gegen die amerikanischen Vorstellungen.[157]

Eine ähnliche, wenngleich in Sache und Sprache weniger geschmeidige Haltung vertrat die deutsche Bundesregierung. Kontrollierte Abrüstung und wirksame Inspektionen waren auch für Bundeskanzler Schröder und seinen Außenminister Fischer das Mittel der Wahl. Ein Krieg sei völkerrechtlich nicht legitimiert, und die UN-Resolutionen enthielten keinen Automatismus zur Anwendung militärischer Gewalt.[158] Hinzu kam, daß die Diskussion um eine bewaffnete Intervention im Irak im Jahre 2002 ins Vorfeld der Bundestagswahlen fiel. Die Wahlkampfsituation begünstigte die feste Rhetorik des Bundeskanzlers, so etwa wenn er «kategorisch» wissen ließ, Deutschland werde sich an einem Militäreinsatz gegen den Irak definitiv nicht beteiligen. Daß Schröder dabei seine Politik mit dem wenig vertrauenerweckenden Begriff des «deutschen Weges» verband, sorgte zwar für Irritationen. Aber glaubt man der Demoskopie, so trug vor allem seine eindeutige Haltung in der Irakfrage zu dem hauchdünnen Sieg Schröders über seinen Herausforderer Edmund Stoiber entscheidend bei.[159] Überhaupt spielte die öffentliche Meinung in Europa, die eine Beteiligung an der Militäraktion gegen den Irak überwiegend ablehnte, eine bedeutsame Rolle für die Handlungen der Regierungschefs und Minister.

Daß dagegen Großbritannien geradezu reflexartig seinen Platz an der Seite der USA suchte und wie schon 1990/91 erneut die *special relationship* durch uneingeschränkte Kriegssolidarität und Waffenbruderschaft pflegte, überraschte niemanden. Großbritannien blieb der wichtigste Verbündete der USA und stellte hinter den Amerikanern das größte Kontingent. Während des Krieges operierten britische Truppen denn auch zum Teil selbständig im Süden des Irak, wo sie unter anderem die Hafenstadt Basra einnahmen. Einmal mehr zeigte sich, daß es in Sachen britisch-amerikanischer Verbundenheit nicht darauf ankam, wer in London regierte. Tony Blair, der strahlende Vertreter von «New Labour» setzte die Irak-Politik seiner konservativen Vorgängerin Margaret Thatcher nahtlos fort. Nach eigener Aussage widersetzte er sich sogar dem Drängen von Kabinettskollegen, auf den amerikanischen Präsidenten mäßigend einzuwirken, weil er von der Richtigkeit des Krieges zutiefst überzeugt war.[160]

Vor diesem Hintergrund kam es in Europa zu neuen, unerwarteten, ja geradezu abenteuerlichen Konstellationen. Gegen die anglo-amerikanischen Kriegskoalitionäre formierte sich einerseits eine diplomatische Achse aus Frankreich, Deutschland und Rußland, die – unterstützt von China – auf eine friedliche Lösung und die Einhaltung völkerrechtlicher Verbindlichkeiten pochte.[161] Die Aussicht auf eine entsprechende kontinentale Blockbildung ließ aber andererseits in Ostmitteleuropa und hier vor allem in Polen die Alarmglocken schrillen.

Neben handfesten wirtschaftlichen und finanziellen Motiven – direkter Zugang zum Erdöl, Beteiligung am irakischen Wiederaufbau – waren es wohl vor allem solche genuin politischen Erwägungen, die die polnische Regierung unter Präsident Aleksander Kwaśniewski und Ministerpräsident Leszek Miller zur uneingeschränkten Unterstützung der USA und Großbritanniens bewogen. Im Vordergrund standen Überlegungen zur nationalen Sicherheit und zur Erhöhung des eigenen Rangs bzw. Prestiges in der internationalen Politik. Ein knappes Jahr vor dem Beitritt zur EU diente Polens Engagement im Irak als gleichsam emanzipativer Hebel für die eigene Außenpolitik. Die USA als Sieger in zwei Weltkriegen und im Kalten Krieg schienen in der Zuspitzung der Krise vertrauenswürdiger zu sein als die europäischen Nachbarn. In Presseberichten hieß es, Polen werde neben den USA, Großbritannien und Australien über die Zukunft des Iraks entscheiden dürfen; einer der engsten Verbündeten der USA zu sein bedeute schon einen «Wert an sich».[162] Entsprechend positiv, ja geradezu euphorisch wurde das amerikanische Angebot aufgenommen, eine eigene polnische Zone im Irak zu verwalten. Man begann sogar von einer «irakischen Wojwodschaft» zu sprechen.[163]

Auf die meisten europäischen Nachbarländer wirkte die polnische Beteiligung am Irak-Krieg fragwürdig, zumal über sie ohne jede Konsultation mit der Europäischen Union entschieden wurde. Dementsprechend heftig fielen die Reaktionen aus: Manchen galten die Polen als das «trojanische Pferd» der USA, als europäische «Söldner» oder «Vasallen» der USA.[164]

Aber die polnische Regierung traf Anfang 2003 offenkundig einen sensiblen Nerv der ostmitteleuropäischen und südosteuropäischen Länder. Anders wäre es jedenfalls kaum zu erklären, warum praktisch alle postkommunistischen Staaten die Position der Amerikaner unterstützten. Polen, Tschechien und Ungarn gehörten – zusammen mit Großbritannien, Italien, Spanien, Portugal und Dänemark – schon zu den Unterzeichnerstaaten des berühmten «Briefes der Acht» vom 30. Januar 2003. Er versicherte die USA der umfassenden Solidarität der «Europäer»: «Zum großen Teil dank des Muts, der Großzügigkeit und der Weitsicht der Amerikaner wurde Europa im 20. Jahrhundert gleich zwei Mal von Tyrannei befreit: von Nazi-Herrschaft und Kommunismus. Auch dank der dauerhaften Zusammenarbeit zwischen Europa und den Vereinigten Staaten haben wir Frieden und Freiheit auf unserem Kontinent bewahren können. Das transatlantische Verhältnis darf der anhaltenden Bedrohung der Weltsicherheit durch das irakische Regime nicht zum Opfer fallen.» Gemeinsam müsse man darauf bestehen, daß Saddam Husseins Regime entwaffnet werde.[165] Nur wenige Tage später schlossen sich die Regierungen der osteuropäischen NATO-Beitrittskandidaten an: Die USA hätten dem UN-Sicherheitsrat nunmehr «überzeugende Beweise» für die Existenz von Massenvernichtungswaffen im Irak geliefert; eine entsprechend harte Haltung der Demokratien sei daher erforderlich.[166]

Auch wenn die überwiegende Mehrheit der europäischen Bevölkerungen gegen den Militäreinsatz war, so trat doch die tiefe Spaltung Europas in der Irakfrage offen zu Tage. Die Gemeinsame Außen- und Sicherheitspolitik der Europäischen Union glänzte zu diesem Zeitpunkt durch Abwesenheit. Und dem amerikanischen Verteidigungsminister Donald Rumsfeld fiel es leicht, von einem «alten» Europa zu sprechen, dessen Zeit abgelaufen sei. Gleichsam überholt wurde es aus seiner Sicht von einem «neuen», dynamischen Europa, das sich in die von den Amerikaner geführte «Koalition der Willigen» einfügte. Von einem amerikanischen Journalisten nach der Haltung Europas gefragt, meinte Rumsfeld: «Jetzt denken Sie an Europa als Deutschland und Frankreich. Ich tue dies nicht. Ich denke, das ist das alte Europa. Wenn Sie auf das gesamte heute der NATO angehörige Europa blicken, so verschiebt sich das Gravitationszentrum nach Osten. Und dort gibt es eine Menge neuer Mitglieder. [...] Deutschland ist ein Problem gewesen und Frankreich ist ein Problem gewesen.»[167]

Diese – «I think that's old Europe» – und viele andere Äußerungen führender amerikanischer Politiker schlugen auf dem «alten» Kontinent erhebliche Wunden und mobilisierten Teile der öffentlichen Meinung gegen die US-amerikanische Haltung. Am 15. Februar 2003, wenige Wochen nach Rumsfelds Interview demonstrierten Zehntausende von Europäern gegen die amerikanische Irak-Politik – nicht nur in den Straßen von Paris und Berlin, sondern auch von London, Rom und Madrid. Jürgen Habermas begrüßte diese Demonstrationen enthusiastisch und sah in ihnen die Geburtsstunde einer europäischen Öffentlichkeit. Zugleich forderte er, unterstützt von Jacques Derrida, dringend eine gemeinsame europäische Außenpolitik, die sich in ihrer rationalen, aus den Erfahrungen der Geschichte gespeisten Friedenspolitik von der amerikanischen unterschied. Nach Lage der Dinge konnte eine solche Politik ihren Ursprung nur im «Herzen» Europas – das zugleich das «alte» Europa war – seinen Ausgang nehmen.[168]

Aber zunächst blieben das die vergeblichen Appelle europäischer Intellektueller. Und zumindest kurzfristig schien es so, als ob das Projekt einer politischen Union mit gemeinsamer Außen- und Sicherheitspolitik durch die Ereignisse des zweiten Irak-Krieges definitiv zum Scheitern verurteilt war. Ein knappes Jahr vor der historischen Osterweiterung der EU standen ihre aktuellen und künftigen Mitgliedsstaaten vor tiefen Gräben. Schon wurde vor einer Spaltung der EU gewarnt.[169] Und für den Augenblick beherrschte tiefe Ratlosigkeit die Union.

Andererseits dauerte es nicht lange, bis dem Engagement im Irak – das in den meisten europäischen Ländern ohnehin gegen die demoskopisch faßbaren Mehrheitsmeinungen aufgebracht worden war – die Ernüchterung folgte. Polens Militär etwa erwies sich als bedeutungslos. Nach Kriegsende besaß Polen auch keine Chance auf gleichberechtigten Zugang zu den erhofften Wiederaufbauaufträgen, geschweige denn zu den irakischen Erdölquellen. Selbst die erhoffte visumsfreie Einreise für Polen gewährten die USA nicht.[170] Mehr noch: Polens Einsatz im Irak wurde in Amerika indirekt geradezu ins Lächerliche gezogen. Bei einer Fernsehdiskussion vergaß der demokratische Präsidentschaftskandidat Kerry, Polen als einen der Koalitionspartner zu nennen; Bush erinnerte ihn an das polnische Engagement, was allerdings umgehend zu einer Art «running gag» auf Kosten Polens wurde. Denn Bushs Replik wurde als «You forgot Poland» kolportiert und als Exempel für eine Art machtpolitische Pfennigfuchserei angesehen. Als jedenfalls die polnischen Truppen im Herbst 2008 den Irak verließen,[171] hatte deren Einsatz dem Land auch nicht ansatzweise den anfangs erhofften Ertrag erbracht.

In anderen Ländern der Kriegskoalition erwies sich die Waffe des Terrors als wirksam. Was Pessimisten befürchtet hatten, trat zunächst ein: Der «Krieg gegen den Terror», die Invasion des Iraks und der Sturz Saddam Husseins bewirkten keineswegs mehr Sicherheit, sondern ein deutlich gesteigertes Risiko. Verheerende Terroranschläge in Spanien und Großbritannien förderten die Rückzugsbereitschaft. Am 11. März 2004 detonierten in mehreren Madrider Vorortzügen insgesamt zehn Bomben. Fast 200 Tote und mehr als 1400 Verletzte lautete die schreckliche Bilanz. Ähnlich dramatisch verliefen am 7. Juli 2005 mehrere Bombenanschläge auf die U-Bahnen in London, denen 56 Menschen zum Opfer fielen. Fast 800 wurden zum Teil schwer verletzt. In beiden Hauptstädten verübten islamistische Täter die Anschläge. Eine direkte Verbindung zu Al Qaida ließ sich zwar nicht nachweisen; aber die Taten paßten ohnehin zu dem eher dezentralen Operationsmodus islamistischer Terrorgruppen, die im Gefolge des Irak-Kriegs an Bedeutung gewannen. In Polen und Italien stieg ebenfalls die Sorge vor Terroranschlägen im eigenen Land, was die Unpopularität der Irak-Besetzung noch einmal verstärkte. In Spanien wurde die konservative Regierung unter Ministerpräsident José María Aznar nur wenige Tage nach den verheerenden Anschlägen abgewählt. Die neue, sozialistisch geführte Regierung zog die Konsequenzen und beorderte die spanischen Truppen – 1300 Mann – aus dem Zweistromland zurück. In Italien führten die Geiselnahme und dramatische Freilassung der bekannten Journalistin Giuliana Sgrena Ende Februar 2005 zu einem endgültigen Stimmungsumschwung. Als überdies bei Sgrenas Befreiung am 4. März 2005 versehentlich ein italienischer Geheimagent von amerikanischen Truppen erschossen wurde,[172] machte dies den Rest des öffentlichen Rückhalts zunichte. In einer nationalen Gefühlsaufwallung distanzierte sich die italienische Öffentlichkeit nun endgültig von einem Unternehmen, das ohnehin allzu stark als ein quasi persönliches Projekt Berlusconis betrachtet worden war. Kritiker hatten immer geargwöhnt, Berlusconis Hauptmotiv sei der Wunsch gewesen, mit dem amerikanischen Präsidenten auf Augenhöhe zu stehen. Dazu paßte, daß es tatsächlich noch bis zur nächsten Parlamentswahl und zur Regierungsübernahme durch das Mitte-Links-Bündnis unter Romano Prodi dauerte, bevor Italien im Sommer 2006 seine Truppen aus dem Irak zurückzog.

Am längsten harrte Großbritannien als der wichtigste Verbündete der USA im Zweistromland aus. Allerdings mußte Premierminister Blair das Unternehmen in zunehmendem Maße gegen die große Mehrheit der öffentlichen Meinung verteidigen, was seinen Abstieg vom einst hohen Gipfel der Popularität beschleunigte. Der rasche Verfall der innenpolitischen Position Blairs, der schließlich 2007 zu seinem Rücktritt führte, wurde maßgeblich vom Irak-Unternehmen vorangetrieben.

Am Ende hatte die Koalition der europäischen «Willigen» für ihr Irak-Engagement einen hohen Preis bezahlt. Eigene Erwartungen wichen der

Demonstration gegen den Irak-Krieg, London 2003

Ernüchterung; innenpolitisch erlitten die Verantwortlichen einen Legitimationsverlust, den in Italien, Spanien, am Ende auch in Großbritannien ein Regierungswechsel besiegelte. Angesichts dieser erheblichen Rückwirkungen des Irak-Krieges relativierte sich die Tiefe der europäischen Spaltung. Denn daß der Irak-Krieg prekäre Folgen zeitigte und seine Legitimation angesichts dessen, daß die Besatzer keine Massenvernichtungswaffen aufspürten, auf schwachen Füßen stand, lag bald offen zu Tage. Dem Eindruck, daß die Koalition der «Willigen» also möglicherweise einen Fehler von beträchtlicher Tragweite begangen hatte, konnte sich kaum jemand entziehen. Um verlorenes Terrain und Vertrauen zurückzugewinnen, erschien es einmal mehr als zwingend geboten, daß Europa sich wieder auf die Möglichkeiten einer gemeinsamen Außen- und Sicherheitspolitik besann und wenn möglich mit einer Stimme sprach.

Die Europäische Union als internationale Friedensmacht?

Tatsächlich war es wie nach dem Jugoslawien-Debakel erstaunlich, wie schnell sich die Europäische Union wieder als kollektiver Akteur der internationalen Beziehungen zurückmeldete und als solcher zu neuen Aktivitäten zusammenfand. So unverkennbar die herben Rückschläge der Gemeinschaftspolitik in Jugoslawien und am Golf auch waren, so bemerkenswert war die Hartnäckigkeit, mit der sich die EU von diesen Krisen erholte. Wie mit dem Projekt einer europäischen Verfassung machte sie auch in bezug auf ihre Gemeinsame Außen- und Sicherheitspolitik einfach weiter, als ob nichts geschehen wäre. Symptomatisch war dabei die faktische Gleichzeitigkeit zwischen dem Zusammenbruch der GASP auf dem einen und ihrem erfolgreichen Ausbau auf dem anderen Schauplatz. Bereits 2002 konstituierte sich auf Initiative des spanischen Ministerpräsidenten, José María Aznar, das sogenannte Nahostquartett. Ins Leben gerufen, um der Eskalation des palästinensisch-israelischen Konflikts gegenzusteuern, agierte die Europäische Union hier zusammen mit den USA, Rußland und den Vereinten Nationen als eigenständiges Subjekt der internationalen Beziehungen. Und während die EU als kollektiver Akteur im Kosovo-Krieg nur auf der Zuschauertribüne saß, etablierte sie doch bereits ihre außenpolitischen Strukturen in Mazedonien. Während noch der zweite Irak-Krieg jede europäische Einheitlichkeit im Bereich der Außen- und Sicherheitspolitik zunichte machte, entwickelte die EU schon ihre neue Sicherheitsstrategie (ESS). Die vom Europäischen Rat am 20. Juni 2003 in Thessaloniki verabschiedete ESS verfolgte drei strategische Ziele: die Förderung von «Stabilität und verantwortungsvoller Staatsführung in unserer unmittelbaren Nachbarschaft»; die Schaffung einer Weltordnung, «die sich auf einen wirksamen Multilateralismus stützt»; die Fähigkeit, sich den alten und neuen Bedrohungen im Ernstfall zu stellen. Hierfür strebte die EU an, sich ein «gemischtes Instrumentarium» zu geben, das zivile wie militärische Mittel umfaßte. Um als Union «aktiver, kohärenter und handlungsfähiger» zu werden, beschloß der Rat eine bessere Absprache untereinander, die Bereitstellung verstärkter ziviler Mittel und – *last but not least* – den Aufbau von «flexibleren mobilen Einsatzkräften» zur aktiven militärischen Krisenintervention.[173]

Im Rahmen der neuen Sicherheitsstrategie wurde auch das Verhältnis von EU und NATO neu geordnet. Das sogenannte Berlin-plus-Abkommen vom 17. März 2003 regelte den Informationsaustausch zwischen beiden Verbünden und die Möglichkeit der EU, bei militärischen Einsätzen auf die Infrastruktur der NATO zurückgreifen zu können.[174] Auf dieser Basis begann die EU zunehmend als kollektive Militärmacht sichtbar zu werden. Während die USA mit den Koalitionskräften den Irak besetzten, engagierte sich die EU nach wie vor in Afghanistan, in Mazedonien und seit 2003 auch im Kongo. In dem afrikanischen Land, das von schweren bürgerkriegsartigen Unruhen heimgesucht wurde, intervenierte die EU aufgrund einer «Gemeinsamen Aktion» und einer Resolution des UN-Sicherheitsrates.[175] Neben dem Balkan und Afghanistan entwickelte sich der Kongo in den kommenden Jahren zu einem geographischen Schwerpunkt der Europäischen Sicherheits- und Verteidigungspolitik. 2006 erbat die UN von der EU eine Truppenverstärkung, um die Durchführung der anstehenden Präsidentschafts- und Parlamentswahlen angemessen schützen zu können. Über die Frage, wer diese für die nationalen Streitkräfte durchaus unbequeme Mission leiten und wie sie operativ auszugestalten sei, kam es zu massiven Auseinandersetzungen vor allem zwischen Berlin und Brüssel. Einmal mehr bot dies den Skeptikern willkommenen Anlaß, an der Grundarchitektur von GASP und ESVP zu zweifeln und den «pubertären Status der EU-Sicherheitspolitik» herauszustreichen.[176]

Solche harschen Urteile bedienten einen weitverbreiteten Euroskeptizismus, der sich gerne mit besonderer Verve gegen die außen- und sicherheitspolitischen Aktivitäten der EU wandte. Aber per Saldo verfehlten sie doch die Dynamik der Entwicklung. Diese läßt sich schon daran ablesen, daß das wichtigste Instrument der GASP, die «Gemeinsame Aktion», zunehmend häufiger eingesetzt wurde:

Zahl der «Gemeinsamen Aktionen» im Rahmen der GASP 2003–2008

2003	20
2004	22
2005	39
2006	65
2007	61
2008	66

Quelle: Jahrbuch der Europäischen Integration 2003/04–2009

Hinter diesen Ziffern verbergen sich zum einen geringfügige Aktionen zweiter Ordnung; zum anderen aber auch die zunehmende weltweite Präsenz der EU. 2008/2009 standen insgesamt knapp 10 000 EU-Experten, -Beobachter, -Ausbilder, -Polizisten und -Soldaten in aller Welt: unter anderem in Afghanistan, in Georgien, in Palästina, vor Somalia als Schutz gegen Piratenüberfälle, im Tschad und im Kongo zur regionalen Stabilisierung, schließlich im Kosovo und in Bosnien-Herzegowina.[177] Dabei agierte die EU als Zivil- und als Militärmacht. Zunehmend verknüpfte sie das eigene normative Selbstverständnis als demokratie- und friedensstiftender Staatenverbund, der sich an kooperativen Sicherheitsbeziehungen, präventiven Strategien und gewaltloser Konfliktregulierung orientierte, mit der Notwendigkeit auch militärischer, das heißt friedenserzwingender Aktion. Zumindest fallweise und auch wenn sich längst nicht alle Mitgliedstaaten dem Zivilmachtkonzept gleichermaßen verbunden wußten, erwarb die Europäische Union damit den Status eines internationalen Akteurs.[178] Sie profitierte überdies von den vielfältigen ökonomischen, politischen und kulturellen Beziehungen, über die ihre Mitgliedstaaten in aller Welt verfügten. Vor allem die postkolonialen und weniger entwickelten Länder blickten bei Konflikten zuerst meist nach Brüssel, um von dort Signale der Führung zu erhalten.[179]

Welchen Gewichtszuwachs die EU insoweit verbucht hatte, zeigte sich in dem kurzen, aber dramatischen georgisch-russischen Krieg im Sommer 2008. Gerade weil sie außerhalb der NATO agieren konnte, empfahl sich die EU als «ehrlicher Makler», und dieses eine Mal zumindest liefen die Prinzipien der GASP und das Profilierungsstreben einzelner Mitgliedsstaaten parallel. Unter französischer Ratspräsidentschaft stehend, profitierte die EU von einem «moment Sarkozy»: Dem französischen Präsidenten gelang es, sich und damit die Europäische Union als hauptsächlichen Vermittler eines Waffenstillstands in Szene zu setzen und damit zur raschen Beendigung der Kampfhandlungen beizutragen.[180]

Zwar werden auf unabsehbare Zeit bei großen, weltpolitisch bedeutsamen Entscheidungen weiterhin der Sicherheitsrat der Vereinten Nationen, die USA und die beiden militärischen Vormächte Europas, Frankreich und Großbritannien, den Ton angeben. Aber zwei Jahrzehnte nach Maastricht wäre es inadäquat, die damals eingeführte GASP für eine Totgeburt oder eine «Posse» zu halten. Zu diesem Urteil käme man nur, wenn man die GASP und die aus ihr hervorgegangene gemeinsame Europäische Sicherheits- und Verteidigungspolitik am Maßstab einer linearen Fortschrittsbewegung messen wollte. Aber gerade angesichts der Neuheit des zugrunde liegenden, höchst komplexen Prozesses, innerhalb dessen die europäischen Staaten es immer wieder neu lernen müssen, «kohärenter» zu werden und gewissermaßen «effizient» zusammenzurücken, wäre die Erwartung einer solchen Fortschrittslinearität verfehlt. Das «reale» Leben der Europäischen Union besteht in der ständigen Erfahrung des Scheiterns, des Ungenügens und der Kluft zwischen politischem Anspruch und den eigenen Möglichkeiten. Auch der unverkennbare Aufbruch in der Gemeinsamen Außen- und Sicherheitspolitik entstieg ganz unmittelbar der ständig präsenten und fortbestehenden Erfahrung des Scheiterns. Noch während sich Europa über dem Zweiten Irak-Krieg spaltete, nahm sie doch schon wieder neue Gestalt an.[181] Hierzu trug auch der Umstand bei, daß es bis zum Beginn des 21. Jahrhunderts genügend Europäer gab, die ihre eigene politische Existenz und administrative Arbeit mit der Europäischen Union verknüpften. Sie betrachteten das zum System gewordene europäische Institutionengefüge als Referenzrahmen und ließen sich daher auch durch kurzfristige Erfahrungen des Ungenügens oder gar des Scheiterns nicht grundsätzlich entmutigen. Insofern müssen die Eindrücke des Scheiterns wenn nicht relativiert, so doch in ihren zeithistorischen Kontext gestellt werden.

Das gilt auch für den erneut eher ambivalenten Eindruck, den die Europäische Union im Frühjahr 2011 angesichts des «arabischen Frühlings» erweckte. Insbesondere vermochte sie, als es um die Frage einer militärischen Intervention gegen Libyens Diktator Muammar al-Gaddafi ging, wiederum zu keiner einheitlichen Position zu gelangen. Legitimiert durch ein Mandat des UN-Sicherheitsrates, begannen die westlichen Mächte in den eskalierenden libyschen Bürgerkrieg einzugreifen. Indem sie seit März 2011 Kampfeinsätze gegen die überlegene Infrastruktur Gaddafis flogen, unterstützten sie de facto die Rebellen. Während die Amerikaner auf das Oberkommando verzichteten, kam es zu Spannungen zwischen den Europäern und der NATO-Führung. Frankreich und Großbritannien spielten unter dem Oberbefehl der NATO eine aktive militärische Rolle, während sich Deutschland schon im Sicherheitsrat der Stimme enthielt und eine eigene Beteiligung an Kampfeinsätzen ablehnte. Nach dem Sturz Gaddafis im Sommer 2011 zögerten Sarkozy und der britische Premierminister David Cameron nicht, ihren Triumph durch einen gemeinsamen Besuch in Tripolis zu zelebrieren, während der deutsche Außenminister Guido Westerwelle erneut für seine Entscheidung kritisiert wurde. Zugleich freilich war die EU schon längst im Hintergrund aktiv geworden. Sie organisierte insbesondere die Rückholung europäischer Bürger aus Libyen und forcierte die humanitäre Hilfe.

Zumindest für solche Bereiche unterhalb der Schwelle direkter militärischer Aktionen ist es daher fraglich, ob die Gemeinsame Außen- und Sicherheitspolitik der EU noch einer rein intergouvernementalen Logik unterliegt. Weist nicht das deutlich erkennbare Zusammenwachsen der europäischen Außenpolitiken auf andere, neuartig verschränkte, gleichsam experimentelle Formen der Vergemeinschaftung hin? Im Kontext solcher 20 Jahre nach Maastricht kaum abweisbarer Fragen erfindet die Politik- und Europawissenschaft einmal mehr neue Begriffe. Mehr oder minder gelungene Neologismen wie «Intensiver Transgouvernementalismus»[182] versuchen eine immer komplexer werdende Mehrebenenrealität zu beschreiben und begrifflich-theoretisch zu fassen. Sie signalisieren damit, daß die EU auch mit ihrer Gemeinsamen Außen- und Sicherheitspolitik eine Innovation geschaffen hat, deren Funktionen zwar nicht immer gleichermaßen abrufbar sind, die aber doch über die bekannten Formen internationaler Politik hinausgeht.

IV. DIE HERAUSFORDERUNGEN DER GLOBALISIERUNG

8. Das neue Europa und die globale Wirtschaft

Technologische Revolution und Transformation der Märkte

Unabhängig von den weltpolitischen Entscheidungen zog die Technik ihre Bahnen. Die politischen Umbrüche begleitete seit den späten 1970er Jahren die revolutionäre Entwicklung der Mikroelektronik. Die neuen Informations- und Kommunikationstechnologien (IKT) veränderten die Welt. Eine unwiderstehliche, explosionsartige technische Beschleunigung erfaßte zuerst die entwickelten Länder des Westens und Japan, seit der Jahrtausendwende aber im Grunde den ganzen Globus. Ausmaß und Wirkung dieser Entwicklung kamen einer «dritten industriellen Revolution» gleich. Der Siegeszug des *Personal Computer* (PC) veränderte Arbeitswelt, Alltag und Freizeitverhalten in der Breite und in dramatischer Weise. Das *World Wide Web*, das 1995 eingeführt wurde, beschleunigte die Entwicklung noch einmal und veränderte zugleich ihre Bewegungsrichtung. Es wurde nun möglich, Informationen und Daten weltweit und praktisch sofort zu übertragen. Mit der immer leistungsfähigeren Technik ließen sich auch immer größere Datenmengen senden, so daß es bis zum Beginn des 21. Jahrhunderts, technisch betrachtet, tatsächlich gleichgültig geworden war, ob ein Sachbearbeiter in Europa, in Nordamerika oder in Asien seine Aufgaben erledigte.

Das nachhaltigste Schlagwort der beiden Jahrzehnte nach dem Umbruch von 1989 lautete denn auch «Globalisierung». Das damit bezeichnete Phänomen hat eine Unmasse von Beschreibungen und Analysen hervorgebracht. Und kaum ein anderes zeitgenössisches Thema ist ähnlich unterschiedlich, ja konträr bewertet worden. Geradezu messianischem Lobpreis stand und steht nicht selten ein Verdammungsurteil entgegen, das praktisch alle sozialen und politischen Probleme des neuen Europa durch die Globalisierung bedingt sieht. Andere wiederum, wie Pierre Bourdieu, betrachteten die Globalisierung als ein bloßes Schlagwort, das sachlich nur wenig aussage, sich dafür aber umso besser als pseudo-argumentatives Druckmittel eigne, um neoliberal definierte gesellschaftspolitische Interessen diskursiv durchzusetzen.[1] Weit verbreitet ist schließlich die Auffassung, es handle sich bei der «Globalisierung» nicht um ein grundsätzlich neues

Phänomen, sondern um eine Form weltweiter Verflechtung, wie sie historisch aus dem letzten Drittel des 19. Jahrhunderts bekannt sei.[2]

Eine solche Auffassung kann auf gute Argumente zurückgreifen. Angeführt von der überragenden Bedeutung Großbritanniens als global agierendes Industrie- und Finanzzentrum, expandierte die Weltwirtschaft damals wie nie zuvor und erreichte zugleich ein bis dahin nicht gekanntes Maß an Integration. Ermöglicht wurde dieser Prozeß durch die Stabilität des Goldstandards und durch technische Neuerungen, die in den Bereichen Datenübermittlung (Telegraph) und Transport (Eisenbahn, Dampfschifffahrt) eine wahre Verkehrsrevolution entfesselten. Erst die Epoche der Weltkriege mit ihren finanz-, währungs- und handelspolitischen Disruptionen setzte der Blüte dieser «ersten» Globalisierung *avant la lettre* ein jähes Ende.

So offenkundig die Parallelen auch sind, so spricht doch vieles dafür, die Geschichte der «zweiten» Globalisierung seit den 1970er Jahren als Zäsur zu betrachten. Freilich handelte es sich dabei zunächst weniger um völlig neue Entwicklungen als um die immense quantitative Steigerung im Kern bereits bekannter Phänomene. Alle Merkmale der Globalisierung – Intensivierung internationaler Arbeitsteilung, Expansion des Welthandels und der Auslandsproduktion, Ausdehnung der Kapitalinvestitionen und der Finanzmärkte, Grenzöffnungen und Migrationsbewegungen – sind nicht per se neu. Aber sie konvergierten im letzten Drittel des 20. Jahrhunderts in einer zuvor ungekannten Dynamik. Zumindest wenn man den Optimisten glaubt, so hat die Globalisierung tatsächlich eine neue Epoche der offenen Grenzen eingeleitet. Es ginge dann nicht nur um die Fortsetzung des historisch bekannten intensiven grenzüberschreitenden Verkehrs – das Markenzeichen der Epoche vor 1914 –, sondern um eine Welt mit offenen Grenzen, die entsprechende grenzen*lose* Transaktionen erlaubt.[3]

Drei verursachende Faktoren lagen an der Wurzel der Globalisierung. Seit ungefähr 1980 verstärkten sie sich wechselseitig und entfesselten eine ungeahnte Dynamik. Erstens ist weder die europäische noch die globale Geschichte seit den 1980er Jahren ohne die erwähnte technologische Revolution zu begreifen. So wie der Telegraph im 19. Jahrhundert stellten die neuen Kommunikationstechnologien am Ende des 20. Jahrhunderts die Infrastruktur für die neuen Formen weltweiter Verflechtung bereit.

Die zweite Ursache ergab sich aus einem Wandel der Wirtschafts- und Finanzpolitik in den westlichen Ländern. Tatsächlich reagierten die westlichen Industriestaaten mit zunehmend gleichartigen Rezepten auf die seit den 1970er Jahren unübersehbare Wachstumsschwäche. Ausgehend von den USA und Großbritannien, an deren Spitze mit Ronald Reagan und

Margaret Thatcher zwei seelenverwandte Politiker agierten, glichen sich die wirtschafts- und finanzpolitischen Konzepte immer stärker an. Auch in Westeuropa vollzog sich ein lautloser Abschied von sozialdemokratischen, keynesianisch begründeten Rezepten,[4] und es erfolgte die Wendung zum «Neoliberalismus». Diese maßgeblich auf Milton Friedman und die sogenannte Chicago School zurückgehende Doktrin begegnete zwar kaum jemals in ihrer «marktradikalen» Reinkultur; vielmehr entfaltete sie sich in zahllosen Nuancierungen, und überdies leidet der Begriff an seiner zunehmend ideologisch gefärbten Verwendung. Dessenungeachtet zielte der Neoliberalismus darauf, die weltweite Wirtschaftskrise durch die Schaffung neuen Wachstums und neuer Stabilität zu bekämpfen. Erforderlich hierfür waren allerdings nicht politisch gesteuerte Maßnahmen, sondern allein die Kräfte des Marktes, die es ihrerseits durch den partiellen Rückzug des Staates überhaupt erst neu zu entfesseln galt. In diesem Sinne schwenkten seit Beginn der 1980er Jahre alle westlichen Regierungen auf einen mehr oder minder strikten monetaristischen Kurs ein. Der konsequente Abbau von Kapitalrestriktionen trug den Bedingungen fortschreitender Internationalisierung Rechnung und erleichterte grenzüberschreitende Direktinvestitionen. Indem der Staat die steuerlichen Rahmenbedingungen verbesserte, förderte er Investitionen und innovative Branchen. Dem gleichen Ziel dienten Maßnahmen zur Verstärkung des Wettbewerbs und zur Deregulierung, womit zwei ordnungspolitische Schlüsselbegriffe der 1980er Jahre genannt sind. Die Rückführung bzw. Begrenzung sozialpolitischer Leistungen sollte die Staatsfinanzen konsolidieren, die Arbeitskosten mindern und die Eigeninitiative stärken. Schließlich suchten die Regierungen durch ein Bündel arbeitsmarktpolitischer Maßnahmen höhere Beschäftigungsziffern zu erzielen.[5]

Auf internationaler Ebene begleitete diesen Prozeß eine zunehmend intensive wirtschaftspolitische Zusammenarbeit, die in den 1990er Jahren erste Schritte in Richtung eines «global governance» tat. Im Mittelpunkt stand das Bemühen, die Handelsbarrieren weiter abzubauen, die Spielräume für internationale Transaktionen zu erweitern und einem krisenbedingten Rückfall in den Protektionismus entgegenzuwirken. Diese Verhandlungen fanden zunächst im Rahmen des GATT statt, das mit der 1986 eingeläuteten «Uruguay-Runde» eine spürbare Dynamisierung erfuhr und 1995 in die WTO überführt wurde. Zur gleichen Zeit startete die Europäische Gemeinschaft mit der Einheitlichen Europäischen Akte und dem Delors-Plan ihre Reise zu einem integrierten europäischen Binnenmarkt ohne Grenzen und mit einheitlicher Währung. Nach den sukzessiven Süd-, Nord- und Osterweiterungen bzw. den Assoziationsabkommen mit den verbleibenden Nicht-EU-Staaten umfaßt der gemeinsame Markt nunmehr den ganzen Kontinent.

Keineswegs also war die Globalisierung der 1980er und 1990er Jahre ein ungesteuerter Prozeß, der die westliche Politik gleichsam wie ein Naturereignis überkam. Vielmehr trugen Staaten und Regierungen aktiv dazu bei, die globale Wirtschaft durch Liberalisierung voranzutreiben, weil sie glaubten, damit die Wirtschaftskrise und die Arbeitslosigkeit am wirksamsten zu bekämpfen. Indem sie liberalisierten, deregulierten und privatisierten, förderten die Regierungen nachhaltig die Macht des Marktes und erweiterten den internationalen Spielraum der großen Konzerne und Banken. Freilich bahnten sie damit selbst den Weg zu eben jenem staatlichen Souveränitätsverlust, den sie später um so heftiger beklagten.

Tatsächlich konnte sich erst im Rahmen günstig gestellter politisch-institutioneller Bedingungen die dritte verursachende Kraft der Globalisierung nachhaltig entfalten: die beispiellos expandierenden ausländischen Direktinvestitionen. Diese Investitionen, die aus den kapitalstarken westlichen Ländern in auswärtige Märkte flossen, wurden zusammen mit der sich ausdehnenden internationalen Finanzwirtschaft zum eigentlichen Motor der Globalisierung.

Um die Entwicklung zu verstehen, muß man sich einige Zahlen vor Augen halten: Im Jahre 1960 umfaßte der gesamte weltweite Kapitalstock ausländischer Direktinvestitionen ca. 66 Milliarden US-Dollar; im Jahr 2002 betrug er 7200 Milliarden (7,2 Billionen) US-Dollar. Das entspricht einer Steigerung um mehr als das Hundertfache! Der größte Teil dieser Steigerung erfolgte seit dem Ende der 1980er Jahre. Betrug das weltweite jährliche Anlagevolumen im Jahre 1986 noch knapp 96 Milliarden US-Dollar, so wuchs die entsprechende Summe schon bis 1993 auf knapp 242 Milliarden und steigerte sich auf mehr als 1231 Milliarden (1,23 Billionen) US-Dollar im Jahre 2000. Erst die Finanzkrise desselben Jahres ließ den Fluß der direkten Auslandsinvestitionen vorübergehend absinken, bevor er im Jahr 2007 mit fast zwei Billionen einen neuen Rekordstand erreichte. Im Gleichschritt hiermit verdoppelte sich das Gesamtvolumen des weltweit investierten Kapitalstocks zwischen 2002 und 2007 noch einmal auf ca. 15,2 Billionen US-Dollar. Die großen westlichen Volkswirtschaften verfügten bis zu diesem Zeitpunkt über einen Kapitalstock von Auslandsinvestitionen, der sich auf ca. 30 bis 50 Prozent des jährlichen Bruttoinlandproduktes belief.[6]

Die wichtigsten Träger dieser Entwicklung waren und sind die multinationalen Konzerne, deren Zahl in der Zeit von 1980 bis 2007 dramatisch anstieg. Ihre Führungsetagen entschieden darüber, neue Produktionskapa-

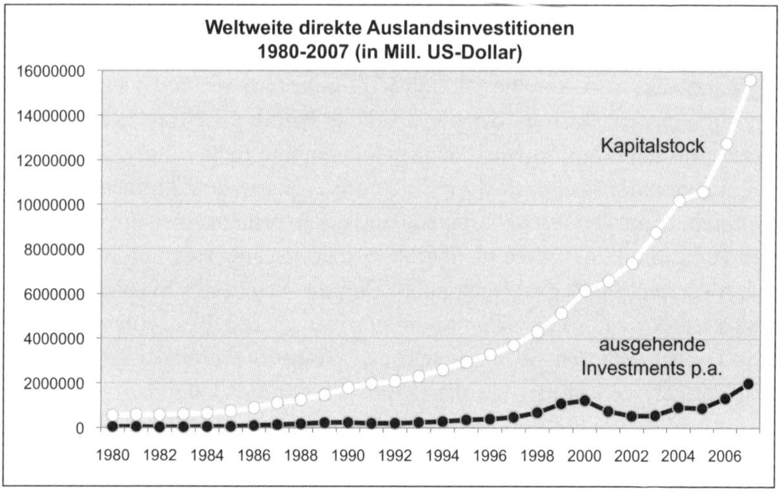

Quelle: http://stats.unctad.org/FDI

zitäten im Ausland auf- und Arbeitsplätze abzubauen, die Vertriebsnetze zu erweitern, Firmenanteile zu übernehmen oder auch ganze Firmen aufzukaufen. Vor allem die 1990er Jahre sahen geradezu ein Feuerwerk von transnationalen Konzernübernahmen oder -fusionen, das nun auch zunehmend durch die Aktivitäten von Private Equity und Hedgefonds angeheizt wurde. Ein Höhepunkt wurde im Jahre 2000 erreicht, als der Wert aus solchen grenzüberschreitenden *Merger&Acquisition*-Geschäften die Rekordsumme von 999 Milliarden US-Dollar erreichte.[7] In dieses Jahr fiel auch die feindliche Übernahme des deutschen Traditionsunternehmens Mannesmann durch die britische Vodafone AG. Sie rief in Deutschland beträchtliche Leidenschaften hervor und wurde mit einem Kaufpreis von 112 Milliarden US-Dollar die bis dahin kostspieligste Firmenübernahme aller Zeiten. Heute operiert Vodafone zusammen mit Partnerschaften in insgesamt mehr als 70 Ländern. Neben die mikroelektronisch angetriebene Globalisierung der Finanzen und der Kommunikation trat daher die Globalisierung der Produktion. Wesentliche Impulse gingen auch und gerade von den älteren Industrie- und Handelsbranchen aus. Auch hier wirkte das klassische Motiv zur internationalen Expansion, nämlich der Wunsch, ausländische Märkte zu erobern. Praktisch alle internationalen Großunternehmen errichteten zu diesem Zweck im Ausland neue Fertigungsanlagen, kauften Konkurrenten auf oder versuchten, durch *Joint Ventures* den avisierten Markt zu erschließen.

Ein weiteres Motiv entsprang der uralten Hoffnung, die Gestehungs- und

Transaktionskosten zu senken. Im Grunde ist es paradox, daß die großen Konzerne ihre Kosten senken konnten (oder glaubten, dies tun zu können), indem sie ihre Produktion geradezu zerstückelten, an verschiedene internationale Standorte verlagerten oder auch ganze Geschäftsbereiche an Subunternehmer abgaben (*outsourcing*). Dieses Vorgehen wurde überhaupt erst durch die Kräfte der Globalisierung und infolge der Liberalisierung der Märkte möglich, trieb aber seinerseits deren Dynamik erheblich an und trug zur weiteren Steigerung der ausländischen Direktinvestitionen bei.

Die internationale Aufteilung der Produktion folgte betriebswirtschaftlichen Erwägungen, wobei die Konzerne vor allem mit niedrigeren Lohnkosten kalkulierten. Nach einer Berechnung aus dem Jahre 1995 betrugen die Kosten für eine Arbeitsstunde in Deutschland 31,80 US-Dollar, in Japan 23,66, in Frankreich 19,34 und in den USA 17,20 US-Dollar; dagegen konnte man in Thailand und Indonesien mit 0,30, in China und Indien sogar nur mit 0,25 US-Dollar rechnen.[8] Daß solche Differenzen bei gleichzeitig sich öffnenden Märkten die Phantasie der Manager anregte, brauchte niemanden zu wundern. Aber auch infrastrukturelle, steuerliche und andere institutionelle Vorteile spielten eine Rolle. Potentielle Standorte warben und konkurrierten ihrerseits um Investitionen. So entstanden unter der Kontrolle der Großkonzerne international oder sogar global verflochtene Produktions- und Wertschöpfungsketten. Die Strukturen der internationalen Arbeitsteilung veränderten und verfestigten sich gegebenenfalls neu. Zugleich stieg der Anteil der Halbfertigprodukte am internationalen Handel weitaus stärker an als der Handel mit Endprodukten.[9]

Voraussetzung hierfür war freilich, daß preisgünstige Transportkapazitäten zur Verfügung standen, und damit ist ein weiterer wichtiger Rückkoppelungseffekt der Globalisierung benannt: Die geradezu «brutale» Steigerung des Handelsvolumens zwischen Asien und Europa und die damit verbundene Nachfrage nach Transportkapazitäten eröffneten einen wachsenden Markt für international agierende Logistikunternehmen.[10] Manche von ihnen entwickelten sich im Verlauf der 1990er und 2000er Jahre zu weltweit agierenden Großkonzernen wie etwa die Deutsche Post, die binnen kurzem vom Staatsunternehmen mit national begrenztem Serviceauftrag zum weltweit größten Logistikunternehmen mutierte. Aber auch auf innereuropäischer, nationaler und regionaler Ebene stieg der Bedarf an Logistik. Der größte Teil des Transports wurde hier auf der Straße abgewickelt. In den großen Ländern Westeuropas vervielfachte sich der Güterverkehr auf der Straße spürbar; in Deutschland etwa, dem verkehrsreichsten Land Europas, stieg er zwischen 1970 und 2005 um das Dreifache, von 78 auf 310 Milliarden Tonnenkilometer (tkm). Ähnlich dynamische Zuwachsraten wiesen Spanien und die Türkei auf. Aber auch in Frankreich und Italien verdreifachte sich der Verkehr in dieser Zeit, während er sich in Großbritannien auf hohem Niveau verdoppelte. Auch in den ostmitteleuropäischen Transformationsländern spielte der Güterverkehr auf der Straße die wichtigste Rolle für die Expansion nach 1989. In Polen und der Tschechoslowakei bzw. ihren Nachfolgestaaten stieg er zwischen 1990 und 2005 auf rund das Dreifache.[11]

Die fortschreitende Öffnung und Verflechtung der europäischen Wirtschaft erfolgte mithin auf doppelter Ebene: zum einen innerhalb Europas und der Europäischen Union selbst. Tatsächlich wurde Europa nach 1989, im Kontext von Binnenmarkt und Osterweiterung, offener, dynamischer und mobiler als jemals zuvor. Aus dem früher grenzüberschreitenden Verkehr innerhalb Europas entstand nun ein Verkehrsraum ohne Grenzen. Insofern erfuhren die Bewohner des alten Kontinents die dynamischen Veränderungen der Jahrzehnte nach 1989 in erster Linie als «Europäisierung» ihrer Lebensverhältnisse. Zum anderen aber war dieses Europa eng verflochten mit der sich dynamisch verändernden globalen Wirtschaft. Welchen Platz Europa in ihr einnehmen würde, war zu Beginn der 1990er Jahre eine offene Frage. Sie zu beantworten, stellte über die gesamte Periode hinweg eine zentrale Herausforderung dar.

Eine erste Antwort gibt die Geschichte einiger europäischer Großkonzerne. Tastächlich haben nicht wenige europäische Unternehmen erst infolge der Globalisierung der 1980er und 1990er Jahre begonnen, weltweit zu operieren. Dies betrifft auch solche Giganten wie die Vodafone AG, den nach Umsatz weltgrößten Mobilfunkanbieter, oder den Medienkonzern Bertelsmann. Das bereits 1835 gegründete Unternehmen hatte sich schon lange durch seine «Buchklubs» einen expandierenden Markt erschlossen und war seit den 1970er Jahren in großem Stil in den nationalen Medienmarkt eingestiegen. Der Durchbruch zum «global player» erfolgte aber erst in den 1980er Jahren durch die gezielte Expansion mittels Zukaufs mehrerer ausländischer Firmen. 2008 verfügte der Konzern über fünf jeweils international agierende Unternehmensbereiche. Hierzu gehört mit der RTL-Group ebenso der größte europäische Anbieter von Fernseh- und Radiounterhaltung wie mit arvato ein Dienstleistungsunternehmen und mit Random House das weltweit größte Buchverlagsimperium. Insgesamt ist das Unternehmen in 63 Ländern mit mehr als 106 000 Arbeitnehmern präsent.[12]

Dem Wagemutigen und Erfindungsreichen bot die Globalisierung also auch in Europa enorme Chancen. Die historische Legierung von informationstechnologischer Revolution und stetiger Erweiterung des Weltmarktes erwies sich für viele als persönlicher Glücksfall, so auch für jene fünf Angestellten der IBM Deutschland, die im Jahre 1972 kündigten und ihre eigene Firma SAP für «Systemanalyse und Programmentwicklung» gründeten. Ihre Geschäftsidee, die Entwicklung standardisierter Betriebssoftware, war ebenso einfach wie zukunftsträchtig. Als die Computer immer kleiner und leistungsfähiger wurden und in den 1980er/90er Jahren der Durchbruch zum System dezentraler, aber untereinander vernetzter PCs erfolgte, hatte das junge Unternehmen zum richtigen Zeitpunkt das richtige Produkt. Der 1988 erfolgende Börsengang katapultierte die Firmengründer Hans-Werner Hector, Dietmar Hopp, Hasso Plattner und Klaus Tschira in die Gruppe der reichsten Männer Deutschlands und in die Forbes-Liste der Milliardäre. Zu Beginn des 21. Jahrhunderts ist SAP der weltweit drittgrößte Software-Hersteller und Marktführer im Bereich der Betriebssoftware; er beschäftigt weltweit rund 40 000 Mitarbeiter und verfügt in 13 Ländern über Niederlassungen. Mehr als 38 000 Betriebe in mehr als 25 Branchen und in 120 Ländern sind Kunden von SAP.[13]

Aber auch für bereits etablierte Unternehmen hielt die Globalisierung neue Optionen bereit. Das wohl eindrücklichste Beispiel hierfür war der finnische Konzern Nokia. 1865 gegründet, stellte Nokia ursprünglich Papier, Gummi und Kabel her. Seit den 1970er Jahren indes steuerte der Konzern einen aggressiven Expansionskurs. Im Zuge einer ambitionierten Diversifizierungsstrategie konzentrierte er sich zunehmend auf eine wachsende Palette von Elektroprodukten – vom Farbfernseher bis zur Telefonanlage. Allerdings wählte das Nokia-Management damit einen Markt, auf dem sich im Verlauf der 1980er Jahre die übermächtige Konkurrenz aus Japan und den asiatischen «Tigerstaaten» durchsetzte. Noch schwieriger gestaltete sich die Lage, als nach 1989/91 auch der für Nokia traditionell wichtige sowjetische Markt wegbrach; kurzzeitig stand das Unternehmen fast vor dem Zusammenbruch. Rettung brachte ein radikaler Strategiewechsel. Er lässt sich als «global focus strategy» bezeichnen und ist eng mit dem Namen Jorma Ollila verbunden, der 1994 zum Vorstandsvorsitzenden ernannt wurde. Während sich Nokia nun von fast allen anderen Unternehmensbereichen trennte, konzentrierte es sich seit Mitte der 1990er Jahre ausschließlich auf die Produktion mobiler Telefone. Die Ausgaben für Forschung und Entwicklung stiegen dynamisch an – im Jahre 2000 waren hier fast 19 000 Mitarbeiter beschäftigt, was rund 35 Prozent der Gesamtbeschäftigtenzahl entsprach. Auf diese Weise gelang es Nokia, binnen kurzem zum Weltmarktführer für Mobiltelefone zu werden. Das Unternehmen profitierte von der sprunghaften Entwicklung der Informationstechnologie, die es erlaubte, immer kleinere Telefone herzustellen. Für die weltweit geradezu exponentiell ansteigende Nachfrage verfügte Nokia zur richtigen Zeit über die richtige Strategie. «Nokia Connecting People», wie der eingängige Werbeslogan lautete. Das «Handy», das wie kaum ein anderes Produkt die Globalisierung symbolisierte, wurde somit zu einem beträchtlichen Anteil in Europa hergestellt.[14] Wichtig für den Erfolg von Nokia war von Beginn an die gezielte Erforschung von Modetrends. Über das Produkt Mobiltelefon hinaus, das zumindest anfangs für einen ganz bestimmten Lebensstil stand – nicht umsonst hieß Nokias erstes Handtelefon «Cityman» –, setzte Nokia die erspürten aktuellen Trends in kreative Designs um. Wie fragil solche Erfolge freilich waren, zeigte sich, als Nokia seine diesbezügliche Führungsrolle an den amerikanischen Konkurrenten Apple abtreten mußte, der nun seinerseits mit dem «iPhone» einen weltweiten Siegeszug antrat. Nokia wie Apple demonstrierten jedenfalls, wie die länder- und kulturenübergreifende Durchsetzung von Marken einen bestimmenden Aspekt der kulturellen wie der ökonomischen Globalisierung bildete. Abstiegsprozesse, wie sie jüngst Nokia, und Wiederaufstiegsprozesse, wie sie Apple erfahren hat, sind in dieser Entwicklung inbegriffen.

Schließlich schloß die Globalisierung auch jenen Branchen die Tore zur Welt auf, die nicht unmittelbar von der technologischen Revolution der 1980er und 1990er Jahre lebten. Das galt im besonderen für den Bereich Mode und Design und hier für ausgewählte Bekleidungsmarken. Tatsächlich ist es von nicht geringer Ironie, dass zu einem Zeitpunkt, zu dem die letzten Bastionen der westeuropäischen Textilindustrie geschleift wurden, einige europäische Marken zu einem weltweiten Siegeszug antraten. Erinnert sei nur an die kleine Herrenschneiderei Hugo Boss im schwäbischen Metzingen, aus der eine weltweit produzierte und vertriebene Modemarke wurde. Noch eindrücklicher ist die Geschichte der italienischen Familie Benetton: Luciano Benetton und seine Schwester Giuliana begannen in den 1950er Jahren damit, selbstentworfene und selbstgestrickte Sweater mit dem Fahrrad im Haustürgeschäft zu vertreiben. Aus diesen Anfängen entwickelte sich eine weltweit bekannte Modemarke. Schon in den 1970er Jahren hatten die Benettons den Schritt über Italien hinaus gemacht. Mit der Dynamik der Globalisierung begann ihre große Zeit, die sie ebenfalls zu Milliardären machte. 1979 eröffneten sie ihren ersten Laden in New York. Zwanzig Jahre später war Benetton zum multinationalen Giganten geworden mit rund 8000 Läden weltweit, davon allein 2700 in den Vereinigten Staaten.

Allerdings konnten solche individuellen Erfolgsgeschichten nicht den Blick dafür trüben, daß die europäische Wirtschaft in der Umbruchszeit

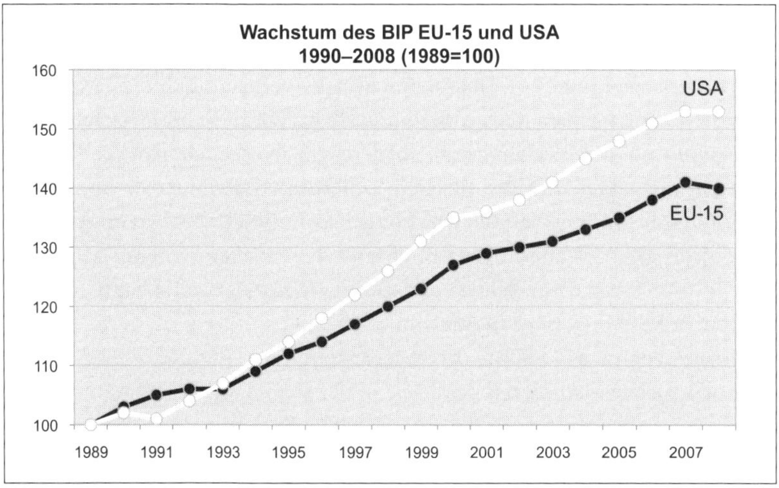

Quelle: Jeanneney u. Pujals, S. 175–178; EuroStat

seit 1990 und unter dem Druck der Globalisierung mit erheblichen Problemen zu kämpfen hatte. Tatsächlich litten die Mitgliedsstaaten der Europäischen Union im Verlauf der gesamten 1990er Jahre unter einer deutlichen Wachstumsschwäche. Insbesondere im Vergleich zu den Wachstumsraten der USA geriet Europa in Rückstand. Der relative Anteil Europas am Weltbruttoinlandsprodukt sank im gleichen Maße wie das durchschnittliche Pro-Kopf-Einkommen. In Umkehrung früherer Entwicklungen, als die westeuropäischen Daten über denen der USA lagen, öffnete sich um die Jahrhundertwende eine deutlich erkennbare transatlantische Schere.

An der Wurzel dieser Entwicklung lag die amerikanische Übermacht im Bereich der Finanzen und der Neuen Technologien. Aufgrund ihrer besonderen Dynamik in diesen Sektoren profitierte die US-Wirtschaft von den Tendenzen der Globalisierung stärker als die Europäische Union. Der Anteil innovativer IT-Firmen am BIP, aber auch der computerbasierten Dienstleistungen im Finanz- und Handelssektor war in den USA deutlich höher als in der Europäischen Union.[15] Sie warfen besonders hohe Profite ab, und entsprechend dynamisch entwickelte sich auch der US-amerikanische Arbeitsmarkt in diesen Bereichen.

Die sich öffnende transatlantische Schere gab regelmäßigen Anlaß zu kritischen Analysen der europäischen Wirtschaft. Deren Grundannahmen bildeten zunehmend eine Art Fundamentalkonsens unter den Wirtschaftsexperten der 1990er und 2000er Jahre. Demzufolge lagen Europas größte Probleme in der Überalterung seiner Bevölkerung, der rechtlichen Verkrustung seiner Arbeitsmärkte und Sozialsysteme, einem zu hohen Steuerniveau, seinem Rückstand in Forschung und Entwicklung sowie in der Informationstechnologie. Um seine Wettbewerbsfähigkeit zu stärken, brauche Europa daher nach amerikanischem Vorbild eine Mischung aus Deregulierung und Innovation. Gefordert wurden die nachhaltige Reform des Arbeitsmarktes und der sozialen Sicherungssysteme sowie höhere Investitionen in Bildung sowie Forschung und Entwicklung, verbunden mit einer informationstechnologischen Offensive. Vor allem von der Modernisierung und Expansion des Dienstleistungssektors erhoffte man sich besonders hohe Wertschöpfungsgewinne.[16]

Diese Rezeptur beeinflußte die Tagesordnung und die politische Sprache der Europäischen Union selbst, die sie in der sogenannten Lissabon-Strategie als richtungsweisend implementierte. «Die Europäische Union», so formulierte es der Sondergipfel des Europäischen Rates in Lissabon im März 2000, «ist mit einem Quantensprung konfrontiert, der aus der Globalisierung und den Herausforderungen einer neuen wissensbasierten Wirtschaft resultiert. Diese Veränderungen wirken sich auf jeden Aspekt des Alltagsleben der Menschen aus und erfordern eine tiefgreifende Umgestaltung der europäischen Wirtschaft.» Die Antwort der EU war eindeutig. Der Rat und die Brüsseler Kommission formulierten Ziele, die sich eng an den Tendenzen der Globalisierung orientierten und Europa dezidiert «fit» machen sollten für die globale Wirtschaft. Mit der «Lissabon-Strategie» setzten sich die europäischen Staats- und Regierungschefs ein entsprechend ehrgeiziges «neues strategisches Ziel», nämlich «die Union zum wettbewerbsfähigsten und dynamischsten wissensbasierten Wirtschaftsraum der Welt zu machen – einem Wirtschaftsraum, der fähig ist, ein dauerhaftes Wirtschaftswachstum mit mehr und besseren Arbeitsplätzen und einem größeren sozialen Zusammenhalt zu erzielen.»[17] Als wichtigste Politikfelder zur Erreichung dieses ehrgeizigen Zieles gab der Rat im einzelnen vor: eine «Informationsgesellschaft für alle», die «Schaffung eines europäischen Raums der Forschung und Integration», ein «günstiges Umfeld für die Gründung und Entwicklung innovativer Unternehmen», die Vollendung des einwandfrei funktionierenden Binnenmarktes, «effiziente und integrierte Finanzmärkte», die «Modernisierung des europäischen Gesellschaftsmodells» durch Bildungsinvestitionen und einen aktiven Wohlfahrtsstaat.

Mit diesen Vorhaben, die faktisch eine Art Globalisierungsstrategie darstellten, etablierte sich die EU als zentrales europäisches Sprachrohr einer technokratisch durchzusetzenden, «neoliberalen» Zukunftsvision. Mehr und mehr spielte sie die Rolle eines Transmissionsriemens zwischen den ihr angehörigen Nationalstaaten, deren Handlungsspielraum schrumpfte, und den Herausforderungen der globalen Ökonomie. Kritiker befürchteten daher nicht ohne Grund, eine «Europäisierung» Europas bedeute de facto dessen Globalisierung und damit die Aufgabe traditioneller kultureller und sozialer Standards. Hierzu gehörte insbesondere eine strategische Rückführung der sozialpolitischen Leistungen, um sie einerseits zielgenauer zu verteilen und um andererseits die «Eigenverantwortung» der Marktteilnehmer zu steigern.[18]

Um die geplanten Maßnahmen in den genannten Politikfeldern zu implementieren und ein strafferes Monitoring zu gewährleisten, verabschiedete der Europäische Rat in Lissabon ein «neues offenes Koordinierungsverfahren». Im einzelnen sollte dieses Verfahren «quantitative und qualitative Indikatoren und Benchmarks im Vergleich zu den Besten der Welt» festlegen und die Umsetzung der europäischen Leitlinien in die nationale Politik «durch Vorgabe konkreter Ziele und den Erlaß entsprechender Maßnahmen» sowie einen genauen Zeitplan gewährleisten. Dementsprechend formulierte der Europäische Rat als letztes Merkmal des neuen Koordinierungsverfahrens die «regelmäßige Überwachung, Bewertung und gegenseitige Prüfung im Rahmen eines Prozesses, bei dem alle Seiten voneinander lernen».[19]

Von Beginn an war es umstritten (und bleibt es bis heute), inwieweit der im Jahr 2000 angestoßene «Lissabon-Prozeß» geeignet ist, Europa zu seinem Besten zu verhelfen und den angestrebten Platz in der globalen Wirtschaft zu sichern. Offen blieb vor allem, inwieweit das in Lissabon formulierte Konzept nicht an einem unaufhebbaren Widerspruch litt: Auf der einen Seite spiegelte die Sprache der europäischen Akteure und ihrer Dokumente die neoliberalen Prioritäten der Globalisierung in vollem Umfang wider und näherte sich der Sprache der Unternehmensberatung an; auf der anderen Seite verstärkte die Europäische Union jenen technokratischen, gleichsam von oben nach unten verlaufenden Kurs, der bereits den Weg zum Maastricht-Vertrag geebnet hatte. So tendierte er eben dort zur Bürokratisierung und Überreglementierung, wo ein tatsächlich neo-*liberales* Credo eigentlich den Rückzug der Institutionen und die Verbreiterung der individuellen Bewegungsspielräume nahegelegt hätte. Ob unter diesen Umständen nicht die Gefahr besteht, daß die Kommissionsstrategie wesentliche politische, soziale und kulturelle Realitäten und die historische Vielgestaltigkeit Europas verfehlt, ist bis heute eine offene Frage. Hinzu kommt das in diesem Bereich besonders stark empfundene Demokratiedefizit der EU, das durch neue Wortungetüme wie «offenes Koordinierungsverfahren» nur mühsam überdeckt wurde.

Tatsächlich wurden die selbstgesteckten Ziele im einzelnen nur teilweise erreicht, im ganzen dagegen eher verfehlt. Das galt vor allem für die Vorstellung, die Europäische Union könne binnen kurzem zum wettbewerbsfähigsten Wirtschaftsraum der Welt gemacht werden. Die hochrangige Expertengruppe, die 2004 unter dem Vorsitz des früheren niederländischen Ministerpräsidenten Wim Kok im Auftrag des Europäischen Rates zusammentrat, zog eine ernüchternde, ja «enttäuschende» Zwischenbilanz. Die Kommission, in der Politiker und Wirtschaftsvertreter dominierten, beklagte eine überfrachtete Agenda, nicht ausreichende Koordinierung, vor allem aber den Mangel «an einem entschlossenen politischen Handeln». Aus Sicht der Kommission war dies um so dramatischer, «als sich die Wachstumslücke im Vergleich zu Nordamerika und Asien vergrößert hat [...]. Die Zeit wird knapp, und wir können es uns nicht leisten, uns selbstzufrieden zurückzulehnen. Wir müssen jetzt für eine bessere Umsetzung sorgen, um den Zeitverlust wieder wettzumachen.» Im einzelnen forderten die Experten energischere Reformbemühungen in den Bereichen «Wissensgesellschaft», «Binnenmarkt», «wirtschaftsfreundliches Klima» und Arbeitsmarkt.[20]

Manches Urteil aus der Zeit vor 2008 ist durch die weltweite Finanz- und Wirtschaftskrise relativiert und in ein anderes Licht gestellt worden. Rückblickend wirkte es z. B. nur noch ironisch, wenn eine Publikation aus dem Jahre 2004 von beachtlichen Produktivitätssteigerungen in der amerikanischen Autoindustrie sprach, darunter General Motors, und hier eine klare Überlegenheit der amerikanischen Big Three gegenüber ihren Konkurrenten in Frankreich und Deutschland erkennen wollte.[21] Außerdem darf der bloße Blick auf Wachstumsraten und IT-Anteile nicht darüber hinwegtäuschen, daß die europäische Wirtschaft auch mit offenkundigen Stärken in das neue Millennium eintrat. So stiegen die Exporte aus der Europäischen Union seit Mitte der 1980er Jahre kontinuierlich an und erreichten um 2000 neue Rekordhöhen. Dementsprechend hoch blieb der Anteil der EU am Welthandel; anders als die USA und Japan vermochte die europäische Wirtschaft ihre Position auch gegenüber den aufsteigenden asiatischen Exportgiganten wie China und Südkorea zu verteidigen. Mit einem Anteil von konstant 18 bis 20 Prozent am gesamten Welthandel behielt die Europäische Union die Spitzenstellung.

Diese starke Handels- und Exportposition schlug sich auch in einer anderen Entwicklung nieder, die auf den ersten Blick überraschend sein mag. Sie betrifft die ausländischen Direktinvestitionen. 1980 noch waren die europäischen und die amerikanischen Anteile am weltweit im Ausland investierten Kapitalstock mit jeweils rund 40 Prozent fast gleich. Seitdem aber haben die europäischen Länder die USA weit hinter sich gelassen, und

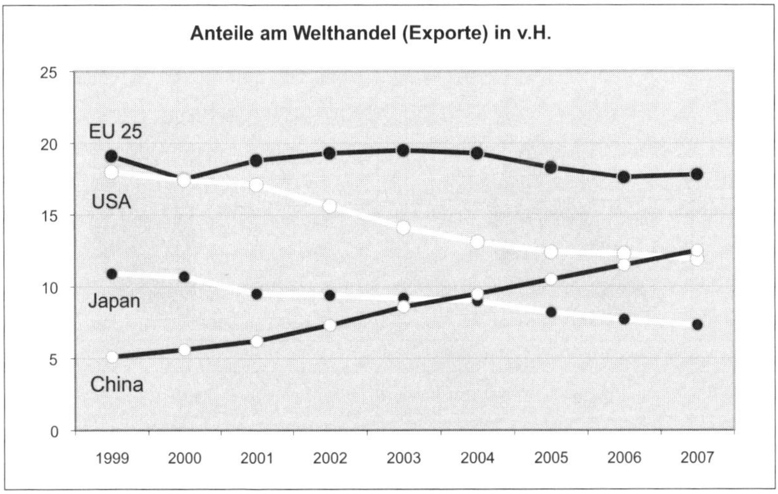

Quelle: EuroStat

haben heute mit weit über der Hälfte aller Auslandsinvestitionen die Spitzenposition inne.

Der steigende Anteil Europas am direkt investierten Auslandskapitalstock hing eng zusammen mit der stärker industriell orientierten Struktur des europäischen Exports. Während die USA zum unangefochten weltgrößten Exporteur von Dienstleistungen wurden, fuhr Europa in höherem Maße als die USA fort, Industriegüter zu produzieren und zu exportieren. Um in der Globalisierung zu bestehen und sich für den Wettbewerb zu wappnen, waren die europäischen Industriekonzerne zugleich zu höheren Auslandsinvestitionen gezwungen. Die in den USA dominierenden Investitionen in Dienstleistungsbranchen waren demgegenüber weniger kapitalintensiv. Ob man die führende Position Europas im Bereich der direkten Kapitalinvestitionen als einen Hinweis dafür sehen kann, Europa befinde sich auf dem Weg zur wirtschaftlichen «Supermacht», sei dahingestellt.[22] In dem Maße aber, in dem ausländische Direktinvestitionen zu einer entscheidenden Antriebskraft in der Entstehung einer globalen Wirtschaft geworden sind, zeigen die Zahlen, wie sehr auch Europa ein Akteur der Globalisierung ist und von ihr profitiert.

Freilich gilt dies für die Länder der Europäischen Union in sehr ungleichem Maße. Schon unter den EU-15 gab es große Unterschiede. Während die südeuropäischen Staaten in einem wirtschaftlichen Aufholprozeß begriffen waren, folgte Großbritannien als älteste Industrienation am entschiedendsten dem amerikanischen Weg. Angesichts einer in manchen

Anteil am weltweit direkt im Ausland investierten Kapitalstock (in v. H.)

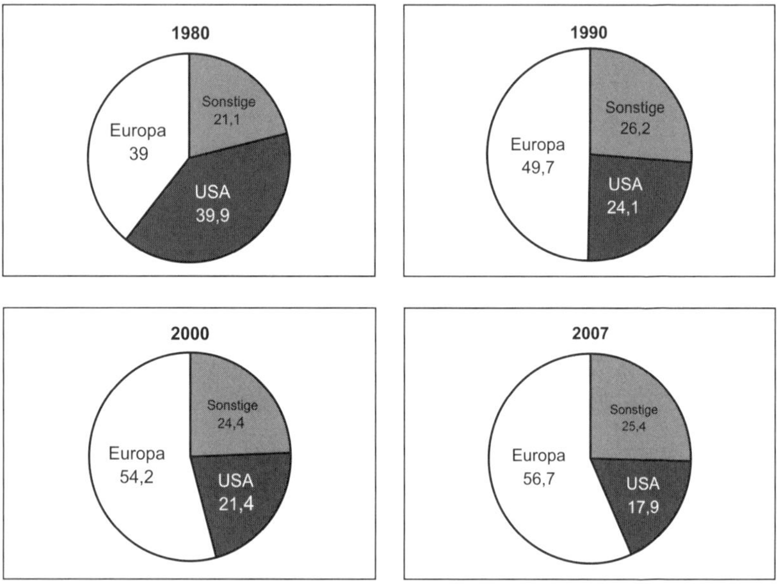

Quelle: http://stats.unctad.org/FDI

Branchen dem Untergang geweihten heimischen Industrie setzte die britische Regierung unter Margaret Thatcher schon früh auf auswärtige Investoren. So öffnete Großbritannien als erstes europäisches Land die eigenen Grenzen für die japanische Autoindustrie, die über eine ungleich höhere Produktivität verfügte als die englische. 1984 begründete Nissan in Sunderland die erste japanische Automobilfabrik in Europa. Toyota und Honda folgten wenig später. Gleichzeitig forcierte die britische Regierung die Deregulierung der Finanzmärkte und den Einsatz der neuen Informationstechnologien. Berühmt wurde der «Big Bang Day» der Londoner City am 27. Oktober 1986. Ebenfalls eine Frucht der Reformpolitik Margaret Thatchers, veränderte er auf einen Schlag die Geschäfte der Londoner Börse. Dies war der Tag, an dem die Händler aufhörten, morgens relativ gemütlich die Börse zu betreten und sodann ihre Geschäfte per Zuruf zu tätigen. Die Umstellung auf computerbasierten Handel und seine gleichzeitige Liberalisierung setzten in Europa neue Standards und trugen maßgeblich zur Stärkung des Finanzplatzes London bei.[23] Die Stadt selbst erhob sich fast wie Phönix aus der Asche und erstrahlte während der 1990er und 2000er Jahre im neuen Glanz der internationalen *Nouveaux Riches*.

Über beide Dekaden hinweg war Großbritannien nach den USA der weltweit zweitgrößte Exporteur von Dienstleistungen und stand in diesem Bereich innerhalb Europas unangefochten an der Spitze. Und nicht zufällig verfügte Großbritannien im Bereich der Informations- und Kommunikationstechnologien über die europaweit höchste Investitionsquote. Typisch war etwa die Gründung des Unternehmens OffshoreIT im Jahre 1998. Sein Ziel war es, den rasch wachsenden «Offshore-Markt» (*outsourcing*) in Großbritannien mit maßgeschneiderten Informations- und Kommunikationsdienstleistungen zu bedienen. Das Unternehmen wuchs rasch, besaß aber im Jahre 2006 in Großbritannien selbst nur zehn bis zwölf Angestellte. Der größte Teil der Angestellten, nämlich rund 200, residierte dagegen in Mumbai in Indien.[24]

Während die britischen Investitionen im Informations- und Kommunikationsbereich 1999 3,76 Prozent des Bruttoinlandproduktes erreichten, betrugen sie in Deutschland zur gleichen Zeit nur knapp 2,2 Prozent.[25] Dagegen war die deutsche Wirtschaft traditionell sehr viel stärker auf die Produktion und Ausfuhr von Industriegütern, hier vor allem in den Branchen Maschinenbau und Fahrzeugtechnik spezialisiert. Als mehrfacher «Exportweltmeister» und mit Ausfuhren im Wert von fast einer Billion Euro im Jahre 2008 spielte Deutschland traditionell die Rolle einer Exportlokomotive innerhalb der Europäischen Union, die sich nach der weltweiten Rezession von 2009 noch einmal verstärkte.

Die Liste der länder- und regionalspezifischen Besonderheiten innerhalb Europas ließe sich fortsetzen, aber die entscheidende Frage in den beiden Jahrzehnten nach dem Umbruch von 1989 lautete: Wie würden sich die postkommunistischen Staaten Ost- und Ostmitteleuropas in der globalen Wirtschaft behaupten können?

Die Integration Osteuropas in die Weltwirtschaft

Nach dem Aufbruch des Jahres 1989/90 war es unbestritten, daß der Westen den postkommunistischen Ländern bei ihrem schmerzhaften Transformationsprozeß wirtschaftliche Hilfe schuldete. Neben dem unmittelbaren ökonomischen Interesse stand hierbei eine nachhaltige historische Erfahrung Pate. Denn die Aufstiegsgeschichte Europas nach dem Zweiten Weltkrieg beruhte ja ganz erheblich auf wirtschaftlichem Erfolg. Nach 1945 fortbestehende politische Instabilitäten hatten in den Zeiten des Booms ihren Stachel verloren. Politische Freiheit und Wohlstand gehörten zusammen – das war die Botschaft der westeuropäischen Nachkriegsgeschichte; und dies allein schien das geeignete Konzept zu sein, um nun auch dem östlichen Teil des Kontinents die dringend benötigte Stabilität einzuflößen.

Zu diesem Zweck ergriff der Westen einige wesentliche institutionelle

Maßnahmen. Schon 1990 gründeten die europäischen Staaten unter Beteiligung Nordamerikas und Japans die Europäische Bank für Wiederaufbau und Entwicklung (EBRD). Technisch betrachtet, lag die Aufgabe dieser Bank in der Finanzierung von ertragversprechenden Projekten. Der tiefere Zweck ihrer Gründung war jedoch ein politischer. Den osteuropäischen Ländern den Übergang zur Marktwirtschaft durch Finanzspritzen zu erleichtern, hieß zugleich, sie politisch zu stabilisieren. Diese unauflösliche Verbindung von Marktwirtschaft und Demokratie formulierten die Vertragsparteien der Bank in ihrem Bekenntnis «zu den fundamentalen Prinzipien der Mehrparteiendemokratie, der Rechtsstaatlichkeit, der Achtung der Menschenrechte und der Marktwirtschaft». Ziel der Bank war es daher, den Übergang zu «offenen marktorientierten Wirtschaftssystemen» zu unterstützen und die unternehmerische Privatinitiative in jenen Ländern zu fördern, «die den gleichen Prinzipien verpflichtet sind und diese auch anwenden, um dadurch ihren Volkswirtschaften zu helfen, sich voll in die Weltwirtschaft zu integrieren».[26] Tatsächlich hat die EBRD im Verlauf der 1990er Jahre ihre Geschäftstätigkeit kontinuierlich erweitert und ist zu einem wichtigen Faktor im Finanzierungssystem der osteuropäischen Ökonomien geworden.

Zusammen mit den mehr oder minder radikalen Wirtschaftsreformen schuf dies wichtige Voraussetzungen, um den Kontinent wirtschaftlich zusammenwachsen zu lassen. Angesichts des dramatischen Einbruchs, den die Handels- und Wirtschaftsbeziehungen Ostmitteleuropas mit der Sowjetunion erlitten, waren neue Perspektiven auch dringend erforderlich. Tatsächlich erfolgte binnen weniger Jahre eine weitgehende Umorientierung der Handelsströme. Die internationale Arbeitsteilung, die sich im RGW auf Rubel-Basis eingespielt hatte, wurde mehr oder weniger komplett ersetzt durch sich rasch intensivierende Handels- und Finanzbeziehungen mit Westeuropa. In Polen, der Tschechoslowakei und in Ungarn gelang es vielen Firmen, trotz der fortbestehenden Handelsrestriktionen mit der EU ihre Exporte von Rußland nach Westeuropa umzudirigieren. Entgegen den Erwartungen erzielten diese Länder zu Beginn der 1990er Jahre sogar kurzzeitig einen Außenhandelsüberschuß.[27]

Dies lag auch daran, daß westliche Firmen anfangs nur begrenztes Interesse am osteuropäischen Markt zeigten. Überraschend wenige westliche Unternehmer betrachteten den sich öffnenden osteuropäischen Markt als Gelegenheit. Was sich im innerdeutschen Bereich zur Enttäuschung manch eines Optimisten, der meinte, die wirtschaftliche Erholung Ostdeutschlands werde zum Selbstläufer, vollzog, wiederholte sich auf der europäischen Ebene: Der Markt mit den früheren kommunistischen Ländern, der bis 1989 ohnehin nur rund zwei Prozent der westlichen Exporte aufgenommen hatte, erschien als klein, riskant und wenig rentabel.

In Frankreich etwa dokumentierte eine Umfrage aus dem Jahre 1992 das überaus geringe Interesse der meisten befragten Firmen am polnischen Markt. Manche Firmen führten als positive Aspekte ihres Polen-Engagements sogar die wirtschaftliche und politische Stabilität des alten Regimes vor 1989 an. Negativ wurden jetzt dagegen eine wuchernde Bürokratie, die Unzuverlässigkeit der polnischen Partner, fehlende etablierte Wirtschaftskreisläufe – und die deutsche Konkurrenz genannt.[28]

Unter diesen Bedingungen war es nicht verwunderlich, daß der gewünschte und von den internationalen Finanzorganisationen als «entscheidend für den Übergang» betrachtete Strom ausländischer Direktinvestitionen in die Transformationsländer zunächst nur zaghaft floß.[29] Er blieb die Ausnahme und betraf nur wenige große Investments wie etwa von ABB, General Electric, Tetra Pak und den großen Tabakkonzernen. Am spektakulärsten war die Übernahme des tschechischen Automobil-Flaggschiffs Skoda durch Volkswagen im Jahre 1991. Diese Konzerne hofften darauf, sich durch eine frühe Positionierung auf dem osteuropäischen Markt einen strategischen Vorsprung vor den Konkurrenten zu verschaffen – eine Investition, die sich bei einem Aufblühen des postkommunistischen Raums auszahlen würde. Auch wenn sie quantitativ zunächst begrenzt blieben, spielten diese Direktinvestitionen eine wichtige Rolle für den Technologietransfer, die Handelsverbindungen zwischen Osteuropa und der Europäischen Union und für die Anbindung Osteuropas an den Weltmarkt.[30]

Wie ungleich die westeuropäischen Anteile an dem zaghaft sich etablierenden osteuropäischen Markt waren, zeigen einige Zahlen. Insgesamt wurden zwischen 1991 und 1994 Waren und Dienstleistungen von rund 4,5 bis 6,1 Milliarden US-Dollar aus dem Raum der EU-12 nach Osteuropa exportiert. Deutschland war mit dem Gewicht seiner Wirtschaft und der geographischen Nähe zum ostmitteleuropäischen Raum mit deutlichem Abstand am präsentesten. 1991 bis 1994 exportierten die deutschen Unternehmen Waren und Dienstleistungen im Wert von annähernd der Hälfte der gesamten EU-12-Exporte. Erst mit weitem Abstand folgten Frankreich, die Niederlande und Großbritannien.[31]

Ähnlich verhielt es sich mit den Direktinvestitionen. Deutsche Unternehmen begannen Anfang der neunziger Jahre bereits nachhaltig zu investieren, zunächst vor allem in Ungarn, wohin schon 1992 annähernd eine Milliarde D-Mark flossen. Britische Unternehmen investierten zur gleichen Zeit nur rund 167 Millionen Pfund Sterling und französische Konzerne rund 469 Millionen Francs. Erst gegen Ende der 1990er Jahre änderte sich das Bild, als

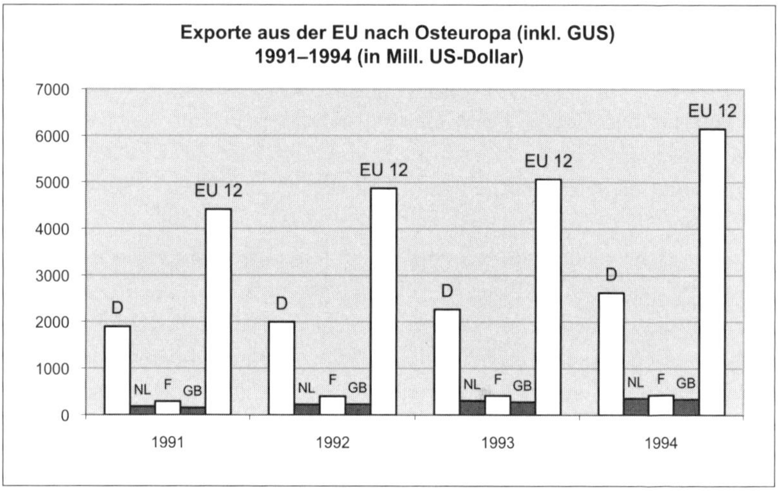

Quelle: EuroStat

etwa die französischen Unternehmen massiv in Polen zu investieren begannen und dort vorübergehend zum größten ausländischen Investor wurden.[32]

Wieweit sich westeuropäische Konzerne im postkommunistischen Raum engagierten, war keineswegs nur eine Frage der Wirtschaftskraft, sondern hing auch von historisch-kulturellen Rahmenbedingungen ab. So war es kein Zufall, daß Deutschland mit seiner beachtlichen Tradition historisch-langfristiger Wirtschaftsverbindungen die bedeutendste Rolle in der Region spielte. Deutsche Politiker und Wirtschaftsvertreter bewegten sich im ostmitteleuropäischen Raum, so ein französischer Kommentator, «wie die Fische im Wasser».[33] Aber auch niederländische Unternehmen verstanden es, sich in den osteuropäischen Markt einzupflanzen. Noch vor den USA wurden die Niederlande so bis 2000 zum zweitgrößten Investor in der Region. Ansonsten spielte die geographische Nähe eine entscheidende Rolle. So dominierten die skandinavischen Unternehmen in den baltischen Ländern, Österreich dagegen in Slowenien.[34]

Mitte der 1990er Jahre hellten sich die ökonomischen Aussichten der Transformationsstaaten auf. Die Malaise der ersten Jahre, die durch «Schocktherapie» und Enttäuschung, wirtschaftliche Not und politische Frustration gekennzeichnet war, mündete in eine Phase der wirtschaftlichen Stabilisierung. Bis 2007 holten die ostmitteleuropäischen Länder, unter Einschluß des Baltikums, mit einer dynamischen Wirtschaftsentwicklung gegenüber dem Westen auf. Von wenigen Ausnahmejahren abgesehen, stieg das BIP in dieser Region weit überdurchschnittlich an; auch die

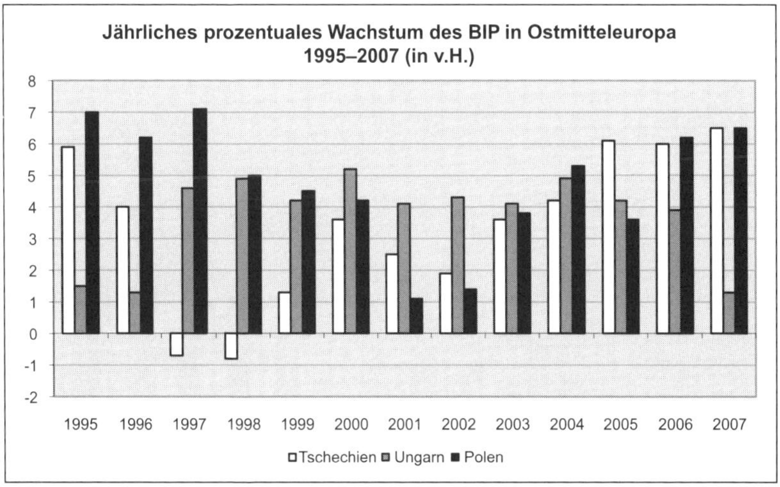

Quelle: http://stats.unctad.org/Handbook

Arbeitslosenquoten gingen zurück. Tatsächlich besaß das östliche Mitteleuropa, das im postkommunistischen Raum auf die nachhaltigste wirtschaftliche Entwicklung blicken konnte, keinen unüberbrückbaren Rückstand mehr zum EU-Durchschnitt. Zum Zeitpunkt des Beitritts zur EU im Jahre 2004 betrug dieser Rückstand nicht mehr, als ihn auch Griechenland, Spanien und Portugal bei den Süderweiterungen der EG aufgewiesen hatten.[35] Unübersehbar begann Europa wirtschaftlich zusammenzuwachsen.

Nach einer Serie von konstant guten Wachstumsraten seit der Wirtschaftskrise des Jahres 2001 herrschte denn auch verbreitet Optimismus. «Den Tschechen geht es gut wie nie: höhere Löhne, niedrige Steuern und Zinsen» – unter dieses Motto stellte Radio Prag einen Beitrag im Juni 2007.[36] Dazu paßte es gut, daß im Jahr zuvor mit dem Finanzmagnaten Petr Kellner der erste tschechische Milliardär in die Forbes-Liste der weltweit reichsten Personen aufgenommen worden war.

Es ist kaum zu bezweifeln, daß die Schocktherapie und die «neo-liberalen» Grundentscheidungen der frühen neunziger Jahre das seit 1995 erkennbare Wachstumsszenario erleichterten. Die unmittelbar einsetzende, stabilitätsverpflichtete Haushalts- und Steuerpolitik, die forcierte Privatisierung und vor allem die Liberalisierung der Finanzmärkte ermöglichten die rasche Integration Ostmitteleuropas in die Weltwirtschaft. Insbesondere in der Tschechischen Republik und in Polen beruhten diese Entscheidungen auf einem genuinen politischen Willen. Überdies suchten sich die Transformationsstaaten zu überbieten, wenn es darum ging, durch mäßige

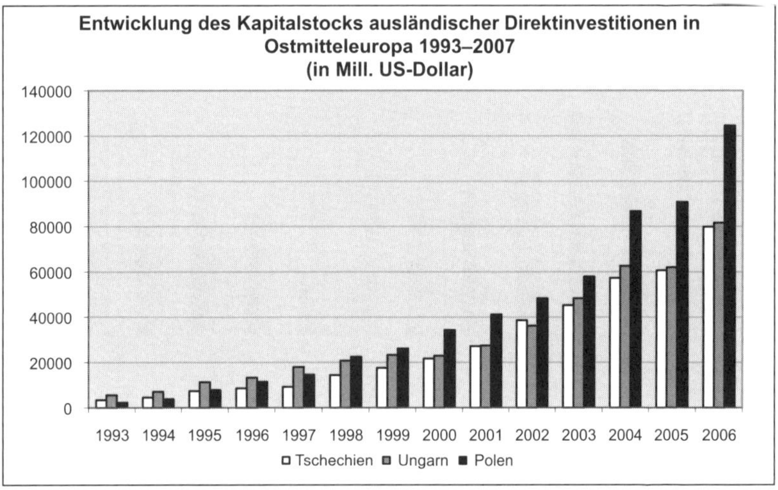

Quelle: http://stats.unctad.org/FDI

Steuern, niedrige Löhne und geringe Arbeitsmarktregulierung günstige Investitionsbedingungen zu schaffen.[37] Stets trat schließlich der Druck der internationalen Organisationen wie des Internationalen Währungsfonds, der Weltbank und insbesondere der Europäischen Union hinzu. Ihre Vertreter sprachen die «neoliberale» Sprache des Globalisierungsmodells, die in den westlichen Staaten zeitgleich zur Dominanz gelangte. Der massive Druck, den diese Sprache auf die ostmitteleuropäischen Akteure ausübte, kann gar nicht hoch genug veranschlagt werden. Keine Frage, der Weg nach Europa war gepflastert mit den neoliberal definierten Gesetzmäßigkeiten der globalisierten Wirtschaft und den entsprechend formulierten Bedingungen der westlichen Partner.[38]

Auf dieser Basis – und nur auf ihr – profitierten die ostmitteleuropäischen Staaten von einem überdurchschnittlichen Zufluß an ausländischem Kapital. Nach dem schleppenden Beginn klopften multinationale Unternehmen nicht nur aus Westeuropa, mit Deutschland an der Spitze, sondern aus aller Welt, insbesondere auch aus Japan, mit ihren Investitionsplänen an. Ab etwa 2001 setzte dies einen kontinuierlichen Strom ausländischer Direktinvestitionen in Gang, die das Wachstum in den Transformationsländern maßgeblich trugen.

Freilich unterwarfen sich die betroffenen Volkswirtschaften damit den Regeln der globalisierten Wirtschaft. Mit dem Kapital kam zwar neues Wachstum, aber zugleich kamen auch neue Risiken und neue Abhängigkeiten. Geradezu brutal kam dies 2008/09 zum Ausdruck, als die Finanzkrise den Kapitalfluß abrupt unterbrach; subtiler aber noch und weitaus stiller äußerte sich die Kapitalabhängigkeit in den Erfahrungsräumen der Erwerbstätigen: Was in den westeuropäischen Ländern zunehmend beklagt wurde, nämlich die erzwungene Flexibilisierung des Menschen in der Globalisierung, war für die Mehrzahl der ostmitteleuropäischen Arbeitnehmer von Beginn an Realität. Wenig regulierte Arbeitsmärkte reduzierten die Arbeitsplatzsicherheit und erhöhten die Abhängigkeit vom Markt. Unsicherheit, biographische Risiken bis hin zur «Prekarisierung» der Existenz waren die Folgen. Allerdings, und dies ist von entscheidender Bedeutung für das neue Europa, muß in dieser Hinsicht von einer zunehmenden Konvergenz der europäischen Verhältnisse gesprochen werden.

Flexible Dienstleistungsklassen in der globalen «Wissensgesellschaft»

Schon die frühen Theoretiker der «Globalisierung» hatten darauf hingewiesen, daß eine neue Form der globalen Wirtschaft in den westlichen Industrieländern massive Auswirkungen auf den Arbeitsmarkt haben würde. Dies knüpfte zunächst nahtlos an jene Diagnosen der 1970er und 1980er Jahre an, die eine Transformation der Arbeitswelt durch die neuen Informations- und Kommunikationstechniken heraufziehen sahen. Aus dieser Sicht waren neue technische Anforderungen an die Arbeitnehmer und entsprechende Anpassungsleistungen unvermeidlich. Frühe Autoren wendeten die damit verbundenen Neuerungen positiv-utopisch. Daniel Bell etwa, der einflußreiche Prognostiker der «Wissensgesellschaft», zeichnete schon 1973 ein tendenziell harmonisches Bild: In der zunehmend computergestützten postindustriellen Gesellschaft würde eine neue Arbeitnehmerschaft den neuen Anforderungen durch einen höheren Bildungsgrad und intensivere Schulung gewachsen sein.[39] Und spätestens als mit der Einführung des Personal-Computers die individuelle, dezentralisierte Bildschirmarbeit möglich wurde, rückte das Thema Bildung und Fortbildung in den Mittelpunkt. Gruppiert um thematische Leitbegriffe wie «Wirtschaftswachstum und Beschäftigung», «Arbeitsorganisation», «Bildung» und «Künstliche Intelligenz» meldete sich eine eindrucksvolle Phalanx internationaler Experten zu Wort, die vor allem die Chancen der neuen Informationstechnologie hervorhoben. Zwar werde deren Fortschritt erheblichen Anpassungsdruck ausüben, ihre Einführung und Weiterentwicklung seien jedoch zwingend. «Weiterbildung wird zum Motor der wirtschaftlichen Entwicklung», so konnte man 1987 auch in einer Anzeigenkampagne der Deutschen Bundespost lesen. «Die Fähigkeit, moderne Informations- und Kommunikationstechniken kreativ zu nutzen, wird [...] immer wichtiger.»[40]

Hieraus ergaben sich konkrete bildungspolitische Forderungen. Sie sind seit Beginn der 1980er Jahre bis in die jüngste Vergangenheit hinein regelmäßig und in allen westlichen Staaten erhoben worden und ziehen sich wie ein roter Faden durch die Debatte um die Globalisierung. Unter dem Stichwort einer «neuen Bildungskrise» ging etwa der deutsche Informatiker und Politikberater Klaus Haefner schon 1984 davon aus, daß das traditionelle Bildungswesen definitiv seine Legitimation eingebüßt habe. In der Vergangenheit sei allein der Mensch in der Lage gewesen, informationsverarbeitende Probleme zu lösen. Der hierauf beruhende Bildungskonsens sei mit der Heraufkunft des Computers nicht mehr haltbar. Denn es gebe «neben der Verfügbarkeit von Qualifikationen aus dem Bildungswesen eine andere Möglichkeit, kognitive Leistungen für Produktion und Verwaltung zu nutzen: den Ankauf geeigneter Hard- und Software von der informationstechnischen Industrie!» In der «human computerisierten Gesellschaft» brauche das Bildungswesen daher eine neue Legitimation, die allein daraus entstehen könne, daß es «in sehr breitem Maße die Menschen für das Leben in einer informationstechnisch unterstützten Welt qualifiziert».[41] 1993 beklagte Alfons Rissberger, einer von «Deutschlands renommierten IT-Vordenkern und Experten für neue Strategien des Informations- und Wissensmanagements», wie er sich auf seiner eigenen Homepage bezeichnet: «Heute noch verlassen viele Absolventen unsere Hochschulen ohne ausreichende oder sinnvolle Erfahrungen mit Computersystemen.»[42] Und 1999 resümierte Manuel Castells, einer der profiliertesten Stichwortgeber der Informationsgesellschaft, in einem Bericht für die UNO: «Nicht jeder braucht ein Programmierer oder Finanzanalytiker zu sein; aber nur Leute, deren Bildung ausreicht, sich selbst während ihres ganzen Berufslebens immer wieder neu zu programmieren, werden die Früchte der neuen Produktivität ernten können. […] Bildung, Information, Wissenschaft und Technologie werden in der Informationsökonomie zu den entscheidenden Quellen der Wertschöpfung. Zwar ist das formelle Bildungsniveau überall auf der Welt angestiegen; aber entscheidend wird die Qualität der Bildung. Die meisten öffentlichen Schulen sind schlicht nicht dafür gerüstet, die neue informationelle Arbeitskraft zu produzieren. […] Mangel an Bildung und informationeller Infrastruktur führen daher in den meisten Ländern zur Abhängigkeit von der Leistung einiger weniger globalisierter Segmente ihrer Wirtschaft, die ihrerseits gegenüber dem Wirbelwind der globalen Finanzströme zunehmend verwundbar sind.»[43] Welche Rückwirkungen solche Veränderungen der Technik auf die Arbeitswelt ausübten, konstatierte Castells bereits 1997 im Auftrage der OECD: «Die Arbeit in den leistungsfähigen Unternehmen kann sich nicht mehr am alten industriellen

Modell orientieren, mit seinem hierarchischen Machtsystem, einer strikten Aufgabenverteilung und starken Bestandteilen nichtqualifizierter Arbeitnehmer. Das neue Arbeitsmodell verlangt von den Arbeitnehmern, daß sie flexibel sind, spezialisiert und polyvalent. Heute ist der Arbeitsplatz weniger stabil und sicher als in der Vergangenheit. Die Vorstellung von einem ‹Arbeitsplatz auf Lebenszeit› ist der Überrest einer vergangenen Zeit.»[44]

Insofern stellte sich die erforderliche Optimierung der «Mensch-Maschine-Schnittstellen im Produktionsprozeß»[45] vor allem als Bildungs- und somit als kulturelles Problem dar. Der technologische Fortschritt erzwang es aus dieser Sicht, den Menschen als kreativ Handelnden zu betrachten und in neue, flexiblere Arbeitsorganisationen zu integrieren. In diesem Sinne sprach etwa der polnische Spätmarxist Adam Schaff 1985 im Auftrag des Club of Rome die Sprache der Computeroptimisten und Unternehmensberater, wenn er prognostizierte: «Der universelle Mensch, der allseitig gebildete, also zur Berufsänderung und damit auch zur Änderung seiner Stellung in der gesellschaftlichen Arbeitsteilung fähige Mensch, war bisher nur eine Utopie; heute beginnt er reale Gestalt anzunehmen. In einem gewissen Sinn wird er zur Notwendigkeit. Der Realisierung dieses Ideals werden sowohl die ständige Bildung wie die immer effizienteren Techniken der Informatik dienen.»[46]

Die schöne Sprache der «Wissensgesellschaft», die vom «lebenslangen» Lernen handelte, von der Flexibilität und Mobilität, von der Notwendigkeit multipler Berufsbilder innerhalb eines Lebenslaufes, von der «Patchwork-Biographie» usf., war die direkte Folge dieses Menschenbildes. Bis zur Mitte der 1990er Jahre, als die IuK-Technologien mit ihren immer schnelleren Rechnerleistungen und der Einführung des *World Wide Web* in ein neues Zeitalter eintraten, hatte sich diese Sprache bereits in vollem Umfang entfaltet.

Hinzu trat nun aber mit Macht die verschärfte internationale Konkurrenz, die im Zeichen von Liberalisierung und Globalisierung die Unternehmen mehr denn je unter Wettbewerbsdruck setzte. Daraus resultierte ein unabweisbarer Zwang zur betrieblichen Rationalisierung, sei es durch Entlassungen und *Outsourcing*, durch Verlagerung der Produktion oder informationstechnologische Investitionen. In ganz Europa bewirkte dies einen ebenso unmittelbaren Druck auf den Arbeitsmarkt wie auf die Arbeitsbedingungen und bedrohte die europäischen Gesellschaften zunehmend mit Tendenzen der Polarisierung und der sozialen Exklusion. Wer dem Druck nicht standhielt oder keine ausreichenden Qualifikationen mitbrachte, verlor den Anschluß. Von den meisten Analytikern und Akteuren wurden diese Probleme denn auch als die tiefe Schattenseite der Globalisierung identifiziert. Sie bildete den Gegenstand einer internationalen Dauerdiskussion, die bis heute keineswegs abgeschlossen ist.

Charakteristischerweise fand diese Debatte nicht zwischen Globalisierungsbefürwortern und -gegnern statt. Es ging nicht um eine rhetorische Schlacht zwischen «Techno-Eliten und Neo-Luddites», also fortschrittsfeindlichen Maschinenstürmern.[47] Vielmehr bestand zwischen wissenschaftlichen Experten und politischen Akteuren ein fundamentaler Konsens darüber, daß die Vektoren der Globalisierung unumkehrbar waren, auch wenn dabei zu wenig beachtet wurde, in wie hohem Maße sie politisch gewollten und konkret herbeigeführten Entscheidungen entsprangen. In jedem Fall aber mußten ihre sozialen Folgen zukunftsbezogen bewältigt werden; und dies galt gleichermaßen für die globalisierungsspezifischen Herausforderungen an den Arbeitsmarkt wie für die Gefährdungen der gesellschaftlichen Kohäsion. Der politische Globalisierungsdiskurs des frühen 21. Jahrhunderts war daher immer auch ein Zukunftsdiskurs. Zwar verstanden sich seine Teilnehmer, im Unterschied zur Zukunftsforschung der 1960er und 1970er Jahre, nicht als Prognostiker; aber sie suchten durch empirisch gestützte Planung die Zukunft zu gestalten. Gerade in Europa war es dabei allerdings nur ein kleiner Schritt bis zum bürokratisch durchgesetzten Technokratismus.

Die Konzepte der wissenschaftlichen Experten und Unternehmensberater, der Nichtregierungsorganisationen wie OECD oder ILO, erst recht aber der politischen Akteure in der Europäischen Union und im nationalen Rahmen knüpften unmittelbar an die Diskurse der 1980er Jahre an. Sie handelten nicht mehr primär von staatlichen Strukturen, die es zum Schutz der Arbeit gegen zu hohe Kapitalabhängigkeit ins Werk zu setzen gelte. Im Gegenteil: Die Deregulierungs-, Privatisierungs- und Entstaatlichungsmaßnahmen der 1980er und 1990er Jahre verbanden sich je länger desto mehr mit dem politischen Eingeständnis, die Mächte der Globalisierung nicht bändigen zu können. Wenn man aber faktisch weder der Technik noch den Marktgesetzen der globalen Wirtschaft ausweichen konnte, dann galt es letztendlich, den Menschen selbst anzupassen: seine Gewohnheiten, Fähigkeiten, Arbeitstechniken gleichsam zu modernisieren. Vor diesem Hintergrund entstand in der EU und unter der großen Mehrheit der politisch-ökonomischen Eliten eine «neoliberale» Sprache, die sich je länger desto mehr zu einer Art neuer Modernisierungsideologie verfestigte. Ihre Schlüsselbegriffe, die den Diskurs um die sozialen und arbeitsmarktspezifischen Folgen der Globalisierung international prägten, lauteten: «Wissensgesellschaft», «Bildung» und «Flexibilität».

Die Wissensgesellschaft als sozioökonomisches Konzept war seit den

1970er Jahren diskutiert und maßgeblich von Theoretikern wie Daniel Bell, Nico Stehr und anderen ins Gespräch gebracht worden. Produktivität war demzufolge in den westlichen Gesellschaften, die sich alle im Übergang zur postindustriellen Phase befanden, immer stärker an wissenschaftsbasierte Innovationen gekoppelt. Die Verbindung zwischen Wissenschaft und Technik wurde in dem Maße enger, in dem vor allem theoretisches, durch Forschung und Entwicklung generiertes Wissen Innovationen hervorbrachte. Schließlich wuchs, gemessen am Bruttoinlandsprodukt, der Anteil jener Beschäftigungssektoren, die von der Wissensproduktion abhingen.[48]

Geradezu enthusiastisch eigneten sich die politischen Akteure in Europa die Perspektive der «Wissensgesellschaft» an. Dies gilt im besonderen für die Europäische Union und ihre «Exekutive», die Brüsseler Kommission. Beraten von sozial- und wirtschaftswissenschaftlichen Theoretikern und wirtschaftspraktischen Befürwortern des Modells – wie etwa Manuel Castells, Anthony Giddens, der portugiesischen Ökonomin Maria João Rodrigues oder dem deutschen Politiker und Unternehmensberater Thomas Mirow – übernahm die Europäische Union die Sprache der Wissensgesellschaft in ihr Programm. «Von dem Übergang zu einer digitalen, wissensbasierten Wirtschaft, der von neuen Gütern und Dienstleistungen ausgelöst wird», so dekretierte die Lissabon-Strategie im Jahre 2000, «werden starke Impulse für Wachstum, Wettbewerbsfähigkeit und Beschäftigungsmöglichkeiten ausgehen. [...] Europas Bildungs- und Ausbildungssysteme müssen sich auf den Bedarf der Wissensgesellschaft und die Notwendigkeit von mehr und besserer Beschäftigung einstellen. [...] Sie werden Lern- und Ausbildungsmöglichkeiten anbieten müssen, die auf bestimmte Zielgruppen in verschiedenen Lebensphasen zugeschnitten sind: junge Menschen, arbeitslose Erwachsene sowie Beschäftigte, bei denen die Gefahr besteht, daß ihre Qualifikation mit dem raschen Wandel nicht Schritt halten kann. Dieses neue Konzept sollte drei Hauptkomponenten aufweisen: Entwicklung lokaler Lernzentren, Förderung neuer Grundfertigkeiten, insbesondere im Bereich der Informationstechnologien, und größere Transparenz der Befähigungsnachweise.»[49]

Vier Jahre später mußte eine Sachverständigen-Kommission unter Wim Kok konstatieren, daß die Nahziele der Lissabon-Strategie keineswegs erreicht worden waren. Als Konsequenz hieraus intensivierte sie jedoch die eingeschlagene Richtung noch einmal: Das Konzept der Wissensgesellschaft umfasse, so der Kommissionsbericht, «alle Aspekte der heutigen Wirtschaft, bei denen Wissen das Kernstück der Wertschöpfung darstellt [...]. Bis zu 30 Prozent der Arbeitskräfte müssen in Zukunft wahrscheinlich unmittelbar bei der Erzeugung und Verbreitung von Wissen im verarbeitenden Gewerbe, bei Dienstleistungen, in der Kreditwirtschaft und in kreativen Unternehmen gleichermaßen tätig sein. Ein großer Anteil der übrigen Arbeitskräfte darf nicht weniger aufnahmebereit und wissensbasiert sein, wenn sie die neuen Trends nutzen wollen. Somit kann Europa auf seinem durchweg starken Engagement aufbauen, eine Wissensgesellschaft zu schaffen und damit potentiell weltweit die Führung zu erreichen.»[50]

Das Mittel, um diese Ziele zu erreichen, lautete Bildung. Bildung entlang den neuen, durch das Konzept der Wissensgesellschaft vorgegebenen Inhalten galt als Schlüssel, um die Wettbewerbsfähigkeit Europas in der globalen Wirtschaft langfristig zu sichern bzw. zu steigern. In der Wissensgesellschaft war Arbeit immer stärker an technische Innovationen gekoppelt; sollte deren Produktivitätsversprechen erfüllt werden, so hatte Arbeit vor allem hochqualifiziert zu sein. Die westlichen Gesellschaften traten demzufolge in eine Phase ein, wie Karl-Heinz Briam, der Personalvorstand des Volkswagen-Konzerns, schon 1989 hervorhob, «in der sich die Industrie-Gesellschaft durch eine Lerngesellschaft ergänzt, da allmählich das Kapital als führende Produktivkraft durch das Wissen und die Kreativität der Menschen abgelöst wird».[51] Die Entwicklung des «Humankapitals» – oder freundlicher formuliert, die «Investitionen in die Menschen» – wurde daher zu einem entscheidenden Dreh- und Angelpunkt der wirtschaftspolitischen Prioritäten in der EU: «Will Europa im Wettbewerb in der weltumspannenden wissensbasierten Gesellschaft bestehen, muss es mehr in sein wertvollstes Wirtschaftsgut investieren – seine Menschen. Produktivität und Wettbewerbsfähigkeit der europäischen Wirtschaft hängen unmittelbar von gut ausgebildeten, qualifizierten und anpassungsfähigen Arbeitskräften ab, die mit Veränderungen umgehen können.»[52]

Zum wichtigsten Ziel aller Bildungsanstrengungen deklarierte die europäische Modernisierungsstrategie die auf dem Markt einsetzbare Beschäftigungsfähigkeit, die *employability*. Auf sie galt es alle Bildungseinrichtungen auszurichten: von der Vorschule über die Primar- und Sekundarstufe bis zur Universitätsbildung, zu deren Zielbegriff im Rahmen des 1999 verabschiedeten «Bologna-Prozesses» ebenfalls die *employability* avancierte. Angestrebt war eine lückenlose und starke Kette des «lebenslangen Lernens», für die es «verlässliche, bedarfsgerechte Systeme» zu etablieren galt. Zusammen mit einer aktiven Arbeitsmarktpolitik sollte dies «die Menschen dabei unterstützen, schnellen Wandel, Perioden der Arbeitslosigkeit und den Übergang zu einer neuen Beschäftigung zu bewältigen».[53]

Um ihre selbst gesteckten Ziele zu erreichen, setzte die Europäische Union einen gewaltigen Apparat in Gang, der die gewünschte Bildungsbewegung befördern und beschleunigen, begleiten und bewerten sollte. Für eine Reihe von Indikatoren wurden Benchmarks formuliert. So sollten zum Beispiel bis 2010 mindestens 12,5 Prozent der EU-Bevölkerung im Alter von 25 bis 64 Jahren kontinuierlich an Bildungs- und Weiterbildungsmaßnahmen teilnehmen. Nicht mehr als 10 Prozent der Schüler sollten frühzeitig die Schule verlassen; um mindestens 15 Prozent sollten die Studentenzahlen in den mathematisch-naturwissenschaftlichen und den technischen Fächern steigen.[54] Die Mitgliedsstaaten wurden einem regelmäßigen Monitoring unterworfen, und ihre «performance» auf dem Weg zur Erreichung der Benchmarks evaluiert. Dies war der Ausgangspunkt für die zum Teil heftigen Diskussionen um international-europäisch vergleichende Leistungstests wie PISA, die nun je länger desto mehr zum Instrumentarium der Kommission wurden. Die Begründung hierfür lautete auch im Jahre 2008 so wie zehn Jahre zuvor: «Die Globalisierung, eine alternde Bevölkerung, Migration, eine veränderte Nachfrage nach Qualifikationen auf dem Arbeitsmarkt und schnelle technische Neuerungen haben die Bedeutung von Bildung und Ausbildung in der entstehenden Wissensgesellschaft erhöht. Für die Lissabon-Strategie und ihre Ziele sind folglich Schulen wichtiger denn je. Darüber hinaus erfordern sich wandelnde gesellschaftliche Werte und veränderte Erwartungen der Bürger eine ständige Entwicklung. Infolgedessen geraten Schulen unter wachsenden Leistungsdruck. Er schlägt sich in der steigenden Zahl von Leistungstests und in der Verbreitung von Information über Leistungsdifferenzen zwischen den Schulen nieder.»[55]

Ziel dieser Bildungspolitik war es, die Menschen in Europa so flexibel zu machen, daß sie als qualifizierte und möglichst souveräne Akteure auf den sich wandelnden internationalen Arbeitsmärkten Fuß fassen konnten. Flexibilität in diesem Sinne hieß «Beweglichkeit, Anpassungs- und Beschäftigungsfähigkeit.» Das «restriktive Paradigma eines lebenslangen Arbeitsplatzes» sei nun endgültig aufzugeben zugunsten eines «neuen Paradigmas mit dem Ziel, den Menschen die Fähigkeit zu vermitteln, auf dem Arbeitsmarkt zu bleiben und dort Fortschritte zu machen.» Der Wechsel von einer Beschäftigung zur nächsten müsse «möglichst problemlos» verlaufen.[56] Der seit den 1980er Jahren forcierten Flexibilisierung der Arbeitsmärkte hatte nun also die Flexibilität der Arbeitnehmer zu folgen.

Nicht nur in der Europäischen Union und in den meisten nationalen Regierungen – ob sie nun «konservativ» dominiert waren oder «New Labour» vertraten – wurden diese Konzeption und der von ihr beherrschte Diskurs übermächtig. Sie erfaßten auch andere internationale Organisationen wie die OECD, die in ihren regelmäßigen Analysen und Surveys die gleiche Sprache verwendete.[57] Erstaunlich ist es allerdings, daß auch eine Institution wie die International Labour Organization (ILO) in Genf vor den arbeitsmarktpolitischen Herausforderungen der Globalisierung kapitulierte bzw. ihnen mit denselben Konzepten zu begegnen suchte. Um Wirtschaftswachstum und Vollbeschäftigung zu erreichen, verabschiedete die Jahreskonferenz der ILO im Jahre 2000 ein Konzept mit dem schönen Namen *travail décent* (*decent work* bzw. «menschenwürdige Arbeit»). Dessen Aktionsrahmen bezog sich einmal mehr auf die Bereiche Bildung und Ausbildung. «Bildung, Ausbildung und Wertschöpfung der menschlichen Ressourcen tragen entscheidend zur Förderung der privaten wie unternehmerischen Interessen sowie allgemein der Wirtschaft und Gesellschaft bei. Indem sie aus jedem einzelnen eine beschäftigungsfähige Person und einen gemeinschaftsbewußten Bürger machen, tragen Ausbildung und Wertschöpfung der Humanressourcen zur ökonomischen Entwicklung bei. Sie fördern die Vollbeschäftigung und die soziale Integration.»[58]

Bis zum Jahre 2008 verbreitete sich diese Sprache innerhalb der ILO über alle Berufsgruppen hinweg. In den Verhandlungen der Jahreskonferenzen spielte es nun keine Rolle mehr, ob sich der slowenische Arbeitsminister, ein ungarischer Gewerkschafter, ein parlamentarischer Staatssekretär aus Deutschland oder eine polnische Angestellte zu Wort meldeten. Sie alle sprachen von Wachstum und Globalisierung, vom technischen Fortschritt und lebenslangem Lernen.[59] Vom Diskurs der Globalisierungsexperten der OECD und der Europäischen Union unterschied sich dies nicht mehr. Auch die ILO rief nun das Ziel aus, die beruflichen Fähigkeiten der Arbeitenden zu verbessern. Schulische und berufliche Ausbildung sowie die lebenslange Weiterbildung konstituierten aus dieser Sicht die «essentiellen Pfeiler» für die «Beschäftigungsfähigkeit» jedes Arbeitnehmers. Der Weg solcher Bildung begann im Kindergarten und in der Grundschule, wo die Kinder ausreichend auf die Sekundarstufe sowie auf das Studium bzw. die Berufslehre vorbereitet wurden. Arbeitnehmern wie Arbeitgebern schließlich stand die Möglichkeit offen, sich permanent weiterzubilden, damit sie ihr ganzes Leben lang ihre Kompetenzen erneuern und neue hinzuerwerben konnten. Am Ende dieses durch Bildung etablierten «Tugendzirkels» (*cercle vertueux*) stand als projektiertes Ziel aller Anstrengungen einmal mehr die «Beschäftigungsfähigkeit» (*employabilité*) des Arbeitnehmers. Aufgrund seiner gewachsenen Produktivität würden sich die Unternehmen leichter tun, neue Technologien einzuführen und neue Märkte zu erschließen. Zwar war Produktivität kein «Selbstzweck», «aber ein Mittel, um das Leben der Arbeitenden, die Nachhaltigkeit der Unternehmen, den sozialen Zusammenhalt und die wirtschaftliche Entwicklung zu verbessern». Arbeitnehmer würden von besseren Arbeitsbedingungen und höheren Löhnen profitieren; Unternehmen könnten in innovative Sektoren investieren und damit ihre Wettbewerbsfähigkeit stärken. Am Ende würden der Gesellschaft im Ganzen höherwertige Dienstleistungen zufließen, während sich zugleich die Armut reduzierte.[60]

Dieser Gleichklang in der utopiegeladenen Sprache der großen Unternehmensberatungsagenturen wie der Experten aus Wissenschaft und Wirtschaft, der internationalen Institutionen wie der politischen Akteure auf europäischer und nationaler Ebene war bemerkenswert. Er dokumentierte, in wie hohem Maße sich bis zum Beginn des 21. Jahrhunderts ein transnationaler Diskurs etabliert hatte, der im Grunde keinen Widerspruch mehr duldete. Schlüsselbegriffe wie «Wissensgesellschaft», «Flexibilität» und *employability* übten eine zunehmend überwältigende soziale und transnationale Macht aus. In weniger als zwanzig Jahren entstand eine Art neoliberale «langue de bois», die zum Referenzrahmen beachtlicher bürokratischer Apparate wurde. Ihre Begriffe formten gleichsam eine diskursive «Oberfläche» (Foucault), die sich unabhängig von den Intentionen und Motiven konkreter Autoren gebildet hatte. Wer nach politischen Handlungsoptionen strebte, mußte sich auf ihr bewegen. Der Diskurs verselbständigte sich. Er legte sich als «Gewebe» über das Denken der Akteure und prägte ihr politisches Handeln – unabhängig davon, welche konkreten Ziele sie verfolgten.[61]

Auch wenn sich zwischen 1995 und 2009 in ganz Europa der Bildungssektor deutlich erweiterte und das durchschnittliche Bildungsabschlußniveau anstieg,[62] blieb dem kritischen Beobachter doch kaum verborgen, wie sich die Sprache der Globalisierung, Bildung und Flexibilisierung zur Ideologie entwickelte. Sie ist anders zu bewerten als jene Maßnahmen, die den Binnenmarkt vorantrieben. Zu diesem Zweck war, wie wir gesehen haben, ein gewisses Maß an regulierenden Eingriffen erforderlich. Die Lissabon-Strategie indes wies offensichtliche sozialtechnologische Tendenzen auf. Und um zu erkennen, daß eine führende Produktivkraft wie «Wissen» rasch vom Kapital angesogen und seinem Verwertungsinteresse unterworfen wird, brauchte man kein Marxist zu sein. So blieb auch der Kreislauf der informationstechnologisch gestützten «Wissensgesellschaft» letztlich ökonomisch diktiert: Technologie und Wissen erhöhten die Produktivität; Produktivität gewährleistete Wachstum, und Wachstum garantierte erhöhte Kapitalquoten. Der Terminus der Wissensgesellschaft decouvriert sich somit als ein geradezu klassisches Phänomen des Überbaus. Demgegenüber führte die rhetorisch häufig vorgenommene Trennung zwischen einer angeblich traditionellen oder gar überholten Produktivkraft «Kapital» und einer jungen, innovativen Produktivkraft «Wissen» in die Irre. Auch die weitverbreitete Auffassung, die Produktivkraft Arbeit werde von der neuen Produktivkraft Wissen abgelöst, traf den Kern nicht. Gebraucht wurde vielmehr höher qualifizierte Arbeit, die zwar in spezifischer Weise wissensbasiert war (was freilich nichts Neues war), aber doch immer noch Lohnarbeit blieb. Und wenn diese Arbeitskraft zugleich flexibel, hochmobil, leicht zu rekrutieren und ebenso leicht wieder zu entlassen war, so glich sie tatsächlich einer Art postindustrieller Reservearmee.

Dies ließ sich auch dadurch nicht überdecken, daß die europäische Wachstums-, Bildungs- und Flexibilisierungsstrategie vordergründig eine Sprache verwendete, die auf das Individuum zielte: «Das Konzept des lebenslangen Lernens verlagert die Verantwortung für Bildung und Lernen auf das Individuum; es konzentriert sich auf die Entwicklung der individuellen Fähigkeiten und Lernkapazität. Damit verbindet sich eine Verlagerung von traditionellen Bildungseinrichtungen hin zu unterschiedlichen Lernmöglichkeiten, die stärker prozeß- und ergebnisorientiert sind.»[63] Ob mit diesem Konzept allerdings nicht doch eher ein «stahlhartes Gehäuse» des globalen Kapitalismus als die Entfaltung des Individuums evoziert wurde, stand auf einem anderen Blatt. Tatsächlich tendierte die neoliberale Logik der europäischen «Wissensgesellschaft» dazu, den Menschen nach ihrem Bilde zu formen. Zwar begleiteten das Leitbild des «flexiblen Menschen»[64] stets schöne Melodien wie das Loblied auf die individuelle Kreativität und Entfaltung. Aber das blieb überwiegend Rhetorik. Was am Menschen vor allem interessierte, war seine Eigenschaft als ein sich verhaltendes System, das durch quasi-behavioristische Bildungsstrategien systemkonform beeinflußt werden konnte. Das proklamierte Ziel war der souverän auf dem Markt agierende *homo oeconomicus*, der die Gestaltung seiner eigenen Biographie aktiv in die Hand nahm und seine Chancen nutzte.

Das Ergebnis war hingegen ein «negativer Individualismus», das heißt eine neue, massenhafte Verwundbarkeit auf dem Markt. Entgegen den eher optimistischen Perspektiven der Globalisierungsstrategen war eine solche Verwundbarkeit von nicht wenigen Sozialwissenschaftlern bereits um 1990 prognostiziert worden. Die Entstandardisierung der Lebensläufe in einem postfordistischen Zeitalter würde, so die im Kern übereinstimmenden Thesen von Ulrich Beck, André Gorz, Robert Castel, nicht dauerhaft durch verstärkte Investitionen in das «Humankapital» kompensiert werden können. Vielmehr sei angesichts der Flexibilisierung und Fragmentierung des Arbeitsmarktes durch die Häufung ungeregelter, rechtlich wenig geschützter Arbeitsplätze langfristig mit abnehmender Jobsicherheit und unsicheren Verdienstmöglichkeiten zu rechnen.[65] Während die EU ebenso wie die OECD und die UNO auf «more and better jobs» hofften, prognostizierten die Skeptiker einen Anstieg der «bad jobs».

Entsprechenden Gefährdungen suchten nicht nur die nationalen Regierungen im Rahmen ihrer sozialpolitischen Agenda zu begegnen. Auch die Europäische Kommission fahndete nach Wegen, wie sich die als unausweichlich erachtete Flexibilisierung der Arbeitsmärkte und Arbeitnehmer durch Elemente sozialer Sicherheit ergänzen ließ. Das Schlagwort hierfür lautete *Flexicurity*, ein Kunstbegriff, der Flexibilität und Sicherheit (security) verknüpfte, in den Niederlanden entstand und seit 2005 zu einem integralen Bestandteil der europäischen Lissabon-Strategie avancierte. Zurückgehend auf den niederländischen Soziologen Ton Wilthagen,[66] suchte das Konzept der *Flexicurity* nach Alternativen zur bloßen Deregulierung und Absenkung der sozialen Standards. Es warb für eine nachhaltige Balance zwischen erforderlicher Flexibilisierung und Erwerbs- und Einkommenssicherheit und zielte darauf, das europäische Sozialmodell in Zeiten der Globalisierung zu erneuern. Konkret hieß dies: Dem unabweisbaren Gebot des häufigen Arbeitsplatzwechsels und dem Imperativ des «lebenslangen Lernens» sollten ausreichende soziale Sicherungsmaßnahmen zur Seite treten.

Einen ersten praktischen Referenzpunkt setzte das niederländische «Flexibilitäts- und Sicherheitsgesetz», das 1999 in Kraft trat. Unter anderem ermöglichte es eine flexiblere Handhabung von bis dahin unbefristeten Teilzeitstellen. Zugleich führte es einen Mindestlohn ein und integrierte Teilzeitstellen ebenso wie Leiharbeit in das Tarifvertragssystem. Für die Europäische Kommission wurde die niederländische Praxis in dem Maße zu einem Vorbild, in dem die dortige Arbeitslosigkeit nach der Jahrtausendwende deutlich zurückging.[67] Dementsprechend forderten die «Integrierten Leitlinien für Wachstum und Beschäftigung» im Jahre 2005, «Flexibilität und Beschäftigungssicherheit in ein ausgewogenes Verhältnis [zu] bringen und die Segmentierung der Arbeitsmärkte [zu] verringern».[68] Ein Jahr später fand der Begriff der *Flexicurity* regelmäßigen Eingang in die Dokumente der EU. Welche spezifischen Maßnahmen sich mit dem Konzept verbanden und was es konkret bewirken konnte, blieb freilich unsicher. Neben der holländischen Gesetzgebung galten als erfolgreiche Beispiele die Verbesserung des Abfindungswesens bei betriebsbedingten Kündigungen in Österreich oder auch die konstruktive Verbindung von aktiver Arbeitsmarktpolitik und Fortbildungsmaßnahmen in Dänemark. Insgesamt aber blieb fraglich, ob letztlich nicht die erzwungene und legislativ forcierte Flexibilität über die Bemühungen zur Hebung der sozialen Sicherheit triumphierte.

Denn unbestritten ergab sich aus der Strategie der Flexibilisierung eine neue Verwundbarkeit der Arbeitnehmer auf dem Markt. Zwar lautete eines der ins Feld geführten Standardargumente, die Arbeitsmarktflexibilisierung erhöhe die Eintrittschancen der schwer vermittelbaren Arbeitssuchenden. Selbst kurzzeitige Berufserfahrung im Rahmen von Zeitarbeit oder befristeten Verträgen verbesserte nach diesem Kalkül das Qualifikationsprofil und die Aussichten auf einen längerfristigen «regulären» Arbeitsplatz. In der Praxis mochte es hierfür Beispiele geben. Meist aber drohte dieser Mechanismus in eben dem Maße zur Falle zu werden, in dem es die Arbeitsbiographie der Betroffenen unterminierte oder gar nicht erst zur Entfaltung kommen ließ. Die langfristigen Arbeitsmarktchancen reduzierten sich dann dauerhaft, und die Betroffenen blieben auf einen instabilen Niedriglohnsektor mit hohem Arbeitsplatzrisiko verwiesen.[69]

Spezifische Alters- und Personengruppen und Beschäftigte in bestimmten Branchen unterlagen diesem kumulierten Arbeitsmarktrisiko in besonderer Weise. Dies galt zunächst für die jungen Arbeitnehmer unter dreißig Jahren. Praktisch alle westeuropäischen Staaten erweiterten seit den 1980er Jahren die Möglichkeiten, Personal zeitlich befristet oder projektbezogen einzustellen. Naturgemäß traf dies in erster Linie die jungen, neu auf den Arbeitsmarkt drängenden Arbeitskräfte. So waren im Jahre 2005 EU-weit ein knappes Drittel der unter Dreißigjährigen mit einem befristeten Vertrag ausgestattet, dagegen weniger als zehn Prozent der älteren Arbeitnehmer. Etwas weiter ging die Schere in Deutschland auseinander: Hier waren deutlich über 40 Prozent der jungen Arbeitnehmer lediglich befristet beschäftigt gegenüber rund 6 Prozent der älteren. Nahm Deutschland hiermit innerhalb der EU 15 einen Spitzenplatz ein, so spielte die Befristung der Arbeitsverträge in den ostmitteleuropäischen Beitrittsländern von Beginn an eine noch größere Rolle. In Polen etwa befanden sich im Jahre 2005 fast die Hälfte aller unter Dreißigjährigen Erwerbstätigen in befristeten Arbeitsverhältnissen, in Estland waren es sogar rund 55 Prozent. In beiden Ländern betrug die Quote der älteren, befristet eingestellten Arbeitnehmer ebenfalls beachtliche 18 bzw. 25 Prozent.[70] Weitere Risikogruppen rekrutierten sich aus Zuwanderern, Minoritäten – in Ost- und Südosteuropa waren dies vor allem die Roma – und aus der Gruppe der älteren Arbeitnehmer über fünfzig Jahre. Besonders ungünstige Perspektiven hatten schließlich die wenig qualifizierten Erwerbstätigen. Frauen unterlagen in aller Regel ebenfalls einem höheren Arbeitsmarktrisiko als Männer.

Die damit beschriebenen Tendenzen betrafen alle europäischen Länder, wenngleich in unterschiedlichen Formen und Ausprägungen. Unter den westeuropäischen Ländern war es Großbritannien, das die größten Anstrengungen unternahm, seinen Arbeitsmarkt zu flexibilisieren und sich für die globale Wirtschaft zu wappnen. Seit dem Ende der 1990er Jahre wurde es dafür mit vergleichsweise hohen Wachstumsraten und niedriger Arbeitslosigkeit belohnt. Aber die Briten zahlten einen hohen Preis: Immer weiter öffnete sich die Schere zwischen den hohem Einkommen, die von der Globalisierung profitierten, und den prekären Arbeitsbiographien. Die gesellschaftliche Polarisierung schritt voran, und neben Portugal war Großbritannien im Jahre 2004 das einzige westeuropäische Land, das als Niedriglohnland bezeichnet werden mußte. Gemessen an der gängigen Definition – Löhne, die weniger als 60 Prozent des Durchschnittslohns betragen, gelten als Niedriglohn – war ein knappes Drittel der britischen Erwerbstätigen (32,2 Prozent) in diesem Segment angesiedelt.[71] Je weiter der Arbeitsplatz vom traditionellen Standard einer unbefristeten Vollbeschäftigung abwich, um so wahrscheinlicher wurde es, daß er die Charakteristika eines *bad job* entwickelte. Der Arbeitnehmer hatte sich mit einem Mangel an sozialer Sicherheit, schlechter Bezahlung und der Absenz von Aufstiegs- und Weiterbildungschancen auseinanderzusetzen. Konkret betraf dies in erster Linie wenig qualifizierte Arbeitnehmer, Frauen und Einwanderer. Besonders waren Bereiche betroffen wie Nahrungsmittelindustrie und Pflegedienste.[72] Hinzu trat eine weitere Entwicklung, die für die deregulierten Arbeitsmärkte in der globalen Wirtschaft typisch war: Zwar sank die durchschnittliche Wochenarbeitszeit aller Erwerbstätigen; aber in bestimmten, gerade auch hochqualifizierten Bereichen blieb sie hoch, zum Teil bei deutlich über 40 Stunden in der Woche und bei steigender Arbeitsintensität.[73] Dies trug dazu bei, daß die subjektive Jobzufriedenheit der Briten im Verlauf der 1990er Jahre nachließ, zumal Arbeitnehmer im Niedriglohnsektor häufig zwei Stellen annahmen, um über die Runden zu kommen.[74]

Vergleichbare Entwicklungen gab es auch dort, wo der Arbeitsmarkt insgesamt noch stärker reguliert blieb als in Großbritannien. In Frankreich und Deutschland etwa hielt sich das «fordistische» Modell länger als in Großbritannien; das heißt, ein erheblicher Teil der Arbeitnehmer fuhr fort, von den Vorteilen einer durch Kündigungsschutz und Kollektivvertrag langfristig protektionierten Vollerwerbsstelle zu profitieren. Zwar befand sich dieses «restriktive Paradigma eines lebenslangen Arbeitsplatzes», wie es die Kok-Kommission bezeichnete, auch in Frankreich und Deutschland auf dem Rückzug und offenbarte klare Anzeichen der fortschreitenden Erosion. Überdies erzwangen auch in diesen Ländern die Regierungen zum Teil gegen heftigen politisch-gesellschaftlichen Widerstand beträchtliche Liberalisierungsmaßnahmen. 2010 meinte der deutsche Ökonom Bert

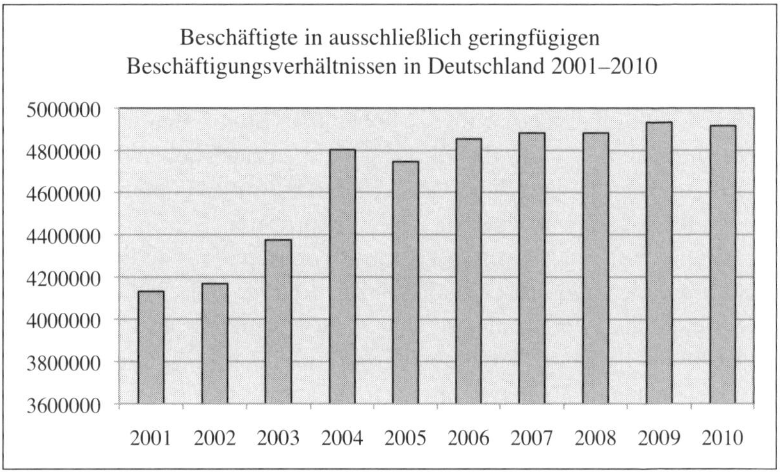

Quelle: Arbeitsagentur Arbeitsmarktberichte 2001–2010

Rürup sogar, kein Land sei in den vergangenen zehn Jahren «so stark wie Deutschland – im positiven Sinne – umgekrempelt worden».[75] In erster Linie aber wirkten sie sich auf die Bedingungen der neu in den Arbeitsmarkt einströmenden Arbeitnehmergruppen aus, also vor allem junge Erwerbstätige, Zuwanderer und Frauen. Auf diese *Newcomer*, aber auch auf Arbeitslose, die den Wiedereintritt schafften, wurde das Arbeitsplatzrisiko großenteils abgewälzt. Dementsprechend stieg die Zahl der Erwerbstätigen, die auf unfreiwillig befristete oder geringfügige Beschäftigungsverhältnisse, schlecht bezahlte und sonstige *bad jobs*verwiesen blieben. In Frankreich wie in Deutschland verstärkte sich daher die Tendenz zu einem gespaltenen, «dualen» Arbeitsmarkt, der die Polarisierung zwischen *ins* und *outs* begünstigte.[76]

Vergleichbare Entwicklungen ließen sich auch für die anderen westeuropäischen (EU 15) Länder feststellen. Je nach Regulierungsdichte, wohlfahrtsstaatlicher Tradition und Wirtschaftsdynamik variierte das Spektrum der Polarisierung auf dem Arbeitsmarkt; aber keine der europäischen Gesellschaften konnte den genannten Entwicklungen entgehen. Technologischer Wandel, die Folgen der Globalisierung und die in Europa vorherrschende neoliberale Modernisierungspolitik erzeugten neue Armutsrisiken unter jenen Schichten, die dem Tempo der ökonomischen Beschleunigung nicht zu folgen vermochten. Hier entstand eine neue Unterschicht, ein «Prekariat», unterbeschäftigt und ohne Aufstiegsperspektive, dessen Angehörige zu Dauerempfängern der sozialen Transfers, ja zu «Versorgungsklassen» zu werden drohten.

Noch schwerer, ja brutaler lastete der Anpassungsdruck freilich auf den ost(mittel)europäischen Transformationsländern. Die kommunistischen Regime hatten ja gewissermaßen ihre Form des «Fordismus» entwickelt: mit lebenslanger Arbeitsplatzsicherheit und sozialer Fürsorge bei allerdings minderer Produktivität und niedrigem Lebensstandard. Nach 1989 gab es hier nun statt der Überhänge eines fordistischen Zeitalters, das in Westeuropa noch weite Teile der älteren Arbeiterschaft schützte, die Ruinen des alten Systems und mit ihm eine weitere spezifische Risikogruppe. Sie entstand vor allem dort, wo die Regierungen entsprechend den Maßstäben der wettbewerbsorientierten globalen Wirtschaft forciert auf Liberalisierung und Privatisierung setzten. Denn in kaum einem Fall ließ sich die Privatisierung der großen Kombinate ohne Entlassungen durchführen. Zahllose Arbeiter und Angestellte der früheren Staatsbetriebe sahen sich daher mit plötzlicher Arbeitslosigkeit konfrontiert.

Weil die osteuropäischen Staaten Anschluß an den europäischen Zug suchten, übernahmen sie auch die arbeitsmarktpolitischen Schlüsselthemen der Lissabon-Strategie. Bis zum Zeitpunkt des EU-Beitritts im Jahre 2004 vermochten die osteuropäischen Ökonomien daher besonders flexibel auf die gewandelten weltwirtschaftlichen Verhältnisse zu reagieren beziehungsweise sich ihnen anzupassen. So begannen sich gegen Ende der 1990er Jahre die zunächst unvermeidlich hohen Arbeitslosenquoten der postkommunistischen Staaten dem Standard der EU-15-Länder anzunähern. Während die Tschechische Republik sogar durchweg geringere Arbeitslosenziffern aufwies als der EU-Durchschnitt, lag er in Polen lange Zeit deutlich höher. Arbeitslosigkeit war hier vor allem auch ein ländliches Phänomen und spiegelte die Schwierigkeiten der vormals staatlichen Agrarbetriebe wider. Beiden Ländern wie auch Ungarn gelang es jedoch gerade aufgrund ihrer flexiblen Arbeitsmarktpolitik, die Erwerbslosenzahlen deutlich zu drücken. Gemessen an der reinen Statistik war daher im Jahre 2008 eine klare Konvergenz der europäischen Staaten zu erkennen.

Bezahlt wurde dies freilich durch die Häufung all jener Charakteristika, die auf den westeuropäischen Arbeitsmärkten zur Polarisierung führten und «*bad jobs*» hervorbrachten. Die ostmitteleuropäischen Transformationsstaaten zeichneten sich durch weitestgehende, geradezu «exzessive» Flexibilität der Arbeitsverhältnisse und eine zugespitzte «Permissivität» der Arbeitsbeziehungen aus.[77] Befristete Verträge, Zeitarbeit, prekäre Selbständigkeit, aber auch deutlich längere Wochenarbeitszeiten als im Westen kennzeichneten in noch höherem Maße die ostmitteleuropäischen Arbeitsmärkte. Wenn etwa die Selbständigen Ende der 1990er Jahre die am schnellsten wachsende Beschäftigungskategorie waren, dann konnte

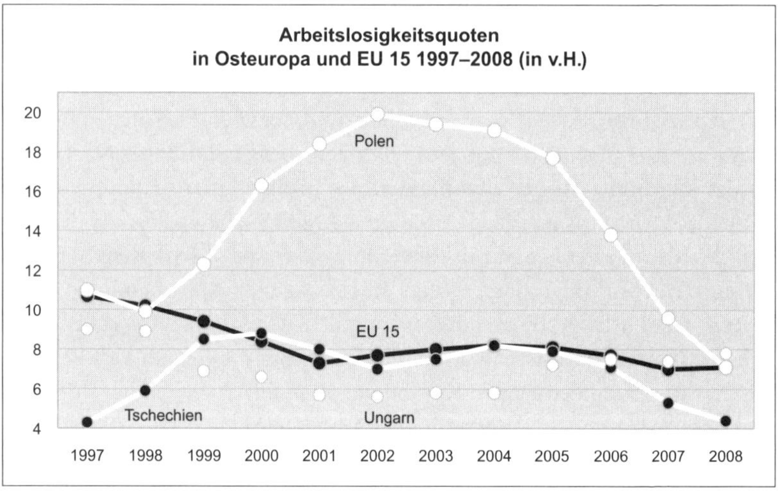

Quelle: EuroStat

das in «neoliberaler» Interpretation als statistisch verifizierter Erfolg betrachtet werden. In der Praxis aber bedeutete das, «was in der Statistik aussieht wie eine Eruption von Unternehmertum», häufig bloß die Entlassung von Arbeitnehmern in die Scheinselbständigkeit.[78]

Hinzu traten mangelhafte Gesundheitsbedingungen am Arbeitsplatz und die verstärkte Anforderung von Schichtarbeit. Auch in den Beitrittsländern waren junge Arbeitnehmer, Frauen und ethnische Minderheiten, vor allem die Roma, einem überdurchschnittlichen Arbeitsmarkt- und damit auch Armutsrisiko ausgesetzt.[79] Insgesamt bestand daher in Ländern wie Rumänien, aber auch Polen ein starker, ökonomisch bedingter Druck zur Auswanderung bzw. zur Annahme auswärtiger Saisonarbeit.

Den wirtschaftlichen Übergang der osteuropäischen Länder begleitete überdies der Niedergang der Gewerkschaften, oder besser: das Scheitern der Versuche, freie, nicht bevormundete gewerkschaftliche Strukturen aufzubauen. In den meisten kommunistischen Staaten hatte ja bis 1989 eine Art Zwangsmitgliedschaft in den Gewerkschaften bestanden, so daß ein Rückgang der Mitgliedschaft nach dem Umbruch zu erwarten war; was faktisch eintrat, war allerdings ein freier Fall sowohl der Mitgliedschaft als auch der gewerkschaftlichen Autorität am Arbeitsplatz. Kollektive Solidarität, Verhandlungsmacht und politischer Einfluß der neu begründeten Gewerkschaften tendierten gegen null. Ein Jahrzehnt nach dem Umbruch von 1989 waren sie weitgehend marginalisiert. Die Quote der gewerkschaftlichen Organisation war deutlich hinter diejenige Westeuropas zurückgefallen.[80]

Erstaunlicherweise galt dies auch für Polen, wo ja die Solidarność-Bewegung als Gewerkschaft begonnen hatte. Nach 1989 war Solidarność allerdings nicht in der Lage, die industriellen Beziehungen gewerkschaftlich zu durchdringen. Politisch setzte die sich ohnehin spaltende Bewegung andere Prioritäten. Auf die Wut in der Bevölkerung, die sich aus der Kombination aus forcierter Liberalisierung und wirtschaftlicher Malaise speiste, wußte Solidarność keine Antwort. Tatsächlich verloren in Polen die liberalen Kräfte die Masse der Arbeiterschaft, in der teilweise rechtspopulistische Positionen Widerhall fanden.[81]

Alle diese Indikatoren wiesen auf einen doppelten Prozeß hin: Auf der einen Seite akkumulierte sich der von der Globalisierung ausgehende Anpassungs- und Flexibilisierungsdruck in besonderer Weise in den postkommunistischen Ländern, die ja ihre Wirtschaft ohnehin völlig neu ordnen mußten. Im Durchschnitt litten hier die Erwerbstätigen unter größeren Risiken als im Westen. Auf der anderen Seite war ein Trend zur Angleichung unverkennbar. Zumindest in den ostmitteleuropäischen Ländern setzte der Wirtschaftsaufschwung gegenüber den EU 15 einen nachhaltigen Aufholprozeß in Gang; und den dafür gezahlten Preis – Zwang zur «flexiblen» Existenz, erhöhtes Arbeitsmarktrisiko und zunehmend massenhafte Verwundbarkeit auf dem Markt – teilten sie mit immer breiteren Schichten in den westeuropäischen Gesellschaften.

Vor diesem Hintergrund ließ, wie häufig festgestellt worden ist, die Kampfkraft der Industriearbeiterschaft und ihrer Gewerkschaften massiv nach. Tatsächlich hatte schon das fordistische Produktionsmodell nach 1945 entscheidend dazu beigetragen, die europäische Klassengesellschaft und den ihr innewohnenden Gegensatz zu überwinden. Das gilt in ökonomischer Hinsicht durch die Steigerung der Produktivität, die den keynesianischen Konsens und die Expansion des europäischen Wohlfahrtsstaates erlaubte. Aber das gilt auch in (massen-)kultureller Hinsicht: Das doppelt erfüllte Versprechen des Massenkonsums und des Freizeitgewinns löste den Zusammenhang von Arbeit und privater Lebensführung auf. Es standardisierte die Lebensläufe neu im Rhythmus einer sich verkürzenden rationalisierten Arbeitszeit und eines wachsenden Konsums uniformierter massenkultureller Produkte. Dies hegte den säkularen Gegensatz zwischen Kapital und Arbeit ein. Es domestizierte ihn und transformierte ihn in ein neues kulturelles Gleichgewicht.

Seit den 1980er Jahren erodierten Fordismus und keynesianischer Konsens im Zeichen von Wirtschaftskrise und Globalisierung. Jetzt allerdings, indem das von ihnen bestimmte Modell kontrahierte oder sogar zusammenbrach, provozierte es die kollektive Aktion der Arbeiter. Mobilisierend wirkte die Angst um den Arbeitsplatz: Arbeiter organisierten sich, um eben jenes Modell zu verteidigen, das ihnen über eine Generation hinweg Sicherheit und Wohlstand gegeben hatte. In den 1980er Jahren ging es dabei um die alten Industrien, die in die Dauerkrise gerieten. Ihre Schrumpfung führte die Arbeiter auf die Straße: vom epischen Duell zwischen der Thatcher-Regierung und den britischen Kohlebergleuten, die auf Arthur Scargill vertrauten, über die norddeutschen Werftarbeiter, die ihre Produktionsstätten wochenlang besetzt hielten, bis zum Saarland und zum «brennenden» Ruhrgebiet, wo sich die Arbeiter der Schließung ihrer Stahlwerke widersetzten.

In den 1990er und 2000er Jahren veränderte sich das Muster der Konflikte. Alte Industrien wie der Kohlebergbau verschwanden fast ganz von der europäischen Landkarte, oder sie modernisierten sich auf schlankerer Basis wie Stahlindustrie und Schiffsbau, die beide ganz unverhofft von der expandierenden Weltwirtschaft profitierten. Junge Industrien dagegen wie die Produktion von Computern, Mikrochips und Mobiltelefonen waren in hohem Maße von den Investitionen multinationaler Konzerne abhängig. Und wenn Siemens oder BenQ, Nokia oder Sony ihre Investitionsentscheidungen revidierten und ganze Produktionsstätten schlossen, so glich dies einem Frontalangriff auf die individuelle Existenz der betroffenen Arbeitnehmer. Der Protest blieb nicht aus, stets fanden sich Politiker, die sich solidarisierten. Eine wohlwollende Presse berichtete empathisch, die Öffentlichkeit war betroffen. Am Ausgang des Kräftemessens änderte dies freilich nichts.

Hier zeigten sich gleichsam neue alte Formen der Kapitalabhängigkeit, deren Eishauch das westliche Europa der Jahrhundertwende – nach fast vierzig goldenen Jahren – wieder einholte. 2008/09 steigerte sich das Szenario in der Folge der globalen Finanz- und Wirtschaftskrise. In den europäischen Werken des bankrotten amerikanischen Giganten General Motors verbreitete sich die Angst vor der Schließung, aber auch andere Branchen waren bedroht.

Besonders militant entwickelte sich der Protest in Frankreich. Als Sony im März 2009 eine Fabrik für Kassetten bei Bordeaux schließen wollte, setzten die dortigen Arbeiter kurzerhand den Geschäftsführer fest und erzwangen bessere Kündigungsbedingungen und eine Abfindung.[82] In der Folge machte dieses Verfahren als sogenanntes *Bossnapping* in Frankreich geradezu Schule.

Tatsächlich äußerten sich Widerstandskraft und *bargaining power* der Industriearbeiter meist nur noch im lokalen Rahmen. Ihre Aktionen, auch die der Gewerkschaften und Betriebsräte, zielten letztlich nur noch auf die

Verhinderung des Schlimmsten oder rein palliative Maßnahmen wie Sozialpläne und Abfindungen. So hart und zum Teil auch gewaltsam die Auseinandersetzungen auch sein mochten, an der Bewegungsrichtung der Entwicklung änderten sie nichts. Als Klasse «für sich» war die Industriearbeiterschaft in Europa am Beginn des 21. Jahrhunderts wohl endgültig zu Grabe getragen worden. Und es war mehr als fraglich, ob die Globalisierungsstrategie der großen internationalen Organisationen – Fortbildung für die Wissensgesellschaft, Flexibilisierung für den Markt – den hier Betroffenen irgendeine Perspektive zu geben vermochte.

Wie aber verhielt es sich mit den Arbeitnehmern im jüngeren und immer weiter expandierenden Dienstleistungssektor? In dem Maße, in dem sich die Länder Europas zu modernen Dienstleistungs- und Informationsgesellschaften fortentwickelten und zugleich zentrale Züge der amerikanischen Konsumgesellschaft übernahmen, glichen sich auch die Bedingungen ihrer Beschäftigten einander an. Tatsächlich läßt sich fragen, ob nicht der Übergang zur postindustriellen Dienstleistungsgesellschaft zugleich neue – nachproletarische – «Klassen» schuf: eine neue Form internationaler Dienstleistungsklassen. Einerseits betraf dies die wachsende Zahl mittlerer und gehobener Angestellter, die bei Banken und Versicherungen, Computer- und Softwarefirmen, in der Verwaltung multinationaler Konzerne oder in Bildungs- und Gesundheitseinrichtungen arbeiteten. Andererseits betraf das die ebenfalls wachsende Zahl derer, deren *cheap labour* diese neue Gesellschaftsform am Laufen hielt: in internationalen Fast Food- und Coffee Shop-Ketten wie McDonald's und Starbucks,[83] in den großen Handelskonzernen und Transportunternehmen, schließlich auch in öffentlichen oder privaten Betreuungs-, Pflege- und Reinigungsdiensten.

Hier entstand ein gigantisches Arbeitskräftepotential, dessen Lebensumstände sich in neuer Form und entlang der Logik des globalisierungsgetriebenen Strukturwandels anglichen. In einem nie zuvor dagewesenen Ausmaß wurde es von weiblicher Arbeitskraft gespeist. Weibliche Erwerbsarbeit war hoch konzentriert in Dienstleistungssektoren wie Einzelhandel, nachgeordneter Büroarbeit und in Pflegeeinrichtungen. Insbesondere in Bezug auf die Pflegetätigkeit – Pflege von Kindern, Behinderten oder Älteren – ließ sich feststellen: Was früher in der Familie angesiedelt war und dort zur unbezahlten weiblichen Arbeit im Haushalt gehörte, wurde nun ein in der Regel schlecht bezahlter Job. Auch die Teilzeitarbeit und ihr Anstieg waren in hohem Grad geschlechtsspezifisch. 2004 pendelte der Anteil der Frauen in solchen Arbeitsverhältnissen zwischen 70 Prozent in Schweden und fast 90 Prozent in Österreich und Luxemburg.[84] Halbtagsjobs waren eindeutig dort konzentriert, wo die geschlechtsspezifische Prägung der Arbeitsplätze vorherrschte. Feministische Autoren sprachen denn auch von einer Art Reproduktion der Geschlechterrollen am Arbeitsplatz oder sogar davon, dass häusliche Rollen am Arbeitsplatz gleichsam «nachgespielt» wurden.[85]

Kein Zweifel besteht jedenfalls daran, daß vor allem weibliche Arbeitskraft genutzt wurde, um den fundamentalen Strukturwandel in den westlichen Ökonomien seit 1970 zu bewältigen. Frauen brachten neue und dringend benötigte Flexibilität in den Arbeitsmarkt. Zugespitzt formuliert, bildete die expandierende weibliche Arbeitskraft im dynamisch wachsenden Dienstleistungssektor eine Art flexibler, post-industrieller «Reservearmee».

Es läßt sich daher durchaus argumentieren, daß der Strukturwandel neue Dienstleistungsklassen hervorgebracht hat, bestehend aus lohnabhängigen, in den Servicesektoren tätigen Männern und Frauen. Zwar trennte eine neue, aber gleichsam traditionelle «Kragenlinie» die gut ausgebildeten *white collar*-Arbeitnehmer in den großen Konzernen und innovativen Unternehmen von den handarbeitenden Schichten in den *bad jobs*. Gemeinsam aber war ihnen, daß ihre Existenz in dem Maße prekär zu werden drohte, in dem ihre Kapitalabhängigkeit stieg.

Noch stand freilich keine politisch-soziale Sprache zur Verfügung, um dem transnational aktiven Kapital eine international wirksame, «klassen»-basierte Position entgegenzusetzen. Auch die Proteste gegen die internationalen Organisationen wie etwa gegen die WTO in Seattle im Jahre 1999 oder die alljährlich wiederkehrenden, häufig gewaltsamen Aktionen der militanten Globalisierungsgegner konnten dies nicht ersetzen und verrieten im Grunde nur ihre fortbestehende Hilflosigkeit.[86]

Euphorie und Ernüchterung: Aufstieg und Fall der New Economy

Ungebremster Optimismus, ja die reine Euphorie, herrschte dagegen dort, wo die neuen Technologien unmittelbare Wertschöpfungsgewinne versprachen. Ausgehend von den USA, entstanden auch in Europa seit Mitte der 1990er Jahre immer mehr junge Unternehmen, die Dienstleistungen auf der Basis Internet-gestützter Kommunikation anboten. Zumindest vordergründig versprach dies eine radikal neue Form des Wirtschaftens. Die *New Economy*, wie man sie bald nannte, suggerierte die Chance auf gänzlich neue Produktivität. EDV-basiert und global agierend, lautete ihr Credo, sich von traditionellen Formen der Warenproduktion abzukoppeln und eben dadurch neuen Reichtum zu schaffen. Ganz im Einklang mit den Versprechungen der «Wissensgesellschaft» lauteten die Prioritäten der *New Economy*: Kommunikation und Information. Information sollte weltweit zugänglich gemacht und zugleich in ihrer Effizienz gesteigert werden.

Ein globaler Wettbewerb setzte ein um die kreativsten Köpfe und um die besten Ideen, die neuen Inhalte unter die Leute zu bringen. Die hauptsächlichen Gewinnaussichten ergaben sich aus der beständig steigenden Zahl der Internetnutzer. Jenen Seiten, die hohe und höchste Besucherzahlen vorweisen konnten, winkten durch künftige Bezahldienste, aber vor allem aufgrund der Einnahmen durch Werbung schier unerschöpfliche Gewinne. In enger Wechselwirkung mit den expandierenden internationalen Finanzmärkten entstanden binnen kurzem in der Internet- und Medienbranche ein Gründungsboom und eine Art Goldgräberstimmung, wie man sie am Ende des 20. Jahrhunderts kaum mehr für möglich gehalten hätte.

Der anfänglich überwältigende Erfolg der *New Economy* verschärfte allerdings die gesellschaftliche Polarisierung. Denn er prämierte nur eine kleine Minderheit meist junger, technisch kompetenter und unternehmerisch denkender Akteure. Nachhaltig äußerte sich dies nicht nur im Bereich der explodierenden Einkommen. Auch die Arbeitsformen schienen sich unter dem Eindruck der *New Economy* nachhaltig zu verändern. Während in den *bad jobs* der gewöhnlichen Dienstleistungsklassen zunehmend prekäre Arbeitsbedingungen herrschten, verströmten die Angestellten der *New Economy* ein neues Lebensgefühl. Hier war die Rede vom Abbau der Hierarchien und von den Früchten der Teamarbeit. Chefs und Mitarbeiter arbeiteten gemeinsam in großen Büros; es herrschte ein quasi familiäres Arbeitsklima ohne Krawattenzwang. Mitarbeiter galten als Partner, nicht als untergebene Arbeitnehmer.

Auf der Kehrseite dieser neuen Flexibilität verschwammen freilich die Grenzen zwischen Arbeit und Freizeit. In dem Maße, in dem Arbeit zugleich zum Lebenssinn wurde, fielen traditionelle Regulierungen wie die auf 40 oder gar auf 35 Stunden beschränkte Wochenarbeitszeit weg. Der die *New Economy* verkörpernde *Yettie* – *y*oung, *e*ntrepreneurial, *t*echbased, *t*wentysomething – befand sich im Grunde immer in der Arbeit, sei es zu Hause oder im Betrieb. Dementsprechend galt er als bindungslos, partnerlos und kinderlos.

In der «heißen Phase» der *New Economy*, zwischen 1997 und 2000, mangelte es nicht an märchenhaften Blitzkarrieren; mehr als einmal mündete der Traum vom eigenen *Startup* direkt im neuen Reichtum. Möglich wurde dies durch die enge Verflechtung der *New Economy* mit dem gleichzeitig boomenden Aktienmarkt. Neben die Euphorie der neuen Technologien selbst trat das euphorische Verlangen, junge Unternehmen der *New*

Economy an die Börse zu bringen. Investoren, die an den gewinnträchtigsten Ideen im Bereich der Neuen Technologien und Medien teilhaben wollten, gab es anfangs genug. Hier entstand eine geradezu fiebrige Atmosphäre. Jugendlicher Enthusiasmus mischte sich mit global geweiteten Perspektiven, technisch angetriebener Fortschrittsoptimismus mit der primitiven Gier nach Erfolg und Reichtum. Vorübergehend prämierte diese kommunikative Beschleunigung des Wirtschaftslebens das performative Element und die Fähigkeit der Akteure zur Selbstinszenierung. Freilich verschoben sich dabei allzu oft die Sphären des Realen und die des Virtuellen; und zu wenig wurde beachtet, daß doch primär mit bloßen Erwartungen gehandelt wurde.

Die Folge war eine gigantische Spekulationsblase, tatsächlich eine der größten in der Börsengeschichte. Wer etwa im Jahre 1997 beim Börsengang des deutschen Medienrechtehändlers EM-TV mit 6000 D-Mark einstieg, wurde zwei Jahre später – nach einer Kurssteigerung von 16 600 Prozent – Millionär. Zumindest war er dies, wenn er seine Anteile rechtzeitig verkaufte. Denn ebenso rasch, wie die Kurse in die Höhe geschossen waren, fielen sie ins Bodenlose. Im März 2000 erreichten die Indizes des Neuen Marktes ihren Höchststand – danach ging es rasend bergab, und die Blütenträume eines gleichsam «ewigen», Internet-getriebenen Wachstums zerstoben. Viele der neu gegründeten Firmen gingen Bankrott oder wurden zum Schleuderpreis verkauft. Der größten Erfolgsgeschichte an der Börse folgte nun eine gigantische Kapitalvernichtung auf dem Fuße.

Mit extremer Geschwindigkeit veränderte sich in der Krise auch die gesellschaftlich-kulturelle Wahrnehmung der *New Economy*. Hatten deren Erfolge zunächst auch ernsthafte Kommentatoren dazu bewogen, traditionelle Mentalitäten zu hinterfragen, rückte nun ihr genuin virtueller Charakter ins Fadenkreuz der Kritik. Plötzlich galten die Projekte vieler *Startups* als wenig innovativ und ihre Gewinnberechnungen als reine Hypothesen, die auf unrealistischen Wachstumsschätzungen des Internet-Handels basierten. Immer lauter wurden auch die Stimmen, die den Banken zumindest eine Mitschuld am sich abzeichnenden Desaster gaben. Gestützt auf rein mediale Werbekampagnen waren allzu viele zweifelhafte Firmen an die Börse gebracht worden.

Die handfesten Skandale, die der Niedergang der New Economy mit sich brachte, trieben solche Stimmungen um so mehr an. In Deutschland waren dies neben dem Absturz von EM-TV vor allem die Machenschaften der Firma Comroad in Baden-Württemberg. Als ans Tageslicht kam, daß deren Umsätze größtenteils frei erfunden waren, verflüchtigten sich endgültig die Grenzen zwischen Realität und Virtualität. Der Chef des Unternehmens – mit dem sich der baden-württembergische Ministerpräsident Erwin Teufel gelegentlich gerne hatte fotografieren lassen – hatte regelmäßig Aufträge von asiatischen Kunden gemeldet, die es gar nicht gab. In seinem Strafverfahren attestierte ihm dann allerdings selbst der Staatsanwalt mildernde Umstände: «Zu einem Clown gehört auch ein Zirkus, und dieser Zirkus nennt sich Neuer Markt.»[87]

Am Ende erhob sich die Frage, ob die *New Economy* überhaupt sinnvoll von der traditionellen Wirtschaft und ihren zyklischen Rezessionen abgegrenzt werden konnte. Unterlag nicht auch das Dotcom-Gewerbe offenkundig den ehernen Gesetzen der Ökonomie? Überdies paßten sich nun auch die Unternehmen der *old economy* den neuen technischen Gegebenheiten an und stellten sich auf die Notwendigkeit einer verstärkten Internet-Präsenz ein. Nicht wenige erweiterten ihr Spektrum durch den gezielten Aufkauf gestrandeter *Startups*. In jedem Fall entwickelten nun alle maßgeblichen europäischen Konzerne eigene Internet-Strategien, die sich komplementär zu ihren bisherigen konventionellen Angeboten verhielten. Aus der Euphorie der *New Economy* erwuchs das nüchterne Abwägen ökonomischer Kalküle im Zeitalter beschleunigten technischen Wandels. Auch dies war eine Anpassung an die global veränderte und beschleunigte Wirtschaft.

9. Angleichung der Lebensformen und kulturelle Diversität

Die *New Economy* brachte in zugespitzter, phasenweise geradezu karnevalistischer Weise wesentliche Merkmale der jüngsten europäischen Geschichte zum Ausdruck. So erlaubten die technologische Revolution und der Wandel der internationalen Finanzmärkte gelegentlich den Erwerb plötzlichen Reichtums. Dies unterstrich neue soziale Gegensätze, die ältere soziale Ungleichheiten überlagerten. Nach dem Zusammenbruch des Kommunismus spitzte sich das innereuropäische Wohlstandsgefälle geradezu dramatisch zu, und es verschwand nicht binnen weniger Jahre. Die Bewohner Bulgariens verfügten zum Beispiel 1995 nur über zehn Prozent des realen durchschnittlichen Pro-Kopf-Einkommens in der EU; und im Jahre 2008 waren es auch nicht mehr als 13 Prozent. Ermutigender waren die Ziffern für die Visegrád-Staaten, die bis 2008 immerhin 38 (Tschechische Republik) bzw. 31 Prozent (Polen und Ungarn) des EU-Durchschnitts erreichten. Allerdings wäre es irreführend, einen allzu tiefen Gegensatz zwischen einem ökonomisch «rückständigen» postkommunistischen Europa und dem «reichen» Westeuropa zu konstruieren. Nicht zuletzt blieben ja auch die beträchtlichen Unterschiede zwischen dem nordwestlichen und südlichen Europa bestehen, und überdies vertiefte sich teilweise noch die soziale Ungleichheit innerhalb der entwickelten westeuropäischen Gesellschaften.

Zugleich freilich trugen die fortschreitende Europäisierung und die regionale Förderpolitik der Europäischen Union dazu bei, daß sich die ökonomischen Lebensbedingungen in ganz Europa seit 1990 erträglich gestalteten und ein zwar moderater, aber doch spürbarer Konvergenzprozeß in Gang gesetzt wurde. Dabei genügt es nicht, auf Lebensstandard und Einkommensverteilung zu blicken. Die entscheidenden Triebkräfte der fortschreitenden Angleichung resultierten primär aus sozialkulturellen Gemeinsamkeiten, die den Alltag und die Lebensläufe der Menschen in ganz Europa prägten. Hierzu gehörten vor allem die Einstellungen zu Familie und Geschlechterbeziehungen, die zunehmende Orientierung am Konsum sowie die gesteigerte Mobilität, die den europäischen Raum schrumpfen ließ. Und zu den Paradoxien der jüngsten europäischen Geschichte gehört, daß sich die Lebensformen trotz der fortbestehenden Ungleichheiten tendenziell anglichen.

Familien, Geschlechter, Generationen

Schon vor dem Fall des Eisernen Vorhangs hatte sich in Europa die Tendenz zu deutlich niedrigeren Geburtenraten durchgesetzt. Zu Recht hat man diesen historischen Prozeß als «Europas zweite demographische Transition» bezeichnet.[88] Nach dem «ersten demographischen Übergang» am Ende des 19. Jahrhunderts erfolgte der zweite Übergang zunächst in den westeuropäischen Gesellschaften seit den 1970er Jahren. Beide Übergänge spiegelten die Entwicklung eines höheren Lebensstandards ebenso wider wie die Verbesserung der Wohnverhältnisse und vor allem die veränderte gesellschaftliche Rolle der Frauen.

Neben dem spürbaren Absinken der Geburtenraten war der zweite demographische Übergang seit den 1970er Jahren durch einige spezifische, statistisch klar zu fassende Trends gekennzeichnet. Während die Zahl der Eheschließungen sank, stieg das Erstheiratsalter der Frauen ebenso wie die Zahl der Ehescheidungen. Zugleich konstatierte man einen Anstieg der unehelichen Geburten sowie die wachsende Zahl von Alleinerziehenden. Die Veränderung der Wohnverhältnisse schließlich schlug sich in der klaren Tendenz zu kleineren Haushalten nieder.

Bis 1989 charakterisierte die kommunistischen Gesellschaften eine im Vergleich zum Westen noch etwas höhere durchschnittliche Geburtenrate, obwohl vor allem in Ostmitteleuropa der Rückgang bereits spürbar war. Diese Tendenz beschleunigte sich nach 1989. In allen Transformationsgesellschaften sank die Fertilitätsquote deutlich ab. Bis zur Jahrtausendwende blieben die ostmitteleuropäischen Gesellschaften sogar hinter dem EU-Durchschnitt zurück. Umgekehrt gab es in den westlichen Gesellschaften einige Besonderheiten. So profitierte Frankreich, das im Jahre 2006 (neben Island) als einziges europäisches Land eine Fertilitätsquote von 2,0 erreichte, von seiner langfristigen finanziellen und institutionellen Förderung der Familien im allgemeinen und des «dritten Kindes» im besonderen. Doch auch wenn man die nach wie vor erheblichen Unterschiede der europäischen Regionen in Rechnung stellt, so ist insgesamt doch eine klare europaweite Angleichung der Fertilitätsquote zu beobachten.

Fertilitätsquote	Geburten pro Frau im gebärfähigen Alter					
	1960	1980	1989	1995	2000	2006
EU 15	2,67	1,72	---	1,50	---	1,55
Deutschland	2,37	1,56	---	1,25	1,38	1,32
Italien	2,50	1,64	1,33	1,18	1,26	1,34
Frankreich	2,83	1,88	---	1,71	1,89	2,00
Großbritannien	2,86	1,90	1,79	1,71	1,64	1,84
Schweden	2,25	1,68	2,01	1,73	1,55	1,85
Tschechien	2,11	2,10	1,87	1,28	1,14	1,33
Ungarn	2,02	1,91	1,82	1,58	1,33	1,34
Polen	2,76	2,33	---	1,61	1,37	1,27
EU 27	2,23	1,79	---	1,56	---	1,50

Quellen: Steffen Mau u. Roland Verwiebe, Die Sozialstruktur Europas, Konstanz 2009, S. 94. Eurostat.

Fertilitätsquoten in Europa 1950–2005			
	1950–1955	1975–1980	2000–2005
Nordeuropa	2,32	1,81	1,61
Westeuropa	2,39	1,65	1,58
Südeuropa	2,65	2,25	1,32
Osteuropa	2,91	2,08	1,18
Europa insgesamt	2,66	1,97	1,38

Quelle: Laura den Dulk, Changing Norms of Masculinity and Feminity: Development of Gender Relations and Family Structures in Europe, in: Klaus Larres (Hrsg.), A Companion to Europe since 1945, Oxford 2009, S. 450–471, hier S. 457.

Der scharfe Knick in der Fertilitätsquote der ostmitteleuropäischen Frauen nach 1989/90 – wie er sich anfangs besonders stark in der Tschechischen Republik ausprägte – besaß wichtige Ursachen in der hier angewendeten marktwirtschaftlichen «Schocktherapie». Sie korrespondierte mit dem Verlust an Förderung und sozialer Sicherheit. Die Statistik offenbarte, daß etwa in Polen die Wahrscheinlichkeit der Armut mit der Zahl der Kinder ebenso proportional wie dramatisch anwuchs. 1994 fielen nur 3,7 Prozent der verheirateten Paare ohne Kinder unter die statistische Armutsgrenze. Auch Familien mit einem Kind waren mit 5,2 Prozent der Fälle verhältnismäßig selten arm. Danach verdoppelte sich die Zahl der durch Armut gekennzeichneten Haushalte mit jedem weiteren Kind: 9,4 Prozent der Familien mit zwei, 18,9 Prozent mit drei und 37,9 Prozent der Familien mit vier oder mehr Kindern wurden von der Statistik als arm geführt.[89] Mithin hatte die Armut auch in Polen einen Namen: Es war die kinderreiche Familie, womit sich hier im Rekordtempo eine Entwicklung einstellte, die im Kern bereits aus den westlichen Industriestaaten bekannt war.

Tatsächlich war in den westlichen Gesellschaften schon längst die Erfahrung gemacht und diskutiert worden, daß Ehe und Familiengründung die Markt- und Erwerbschancen vor allem der Frauen, zunehmend aber auch der Männer reduzierten. Diese Erfahrung erreichte jetzt mit Macht auch die Menschen in Ostmitteleuropa. In der Folge entfaltete sich eine im Westen bereits bekannte Tendenz zur Entinstitutionalisierung der Ehe. Frauen heirateten deutlich später, und ein immer größerer Prozentsatz verzichtete ganz auf die Eheschließung. Beide Werte näherten sich rasch dem Durchschnitt der Europäischen Union an. Gleiches galt für die Ehescheidungen. Im ungefähren Gleichschritt mit dem Westen stieg deren Zahl kontinuierlich an. In der Tschechischen Republik und in Ungarn wurden im Jahre 2004 mehr als 40 Prozent der Ehen geschieden, im katholischen Polen waren es immerhin auch schon 23 Prozent (EU-Durchschnitt: 37 Prozent).[90]

Zur gleichen Zeit wuchs in allen europäischen Ländern die Quote der außerehelichen Geburten. 2007 betrug sie in Ungarn und Tschechien mehr als ein Drittel, und selbst in Polen wurde jedes fünfte Kind außerhalb der Ehe geboren. Keineswegs verlief die entscheidende Grenzlinie in dieser Hinsicht zwischen Ost und West; die wichtigsten Unterschiede bestanden vielmehr zwischen den stärker säkularisierten Gesellschaften des Nordens und Nordwestens einerseits und den katholisch geprägten mediterranen Ländern. 2006 betrug der Anteil der außerehelichen Lebendgeburten in Schweden und Großbritannien 55 bzw. 44 Prozent, in Italien dagegen nur 18 Prozent. Die mit Abstand geringsten Quoten wiesen die

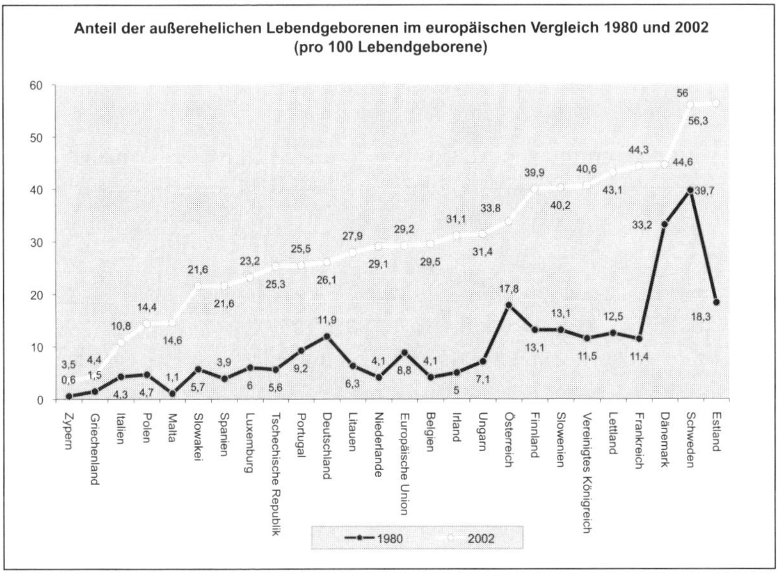

Quelle: Bundesministerium für Familie, Senioren, Frauen und Jugend, Gender Datenreport 2005, http://www.bmfsfj.de/Publikationen/genderreport (19.2.2010).

orthodoxen Länder Griechenland und Zypern mit jeweils knapp über fünf Prozent auf.

In den meisten europäischen Ländern wiesen also alle Daten auf eine dynamische Veränderung der Privatheitsformen hin. Sowohl der weibliche wie auch der männliche Lebenslauf erfuhren einen fundamentalen Wandel. Die Familiengründungen gingen nachhaltig zurück, andere Lebenslaufoptionen gewannen an Bedeutung. Die im Westen schon weit fortgeschrittenen Basisprozesse der Individualisierung und Pluralisierung von Lebensformen und Lebensstilen setzten sich nun auch in den osteuropäischen Gesellschaften durch. Insofern läßt sich bei aller Vorsicht von der Herausbildung eines gemeinsamen europäischen Trends sprechen.

Der wichtigste Indikator hierfür war neben der Fertilitätsquote der Frauen ihre Beteiligung am Arbeitsmarkt. Bis 1989 hatten in den osteuropäischen Staaten der kommunistische Regimewille und eine breite Versorgung mit Kinderbetreuungseinrichtungen die weibliche Erwerbsquote in die Höhe getrieben. 1980 betrug in Ungarn oder der Tschechoslowakei der Anteil der erwerbstätigen Frauen an der erwerbsfähigen weiblichen Bevölkerung mehr als 60 Prozent.[91] Dies war weitaus mehr als der Durchschnitt der westeuropäischen Gesellschaften, wo die Frauenerwerbsquote allerdings ebenfalls kontinuierlich anstieg. Nach dem Systemumbruch ließ sich ein doppelter Prozeß beobachten: In den west- und südeuropäischen Gesellschaften stieg der Anteil an erwerbstätigen Frauen weiterhin an; in den meisten postkommunistischen Gesellschaften sank er dagegen ab. Individuell stark empfundene Marktunsicherheit, Verlust des Arbeitsplatzes, aber auch der Abbau an Kinderbetreuungseinrichtungen wirkten hierbei zusammen. Beachtenswert waren allerdings auch hier die regionalen Differenzen.

Während sich etwa im Baltikum eine hohe weibliche Erwerbsquote von deutlich über 60 Prozent etablierte, sank sie in Polen vorübergehend unter 50 Prozent und erreichte im Jahre 2008 erst wieder 52,4 Prozent. Tatsächlich entfaltete sich in Polen eine im osteuropäischen Vergleich singuläre Retraditionalisierung der Geschlechterrollen. Im Kontext eines massiven Arbeitsplatzabbaus suchten maßgebliche politisch-gesellschaftliche Kräfte an katholische Vorkriegstraditionen anzuknüpfen und die Geschlechterordnungen entsprechend zu verschieben. So verabschiedete der Sejm 1993 nicht nur ein – im übrigen Europa vielkritisiertes – faktisches Abtreibungsverbot, sondern Frauen wurden auch in der staatlichen Sozialpolitik primär in ihrer Rolle als Mutter und Hausfrau betrachtet. Hiermit korrespondierte eine im EU-Vergleich besonders starke Unterrepräsentation von Frauen im politischen Leben sowie in beruflichen Spitzenpositionen.[92]

Unter diesen Bedingungen empfanden nicht wenige Zeitgenossen den Übergang zu Demokratie und Marktwirtschaft primär als Verlusterfahrung.[93] Waren Frauen also die Verliererinnen der Systemtransformation? Nicht nur in Polen, sondern praktisch in allen postkommunistischen Gesellschaften und nicht zuletzt auch in den neuen deutschen Bundesländern konnte sich dieser Eindruck anfangs festsetzen. Erst ein rundes Jahrzehnt nach dem Umbruch begann die Sozialforschung neue, durch Wende und Globalisierung überhaupt erst geschaffene Möglichkeiten für Frauen zu betonen. Neben den neuen Freiheiten und Gestaltungsmöglichkeiten betraf dies auch neue Tätigkeitsfelder im Erwerbsleben. Die Hebung des Bildungsniveaus unter Frauen korrespondierte mit dem Anstieg von Arbeitsplätzen im Dienstleistungssektor. Auch wenn es sich dabei häufig um schlecht bezahlte Teilzeitarbeitsplätze handelte, verbreiterten sie doch die Wahlmöglichkeiten insbesondere jüngerer Frauen.

Mithin stellte sich trotz der zum Teil extremen Unterschiede und der fortbestehenden inneren Gegensätze nach 1989 allmählich ein gemeinsamer Erfahrungsraum ein. Individualisierung und Pluralisierung wurden nun auch in den postkommunistischen Gesellschaften zu den prägenden Kräften der im Sozialismus stark normierten und außengeleiteten weib-

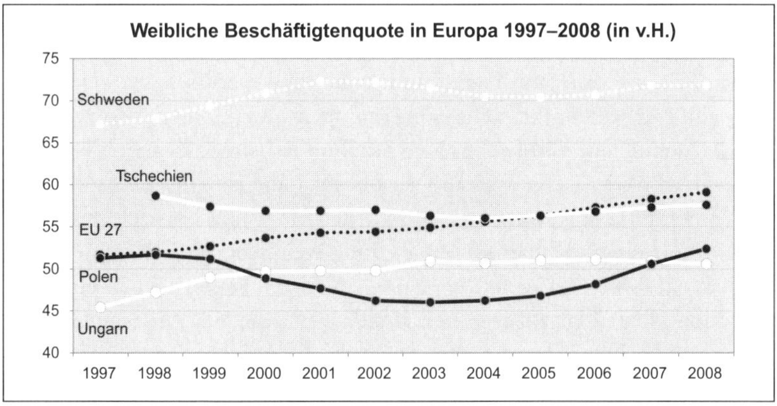

Quelle: Eurostat

lichen Biographien. So signalisiert insbesondere die Beschäftigtenquote der Frauen im Alter von 15 bis 64 Jahren, wie sich die Lebensverhältnisse in Europa allmählich anglichen. Im Durchschnitt nämlich stieg diese Quote, die den Anteil der tatsächlich erwerbstätigen Frauen (ohne arbeitslos Gemeldete) erfaßt, beständig an.

Damit näherte sich die Frauenerwerbsquote jener *benchmark* von etwa 70 Prozent, die von den skandinavischen Ländern gesetzt wird. Man kann daher fragen, ob nicht vom gesellschaftspolitischen Modell Schwedens (aber auch der anderen skandinavischen Länder) eine Art langfristige Vorbildwirkung für das restliche Europa ausgeht. Alle relevanten Parameter weisen hier nämlich auf ein besonders hohes Maß an individuellen Wahlmöglichkeiten hin, mittels derer sich private Lebensentwürfe gestalten lassen. So gibt es in Schweden kein weltanschaulich ähnlich festgefügtes Familienbild wie in den stark katholisch geprägten Ländern. Dementsprechend spielt die Ehe als Lebensform eine minder wichtige Rolle, und mehr als die Hälfte der Kinder werden außerhalb der Ehe geboren. Die wohlfahrtsstaatliche Tradition Schwedens unterstützt diese Tendenzen. Weitgehend steuerlich finanziert, ist sie gekennzeichnet durch eine politisch-gesellschaftlich gewollte öffentliche Bereitstellung sozialer Dienstleistungen wie zum Beispiel im Bereich der Kinderbetreuung. Dadurch werden einerseits die Wahlmöglichkeiten für Frauen und Mütter erhöht, andererseits aber auch Arbeitsplätze für Frauen geschaffen. Die in Schweden zu beobachtende hohe Fertilität bei gleichzeitig hoher weiblicher Beschäftigungsquote lassen vermuten, daß damit wichtige Lebensplanungsbedürfnisse junger Menschen erfüllt werden.

Über Qualität und Bezahlung der Arbeitsplätze von Frauen sagen die statistischen Rohdaten freilich nichts aus. In ganz Europa bestand (und besteht nach wie vor) ein Trend zum geschlechtsspezifisch segmentierten, doppelten Arbeitsmarkt. Frauen übernahmen überdurchschnittlich häufig minder qualifizierte und schlechter bezahlte Arbeiten. Zugleich legte das Beispiel Schwedens aber auch die Vermutung nahe, daß hier eine gleichsam «reife» Entwicklungsstufe erreicht worden war: eine Entwicklungsstufe, in der zwar eine nachhaltige Angleichung weiblicher und männlicher Erwerbsbiographien stattgefunden hatte, eine noch weitergehende Homogenisierung aber nicht zu erwarten stand. Denn die Beschäftigungsquoten der schwedischen Frauen verharrten bereits seit Jahrzehnten auf hohem Niveau und waren offenkundig nicht mehr zu steigern. Auch in Frankreich ließ sich seit den 1990er Jahren eine allmähliche Abkehr vom Leitmodell der vollzeitarbeitenden Mutter beobachten. Wie in anderen Ländern auch – etwa in den Niederlanden, in Österreich oder Deutschland – spielte weibliche Teilzeitarbeit eine immer wichtigere Rolle, und entsprechend gewann das «Ernährer-Zuverdienerin-Modell» eine dominante Bedeutung. Konkret führte dies zur Polarisierung zwischen Frauen, die mit Kindern eine (Vollzeit-)Erwerbskarriere verfolgten und jenen Frauen, die aufgrund familiärer Pflichten ihre Erwerbstätigkeit reduzierten oder den Arbeitsmarkt sogar ganz verließen.[94]

Allerdings reicht es nicht aus, allein auf den weiblichen Lebenslauf zu blicken. Denn im letzten Drittel des 20. Jahrhunderts erfuhr auch der männliche Lebenslauf einen fundamentalen Wandel. In den westlichen Gesellschaften erodierte bereits vor 1989 die Vorstellung, das Auskommen der Familie habe auf dem Lohn eines einzelnen (männlichen) Ernährers zu beruhen. Als normatives Modell hatte diese Idee der Einverdienerfamilie bis in die 1970er Jahre nachhaltigen Einfluß ausgeübt. Seit den 1980er Jahren aber kam diese Norm an ihr Ende. Zwischen 1978 und der Mitte der 1980er Jahre gingen in Westeuropa Millionen industrieller Arbeitsplätze verloren. Im «postfordistischen» Zeitalter konnte es daher auch für den Durchschnittsverdiener zunehmend schwierig werden, die Kosten aufzubringen, wenn es mehr als ein Kind, aber nur einen «Ernährer» gab. Tatsächlich fiel die ökonomische Basis für das Einverdienermodell – der stabile, lebenslange, eben «fordistische» industrielle Arbeitsplatz – dem beschleunigten Strukturwandel seit den 1970er Jahren zum Opfer. In der Konsequenz faserte auch die männliche Normalerwerbsbiographie aus. Seit 1980 ging die männliche Erwerbsquote – in geradezu umgekehrter Tendenz zur Beschäftigungsentwicklung der Frauen – in allen westeuropäischen Ländern kontinuierlich zurück.[95] In Ost(mittel)europa, wo bis 1989 noch der Schein der kommunistischen Planwirtschaft die Realitäten verdeckte, kam nach dem politischen Umbruch der Schock der Entindustrialisierung. Er traf die Bevölkerung um so schmerzhafter, als mit ihm auf einen Schlag ebenfalls Millionen industrieller Arbeitsplätze entfielen.

Für die Angehörigen der älteren Generationen, die biographisch keine Möglichkeit mehr besaßen, ihr Leben den neuen Gegebenheiten anzupassen, bedeutete dies allzu häufig langfristige Arbeitslosigkeit oder zumindest eine erhebliche Beschädigung ihrer Erwerbsbiographie. Insofern verbirgt sich hinter dem deutlichen Rückgang der männlichen Beschäftigtenquote – die in Polen phasenweise unter 60 Prozent sank – auch die generationenspezifische Erfahrung derer, für die die Marktwirtschaft mit ihrem sich rasch wandelnden Arbeitsmarkt keine neuen Chancen bereithielt. Erst etwa seit dem Jahre 2000 stieg auch die Beschäftigtenquote der älteren Männer allmählich wieder an – jetzt allerdings meist aus dem ökonomischen Druck heraus, den zunehmend prekäre Einkommenslagen ausübten.

Konsum und Massenkultur

Mithin spannte sich über den europäischen Kontinent eine Fülle sozialer Ungleichheiten, die sich im Falle problematischer individueller Familien-, Generations- und Beschäftigungsverhältnisse noch zusätzlich verstärkten.[96] Im Kern war dies freilich nichts Neues; aber stellte sich nicht die Frage immer wieder neu, wie die europäischen Gesellschaften mit sozialer Ungleichheit umgingen, sie aushielten und gegebenenfalls auch kompensierten? Westeuropa verfügte in dieser Hinsicht über einen beträchtlichen Erfahrungsschatz. Schon unmittelbar nach 1945 gehörte es hier zu den stabilisierenden Mechanismen, daß soziale Ungleichheit weitaus leichter als zuvor politisch-gesellschaftlich akzeptiert wurde. Aus dieser Akzeptanz erwuchs ganz wesentlich die Immunität des Westens gegenüber dem utopischen Gleichheitsversprechen des Kommunismus. Und sie beruhte auf drei Grundpfeilern, die sich wechselseitig bedingten.

Erstens profitierten alle westlichen Gesellschaften in der Phase des Nachkriegsbooms von dem bekannten «Fahrstuhleffekt», der den Lebensstandard aller Schichten deutlich erhöhte. Zweitens erlaubte das Wirtschaftswachstum der 1950er und 1960er Jahre eine beispiellose Expansion des westeuropäischen Sozialstaats, der die soziale Sicherheit der Bedürftigen signifikant erhöhte. Drittens schließlich erfolgte zur gleichen Zeit eine ebenso dynamische wie tiefgreifende Demokratisierung des Konsums. Die damit verbundene kulturelle Uniformierung nahm den traditionellen Klassengegensätzen mehr und mehr ihre materielle Schärfe. Ohne daß sich die realen Einkommens- und Vermögensrelationen verschoben hätten, erfolgte doch eine kulturelle «Nivellierung». Zugleich etablierte sich der Konsum als legitime, ja notwendige individuelle Lebensäußerung. Nach einer langen Periode der kontinentaleuropäischen Verbraucherkritik, die den Konsum stets negativer betrachtet hatte, als dies in den USA der Fall war, setzte sich so ein neues Bild vom Konsumenten durch.

Bis zum Umbruch im Jahre 1989/90 hatten überdies Computertechnik und Neue Medien, aber auch andere Einflüsse bestehende Konsumgewohnheiten entgrenzt, neue Bedürfnisse sowie neue Formen des Freizeitverhaltens und des Massenkonsums hervorgebracht. So ermöglichte etwa das *Computer Aided Design* (CAD) eine wirtschaftsgeschichtlich beispiellose Gleichzeitigkeit von massenindustrieller Fertigung einerseits und individueller Produktgestaltung andererseits. Der schon länger anhaltende gesellschaftliche Trend zur Individualisierung wurde nun noch einmal durch die Logik der Konsumkultur vorangetrieben, und das Warenangebot richtete sich zunehmend auf den «modernen», das heißt den individualisierten Konsumenten aus. Auch die Werbung blickte auf die gewandelten sozialen und demographischen Strukturen und wandte sich verstärkt an gutverdienende Singles, berufstätige Frauen und medienorientierte Jugendliche. Mithin boten Warenangebot und Werbung den westlichen Gesellschaften eine präzedenzlos gesteigerte Alltags- und Freizeitästhetik dar, die es dem Konsumenten erlaubte, seinen eigenen *Lifestyle* und sich damit selbst als Individuum zu konstruieren. Tatsächlich brachte der moderne Konsum in besonderer Weise die Möglichkeit individueller Distinktion hervor, ja er wurde zum «Medium der Individualisierung», mittels dessen sich personale oder auch regionale «Identität» entfalten ließ.[97]

Fortbestehende soziale Ungleichheit bei gleichzeitiger massenkultureller Nivellierung und demokratischer Legitimation: dies waren drei entscheidende Elemente, die das westliche Gesellschaftsmodell nach 1945 prägten und langfristig stabilisierten. Der Konsum spielte hierbei als gleichsam kultureller Kitt, der soziale Unterschiede und Gegensätze überdeckte, die zentrale Rolle.

Es ist schwer zu sagen, was auf die Bevölkerungen der osteuropäischen Staaten größere Anziehungskraft ausübte: die politische Freiheit oder der konsumstarke Wohlstand des Westens. Überdies ist es wenig sinnvoll bei der Analyse des Niedergangs der kommunistischen Regime das Politische und das Ökonomische gegeneinander auszuspielen. Unzweifelhaft ist aber, daß im Spätkommunismus die Konsumsehnsüchte zunahmen. Von Erich Honeckers Vision einer «sozialistischen Konsumgesellschaft» bis zum ungarischen «Gulaschkommunismus» unter János Kádár suchten auch die ostmitteleuropäischen Diktaturen Legitimität mittels Konsum herzustellen. Daß sie trotz entsprechender Propagandabemühungen ihr Ziel langfristig verfehlten, liegt indes offen zu Tage. Allzu weit lagen konsumpolitischer Anspruch und karge Realität auseinander. Die Verheißungen des Regimes von einer besseren Zukunft prallten auf notorisch enttäuschte Konsumerwartungen. Und spätestens seit Ende der 1970er Jahre zerstob endgültig die Hoffnung, die sozialistische Zentralwirtschaft könnte eines Tages den Kapitalismus in Sachen Produktivität und Lebensstandard überholen. Realökonomisch entfaltete sich die moderne Konsumgesellschaft allein im Westen; deren Schaufenster ragten allerdings tief nach Osteuropa hinein. Und die Aussicht auf politische Freiheit und auf Steigerung des persönlichen Konsums trug maßgeblich dazu bei, daß der Zusammenbruch der kommunistischen Regime in überwiegend friedlichen Bahnen verlief.

Um so größer war der Nachholbedarf der postkommunistischen Gesellschaften. Nur die über Jahrzehnte hinweg zurückgestaute Entfaltung einer modernen, «amerikanischen» Konsumkultur kann erklären, warum die Eröffnung der McDonald's-Filialen in Moskau (1990) und Warschau (1991) geradezu zu Wendepunkten der Gegenwartsgeschichte stilisiert wurde.

In den ersten Jahren nach dem Umbruch blieben die Konsummöglichkeiten für die breitere Bevölkerung mangels Kaufkraft noch sehr begrenzt. Der Schritt vom «suchenden Konsumenten», der in der Mangelwirtschaft des Sozialismus die klassische Marktfigur gewesen war, zum «wählenden Konsumenten», der sich auf dem freien Markt kaufkräftig und souverän bewegte, gelang anfangs nur sehr wenigen.[98] Noch über die ganzen 1990er Jahre hinweg blieben einfache Formen der Vermarktung bestehen wie etwa die großen Freiluftmärkte im litauischen Vilnius.[99] Zu Beginn des neuen Jahrtausends aber begannen die Bewohner der Transformationsländer in fast allen Kernbereichen des Konsums aufzuholen: Autos und Küchengeräte, Markenkleidung und Mobiltelefone strömten auf einen aufnahmebereiten Markt. Zwar stieß er nach wie vor dort an seine Grenzen, wo die Kaufkraft den Wünschen hinterherhinkte. Doch halfen hier Konsumentenkredite, die sich ebenfalls rasch ausbreiteten. So wurden zum Beispiel in Polen im Jahre 1993 nur 8 Prozent der Autos mit Krediten finanziert, 1996 war es schon weit über die Hälfte.[100] Wie in den westlichen Gesellschaften auch, wurde der Konsum zu einem Faktor und zum Symbol des gesellschaftlichen Aufstiegs. Die Parole «Ich kaufe, also bin ich» signalisierte Zugehörigkeit zu den «Konsumklassen», die innerhalb des sich explosiv verbreiternden Angebots neue Formen der Individualität konstruierten.[101] Das galt auch, wenn beklagt wurde, daß es dem osteuropäischen Konsumenten an Möglichkeiten mangele, sich adäquat zu informieren und jenseits der suggestiven Werbung eine rationale Kaufwahl zu treffen.[102]

Zumindest vordergründig glichen sich also die Konsumgewohnheiten in Osteuropa relativ rasch den westeuropäischen Gesellschaften an. Bereits zu Beginn des 21. Jahrhunderts ließen sich trotz fortbestehenden Wohlstandsgefälles im Hinblick auf Automobilisierung und die Nutzung der neuen Kommunikationstechnologien deutliche Konvergenzen feststellen.

PKW, Telefone und PCs pro 1000 Haushalte in ausgewählten europäischen Ländern 2003

Land	PKW (2002)	Festnetz-Telefone	Mobiltelefone	PCs
Deutschland	541	659	785	431
Griechenland	332	45	780	82
Großbritannien	495	591	841	406
Italien	590	484	1018	231
Polen	284	319	451	106
Portugal	375	414	904	135
Rumänien	149	205	329	83
Tschechien	358	360	965	177
Ukraine	108	216	84	19
Ungarn	259	361	676	108

Quelle: Arpád von Klimó, Ungarn seit 1945, Göttingen 2006, S. 224.

Damit setzte sich ein aus den 1950er und 1960er Jahren bekannter Prozeß fort. Damals schon hatte die von den Vereinigten Staaten angetriebene Konsumkultur die Verhältnisse in Frankreich, Großbritannien, den Benelux-Ländern, der Bundesrepublik und in Norditalien immer stärker einander angeglichen. Seitdem hatte auch zwischen den anderen Ländern der Europäischen Gemeinschaft die konsumkulturelle Verflechtung stark zugenommen. Nach 1989/90 erfaßte dieser Trend nunmehr auch die postkommunistischen Staaten. Das Angebot in den Supermärkten, Möbel- und Autohäusern sowie den Restaurants näherte sich zunehmend einander an. Auch die Innenstädte von Warschau oder Prag unterschieden sich konsumkulturell kaum mehr von denen in Paris oder London. Die großen Ketten und Marken, von adidas bis Zara, von Aldi bis Tesco, setzten sich rasch in den neuen osteuropäischen Märkten fest. Ein «leninistischer Sprung», wie es der tschechische Philosoph Václav Bělohradský 1991 formulierte, der die westlich-kapitalistische Konsumkultur der 1950er und 1960er Jahre historisch übersprungen habe, war den postkommunistischen Gesellschaften offenkundig nicht möglich.[103]

Allerdings stellte diese fortschreitende Europäisierung der Konsumkultur nicht einfach eine «Amerikanisierung» dar. Ohnehin ist Amerikanisierung nur als ein komplexer, selektiv verfahrender kultureller Aneignungs- und Transformationsprozeß zu begreifen, der stets auch die «Europäisierung» des Ausgewählten impliziert. Im zusammenwachsenden Europa europäisierte sich jedenfalls gerade auch das Konsumgüterangebot, und es entstand ein europäischer Markt für europäische Konsumgüter. Die überwältigende Dominanz bestimmter amerikanischer Marken wie Coca-Cola oder McDonald's blieb demgegenüber die Ausnahme. Eine «Amerikanisierung» im engeren Sinne betraf daher eher den Konsumstil, der den Supermarkt ebenso wie das Fast Food überall in Europa verbreitete.

Plausibler läßt sich dagegen im Hinblick auf die Medien und die sich entfaltende Freizeitkultur von einer Tendenz zur «Amerikanisierung» sprechen.[104] Zwar entwickelte insbesondere die europäische Filmproduktion ihr traditionelles, erkennbar eigenständiges Profil weiter. Die werthaltigen Filme handelten meist von den europäischen Vergangenheiten, ihren Tragödien, Verbrechen und Opfern.[105] Zugleich aber entfalteten die in Westeuropa schon seit der zweiten Hälfte der 1980er Jahre zugelassenen privaten Rundfunk- und Fernsehanstalten ihr kulturelles Gewicht. Die Folge war eine gleichsam «amerikanische» Spirale des «more of the same». Anfängliche Hoffnungen, die Erweiterung des Angebots werde das Spektrum womöglich kulturell bereichern, erwiesen sich als Wunschdenken. Vielmehr entstand die für die moderne Massenkultur so charakteristische Dialektik zwischen Pluralisierung und neuer Uniformierung. In ganz Europa wetteiferte eine gestiegene Zahl von Fernsehsendern mit im Prinzip gleichartigen Sendungsformaten um die Einschaltquoten: Serien, darunter viele amerikanische, Talkshows und die Übertragung von Sportveranstaltungen. Unübersehbar warfen die Privatisierung und fortschreitende Kommerzialisierung des Rundfunks ihre kulturellen Schatten.

Ebenso unbestreitbar war jedoch der wirtschaftliche Erfolg. Die quantitative Ausweitung des Fernsehens wie des Hörfunks schuf, hierin dem Siegeszug des Computers vergleichbar, neues Wachstum und neue, hochqualifizierte Arbeitsplätze. Und in Form eines Rückkoppelungseffektes verstärkte der Medienboom der 1990er Jahre die Aktivitäten der Werbebranche. Die privaten Sender finanzierten sich ja meist unmittelbar aus Werbeeinnahmen. Und umgekehrt stellten sie der Werbung ein bis dahin nicht gekanntes Medium zur Verfügung, und dies zu den besten Sendezeiten! Die Folge war ein beispiellos gesteigertes Maß an Fernseh-, Hörfunk- und auch Kinowerbung. Infolge der kreativen Nutzung der Computeranimation verwischten sich die Grenzen zwischen Werbung und Kunst. Leitmotivisch für solche Ästhetisierungen war der Bezug zum scheinbar individualistischen *Lifestyle*. Ob Bacardi Rum oder Marlboro, Coca-Cola oder Langnese: Stets suggerierte die Werbung den – häufig amerikanischen oder karibischen – Traum von Abenteuer und Freiheit, Natur und Erotik, kurz: vom vollendeten Glück.

Solche Gesetzmäßigkeiten der Massenkultur entfalteten sich seit den 1970er Jahren, und auch östlich des «eisernen Vorhangs» gab es schon vor 1989 entsprechende, freilich sozialistisch umgeprägte Ansätze.[106] Seit den 1990er Jahren indes ebnete die neu aufsteigende Welle massen- und medienkultureller Uniformierung die bestehenden Unterschiede weiter ein und erfaßte nunmehr ganz Europa. Zugleich eröffnete der Durchbruch zu einer auf Überfluß und Uniformierung zugleich beruhenden Massenkultur dem Individuum neue Möglichkeiten zur Identitätsbildung und zwar jenseits der traditionellen Bindungen durch Herkunft und Familie, Schicht und Klasse, Konfession und Bildungsniveau. In der modernen Massenkultur und Konsumgesellschaft, in der die internationalen Marken ihre Vorherrschaft durch beständige Werbungskommunikation sicherten, begründete die aktive und individuelle (Kauf-)Wahl des «Kunden-Bürgers» die Welt der «feinen Unterschiede».[107] Etwas Neues konnte erstmals in ganz Europa entstehen: nämlich ein dialektisches Gleichgewicht zwischen kultureller Uniformierung einerseits und individueller Distinktion andererseits auf dem Markt der Freizeit, der Medien und des Konsums.

Mithin transportierte und entfaltete die Massenkultur die egalisierenden und globalisierenden Tendenzen der Moderne. Zumindest scheinbar erlaubte der von ihr geformte Markt eine freie individuelle Entscheidung. Diese Entscheidung entkoppelte sich von traditionellen Bindungen und trug daher in den Augen vieler Kritiker zunehmend permissive, hedonistische, ja narzißtische Züge. Gerade die Jüngeren erwiesen sich als immer weniger abhängig von früheren Gebräuchen und Sitten. Vielmehr wurden sie selbst höchst aktiv in der Stilisierung und Inszenierung ihrer selbst. Schien sich also nicht geradezu eine «Ichkunst» durchzusetzen, freilich unter Inkaufnahme neuer Abhängigkeiten oder sogar Süchten von und nach den glitzernden Produkten der neuen Massen- und Medienkultur?

In Westeuropa war diese Kritik größtenteils bereits in den 1980er Jahren formuliert und gewissermaßen ausdiskutiert worden. Und bis zum Ende des Jahrhunderts hatte sich die kulturpessimistisch unterlegte Sorge um die in der Massenkultur gefährdete moralische Autonomie des Menschen weitgehend verflüchtigt. Auch ein nennenswerter kultureller Antiamerikanismus war kaum mehr hörbar. Dagegen dominierten seit den 1990er Jahren der erzieherische Impuls und das Ringen mit den Folgen der massenkulturellen Individualisierung. Gerade jungen Menschen galt es, «Medienkompetenz» und andere Schlüsselkompetenzen beizubringen, um sie für ihre Akteursrolle auf dem kulturellen Massenmarkt zu befähigen. Offenkundig bestanden hierbei Parallelen zur europäischen Bildungsstrategie mit ihren Leitmotiven der Flexibilität und *employablity*: Das Leitbild war jeweils das gleiche, nämlich das sich seiner Interessen bewußte und sich quasi-souverän auf dem Markt bewegende Individuum.

In den postkommunistischen Gesellschaften regten sich dagegen anfangs noch stärkere kulturkritische Impulse, die zum Teil mit einer eindeutig antiamerikanischen Skepsis korrespondierten. Selbst in Polen, wo zumindest während der 1990er Jahre gegenüber den USA eine insgesamt sehr positive Stimmung vorherrschte, mangelte es nicht an kritischen Stimmen. Von der Überwältigung durch die westlich-amerikanisch geprägte Massen- und Konsumkultur befürchtete man Schaden für die polnische Identität. «Das Nachäffen des Westens», so klagte der polnische Philosoph, nachmalige Erziehungsminister und Europaparlamentarier Ryszard Legutko, «findet auf die oberflächlichste und primitivste Weise statt. Sie zeigt keinerlei Anzeichen eines tiefen Kultur- und Sittenaustausches, sondern nur diejenigen einer Massenverdummung.»[108] Ängste vor der durchgreifenden Kommodifizierung aller Lebensbereiche, einer «Hotdog-Kultur» und «Versupermarktung» Polens konkurrierten mit jenen Gegenstimmen, die Polens Provinzialität oder gar «kulturellen Feudalismus» anprangerten.[109] Nicht nur der «leninistische Sprung» über die westliche Konsumkultur hinweg blieb also den postkommunistischen Gesellschaften verwehrt. Gleichsam nachholend, mußten sie auch durch jene kulturkritischen Debatten hindurch, welche die westeuropäischen Nachbarn schon in den 1980er Jahren ad acta gelegt hatten. Zumindest galt dies für die Intellektuellen, denen die Frage komplizierter erschien als jener Litauerin, die angesichts der Kontroverse um einen neuen Supermarkt in Vilnius ohne Zögern meinte: «Geh hin und kauf ein, wenn du Lust hast, ich sehe da keine Probleme.»[110]

Solche Aussagen weisen auf den wohl stärksten Motor der europäischen Angleichung hin: Er besteht in der gleichzeitigen Wahl zunehmend gleichförmiger Alltagsaktivitäten. Nachdem die «großen» politischen Entscheidungen für Demokratie und Marktwirtschaft gefallen waren, machten die Europäer tagtäglichen und millionenfachen Gebrauch von der ihnen gewährten individuellen Wahlfreiheit: Sie konsumierten und verreisten; sie nutzten die neuen Kommunikationstechniken und unterstützten Fußballvereine, sie sahen Filme und Fernsehprogramme an und hörten Popmusik. Mehr und mehr wurde so der neu strukturierte europäische Raum durch die sich wiederholenden Transaktionen und Aktivitäten «von unten» gefüllt. Die zumindest scheinbare Gleichförmigkeit erleichterte auch die Mobilität der Massen.

Elitenmobilität und Massenmigration

Zwischen der präzedenzlosen Steigerung des Konsums, der durch die Ausweitung globaler Märkte zusätzlich angetrieben wurde, und der Schrumpfung des Raums im Zeitalter der Globalisierung bestand ein innerer Zusammenhang. Konsum und die Überschreitung von Grenzen bedingten einander. Mit einer Terminologie Zygmunt Baumans läßt sich von einer zunehmenden Verflüssigung moderner Gesellschaften sprechen. Sie sind am Konsum orientiert und netzwerkartig und transnational aufgebaut.[111] Innerhalb der Europäischen Union erhielt diese Verflüssigung durch das sogenannte Schengener Abkommen einen entscheidenden Schub. 1995 in Kraft gesetzt, schaffte es die Personenkontrollen an den Grenzen der teilnehmenden Staaten ab und verlagerte sie an die Außengrenzen. Bis 2008 erhöhte sich die Teilnehmerzahl am Schengener Abkommen auf 25 Staaten, was innerhalb des größten Teils Europas einen völlig freien Personenverkehr ermöglichte. Die Gebäude der Zoll- und Polizeibehörden an den Grenzen leerten sich, und bald erinnerten den Reisenden nur noch Hinweisschilder daran, daß er das Territorium eines anderen Staates betrat. Auch im Flugverkehr wurden Bürger der Schengen-Staaten bevorzugt behandelt und konnten nun ohne staatliche Kontrollen das volle Privileg binneneuropäischer Freizügigkeit genießen.[112]

In der Masse und auf der Basis eines immer dichter geknüpften Flugverkehrsnetzes kam diese Entwicklung in erster Linie dem Tourismus zugute. Schon vor 1990 hatte die Expansion des Massentourismus auch den Angehörigen weniger wohlhabender Schichten zum Teil erstmals eine «transnationale» europäische Erfahrung ermöglicht. «Die britische Gesellschaft», so vermerkte ein Beobachter im Jahre 1991, «ist weitaus internationaler geworden. 1989 reisten die britischen Bürger acht Mal so häufig ins Ausland als 1969, wobei sich der Tourismus über Europa hinaus in die USA, nach Afrika und den Indischen Ozean ausweitet.»[113] Was also in Westeuropa schon in den 1970er Jahren begonnen hatte, setzte sich nach

1990 dynamisch fort. Im Jahre 2005 reisten fast 200 Millionen Europäer aus den EU-25-Staaten ins Ausland.[114]

Im Kern aber entwickelte sich die neue europäische Mobilität zu einer Mobilität der Eliten. Dies galt bereits für die Studenten, die seit 1987 auf Mobilitätsprogramme der Europäischen Union wie das Erasmus-Programm zurückgreifen konnten. Ein wachsender Anteil von ihnen verbrachte Teile des Studiums im europäischen Ausland oder auch in den USA. Auslandserfahrene Studenten sicherten sich Vorteile auf dem Arbeitsmarkt, und für die Top-Angebote in Wirtschaft und Wissenschaft stellte die biographisch erworbene «interkulturelle Kompetenz» ohnehin ein entscheidendes Kriterium dar.

Tatsächlich wurden Auslandserfahrung und interkulturelle Kompetenz zu bedeutsamen Insignien, welche die Zugehörigkeit zur jeweiligen Elite signalisierten. Umgekehrt nutzten Europas Bildungs-, Funktions- und Wirtschaftseliten die vielfältigen Mobilitätsangebote, um sich den europäischen Raum zu erschließen und ihn damit zu ihrem Erfahrungs- und Handlungsraum zu machen. Beginnend mit dem Studium, setzten nicht selten die ersten Auslandsaufenthalte, Sprachkenntnisse und landeskundliche Interessen ganze Mobilitätskarrieren in Gang. Ein neuer Typus des «transnational mobilen Europäers» entstand. Vor dem Hintergrund eines durch den Vertrag von Maastricht und die EU-Osterweiterung grundlegend gewandelten rechtlichen Rahmens verknüpften sich individueller Lebenslauf und gesellschaftliche Institutionen geradezu zu einer neuen Form des Europäertums.[115]

Es gibt viele Beispiele für eine solche Elitenmobilität, die sachlich von der zeitgleich sich steigernden Migration zu unterscheiden ist. Als etwa der Ire Alan Honan, geboren in Dublin, im Jahre 2001 und im Alter von 25 Jahren nach Prag kam, um dort seinen neuen Job anzutreten, schien die Sonne. Es war «einer der schönsten Augenblicke in meinem Leben». Zwar war die Tschechische Republik zum damaligen Zeitpunkt noch kein Mitglied der Europäischen Union. Alan hatte also nicht wenige bürokratische Hindernisse zu überwinden: Visa zu beantragen, Arbeitsgenehmigung zu sichern, Übersetzungen anfertigen zu lassen usf. Überdies konnte er kein Wort Tschechisch. Aber das hinderte ihn nicht, seinen ersten längeren Auslandsaufenthalt als große Erfahrung zu empfinden. «Ich habe mich niemals zuvor so wohl gefühlt.» Alan arbeitete als Repräsentant einer britischen Firma, die es anderen Firmen erleichtern sollte, ihre Produktion aus den «teuren Ländern» an Orte zu verlagern, an denen die Gestehungskosten geringer waren. Er rekrutierte die Arbeitskräfte und reiste dafür durch das ganze Land. Bald lernte er auch Tschechisch und seine tschechische Lebensgefährtin kennen – in einem Irish Pub in Prag. Irgendwann, so wußte Alan, würde er seinen Job wechseln und Tschechien wieder verlassen müssen, «aber das ist kein Problem, denn ich bin offen für alles!»[116]

Anders und auch komplizierter verlief die Akkulturation der Portugiesin Ana Luisa Baptista. Geboren in Lissabon, kam sie im Jahre 2000 im Alter von 26 Jahren nach ihrer Ausbildung zur Lehrerin nach Brüssel. Der Grund war privater Natur, da ihr belgischer Freund als Journalist in Brüssel lebte. Die ersten zwei Jahre waren «ziemlich schwierig». Das Klima war ein «Schock», die Familie fehlte ihr, ihr Französisch war schlecht. Ein Stipendium erlaubte ihr ein einjähriges Philosophiestudium, ohne daß dies zu einer klaren Perspektive führte. Nach einer vorübergehenden Tätigkeit als Rezeptionistin in einer Anwaltskanzlei, die ihr nicht gefiel, lernte sie noch einmal intensiv Französisch. Auf dieser Basis fand Ana Luisa schließlich einen Job in einer Brüsseler Unternehmensagentur. Hier war es Luisas Aufgabe, ausländische Investoren zu beraten und womöglich anzuwerben. Neben ihrer Muttersprache spricht sie Französisch, Englisch und Spanisch; dies ist, wie sie sagt, ein echter Trumpf. In Brüssel hat sie sich nach sechs Jahren völlig eingelebt. «Ich fühle mich perfekt integriert.» Gleichwohl kann sie sich 2006, im Alter von 32 Jahren und inzwischen verheiratet, durchaus vorstellen, auch woanders zu leben, allerdings eher nicht in Paris – «zu groß, zu laut, zu französisch» – und auch nicht in London – «zu britisch». Aber vielleicht wieder eines Tages in Portugal.[117]

Antek Baranskis Eltern sind Polen; er selbst wurde in Kopenhagen geboren, lebte aber die längste Zeit im Ausland, davon 16 Jahre in den Niederlanden und einige Zeit in Genf, wo er sein Studium abschloß. Antek heiratete eine Holländerin; sein erster Job für eine amerikanische Softwarefirma führte ihn nach Stockholm, bevor er für eine andere amerikanische *Start-up*-Firma den gesamten europäischen Markt bearbeitete. Wie manch anderer verlor er seine Stelle im Jahre 2001 infolge des Zusammenbruchs der *New Economy*. Danach machte er sich als Unternehmensberater in Herne selbständig. Für Antek gibt es kein Land, «wo ich mich besonders zu Hause fühle». Wichtig ist Antek dagegen die Europäische Union, in der «ich, wo auch immer, leben und arbeiten kann.» Antek, der neben seiner Muttersprache Polnisch auch Englisch, Deutsch, Holländisch, Schwedisch und Französisch spricht, war sich daher im Jahre 2006, mit 32 Jahren, keineswegs sicher, ob er jemals an einem festen Ort bleiben würde. Er und seine Frau machten sich bereits Gedanken, wo sie sich nach ihrer Station in Deutschland niederlassen werden. Bis Ende des Jahres rekrutierte ihn denn auch ein großes kanadisches Software-Unternehmen als Technischen Direktor. Heute lebt er in Vancouver.[118]

Christian Mandl schließlich ist Österreicher, wuchs aber in Belgien auf und besitzt die doppelte Staatsbürgerschaft. Seine Frau ist Slowakin, ihre Kinder werden zweisprachig erzogen. Nach dem Studium der Politikwissenschaften in Paris interessierte er sich mit 26 Jahren für den sich entwikkelnden ostmitteleuropäischen Markt. Bewerbungen bei verschiedenen Firmen verliefen im Sande, so daß er zusammen mit einem Partner in der Slowakei die Billigfluglinie SkyEurope gründete. Christian erhob die steigende Mobilität der europäischen Arbeitnehmer zum Geschäftsmodell. Er begeisterte sich für den offenen Luftraum im zusammenwachsenden Europa und sah seine Geschäftstätigkeit in direktem Zusammenhang mit der europäischen Integration. Seine Fluglinie helfe, so erklärte er, die Mobilität der Arbeitnehmer zu steigern. Um diese Mobilität zu fördern, müsse man den Arbeitnehmern die Möglichkeit geben, «bequem zu reisen. Zugleich müssen die mobilen Arbeitnehmer leicht und kostengünstig zu sich nach Hause zurückkehren können, um ihre Familie zu besuchen.» Für Christian war die europäische Gesellschaft dabei, sich in eine mobile Gesellschaft zu verwandeln, ja sich zu «nomadisieren». «SkyEurope ist bereits ein Teil der Lösung, denn es verkürzt die Entfernungen.»[119] 2007 besaß das Unternehmen 16 Flugzeuge und transportierte 3,6 Millionen Passagiere im Jahr. Im September 2009 allerdings hatte SkyEurope 176,6 Millionen Euro Schulden und ging bankrott. Der Flugbetrieb wurde eingestellt. Christian freilich hatte sich zuvor aus der Geschäftsführung zurückgezogen und seine Anteile rechtzeitig an einen Hedgefonds verkauft. Ihm gibt er nun die Schuld am Zusammenbruch des Unternehmens, dem er sich emotional nach wie vor verbunden weiß.[120]

Diese Beispiele, die sich leicht fortführen ließen, vermitteln kein repräsentatives, aber doch ein farbiges Bild. Sie zeugen von den neuen Möglichkeiten transnationaler Mobilität, die das zusammenwachsende Europa hervorbrachte. Zugleich unterstreichen sie die Tendenz zur Angleichung der Lebensverhältnisse. Die *mental maps* der jungen, transnational mobilen Europäer, die regelmäßig auch durch den Gebrauch des Englischen als *lingua franca* geprägt wurden, waren überwiegend berufs- und erwerbsorientiert. In gleichsam paradoxer Wendung zur gesteigerten Mobilität unterlag ihr Erfahrungsraum doch einer Tendenz zur Uniformierung. Überwiegend folgte er den Gesetzmäßigkeiten der Informationstechnologie und der unternehmensnahen Dienstleistungen: Geschäftsbereiche, die sich mehr denn je europäisch-international strukturierten. Insofern trugen die transnational mobilen Europäer in ihrem jeweiligen Tätigkeitsbereich selbst zu den Basisprozessen des beginnenden Jahrhunderts bei: zu Europäisierung und Globalisierung.

Neben die Mobilität der Eliten traten die Wanderungen der Massen. Zwar ist Migration für sich genommen nichts Neues. In allen ihren Epochen läßt sich die Geschichte Europas stets auch als die eines Kontinents «in Bewegung» lesen.[121] Menschen wanderten innerhalb Europas; andere verließen den Kontinent, um in Amerika oder in anderen Teilen der Welt ihr Glück zu suchen. Bis tief in das 20. Jahrhundert hinein charakterisierte dieses Muster die europäischen Bevölkerungsbewegungen. Mit dem Zweiten Weltkrieg veränderte sich das Migrationsgeschehen jedoch nachhaltig. Zum einen verursachte die Entfesselung der Gewalt millionenfache Zwangsmigration in Form von Deportationen, Zwangsarbeit und Vertreibung. Zum anderen folgte in den Jahrzehnten des Booms bis 1973 eine Welle der Arbeitsmigration, die durch gezielte Anwerbung der prosperierenden westlichen Industriestaaten gefördert wurde.

Dynamisch spitzte sich das Migrationsgeschehen dadurch zu, daß Europa seit den 1960er Jahren – in Großbritannien noch früher – erstmals in der neueren Geschichte auch zu einem bevorzugten Zielgebiet außereuropäischer Zuwanderer wurde. Die Globalisierung, die die Welt zusammenrücken ließ, schleuste zunehmend Nicht-Europäer in den alten Kontinent hinein. Eine beispiellose Mobilisierung innerhalb Europas verband sich mit nachhaltiger außereuropäischer Zuwanderung. Beides zusammen verflüssigte die Grenzen und verstärkte die binneneuropäischen Wanderungen. Bis 1989/90 hatten diese neuartigen Trends mehr oder weniger ausschließlich Westeuropa betroffen; nach dem Lüften des Eisernen Vorhangs schrieben jedoch die Spezifika der europäischen Migration ein wichtiges Unterkapitel in der Geschichte des zusammenwachsenden Kontinents. Bis zum Beginn des 21. Jahrhunderts ist ganz Europa mehr denn je zu einer Zone der Bewegung geworden, die sich nun auch zunehmend mit der Herausforderung neuer kultureller Diversität konfrontiert sieht.

Unter der kombinierten Wirkung von außereuropäischer Zuwanderung und gesteigerter binneneuropäischer Mobilität stieg zwischen 1990 und 2008 in den meisten europäischen Ländern der Anteil der ausländischen Bevölkerung. Hinzu kam der Anteil jener, welche die Staatsangehörigkeit des Gastlandes erwarben. Aufgrund der zunehmend liberalisierten Einbürgerungspraxis stieg der Anteil dieser Personen mit Migrationshintergrund im Verlauf der 1990er und 2000er Jahre ebenfalls deutlich an. So naturalisierte die Bundesrepublik im Jahre 1991 nur 27 295 Ausländer, im Jahre 2000, nach der Reform des Staatsbürgerrechts, waren es dagegen 186 688. Während diese Zahl gegen Ende des Jahrzehnts auf durchschnittlich rund 120 000 Einbürgerungen jährlich zurückging, naturalisierten

Frankreich und Großbritannien seit 2004 mehr als 150 000 Ausländer pro Jahr.[122] Mit steigender Tendenz wurden zwischen 1990 und 2007 allein in den drei europäischen Hauptzielländern fast 5,5 Millionen Ausländer eingebürgert.

Einbürgerungen in drei Hauptzielländern 1990–2007

Frankreich	2 069 752
Deutschland[a]	1 824 600
Großbritannien	1 529 161
Gesamt	5 423 513

[a] ohne Anspruchseinbürgerung von Spätaussiedlern
Quelle: Currle, Migration in Europa, S. 122, 60, 158; Eurostat

2008 lebten in den EU-27-Ländern insgesamt mehr als 30 Millionen Ausländer, was einer Quote von 6,2 Prozent entsprach. Von ihnen besaßen rund elf Millionen eine jeweils andere EU-Staatsbürgerschaft, während mehr als 19 Millionen von außerhalb der Europäischen Union kamen. Den relativ höchsten Ausländeranteil hatte hinter Luxemburg und Liechtenstein die Schweiz, wo der Ausländeranteil zwischen 1990 und 2008 von 16,7 auf 21,1 Prozent anstieg. Absolut gesehen verteilte sich das Gros der Zuwanderer jedoch auf fünf Hauptzielländer: 23,6 Millionen, das heißt mehr als drei Viertel aller ausländischen Bürger lebten 2008 in Deutschland, Spanien, Frankreich, Italien und Großbritannien. Weitere wichtige Zielländer waren Belgien, die Niederlande, Schweden, Österreich und Portugal mit einer ausländischen Wohnbevölkerung von jeweils zwischen 446 000 (Portugal) und 971 000 (Belgien).

Ausländische Wohnbevölkerung in fünf europäischen Hauptzielländern 1990–2008

	1990		2000		2008	
	In 1000	v.H.	In 1000	v.H.	In 1000	v.H.
Deutschland[a]	5338	8,4	7297	8,9	7255	8,8
Spanien	279	0,7	896	2,2	5262	11,6
Großbritannien	1904	3,3	2342	4,8	4021	6,6
Frankreich	3607	6,3	3263	5,6	3674	5,8
Italien	469	0,8	1388	2,4	3433	5,8

[a] 1990: Alte Bundesrepublik
Quelle: Kaelble, Sozialgeschichte, S. 246 f.; Eurostat, Statistics in focus 94/2009, S. 3

Mehrere Entwicklungen lassen sich an diesen Zahlen ablesen. Neben der unübersehbaren quantitativen Steigerung seit dem Ende des Kommunismus signalisieren sie einen Wandel in der europäischen Wanderungsdynamik. Bis zum Ende der 1980er Jahre dominierten die postkoloniale Zuwanderung und die türkische Arbeitsmigration in den drei großen europäischen Zielländern Frankreich, Großbritannien und Deutschland. Türken in Deutschland, Nordafrikaner in Frankreich, Inder, Pakistani und Angehörige der karibischen Commonwealth-Staaten in Großbritannien bilden bis heute die wichtigsten ethnischen Minderheiten in diesen Ländern.

Als neuer, aus der Geschichte aber bekannter Faktor verstärkte sich nun wieder die Ost-West-Wanderung. Seit dem letzten Drittel des 19. Jahrhunderts hatte diese Form der Arbeitsmigration zu den typischen Merkmalen des europäischen Wanderungsgeschehens gehört; der Eiserne Vorhang unterbrach sie für ein halbes Jahrhundert, bevor sie seit 1990 mit neuer Dynamik wieder einsetzte. Hierzu gehörte auch die saisonale Wanderung, die in bezug auf die Polen, die nach Deutschland kamen, zu einem Dauerzustand wurde. Tatsächlich bildete sich in Teilen Polens als Folge der spezifischen Verfaßtheit des deutschen Arbeitsmarktes geradezu eine «Pendler-Gesellschaft» heraus. Dementsprechend stieg die Zahl der Polen, die in der Bundesrepublik residierte, zwischen 2000 und 2008 von 291 673 auf 413 044.[123] Aber auch in anderen Ländern kamen seit dem Beginn des 21. Jahrhunderts deutlich mehr osteuropäische Arbeitsmigranten an. Besonders früh öffnete Großbritannien seine Grenzen für Arbeitssuchende aus Osteuropa. Freilich herrschten hier auch zum Teil ausgesprochen prekäre Verhältnisse. Die Situation von Migranten aus der Ukraine etwa spitzte sich in Großbritannien phasenweise derart zu, daß manche Kritiker geradezu von moderner «Sklavenarbeit» sprachen.[124] Unsichere Perspektiven, reduzierte soziale Sicherheit und die Notwendigkeit, auch ausgesprochen schlecht bezahlte Jobs übernehmen zu müssen, hinderten jedoch die migrationswilligen Menschen in Ost- und Südosteuropa nicht daran, den Weg nach Westen anzutreten. Insbesondere in den baltischen Staaten, in Weißrußland und der Ukraine sowie in Rumänien, Bulgarien und den jugoslawischen Nachfolgestaaten bestand ein negativer Wanderungssaldo fort. Illegalität, Menschenhandel und die Kriminalisierung der Migranten waren nicht selten die prekären Begleiterscheinungen dieser Bewegung.[125]

Seit der Jahrtausendwende unterlag das europäische Migrationsgeschehen einem weiteren fundamentalen Wandel. So verlor in den meisten traditionellen Zielländern wie Frankreich, Deutschland, aber auch Schweden und den Niederlanden die Einwanderung bis Ende der 1990er Jahre mehr und mehr an Dynamik. Die Zahl der Zuwanderer stabilisierte sich hier auf dem bekannten Niveau von sechs bis acht Prozent der ausländischen Wohnbevölkerung. Weder die politisch motivierten Asylanträge noch der Umfang der Arbeitsmigration stiegen in diesen Ländern nach 2000 noch signifikant an. Eine neue und bis dahin beispiellose Zuwanderungsdynamik entwickelte sich demgegenüber im Mittelmeerraum. Zum einen ließ sich hier, vor allem in Zypern, Malta und Spanien, das relativ neue Phänomen einer innereuropäischen «Ruhestandsmigration» beobachten. Zum anderen aber und weitaus bedeutsamer explodierte die Einwanderung von Arbeitsmigranten und Flüchtlingen nach Italien und Spanien, und das mit dramatischen Auswirkungen.

Zwischen Spanien, das bis Ende der 1990er Jahre noch eine der niedrigsten Geburtenraten in der EU hatte, und Nordafrika mit seiner stark wachsenden, jungen Bevölkerung öffnete sich auf vergleichsweise engem Raum die weltweit größte «demographische Schere».[126] Das Zusammenwirken der gegenläufigen Geburtenentwicklung und das fast groteske Wohlstandsgefälle ließen seit 2000 Spanien zum Brennpunkt der außereuropäischen Einwanderung werden. Nirgendwo sonst in Europa stießen die Kräfte einer globalen, geradezu «flüssigen» Moderne mit ihren raum-zeitlich flexiblen Menschenströmen auf die lokalen Orientierungen einer traditionellen, «festen», am Nationalstaat orientierten Moderne mit solcher Wucht aufeinander wie an der Straße von Gibraltar.[127]

Verzweifelte Migranten, vor allem aus Afrika, zum Teil aber auch aus Lateinamerika, Illegalität und gewerbsmäßiger Menschenhandel durch Schlepperbanden, schließlich auch eine eher skeptische Haltung der spanischen Öffentlichkeit gegenüber den Zuwanderern bescherten der iberischen Halbinsel alle Ingredienzien für eine migrationspolitische Dauerdebatte. Im Jahre 1990 lebten in Spanien rund 279 000 Ausländer, das entsprach einem Anteil an der Gesamtbevölkerung von 0,7 Prozent. Rund zwei Drittel von ihnen kamen aus Portugal, Frankreich, Italien, Großbritannien und der Bundesrepublik Deutschland.[128] Zehn Jahre später waren es mit mehr als 900 000 bereits 2,3 Prozent der Gesamtbevölkerung. Bis zum Jahre 2008 schnellte die Ziffer auf mehr als 5,2 Millionen Ausländer hoch, was einer Quote von 11,6 Prozent entsprach. Von ihnen stammten rund 3,2 Millionen aus Ländern außerhalb der Europäischen Union. Vergleichbares vollzog sich binnen kurzem in Italien, wo der Einwanderungsdruck aus Afrika ebenfalls drastisch zunahm. In beiden Ländern bildeten Marokkaner und andere Nordafrikaner seit Ende der 1990er Jahre die größte Einwanderergruppe. In Spanien lebten 2008 mehr als 900 000 Afrikaner, in Italien waren es annähernd 800 000.[129] Den geradezu dramatischen Wandel von Staaten, die ja einst als klassische Auswanderungsregion galten, zu einer Zone forcierter Einwanderung verdeutlicht die folgende Aufstellung.

Ausländische Wohnbevölkerung in Spanien und Italien 1990–2008 (in Tausend)

	Spanien	Italien
1990	398	490
1991	408	781
1992	361	878
1993	393	933
1994	430	629
1995	461	685
1996	500	738
1997	539	885
1998	637	992
1999	749	1116
2000	924	1271
2001	1371	1465
2002	1978	1335
2003	2664	1549
2004	2772	1990
2005	3371	2402
2006	4003	2671
2007	4604	2939
2008	5262	3433

Quelle: Eurostat

Eine spezifische und zugleich neuartige Gleichzeitigkeit erzeugte dieses beispiellose, häufig durch Verzweiflung, Illegalität und Fremdenfeindlichkeit grundierte Migrationsbild der westlichen Mittelmeerregion. Sie ergab sich aus fortbestehender nationalstaatlicher Grenzkontrolle, einer zunehmenden Abschottung der Europäischen Union nach außen und der anschwellenden Kraft «flüssiger» Ströme infolge der Globalisierung.

Neue kulturelle Vielfalt

Die kulturellen Folgen solcher Gleichzeitigkeit ließen sich seit dem letzten Drittel des 20. Jahrhunderts, erst recht dann seit 1990 fast überall in Europa beobachten. Sie bestanden in einer neuen Form kultureller Diversität, die sich besonders nachdrücklich in religiöser Hinsicht darstellte. Denn wie nie zuvor wurde nun die muslimische Einwanderung ein europäisches Thema.[130] Zu vielen Hunderttausenden und mehr kamen Indonesier und Surinamer in die Niederlande, Pakistani nach Großbritannien, Türken nach Deutschland, Nordafrikaner nach Frankreich, Italien und Spanien. Sie alle verband wenig außer der Tatsache, daß sie dem Islam angehörten. Und in fast allen Metropolen West- und Südeuropas begannen sie, das Straßenbild zu prägen. So traf man um 2000 Straßenverkäufer aus dem Senegal an der italienischen Riviera (Rimini und Ravenna), weibliche Haushaltshilfen von den Kapverdischen Inseln in Portugal und in Rom, chinesische Migranten in Frankreich und Großbritannien, Araber in Skandinavien und Eritreer in Deutschland.[131] Diese Liste ließe sich beliebig fortsetzen.

Tatsächlich entfaltete sich in Europa bis zum Beginn des 21. Jahrhunderts ein Ausmaß an kultureller Diversität, wie es zumindest seit der Zwischenkriegszeit nicht wieder gesehen worden war. Die Reaktionen hierauf waren widersprüchlich. Einerseits zeigte sich Europa im Zuge der Globalisierung wahrscheinlich offener und toleranter als je zuvor. Jedenfalls ließen Anfang der 1990er Jahre Analysen des «Eurobarometer» den Schluß zu, daß die Europäer bereit waren, ein beträchtliches Ausmaß an kultureller Diversität zu tolerieren.[132] Andererseits aber rüttelte die außereuropäische Einwanderung an zentralen und fest gefügten älteren Elementen europäischer Identität. Erstens waren dies Europas geistesgeschichtliche Wurzeln im Christentum und im humanistisch-aufklärerischen Individualismus. Zweitens ist Identität in Europa fast immer regional und damit territorial verankert; drittens sind wesentliche Erfahrungsräume der Europäer national bzw. nationalstaatlich geprägt. Schon für sich genommen trägt jedes dieser Elemente die häufig zitierte «Vielfalt» Europas in sich. So begegnet das Christentum in mehreren Konfessionen. Überdies steht es mit der humanistisch-aufklärerischen Tradition in einem dialektischen Spannungs- und Wechselverhältnis, das eine Fülle ganz unterschiedlicher, ja konträrer Optionen zuläßt. Territorialität verweist auf regional strukturierte sprachliche und andere kulturelle Besonderheiten. Schließlich gehören die Vielfalt der Nationen und ein entsprechendes «System» von Nationalstaaten zum Kernbestand der neueren europäischen Geschichte. Europäische Identität ist also als eine per se plural verfaßte Identität zu begreifen.

Obgleich sie also in sich selbst bereits ein hohes Maß an kultureller Diversität begründet, ist sie doch zugleich, entlang der genannten Kategorien, nach außen abgrenzbar. Wenn es stimmt, daß die Globalisierung, der Trend zur transnationalen Mobilität und die Beschleunigung der Kommunikation zugleich das Bedürfnis der Menschen verstärkte, sich zu unterscheiden, eine eigene, abgrenzbare Identität zu bewahren bzw. neu zu konstruieren, dann sollten die genannten drei Elemente seit den 1980er Jahren an Bedeutung gewonnen haben.

(1) Solange sich Zuwanderungen bis zur Mitte des 20. Jahrhunderts zum ganz überwiegenden Teil innerhalb der europäischen Grenzen vollzogen, es sich also primär um eine binneneuropäische Wanderung handelte, bekannte sich auch die große Mehrheit der europäischen Migranten zum Christentum. Die gemeinsame christliche Tradition der europäischen «Identität» wurde durch sie nicht in Frage gestellt.[133] Seit dem letzten Drittel des 20. Jahrhunderts avancierte dagegen die «Neue Islamische Präsenz» zum Thema. Transnationalität umfaßte im neuen Europa daher auch und gerade die außereuropäisch-islamischen Räume. Die fortschreitende Globalisierung läutete eine neue Epoche in den Beziehungen zwischen Europa und der islamischen Welt ein. Die Rückwirkungen der Terroranschläge vom 11. September 2001, das Vordringen des islamischen Fundamentalismus sowie die Fülle xenophober, anti-muslimischer Reaktionen haben diese Beziehungen nicht gerade erleichtert. Alle politischen und sozialwissenschaftlichen Schlagwörter – Assimilation und Akkulturation, Integration und multikulturelle Gesellschaft – sind in diesem Kontext wieder zur Geltung gekommen. Auch fehlte es nicht an alarmistischen Stimmen, die vor einer «schleichenden Islamisierung» Europas warnten.[134]

(2) Zweitens lag es in der Natur der Immigration, daß sie die enge Koppelung von Territorialität und Staatsbürgerschaft in Frage stellte, die zu den Kernbeständen der europäischen Identität gehörte. So war die persönliche Situation nicht naturalisierter Immigranten fast immer durch einen minderen Rechtsstatus gekennzeichnet; zugleich freilich konnten sie sich auf die ansteigende Bedeutung der übernational gültigen Menschenrechte und des entsprechenden universalen Diskurses berufen. Tatsächlich kehrte sich zumindest in der Tendenz die bekannte Stufenfolge von Thomas H. Marshall um, wonach in Europa die Verleihung sozialer Rechte erst als zweiter Schritt auf die – im 19. Jahrhundert erkämpften – politischen Rechte folgte.[135] Migrantengruppen erhielten Elemente einer transnationalen *social citizenship*, bevor oder auch ohne daß sie die volle Staatsbürgerschaft ihres Gastlandes erreichten. Vor allem Migranten der zweiten Generation verknüpften demzufolge Elemente ihrer elterlichen Herkunftsgesell-

schaft mit denen ihrer neuen Umgebung. Auf dieser Basis konstruierten sie eine übernationale, gleichsam «dritte» Identität, die sich der modernen postnationalen und universalistischen Tendenzen bediente. Insofern wurde im Hinblick auf die Migranten sogar von einer neuen Form der «postnationalen *citizenship*» im neuen Europa gesprochen.[136]

Einen Test hierauf bildete der Umgang der europäischen Staaten mit den Sinti und Roma, für die Emil Ščuka, der Gründer der ersten politischen Roma-Partei in der Tschechischen Republik, in Anspruch nahm: «Die Roma sind eine Nation, die nicht auf ein Territorium begrenzt ist. Es handelt sich nicht um die Frage eines Staates mit präzisen Grenzen, sondern es ist eine Nation ohne Territorium, die zugleich unsere spezifische Identität bildet.» In einem zunehmend supranationalen Europa, in dem Nationszugehörigkeit und Bürgerrecht nicht notwendigerweise koinzidieren, forderte Ščuka, daß die Roma (IUR) gewissermaßen als transterritoriale NGO agieren solle.[137]

Zu diesem Anspruch paßte allerdings die ausgesprochen feindliche Haltung schlecht, mit der die rund sieben bis neun Millionen Sinti und Roma in vielen europäischen Ländern konfrontiert waren. Dies betrifft nicht nur die ost- und südosteuropäischen Staaten wie Rumänien, Ungarn und die Tschechische Republik, wo die meisten Angehörigen der Volksgruppe leben und wo immer wieder von Feindseligkeiten, zum Teil sogar pogromartigen Übergriffen berichtet wurde.[138] Auf feindliche Lebensbedingungen sowie harsche, gegen sie gerichtete Maßnahmen mußten sich Sinti und Roma auch in West- und Südeuropa einrichten.

So richtete sich in Italien massives feindliches Mißtrauen gegen die Roma, als einigen von ihnen konkrete Verbrechen zugeschrieben wurden. Im Mai 2008 kam es zu einer Welle von Angriffen auf und Brandstiftungen in Roma-Siedlungen. Die Politik verhängte daraufhin den Ausnahmezustand für die Roma-Gemeinden zunächst in Kampanien, Latium und der Lombardei, ab Juli 2008 für das ganze Land. Nicht nur wurden die Lokalbehörden mit Vollmachten ausgestattet, um Razzien durchzuführen und inoffizielle Siedlungen aufzulösen. Auch die sich bildenden Bürgerwehrgruppierungen bekamen Rückendeckung. In diesem aufgeheizten, zunehmend ausländerfeindlichen Klima, in dem Ausländer, Roma und Kriminelle verbal häufig gleichgesetzt wurden, entstand eine sehr konkrete Bedrohungsgefahr.[139]

Auch in Frankreich kam es im Verlauf des Jahres 2010 zu schweren Spannungen, die seit Sommer in einer massenhaften, von der Regierung angeordneten Ausweisung von Roma kulminierten. Dieser Vorgang, in dessen Verlauf rund 8000 Roma nach Rumänien und Bulgarien abgeschoben wurden,[140] trug dem französischen Präsidenten Sarkozy und seiner Regierung heftige internationale Vorwürfe ein. Besondere Empörung löste dabei in Frankreich die Kritik der EU-Justizkommissarin Viviane Reding aus, die die Diskriminierungspraktiken streng verurteilte und eine Parallele zu «faschistischen» Praktiken zog.[141]

Das überaus harsche Vorgehen gegen die Sinti und Roma geht über den Konflikt mit einer ethnischen Gruppe, die auf ihrer eigenen Identität beharrt, hinaus. Zugespitzt läßt sie sich als Drohung begreifen, jene auszugrenzen, die aus der neuen Ordnung herausfallen. Gegenüber der als unvermeidbar deklarierten und positiv-fortschrittlich dargelegten Modernisierung der Gesellschaft werden die transnationale Existenz und die als rückständig betrachteten kulturellen Praktiken der Roma wie Bettelei, Nischenwirtschaft und das Zusammenleben in der Großfamilie gleichsam als das «Andere» konstruiert und mit dem Ausschluß bedroht.[142]

Die Behandlung der Sinti und Roma sowie andere empirische Studien unterstreichen mithin die fortbestehende Prägekraft des Nationalstaates. Sie zeigen, daß auch Immigranten ihre Identitätsansprüche in der Sprache und Form ihres jeweiligen nationalstaatlichen Umfeldes einbringen.[143] Und solange sie keine volle staatsbürgerliche Teilhabe in diesem Umfeld besaßen, also insbesondere durch Einbürgerung, blieb ihnen der Zugang zu *citizenship* im vollen Sinne verbaut. Dies betrifft auch den Zugang zum Europäischen Gerichtshof.[144] Der Weg zu voller Teilhabe in Europa führte auch während der letzten beiden Jahrzehnte über den Nationalstaat, und es ist nicht abzusehen, daß sich dies in absehbarer Zukunft ändern wird.

(3) Dies warf drittens die Frage auf, wie die etablierten Nationalstaaten mit transnationalen Identitäten – die überdies offensiv ihr Recht einforderten – umgingen. Diese Frage gehörte zu den umstrittensten Themen auf der europäischen Tagesordnung. Als exemplarischer Fall berühmt wurde die sogenannte *affaire des foulards* in Frankreich und ihre langfristigen Folgen. 1989 schloß der Direktor einer Mittelschule (College) in Creil in der Picardie drei muslimische Schülerinnen aus, weil sie im Unterricht ein Kopftuch trugen. Dies verstieß seiner Auffassung nach gegen das republikanisch-laizistische Prinzip der Trennung von Staat und Kirche. Die nachfolgende Diskussion in der französischen Öffentlichkeit war hitzig und feindselig, die Lösung des Erziehungsministers Lionel Jospin dagegen salomonisch: Die Schülerinnen sollten wieder eingegliedert werden. Das Tragen religiöser Symbole sei so lange unproblematisch, gleichsam neutral, wie sich die Träger nicht offensiv missionarisch betätigten. Faktisch stellte dieser Kompromiß die begrenzte Vereinbarkeit zwischen republikanischem Laizismus und dem Tragen von religiösen Symbolen in staatlichen

Bildungseinrichtungen her. In der Folge entfaltete sich ein labiles Gleichgewicht. Zwar stieg die Zahl von kopftuchtragenden Schülerinnen bis zum Jahre 2003 auf rund 1250 in ganz Frankreich; zugleich aber sank die Zahl der Streitigkeiten auf etwa 150 Fälle. Zu Beginn des Schuljahres 2003 ging dieses Gleichgewicht jedoch in einer Polemik unter, die sich zu einem «nationalen Psychodrama» auswuchs und in den Formen eines «rhetorischen Faustkampfes» ausgetragen wurde.[145] Traditionelle politische Gegensätze zwischen «links» und «rechts» überformten sich in überraschender Weise. Feministinnen und radikale (laizistische) Republikaner fanden sich in ihrer Gegnerschaft gegen das «Kopftuch der Republik» plötzlich an der Seite von xenophoben Kulturnationalisten. Andere radikale Republikaner betonten gemeinsam mit religiösen Muslimen die Rechte der Minorität. Im Ergebnis verbot ein Gesetz im Jahre 2004 definitiv das Tragen von Kopftüchern (ebenso wie überdimensionierte Kruzifixe) in den staatlichen Bildungseinrichtungen. Einem doktrinären Laizismus wurde damit Genüge getan, der Praxis freilich die Flexibilität entzogen. Die meisten der betroffenen muslimischen Schülerinnen beugten sich der neuen Regel, teilweise nicht ohne sich aus Protest eine Glatze schneiden zu lassen.[146] Von rund 120 Schülerinnen, die auf dem Tragen des Kopftuchs insistierten, wurden manche in belgische Schulen transferiert, die Mehrheit wohl aber gänzlich aus der Schulbildung herausgenommen. Die problematischen Folgen lagen auf der Hand: Muslimische Gemeinden gründen verstärkt religiöse Privatschulen, die zwar den Bedürfnissen religiöser Muslime eher entsprechen, sich aber vom republikanischen Standard in Frankreich weiter entfernen dürften.[147]

Wie die französische Kopftuchaffäre lehrte, die sich 2010 mit der Diskussion um ein Verbot der Burka fortsetzte, tat sich selbst eine politische Kultur, deren Identität sich maßgeblich aus dem Prinzip der Laizität speiste, schwer, mit den neuen Herausforderungen durch die muslimische Immigration umzugehen. Aber die beständige Neuverhandlung von kultureller Identität und ihrem Status im öffentlichen Raum kennzeichnete künftig die Geschichte des neuen Europa. Auch in anderen Ländern mit muslimischer Einwanderung wurde das Kopftuch zum Streitfall, der einerseits eine scharfe Polarisierung in der öffentlichen Meinung offenbarte, andererseits zu sehr konträren gesetzgeberischen und administrativen Lösungen führte. Während in den Niederlanden ebenfalls lokale Verbote ausgesprochen wurden, blieb in Großbritannien das Kopftuch erlaubt. 2006 wurden in einigen Bezirken sogar muslimische Polizistinnen mit einem Kopftuch ausgestattet. Dies sei gegenüber den muslimischen Gemeinden eine vertrauensbildende Maßnahme, hieß es.[148] Belgien dagegen verbot 2010 als erstes europäisches Land das Tragen der Burka. Darin lag keine geringe Ironie, war doch Belgien auch das erste europäische Land gewesen, das es im Schatten der ersten Ölpreiskrise schon 1974 für opportun gehalten hatte, den Islam als eine der Staatsreligionen anzuerkennen.[149]

Die Beispiele zeigen das grundsätzliche Problem, vor dem Europa zu Beginn des 21. Jahrhunderts stand. Angesichts der islamischen Einwanderung wuchs es sich in dem Maße zu einem neuartigen Dilemma aus, in dem es an drei Kernelemente der europäischen kulturellen Identität rührte.

Erstens sah sich der langetablierte Anspruch des westlich-aufgeklärten Individualismus herausgefordert. Das universale Recht des einzelnen auf freie Selbstentfaltung mußte zwar einerseits selbstverständlich auch für die Muslime gelten; wo aber andererseits islamische Kräfte und Traditionen eben dieses Recht selbst in Frage stellten, trübte sich die Klarheit der Anschauung. Wie sollte sich das auf den westlich-individualistischen Wertehimmel verpflichtete europäische Rechtssystem gegenüber den muslimischen Gruppen verhalten, die eben jenen Wertehimmel ablehnten oder gar bekämpften? Insbesondere im Hinblick auf inkompatible Vorstellungen über das Bild und die Rolle der Frau in Familie und Gesellschaft ließ es sich daher durchaus legitimieren, im Namen des westlichen Individualismus individuelle Rechte von Muslimen zu beschneiden. Das Verbot von Tschador und Burka ist hierfür nur das symbolträchtigste Beispiel.

Zweitens aber enthielt der westlich-aufklärerische Wertekanon die ebenfalls universalen Prinzipien der Religionsfreiheit und des Minoritätenschutzes. Beides verpflichtete die Europäer aus ihrer eigenen Tradition heraus, den muslimischen Zuwanderern ohne Wenn und Aber jenen Raum zu gewähren, den sie zur kulturellen Entfaltung brauchten.

Drittens schließlich spielte die christliche Dimension der europäischen Identität eine wenngleich schwer meßbare, so doch bedeutsame Rolle. Zwar würden sicher die wenigsten Europäer bestreiten, daß religiöse Glaubensentscheidungen und kultische Handlungen letztendlich der Privatsphäre angehören, und manche mögen sich fragen, wo eigentlich in der Koexistenz von Religionen unter dem Dach des neutralen Staates das Problem liege. Aber gleichsam unter der Oberfläche eines solchen *Commonsense*-Laizismus übte die jahrhundertealte christliche Tradition der europäischen Geschichte eine große Macht und nachhaltige Wirkung aus. Jenseits des konkreten Einflusses und der Mitgliederzahlen der christlichen Amtskirchen kam dies am deutlichsten im Bereich der Symbolik zum Ausdruck. Besonders wenn die symbolische Besetzung öffentlicher Räume zur Debatte stand, keimten immer häufiger Konflikte mit christlich-islamischer Grundierung auf. Wenn die Ausübung der Religion aus der Privatsphäre des Hinterhofs in den öffentlichen Raum drängte und damit sichtbar zu werden versprach, weckte dies die Leidenschaften. Meist bildete das islamische Anliegen, Moscheen oder eigene Kulturzentren prominent zu plazieren, den Stein des Anstoßes.[150] Bisweilen regte sich konkreter Widerstand dort, wo Jahrzehnte zuvor über dieselbe Thematik kaum diskutiert worden war. Der erfolgreiche Volksentscheid für das Verbot des Baus von Minaretten, für den die Schweizer Stimmbürger am 29. November 2009 votierten, ist hierfür ein besonders aussagekräftiges Beispiel. Anderswo, wie in Lodi bei Mailand im Jahre 2000, eskalierte die Spannung um den Bau einer Moschee zu einer regelrechten anti-islamischen Kampagne, die politisch von der Lega Nord unterstützt wurde.[151]

Der Anspruch des westlich-aufklärerischen Individualismus, die mit ihm eng verwobenen Universalien der Religionsfreiheit und des Minoritätenschutzes, schließlich das unterschwellig wirksame christliche Identitätselement glichen drei sperrigen Puzzleteilen. Keines von ihnen war aus der Diskussion um Europas kulturelle Orientierung wegzudenken, aber angesichts der migrationsbedingt wachsenden kulturellen Diversität ließ sich aus ihnen auch kein Ganzes zusammensetzen. Eben dies bildet bis heute das europäische Dilemma.

Das Vordringen regionaler Identitäten

Die Entwicklung von Migration und kultureller Diversität verweist darauf, daß Europa trotz seines langfristigen Trends zum Nationalstaat zugleich auch immer ein transnationaler Raum gewesen war. Man muß dabei nicht nur an die Vielvölkerreiche in Ost- und Südosteuropa denken. Auch eine englische Kultur wäre ohne die Beiträge von Schotten und Walisern, Franzosen und Deutschen ebensowenig vorstellbar wie eine französische Kultur ohne die Einflüsse von russischen, polnischen, aber auch deutschen, italienischen und iberischen Immigranten. Diese Beispiele ließen sich leicht fortsetzen. Jede «nationale» Kultur resultierte aus konkreten Mischformen vielfältiger Einflüsse. Insofern ist die Erkenntnis, Europa konstituiere einen transnationalen Raum, kaum mehr als eine Banalität.

In dem Maße aber, in dem Europa seit den 1970er Jahren – zuerst im Westen, seit 1989 auch im West-Ost-Verhältnis – raumzeitlich stärker zusammenwuchs, Grenzen abgebaut, Reisen erleichtert und Kommunikationsmittel immer leistungsfähiger wurden, stieg auch das Bedürfnis der Menschen, sich zu unterscheiden. Wo sich Europa kulturell beschleunigte und Lebensstile sich anglichen, wo Mobilität und Migration zur Alltagserfahrung wurden, ging es immer auch darum, sich einen eigenen, unverwechselbaren Platz zu sichern. Dies betraf Zuwanderer, aber eben auch

Einheimische. Nicht umsonst avancierte schon seit den 1980er Jahren Identität zu einem Schlüsselbegriff der Geschichts-, Sozial- und Kulturwissenschaften. Ob es um Individuen oder soziale Gruppen, Städte oder Regionen, Sprachgemeinschaften, ethnische Minderheiten oder Nationen ohne eigenen Staat ging: stets stand die Frage nach der Identität im Mittelpunkt, nach der Fixierung der Grenze zwischen dem Eigenen und dem Anderen oder auch dem «Fremden». Tatsächlich zeigt die Forschung von mehr als zwei Jahrzehnten, daß symbolische Grenzen, die Konstruktion kultureller Differenz, aber auch ethnisch und religiös begründete Konflikte im neuen Europa eine zentrale Rolle spielen. Zumindest gewannen sie in dem Maße neues Gewicht, in dem Globalisierung und liberal-egalitäre Demokratie den Kontinent mehr als je zuvor bestimmten.

Dabei spiegelt die Entwicklung der Forschungsdiskussion ziemlich genau die grundlegenden soziokulturellen Problemlagen wider. Kategorien wie «Identität» oder «Ethnizität» wurden zunehmend als im Kern essentialistisch kritisiert.[152] Welche verheerenden Wirkungen sie auch in der europäischen Gegenwart noch ausüben konnten, hatte der Jugoslawien-Krieg demonstriert. Statt dessen hob man den Konstruktcharakter jeder «Identität» hervor. Und tatsächlich ist es eine alte Einsicht, daß distinkte soziale und kulturelle Gruppen häufig erst durch Gesetzgebung und Statistik, durch die regelmäßige Wiederholung bestimmter Zuschreibungen, schließlich auch durch Institutionen und exekutive Maßnahmen zu einer scheinbar objektiven Größe verdinglicht wurden. Dies war in den 1990er und 2000er Jahren zwar nicht anders, im Kern aber paradox. Denn ging es im Europa der Jahrtausendwende nicht viel eher darum, allen Europäern politisch-soziale und kulturelle Teilhabe – das heißt *citizenship* im umfassenden Sinne von Inklusion jenseits soziokultureller Zuschreibungen – zu sichern?

Zwar wurde eine solche transnationale Zivilgesellschaft von vielen gewünscht und auch zur Zielperspektive der Europäischen Union erhoben; ihnen wirkten aber ganz offenkundig identitätsbezogene, partikulare Kräfte entgegen. Das unendliche Wechselspiel zwischen «objektiv» faßbaren Kategorien und «subjektiven» Wahrnehmungen, Selbstzuschreibungen und Konstruktionsprozessen von «Identität» läßt sich am Ende wohl weder wissenschaftlich noch politisch in einem schlüssigen Konzept auflösen. Daß dieses Wechselspiel aber eine zunehmend bedeutsame Realität des neuen Europa bildete, ist unleugbar, und dies betrifft insbesondere Fragen der territorialen Identität. In fast allen Teilen Europas wurden regionale Eigentümlichkeiten und Traditionen während der 1980er und 1990er Jahre fortgeschrieben, wiederentdeckt und neu belebt.[153] Viele europäische Staaten föderalisierten sich, während sich zugleich die Europäische Union um die «territoriale Kohäsion» der Gemeinschaft sorgte. Denn trotz aller vereinheitlichenden Tendenzen bewirkten ungleiche ökonomische Entwicklungen erhebliche Unterschiede in den materiellen Lebensumständen der Europäer.[154]

Die Ausdrucksformen territorial-regionaler Identitäten variierten. Häufig dominierte ein folkloristischer Zug, der sich in spezifisch regionalen Konsum- und Unterhaltungsangeboten äußerte. In anderen Regionen hingegen transformierte sich das regional-territorial verwurzelte Eigenbewußtsein in eine politische Bewegung. Ethnisches, sprachliches und religiöses Sonderbewußtsein verband sich hier mit dem Anspruch auf eine territorial definierte Eigenexistenz. Im letzten Drittel des 20. Jahrhunderts reaktivierten sich in ganz Europa ältere «nationale» und regionalistische Potentiale. Indem sie häufig neue Formen der Dezentralisation und der regionalen Autonomie erstritten, erzielten sie zum Teil spektakuläre Erfolge. Schon wurde die These aufgestellt, Europa befinde sich in der Phase einer kulturellen Konfiguration, an deren Ende es mehr dem Indien des 19. Jahrhunderts als dem Frankreich der Dritten Republik ähneln werde.[155]

Ein Beispiel dafür, wie konträr sich regionale Diversität innerhalb einer nationalstaatlichen Ordnung entfalten konnte, bildete Spanien. In Reaktion auf den autoritären Zentralismus der Franco-Zeit, aber auch infolge der zunehmenden innerspanischen Süd-Nord-Wanderung[156] spielte der moderne Regionalismus auf der iberischen Halbinsel eine besondere Rolle. In der neuen Verfassung von 1978 kam denn auch der Dezentralisierung eine entscheidende Bedeutung zu, und der Übergang zur Demokratie vollzog sich wesentlich durch die Bildung und institutionelle Stärkung der neu gebildeten «Autonomen Gemeinschaften».[157] Aber während die regionale Selbstverwaltung in den meisten Gebieten maßgeblich zur innerspanischen Pazifizierung und Versöhnung beitrug, galt das nicht in gleichem Maße für das Baskenland. Hier bedrohte der zwar minoritäre, aber terroristisch-gewalttätige Separatismus der ETA über die ganzen 1980er, 1990er und 2000er Jahre hinweg den inneren Frieden. Auch die Erweiterung des politischen Autonomiestatuts von 1979 scheiterte 2005 daran, daß die große Mehrheit im spanischen Parlament von dem Entwurf der baskischen Regionalregierung den Einstieg in die Sezession befürchtete. Dem Streben nach Unabhängigkeit entsprach dabei eine im Vergleich zu anderen Regionen weitaus stärkere, wenngleich auch heftig umstrittene Tendenz, die baskische Nation primär ethnisch zu verstehen.[158] Essentialistisch-biologische Argumente verwiesen auf die «uralte» Geschichte des baskischen Volkes mit einer eigenen, «isolierten» Sprache, deren Wurzeln nicht auf den lateinisch-romanischen Kulturkreis zurückgehen. Ethno-nationalistische Zuschreibungen und modernere, kulturell begründete Identifikationsmerkmale verbanden sich also im baskischen Nationalismus.

Deutlich anders verhielt es sich demgegenüber in Katalonien. Zumindest bis in die jüngste Vergangenheit gab es hier keinen bedeutsamen Separatismus; allerdings konnte die 1977 wiederbegründete katalanische Regionalregierung, die *Generalitat*, ihre Selbstverwaltungsrechte ständig erweitern. In einem neuverhandelten Autonomiestatut, das 2006 in Kraft trat, sicherte sich die Region weitgehende Selbstverwaltungsrechte im Bereich der Kultur, der Sozial- und Gesundheitspolitik und selbst im Bereich der inneren Sicherheit.

Hierzu paßte die ausgesprochen pragmatische Sprachenpolitik, die Katalonien im Zusammenwirken mit dem spanischen Zentralstaat implementierte. Weder das Katalanische noch das Spanische (Kastilische) – beide aus vulgärlateinischen Dialekten entstanden – dürfen diskriminiert werden; beides sind gleichberechtigte Amtssprachen, und alle Bürger der Region haben das Recht, aber auch die Pflicht, beide Sprachen zu beherrschen. Diese Pflicht richtete sich an die indigene Bevölkerung ebenso wie an die zahlreichen Einwanderer, die aus anderen Regionen Spaniens in die prosperierenden katalanischen Zentren, allen voran die Hauptstadt Barcelona strömten. Tatsächlich förderte der Autonomiestatus Kataloniens durchaus mit Erfolg die regionale Zweisprachigkeit. Ohne daß es zu nennenswerten Sprachenkonflikten gekommen wäre, stiegen die aktiven wie passiven Kenntnisse des Katalanischen in der Gesamtbevölkerung der Region schon während der 1980er Jahre deutlich an.[159]

Der katalanische Anspruch auf regionale und nationale Eigenständigkeit speiste sich denn auch kaum aus einer ethno-nationalistischen Ideologie; vielmehr glich er dem Prozeß eines beständigen kulturellen *nation-building* auf der Basis des *ius solis*. So definierte die Präambel des Statuts von 2006 Katalonien zwar als «Nation». Sie sprach von «historischen Rechten des katalanischen Volkes», akzeptierte aber zugleich die Existenz von «unterschiedlichen Identitäten»: «Katalonien entstand im Laufe der Zeit durch den Beitrag vieler Generationen verschiedenster Herkunft und Kulturen, die hier Aufnahme fanden.»[160] In diesem Sinne definierte das Statut die Katalanen rein politisch-territorial, nämlich als «alle spanischen Staatsbürger, die verwaltungsrechtlich ihren Wohnsitz in Katalonien haben».[161] Die katalanische «nationale» Identität beruhte mithin auf den primären Kriterien der Territorialität und der Residenz. Allerdings ist die Situation durch ein Urteil des spanischen Verfassungsgerichtshofs Ende Juni 2010 unübersichtlicher geworden. Das Gericht wies das Recht der Katalanen, sich als «Nation» zu bezeichnen, zurück und kassierte den entsprechenden Artikel des neuen Autonomiestatuts von 2006. Die Folge waren Massendemonstrationen in Barcelona, an denen nach Schätzungen mehr als eine Million Menschen teilnahmen und sich teilweise für die Trennung von Spanien aussprachen.[162]

In mancher Hinsicht vergleichbar mit dem katalanischen Fall war die Entwicklung in Schottland. Schottland, seit 1707 mit England vereinigt, ist das vielleicht eindeutigste Beispiel einer europäischen Nation ohne eigenen Staat. Auch wenn die Union den Schotten viele Vorteile brachte und zu keinem Zeitpunkt grundsätzlich infrage gestellt wurde, so existierte neben der gemeinsamen «britischen» doch über das ganze 19. und 20. Jahrhundert hinweg eine eigenständige schottische nationale Identität. Anders als in Spanien definierte sich dieses Eigenbewußtsein weniger sprachlich – Gälisch wurde zu Beginn des 21. Jahrhunderts nur noch von etwa einem Prozent der Bevölkerung gesprochen – als historisch, religiös und kulturell. Überdies verfügte Schottland über ausreichende Repräsentationsorgane im britischen Verfassungsleben. Dies betraf die festgelegte Zahl der schottischen Abgeordneten im britischen Parlament sowie vor allem das 1885 eingerichtete *Scottish Office*, das als Querschnittsministerium und zugleich als oberste schottische Verwaltungsinstanz mit Sitz in Edinburgh fungierte. Schottische Interessen waren also im britischen Gesamtstaat durchaus angemessen vertreten, und so überrascht es nicht, daß der schottische Nationalismus während des 19. und 20. Jahrhunderts meist nur begrenzten Einfluß besaß. Nachhaltige Forderungen nach einer forcierten Dezentralisierung (Devolution) oder gar separatistische Ansprüche waren die Ausnahme.

Daß sich dies seit den 1970er und 1980er Jahren änderte, läßt sich als klare Reaktion auf Tendenzen der wachsenden Internationalisierung, aber auch auf innerbritische Problemlagen begreifen. Eine erste Initiative zur Einrichtung eines schottischen Regionalparlaments scheiterte im Jahre 1979, als ein schottisches Referendum das erforderliche Quorum von 40 Prozent nicht erreichte. In den Folgejahren verstärkten sich jedoch die Wirkungen der gerade in Großbritannien stark umstrittenen Europäisierung. Hinzu trat der unverkennbare Zentralisierungsschub unter Margaret Thatcher. Wirtschaftliche, soziale und politische Motivstränge trugen gleichermaßen zur Akzentuierung schottischer Nationalität bei. Die unter Thatcher forcierte Deindustrialisierung Großbritanniens, die sie mit einem scharfen Angriff auf den britischen Wohlfahrtsstaat verband, traf die schottischen Industrieregionen besonders hart. Das soziale Anliegen in der Politik und die sich hieraus speisende zunehmende Stimmung gegen die in

Westminster regierenden Tories ließ sich indes immer weniger von der Labour Party absorbieren. Statt dessen wurden sie zum Subtext des Begehrens nach mehr nationaler Unabhängigkeit.

1981 gründete der Politikwissenschaftler Jack Brand die *Campaign for a Scottisch Assembly*, eine Bewegung, die in den folgenden Jahren immer stärkeren Rückhalt gewann. In das Vakuum, das die Stimmverluste der Konservativen und der Labour Party hinterließen, strömten die Liberalen und die *Scottish National Party* ein. Beide machten sich zu nachhaltigen Anwälten der «Devolution», das heißt der Übertragung der parlamentarischen und administrativen Hoheit auf ein unabhängiges Schottland. Freilich dauerte es noch bis 1999, bevor aufgrund eines klaren Referendums zwei Jahre zuvor ein regionales Parlament in Edinburgh zusammentrat.[163] Im Rahmen der britischen Geschichte hatte diese Wendung einen sensationellen Anstrich, machte sie doch Teile der Union von 1707 rückgängig. Andererseits handelte es sich de facto doch mehr um eine Parlamentarisierung und Dezentralisierung jener Kompetenzen, die zuvor über mehr als ein Jahrhundert beim *Scottish Office* angesiedelt waren.[164] Dieser Prozeß bewegte sich im Hauptstrom der europäischen Entwicklung seit den 1980er Jahren, in der sich regionale und nationale Identitäten verstärkten und immer häufiger durch die Verlagerung von zentralen Kompetenzen zusätzlich gefördert wurden. Daß das neue Gebäude des schottischen Parlaments in Edinburgh von dem katalanischen Architekten Enric Miralles konzipiert wurde – dessen Entwurf sich in dem ausgeschriebenen Wettbewerb durchsetzte –, entbehrte denn auch nicht der tieferen Symbolik.

Katalonien und Schottland können mithin als herausragende Beispiele gelten für eine «gelungene» Dezentralisierung im neuen Europa. Ohne daß nationalstaatliche Grenzen bisher nachhaltig in Frage gestellt worden wären, trugen kulturelle Autonomieregelungen und die Verlagerung legislativer Kompetenzen dazu bei, die sich nachhaltig verstärkenden regionalistischen und nationalen Ansprüche zu befriedigen. Als weitere Beispiele für diesen Prozeß ließen sich Südtirol und Korsika anführen. Im Trentino etwa wandelte sich die Südtiroler Volkspartei von einer irredentistischen Bewegung zur quasi-hegemonialen Treuhänderin der 1972 neu statuierten regionalen Autonomie und wurde zugleich zur Hauptnutznießerin der provinzialen Verwaltungsmacht.[165] Die Korsen wurden erstmals 1981 von Präsident François Mitterrand in ihrer kulturellen und «nationalen» Eigenständigkeit anerkannt und profitierten von erheblichen Finanzmitteln, die Frankreich und die Europäische Union für die regionale Entwicklung der Mittelmeerinsel aufbrachten. Im Trentino wie auf Korsika sind seit den

1980er Jahren die regionalistisch-nationalen, zuvor nicht selten auch mit terroristischen Mitteln ausgetragenen Konflikte deutlich zurückgegangen.

Ein Gegenbeispiel, das zeigte, wie sich auch unter den Bedingungen fortschreitender Dezentralisierung Konflikte massiv verschärfen konnten, bot Belgien. Seit der Staatsgründung im Jahre 1831 zunächst nach französischem Vorbild zentralistisch verfaßt und politisch unter frankophoner, wallonischer Dominanz stehend, erzielte der flämische Bevölkerungsteil nur allmähliche und partielle Fortschritte in der Anerkennung der niederländischen Sprache. Schwere Konflikte waren die Folge. Angesichts fortschreitender Französisierungstendenzen bildete die territoriale Fixierung der Sprachräume eine notwendige Voraussetzung zur Pazifizierung. Nach Vorläufern erfolgte diese im Jahre 1970, als die belgische Verfassung vier Sprachgebiete – das niederländische, das französische, das zweisprachige Brüssel und das deutschsprachige Gebiet um das ostbelgische Eupen – sowie drei Kulturgemeinschaften kodifizierte (die französische, niederländische und deutsche). Seitdem vollzog sich ein überaus dynamischer Prozeß der Dezentralisierung und Föderalisierung, der Belgien mehr oder minder komplett vom Einheitsstaat zum Bundesstaat transformierte. Angetrieben wurde dieser Prozeß keineswegs nur durch den flämischen Regionalismus, sondern auch von einem zunehmend erwachenden wallonischen Eigenbewußtsein. Einmal mehr verknüpften sich dabei «nationale», das heißt kulturelle und sprachliche Kriterien mit sozialen und ökonomischen. Die Krise der Schwerindustrie und der Übergang zur Dienstleistungsgesellschaft verschoben seit den 1950er Jahren die wirtschaftlichen Parameter des Landes zugunsten des flandrischen Nordens. Bedroht von Entindustrialisierung, die noch durch Arbeitskämpfe verschärft wurden, erblickten nun auch viele Wallonen in einer Föderalisierung des Landes das adäquate Zukunftsrezept.[166]

Der Weg war damit bereitet für eine tiefgreifende Verfassungsrevision, die in drei Schritten 1980, 1987/88 und 1993 vollzogen wurde.[167] Seit 1993 definierte sich die Monarchie nun als «Föderalstaat, der sich aus den Gemeinschaften und den Regionen zusammensetzt» (Art. 1 der belgischen Verfassung). Die drei autonomen Regionen Flandern, Wallonien und Brüssel-Hauptstadt erhielten die Merkmale eigener Staatlichkeit wie Regionalregierungen, direkt gewählte Regionalparlamente und weitgehende legislative und fiskalische Kompetenzen.

Einer allgemeinen Auffassung zufolge verhinderte die forcierte Föderalisierung Belgiens die Spaltung des Landes. Tatsächlich verschafften sich Anfang der 1990er Jahre in Flandern deutlich separatistische Stimmen Gehör, wobei nicht selten auch auf das aktuelle Beispiel der Tschechoslowakei verwiesen wurde.[168] Zwar trug die neue Verfassung maßgeblich zur Befriedung solcher separatistischen Tendenzen bei; und die nationalen und regionalistischen Konflikte fanden in der neuen föderalen Struktur ein adäquates Austragsmittel. Der Zankapfel blieb jedoch die Metropole Brüssel. Zwar liegt sie in der Region Flandern, ist aber aufgrund ihrer nationalen und europäischen Hauptstadtfunktion sowie der traditionell frankophonen Prägung des etablierten Brüsseler Bürgertums überwiegend französischsprachig geworden. Der rechtliche Status der frankophonen Belgier in und um Brüssel und vor allem das Schicksal des Wahlkreises Brüssel Halle-Vilvoorde (BHV) wurde zum Gegenstand eines Dauerstreits, der die belgische Innenpolitik zunehmend vergiftete. Im Frühjahr 2010 stürzte über diese Frage die Regierung Leterme.[169] In den anschließenden Neuwahlen am 13. Juni 2010 gewann die Nieuw-Vlaamse Alliantie (N-VA) unter Führung Bart de Wevers landesweit die meisten Stimmen und wurde zur stärksten Partei im belgischen Föderalparlament. De Wevers hatte sich im Vorfeld für eine «evolutionäre» Trennung Flanderns von Belgien ausgesprochen. Für manche Beobachter glich das Wahlergebnis denn auch einem politischen «Tsunami», und die Zukunft Belgiens erschien erneut ungewiß.[170] Vor diesem Hintergrund gewannen auch jene Stimmen an Bedeutung, welche die Auffassung vertraten, der junge belgische Föderalismus sei ein «zentrifugaler Föderalismus», in dem das Zentrum «wehrlos» sei und der die erforderliche Kompromißfindung zwischen den Volksgruppen erschwere.[171]

Die unübersehbar mächtigen europäischen Tendenzen zu Regionalismus und subnationalstaatlicher Identität offenbarten die postnationale Möglichkeit einer «dualen Identität» bzw. «zusammengesetzten Nationalität».[172] Wie zahlreiche Umfragen bewiesen, fühlten sich viele eben durchaus als Katalanen und als Spanier, als Schotten und als Briten. Und selbst im Baskenland und in Belgien bestanden solche doppelten Loyalitäten fort. «Harte» nationale und nationalstaatliche Limits begannen sich mithin seit den 1980er Jahren in doppelter Weise – von «unten» durch den Autonomieanspruch der Regionen und «von oben» durch den Regulierungsanspruch der EU – zu verflüssigen. In einer optimistischen Betrachtungsweise befähigte dieser Mechanismus die Europäer in besonderer Weise dazu, regionale Bindungen und internationale Weltläufigkeit gleichermaßen zu pflegen und solcherart eine neue Form des «kosmopolitischen Lokalismus» zu entwickeln.[173]

Darüber hinaus ließ sich fragen, ob auf diese Art und Weise nicht auch neue, regional und national gleichsam unterfütterte europäische «Identitäten» entstehen konnten – etwa so, wie es der spanische Politiker Manuel Fraga formulierte: «Ich fühle mich gleichermaßen als Galicier, Spanier und

Europäer.»[174] Die Ergebnisse kulturwissenschaftlicher Forschung über die europäische Nationsbildung und die Entstehung nationaler Identitäten im 19. Jahrhundert weisen jedenfalls in eine entsprechende Richtung. Entscheidend für die Ausbildung entsprechender Identitäten sind «*imagined communities*» (Benedict Anderson), vorgestellte Gemeinschaften, die letztlich aus dem kulturell konstruierten Empfinden der Zusammengehörigkeit entstehen und keineswegs zwangsläufig auf Kosten anderer, territorial konkreterer Bindungen gehen müssen.

Entsprechend überzeugend ließ sich argumentieren, daß die Regionen ein wichtiges «Bindeglied zwischen dem Bürger und der supranationalen Struktur der Gemeinschaft» darstellten und damit gerade auch die europäische Identität der Bürger stärkten.[175] Hiermit verbanden sich die staatlichen Eigeninteressen etwa der deutschen Bundesländer, in vorderster Linie Baden-Württemberg, Bayern und Nordrhein-Westfalen, die es auch erreichten, daß entsprechende Passagen über das «Europa der Regionen» Eingang in die Verträge von Maastricht und Amsterdam erhielten.[176] Der «Ausschuß der Regionen» wurde als ständiges Gremium der Europäischen Union eingerichtet.

Aber auch abseits der einzelstaatlichen Interessenpolitik, die natürlich ihre Begehrlichkeiten stets auf den Strukturfonds der EU richtete, fügte sich die Pflege regional-territorialer Identitäten harmonisch in die Politik der Gemeinschaft ein. Zwar erschien eine weitere politische Kompetenzverlagerung von der Unionsebene auf die Regionen, die über die Verträge von Maastricht und Amsterdam hinausging, als nicht opportun. Aber die post- und supranationale Logik des europäischen Integrationsprozesses rückte die kulturelle Dimension des Regionalen in eine Schlüsselposition. Dementsprechend betrieb die EU eine gezielte regionale Förderung und diskutierte überdies selbst unter dem Schlagwort eines «Europa der Regionen» kulturelle Identitätsbildungen unterhalb der nationalstaatlichen Ebene.[177] In «einer dynamischen Europäischen Union, reich an großer Vielfalt», so formulierte es die Kommissarin für Regionalpolitik, Danuta Hübner 2009, oblag es insbesondere den Regionen, diesen kulturellen Reichtum zu ermutigen und zu fördern.[178] Regionen wurden als besonders geeignet betrachtet, um die Union, ihre Politik und ihre Legitimität den Bürgern Europas näher zu bringen, sie gleichsam auf regionaler Ebene «anfaßbar» zu machen.[179] Transnationalität und kulturelle Diversität entwickelten sich infolge von Globalisierung, Migration und neuen Formen der regionalen Identitätsbildung zu Markenzeichen des neuen Europas. Sie entsprachen dem Mehrebenenmodell der europäischen Politik, wie es die EU und ihre Mitgliedsländer verkörpern. Zusätzlich angetrieben durch die Sorge vor wiederaufflammenden Nationalitätenkonflikten in Osteuropa, entwickelte die EU daher in den 1990er Jahren einen hochdifferenzierten Kodex zum Schutze nationaler Minderheiten. Und im Jahre 2001 verabschiedete der Europäische Rat die Europäische Charta für Regional- oder Minderheitssprachen. Für die sich mächtig verstärkenden Tendenzen hin zu einer substaatlichen Identität, sei es auf der Basis eines neuen Regionalismus oder sei es infolge von Migrationsbewegungen, schuf die Europäische Union damit einen überstaatlichen und supranationalen Referenzrahmen.

10. Politische Anpassung und politischer Protest

«Krise der Demokratie» oder Formwandel des Politischen?

Die seit den 1980er Jahren übermächtige Tendenz, ethnische und sprachliche, regionale und religiöse Identitäten zu (re-)konstruieren und politisch geltend zu machen, drückte ein Doppeltes aus. Zum einen artikulierte sie ein wachsendes Mißtrauen gegenüber den demokratischen Nationalstaaten, ihren Parteien und anderen politischen Großorganisationen. Zum anderen spiegelte das Beharren auf partikularen kulturellen Identitäten das Bedürfnis nach Orientierung wider: nach eher kleinräumiger Orientierung in einer gesellschaftlichen Umwelt, die fraglos einem beschleunigten Wandel, ja der Globalisierung ausgesetzt war. Mißtrauen gegenüber den Eliten und Bedürfnis nach Orientierung waren mithin entscheidende politische Antriebskräfte der Epoche. Wie aber hingen sie im Innersten miteinander zusammen?

Aus der systemtheoretischen Vogelperspektive betrachtet, fällt die Diagnose nicht schwer, und sie ist hundertfach gestellt worden: Alle westlichen Demokratien litten an Phänomenen, Zumutungen und Dysfunktionen, die keineswegs neu waren. Es handelte sich um das aus der Geschichte sattsam bekannte Leiden an den Folgen einer sich beschleunigenden Moderne, die einherging mit gesteigerter Komplexität und vermehrter Kontingenzerfahrung. Wie hundert Jahre zuvor nimmt auch heute das moderne Individuum die Gesellschaft, in der es lebt, primär als abstrakte Gesellschaft wahr. In ihr bleiben die Mechanismen politischer Entscheidungen undurchsichtig und fremdgesteuert, deren Folgen aber werden als um so konkreter empfunden. Epochal neuartig war allerdings, daß jene Institutionen, die in der Vergangenheit gegen die Komplexitäts- und Kontingenzerfahrung errichtet worden waren, am Ende des 20. Jahrhunderts definitiv ihre Bindekraft verloren. Das bürgerliche Europa hatte sie in dem Maße geschaffen, in dem die alte Welt der Ständegesellschaft erodierte und schließlich zusammenbrach. Es entwickelte neue Modelle der Vergemeinschaftung und formte die alten Systeme politischer Herrschaft in moderne Staatlichkeit um. So bildeten die sozialkulturellen Regeln und politischen Organisationen des 19. Jahrhunderts im Grunde bürgerliche Vorsorgeeinrichtungen und Versicherungspolicen gegen die Ungewißheit des Daseins. Als Schutzmacht, die den Menschen vor einer ihn überfordernden Kontingenzerfahrung zu bewahren suchte, spielte der Nationalstaat die prominenteste Rolle. Seit dem letzten Drittel des 20. Jahrhunderts begann er jedoch – nach einem Bonmot Daniel Bells – zu klein für die großen, aber zu groß für die kleinen Probleme des Lebens zu werden.[180] Zumindest scheinbar sanken daher seine Funktionalität und Problemlösungskompetenz. Und zurück ging auch die Bindekraft anderer «moderner» Institutionen: Familie, Kirchen, Verbände und andere subsidiäre Organisationen. Vor diesem Hintergrund gewannen partikulare Identitätsangebote an Attraktivität. Im Vergleich zum demokratischen Nationalstaat schienen sie eine überzeugendere Orientierung und nachhaltigere Daseinsvorsorge zu bieten.

Aber nicht nur die neue kulturelle Vielfalt wurde zum politischen Gegenüber des demokratischen Nationalstaates.[181] Denn mit der Erosion der traditionellen Institutionen verband sich außerdem ein gewaltiger, in dieser Form neuer Individualisierungs- und Pluralisierungsschub. Jenseits der traditionellen, durch Religion und Geschlechterrollen, durch Ausbildung und Erwerbsarbeit strukturierten Lebensläufe entstanden seit den 1970er Jahren neue Formen der Privatheit und Ansprüche auf Selbstbestimmung. Auf der Basis eines historisch singulären Wohlstands, eines steigenden Bildungsniveaus und eines sich immer weiter ausdehnenden Freizeit- und Konsumangebots vervielfältigten sich einerseits die biographischen Optionen, das heißt die möglichen individuellen Lebensentwürfe. Andererseits aber resultierte hieraus nicht nur eine vormals unbekannte Pluralisierung der Lebensformen, sondern es entstanden auch neue Formen des Entscheidungsdrucks. Wie immer in der Geschichte gebar die neue Freiheit des Individuums auch neue Risiken. Veränderungen in der Arbeitswelt und der Rückgang der Lebensarbeitszeit, die nachlassende Bindekraft der Familie und die dynamische Hinwendung zu Selbstentfaltungswerten steigerten die gesellschaftliche Komplexität. Der Politik erwuchs hieraus eine Fülle neuer Sachzwänge und offener Rechtsfragen, und dementsprechend erhöhte sich der politische Regulierungsbedarf. Die Politik wurde gesellschaftlich offener, gleichsam «inklusiver» und damit auch demokratischer; dies erhöhte die Zahl der politischen Mitspieler, deren Erwartungen und Ansprüche moderiert werden mußten. Zugleich vertiefte sich die Kluft zwischen der komplizierten politischen Praxis demokratisch gewählter Akteure und den häufig eher schlichten Ansprüchen, die Publikum und Stimmbürger an die Politik der Demokratie stellten.[182]

Neue kulturelle Vielfalt und gesellschaftliche Pluralisierung verbanden sich schließlich drittens mit den sozialpolitischen Herausforderungen der Globalisierung. Es ist unbestritten, daß die Kräfte der weltweiten Liberalisierung den Wettbewerbsdruck auf die europäischen Staaten erhöhten. Insbesondere jene Gruppen, deren Wohlstand vom Schutz durch nationale Grenzen abhing – wie zum Beispiel die klassische Industriearbeiterschaft –, mußten die Globalisierung als Bedrohung betrachten. Für die Politik erhöhte dies den Druck: Sie mußte den etablierten, durch vielfältige Individual- und Gruppenansprüche überwucherten westlichen Sozialstaat reformieren, um ihn funktionstüchtig zu halten. Zugleich aber hatte sie mit einer zunehmenden gesellschaftlichen Polarisierung zwischen «Verlierern» und «Gewinnern» der globalen Veränderungen zu rechnen.

Die Folge war ein fundamentales Paradox in der jüngsten Geschichte der Staatstätigkeit in Europa. Einerseits lautete das wichtigste Rezept zur Krisenbewältigung: weniger Staat, Privatisierung und Entfesselung der Marktkräfte; und die «neoliberale» Politik der 1980er und 1990er Jahre legte selbst die Grundlagen zur Globalisierung. Andererseits aber drang der Staat in eben jene gesellschaftlichen Bereiche immer weiter vor, wo sich die wachsende Individualisierungs- und Anspruchsspirale, aber auch die neue Verwundbarkeit infolge der Globalisierung niederschlugen: Die Verrechtlichung insbesondere in den Bereichen der Sozial-, Arbeitsmarkt- und Steuerpolitik schritt dynamisch voran und trug zur fortschreitenden Vergesellschaftung des Politischen bei. Zusammen mit dem forcierten ökonomischen Strukturwandel und den sinkenden Wachstumsraten erhöhte dies das politische Risiko der europäischen Gesellschaften beträchtlich. Demokratische Politik hatte zwar immer komplexere Probleme zu lösen, mußte sich zugleich aber in immer spezifischeren, partikularen Politikfeldern legitimieren: Einerseits entwarfen europäische Politiker Globalisierungsstrategien, kämpften gegen die Arbeitslosigkeit und förderten die Familien; sie hatten galoppierende Staatsschulden zu bändigen und suchten nach Rezepten zur Bewältigung des Klimawandels. Andererseits mußten sie sich vor denen rechtfertigen, die – wie in Frankreich – massiv gegen die schrittweise Erhöhung des Mindestalters für den Renteneintritt von 60 auf 62 Jahre protestierten, sich – wie in Deutschland – gegen die Zuwachsbegrenzung der Arzthonorare oder – wie in Griechenland – gegen die verpflichtende Einführung von Registrierkassen zwecks Abführung der gesetzlichen Umsatzsteuer wandten.

Man muß sich dieses gewaltige Komplexitätsproblem demokratischer Politik vor Augen führen, bevor man vorschnell die «Krise der Demokratie» beklagt. Auch pauschale Schuldzuweisungen an «die» Politiker sind in den modernen Demokratien zwar wohlfeil, meist aber sachlich wenig begründet. Tiefer gehen jene Analysen, die von einer Selbstüberforderung der demokratischen Regime sprechen und vor ihrer Überfrachtung durch immer höhere Ansprüche warnen. Tatsächlich bildeten Probleme der «Unregierbarkeit» oder gar der Erosion der Demokratie seit den 1980er Jahren ein zentrales Thema der Politik- und Sozialwissenschaften. In einem nicht versiegenden Strom an Publikationen wurde eine internationale Dauerdebatte geführt, in dem sich demokratietheoretische, empirisch-analytische und normative Elemente überlagerten. Schlagworte waren dabei «Postdemokratie», «Dritter Weg» oder auch die «Transformation der Demokratie».[183] So unterschiedliche Schwerpunkte diese Ansätze auch verfolgen, so deutlich wird in ihnen doch die Multidimensionalität der Wandlungsprozesse. Voreilige normative Urteile über die Entwicklung sind daher kaum angebracht. Man sollte vielmehr nüchterner von einem Formwandel des Politischen sprechen, der seit den 1980er Jahren in den europäischen Demokratien Platz griff und dem säkularen Veränderungsdruck geschuldet war.[184] An drei Prozessen, die sich überdies wechselweise beeinflußten und verstärkten, läßt sich dieser Formwandel nachvollziehen.

Erstens war die demokratische Politik von einem wachsenden Trend zur Informalisierung gekennzeichnet. Dies meinte den relativen Bedeutungsverlust klassischer Verfassungsorgane zugunsten informeller Verfahren. Praktisch alle Regierungen suchten der gesteigerten Systemkomplexität mittels der Konsultation von Experten und durch informelle Absprachen zwischen Parteien und anderen politischen Akteuren zu begegnen. Freilich war dies nichts grundsätzlich Neues. Aus keinem politischen System ist die informelle Vorbereitung politischer Entscheidungen durch Absprachen und Aushandlungsprozesse wegzudenken. Seit den 1980er Jahren stieg allerdings die normative Kritik an diesem Prozeß deutlich an. Sie zielte auf den außerkonstitutionellen Charakter informeller Entscheidungsfindung und beklagte den damit verbundenen Verlust an Transparenz: Die demokratische Politik unterliege einer schleichenden, aber unaufhaltsamen Entparlamentarisierung. Aus dieser Sicht mangelte es den gewählten Vertretern des Volkes und damit dem Souverän selbst immer stärker am Willen und an der Fähigkeit, ihre Repräsentationsfunktion ausreichend zu erfüllen. Allzu sehr schienen die Parlamente dem Griff der Regierungsapparate ausgeliefert zu sein. Dem einzelnen Abgeordneten fehlten die technischen Mittel und überdies die Zeit, um eigenes politisches Gewicht zu entwikkeln. Am Ende blieb den Parlamenten nur noch die Möglichkeit, die durch Kabinette oder informelle Beschlüsse vorab ausgehandelten Entscheidungen post festum zu legitimieren.[185]

Wieweit die Kritik an der Informalisierung und der damit verbundenen Entparlamentarisierung gerechtfertigt ist, muß dahingestellt bleiben. Leicht wird jedenfalls übersehen, in wie hohem Maße die parlamentarische Arbeit sich selbst bereits ausdifferenziert hat. Moderne Parlamente sind Arbeitsparlamente, deren gesetzgeberische Funktion überwiegend in den Ausschüssen stattfindet. Die hier zu leistenden Beiträge sind hochspezialisiert und können nur in arbeitsteiliger und längst nicht immer öffentlichkeitswirksamer Weise erbracht werden. Überdies sind viele Abgeordnete selbst, zumindest aber die Fraktionsführer an den informellen Aushandlungsprozessen in aller Regel beteiligt.

Daß die Parlamente als zentrale Organe des politischen Willensbildungsprozesses an Boden zu verlieren schienen, hängt eng mit dem zweiten Aspekt des politischen Formwandels zusammen: Er läßt sich als Medialisierung kennzeichnen. Auch im Verhältnis von Medien und Politik muß zwar strittig bleiben, ob die unverkennbaren Wandlungsprozesse der jüngsten Zeit grundsätzlich neu waren oder inwieweit sie bereits bekannte Konstellationen fortschrieben. So wohnten agonale, theatralisch-performative und auch skandalisierende Züge schon immer jeder Form demokratischer Politik inne. Unbestritten bleibt jedoch, daß die allgegenwärtigen elektronischen Medien diese Züge weiter verstärkten. Sie übten einen steten und zunehmenden Druck auf die politischen Akteure aus, die sich ihrerseits hierauf einstellen mußten. Denn der Dauerdruck der Medien machte Vertraulichkeit praktisch unmöglich und verlangte den politischen Akteuren ein Sprachverhalten ab, das keine öffentlichen Angriffsflächen bot. Entsprechend verbreitete sich die Klage über die «aalglatten» Leerformeln und die formelhafte Erstarrung der Politikerstatements.

Umgekehrt aber stieg für die Politiker die Versuchung oder sogar die Notwendigkeit, sich selbst mittels der Medien ins rechte Licht zu setzen. Zumindest die führenden Akteure gaben sich immer weniger mit ihrer passiven Rolle als Gegenstand der öffentlichen Berichterstattung zufrieden, sondern drängten selbst aktiv in die Medien. Auf diese Art ließ sich der Bekanntheitsgrad erhöhen, das eigene politische Gewicht unterstreichen und möglichst große mediale Verkaufsflächen erzielen. Die Kritik hieran blieb schon in den 1980er Jahren nicht aus. Allzu sehr schien das Erscheinungsbild von Politikern, ihr «Image», zum Selbstzweck zu werden und die eigentlichen politischen Themen in den Hintergrund zu drängen. Die gewandelte Medienstruktur und die Allgegenwart der elektronischen Medien trugen zu dem problematischen Bild der Berufspolitiker bei, die sich zwar für die eigene Karriere und Versorgung stark interessierten, zur Sache aber nichts Substantielles mehr zu sagen hatten. Zunehmend wurden politische Themen in Talkshows verhandelt, über deren sachliches Niveau man zumindest geteilter Meinung sein konnte. Übermäßige Selbstdarstellung der Akteure und teilweise hysterisch aufgeladene öffentliche Spiegelfechtereien bestätigten kritische Ansichten über bloßes «Infotainment», den Showcharakter und den Substanzverlust der Politik.

Mithin ließ sich in allen westlichen Demokratien seit den 1980er Jahren eine gemeinsame Tendenz beobachten: Zwischen der öffentlichen Präsentation von Politik einerseits und dem komplexen Gehalt, aber auch den Zwängen konkreter Sachpolitik andererseits tat sich eine Kluft auf, das heißt es entstand eine Art Doppelstruktur demokratischer Politik. Die Folgen waren ambivalent: Einerseits erfüllten die Medien zwar eine für die moderne Politik schlicht unentbehrliche komplexitätsreduzierende Funktion. Andererseits aber stieg ihre Bedeutung für das politische Agendasetting, und zunehmend erfuhr die Masse der Stimmbürger Politik überhaupt nur noch in der durch die Medien vermittelten Form. Wenn aber das Publikum zwischen der Politik und der medialen Repräsentation des Politischen nicht mehr zu unterscheiden vermochte, kam es im Wortsinne zu einer Mediatisierung der politischen Willensbildung. Zugleich stieg unter den Regierenden die Neigung zu einem «prinzipiellen Zynismus [...], der zwischen dem, was geschieht, und dem, was öffentlich dazu gesagt werden muß, eine unüberbrückbare Kluft entstehen läßt».[186]

Fragen läßt sich, ob die erneute grundlegende Veränderung der Medienstruktur durch die jüngst stark zunehmende Bedeutung der neuen sozialen Medien dazu beitragen könnte, die Kluft teilweise zu überbrücken. Medien wie «Twitter» sowie die unzähligen Internetforen und politischen Blogs bieten dem einzelnen neue Möglichkeiten, sich politisch zu artikulieren. Ob damit ein Gewinn an demokratischer Pluralität oder doch eher eine weitere Fragmentierung des politischen Prozesses verbunden ist, bleibt indes eine offene Frage.

In jedem Fall korrespondierte das gestiegene Gewicht der Medien mit einer spürbaren Tendenz zur Personalisierung, die als drittes Element im Formwandel des Politischen bezeichnet werden kann. Natürlich war auch die Zuschreibung von politischer Bedeutung an Einzelpersonen keineswegs etwas grundsätzlich Neues. Charles de Gaulle war in der französischen Nachkriegszeit geradezu das Musterbeispiel einer personalisierten Politik. Gut bekannt ist auch, wie sich etwa Willy Brandt schon in den 1960er Jahren von amerikanischen Formen des personalisierten Wahlkampfes inspirieren ließ.[187] Aber während Personen in früheren Epochen meist für konkrete Inhalte und Standpunkte standen, ihre Wahl also als politische Richtungswahl gelten konnte, stellte die jüngere Entwicklung die Person als solche, jenseits der Inhalte, in den Mittelpunkt. Allerdings muß auch diese Tendenz differenziert betrachtet werden. Denn einerseits entsprach es durchaus einer inneren Logik, wenn in Zeiten der globalen Herausforderung und der räumlichen Entgrenzung von Politik die Rolle der Akteure an Bedeutung gewann. Denn wurden nicht die relevantesten, gewissermaßen «existentiellen» Entscheidungen immer häufiger von aufwendig inszenierten internationalen Gipfel- und Ministertreffen gefällt? Hier entschieden demokratische Spitzenpolitiker über bewaffnete Interventionen und globale Strategien. Sie schnürten internationale Notfallpakete und brachten gegebenenfalls binnen weniger Tage Milliardenbeträge zur Beruhigung der Finanzmärkte auf. Dementsprechend richtete sich die geballte mediale Aufmerksamkeit auf die handelnden Personen. Regierungs- und führende Ressortchefs fanden in den internationalen Spitzentreffen regelmäßig eine Bühne, die ihnen kurzfristig auch die Flucht aus den Niederungen der heimischen Tagespolitik erlaubte. So entstand der Eindruck von beträchtlichen Handlungsspielräumen, ja von persönlicher Macht. Aller empfundenen Schwächen der Demokratien zum Trotz, schienen doch zumindest durchaus starke Regierungen am Werke zu sein.

Ganz im Gegensatz zum Empfinden der Öffentlichkeit schrumpfte aber der faktische Gestaltungsspielraum von Einzelpersonen. Aktionsradius und persönliche «Macht» der Spitzenpolitiker erschöpften sich in den Sachzwängen des internationalen Krisenmanagements. Überdies standen die Herrschaft der Apparate und die durchgehend empfundene Technokratisierung der Politik einer gestaltenden Rolle des Einzelnen entgegen. Damit erfuhren die Politiker ein fundamentales und ganz persönliches, manchmal schmerzhaft empfundenes Paradox. Während sie sich international an den gleichsam «großen Auftritt» gewöhnten, spielten sie nämlich in der nationalen Öffentlichkeit eine ganz andere Rolle. Hier fungierten die demokratischen Spitzenpolitiker stets selbst als unentbehrliche Medien und Projektionsflächen für die Reduktion eben jener Komplexität, die ihnen in der politischen Praxis zu schaffen machte. Mit anderen Worten: Politiker sollten in der «großen Politik» die gestiegene Komplexität bewältigen und diese zugleich dem nationalen Publikum mundgerecht «erklären» und sie damit reduzieren. Regelmäßig wurden von ihnen Antworten auf politische Fragen erwartet, die sie aus sachlichen Gründen nicht geben konnten oder – den Blick auf Wahlen und Umfrageergebnisse fixiert – nicht geben wollten. Nicht selten sprachen sie daher bevorzugt von wirt-

Die Senatorin Ada Spadoni spricht Berlusconi während einer Vertrauensabstimmung im September 2010 Mut zu

schaftlichen und politischen Zwängen, um den Kontingenzcharakter ihrer Aufgaben zu betonen und die Last ihrer politischen Verantwortung zu mindern.

Umgekehrt nutzten Politiker, die ohnehin zum Populismus neigten, den Trend zur Personalisierung ganz gezielt für ihre eigenen Zwecke. Denn wenn Personalisierung eine – in der Demokratie notwendige – Form der Reduktion von Komplexität bedeutete, dann ließ sich auch unmittelbares politisches Kapital hieraus schlagen. Das schillerndste Beispiel hierfür war der italienische Medienmogul und Milliardär Silvio Berlusconi. Personalisierung, Plutokratie und Aufwertung des Privaten in der Politik gingen bei seinem Aufstieg zum italienischen Premierminister Hand in Hand. Zwar monierten nicht wenige Kritiker, die Frage, welches Privatleben Spitzenpolitiker führten, trete in der sich wandelnden Demokratie an die Stelle einer sachlich differenzierten Berichterstattung. Dessenungeachtet setzten sich die paradoxen (Wahl-)Erfolge entsprechender Phänomene fort. Offenkundig trafen die neuen Formen privat unterlegter Personalisierung bei jenem wachsenden Teil des Publikums auf Zustimmung, der Politik ohnehin primär als Unterhaltung verstand. Und Berlusconi, der seinen ausgesprochenen Hang zum sexuell grundierten Machismo auch im Verlauf seiner politischen Karriere nicht ablegte, bot für entsprechende Klatschgeschichten reichlich Anlaß.

Dies verband ihn mit dem französischen Staatspräsidenten. Auch der 2007 ins höchste französische Amt gewählte Nicolas Sarkozy war ein bisweilen an der Grenze zur Karikatur agierender, egomanischer Vertreter eines neuen Politikstils: ein Präsident der Postmoderne gleichsam, dessen

Das französische Präsidentenpaar Nicolas Sarkozy und Carla Bruni-Sarkozy auf dem Weg in den Élysée-Palast

Hyperaktivität das politisch Wesentliche nicht selten hinter dem Beliebigen versteckte; oder, wie es die Schriftstellerin Yasmina Reza formulierte: «ein politischer Triebtäter. Ein Tier. Einer, der schnell ißt, schnell denkt, der nervös, neurotisch und ungeduldig durch die Zeit rast, durch Frankreich, New York, London und Berlin.»[188]

Sarkozy präsentierte sich als ein Präsident, der unter den Augen der Medien öffentlich mit dem Handy telefonierte und SMS-Botschaften verschickte – mit dem Mobiltelefon also, das zum vielleicht aussagestärksten Symbol für die Globalisierung geworden ist. Überdies verkörperte er medienwirksam das zeitgemäße Prinzip der Lebensabschnittspartnerschaften. Seine Blitzhochzeit mit dem ehemaligen Model Carla Bruni stellte den präsidentiellen Anschluß zu jenem Milieu der Laufstege und Popkultur her, das selbst wie kein anderes das Produkt der kulturell-medialen Globalisierung war.

Zwar war Sarkozys symbolische Kommunikation das ziemlich genaue Gegenteil dessen, was das französische Establishment von einem späten Nachfolger de Gaulles erwartete. Aber gewann sie nicht gerade dadurch neue, junge Wählerschichten? Und hatte Sarkozy nicht als Kandidat der Rechten den Front National an die Wand gedrückt? Malek Boutih jedenfalls, sozialistischer Politiker mit Migrationshintergrund, meinte, daß Sarkozy mit seiner unkonventionellen Art auch bei den Halbstarken der

Banlieue ankam. «Seine ultrakurzen Sätze und sein *bling-bling* passen in ihre Denkwelt. Ein Präsident ohne Tradition, ohne Zukunftsvision, ein Präsident nur für die Gegenwart – dieser Echtzeitpräsident spricht die Jugend des Medienzeitalters an.»[189] Und bald errang bei den Franzosen auch die neue Präsidentengattin, der die regierungsnahen Medien beim Imagewandel halfen, mit diskret-elegantem Auftreten Sympathien.[190]

Allerdings bedingte die gesteigerte Personalisierung zugleich auch die gesteigerte Wachsamkeit der Öffentlichkeit, die zunehmend allergisch auf politischen Mißbrauch zugunsten privater Interessen oder gar offene Korruption reagierte. Weitaus mehr als die öffentliche Verhandlung seiner Privatsphäre schadete Sarkozy daher Mitte des Jahres 2010 der Verdacht der illegalen Parteienfinanzierung. Entsprechende Verfehlungen reichten von der ministeriellen Dienstwagenaffäre bis zum fragwürdigen Abrechnungsverhalten einer ganzen parlamentarischen Elite wie 2009/10 im britischen Unterhaus. Zahllos waren die kleineren und größeren Skandale, in die sich europäische Politiker verwickelten. Je nachdem, wie hoch die Frustrationstoleranz der Beteiligten sowie des Publikums war, waren Rücktritte die Folge. Damit tat sich ein weiteres Paradox der modernen demokratischen Politik auf: Auf den ersten Blick nämlich schienen die fast überall erlassenen strengeren Regeln und die erhöhte Wachsamkeit der Öffentlichkeit für die Vitalität der Demokratie zu sprechen. Bei näherem Hinsehen offenbarte sich jedoch, daß sich solche Vitalität letztlich doch nur gegen die Politiker selbst wendete, während sich der expandierende privatwirtschaftliche Sektor teilweise geradezu schamlos der öffentlichen Kontrolle widersetzte. Hatten auch in dieser Hinsicht, so läßt sich daher fragen, demokratische Politiker die Stellvertretung übernommen?

Informalisierung, Medialisierung und Personalisierung – dies waren entscheidende Antriebskräfte im Formwandel des Politischen, die zusammengenommen maßgeblich zur «Politikverdrossenheit» in Europa beitrugen. Vielen drängte sich der Eindruck auf, die Politik tendiere im demokratischen System der Gegenwart zur Degeneration. Im doppelten Sinne machte sich die Kluft zwischen der durch Wahlen und Wahltermine vorgegebenen Zeitstruktur und den realistischen Zeithorizonten der Problemlösung bemerkbar: Waren Parteien und Politiker allzu eigensüchtig und nur an der kurzfristigen Festigung ihrer Macht interessiert? Oder vollzogen sich politische Reformprozesse quälend langsam und führten überdies kaum jemals zu einem befriedigenden Ergebnis? Das Mißbehagen an der Politik jedenfalls, an ihren Institutionen und Repräsentanten durchzog die Geschichte der 1990er und 2000er Jahre wie ein roter Faden. Umgekehrt entsprach dem allerdings ein tiefgreifendes Bewußtsein der Ohnmacht, das politische

Amts- und Mandatsträger häufig plagte; empfanden sie es doch als dauerhafte Bürde, ihr Handeln und ihre Entscheidungen «draußen» nicht angemessen darstellen und «verkaufen» zu können. Für beide, das Publikum wie die Politiker galt der Satz Ralf Dahrendorfs: «Mit Komplexität leben zu lernen – das ist vielleicht die größte Aufgabe demokratischer politischer Bildung.»[191]

Indes erstreckte sich der Formwandel der Politik in Europa keineswegs nur auf die beschriebenen Tendenzen, sondern er veränderte auch die transnationale politische Kommunikation in Europa. Zwar gehört es zu den regelmäßigen Einwänden der Skeptiker, daß eine europäische Öffentlichkeit nicht existiere, daher auch keine echte parlamentarische Demokratie auf europäischer Ebene möglich sei. So wenig dies auch im einzelnen zu bestreiten ist, zumindest wenn man es am Idealbild einer diskursiven Öffentlichkeit mißt, so offensichtlich vollzieht sich doch ein bemerkenswerter Zuwachs an europäischer Kommunikation. Repräsentanten der einzelnen Staaten und Konzerne kommunizieren ohnehin beständig miteinander, und auch in den Medien nimmt die Präsenz europäischer Themen zu.[192] Zwar agieren die Medien nach wie vor ganz überwiegend auf nationalen Märkten; aber europäische Ereignisse und Probleme sind regelmäßige Gegenstände der nationalen Berichterstattung und Meinungsbildung. Repräsentanten europäischer Nachbarländer und der Europäischen Union werden als legitime Sprecher akzeptiert.[193] Zwar sind die direkte politische Kommunikation und der Auftritt in den Medien weitgehend auf die europäischen (Regierungs-)Eliten beschränkt; aber sie werden begleitet von dem immer mächtigeren Internet als einem ohnehin per se grenzüberschreitenden Medium mit allgemeiner Zugänglichkeit. Die europäischen Institutionen finden hier ihre wichtigste öffentliche Präsenz; und zugleich findet im Netz ein beständiger Diskurs über Fragen der Europäisierung ebenso wie über zentrale europäische Themen statt. Auch dies gehört zum Formwandel des Politischen im neuen Europa.

Parteien in der Kritik

Dieser hier nur summarisch beschriebene Formwandel betraf in besonderer Weise die Parteien. In der Geschichte der europäischen Demokratie gehört es zu deren wichtigsten Funktionen, das Massenpublikum in den demokratischen Willensbildungsprozeß zu integrieren. Parteien bilden die entscheidenden Schnittstellen zwischen Politik und Gesellschaft und erfüllen eine zentrale Aufgabe, indem sie gesellschaftliche Anliegen aufnehmen, transportieren und auf die politische Tagesordnung setzen. In Westeuropa pendelten sich nach 1945 überraschend schnell entsprechende politische

Parteienverhältnisse ein, zum Teil in Anknüpfung an die Vorkriegszeit. Tatsächlich restaurierte sich ein Parteiensystem der Eliten, jener alteuropäischen Eliten, die noch im 19. Jahrhundert sozialisiert worden waren. Sie rekrutierten sich in allen westeuropäischen Demokratien aus den vier klassischen Grundströmungen des 19. Jahrhunderts, nämlich aus der sozialistischen Arbeiterbewegung, dem Liberalismus, dem Konservatismus und der christlichen Demokratie.

Zwar läßt sich mit Blick auf die Parteiensysteme in den einzelnen Ländern von verschiedenen Typen sprechen – vom britischen Zweiparteiensystem bis zum stärker polarisierten Mehrparteiensystem in den Niederlanden oder in Italien. Auch gab es zum Beispiel in Großbritannien und Frankreich keine ausgeprägte christlich-demokratische Parteiströmung, während diese doch in den meisten anderen Ländern Westeuropas eine zentrale Rolle spielte. Im einzelnen also bewegten sich die Parteiensysteme auf unterschiedlich gepflasterten nationalen Pfaden; und im Grad ihrer Kohärenz beziehungsweise Polarisierung unterschieden sie sich. Trotzdem aber läßt sich mit einigem Recht von einem historischen Typus des westeuropäischen Parteiensystems sprechen, dessen nationale Spezifika eher als Typusvarianten gelten können. Dieser Typus läßt sich als bipolares Mehrparteiensystem bezeichnen, das heißt ein Gegenüber zweier großer Blöcke, die sich in gewisser Regelmäßigkeit und mit unterschiedlichen Koalitionen in der Regierung abwechselten: die «Linke» aus Sozialisten bzw. Sozialdemokraten und die «Rechte», bestehend aus Christdemokraten, Konservativen und Liberalkonservativen. Zugleich kennzeichnete es die westeuropäische Parteienkultur, daß sie extremistische Systemgegner von der Regierungsteilhabe strukturell ausschloß und demgegenüber, wenn nötig, die Gemeinsamkeit der Demokraten in der Mitte betonte.

Vor diesem Hintergrund entfalteten die Parteiensysteme nach dem Zweiten Weltkrieg zunächst eine jahrzehntelange Stabilität. In der Bundesrepublik Deutschland entstand eine nachhaltige Koalitionskultur mit drei Parteien, in Österreich eine ebenso dauerhafte Kultur der Großen Koalition. In Großbritannien setzte sich das traditionelle Zweiparteiensystem auf der Basis des Mehrheitswahlrechts fort; und im Frankreich der Fünften Republik entwickelte sich ein strategisches Gegenüber zwischen der «Rechten» um die Gaullisten sowie die bürgerliche Sammlungspartei UDF (Union pour la démocratie française) und den Sozialisten, die nur in der frühen Ära Mitterrand von den Kommunisten unterstützt wurden. In Italien schließlich begründete das Wechselspiel zwischen Christdemokraten und Sozialisten ebenfalls eine Art Zweiparteiensystem, aus dem die radikalen Flügelparteien – Kommunisten und Neofaschisten – ausgeschlossen blieben. Bei allen Unterschieden im einzelnen: Staatspräsidenten, Regierungschefs und Minister kamen in allen westeuropäischen Demokratien aus dem klassischen Parteienspektrum: dem Lager der Sozialdemokraten bzw. Sozialisten, der Christdemokraten oder Konservativen sowie der Liberalen. Insofern läßt sich für die Zeit nach 1945 durchaus auch von einer gemeineuropäischen Parteienentwicklung sprechen.

Nicht zufällig entwickelte sich deren Stabilität parallel zu den Jahrzehnten des Booms. Indem die wirtschaftliche Prosperität die Verteilungsspielräume erweiterte, festigte sie mit der Demokratie auch die Parteiensysteme in Europa. Allerdings hatte dies seinen Preis. Parteien und ihre Politiker sicherten sich in einer Zeit der ökonomischen Fülle zunehmend Privilegien, was sie umgekehrt in eine fortschreitende Abhängigkeit vom Staat brachte. Sich öffnende Karriere- und Rekrutierungspfade infolge eigener Regierungsbeteiligung, lukrative Versorgungsbezüge, großzügige Alimentierung aus staatlichen Mitteln, die Vergabe von Sendezeiten in den öffentlich-rechtlichen Medien, der allgemeine gesellschaftliche Einfluß aufgrund des Parteienproporz: In jeweils spezifischen Mischungsverhältnissen eröffnete dies in allen westeuropäischen Demokratien entscheidende Aktionsräume für die Parteien, die sich mehr und mehr zu «Kartellparteien» entwickelten.[194] Im Ergebnis läßt sich beobachten, wie die Akteure im Grunde nur «rational», das heißt im wohlverstandenen Eigeninteresse handeln mußten, um damit die Monopolisierung der Politik und die «Kartellisierung» ihrer Privilegien voranzutreiben.[195]

In den Zeiten ökonomischer Knappheit, die Ende der 1970er Jahre anbrachen, lag hier ein entscheidender Hebel für die öffentliche Parteienkritik. In den Augen des Publikums schienen Parteien immer weniger unterscheiden zu wollen zwischen ihrer eigenen Rolle und dem aufs Allgemeinwohl verpflichteten Staat; im Gegenteil, immer rücksichtsloser schienen sie sich den Staat zur Beute zu machen.

Im Extremfall barg dies den Keim der Korruption. Wie Krebsgeschwüre nisteten sich seit den 1990er Jahren langwierige Affären um illegale Parteispenden in das politische Leben der großen Demokratien ein. In Deutschland warf eine 1999 in Gang kommende umfangreiche Parteispendenaffäre der CDU rückwirkend tiefe Schatten auf die Kanzlerschaft Helmut Kohls, nachdem sein Ansehen schon 1984/85 infolge des Flick-Spendenskandals nachhaltig gelitten hatte. In Großbritannien machte der sogenannte «Cash-for-honours–Skandal», der 2006 von der Scottish National Party aufgerollt wurde, über viele Monate hinweg Schlagzeilen. Der regierenden Labour Party wurde vorgeworfen, im Gegenzug zu großzügigen Parteikrediten die Spender nobilitiert und ihnen damit zur lebenslangen Mitgliedschaft im

House of Lords verholfen zu haben. Im Verlauf dieses Skandals wurde sogar Tony Blair als erster amtierender Premierminister in der britischen Geschichte von der Polizei vernommen. Am Ende stellte die Staatsanwaltschaft das Verfahren mit der Begründung ein, Lord-Titel seien zwar möglicherweise durchaus gegen Geld verliehen worden, aber eine entsprechende und im voraus getroffene Übereinkunft sei nicht nachweisbar gewesen. Im Sommer 2010 schließlich gerieten der französische Präsident Sarkozy und seine Regierung unter erheblichen Druck, als ruchbar wurde, daß sein Wahlkampf durch illegale Spenden der Milliardärin Liliane Bettencourt unterstützt worden war.

Am dramatischsten entwickelte sich die Parteienkorruption freilich in Italien, wo 1992 zunächst in Mailand lokal begrenzte Ermittlungen begannen, die sich aber bald auf das ganze Land ausdehnten. Bereits 1993 standen mehr als 150 italienische Parlamentarier und rund 900 Kommunalpolitiker unter Anklage.[196] In den Sog der Ermittlungen gerieten auch viele prominente Politiker, mit dem Vorsitzenden der PSI (Partito Socialista Italiano), Bettino Craxi, an der Spitze. Das Ergebnis war verheerend; die immer stärker anwachsende Lawine des Skandals begrub am Ende das ganze italienische Parteiensystem unter sich. Die beiden traditionsreichen großen Parteien, der PSI und die DC (Democrazia Cristiana), taumelten 1993 und 1994 an den Wahlurnen ins Nichts und lösten sich auf. In der Folge kam es zu einer kompletten Neufiguration des italienischen Parteiensystems, das nun durch den Aufstieg populistischer Kräfte wie der Lega Nord und vor allem Berlusconis Forza Italia gekennzeichnet war.

Aber natürlich wäre es zu einfach, den politischen Wandel der Demokratien auf die Korruption ihrer Parteien zurückzuführen. Zwar gab es konkrete Zusammenhänge zwischen Vorgängen in einzelnen Ländern und der jeweils spezifischen parteipolitischen Entwicklung. Aber insgesamt blieben Skandale letztlich doch eher die Ausnahme; meist wurden sie von einer investigativen Presse und einer wachsamen Öffentlichkeit an die Oberfläche gezerrt, so daß sich die westlichen Demokratien mit Recht einer gewissen Transparenz rühmen konnten. Parteienkritik und der ihr zugrunde liegende Vertrauensverlust hatten jedenfalls tiefere und keinesfalls nur nationale Ursachen. Dies erweist sich eindeutig aus dem gemeineuropäischen Muster des Geschehens. So wie sich nach 1945 ein gemeinsamer westeuropäischer Typus des Parteiensystems entfaltete, so gerieten die etablierten Parteien seit den 1980er Jahren in einen allgemeinen und länderübergreifenden Sog des Misstrauens und der Erosion, und dies letztlich unabhängig von einzelnen Affären und Skandalen.

Tatsächlich sahen sich die Parteiensysteme der alten europäischen Eliten seit Ende der 1970er Jahre mit dem ganzen komplexen Bündel jener Probleme konfrontiert, welche die Formen demokratischer Politik unausweichlich veränderten. Während eine ältere Politikergeneration, die den Zweiten Weltkrieg noch aktiv erlebt hatte, allmählich abtrat, verengten sich die materiellen Verteilungsspielräume massiv. Auf die Zeit der Fülle während des Booms folgte eine Zeit der Knappheit. Kernprobleme wie Haushaltssanierung und Wachstumsschwäche, Arbeitslosigkeit und soziale Gerechtigkeit avancierten zu Dauerthemen auf der politischen Tagesordnung; und sie forderten die politisch-programmatische Kraft der Parteien aufs äußerste.

Überdies beschleunigte sich in der wirtschaftlich schwierigen Zeit «nach dem Boom»[197] die Auflösung traditioneller Lager sowie jener Milieus, aus denen die etablierten Parteien jahrzehntelang ihre Mitglieder und Wähler rekrutiert hatten. Besonders schmerzhaft erfuhren dies die Arbeiterparteien. So unterlag die klassische Industriearbeiterschaft – über ein Jahrhundert hinweg deren treue Mitglieder- und Wählerschaft – einem forcierten Strukturwandel. In der Bundesrepublik Deutschland zum Beispiel wurde in den 1980er Jahren ein vielbeachteter «Abschied von der Proletarität» diagnostiziert.[198] Im Zuge des Übergangs zur postindustriellen Dienstleistungsgesellschaft schrumpfte die Zahl der Arbeiter rein quantitativ, während auch ihre gewerkschaftliche Organisationsdichte zurückging. Allgemein gestiegener Lebensstandard und Rückgang der Arbeitszeit gebaren neue Konsum- und Freizeitprioritäten. Eine spürbare lebensweltliche Abwendung von der traditionellen Arbeiterkultur und ihren identitätssichernden Organisationen war die Folge. Hinzu traten neue Polarisierungen innerhalb der Arbeiterschaft, insbesondere gegenüber den Zuwanderern, die längst nicht überall solidarisch empfangen wurden. Die politischen Arbeiterparteien jedenfalls kämpften mit sinkenden Mitgliederzahlen, rückläufigen Wahlerfolgen und zurückgehendem gesellschaftlichen Einfluß.[199]

Aber auch in den traditionell kirchlich gebundenen sowie den bürgerlich-liberalen Milieus rüttelten Wertewandel und Individualisierung an der politischen Autorität der Parteien. Strikt «konservative» oder religiös gebundene Lebensentwürfe, die auf Familienbindung, Geschlechterordnung und Pflichtethos beruhten, verloren ihre Überzeugungskraft. Auch im konservativ-christlichen Milieu verschoben das Nachlassen der kirchlichen Bindung, der Wandel der gesellschaftlichen Stellung der Frau, die Vervielfältigung sozialer Optionen, neue familiäre Lebensverhältnisse, aber auch spezifische Ansprüche auf individualistische Selbstentfaltung und Karriereorientierung nachhaltig die Parameter der kulturellen Orientierung.

Unter diesen Bedingungen ging die Integrationskraft der von den alten europäischen Eliten geschaffenen Parteiensysteme deutlich zurück. Wie viele empirische Studien gezeigt haben, sank die populäre Identifizierung mit den etablierten Parteien rapide ab. Die Mitgliederzahlen erodierten ebenso wie die Wählerstabiliät. Statt dessen entstanden neue *cleavages* ethnischer, kultureller, aber auch sozialökonomischer Art, die unter den Wählern eine neue Unbeständigkeit bewirkte. Die «Volatilität» der europäischen Parteiensysteme ist daher zu einem Dauerthema der politikwissenschaftlichen Forschung geworden.[200]

Beide großen Lager suchten in den 1990er und 2000er Jahren ihre Anpassungsprobleme primär dadurch zu lösen, daß sie in die Mitte der Gesellschaft drängten. Sozialdemokratische und sozialistische Parteien verabschiedeten sich endgültig von ihrer traditionellen Klassenbindung. Sie akzeptierten den gestiegenen Wettbewerbsdruck und die Dominanz des Marktes ebenso wie die Notwendigkeit, die Sozialsysteme zu reformieren, um sie im Kern funktionsfähig zu erhalten. Schon François Mitterrand, der 1981/82 noch mit den Kommunisten koaliert hatte, beugte sich der entsprechenden Einsicht. Und um 2000 waren «New Labour» unter Tony Blair in Großbritannien sowie die Reformagenda unter Gerhard Schröder in Deutschland die prominentesten Beispiele dieses Trends.

Umgekehrt akzeptierten die christlich-demokratischen und konservativen Parteien die Folgen des gesellschaftlichen und kulturellen Wandels und verzichteten auf religiös oder national grundierte Fundamentalpositionen sowie auf einen gesellschaftspolitischen *Roll back*. Statt dessen setzten sie auf Liberalisierung und Privatisierung, Marktpriorität und Rückzug des Staates, was seinerseits ihre wertkonservative Klientel zu verschrecken drohte. Aber die immer wieder gehörte Forderung, das eigene konservative Profil zu «schärfen» und sich auf die «Stammwählerschaft» zu konzentrieren, mußte die konservativen und christdemokratischen Parteien programmatisch überfordern, wenn sie adäquat auf neue Herausforderungen reagieren wollten. Das alte Dilemma des Konservatismus, traditionelle Werte bewahren zu wollen, zugleich aber auf soziale und kulturelle Modernisierungen eine Antwort finden zu müssen, tauchte hier in neuer Form wieder auf. Mit welchem Programm die christlich-demokratischen und konservativen Parteien dieses Dilemma aufzulösen gedachten, blieb daher eine unbeantwortete Frage.

Zumindest vordergründig stabilisierte die Konvergenz der beiden großen politischen Kräfte in der liberalen Mitte die politischen Systeme. Aber für beide Seiten war dieser Kurs mit erheblichen Risiken verbunden. Im Extremfall begaben sie sich sogar in eine Art Teufelskreis, der allerdings kaum vermeidbar war. Denn die Strategie, die Mitte zu besetzen, war zwar zwingend erforderlich, um strategische Mehrheiten zu ermöglichen. Aber sie ließ ebenso zwangsläufig das eigene Profil verblassen. Inhaltlich näherten sich die beiden großen Lager daher immer weiter einander an. Eben dies aber entfremdete die stärker traditions- und milieuverhafteten Anhänger, «Linke» und «Wertkonservative», gleichermaßen. Mögliche Gewinne in der Mitte wurden daher durch den Verlust an Identität erkauft. Um so wichtiger wurden dann wieder die Rolle der Einzelpersönlichkeiten, die mediale Außenseite und der «Verkauf» der Parteipolitik.

Ein Blick auf die Entwicklung der Mitglieder und Wähler verdeutlicht dies:

So verloren etwa in Deutschland die beiden großen Volksparteien, CDU und SPD seit 1990 kontinuierlich an Mitgliedern. Während die sozialdemokratische Anhängerschaft von über 943 000 Mitgliedern im Jahre 1990 auf 512 525 im Jahre 2009 zurückging, lauteten die entsprechenden Zahlen bei der CDU 789 609 im Jahre 1990, was einem historischen Höchststand entsprach, und 528 972 Ende 2008.[201] Selbst das britische Parteiensystem, das zumindest vordergründig das stabilste in Europa blieb, entkam entsprechenden Erosionserscheinungen nicht. So sank die Zahl der Mitglieder zwischen 1970 und 2001 in allen Parteien mehr oder minder drastisch. Während etwa die Labour Party 1970 noch über 680 000 Mitglieder zählte, waren es 2001 mit 361 000 nur noch wenig mehr als die Hälfte. Drastischer noch verlief der Einbruch bei den Konservativen, deren Mitgliederzahl binnen dreier Jahrzehnte von 2 150 000 (1970) auf 350 000 im Jahre 2001 abstürzte. Einen ähnlichen Rückgang – von 234 000 auf 90 000 verzeichneten die Liberalen bzw. Liberaldemokraten.[202] Mit diesem Rückgang verband sich freilich ein paradoxer Prozeß: Während nämlich die Zahl der hauptamtlich Beschäftigten in den Orts- und Regionalverbänden deutlich zurückging, stieg die Zahl der Parteifunktionäre in der Zentrale stark an.

Hauptamtliche Parteimitarbeiter im Vereinigten Königreich 1964–1998

Jahr	Conservatives		Labour		Liberals/LD	
	Zentrale	Lokal	Zentrale	Lokal	Zentrale	Lokal
1964	97	580	50	248	19	74
1987	100	291	71	95	25	8
1998	167	221	179	150	35	5
1964–98 (in v. H.)	+ 72	– 62	+ 258	– 40	+ 84	– 77

Quelle: Paul Webb, Political Parties in Britain, S. 27

Nichts könnte die fortschreitende Zentralisierung und Professionalisierung der Parteiarbeit besser dokumentieren als diese Tabelle. Zugleich kann sie als Beleg für das schon von Robert Michels formulierte «eherne Gesetz der Oligarchie» gelten.

Dies sind die Bedingungen, unter denen sich seit den 1980er/90er Jahren eine fortschreitende Fragmentierung und Polarisierung der westeuropäischen Parteiensysteme vollzog. Vor dem Hintergrund der abnehmenden Integrationskraft des traditionellen Parteiensystems gewannen alternative politische Handlungsoptionen an Bedeutung. Jenseits des repräsentativen Prinzips gehörten hierzu Aktionsformen der direkten Demokratie, aber auch juristische Wege, um bestimmte politische Ziele zu erreichen. Daneben entstanden auch neue Parteien, die sich dem Wähler stellten, in die Parlamente einzogen und die etablierten bipolaren Mehrparteiensysteme veränderten. Im wesentlichen lassen sich drei Typen von neuen Parteien unterscheiden, die zusammengenommen die etablierte westeuropäische Parteienstruktur nachhaltig veränderten.

Bereits in den 1980er Jahren begannen sich die Grünen durchzusetzen, die teilweise aus den neuen sozialen Bewegungen der 1970er Jahre, teilweise aber auch aus Abspaltungen von der traditionellen Linken hervorgegangen waren.[203] Ihre Programmatik richtete sich schwerpunktmäßig auf umwelt- und friedenspolitische Fragen, die Gleichberechtigung von Frauen sowie Probleme der sozialen Gerechtigkeit. Ihre stärkste Klientel fanden die Grünen unter den jüngeren und städtischen Wählerschichten, worin sich deutlich die Milieuverschiebungen der entwickelten westeuropäischen Gesellschaften widerspiegelten. Grüne Hochburgen bestanden in Deutschland, Österreich und in der Schweiz. Bei den Parlamentswahlen der 1990er und 2000er Jahre erreichten die neuen Parteien hier regelmäßig zwischen sechs und zehn Prozent der Stimmen, was ihnen zunehmendes politisches Gewicht verlieh. 1998 zogen nicht zufällig in Deutschland erstmals grüne Minister in eine nationale Regierung ein. In den skandinavischen sowie den Benelux-Ländern, in geringerem Maße auch in Frankreich, vermochten die Grünen ebenfalls eine gewisse innenpolitische Rolle zu spielen, die jedoch nicht an ihre Bedeutung in den deutschsprachigen Ländern herankam.

Zweitens entstanden im letzten Drittel des 20. Jahrhunderts neue regionalistische Parteien oder solche bereits bestehenden Parteien gewannen eine systemrelevante Stärke.[204] Dies war der Fall in Spanien, wo nach Francos Tod an ältere Traditionen wieder angeknüpft wurde. Das bürgerlich-liberale Parteienbündnis Kataloniens, Convergència i Unió (CiU), die katalanischen Sozialisten der Esquerra Republicana de Catalunya (ERC) und die baskische nationalistische Partei Eusko Alderdi Jetzalea-Partido Nacionalista Vasco (EAJ/PNV) waren alle im spanischen Nationalparlament vertreten. 2004 vereinigten sie zusammen über sieben Prozent der Wählerstimmen auf sich und erreichten 25 Parlamentssitze. 2008 waren die Ergebnisse leicht rückläufig, ohne daß die Parteien in ihren Heimatregionen an Bedeutung verloren hätten.

In Großbritannien setzte die SNP schon seit den 1970er Jahren zu einem Höhenflug an. Bei den Unterhauswahlen der 1990er und 2000er Jahre erhielt sie immer rund zwanzig Prozent der schottischen Stimmen. Wenngleich sie aufgrund des Mehrheitswahlrechts in Westminster nur wenige Abgeordnetensitze gewann, feierte die Partei doch mit der schottischen Devolution und der Einrichtung eines eigenen schottischen Parlaments im Jahre 1999 einen überwältigenden Erfolg.

Während sich die spanischen und britischen Regionalparteien in das vorherrschende nationale Parteiensystem integrierten, gingen von den regionalistischen Parteien in Belgien und in Italien deutlich systemsprengende Wirkungen aus. Im Vorgriff und dann parallel zu der dynamischen Föderalisierung des belgischen Staates kam es schon seit den 1960er Jahren zu einer De-facto-Regionalisierung des Parteiensystems.[205] Zuerst etablierten sich ethno-regionalistische Parteien wie die Volksunie in Flandern und der Rassemblement Wallon im französischsprachigen Teil des Landes. Unter dem Eindruck dieser Entwicklung spalteten sich auch die großen traditionellen Parteien – Christdemokraten und Sozialisten – in flämische und wallonische Unterorganisationen auf. Die Gründung des rechtsextremen, separatistischen Vlaams Blok im Jahre 1979 (seit 2004 Vlaams Belang) verstärkte die zentrifugalen Kräfte des belgischen Parteiensystems noch. Und es wurde bereits darauf verwiesen, daß die Frage der föderalen Autonomie bei den belgischen Parlamentswahlen im Jahre 2010 durch den sensationellen Wahlerfolg der Nieuw-Vlaamse Alliantie (N-VA) neue Brisanz erhielt.

In Norditalien verspürten regional-autonomistische Gruppierungen ebenfalls bereits in den 1980er Jahren deutlichen Aufwind. Und die 1991 als Vereinigung mehrerer norditalienischer Vorläuferorganisationen gegründete Lega Nord trug zum Untergang des traditionellen italienischen Wahlsystems nicht wenig bei. Unter der Führung des charismatischen Umberto Bossi erzielte die neue Partei bereits 1992 ihren nationalen Durchbruch. Angetrieben von starken Zuläufen aus den sozialistischen wie den christdemokratischen Milieus, vereinigte sie 17 Prozent der Wählerstimmen nördlich des Po auf sich. Das entsprach einem Anteil von 8,6 Prozent am landesweiten Wahlresultat und katapultierte die Regionalpartei in das

Zentrum der Koalitionspolitik in Rom.[206] 1996, nun schon auf den Ruinen des traditionellen Parteiensystems, erzielte die Lega Nord mit landesweit über zehn Prozent der Stimmen das beste Wahlergebnis ihrer Geschichte. In der Folgezeit distanzierten sich Bossi und seine Partei von Berlusconis Forza Italia und verschärften ihre sezessionistische Rhetorik. Der Preis hierfür bestand in sinkenden Wahlergebnissen und einer Phase politischer Isolation. Erst 2008 konnte die Lega Nord mit 8,3 Prozent an frühere Erfolge anknüpfen. Sie beteiligte sich nach 1994 und 2001[207] an der dritten Regierung Berlusconi und erreichte bei den Europawahlen von 2009 erneut mehr als zehn Prozent der italienischen Stimmen. Knapp zwei Jahrzehnte nach ihrer Gründung stellte die Lega Nord damit unter Beweis, daß sie als regionalistische Partei gleichwohl zu einem dauerhaften Mitspieler um die politisch-parlamentarische Macht in Italien geworden war.

Es dürfte kein Zufall sein, daß regionalistische und andere rechtspopulistische Parteien vor allem dort bedeutsam waren, wo die grünen Parteien nur geringe Erfolge verbuchen konnten. Im Grunde nämlich erfüllten Grüne und regionalistische Parteien ähnliche Funktionen, indem sie den Bedarf nach neuen politisch-kulturellen Identitäten jenseits von Nationalstaat und traditionellem Parteiensystem bedienten. Auch spielten bei den Grünen Heimatbewußtsein und ein gemäßigter Regionalismus eine durchaus nicht unerhebliche Rolle. Die Antworten allerdings, die sie auf die Herausforderung der Globalisierung und des forcierten Strukturwandels gaben, hätten unterschiedlicher kaum sein können. Indem die Grünen ökologisch und unter Rekurs auf grundlegende Selbstbestimmungsrechte argumentierten, orientierten sie sich an universalen Wertesystemen und verkörperten gleichsam den «libertären Pol» der politisch-kulturellen Konfliktlinie. Die regionalistischen und rechtspopulistischen Parteien verkörperten demgegenüber deren «autoritären» Pol.[208] Sie argumentierten mit den partikularen Werten ihrer Heimat, wobei ethno-regionalistische, autonomistische und föderale Motive sich nicht immer klar trennen ließen.

Im übrigen sind Parteien wie der Vlaams Blok und die Lega Nord beste Beispiele dafür, daß sich regionalistische Kräfte leicht mit den Aktionsformen und der Rhetorik des (Rechts-)Populismus oder auch rechtsextremen Ideologien verbinden konnten. Damit ist der dritte Typus neu entstehender Parteien benannt, der die traditionellen Parteiensysteme nachhaltig veränderte. Tatsächlich stellten rechtspopulistische Parteien in manchen Ländern die größte Herausforderung dar, eine Herausforderung, die im übrigen das postkommunistische Europa im ganzen charakterisierte.

Die Herausforderung des Populismus

Schon seit der Mitte der 1980er Jahre begannen neuartige populistische Tendenzen die politische Kultur nachhaltig zu beeinflussen, ja zu verändern; und bis zum Beginn des 21. Jahrhunderts etablierten sich zumindest in Frankreich, Österreich und Italien populistische Parteien als fester Bestandteil des politischen Spektrums. Populismus ist ein schillernd uneindeutiges Phänomen, und jede populistische Bewegung folgt den Vorgaben der jeweiligen nationalen Kulturen und Pfadabhängigkeiten, die es im einzelnen zu analysieren gilt. Trotzdem lassen sich einige gemeinsame Merkmale benennen. Nicht zufällig entstanden populistische Bewegungen im engen Zusammenhang mit jenen Tendenzen, die seit den 1980er Jahren den Formwandel der Politik vorantrieben. Die hieraus genährte Politik- und Parteienverdrossenheit eröffnete neue Nischen in der Wählerschaft, in denen sich die Populisten einnisten konnten. Zugleich erleichterten die Personalisierung und Medialisierung der Politik den populistischen Führern die komplexitätsreduzierende Konzentration auf ihre Person. Tatsächlich war ihr «Charisma» (oder auch eine ihm zugrunde liegende narzißtische Persönlichkeitsstörung) die notwendige Voraussetzung für den Erfolg populistischer Bewegungen. Ob Jean-Marie Le Pen, Jörg Haider, Silvio Berlusconi oder Pim Fortuyn: Sie alle fanden in der zur Show tendierenden medialen Außenseite der Politik ein kongeniales Betätigungsfeld.

Politische Auseinandersetzungen führten sie mittels zielstrebiger Polarisierung und dichotomischer Erklärungsmuster. Sie drückten damit die spezifischen Modernisierungs- und Globalisierungsängste der Epoche aus. Denn das Ende des Booms, der forcierte Strukturwandel und die von ihm erzwungenen sozialstaatlichen Reformen boten ja tatsächlich genügend Anlässe für ökonomische Abstiegsängste. Zugleich schürten das Zusammenwachsen der Räume, die verstärkte Mobilität und ansteigende Migrationsbewegungen kulturelle «Überfremdungs»-Ängste; und politisch verband sich damit das Empfinden vieler, die eigenen Interessen und Anliegen seien nicht ausreichend repräsentiert. Dieses Empfinden barg daher nicht zufällig einen latenten Anti-Europäismus, der zum gegebenen Zeitpunkt auch in offene EU-Feindschaft umschlagen konnte. Die Europäische Union wurde «als Einfallstor für die Gefahren des Globalismus betrachtet und nicht als Abhilfe gegen diese.»[209]

Dichotomische Erklärungsmuster bedienten ein steigendes Bedürfnis nach Komplexitätsreduktion. Wo die Weltzusammenhänge unübersichtlicher, die Lebenschancen kontingenter wurden und sich diffuse Ängste verbreiteten, schienen allein klare Entscheidungen und Aktionen zum Schutz der Eigengruppe gegenüber den Bedrohungen von außen Abhilfe zu schaffen. Mit einer aktuellen Definition kann man den Populismus des 21. Jahrhunderts daher als einen ideologischen und politischen Habitus bezeichnen, «der ein tugendhaftes und homogenes Volk gegen eine Gruppe von Eliten und gefährlichen ‹Anderen› stellt. Diesen Anderen wird ganz allgemein unterstellt, das souveräne Volk seiner Rechte, seiner Werte und Identität, seines Wohlstands sowie seiner Stimme zu berauben oder dies zumindest zu versuchen.»[210] In seiner Formalstruktur ist diese Form des Populismus nach «links» wie nach «rechts» offen. Insgesamt jedoch konzentrierten sich entsprechende Denkhaltungen eindeutig auf der äußeren Rechten, wenn man von gewissen Erfolgen eines Linkspopulismus in Deutschland, aber auch in den postkommunistischen Ländern absieht.[211] Diese Affinität populistischer Politik zu rechten und rechtsextremen Positionen ist indes keineswegs zufällig. Denn gegen die dynamischen Kräfte der Globalisierung, der Transnationalität und der Enträumlichung versprachen «linke», universal orientierte Prinzipien keinen wirksamen Schutz. Diesen schien allein der Rückzug auf territorial begrenzte Räume wie den Nationalstaat oder die politisch konstruierte Region zu versprechen.

Aufgrund ihrer teilweise engen Berührungspunkte ist es nicht immer einfach, Populismus und Rechtsextremismus exakt zu trennen. Gleichwohl kann und muß unterschieden werden: Populismus entstand zunächst in Westeuropa als neue «Parteienfamilie» seit den späten 1980er Jahren unter den Bedingungen der Globalisierung und des Formwandels der Politik. Insofern blieb er stets auch ein «Vehikel für die Massenmobilisierung schon existierender Anti-Parteien-Gefühle, das auf der Gegenüberstellung von einfachem Volk und politischer Elite beruht».[212] Nach 1990 dehnte sich diese Form des Populismus auf die postkommunistischen Staaten aus und bildete damit eine Art Schattenseite der europäischen Demokratie. Rechtsextremismus dagegen wurzelte in ideologisch älteren Traditionen, griff auf rassistische und ethno-nationalistische Ungleichheitsvorstellungen zurück und war nicht notwendig auf charismatische Führerpersönlichkeiten angewiesen.

Beispiele waren etwa die NPD in Deutschland oder in Norwegen Arne Myrdals Folkebevegelsen Mot Innvandring (Volksbewegung gegen Einwanderung, FMI). Hier wurde eine zunehmend radikal-gewaltsame Rhetorik gepflegt, die Bürgerkrieg und Racheakte gegen demokratische Politiker evozierte, aber kaum populistische Breitenwirkung erzielte.[213] Demgegenüber konnten der belgische Vlaams Blok, der französische Front National oder die Dänische Volkspartei (Dansk Folkepartie) ebenfalls als rechtsextreme Parteien gelten, die aber mit populistischen Politikformen erhebliche Wahlerfolge erzielten.[214] Stets war also eine enge Interaktion zwischen populistischer Form und rechtsextremen Inhalten möglich.

Im Innern richtete sich die dichotomische Struktur der populistischen Politik gegen die Repräsentanten der etablierten repräsentativen Demokratie. Parlamente und Parteien, Berufspolitiker und Verbandsfunktionäre gerieten in das Visier der Populisten, die sich damit als Anti-System-Kräfte zu profilieren suchten. Die schärfste Form der populistischen Exklusion richtete sich indes nach außen, gegen die Einwanderer. Und gerade in dieser Hinsicht waren die Grenzen fließend zwischen populistischen, rechtsextremen und offen neonazistischen Gruppierungen, die ihr Gedankengut aus älteren, faschistischen und rassistischen Beständen zogen. Tatsächlich bildete die xenophobe Reaktion auf die Zuwanderung die wichtigste Wurzel für den Erfolg der populistischen Parteien und zugleich ihren größten gemeineuropäischen Nenner.

Gleichsam das Urbild des erfolgreichen populistischen Politikers war der Franzose Jean-Marie Le Pen. Der frühere Fremdenlegionär und Abgeordnete der Protestpartei des Pierre Poujade wurde 1972 zum Präsidenten des neu gegründeten Front National gewählt, zunächst ein Sammelbecken unterschiedlicher Rechtsgruppierungen, das allerdings lange Zeit nicht über die Existenz einer Splitterpartei hinausreichte. Zwar distanzierte sich die Partei von offen faschistischen oder vichyistischen Tendenzen. Aber mit Anleihen in der national-revolutionären und katholisch-gegenrevolutionären Tradition integrierte sie alle wesentlichen Richtungen des französischen Rechtsextremismus. Antikommunismus und Antisozialismus, Nationalismus, «Reinheit» der französischen Identität und ihre Verteidigung nach außen wie nach innen sowie eine organische Volks- und Staatsvorstellung bildeten die wichtigsten Stichworte ihrer Propaganda.

Zum entscheidenden Erfolgsfaktor, der die unterschiedlichen Strömungen bündelte und in der personalisierten und medialisierten politischen Szenerie zuspitzte, wurde indessen Le Pen selbst. Seine Chance kam nach dem Machtwechsel des Jahres 1981 und der Regierungszeit der Linken unter François Mitterrand, die zu einer Polarisierung innerhalb des französischen Parteiensystems führte. Anfang März 1984 erregte Le Pen durch ein Fernsehinterview Aufsehen, in dem er seine fremdenfeindliche Position nur wenig verklausuliert darlegte: «Ich liebe meine Töchter mehr als meine Kusinen, meine Kusinen mehr als meine Nachbarinnen, meine Nachbarinnen mehr als die mir Unbekannten und die mir Unbekannten mehr als meine Feinde. Ich liebe daher die Franzosen am meisten, das ist mein Recht; ich liebe die Europäer als nächstes, und in den anderen Ländern in der Welt liebe ich diejenigen am meisten, die Frankreich lieben und mit ihm verbunden sind.»[215] Bei anderen Gelegenheiten äußerte sich Le Pen sehr viel expliziter, so wenn er die Immigranten für Arbeitslosigkeit und Überforderung der

Sozialsysteme, Kriminalität und Geschlechtskrankheiten gleichermaßen verantwortlich machte. Dabei schreckte er auch vor rassistischen und biologistischen Metaphern nicht zurück.[216]

Le Pens Invektiven, die sich ausschließlich gegen die außereuropäischen, vornehmlich aus (Nord-)Afrika stammenden Zuwanderer richteten, trafen eine Stimmung, die bis weit in die französische Rechte hinein reichte. Unter anderem bewiesen das die berühmt-berüchtigten Äußerungen, mit denen Jacques Chirac, Chef der Gaullisten und damals Bürgermeister von Paris, im Jahre 1991 die Öffentlichkeit skandalisierte: «Was wollen Sie, der französische Arbeiter, der mit seiner Frau erwerbstätig ist und die gemeinsam vielleicht 15 000 Francs verdienen, und der nebenan in seinem Sozialbau eine zusammengepferchte Familie sieht, mit einem Familienvater, drei oder vier Ehefrauen und zwanzig Gören, und der 50 000 Francs an Sozialleistungen erhält, natürlich ohne zu arbeiten ..., und wenn Sie den Lärm und den Gestank dazu nehmen, dann wird der französische Arbeiter nebenan verrückt. Und dies zu sagen, heißt nicht, rassistisch zu sein.»[217]

Weder Chirac, der 1995 im dritten Anlauf zum französischen Staatspräsidenten gewählt wurde, noch Le Pen schadeten sich mit ihren Äußerungen beim Wähler. Bei den Wahlen zum Europäischen Parlament im Jahre 1984 gelang dem Front National mit über elf Prozent der gültigen Stimmen der Durchbruch. Auch später dienten die – als weniger verbindlich betrachteten – Europawahlen den populistischen Parteien als Sprungbrett zum Erwerb nationaler Aufmerksamkeit. Für Le Pen jedenfalls markierten sie 1984 den Beginn einer dauerhaften, über zwei Jahrzehnte gesicherten Medienpräsenz, die sich auf regelmäßige zweistellige Wahlergebnisse stützte. Er nutzte dies zu einer ausgefeilten Kommunikations- und Provokationsstrategie, die sich stets an der Grenze des Skandalon bewegte und damit das runde Sechstel der französischen Wähler mobilisierte, das in seiner Reichweite lag.

Seinen Höhepunkt erreichte Le Pen bei den Präsidentschaftswahlen des Jahres 2002, als er im ersten Wahlgang den sozialistischen Kandidaten Lionel Jospin knapp bezwang und in die Stichwahl mit dem Amtsinhaber Chirac ging. Dies glich einer Demütigung der französischen Sozialisten, die sich erstmals in der Geschichte der Fünften Republik genötigt sahen, einen Kandidaten der Rechten zu wählen, um «Schlimmeres» zu verhüten. Trotzdem konnte Le Pen im zweiten Wahlgang seinen Stimmenanteil noch einmal steigern und erzielte mit über fünfeinhalb Millionen Stimmen beachtliche 17,8 Prozent.[218] Umgekehrt freilich ließ sich der zweite Wahlgang, in dem ein eher unbeliebter Chirac mit 82,2 Prozent den höchsten Stimmenanteil in der Geschichte der Präsidentschaftswahlen erhielt, auch als deutliches Plebiszit gegen Le Pen lesen.

Von früheren rechtsextremen Bewegungen unterschied sich der Front National darin, daß er über eine diversifizierte Wählerschaft verfügte, welche die traditionellen *cleavages* überlagerte. Seine größte Anhängerschaft rekrutierte Le Pen in einem Gürtel, der sich von Nordostfrankreich über den Ostteil des Landes nach Süden erstreckte. Hier zeichnete sich der Front National wie alle populistischen Bewegungen durch seine Offenheit aus. Als typische *Catch all*-Bewegung fand er Anhänger in fast allen Schichten der Bevölkerung. In mittleren und größeren Städten, dort wo die Einwanderung ein erfahrbares lokales Thema darstellte, wo industrieller Strukturwandel und hohe Arbeitslosigkeit ihre Spuren hinterlassen hatten, erzielte Le Pen die höchsten Prozentzahlen. Seine Wähler waren in überproportionaler Weise jung und männlich, kleine Selbständige oder Industriearbeiter, zum Teil aber auch Angehörige des gehobenen Bürgertums.[219]

Auf ein ganz ähnliches Wählerreservoir stützte sich der zweite «Prototyp» des populistischen Führers, der Österreicher Jörg Haider, der 1986 zum Vorsitzenden (Obmann) der Freiheitlichen Partei Österreichs (FPÖ) gewählt wurde.[220] Deren sensationeller Aufstieg erfolgte ebenfalls unter den Bedingungen eines sich rasch wandelnden internationalen, soziokulturellen und politischen Umfelds, das die Person Haiders wirkmächtig aufgehen ließ. Die Parteiprogrammatik und die Selbstinszenierung ihres Führers verliehen der FPÖ eine scheinbar authentische Stimme gegen die Machtparität der beiden Volksparteien SPÖ und ÖVP und die von ihnen dominierte «Konkordanzdemokratie». Stets in der Rolle des Rebellen, mit vielen Imagewechseln und betonter Körperlichkeit verstand Haider das Geschäft der Polarisierung wie kein anderer. Seine Anhänger ebenso wie eine dauerhafte (Medien-)Aufmerksamkeit gewann er durch emotionalisierte Rhetorik und kalkulierte Provokation.[221] Regelmäßig setzte er auf dichotomisch konstruierte Feindbilder und konfrontierte die «anständigen» Österreicher mit ihren Gegnern:[222] nach innen mit dem als korrupt bezeichneten Parteienestablishment, nach außen mit den Zuwanderern und Asylbewerbern, für die Haider gelegentlich «Sonderlager» und verschärfte Abschiebung forderte.[223]

Seiner Popularität tat dies keinen Abbruch. Nach Anfangserfolgen, vor allem bei Länder- und Kommunalwahlen, erzielte die FPÖ bei den Nationalratswahlen im Jahre 1990 bereits 16,6 Prozent; 1994 waren es 22,5 Prozent, ein Anteil, der sich 1999 noch einmal auf sensationelle 26,9 Prozent erhöhte. Mit diesen Wahlergebnissen, die sie bei Regionalwahlen in Haiders «Lehen», dem Bundesland Kärnten, auf über 40 Prozent steigerte, nahm die FPÖ unter den rechtspopulistischen Parteien eine singuläre Position ein. Diese schlug sich auch darin nieder, daß die FPÖ 1999 mit der ÖVP auf nationaler Ebene koalierte und in die österreichische Bundesregierung eintrat.

Mit ihrer Koalitionsfähigkeit hatten Haider und die FPÖ vor allem im konservativen Lager eine gewisse Respektabilität gewonnen, die auch den sofort einsetzenden internationalen Protesten und diplomatischen Pressionen durch viele EU-Mitgliedsstaaten standhielt.[224] Haider nutzte dies zwar systematisch. Zugleich war er freilich geschickt genug, sich spätestens seit Mitte der 1990er Jahre ausreichend weit von der deutschnationalen und nationalsozialistischen Vergangenheit, die seinen familiären Hintergrund geprägt hatte, zu distanzieren. Das hinderte ihn allerdings nicht, den in Österreich im Vergleich zu Deutschland größeren verbalen Spielraum zu nutzen und immer wieder an antisemitische und nationalsozialistische Traditionen anzuknüpfen. Ähnlich wie Le Pen, der unter anderem die Gaskammern des Holocaust als «Detail in der Geschichte des Zweiten Weltkriegs» bezeichnete,[225] suchte Haider mit gelegentlichen antisemitischen, rassistischen oder vergangenheitspolitischen «Ausrutschern» gezielt zu provozieren und entsprechende Medienwirksamkeit zu erzielen.

Nimmt man den Front National, die FPÖ, die rechtspopulistisch-regionalistische Lega Nord, den Vlaams Blok und die phasenweise überaus erfolgreichen dänischen und norwegischen populistischen Parteien zusammen, so ergibt sich in diesen Ländern ein klarer Trend zur Aufwärtsbewegung und Etablierung des Rechtspopulismus. In den 1980er Jahren erreichte er ein durchschnittliches Wählerpotential von fünf Prozent – ein Anteil, der sich innerhalb von zwanzig Jahren verdoppelte:[226]

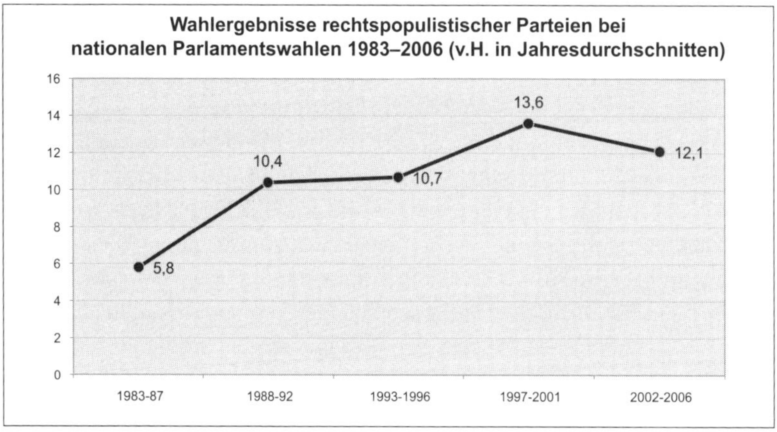

FRP/DF (Dänemark), FrP (Norwegen), FPÖ (Österreich), Front National (Frankreich), Vlams Blok (Belgien), Lega Nord (Italien).

Quelle: Dieter Nohlen u. Philip Stöver (Hrsg.), Elections in Europe. A Data Handbook, Baden-Baden 2010.

Zu diesen Ziffern sollte man allerdings die Erfolge eines weiteren Typus des Populismus hinzurechnen. Er ließ sich zugespitzt als Unternehmer-Populismus bezeichnen. Seine Protagonisten waren ebenfalls «charismatische» Einzelpersonen, deren Lebenswelt aber im Gegensatz zu Le Pen oder Haider ursprünglich nicht in der Politik lag. Gegen die Herrschaft der etablierten Parteien mobilisierten sie das Bild des *Selfmademan*, eines Mannes aus dem Volk, der sich aus eigener Kraft und aus «kleinen Verhältnissen» empor gearbeitet hatte. Ideologisch war diese Form des Populismus kaum auf die äußere Rechte fixiert; in ihm fanden sich eher populistisch und personalistisch zugespitzte, libertär-autoritäre Züge. Allerdings spielten politisch-ideologische Inhalte insgesamt eine eher nachgeordnete Rolle. Vielmehr dominierte ein primär instrumentelles Politikverständnis, das vor allem die paradigmatische Rolle der eigenen Person in den Mittelpunkt stellte und die Wähler in der Mitte der Gesellschaft suchte.

Der «Prototyp» eines solchen Unternehmer-Populisten war der italienische Multimilliardär Silvio Berlusconi. Sein Aufstieg vom Chefsessel eines undurchsichtigen Medienimperiums zum italienischen Ministerpräsidenten gebar in dem Maße eine neue Problematik, in dem er aus einer allzu engen Verschränkung von Plutokratie, persönlicher Medienmacht und politischem Status resultierte. Berlusconi profitierte Anfang der 1990er Jahre vom Zusammenbruch des italienischen Parteiensystems, um gleichsam aus dem Nichts mit der Forza Italia – dem Schlachtruf des italienischen Fußballs – eine neue politische Sammlungsbewegung zu gründen. Die Kerninhalte der neuen Partei beschränkten sich auf anti-kommunistische, anti-etatistische und neoliberale Versatzstücke. Vor allem aber war sie, ohne besonderen Aufwand an innerparteilicher Demokratie zu betreiben, völlig auf Berlusconi persönlich zugeschnitten und arbeitete mit den subtilsten Methoden moderner Werbetechnik. Mit dieser Strategie konnte sich Berlusconi die politische Nachfolge der unter dem Korruptionsskandal kollabierten Democrazia Cristiana sichern.[227] Mit der Lega Nord und der früheren neofaschistischen, nunmehr rechts-autoritären Alleanza Nazionale und ihrem Führer Gianfranco Fini standen Koalitionspartner bereit.[228] Bei den italienischen Parlamentswahlen von 1994 eroberte die Forza Italia aus dem Stand 21 Prozent der Wählerstimmen, womit sie zur stärksten Partei avancierte. Berlusconi wurde, als der mutmaßlich reichste Mann Italiens (!), zum Ministerpräsidenten gewählt.

Zwischendurch vom Wähler zweimal in die Opposition verbannt, eroberte Berlusconi 2001 und 2008 erneut mit seiner Mitte-Rechts-Koalition die parlamentarische Mehrheit und das Amt des Ministerpräsidenten. Im Wahlkampf baute er erfolgreich auf medien- und publikumswirksame

Gesten und konzentrierte sich auf die Konstruktion von Feinbildern wie «die» Linke oder «die» Justiz. Er gab populistische Versprechen und trat in den Medien als erfolgreicher Unternehmer auf. Tatsächlich paarte sich Berlusconis plutokratische Medienmacht stets mit kaum kaschierter Egozentrik. Der Dominanz des Performativ-Inszenatorischen entsprachen politische Unbestimmtheit, private Skandale und der stete Verdacht, er sei vor allem deswegen in die Politik gegangen, um sich aktiv gegen Strafverfolgung zu schützen.[229] Entsprechend negativ wurde 2008 sein erneuter klarer Wahlsieg von in- und ausländischen Kommentatoren aufgenommen. Es sei der Berlusconi, so kommentierte z. B. *Die Zeit*, «wie ihn Italien und die Welt seit Jahren kennt – populistisch, egomanisch, folkloristisch – und hart an der Grenze des ethisch, politisch und juristisch Zulässigen».[230]

In Frankreich trat Ende der 1980er Jahre mit Bernard Tapie ein ähnlicher Typus des Unternehmer-Populisten in das Rampenlicht der großen Politik. Sein öffentliches Image stammte aus seiner wechselnden Tätigkeit als Finanzinvestor und Fußballmäzen, Schlagersänger und Medienstar. Phasenweise ein Günstling François Mitterrands, verkörperte Tapie für manche die Hoffnung, als eine Art linkspopulistischer Anti-Le Pen zu wirken. Allerdings verfügte er weder über die politischen Koalitionsmöglichkeiten noch über die privaten Mittel Berlusconis. Es gelang ihm daher nicht, die bald gegen ihn gerichteten Justizverfahren zu blockieren. Wie treffend festgestellt wurde, trat daher «die kriminelle Seite seiner Karriere» deutlicher hervor als bei Berlusconi.[231] Mehrere Verurteilungen und eine Gefängnisstrafe wegen Bestechung, Untreue und Steuerhinterziehung beendeten seine politische Laufbahn. Seiner Popularität und Beliebtheit bei den Medien tat dies jedoch keinen Abbruch, und Tapie gehört bis heute zu den häufigen Gästen des französischen Fernsehens.

Zu den Unternehmer-Populisten läßt sich auch der langjährige Eigentümer der Emser Chemischen Werke, Christoph Blocher, rechnen, der zugleich von 1977 bis 2003 als Präsident der Schweizerischen Volkspartei die Politik im Alpenstaat maßgeblich veränderte und teilweise auch polarisierte. Noch weitaus spektakulärer verlief jedoch die kurze politische Karriere des Niederländers Pim Fortuyn. Fortuyn entstammte einem bürgerlichen Hause, war promovierter Soziologie, politischer Kolumnist und bekleidete vorübergehend eine Universitätsprofessur in Rotterdam. Mit einer phasenweise linksextremen Vergangenheit entsprach er am ehesten dem Typus eines libertären Intellektuellen und stellte als solcher einen Populisten «sui generis» dar. Was er aber in der Politik «verkaufte», war allein die eigene Person. Nicht zufällig konnte die von ihm 2001 neu gegründete Partei nicht anders heißen als «Lijst Pim Fortuyn» (LPF). Gleichsam als intellek-

Der niederländische Politiker Pim Fortuyn, Gründer der Lijst Pim Fortuyn, in Rotterdam

tueller Polit-Unternehmer machte sich Fortuyn ausschließlich selbst zum Medium und Programm einer Politik, die nur einige wenige, dafür aber um so eingängigere politische Standpunkte vertrat.[232]

In den Niederlanden gab es im Verlauf der 1990er Jahre zwar einige rechte Parteien; sie blieben aber eher unbedeutend, und der Populismus als politisch durchschlagende Kraft blieb im eigenen Land ein unbekanntes Phänomen. Allerdings mehrten sich die Stimmen, die den langjährigen, partei- und lagerübergreifenden liberalen Regierungskonsens der niederländischen Politik als Erstarrung und «Versäulung» empfanden. Demgegenüber wirkte die tabubrechende Rhetorik Fortuyns, der erst 2001 in die aktive Politik eintrat, aufrüttelnd und stimulierend. Binnen kurzem beherrschte er die Medien, die sich begierig auf die neue, polarisierende und konfrontative Politsprache des Newcomers stürzten. Fortuyn nahm das offenkundig anwachsende Mißbehagen in der Bevölkerung auf und konfrontierte es mit der Selbstgefälligkeit der etablierten Parteien. Insbesondere kritisierte er die aus seiner Sicht problematischen kulturellen und mentalen Auswirkungen der lang anhaltenden gesellschaftlichen Liberalisierung. Allzu viel staatliche Toleranz, Selbstgenügsamkeit und allzu maßloser Individualismus hatten demzufolge zu einem Niedergang der öffentlichen Moral geführt. Mehr privater Anstand und mehr öffentliche Sicherheit – das war Fortuyns Devise.

Dies galt auch und im besonderen für die wachsende Zahl von Immigranten, die vor allem aus den früheren Kolonien in Indonesien und Suriname, zunehmend aber auch aus der Türkei zuwanderten. Fortuyn sprach sich strikt gegen islamistische Tendenzen und ihre Duldung aus. Damit mochte er einem latenten anti-islamischen Grundgefühl vieler seiner Landsleute entsprechen. Allerdings definierte er die nationale Eigengruppe keineswegs ethnisch, sondern kulturell. Er forderte die kulturelle Assimilation oder zumindest Anpassung der Zuwanderer. Zugleich argumentierte Fortuyn – als «bekennender» Homosexueller – im libertären Sinne für die Rechte auf individuelle Selbstverwirklichung, die sich freilich in einer stärker normativ orientierten staatlich-gesellschaftlichen Ordnung vollziehen sollte. Insofern unterschied sich sein Populismus deutlich von dem weitaus stärker rechtsnationalistischen Profil eines Le Pen oder Jörg Haider und glich eher den Unternehmer-Populisten Berlusconi und Tapie. Überdies war das Phänomen seines Erfolgs nur im Kontext der im internationalen Vergleich besonders weit fortgeschrittenen individualistischen und toleranten Kultur der Niederlande zu begreifen, an deren Werte eine spezifisch niederländische Variante des Populismus zwingend anzuknüpfen hatte.

Fortuyn, der nicht nur mit konfrontativer Kommunikationsstrategie, sondern auch mit seinem ausgesprochen hedonistischen Lebensstil – mit Bentley, Butler und Stadtpalais – die Aufmerksamkeit auf sich zog, gelang ein politischer Senkrechtstart, wie ihn die Geschichte nur selten verzeichnet. Nach einem kurzen Engagement in der neugegründeten Partei Leefbaar Nederland gründete er rasch seine eigene Liste, die am 6. März 2002 bei den Kommunalwahlen in Rotterdam aus dem Stand und mit sensationellen 35 Prozent der Stimmen zur stärksten politischen Kraft in der Stadt wurde.[233] Angesichts der nahen Parlamentswahlen versetzte dies das politische Establishment in Unruhe. Fortuyn wurde angefeindet und in die rechtsextreme Ecke eines Le Pen und Jörg Haider gerückt, was es ihm wiederum ermöglichte, sich als Opfer des Establishments darzustellen. Als Fortuyn am 6. Mai 2002 von einem fanatischen Umweltschützer auf offener Straße ermordet wurde, geriet das Land in Aufruhrstimmung. Es kam zu gewaltsamen Übergriffen von Fortuyn-Sympathisanten, und bei den Wahlen eine Woche später triumphierte die «Lijst Pim Fortuyn» (LPF) mit 17 Prozent. Sowohl unter den Liberalen wie der Arbeiterpartei, aber auch den Christdemokraten zog die LPF scharenweise Wähler an. Damit wurde sie zur zweitstärksten Kraft im Lande und bildete mit den Christdemokraten eine Koalitionsregierung. Nur drei andere Parlamentswahlen hatten im Europa des 20. Jahrhunderts eine größere Verschiebung des Parteiensystems bewirkt, darunter die italienischen Wahlen von 1994.[234]

Das politische Erdbeben des Pim Fortuyn paßte in die Typologie des

Marine Le Pen nach ihrer Wahl zur Vorsitzenden der Front National in Nachfolge ihres Vaters Jean-Marie Le Pen 2011

Populismus. Binnen kurzer Zeit fiel die LPF in sich zusammen, ohne größere Spuren zu hinterlassen. Allerdings bleibt unsicher, wieweit der Populismus, der die 1990er und 2000er Jahre prägte, von der Generation seiner «charismatischen» Begründer abhängt. Zwar mußte in Frankreich ein alternder Le Pen bei den Präsidentschaftswahlen von 2007 schwere Verluste und mit 10,4 Prozent sein schlechtestes Ergebnis seit 1974 hinnehmen. 2010 kündigte er an, künftig nicht mehr für das Amt des Präsidenten zu kandidieren und sich auch vom Parteivorsitz zurückzuziehen. Allerdings scheint seine Tochter und Nachfolgerin, Marine Le Pen, in der Lage zu sein, an frühere Erfolge des Front National anzuknüpfen. Umfragen zufolge hätte sie im Falle von Präsidentschaftswahlen im März 2011 sensationelle 23 Prozent erreicht. Der Amtsinhaber Sarkozy lag mit rund zwei Prozentpunkten dahinter.[235]

Ähnlich offen ist die Situation der FPÖ in Österreich. Schon 2005 führten schwere Konflikte über die Frage der Regierungsbeteiligung zu einer Spaltung und zum Parteiaustritt Jörg Haiders. Dessen neue Partei «Bündnis Zukunft Österreich» (BZÖ) konnte die früheren Wahlergebnisse nicht erreichen, und auch die FPÖ blieb substantiell geschwächt. Als überdies Mitte 2010 immer mehr Details und Gerüchte über ein weitverzweigtes

«Haider-System» aus schwarzen Kassen, steuerbetrügerischen Unternehmungen und korrupten Einflußnahmen auftauchten und «quer durchs Strafgesetzbuch» ermittelt wurde, war es mit der Solidarität vorbei. Die ehemaligen Haider-Anhänger fielen «wie die Skorpione» übereinander her.[236] Aber auch der österreichische Rechtspopulismus hat ohne seinen 2009 tödlich verunglückten Protagonisten offenkundig eine Zukunft. Jedenfalls erreichte die FPÖ bei der Wiener Landtags- und Gemeinderatswahl im Jahre 2010 26,2 Prozent der abgegebenen Stimmen und wurde damit zur zweitstärksten Partei. Solche Ergebnisse könnten signalisieren, daß sich der Rechtspopulismus dauerhaft und unabhängig von einzelnen charismatischen Führern im Parteienspektrum der europäischen Demokratien zu etablieren vermag.

West-osteuropäische Konvergenz?

Sank also im Westen das Vertrauen der Wähler in ihre demokratischen Systeme, während in Ostmitteleuropa die demokratische Chance und der Aufbau der Demokratie mit beiden Händen ergriffen wurden? Eine solche Diagnose wäre vorschnell; denn auch und gerade in den postkommunistischen Staaten stieg die Unzufriedenheit mit den politischen Verhältnissen phasenweise in besorgniserregendem Umfang an. Vor allem in den frühen 1990er Jahren, im Kontext der schlechten Wirtschaftslage, eines fragmentierten Parteiensystems und noch unfertiger Institutionen, schien der demokratische Umbau gefährdet zu sein. Im November 1991 warnte überdies der Präsident des Europäischen Parlaments, der Spanier Enrique Barón Crespo, mit Blick auf Ausländerfeindlichkeit und rechtsextreme Tendenzen in Westeuropa vor einer genuin gemeineuropäischen Krise der Demokratie: «Die Westeuropäer sind in ihren eigenen Ländern Zeugen von Phänomenen, die denen in Ost- und Ostmitteleuropa gleichen. Demagogische Parteien nutzen irrationale Gefühle aus, um den Glauben zu bestärken, daß Minoritäten die Probleme, vor denen unsere Gesellschaften stehen, noch verstärken [...]. Westeuropa sieht sich daher den gleichen Herausforderungen gegenüber wie Ost- und Ostmitteleuropa. Es ist lebensnotwendig, gemeinsame Lösungen für diese Probleme zu finden.»[237]

Tatsächlich gibt es, ungeachtet aller gravierenden Unterschiede,[238] viele Gründe, die für eine deutliche Annäherung der politischen Kulturen in der europäischen Demokratie des frühen 21. Jahrhunderts sprechen. Zwar muß bei allen Aussagen über die Transformationsgesellschaften das schwere Erbe des Kommunismus bedacht werden, das die demokratische Entwicklung beeinflußte und teilweise auch behinderte. Die kommunistische Vergangenheit brachte spezifische *cleavages* der Parteienentwicklung hervor, für die es in Westeuropa keine Parallele gab. Auch förderte die Illusion der sozialpolitischen Rundumversorgung, die der Kommunismus gepflegt hatte, die Verknüpfung rechter, nationalpopulistischer mit linken, sozialpopulistischen Elementen. In diesem Rahmen aber begleiteten die für Westeuropa typischen Elemente des politischen Formwandels und des Populismus den demokratischen Übergang. Im Vergleich zu den meisten westeuropäischen Demokratien äußerten sie sich in vergröberter, gleichsam «archaischer» Form, in der Struktur aber glichen sie sich weitgehend.

Dies gilt insonderheit für die typischen Tendenzen der Medialisierung und Personalisierung der Politik. Nach der Befreiung der Medien aus dem ideologischen Griff der kommunistischen Parteien und Regime hofften die osteuropäischen Intellektuellen zunächst auf ein Zeitalter der Meinungsfreiheit und des rationalen Diskurses in der Öffentlichkeit. Dies erwies sich jedoch als eine «tragische Illusion», wie der polnische Schriftsteller Andrzej Szczypiorski 1996 beklagte. «Noch vor sieben Jahren manipulierten die kommunistischen Machthaber durchs Fernsehen und durch die Presse die polnische Gesellschaft. Heute manipulieren das Fernsehen und die Presse die Regierung, die demokratisch ist.»[239]

Solche Enttäuschungen waren freilich Teil der Ernüchterung, die sich mit der Übernahme westlicher Strukturen fast zwangsläufig einstellte. Denn die Transformation der Medien bildete ja einen zentralen Aspekt der allgemeinen politischen Demokratisierung. Rasch setzte sich die westliche Medienstruktur durch, mit ihrer charakteristischen Teilung in öffentliche und private elektronische Medien. Dies barg spezifische Gefahren. Denn stets drohte eine übermäßige staatliche Einflußnahme der Regierungen auf die Medien, so daß sie zum beständigen Zankapfel der Parteien und Regierungen wurden. In Polen, Tschechien und Ungarn galten die Medien als so parteiisch, daß man bald schon von ihrer «Berlusconisierung» sprach. Ungarn kannte seit seinem Übergang zur Demokratie eine Serie von «Medienkriegen». Der sogenannte «zweite Medienkrieg» von 1999/2000 offenbarte die Möglichkeiten, die sich einer Regierung boten, um die lästige «Vierte Macht» im Staate zu bändigen. Die Zeit der ersten Regierung Viktor Orbáns und seines Bundes Junger Demokraten (FIDESZ) war begleitet von unhaltbaren Anschuldigungen, Entlassungen illoyaler Journalisten, Korruptionsvorwürfen und der Veröffentlichung von «Schwarzen Listen» mit den Namen feindlicher Oppositionspolitiker und Journalisten. Allerdings verfehlte Orbán mit solchen Methoden nicht nur das angestrebte «Mediengleichgewicht», sondern förderte mit ihnen selbst seine Abwahl im Jahre 2002.[240] Dies zeigte, daß sich in einer grundsätzlich freien und pluralistischen Gesellschaft eine rabiate Medienpolitik langfristig kaum durchsetzen kann, sondern stets auf neue Widerstände trifft.

Vergleichbares fand in Polen statt: Hier gelang es den Gebrüdern Kaczyński, mit ihrer Partei «Recht und Gerechtigkeit» (PiS) nach dem Wahlsieg vom Jahre 2005, die öffentlich-rechtlichen Medien binnen kurzer Zeit zu kontrollieren.[241] Dies verhinderte aber nicht, daß ihre Popularität abnahm und 2007 die Wahlen zum Sejm einen Umschwung und Regierungswechsel mit sich brachten.

Zugleich freilich reproduzierte sich die aus den westlichen Medien bekannte Tendenz zum «Infotainment». Die Fernsehsender interessierten sich aus kommerziellen Gründen für den Show-Effekt der Politik. Die Politiker selbst erlagen allzu oft der Versuchung, aus diesem Spiel politisches Kapital zu schlagen. Dies förderte die Personalisierung der Politik, wovon besonders jene Politiker profitierten, die offen populistische Methoden anwendeten.

Tatsächlich prägte eine Welle populistischer Rhetorik die Geschichte der jungen ostmitteleuropäischen Demokratien, und das galt unabhängig davon, wie man die entsprechenden Phänomene systematisch bewertet und einordnet. Im Kern waren die tieferen Ursachen hierfür die gleichen wie in den westeuropäischen Demokratien, nur waren sie stärker ausgeprägt und wurden nicht durch die vertrauten Routinen einer langetablierten Demokratie abgefedert. Wirtschaftliche und kulturelle Bedrohungsängste im Zeitalter der Kapitalisierung des eigenen Landes und der fortschreitenden Globalisierung verbanden sich mit der Enttäuschung über die politische Entwicklung seit 1989/90. In der Folge ging das Vertrauen der Wähler in die demokratischen Institutionen und in die hier etablierten Parteien massiv zurück; und eben dies war die Chance der Populisten.

Der erste Akteur in diesem Sinne war der Unternehmer-Populist Stanisław Tymiński. Als völlig Unbekannter erzielte der exilpolnische Geschäftsmann aus Kanada bei der ersten demokratischen Wahl des polnischen Staatspräsidenten im November 1990 sensationelle 23,1 Prozent der Stimmen. Sein Image als dynamischer *Selfmademan* verband er mit dem absurden Versprechen, allen Polen zu Wohlstand zu verhelfen. Auf viele Wähler wirkte das überzeugender als die bedächtigeren Worte des verdienten Tadeusz Mazowiecki. Tymiński stach Mazowiecki aus und erreichte gegen Lech Wałęsa den zweiten Wahlgang, in dem er seinen Stimmenanteil immerhin noch einmal auf mehr als 25 Prozent steigerte.[242]

Tymiński blieb eine Eintagsfliege – als er sich 2005 noch einmal am höchsten Staatsamt versuchte, erhielt er 23 545 Stimmen oder 0,16 Prozent. Aber die populistische, aggressiv-dichotomische Struktur der politischen Argumentation, die entsprechend polarisierte, mit Schuldzuschreibungen operierende Vorstellung von Politik und die Feindschaft gegen alles «Fremde» charakterisierten bald die politische Kultur in Polen, Ungarn und in anderen postkommunistischen Ländern. Hinzu trat die hemmungslose Inszenierung der eigenen Person als regelmäßig angewandte Standardmethode der Populisten. In Polen pflegten insbesondere die Zwillingsbrüder Kaczyński und Andrzej Lepper, der zwischen Charisma, Politclownerie und Gewalt schwankende Chef der Bauernpartei «Selbstverteidigung» (Samoobrona), diesen politischen Stil. Anfang der 2000er Jahre prägten sie mit ihm nachhaltig die politische Arena und trugen damit zur Theatralisierung, Hysterisierung, aber auch zur Vulgarisierung der polnischen Politik bei. Gegen Korruption und Kommunismus führten sie die zu erneuernde Moral im Munde, in sozialer Hinsicht versprachen sie allen alles und verbanden dies mit schroff nationalistischer Rhetorik.[243] Antikommunistische, antideutsche und antieuropäische Feindbeschwörungen gehörten zu ihrem Standardrepertoire.

In Ungarn, das in den 1990er Jahren zunächst als «Musterknabe» der gelungenen Systemtransformation galt, existierte wie in Polen eine starke agrarpopulistische Tradition, die auch nach 1990 das alte *cleavage* zwischen Stadt und Land neu akzentuierte.[244] Auch hatte sich der demokratische Übergang ähnlich wie in Polen in Form eines Herrschaftskompromisses vollzogen, was die populistische Attacke auf den Elitenkonsens des Umbruchs im Namen von Antikommunismus und Lustration erleichterte. Anders als Polen kannte Ungarn allerdings ein Nationalitätenproblem. Die Anwesenheit signifikanter ethnischer Minderheiten auf ungarischem Territorium, allen voran die Sinti und Roma, sowie die Existenz Hunderttausender von Auslandsungarn als Spätfolge des Vertrags von Trianon (1920) verliehen dem nationalistischen Diskurs in Ungarn eine besondere ethnonationalistische Schärfe. Hinzu traten die ökonomischen Probleme wie Arbeitslosigkeit, Inflation und die Bedrohungsangst infolge der fortschreitenden Globalisierung. Dies alles schuf einen guten Nährboden für rechtspopulistische Bewegungen, die anfangs kaum eine Rolle spielten, gegen Ende der 1990er Jahre jedoch einen Durchbruch erzielten. Im Ergebnis kennzeichneten Instabilitäten und Paradoxien die ungarische politische Entwicklung.

Einerseits befand sich das Parteiensystem in Ungarn auf dem Weg zu einem stabilen Zweiparteiensystem. Die beiden weitaus stärksten Parteien, die Ungarische Sozialistische Partei (MSZP) und der Bund Junger Demokraten, entwickelten sogar die Merkmale von Kartellparteien.[245] Andererseits verbarg sich dahinter eine erhebliche Fragilität. Tatsächlich schien es gegen Ende des Jahrzehnts wie in Polen auch eine Art «populistisches Moment» zu geben, das die Koordinaten der politischen Kultur der 2000er Jahre verschob. Aus dem früheren Musterknaben wurde das europäische «Sorgenkind». Dies lag nicht nur an dem spektakulären, aber ephemeren Wahlerfolg der rechtsextremen, antiwestlichen, antisemitischen und rassistischen «Partei der ungarischen Wahrheit und des Lebens» (MIÉP). Mit ihren Parolen erreichte sie bei den Parlamentswahlen von 1998 immerhin 5,5 Prozent, versank danach aber ins Nichts. Vielmehr rückte die ursprünglich liberale Fidesz unter Viktor Orbán immer weiter nach rechts. Zunehmend mit populistischen Methoden arbeitend, siegte die Partei in den Parlamentswahlen von 1998. Orbán wurde erstmals Ministerpräsident, und es gelang der Partei, zur großen Sammlungspartei der Rechten zu werden.

Infolge des Regierungswechsels von 2002, als Orbán durch eine Mitte-Links-Regierung unter der Führung der MSZP ersetzt wurde, eskalierte die Lage. Vor drastische Spar- und Reformaufgaben gestellt, erregte der sozialistische Ministerpräsident Ferenc Gyurcsány im September 2006 Aufsehen. Mit einigen Monaten Verspätung wurde seine sogenannte «Lügenrede» ans Licht gebracht, in der er eingestand, die Wähler über das wahre Ausmaß der Haushaltsprobleme belogen zu haben. Als er kurz darauf im Fernsehen von «seit Jahren andauernden komplexen Lügen der politischen Klasse in Ungarn» sprach,[246] eskalierte die Stimmung. Geschürt von rechtsradikalen oder offen faschistischen Gruppierungen, kam es zu militanten Demonstrationen und offenen Gewaltakten. Höhepunkte waren am 19. September 2006 die Erstürmung des Gebäudes des öffentlich-rechtlichen ungarischen Fernsehens, Ausschreitungen bei den Revolutionsfeiern vom 23. Oktober 2006 und am 15. März 2007 zum Jahrestag der Revolution von 1848.

In diesem Klima etablierte sich die 2003 in der Nachfolge der MIÉP gegründete, rechtsextreme Partei Jobbik (Partei für ein rechtes und besseres Ungarn). Indem sie eine bald berüchtigte paramilitärische Organisation aufmarschieren ließ, stellte sie sich offen in die faschistische Tradition der Pfeilkreuzler und trug damit maßgeblich dazu bei, die innenpolitischen Verhältnisse Ungarns zu destabilisieren. Programmatisch forderte sie insbesondere die «Wiedervereinigung der ungarischen Nation». Offener Antisemitismus und Feindschaft gegen die Sinti und Roma gaben dem Auftreten der Partei einen rassistischen Anstrich. Bei den Parlamentswahlen von 2010, die in einen Erdrutschsieg der FIDESZ mündeten, wurde Jobbik zum Erschrecken vieler Beobachter mit 16,7 Prozent im ersten Wahlgang zur drittstärksten Partei in Ungarn. Viktor Orbán, der erneut Ministerpräsident wurde, distanzierte sich zwar von den radikalen Forderungen der extremen Rechten. Aber mit der Verleihung der ungarischen Staatsbürgerschaft an alle Auslandsungarn beeilte sich das von FIDESZ mit Zweidrittelmehrheit dominierte Parlament, unmittelbar nach seiner Wahl eine der Kernforderungen von Jobbik zu erfüllen.[247]

Die Sorgen vor rechtspopulistischen oder gar rechtsextremen Tendenzen in den postkommunistischen Ländern verschärften sich infolge der ungarischen Wahlen von 2010. Autoritäre Gesetze, die die Medien in ihren Freiheiten massiv beschnitten, bestätigten die Befürchtungen.[248] Wie in keinem anderen Land der EU wurden kritische Intellektuelle und die Opposition eingeschüchtert; und die neue, im April 2011 verabschiedete ungarische Verfassung erkannte zwar formal die Strukturen der Demokratie an, suchte sie aber mit klar rückwärtsgewandten, nationalistischen Inhalten zu füllen.[249] Andererseits wird die weitere Entwicklung abzuwarten sein. Immerhin lehrt das polnische Beispiel, wie rasch sich das Votum des Wählers auch wieder ändern, gleichsam rationalisieren kann. 2007 wurde die PiS samt ihrem Ministerpräsidenten Jarosław Kaczyński trotz oder gerade wegen ihres nationalpopulistisch-rabiaten Politikstils bei vorgezogenen Wahlen zum Sejm abgewählt. Stärkste Partei wurde die liberale «Bürgerplattform» (PO), Ministerpräsident ihr Vorsitzender Donald Tusk, der sich spürbar um eine Beruhigung der politischen Szenerie Polens bemühte. Und 2010, nach dem tragischen Unfalltod des Präsidenten Lech Kaczyński wurde nicht sein Zwillingsbruder, sondern mit Bronisław Komorowski erneut der Kandidat der PO zum Nachfolger gewählt.

Diese Volatilität des Wählervotums war eine der Voraussetzungen für die Erfolge populistischer Politikstile. Und es ist unbestritten, daß sich die Wahlen der postkommunistischen Demokratien durch stärkere Flüchtigkeit auszeichneten als die westeuropäischen. Aber die tiefere Ursache der Volatilität, nämlich mangelnde Parteiidentifizierung und mangelndes Vertrauen in die Parteipolitiker, glichen sich in Ost wie West. In Ost- wie in Westeuropa kennzeichnete die politische Anpassung an das neue Zeitalter daher eine fundamentale Paradoxie: Einerseits stieg die Unzufriedenheit mit den politischen Verhältnissen deutlich an, und das Vertrauen in die bestehenden demokratischen Institutionen – politische Parteien, Regierungen und Parlamente – ging zurück. Andererseits hielt eine stabile Mehrheit der Europäer die Demokratie für die beste und im Grunde einzig realistische Regierungsform. Eine Alternative zu ihr bestand trotz aller Unzufriedenheit mit ihrer Praxis nicht. Dies galt trotz aller Unterschiede im einzelnen für Ost- wie Westeuropa gleichermaßen.

1994 war die demoskopisch faßbare Demokratiezufriedenheit in den ostmitteleuropäischen Ländern deutlich geringer als in Westeuropa.

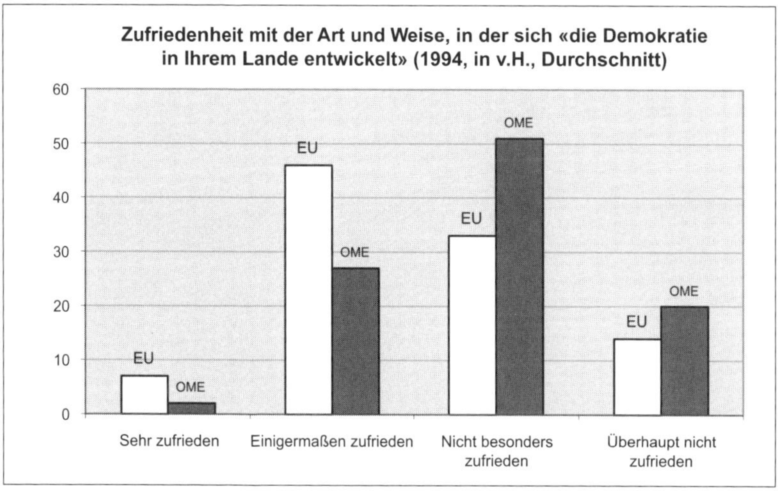

Quelle: Richard Rose, William Mishler u. Christian Haerpfer, Democracy and its Alternatives. Understanding Post-Communist Societies, Baltimore/MY 1998, S. 100.

Daß hier ein Protestpotential bestand, zeigte die Geschichte der 1990er und 2000er Jahre durchgehend. Solche Mißstimmungen bedeuteten aber keineswegs eine grundsätzliche Infragestellung der Demokratie. Auch in Osteuropa unterschieden die Befragten klar und deutlich zwischen dem politischen Ziel bzw. dem politischen Wert der Demokratie als solcher und der tatsächlichen Praxis der Demokratie im eigenen Land. Dem entsprach es, wenn 1994 auf die Frage, ob es besser sei, Parlament und Parteien abzuschaffen, nur eine Minderheit von einem Fünftel bis einem knappen Drittel der Befragten positiv antwortete. In der Tschechischen Republik stimmten 18 Prozent zu, in Polen immerhin 29 und in Ungarn 30 Prozent. Am höchsten war die antidemokratische Zustimmung in Weißrußland (37 Prozent) und in der Ukraine (44 Prozent).[250]

Daß eine klar positive Korrelation zwischen Bildungsgrad und Demokratieorientierung bestand, kann nicht sonderlich überraschen. Je höher der Bildungsgrad, desto stärker war das Bekenntnis zu dem bestehenden demokratischen Regime.[251] Besonders interessant und kennzeichnend zugleich war dagegen, daß die eigene ökonomische Lage keinen übermäßigen Einfluß auf die Demokratieorientierung der Befragten ausübte.[252]

Ganz offensichtlich mangelte es an orientierenden Alternativen für eine längerfristig antidemokratische Haltung, die sich zugleich als organisierte Macht in das Spiel der Kräfte hätte einschalten können. Zwar erzielten die postkommunistischen Parteien nicht unerhebliche Erfolge, aber nur eine

Demokratiebekenntnis und Demokratiezufriedenheit in acht osteuropäischen Ländern 1993 (in v.H.)

	Wie beurteilen Sie das *Ziel*, eine Demokratie in Ihrem Land einzuführen, in dem Parteien um die Regierungsgewalt konkurrieren?		Wie würden Sie die *tatsächliche Praxis* der Demokratie in Ihrem Land beurteilen?	
	Bin dafür	Bin dagegen	Positiv	Negativ
Bulgarien	56	21	25	45
Estland	51	16	29	33
Ungarn	54	13	24	45
Litauen	57	18	23	43
Polen	49	12	17	53
Rumänien	81	10	30	41
Rußland	49	21	19	57
Ukraine	40	20	12	56
N = 15 175				

Quelle: Geoffrey Evans u. Stephen Whitefield, The Politics and Economics of Democratic Commitment: Support for Democracy in Transition Societies, in: British Journal of Political Science 25 (1995), S. 485–514, hier S. 489 u. 497.

kleine Minderheit wollte wirklich zu einer kommunistischen Herrschaft zurück. Auch wenn die Unzufriedenheit mit den politischen Verhältnissen im eigenen Land in der ersten Hälfte der 1990er Jahre deutlich anstieg, so änderte dies am grundsätzlichen Bekenntnis zur Demokratie nichts.[253]

Auch in allen westeuropäischen Ländern tendierte das öffentliche Image der politischen Parteien zu immer neuen Minuswerten. Das geringste Vertrauen wurde ihnen in Großbritannien und Deutschland entgegengebracht, im Jahre 2004 nur noch von zehn beziehungsweise elf Prozent der Stimmbürger. Dagegen erschienen die Parteien in Dänemark immerhin noch 32 Prozent als vertrauenswürdig: ein Spitzenwert in Europa; im EU-Durchschnitt lag die Vertrauensquote bei 16 Prozent. Damit fielen die Parteien weit hinter andere politische Institutionen zurück wie etwa die Polizei – der immerhin durchschnittlich zwei Drittel der Befragten vertrauten – oder selbst das Fernsehen, das erstaunliche 56 Prozent für vertrauenswürdig hielten.[254]

Das Meinungsbild differenzierte sich aber deutlich, wenn man nach der Funktion von Parteien in der Demokratie fragte. Offenkundig ergab sich hier eine ähnliche Paradoxie wie bei der Frage nach der Demokratie im allgemeinen: Parteien waren zwar unbeliebt, aber unentbehrlich. Zwar kümmerten sie sich kaum um die Meinung derer, die sie wählten; aber man

Das öffentliche Bild der politischen Parteien
1996–2000

	«Politische Parteien sind notwendig» Zustimmung in v.H.	«Politische Parteien kümmern sich darum, was die Leute denken» Zustimmung in v.H.
Großbritannien	77	34
Dänemark	88	30
Deutschland	80	18
Niederlande	90	43
Norwegen	89	39
Spanien	83	39
Schweden	80	23
Schweiz	78	39
Durchschnitt	83	33

Quelle: Russell J. Dalton u. Steven A. Weldon, Public Images of Political Parties: A Necessary Evil?, in: West European Politics 28 (2005), S. 934.

brauchte sie für ein funktionierendes Staatswesen und für die politische Willensbildung. In einer zwischen 1996 und 2000 durchgeführten internationalen Erhebung stimmte die große Mehrheit der Befragten einer solchen Sichtweise zu.

Somit gehört es zu den Paradoxien der jüngsten europäischen Geschichte, daß der fast überall aufkommende Rechtspopulismus zwar eine gewisse Angleichung der europäischen Demokratie bewirkte, dies aber im Zeichen nationaler, regionaler und ethnischer Partikularismen. Universalistischer Wertekanon und seine populistisch-partikularistische Infragestellung gehören also beide zur politischen Gegenwart Europas. Tatsächlich müssen sich die europäischen Demokratien daran gewöhnen, daß die Ära der großen Massenintegrationsparteien, beruhend auf eindeutigen *cleavages* und ausgestattet mit einem klar umrissenen «Funktionskatalog», ihrem Ende zugeht.[255] Anders als es mancher alarmistische Kommentar will, bedeutet diese Entwicklung jedoch weder in West- noch in Osteuropa – wo sich das Parteiensystem ja gerade erst entfaltet – «Niedergang», «Erosion» oder sogar substantielle Gefährdung der Demokratie. Vielmehr lehren die dreißig Jahre Geschichte der europäischen Parteiensysteme seit 1980 die Möglichkeit des strukturellen und auch krisenhaften politischen Wandels bei fortbestehender Stabilität, Vitalität und Erneuerungsfähigkeit der Demokratie.

V. KULTURELLE SELBSTBESINNUNGEN UND EUROPÄISCHE «IDENTITÄT»

Gibt es eine europäische «Identität», und wenn ja, wie ließe sie sich beschreiben? Diese Fragen sind so oft gestellt worden, daß man daran zweifeln kann, ob sie überhaupt sinnvoll zu beantworten sind. Allzu offenkundig ist, daß es in Europa zumindest viele und miteinander konkurrierende Identitäten gibt und daß sich diese Identitäten seit dem Ende des Kommunismus nachhaltig gewandelt haben. Überdies scheint auch die kulturelle Identifikation der Bürger in Europa mit ihrem Kontinent noch nicht so weit vorangeschritten zu sein, daß sich ohne weiteres von Gemeinschaftsgefühl, europäischer Zugehörigkeit, geschweige denn von Öffentlichkeit sprechen ließe. Praktisch jeder einschlägige Beitrag spricht denn auch davon, daß Europa in kultureller Hinsicht «immer noch weitreichende Defizite» aufweist.[1]

Verbirgt sich hinter dieser Diagnose, so läßt sich fragen, eine substantielle Unsicherheit Europas über die Grundlagen seiner Kultur? Erste Diskussionen über dieses sich nach dem Umbruch von 1989 neu stellende Problem flammten nicht zufällig in Frankreich auf. Während man dort seit 1945 (West-)Europa meist als organische Erweiterung der französischen Identität begriffen hatte, bekannten nun viele Intellektuelle, daß es eine einheitliche europäische Kultur nicht gebe. Allenfalls könne man von einer europäischen Zivilisation sprechen, die sich aus einer Vielzahl von Kulturen in Europa speise. Allerdings gehöre zu dieser Zivilisation ein gemeinsames europäisches Kulturerbe, das neben der griechisch-römischen Antike, dem Judentum und Christentum auch die Renaissance, den Rationalismus, das freiheitliche Denken und die industrielle Revolution umfasse. Bezüglich der «geistigen» Grenzen Europas bestand dagegen erhebliche Unsicherheit. Sie seien ebensowenig fixierbar wie die geographisch-politischen Grenzen. Angesichts der dynamisch veränderten Lage und des historisch neuen Gebildes der EU solle man nicht in der Vergangenheit nach fertigen Vorbildern für eine europäische Kultur suchen, sondern diese Kultur – und eine entsprechende Identität – neu entwickeln, freilich ohne das gemeinsame Erbe zu vergessen.[2]

Solche Selbstreflexionen europäischer Intellektueller hatten sich allerdings einer anderen, während der 1990er Jahre ansteigenden Kritik zu stellen. Sie speiste sich aus dem Vorwurf des Eurozentrismus. Allzu leicht bleibt Europa nach wie vor «das souveräne, theoretische Subjekt aller Geschichten», scheint Europa als Fortschrittsraum gesehen zu werden, in dem sich die erfolgsbezogene und weltweit gültige «Meistererzählung» der westlichen Moderne konkretisiert.[3] Tatsächlich suggeriert die Rede von einer europäischen Identität meist auch die Wirksamkeit von spezifischen Erfolgsfaktoren, die in die europäische Geschichte hineingelesen werden. Solche Erfolgsfaktoren können alles Mögliche sein, eines aber sind sie gewiß: Sie sind zeit- und standortabhängig. So zögerten um 1900 nur wenige europäische Intellektuelle, Unternehmer oder Politiker, die Segnungen der europäischen Wissenschaft und Technik als unverbrüchlich gültigen Zivilisationserfolg zu deklarieren. Zugleich aber wurde dieser Erfolg imperialistisch gewendet und als quasi naturgegebene Basis europäischer Weltüberlegenheit gewertet. So mancher Intellektuelle scheute sich auch nicht, die neuesten Erkenntnisse der Eugenik und Rassenforschung als «Erfolgsfaktoren» des europäischen Entwicklungsmodells zu betrachten.

Tatsächlich ist die Rede von Europa und seiner «Identität» in weiten Teilen der Welt mit der Erfahrung des europäischen Kolonialismus und Imperialismus kontaminiert. Seine modernen Ingredienzien – Nation, Demokratie und technische Zivilisation – haben eine dezidiert exklusive Wirkung entfaltet und die Kolonialvölker aus der sich bildenden Gemeinschaft kategorisch ausgeschlossen. Schon die französische Nationalversammlung verbannte 1789 die farbige Sklavenbevölkerung in Santo Domingo aus dem so emphatisch zelebrierten Nationsbegriff. Auch die Menschenrechte, die sich zunächst innerfranzösisch, sodann innereuropäisch zu einer so scharfen emanzipativen Waffe schmieden ließen, galten weder für Sklaven noch für Frauen.

Spätestens seit den 1990er Jahren ist unter europäischen Intellektuellen die Sensibilität für diese historische Gemengelage gewachsen. Einigkeit besteht darüber, daß Europa im postkolonialen Zeitalter nur dann eine relevante Stimme beanspruchen kann, wenn es selbstreflexiv ist, das heißt, wenn es sich seiner historischen Brüche und Schattenseiten, aber auch seiner Ambivalenzen und zwiespältigen Folgen bewußt ist. Insofern ist der kulturell festlegende und zugleich ausschließende Begriff der «Identität» zumindest dann problematisch, wenn er normativ verwendet wird. Man wird daher besser von kulturellen Selbstbesinnungen, Selbstthematisierungen sprechen, die Aufschluß über den Bewußtseinsstand der Europäer geben. Analytisch verwendet, weist der Begriff der Identität allerdings auf zwei wichtige Aspekte hin: Zunächst impliziert jeder Versuch zur Konstruktion von Identität zugleich auch Abgrenzungen und die Konstruktion von «Alterität», das heißt des «Anderen», des Nichtdazugehörigen, ja des

Fremden. Wenn Identität in diesem Sinne etwas Individuelles ist, so ergibt sie sich ferner aus Geschichte und Erinnerung. Beidem, Abgrenzung und Alterität sowie Geschichte und Erinnerung, gilt es daher, etwas näher nachzugehen.

11. Grenzen und Abgrenzungen

Binnengrenzen und Außengrenzen

Die Frage nach Europas Grenzen ist alt und wird doch gerade in der jüngsten Geschichte immer wieder neu gestellt. Von Westen aus betrachtet schien die Antwort auf diese Frage bis 1989/90 einfach zu sein. Das sich integrierende Europa war das Ergebnis eines spezifisch westeuropäischen Nachkriegsprojekts, das zunehmend auch mythologische Züge entwickelte. Seine «große Erzählung» begann mit dem Schuman-Plan, der gleichsam die Funktion eines Gründungsmythos erfüllte. Von hier aus war Europa aus der Asche des Zweiten Weltkriegs wieder emporgestiegen; es hatte durch Zusammenarbeit und Integration den Frieden in Freiheit gesichert und auf dieser Basis einen historisch beispiellosen Wohlstand erreicht. Dieses Narrativ reduzierte Komplexität; es war leicht zu begreifen und auch weiterzuerzählen, und überdies ließ es sich in einer übersichtlichen geistigen Landkarte abbilden. Bis gegen Ende der 1970er Jahre hatten es die meisten Westeuropäer gelernt, den kommunistischen Ostblock als quasi unumstößliche Realität hinzunehmen. Die politische Landkarte Europas, wie sie bis 1989 bestand, formte auch die Vorstellungen davon, was Europa sein könnte. In der *mental map* der meisten Politiker und Wirtschaftsbosse, Journalisten und Intellektuellen bildete der Eiserne Vorhang die Grenze Europas. Er konditionierte das Denken und teilte den Kontinent in eine helle, westliche, und eine dunkle, östliche Zone.

Allerdings kam schon während der 1980er Jahre eine gewisse Bewegung in die festgefügten Grenzvorstellungen des Kalten Krieges. Insbesondere bewegte eine ausgedehnte «Mitteleuropa»-Debatte die Gemüter. In Deutschland geführt, mußte diese Debatte beunruhigen, evozierte sie doch allzu deutlich imperiale Reminiszenzen. In den Ostblockstaaten dagegen eröffnete sie konzeptionelle Fluchtwege aus dem sowjetischen Machtbereich und reaktivierte historisch-geographische Wurzeln aus der Zeit vor dem totalitären Zeitalter. György Dalos etwa, der ungarische Dichter, Schriftsteller und Dissident, publizierte 1985 einen vielbeachteten, ironisch betitelten «Entwurf für eine mitteleuropäische Konföderation» zur «Befreiung der Sowjetunion von ihren Satelliten».[4]

Mit der demokratischen Revolution von 1989 verschwand gleichsam über Nacht die trennende Grenze des Eisernen Vorhangs, und ebenso rasch alterte auch die westliche Erzählung von der europäischen Einigung. Die neu entstehenden postkommunistischen Demokratien verstanden sich ohnehin als Teil Europas, sie drängten «zurück» nach Europa und brachten hier ganz unmittelbar ihre eigenen Erfahrungen und Probleme ein: Leiden am Kommunismus, Prosperitätsrückstand, neue nationale Spannungen. Alles dies veränderte die Grenzen Europas ebenso fundamental wie die Bewegungsrichtung des europäischen Narrativs.

Mit Macht verschoben sich nunmehr die Grenzen Europas nach Osten, aber auch die Grenzen innerhalb des vormals kommunistisch beherrschten Raums. Während es die Vorstellung eines osteuropäischen Blocks zu dekonstruieren galt, entstand ein neues östliches Europa, dessen historische Binnendifferenzierung wieder zu Tage trat.[5] An die Stelle der harten Grenze des Eisernen Vorhangs traten weichere Grenzen. Sie trennten nicht mehr, sondern führten Europa in dem Maße zusammen, in dem sie überwindbar wurden. Zugleich freilich entstanden auch völlig neue Grenzen. Tschechen und Slowaken trennten sich und errichteten eine staatliche Grenze zwischen den beiden früheren Landesteilen; die baltischen Staaten errichteten Grenzen gegen die untergehende Sowjetunion, um näher an Europa heranzurücken. Und mit der Ukraine grenzte sich auf dem Boden der früheren Sowjetunion der künftig zweitgrößte Staat Europas ab, dessen westlicher Teil der Europäischen Union zuneigte, während der östliche Teil sich Rußland verbunden fühlte. Wieweit schließlich Rußland selbst zu Europa gehöre, ist eine Frage, über die seit Leibniz, Montesquieu und Herder kontrovers diskutiert wurde. Aber man konnte sie auch ganz einfach beantworten, wie es 2006 der frühere britische Botschafter in Moskau, Roderic Lyne, tat. Rußland gehöre in die Europäische Union: «Unbestreitbar sind die Russen Europäer. Mehr als drei Viertel der russischen Bevölkerung leben westlich der imaginären Grenze zwischen Europa und Asien. Sibirien mag zwar geografisch in Asien liegen, doch es ist größtenteils mit Menschen europäischer Herkunft bevölkert und gilt verwaltungsmäßig als verlängerter Arm des europäischen Russland. Seit Ende des ersten Jahrtausends, als slawische Stämme in das Gebiet des heutigen Russland vordrangen, ist die Geschichte des Landes mit der Entwicklung europäischer Kultur und Zivilisation verbunden. Seit etwa tausend Jahren ist es ein christliches Land. Selbst unter der kommunistischen Herrschaft waren beide Seiten nie wirklich getrennt. Der Fall des Eisernen Vorhangs, Globalisierung, Satellitenfernsehen, Internet und die Billigangebote von Reiseveranstaltern (zehn Millionen Russen reisen jährlich ins

Ausland) trugen das ihre dazu bei, die Verschmelzung der Kulturen wesentlich zu beschleunigen.»[6]

Diese dynamische Neukonfiguration der Grenzen Europas nach 1989 bestätigte einmal mehr die alte Einsicht, daß Europa nichts Statisches ist, keine objektiv vorgegebene Größe. Vielmehr erfindet sich Europa immer wieder neu. Der von ihm gebildete Raum ist in seinen Außengrenzen historisch ebenso wandelbar wie die Mechanismen seiner Binnenintegration. Maßgeblich geprägt wurde er seit den 1990er Jahren durch die konsequente Weiterentwicklung des sogenannten Schengenraums, der auf das erste Schengener Abkommen von 1985 und seinen «Acquis», das heißt den darauf aufbauenden Rechtsstand zurückgeht. Innerhalb des Schengenraums, dem inzwischen die große Mehrheit der EU-Mitgliedstaaten, aber auch Nichtmitglieder wie Norwegen und die Schweiz beigetreten sind, wurden die Grenzkontrollen schrittweise abgebaut. Im Dezember 2007, als die ostmitteleuropäischen EU-Mitglieder dem Schengenraum beitraten, bestand durchaus ein Bewußtsein für den radikalen historischen Wandel, den dieser Schritt vollendete. Keine zwanzig Jahre zuvor hatten noch Militär und bewaffnete Polizei eine Grenze gesichert, die sich nun ohne Kontrollen passieren ließ.[7] Während also rund 400 Millionen Europäer sich den Raum ihres Kontinents mit Hilfe völliger Freizügigkeit erschließen konnten, wurden zugleich die Außenkontrollen verschärft. Europa, das für politische Flüchtlinge, religiös Verfolgte und für Arbeitsmigranten aus aller Welt, vornehmlich aber aus Afrika und dem Nahen Osten, zum gelobten Land wurde, suchte sich zunehmend rigide abzuschotten und abzugrenzen. «Europa ist dabei, eine Festung gegen Einwanderung zu bauen. An den Außengrenzen werden die Zäune und Überwachungsanlagen verstärkt. Im Mittelmeer und auf dem Atlantik patrouilliert die Marine, um Flüchtlingsboote aufzuhalten.»[8]

In den ersten Monaten des Jahres 2011 spitzte sich die Situation dramatisch zu. Als in Tunesien der langjährige Präsident Zine el-Abidine Ben Ali gestürzt wurde und kurz darauf auch der libysche Diktator Gaddafi ums politische Überleben kämpfte, drängten Tausende von nordafrikanischen Flüchtlingen nach Italien. Bald schon wurden die Zustände auf der kleinen italienischen Insel Lampedusa, wo sich das zentrale Aufnahmelager für Flüchtlinge befand, unhaltbar. Als in den Morgenstunden des 6. April 2011 ein mit Flüchtlingen überfülltes Boot vor Lampedusa kenterte, ereignete sich vor den Toren Europas eine schreckliche Tragödie: Rund 200 Menschen ertranken. In dieser Situation stellte sich die italienische Regierung auf den Standpunkt, die nordafrikanische Flüchtlingsfrage betreffe ganz Europa. Italiens EU-Partner seien in der Pflicht, Flüchtlingskon-

Afrikanisches Flüchtlingsboot auf dem Weg nach Europa, Juni 2011

tingente aus Tunesien und Libyen aufzunehmen. Als sich die europäischen Partner, zuvörderst Deutschland und Frankreich, weigerten, diesem Ansinnen nachzukommen, stürzte dies den Schengenraum in eine veritable Krise. Italien fühlte sich im Stich gelassen und begann, gegen den vehementen Protest der europäischen Partner, nordafrikanische Flüchtlinge mit Touristenvisa auszustatten. Da ihnen dies zumindest theoretisch die Weiterreise in den Schengenraum erlaubte, kündigten die Nachbarstaaten neue und verschärfte Kontrollen im Grenzgebiet an und erwogen eine Abkehr von den Regeln des Schengenraums.[9] Kurze Zeit später machte die konservative Minderheitsregierung in Dänemark unter Ministerpräsident Lars Løkke Rasmussen Ernst: Unter dem Einfluß der rechtspopulistischen Dansk Folkeparti, von deren Duldung die Regierung abhing, wurden an der deutsch-dänischen Grenze wieder Kontrollen eingeführt.[10] Zwar führte dies unmittelbar zu einer Verstimmung zwischen den Regierungen in Kopenhagen und Berlin, und die Kontrollen waren nicht von langer Dauer. Aber die Episode signalisierte einmal mehr, wie gründlich sich Europa zur Festigung seiner Außengrenzen rüstete.

Wo aber lagen diese Außengrenzen? Antworten auf diese Frage wurden unsicherer denn je. Sie weiteten den Blick über Osteuropa und die Osterweiterung der EU hinaus und bestärkten damit auch jene Zweifel, die von einer grenzenlosen Überdehnung des integrierten Europa seine historische Selbstaufgabe befürchteten. Würde «das großartige Projekt der wirtschaftlichen und politischen Einheit Europas zu Ende geführt» werden, oder drohte seine «Verwässerung in Gestalt einer großen Freihandelszone, die dann auch vom Atlantik bis zum Ural oder bis Wladiwostok reichen könnte und mit Europa im historischen Sinn nichts mehr zu tun hätte»?[11] Solche Fragen legten eine historische Analogie nahe, die aus der Nationsbildung im Europa des 19. Jahrhunderts Rückschlüsse auf die kulturelle Identitätsbildung Europas im 21. Jahrhundert ziehen wollte. Knüpfte man nämlich an die kulturwissenschaftlich breit akzeptierte Definition von der Nation als «vorgestellter Gemeinschaft» an, so drängte die Frage nach den Grenzziehungen um so nachdrücklicher in den Vordergrund. Denn wenn sie konkret sein will, so bedarf die Vorstellung einer Gemeinschaft auch ihrer konkreten Begrenzung. Auch wenn Europa, eine «zeitabhängige ‹Konstruktion›» und eine sich wandelnde, schon öfter neu bestimmte Größe bildete, so waren doch, wie etwa Hans-Ulrich Wehler hervorhob, solche Neubestimmungen «nur innerhalb enger Grenzen» möglich gewesen. Kulturelle Identitätsbildung jenseits sprachlicher und religiöser Unterschiede entwickle sich, das lehre die Geschichte der europäischen Nationalstaaten, nur innerhalb klar festgelegter politischer Grenzen. Jede territoriale Grenzsetzung erfolgte schließlich im Bewußtsein weiterer, dahinter liegender Grenzen. «Denn auf der anderen Seite jeder Grenze gibt es wiederum Länder mit Grenzen, die ihrerseits eine andere Seite haben.»[12] Wo aber lagen dann Europas Außengrenzen?

Gehört die Türkei zu Europa?

Zum Lackmus-Test dieser Frage geriet die Diskussion um eine mögliche Aufnahme der Türkei in die Europäische Union, die am 11. Dezember 1999 offiziell den Status eines Beitrittskandidaten erhielt. Mit dieser Entscheidung setzte der Europäische Rat zentrale Gewißheiten kultureller Identität zur Neuverhandlung an. Die Debatte erfüllte eine wichtige Spiegelfunktion, das heißt, sie diente zur Selbstvergewisserung über die Grundlagen der eigenen – europäischen – Kultur. Nicht zufällig wurde sie in den ersten Jahren des neuen Jahrhunderts mit besonderer Intensität in Frankreich und Deutschland geführt – wo der Umbruch von 1989/90 die Tiefe des jeweiligen kulturellen Selbstverständnisses traf. Vergleicht man die Argumentationslinien in beiden Ländern, wird das Spektrum möglicher Antworten auf die Frage, wo die Grenzen Europas verliefen bzw. verlaufen sollten, sichtbar.[13]

Grob gesagt, fächerte sich der Diskurs in eine historische, eine politische und eine pragmatische Dimension auf. Historisch betrachtet, war im Grunde kaum etwas spannender als die Aufnahme von EU-Beitrittsverhandlungen mit der Türkei.[14] Erstmals wurde nun zumindest potentiell eine orientalische Region als europäisch reklamiert, die Europa über Jahrhunderte hinweg als das ganz andere, ja geradezu als Antithese seiner eigenen Identität wahrgenommen hat. Historische Gemeinsamkeiten, das heißt das «Europäische» an der türkischen Geschichte, beschränkten sich aus dieser Sicht im wesentlichen auf eine negative «*histoire croisée*»: die jahrhundertalte Türkenangst, die Eroberung Konstantinopels 1453 und die Belagerungen Wiens 1529 und 1683. Historisch betrachtet sei die Türkei daher, so die Kritiker, eine «muslimische Kolonialmacht» und der Islam eine «rivalisierende Kultur».[15]

Eine scharfe Klinge führten in dieser Diskussion namhafte Historiker wie Hans-Ulrich Wehler und Heinrich August Winkler (der zur gleichen Zeit eine groß angelegte Geschichte «des Westens» vorbereitete). Wehler engagierte sich in polemischen Essays gegen jede Beitrittsperspektive der Türkei und warnte vor der Vorstellung eines grenzenlosen Europa. Zugleich argumentierte er mit erkennbaren Defiziten in der türkischen Geschichte, in der die Tradition des römischen Rechts ebenso fehle wie Reformation und Aufklärung, das Bürgertum mit seinen Städten ebenso wie europäischer Adel und europäisches Bauerntum.[16] An dieser Sicht änderte auch der Hinweis auf die Westorientierung der modernen Türkei seit der Revolution Kemal Atatürks nichts. Skeptiker sahen hierin eine lediglich nachgeholte und staatlich verordnete Aufklärung, die sich wesenhaft von der «europäischen», evolutionären und von einer entstehenden bürgerlichen Gesellschaft getragenen Aufklärung unterscheide. Nicht eine gewachsene, in die europäische Zivilisation hineinführende Entwicklung kennzeichne daher die jüngste türkische Geschichte, sondern lediglich Anpassungen an der Oberfläche.[17]

Allerdings mußten sich die Skeptiker fragen lassen, ob sie nicht einem eher statischen, ja sogar essentialistischen Kulturbegriff anhingen. Denn wer wollte exakt messen, wie weit sich die türkische Gesellschaft bereits dem europäischen «Modell» anverwandelt hatte und sich in Zukunft noch weiter anverwandeln würde? Die historische Erfahrung widerspricht jedenfalls der Auffassung, daß sich Kulturen als undurchlässig gegenüber den Einflüssen ihrer Nachbarn erweisen. Wer behauptet, die Türkei, aber auch z. B. Rußland oder China seien aus Gründen ihrer Kulturgrenzen definitiv nicht in der Lage, eine grundrechtbasierte Zivilgesellschaft zu entwickeln, zeichnet ein letztlich eindimensionales, ja statisches Bild. Und die schiere Dynamik der Globalisierung seit den 1980er Jahren lehrt bereits etwas anderes. Entsprechend lauteten denn auch die Stimmen, die davor warnten, sich bei der Suche nach einer «europäischen Identität» allzu ausschließlich an einer «historisch gewachsenen Kultur» zu orientieren und sich damit «in seiner Vergangenheit einzuschließen».[18] Eine solche Haltung sei nicht in der Lage, allmähliche Fortschritte zu würdigen und schließe die Türkei aus kulturellen Gründen grundsätzlich und langfristig aus. Bezeichnend sei dabei, so die Kritik, daß «dezidiert ablehnende Positionen auf Grundlage kulturalistischer Argumente von Personen vorgetragen werden, die kaum als Kenner der Türkei gelten können und mit dem idealistischen Konstrukt eines ‹europäischen Wir-Gefühls› keinen Bezug zur Realität der Entscheidungsprozesse in der EU haben, sondern den in der deutschen Romantik entwickelten Begriff der Nation auf die EU übertragen.»[19]

Die Befürworter eines EU-Beitritts der Türkei waren daher überzeugt, daß Europa eine pluralistische Kultur sei, die ihrerseits eine Vielzahl von Geschichten in sich vereinige. Angesichts der Unschärfe und Überschneidungen an den Rändern des europäischen Kulturraums sei es unmöglich, die Türkei historisch vom Kulturkreis der griechisch-römischen Antike zu trennen. Wenn die Türkei mit der europäischen Kultur nicht kompatibel sei, so treffe dies auch auf den Balkan zu. Überdies sei es das erklärte Ziel der Europäischen Union, nicht Gleichförmigkeit herzustellen, sondern kulturelle Vielfalt zu bewahren und zu stärken. Von diesen Prämissen ausgehend, sei die Türkei im Grunde immer schon Teil der europäischen Geschichte gewesen.[20]

Politisch gewendet, stellte sich die Frage etwas anders: inwieweit nämlich die Türkei die europäischen Standards hinsichtlich Demokratie, Rechtsstaatlichkeit und Menschenrechte erreichte. In der Debatte um die kulturelle Identität Europas spielte die Achtung der Menschenrechte stets eine konstitutive und nicht hinterfragbare Rolle. Anders als die geographische Komponente oder das gemeinsame christliche Erbe fand der Bezug auf die Menschenrechte auch Eingang in die offiziellen Dokumente der Europäischen Union. Maßgeblich waren die 1993 verabschiedeten Kopenhagener Kriterien, die auch für die osteuropäischen Beitrittskandidaten galten. Kaum ein Zweifel bestand darüber, daß die Türkei bis zum Beginn des 21. Jahrhunderts die in Kopenhagen geforderten institutionellen und ökonomischen Voraussetzungen für eine funktionierende Marktwirtschaft geschaffen hatte. Aber hatte sie auch «eine institutionelle Stabilität als Garantie für demokratische und rechtsstaatliche Ordnung, für die Wahrung der Menschenrechte sowie die Achtung und den Schutz von Minderheiten verwirklicht»[21] bzw. würde sie diese in naher Zukunft verwirklichen?

Hinsichtlich dieser Fragen schieden sich die Geister. Befürworter eines Türkei-Beitritts stellten eine generell günstige Prognose. Bezüglich der

Menschenrechte befinde sich das Land unverkennbar auf einem Westkurs; Defizite seien durch die Reformen der letzten Jahre systematisch angegangen worden. So wurden selbst in der Regierungszeit der islamisch orientierten AKP unter Recep Tayyip Erdoğan, der 2003 Ministerpräsident der Türkei wurde, die Todesstrafe abgeschafft und die Folter bekämpft, während zugleich der Pluralismus gestärkt wurde.[22] Erdoğan setzte zunächst die westorientierte Außenpolitik seiner Vorgänger fort und begann 2005 mit den offiziellen Verhandlungen über einen Beitritt der Türkei zur EU. Aber Erdoğan war es auch, der mit zweideutigen Äußerungen die Kritiker eines Türkei-Beitritts munitionierte: Mehrfach stellte er die Integrationsbereitschaft der in der EU lebenden Türken in Frage. Und in den letzten Jahren verlagerte die Türkei ihren außenpolitischen Bezugsrahmen mehr und mehr in den Nahen Osten. Im Januar 2011 forderte Erdoğan dann in einer vielbeachteten Rede eine «politische, wirtschaftliche und kulturelle Union» der arabischen und türkischen Welt. Zwar werde die Türkei weiterhin mit der EU Verhandlungen führen; aber sie werde «den Regionen nicht den Rücken kehren, mit denen wir Jahrhunderte gemeinsamer Geschichte teilen». Es gelte die «1000-jährige Brüderlichkeit» zwischen Türken und Arabern zu neuem Leben zu erwecken. «Wir sind Angehörige derselben Zivilisation. Wir haben eine gemeinsame Geschichte.»[23]

Solche Äußerungen sind Wasser auf die Mühlen derer, die sich mit politischen Argumenten gegen einen Türkei-Beitritt wenden. So sei der von Kemal Atatürk vorangetriebene Westkurs primär von oben verordnet worden und habe die türkische Gesellschaft nicht durchdringen können. Analoges ließ sich dann für die in der jüngsten Vergangenheit eingeleiteten Reformen vermuten. So habe die Türkei zwar «ganze Gesetzbücher aus europäischen Ländern übernommen, aber nicht das, was Montesquieu den ‹Geist der Gesetze› genannt hat.» Die Türkei bleibe daher eine «formale Demokratie» mit nur schwach ausgeprägter Zivilgesellschaft. Dementsprechend mangele es in der Türkei an einer «staatsbürgerlichen Haltung», die im republikanischen Sinne Grund- und Menschenrechte respektiere und Gewaltenteilung, Demokratie und Rechtsstaat, Partizipation und Toleranz, Kontrolle und Öffentlichkeit akzeptiere. Diese Werte seien nicht – wie im übrigen Europa – ähnlich einer «Schicksalsgemeinschaft» allmählich erstritten, sondern von oben aufgezwungen worden.[24]

Als ein entscheidender Test für die «Europafähigkeit» der Türkei, in dem sich historische und gegenwartspolitische Perspektiven miteinander verschränken, gilt bis heute die Frage, wie sich das Land zur Verfolgung der Armenier im Ersten Weltkrieg positioniert. Die immer wieder anzutreffende Weigerung der offiziellen türkischen Politik, die eigene historische

Verantwortung für den Massenmord an den Armeniern anzuerkennen oder diese Vergangenheit gar produktiv «aufzuarbeiten», liegt an der Wurzel eines bitteren Dissenses. Gegenüber der türkischen Verweigerung hielten es manche Kritiker für geradezu «spezifisch europäisch», sich mit den «schändlichen Kapiteln» der eigenen Vergangenheit auseinanderzusetzen. Die Nichtanerkennung des Mordes an den Armeniern bilde daher auch die «geheime Bruchlinie», die die Türkei von Europa trenne.[25] Auch wenn sich in letzter Zeit Kundgebungen aus dem Volk häuften, in denen die türkische Schuld am Mord an den Armeniern eingestanden wird, so weigert sich die offizielle Türkei nach wie vor, den Völkermord anzuerkennen.

In Frankreich, Erfinderin und Hüterin der Menschenrechte, wo mit 300 000 bis 450 000 Armeniern die größte Exilgemeinde lebt, spielt diese Debatte naturgemäß eine besonders herausgehobene Rolle. Die armenische Lobbyarbeit trug dazu bei, daß das französische Parlament 1999 eine Erklärung und 2001 ein Gesetz verabschiedete, in denen die türkischen Massenverbrechen an den Armeniern offiziell und rechtsverbindlich als «Völkermord» bezeichnet wurden: «La France reconnaît publiquement le génocide arménien de 1915.»[26] Im Mai 2004 äußerten sich denn auch 81 Prozent der hierzu befragten Franzosen enttäuscht darüber, daß die Türkei den armenischen «Genozid» noch immer nicht als solchen anerkenne. Zugleich gaben 70 Prozent der Befragten an, sie stünden einem EU-Beitritt der Türkei positiv gegenüber, wenn diese die Menschen- und Minderheitenrechte respektieren würde.

Solche Umfragedaten lassen darauf schließen, daß die Europäer weder ihr Bild von der Türkei noch die Frage, wo Europas Grenzen enden, als statisch beziehungsweise als definitiv beantwortet betrachten. Erkennbar wird vielmehr eine latente Dynamik, die das Potential für eine pragmatische Lösung des Dilemmas freisetzen könnte. Tatsächlich ist deutlich geworden, daß der Verweis auf die kulturelle Identität Europas und den historischen Ort der Türkei in ihr nicht in der Lage ist, die Frage des EU-Beitritts Ankaras und der Außengrenzen Europas schlüssig zu beantworten. Aus der Debatte mit ihren unterschiedlichen Positionen läßt sich keine irgendwie handhabbare politische Handlungsanweisung ableiten. Mit anderen Worten: Ein künftiger EU-Beitritt der Türkei kann nur politisch und im Lichte einer genuin politischen Interessen- und Güterabwägung getroffen werden, nicht aber aufgrund einer historisch-kulturellen Selbstvergewisserung.

Gelänge es, die Frage des EU-Beitritts der Türkei von den bedeutungsschweren Inhalten von Identität, Kultur und Geschichte zu entkoppeln und auf ihren politisch-pragmatischen Kern zu reduzieren, könnte sich die

Debatte entdramatisieren, und ihre Koordinaten würden sich verschieben. In den Vordergrund träten dann jene rationalen Güterabwägungen, die eine politische Entscheidung ermöglichen würden: die Überlegung etwa, daß eine Türkei, die sich langfristig von der «Festung Europa» ausgeschlossen fühlt, islamistischen Versuchungen letztlich schutzloser ausgesetzt wäre als ein Land, das den klaren politischen und menschenrechtlichen Standards der Europäischen Union unterliegt.[27] Solche Pragmatik würde auch durch das Vertrauen gespeist, welches das sich einigende Europa in die Attraktivität seiner eigenen Lebensweise setzen könnte. Gerade in der Türkei, die einerseits durch Wirtschafts- und Konsumaufschwung, andererseits durch ihre laizistische Tradition geprägt ist, übt das liberal-individualistische Freiheits- und Wohlstandsversprechen der europäischen Ordnung auf die ganz gewöhnlichen Menschen erhebliche Anziehungskraft aus. Ohnehin verändert Europa seine Grenzen nicht nur aufgrund bedeutungsschwerer Debatten um die kulturelle Identität oder «großer» politischer Entscheidungen; vielmehr formt sich auch das gegenwärtige Europa durch jenes «tägliche Plebiszit», das Ernest Renan als Kennzeichen der modernen Nationsbildung erkannte. An den «Graswurzeln» verändern sich Europas kommunikativ-pragmatische und «gedachte» Grenzen unentwegt. Und schon heute sind sie keineswegs deckungsgleich mit den politisch-völkerrechtlich gesetzten Außengrenzen der Europäischen Union.

12. Die Konstruktion des «Anderen» und der Blick von außen

Die Debatte über den EU-Beitritt der Türkei verdeutlichte einmal mehr, wie schwer sich die Europäer taten, konkrete europäische Werte zu bestimmen. Eine «Identität» durch Abgrenzung nach außen zu schaffen, war leichter, als sie durch innere Selbstbesinnung zu fundieren. Zwar gab und gibt es einen vagen Konsens, der für Europa historisch gewachsene Werte wie Humanität, Menschenrechte, Freiheit, Demokratie, Rechtsstaatlichkeit, Individualismus und eine offene Gesellschaft reklamiert.[28] Was aber solche europäischen Werte genau besagen, wurde in der Debatte um den Türkei-Beitritt kaum positiv bestimmt; statt dessen wurde unzählige Male dargelegt, daß die Türkei nicht zu den jeweils nur knapp umrissenen europäischen Werten passe. Ein entscheidender Grund hierfür lag in der steigenden Unsicherheit der Europäer darüber, wie sie es eigentlich mit der Religion hielten. Welche Rolle spielte denn die Religion oder weitaus konkreter: die christliche Tradition für die «Werte» und das kulturelle Selbstverständnis der Europäer? Inwieweit kollidierte die christliche Tradition Europas mit dem Anspruch der islamischen Türkei, zu Europa zu gehören? Wenngleich häufig nur gestreift, bildete das Thema der Religion auch in der Türkei-Debatte den entscheidenden Subtext, der zugleich auch eine demographische Komponente hatte. Denn eine um die Türkei erweiterte Europäische Union würde deren Bevölkerungsstruktur signifikant verschieben – rund ein Fünftel der EU-Bewohner würden dann dem Islam angehören. Entsprechende Ängste brachte 2004 der niederländische liberale Politiker und damalige EU-Kommissar für den Binnenmarkt, Frits Bolkestein, auf den Punkt: Wenn der EU-Beitritt der Türkei zu einer «Islamisierung» Europas führe, dann wäre die Abwehr der Türken vor Wien im Jahre 1683 «vergebens gewesen».[29]

Europa und der Islam

Dahinter verbarg sich freilich ein ungelöstes Kardinalproblem der europäischen Identität. Es verschärfte sich in dem Maße, in dem steigende Migrantenzahlen religiöse Vielfalt sichtbarer werden ließen und den Trend zur multikulturellen Gesellschaft beschleunigten. Im Kern bestand es darin, daß sich die europäische Kultur in ihrem Selbstverständnis einerseits auf Pluralismus und Offenheit gründete; verbürgte Minderheitenrechte gehörten ebenso hierzu wie Toleranz in religiösen Fragen. So betrachtet, konnte niemand bestreiten, daß der Islam und seine Anhänger einen legitimen Platz in Europa besaßen. Andererseits aber konnte eine selbstbewußte europäische Kultur den offenen Angriff auf ihre Grundlagen und Werte, wie ihn islamistische und fundamentalistische Gruppen vortrugen, nicht tolerieren. Jede eingehende Diskussion der Fragen um Religion und Multikulturalismus mündete daher letztlich in eine Aporie bzw. in einen nur schwer auflösbaren Widerspruch: Entweder Europa beharrte strikt auf seiner pluralistischen, individualistischen und toleranzorientierten kulturellen Identität und bekämpfte deren radikale Gegner – dann konnten sich diese selbst nicht mehr uneingeschränkt auf Pluralismus und Toleranz berufen; oder Europa akzeptierte und tolerierte auch die Identität islamischer Gruppierungen, die die europäische Kultur unterliefen oder sogar bewußt bekämpften – dann freilich stellte sich diese Kultur selbst zur Disposition und lief Gefahr, ihre ideelle Grundlage zu verlieren. Ein falsch verstandener Multikulturalismus gewährte zwar im Extremfall allen Gemeinschaften ihre kulturelle Freiheit, nicht aber den einzelnen Individuen, die in ihnen lebten. Anders gesagt: Die Akzeptanz kultureller Diversität kann letztlich auch so weit getrieben werden, eine repressive, frauenfeindliche Moral zu dulden; den ihren Traditionen und Bräuchen unterworfenen

Individuen bleiben dann allerdings die Freiheitswerte der europäischen Zivilisation verschlossen.

Der theoretisch einzig gangbare Weg aus diesem Dilemma lag in einem mehr oder minder strikt durchgeführten Laizismus. In einer multikulturellen Gesellschaft mit religiöser Vielfalt mußte die Religion Privatsache des Einzelnen bleiben und von dem öffentlichen Bereich von Politik und Recht getrennt werden. Dies setzte aber voraus, daß sich die Europäer darüber einig waren, welchen Stellenwert ihre eigene religiöse, eben die christliche Tradition besaß – und dies war und ist ganz offensichtlich nicht der Fall.

Tatsächlich bildete die Rede von den sogenannten «christlichen» Werten in jeder Diskussion um eine europäische Identität einen zentralen Streitpunkt und verriet doch zugleich fundamentale Unsicherheiten. Nicht zufällig wurde eher selten erklärt, was unter christlichen Werten genau zu verstehen sei; und auch jene, die sich konkret äußerten, verwendeten häufig sehr unterschiedliche Beispiele. Was also als spezifisch «christlich» gelten konnte, blieb im Grunde offen.

Schon die wohlfeile und häufig gehörte Rede von den «jüdisch-christlichen» Ursprüngen Europas muß relativiert werden. Allzu viele Europäer hatten in der Vergangenheit die Juden und die Entstehung jüdischer Gemeinschaften als problematisch betrachtet, und die Geschichte des modernen europäischen Antisemitismus ist zugleich immer auch eine Geschichte der Selbstreflexion über die kulturellen und identitären Grenzen Europas. Allzu häufig galten Juden als die Verkörperung des «Anti-Nationalen», eben des nicht territorial Verwurzelten, des Kosmopolitischen. Juden repräsentierten damit zwar schon früh und in besonderer Weise die transnationalen Tendenzen und Kräfte der europäischen Moderne. Aber mit ihren Netzwerken, die an territorialen und nationalen Grenzen nicht endeten, wurden sie zugleich als «Feinde» ebenso des christlichen wie des nationalen und des europäischen Prinzips konstruiert.

Dessenungeachtet wurden häufig die Menschenrechte für die christliche Tradition reklamiert. Sie entsprangen in dieser Lesart der unveräußerlichen, da von Gott gegebenen Würde des Menschen, die auch das Recht auf körperliche Unversehrtheit und Freiheit begründete. Voraussetzung für die ideelle Weiterentwicklung der Europäischen Union war aus dieser Perspektive ein klares Bekenntnis zur christlichen Tradition, für die auch Werte wie Solidarität, Subsidiarität oder die Gleichheit von Mann und Frau in Anspruch genommen wurden.[30] «Die europäische Gesellschaft und die Wirtschaft brauchen einen grenzüberschreitenden Wertekern und einen Ethikkatalog, um den inneren Zusammenhalt zu sichern und eine dringend erforderliche europäische Identität zu stiften», so formulierte es der

Europapolitiker der CSU, Ingo Friedrich, im Jahre 2002. Als reine Wirtschaftsgemeinschaft habe Europa keine Zukunft, sie müsse sich auch zu einer Wertegemeinschaft entwickeln. Eine Voraussetzung dafür sei ein klares Bekenntnis zur christlichen Tradition. Europäische Grundwerte wie Solidarität und Subsidiarität gingen auf das Christentum zurück.[31] In der einen oder anderen Weise waren solche Stimmen in den meisten europäischen Staaten zu hören. Sie signalisierten, daß die Idee von der christlichen Prägung Europas oder gar vom christlichen Ursprung der europäischen Zivilisation auch zu Beginn des 21. Jahrhunderts noch weitaus stärker verankert war, als es überzeugte Laizisten wahrhaben wollten. Zwar bezweifelten diese, daß das moderne pluralistische Europa sich mit einer christlichen Ausrichtung identifiziere. Auch sei der Islam angesichts der starken muslimischen Gemeinden in Frankreich, Großbritannien und Deutschland bereits Teil der europäischen Kultur geworden, in der ohnehin die Zahl der aktiv praktizierenden Christen auf zehn bis zwanzig Prozent zurückgegangen sei. Eine irgendwie geartete Exklusivität für die «christlichen» Werte, die im übrigen längst nicht immer in der Geschichte für Offenheit und Toleranz gestanden hätten, lasse sich aus dieser Sachlage nicht ableiten.[32]

Mithin spiegelte sich in der Debatte die widersprüchliche Rolle, welche die Religion in den Versuchen zur Konstruktion einer europäischen Identität spielte. Einerseits ließ sich nicht bezweifeln, daß die Entkirchlichung auch im Westen des Kontinents rasch voranschritt. «Die Säkularisierung des Ostens verstärkt und offenbart, was im Westen längst vorhanden war.»[33] Was der sächsische Intellektuelle und nachmalige Wissenschaftsminister Hans Joachim Meyer 2000 im Hinblick auf die Bundesrepublik sagte, galt streckenweise für Europa insgesamt. Die Kirchenbindung ließ weiter nach, und der öffentliche Einfluß der Kirchen ging zurück. Andererseits aber gewann die Sache der Religion auf neue Weise an Gewicht.[34] Das galt für die «Rückkehr» Polens nach Europa, das mit seiner mächtigen Kirche und dem polnischen Papst dem Katholizismus in Europa eine deutlich vernehmbare Stimme verlieh. Das galt aber auch für die Diskussion über die Rolle, die der Islam in Europa spielte beziehungsweise spielen sollte. War die christliche Grundlage der europäischen Identität bedroht? Ging von einer übermäßigen Entchristianisierung oder womöglich von einer schleichenden Islamisierung eine Bedrohung für Europa aus? Ob also Einfluß der katholischen Kirche oder Islamdiskussion: Wie nie zuvor im Europa der Nachkriegszeit riefen religiöse Fragen Streit, Ängste und Unsicherheit hervor.

Wie unsicher Europas Öffentlichkeit und Rechtsprechung selbst in bezug auf ihre christliche Tradition waren und sind, signalisiert eindrücklich die jahrelange und nicht schlüssig beendete Debatte um die Zulässigkeit von Kruzifixen in den Klassenzimmern der Schulen. In Deutschland hatte sich das Bundesverfassungsgericht schon 1995 mit der entsprechenden Klage eines anthroposophischen Elternpaares aus Bayern beschäftigt. Die Aufhängung von Kruzifixen, wie sie die bayerische Volksschulordnung vorsah, hielten die Kläger für verfassungswidrig, da sie die Pflicht des Staates zur religiösen Neutralität verletze. Nachdem die Kläger in Bayern gescheitert waren, gaben ihnen die Karlsruher Richter Recht. Zusammen mit der allgemeinen Schulpflicht führten Kreuze in Unterrichtsräumen dazu, so das Urteil, «daß die Schüler während des Unterrichts von Staats wegen und ohne Ausweichmöglichkeit mit diesem Symbol konfrontiert sind und gezwungen werden, ‹unter dem Kreuz› zu lernen». Die Anbringung von Kreuzen in Klassenzimmern überschreite demnach die grundgesetzlich gezogene «Grenze religiös-weltanschaulicher Ausrichtung der Schule». Allerdings waren die Richter in diesem Spruch keineswegs einig, und die Entscheidung fiel nur mit knapper Mehrheit. Drei der acht Richter vertraten in einem Minderheitenvotum die Auffassung, einem Landesgesetzgeber, der die christliche Gemeinschaftsschule einführe, könne es nicht verwehrt werden, die entsprechenden «prägenden Wertvorstellungen in den Unterrichtsräumen durch das Kreuz zu symbolisieren. Nichtchristlichen Eltern und Schülern entstünden dadurch keine unzumutbaren Belastungen.»[35] Die Uneindeutigkeit der Rechtslage setzte sich in Bayern fort, wo der Landtag rasch die Gesetzesgrundlage präzisierte und eine neue, formal grundgesetzkonforme Rechtsgrundlage schuf. An der Praxis änderte sich daher nichts: Auch weiterhin hingen die Kruzifixe in den bayerischen Klassenräumen.

Ähnlich uneindeutig blieb das Ergebnis auf europäischer Ebene. 2009 gab der Europäische Gerichtshof für Menschenrechte in Straßburg einer italienischen Mutter recht, die das Kreuz im Klassenzimmer als Verletzung des Grundrechts auf religiöse Freiheit betrachtete. Ihren beiden Kindern, im Schuljahr 2001/02 elf und dreizehn Jahre alt, wollte sie den Blick auf das Kruzifix ersparen. Nachdem die Klägerin in Italien in allen Instanzen gescheitert war, wandte sie sich zunächst mit Erfolg an den Straßburger Gerichtshof. In seinem Urteil wiederholte dieser ein materielles Rechtsgut, das zweifellos einem breiten Konsens in den europäischen Gesellschaften entsprach: «Im öffentlichen Bildungssystem, wo unabhängig von der Religionszugehörigkeit des einzelnen die Schulpflicht besteht, ist der Staat verpflichtet, die Neutralität des Bekenntnisses aufrechtzuerhalten. Das Bildungssystem hat danach zu trachten, den Schülern den Gebrauch kritischen Denkens einzuprägen.» Im vorliegenden Fall aber könne der Gerichtshof «nicht erkennen, wie ein in staatlichen Schulen aufgehängtes Symbol, das man begründeterweise mit dem Katholizismus (der Mehrheitsreligion in Italien) verbindet, dem Bildungspluralismus dienen könne, der für die Aufrechterhaltung der demokratischen Gesellschaft essentiell ist.» Das verpflichtende Aufhängen des Kreuzes hielt der Gerichtshof daher, wie 14 Jahre zuvor die Mehrheit der Karlsruher Richter, für eine Einschränkung des Rechts der Eltern, ihre Kinder nach ihren Überzeugungen zu erziehen und des Rechts der Kinder, «zu glauben oder nicht zu glauben».[36]

Wie zu erwarten und ähnlich, wie dies 1995 in Deutschland der Fall gewesen war, provozierte das Urteil wütende Proteste kirchlicher und konservativer politischer Kreise. Der italienische Staatssekretär des Innern, Alfredo Mantovano, bezeichnete das Urteil als «ungerechtfertigt und dumm». Konsequenterweise müsse man sich fragen, ob auf einer solchen Rechtsgrundlage nicht auch der weithin sichtbare Mailänder Dom abgerissen werden müsse. Das Urteil bestätige die Empfindung der Menschen, Europa entferne sich von seinen Bürgern.[37]

Keine zwei Jahre später kassierte der Europäische Gerichtshof für Menschenrechte sein Urteil. Nach erneuter Prüfung der Materie und unter dem Beifall kirchlich orientierter Kreise entschied er am 18. März 2011, das Kreuz dürfe in italienischen Klassenzimmern hängen bleiben. Zwar sei die Argumentation der Klägerin «nachvollziehbar»; aber als lediglich «passives» religiöses Symbol sei das Kruzifix nicht vergleichbar mit didaktischen Vorträgen oder gar der Pflicht zur Teilnahme an religiösen Aktivitäten. Überdies müßten die europäischen Einzelstaaten einen kulturpolitischen Gestaltungsspielraum behalten.[38]

Eindrücklich zeigen diese Beispiele, wie schwer sich die nationale und europäische Rechtsprechung tat, die komplizierte und mehrdeutige Frage einer christlichen «Identität» Europas eindeutig zu beantworten. Ebenso nachdrücklich verweist dies auf den Prozeßcharakter jeglicher Identitätsbildung. Für Gerichtsurteile ist sie letztlich kaum geeignet, sondern sie folgt pluralistisch strukturierten Selbstverständigungsdiskursen, die sich im übrigen in den Einzelstaaten der Europäischen Union stark unterscheiden. An ihnen läßt sich zwar einerseits ablesen, wie wenig sich das neue Europa seiner «christlichen» Identität gewiß ist. Dies bestätigten auch die heftige Ablehnung, auf welche die Äußerungen des italienischen Christdemokraten Buttiglione im Kontext seiner Wahl zum EU-Kommissar im Jahre 2004 trafen, sowie der jahrelange Konflikt über einen – schließlich zurückgewiesenen – Gottesbezug in der Präambel der Europäischen Verfassung. Andererseits aber beweisen die erbitterten Proteste gegen die Tendenzen, christliche Bezüge aus dem öffentlichen Raum zu verdrängen, wie stark die Vorstellung einer christlichen «Identität» Europas gleichsam unausgesprochen fortwirkte.

Vor diesem ambivalenten Hintergrund eines Europa, das sich selbst seiner kulturellen und religiösen Grundlagen unsicher ist, müssen auch die jüngsten europäischen Debatten über den Islam betrachtet werden. Diese Debatten sind erst seit 1989 aktuell geworden und gehen heute weit über die Frage eines EU-Beitritts der Türkei hinaus. Sie sind auch keineswegs bloß als Folge der Terroranschläge vom 11. September 2001 zu verstehen. Es geht in ihnen nicht nur um die soziale Konstruktion eher vordergründiger Ängste: der Angst vor einer schleichenden «Islamisierung» Europas etwa, wie sie von populistischen Bewegungen und alarmistischen Publizisten betrieben wird. Vielmehr betrifft die Diskussion über den Islam das Grundsätzliche der europäischen Kultur. Sie hat insofern einen geradezu «identitären» Charakter angenommen, als in ihr zunehmend auch das «Andere», das Nicht-Europäische verhandelt wird. Die historische Tragweite der Diskussion wird erst richtig offenbar, wenn man sie vor dem Hintergrund einer langen Geschichte des islamisch-europäisch/christlichen Gegensatzes betrachtet. Gleich, ob von den mittelalterlichen Kreuzzügen nach Palästina, der türkischen Eroberung von Byzanz im Jahre 1453, der spanischen Reconquista oder von den Belagerungen Wiens durch die Türken in den Jahren 1529 und 1683 die Rede war – stets galten der Islam und seine Völker geradezu als das anti-europäische Prinzip. Und die entsprechenden anti-islamischen Aktionen gehörten im Grunde zu den wenigen Bewegungen der Geschichte, die man tatsächlich «gemeineuropäisch» nennen könnte.

Allzu häufig wurde allerdings das «Andere», das heißt der Islam und die muslimische Präsenz in Europa, als quasi monolithisch betrachtet: als bedrohliche Einheit, deren kulturelle und lebensweltliche Binnendifferenzierung gerne übersehen wird. Entsprechend leidenschaftlich verläuft die Diskussion, wobei freilich die Schwester der Leidenschaft die Unsicherheit ist: die Unsicherheit über den Ort der Religion in der europäischen Öffentlichkeit und damit auch die Unsicherheit über die eigene (europäische) Identität angesichts einer scheinbar einheitlichen und festgefügten islamischen Identität.

Klare, eindeutig deduzierbare Lösungen und Regeln standen auch hier nicht zur Verfügung. Das galt für die französische Kopftuchdiskussion wie auch für analoge Streitfälle in Deutschland, wo die «hinkende» Trennung von Staat und Gesellschaft eindeutige Antworten erst recht nicht zuließ. Hier entzündete sich der Streit am Lehrpersonal. In Baden-Württemberg wurde eine deutsche Lehramtsanwärterin muslimischen Glaubens von den Schulbehörden nicht eingestellt, da sie nicht bereit war, im Unterricht das Kopftuch abzulegen. Eine Klage vor dem Bundesverfassungsgericht war erfolgreich, woraufhin das Kopftuchverbot allerdings in das baden-württembergische Schulgesetz eingefügt wurde. Auf dieser Basis erging an eine andere, zum Islam konvertierte Lehrerin Anweisung, ihr Kopftuch während des Unterrichts abzulegen. Eine weitere muslimisch gewordene Lehrerin hatte vor dem Baden-Württembergischen Verwaltungsgericht zunächst ebenfalls Erfolg. Unter anderem mit dem Hinweis auf Nonnen, die in Ordenstracht unterrichteten, pochten die Richter auf religiöse Gleichbehandlung.[39] Zwei Jahre später allerdings hob der Baden-Württembergische Verwaltungsgerichtshof das Urteil wieder auf und wies in der Begründung eine «etwaige Ungleichbehandlung» gegenüber katholischen Nonnen explizit zurück.[40]

Ähnlich uneindeutig urteilten die Gerichte im Jahre 2010, als ein muslimischer Schüler in Berlin auf der Zuweisung eines eigenen Schulraums bestand, um dort das tägliche Gebet zu verrichten. Als die Schule dies verweigerte, gingen die Eltern des Schülers vor Gericht und erhielten in erster Instanz Recht; das Berliner Oberverwaltungsgericht revidierte dieses Urteil allerdings: Es sei dem Schulfrieden in unzumutbarer Weise abträglich, wenn die Forderung des Schülers erfüllt würde. Zugleich gestattete es den Weg zum Bundesverwaltungsgericht. Angesichts der anhaltenden juristischen Auseinandersetzungen wuchs die Sorge vor den daraus resultierenden gesellschaftlichen Konsequenzen: «Aus solchen Aufblähungen kleiner Fälle entstanden früher Religionskriege.»[41]

Sich bald einstellende dramatische Ereignisse steigerten beides: die Leidenschaft wie die Unsicherheit. Insbesondere lösten die Mohammed-Karikaturen, welche die dänische Tageszeitung *Jyllands-Posten* am 30. September 2005 veröffentlichte, große Empörung, weltweiten Streit und sogar Gewalttaten aus. Hintergrund der Veröffentlichung war, daß ein dänischer Autor für sein Kinderbuch über Mohammed aufgrund des brisanten Inhalts keinen Illustrator finden konnte. Die Herausgeber von *Jyllands-Posten* kritisierten diese Art der Selbstzensur und gaben die Karikaturen in Auftrag. Zu einem ersten politischen Eklat kam es, als am 19. Oktober 2005 die Botschafter von elf islamischen Staaten ein Treffen mit dem dänischen Premierminister Rasmussen forderten, das dieser aber ablehnte. Auch die eingehenden Strafanzeigen gegen *Jyllands-Posten* wurden eingestellt. Zu einem internationalen Konflikt weitete sich die Affäre Anfang 2006 aus, als zwei dänische Imame auf ihrer Reise nach Ägypten und Libanon ein Dossier verbreiteten, das die zwölf Karikaturen sowie weitere Zeichnungen enthielt. Daran entzündete sich der Karikaturenstreit im eigentlichen Sinne: eine stark medialisierte Auseinandersetzung in den westlichen Ländern, gewaltsame Unruhen in arabischen Ländern, Boykottaufrufe gegen Dänemark und brennende dänische Fahnen. Die Zeichnungen «wurden zur Chiffre für einen angeblich vom Westen gegen die islamische Welt geführten Krieg. Der Israel-Palästina-Konflikt, die Invasion des Irak, der Atomstreit um Iran, die westlichen Truppen in Afghanistan, die Gefängnisse Abu Ghraib und Guantanamo: Alles fügte sich in dieser Sicht zusammen zum globalen Komplott, das auf Demütigung, Entmündigung und Beherrschung der Moslems aus ist.»[42]

Darüber, ob es angesichts islamistischer Drohungen richtig sei, die Karikaturen publizistisch zu verbreiten oder ob nicht im Gegenteil die Rücksicht auf die religiösen Gefühle der Muslime (und die Sicherheit der Beteiligten) jeglicher Weiterverbreitung entgegenstand, herrschte in Europa blanke Unsicherheit. Das verbürgte Recht auf Meinungsfreiheit, das in Westeuropa ja keineswegs vor dem Anspruch der christlichen Kirchen haltmachte, stand gegen den Schutz kultureller Identitäten und religiöser Überzeugungen. Dabei zeigen neuere Studien, daß Samuel P. Huntingtons These vom «Kampf der Kulturen» zwar überwiegend abgelehnt wurde, sich zugleich aber ein eindeutiges Votum für die Kultur des Westens abzeichnete: eine Kultur, die auf den Werten des Individualismus, der Aufklärung und der Meinungsfreiheit beruhte. Freilich unterstreicht es die kulturelle Unsicherheit Europas, daß eine solche Selbstidentifizierung des Westens auf Kosten der Konstruktion anti-islamischer Feindbilder erfolgte.[43]

Besonders heftig eskalierte der Gegensatz zwischen solcher eigenen, europäischen «Identität» und dem islamischen «Anderen» in den Niederlanden. Dies war kein Zufall, denn wie in keinem anderen europäischen Land traf in den Niederlanden die muslimische Einwanderung auf eine Sozialkultur, die traditionell als besonders tolerant und freizügig galt. Sie verkörperte damit in geradezu paradigmatischer Weise das europäische Dilemma zwischen Individualismus, Toleranz, das heißt dem Zulassen kultureller Differenz einerseits, und der Entschlossenheit, eben diese Werte gegen ihre Feinde zu verteidigen, andererseits. Schon der Aufstieg des bekennenden Homosexuellen Pim Fortuyn war nicht frei von anti-islamischen Untertönen. Und die prominente Rolle der militanten Islam-Kritikerin Ayaan Hirsi Ali konnte in dieser Form wohl nur in den Niederlanden gespielt werden. Als Einwanderin somalischer Abstammung wandte sich Hirsi Ali vom Islam ab. 2002 begann sie ihn im Namen der Freiheit des Individuums und der Rechte der Frau öffentlich scharf zu attackieren. Als Nichteuropäerin, die ihre Vergangenheit abstreifte und die Werte Europas vertrat, wurde sie geradezu zur Ikone einer europäisch-aufklärerischen Identität. Auf ihre emotionalisierte Haltung als Renegatin verweisend, begegneten ihr manche europäische Intellektuelle, die einen pragmatischen Weg der multikulturellen Verständigung favorisierten, mit Skepsis: Sie sahen in ihr eine simplifizierende Dogmatikerin oder – wie Timothy Garton Ash – eine «Fundamentalistin der Aufklärung», die echte kulturelle Differenz nicht mehr zulassen wollte.[44]

Schockierend war in diesem Zusammenhang der Mord an dem niederländischen Filmemacher Theo van Gogh am 2. November 2004. Zusammen mit Ayaan Hirsi Ali hatte van Gogh einen Kurzfilm mit dem sprechenden Titel «Submission» gedreht, der die Unterdrückung von Frauen in der islamischen Welt anprangerte. Seine Ermordung schien all jene zu bestätigen, die den «Kampf der Kulturen» bereits entflammt sahen. Der Mörder, ein Niederländer marokkanischer Herkunft, schoß sein Opfer auf offener Straße nieder, schnitt ihm die Kehle durch und heftete eine Morddrohung gegen Hirsi Ali an seinen Körper. Daß er in seinem Prozeß die Tat als legitimen, vom «Propheten Mohammed» gebilligten «Kampf der Gläubigen gegen die Ungläubigen» öffentlich rechtfertigte,[45] trug nicht gerade zur Befriedung bei. Spätestens jetzt wurde vielen Niederländern klar, daß Folgen und Probleme der multikulturellen Gesellschaft sich auch in ihrem Land nicht mehr bloß wohlfahrtspolitisch neutralisieren ließen.

Am Ende der ersten Dekade des 21. Jahrhunderts spitzte sich die Diskussion daher immer stärker zu. 2007 debattierten europäische Intellektuelle im Internet leidenschaftlich über die Haltung Europas zum Islam und über das Dilemma, in dem es sich gegenüber der Herausforderung des Multikulturalismus befand. Pascal Bruckner, der französische Romancier und Vertreter der «Neuen Philosophie», wetterte gegen den «britischen» Pragmatismus eines Timothy Garton Ash oder Ian Buruma und hielt ihm den «französischen» Weg der Klarheit und universalistischen Eindeutigkeit entgegen. So überzogen Bruckners Polemik bisweilen wirkte, so bedenkenswert war doch seine Skepsis gegenüber dem «Despotismus von Minderheiten», der die Festlegung des Einzelnen im Namen einer kulturellen «Identität» verlangte: «Aus lauter Respekt vor Besonderheiten sperrt man die Individuen erneut in eine rassische oder ethnische Definition, stößt sie zurück in eine starre Identität, aus der man sie doch gerade herausholen wollte. Da haben wir den Schwarzen, den Araber, den Pakistani, den Muslim, Gefangene ihrer Geschichte auf Lebenszeit, in ihre Hautfarbe und ihren Glauben gebannt, ganz wie in der Kolonialgeschichte.» Bei aller Anerkennung kultureller Diversität müsse daran erinnert werden, daß die Freiheit unteilbar sei und daß Menschenleben überall den gleichen Wert besäßen.[46] Und Necla Kelek forderte: «Aus Muslimen müssen freie Bürger werden.»[47]

In den Niederlanden allerdings entwickelte sich der Mord an van Gogh und die Debatte um den Islam zum Kristallisationspunkt eines neuen Rechtspopulismus. Geert Wilders, der 2010 mit seiner *Partij voor de Vrijheid* mehr als 15 Prozent der niederländischen Wähler überzeugte, vertritt im Grunde nur einen einzigen politischen Tagesordnungspunkt: den Kampf gegen den Islam. Dem Vorwurf des Rassismus und Fremdenhasses weicht er aus, indem er den Islam abstrakt als quasi-totalitäre «Ideologie» bezeichnet und ihn mit Faschismus, Nationalsozialismus und Kommunismus und den Koran bisweilen mit Hitlers «Mein Kampf» gleichsetzt. Aber hinter solchen, im vordergründig eleganten Gewand des Liberalismus und Pluralismus daherkommenden Invektiven gegen das «Andere» verbirgt sich die eigentliche Stoßrichtung: der Kampf gegen den heimischen «Kulturrelativismus» – «die größte europäische Krankheit der Gegenwart»[48] – und die kulturelle Unsicherheit in einer zunehmend pluralisierten und globalisierten Welt.

Entsprechend führte Wilders in einer Rede vor Sympathisanten in Rom am 25. März 2011 aus: «Im Westen teilen wir dieselbe jüdisch-christliche Kultur. Ich komme aus den Niederlanden und Sie sind aus Italien. Unsere nationalen Kulturen sind Zweige vom selben Baum. Wir gehören nicht unterschiedlichen Kulturen an, sondern verschiedenen Zweigen einer einzigen Kultur.»[49] Und in einem längeren Gespräch mit dem *Spiegel* im Herbst 2010 erläuterte Wilders seine diesbezüglichen Ängste: «Das größte Problem Europas nicht nur heute, sondern seit Jahrzehnten schon ist kultureller Relativismus. Er führt dazu, dass die Europäer heute nicht mehr wissen, worauf sie stolz sein sollen und wer sie eigentlich sind. Weil ein von sogenannten Liberalen und Linken aufgezwungenes Konzept besagt, alle Kulturen seien gleich.» Wie es das «schöne deutsche Wort ‹Leitkultur›» beschreibe, sollten die Europäer vielmehr stolz darauf sein, zu sagen, «daß unsere Kultur besser ist als zum Beispiel die islamische. Wer das sagt, ist noch kein Rassist, Nazi oder Fremdenhasser.»[50] Die hier durchscheinende, quasi-essentialistische Konstruktion einer überzeitlichen, einheitlichen europäischen Kultur, die allein durch die feindlichen Einflüsse «Linker» und islamistischer Einwanderer bedroht ist, erinnert jedoch fatal an faschistische Argumentationsstrukturen und straft die politische Unschuldsbeteuerung des Geert Wilders Lügen.

Dessenungeachet fand Wilders im Jahre 2010 auch in Deutschland seine Bewunderer. In der durch Thilo Sarrazins Buch «Deutschland schafft sich ab» aufgeheizten Atmosphäre fand der frühere Berliner CDU-Abgeordnete

Geert Wilders vor Gericht wegen des Vorwurfs der Volksverhetzung, März 2011

René Stadtkewitz ausreichende Aufmerksamkeit, um ähnliche Thesen zu verbreiten. Als er Wilders zu einer Veranstaltung einlud, schloß ihn die Berliner CDU-Fraktion aus, woraufhin Stadtkewitz unter Wilders' tätiger Anteilnahme die Partei *Die Freiheit* gründete. Auch ihre Agenda betrifft hauptsächlich die islamische Einwanderung, nimmt aber auch aktuelle «Bügerbelange» auf, wie etwa die Förderung der direkten Demokratie. Bei den Wahlen zum Berliner Abgeordnetenhaus am 18. September 2011 erhielt Stadtkewitz' neue Partei allerdings lediglich ein Prozent der abgegebenen Stimmen.

In dem leidenschaftlichen Streit über Europas Haltung zum Islam und zur islamischen Einwanderung ist eines entscheidend: Der Streit ist der europäische Versuch zu einer kulturellen Selbstbesinnung. Er offenbart letztlich die Unsicherheit Europas im Umgang mit sich selbst und vertieft schon längst bestehende kulturelle Risse in den europäischen Gesellschaften. Die Debatte spielte nicht nur die westlichen Demokratien gegen die arabischen Länder aus, sondern artikulierte auch die wachsende Sensibilität für religiöse Unterschiede in der eigenen Bevölkerung. Ihnen gleichsam aus dem Weg zu gehen, gelingt um so leichter, wenn die Aufmerksamkeit auf die Gewaltbereitschaft fundamentalistischer Gruppen und auf die «islamische Bedrohung» im eigenen Land gerichtet wird. Dabei spielt die Logik der Medien eine wichtige Rolle: Sie transportiert Bilder und Ereig-

Demonstration gegen die französische Anti-Islam-Konferenz in Paris im Dezember 2010

nisse, die die Aufmerksamkeit fesseln; die millionenfache «Normalität» des Alltagslebens verschwindet hinter einer andauernden Diskussion im Erregungszustand.[51]

Die Konstruktion des Islam als eines per se ideologieverhafteten und gewaltbereiten «Anderen» ist daher nicht nur eine wohlfeile Strategie der Populisten à la Wilders. Vielmehr spiegelt sie die fundamentale Identitätsunsicherheit der Europäer wider.

Europa transatlantisch und asiatisch betrachtet

Mithin verrieten die unterschiedlichen und schroff gegenläufigen Auffassungen in der europäischen Islam-Debatte, wie uneindeutig die Vorstellungen darüber waren, was Europa sein wollte und sein sollte. Jede Diskussion über den Islam offenbarte innere Uneinigkeit und Risse in der europäischen Kultur. Konträr hierzu vollzog sich allerdings ein ganz anderer Prozeß. Er resultierte aus dem Wandel der internationalen Ordnung und einer daraus erwachsenden transatlantischen Differenz. Nach dem Ende des Kalten Krieges blieben die USA weltweit als einzige Supermacht übrig, während Europa des direkten militärischen Schutzes durch die Amerikaner nicht mehr bedurfte. In den 1990er Jahren veränderte sich daher nachhaltig die amerikanische Perzeption der Welt. Zunehmend wandte sich die Aufmerksamkeit von Europa ab und richtete sich auf andere Weltregionen wie vor allem die aufstrebenden asiatischen Mächte China und Indien. Innerlich veränderten sich die USA rapide, und demographisch gewinnt das Element der nicht-europäischen Einwanderung immer größeres Gewicht. Politisch suchten die USA nach neuen Wegen, ihren unilateralen Führungsanspruch zu gestalten. Europa, das für sich genommen immer stärker als Union wahrgenommen wurde,[52] spielte dabei eine substantielle, aber sicher nicht die zentrale Rolle.

In diesem globalen Kontext schuf der transatlantische Diskurs spezifische Bilder von «Europa» einerseits und den USA andererseits. Zum einen tendierten in der europäischen Öffentlichkeit starke, sozialdemokratisch orientierte Kräfte dazu, die USA als das «Andere», der europäischen Identität Entgegengesetzte zu konstruieren. Der zweite Irak-Krieg, der zu einem tiefen transatlantischen Zerwürfnis geführt hatte, verstärkte diese Tendenz und aktualisierte traditionelle, latent stets vorhandene anti-amerikanische Stimmungen. Und wo immer über die Frage eines europäischen Weges zum Sozial- und Wohlfahrtsstaat gesprochen wurde, fehlte kaum einmal der Hinweis auf den amerikanischen «neoliberalen» Kapitalismus und seine prekären sozialen Folgen.[53]

Zum anderen aber trug dieser Mechanismus dazu bei, Europa von außen diskursiv zu vereinheitlichen. Aus der Sicht der USA erhielt der alte Kontinent nämlich eine zunehmend wirkmächtige und zumindest scheinbar kohärente Identität. Während der 1990er und 2000er Jahre definierte sich diese europäische «Identität» großenteils durch einen in ermüdender Regelmäßigkeit diagnostizierten wirtschaftlichen, militärischen und letztlich auch kulturellen Rückstand gegenüber den USA. Amerikaner wie auch viele Europäer, die ihren Kontinent «modernisieren» wollten, nahmen diese Zuschreibung auf. Gemeinsam formten sie das Bild eines selbstgenügsamen, unflexiblen und verkrusteten Europas, das in der Gefahr stand, im weltweiten Wettbewerb den wissenschaftlichen, technischen und ökonomischen Anschluß zu verlieren. Die transatlantische Differenz erfuhr somit eine zunehmend wertbehaftete Gewichtung, die den unbeweglichen Europäern die Dynamik des amerikanischen Modells entgegenhielt.

Natürlich war es keine neue Einsicht, daß zwischen Europa und den USA Unterschiede bestanden. Neu war aber seit dem Beginn des 21. Jahrhunderts, daß solche Unterschiede immer häufiger in einer geradezu «manichäischen» Sprache formuliert wurden.[54] Die schärfste Antithese formulierte der amerikanische Neokonservative und Politikberater Robert Kagan mit seinem vielgepriesenen und einflußreichen Bestseller «Paradise and Power». Das Buch erschien im Jahre 2003, also auf dem Höhepunkt der transatlantischen Entfremdung infolge des zweiten Irak-Krieges, und aus dieser Situation heraus muß es auch verstanden werden. Jedenfalls behauptete Kagan, in Bezug auf den Gebrauch der Macht gebe es zwei scharf unterschiedene, ja faktisch inkompatible Philosophien in Europa und den USA. Mars treffe auf Venus: Während die USA die offenkundigen Gefahren der neuen Weltordnung – Terrorismus und «Schurkenstaaten», Fundamentalismus und ethnische Konflikte weltweit – erkannten und bereit waren, ihnen machtvoll und wenn nötig auch militärisch entgegenzutreten, verlor sich Europa in gewollter Machtlosigkeit und gab sich weltfremden Wohlstandsträumereien hin. Schon der Kosovo-Krieg habe die klaffende *power gap* zwischen einem mächtigen Amerika und einem schwachen Europa offenbart. «Einige Europäer sagten ganz offen, die Arbeitsteilung bestehe im Grunde genommen darin, dass die USA ‹das Essen zubereiten› und die Europäer ‹das Geschirr abwaschen›.» Ansonsten zogen es die Europäer vor, in einer Art postmodernem Paradies zu leben: Sie genossen den *free ride*, den sie nach 1945 unter dem atomaren Schirm der Amerikaner erhalten hatten, verabscheuten die «brutalen Gesetze der Machtpolitik» und folgten einer letztlich unrealistischen *mission civilisatrice*. Während die Amerikaner mit ihrer Militärmacht die Kastanien aus dem Feuer holten, träumten die Europäer von Immanuel Kants «Ewigem Frieden» und suchten sich in einer abgeschlossenen Welt einzurichten, die aus Recht und Gesetz, transnationalen Verhandlungen und Kooperationen bestand. Europa hoffte so in ein unrealistisches «posthistorisches Paradies von Frieden und relativem Wohlstand» einzutreten, während die Vereinigten Staaten im Morast der Geschichte stecken blieben: Sie üben Macht aus in einer anarchischen Hobbes'schen Welt, «in der auf internationale Regelungen und Völkerrecht kein Verlass ist und in der wahre Sicherheit sowie die Verteidigung und Förderung einer freiheitlichen Ordnung nach wie vor von Besitz und Einsatz militärischer Macht abhängen». Es sei daher definitiv an der Zeit, nicht länger so zu tun, «als hätten die Europäer und Amerikaner die gleiche Weltsicht oder als würden sie auch nur in der gleichen Welt leben».[55]

Kagans Buch traf einen zentralen Nerv der Zeit und schlug ein wie eine Bombe; begeisterte Zustimmung überwog die ebenfalls geäußerte Kritik daran, daß der Autor überspitze, zivilisatorische *soft power* unterschätze und die Bedeutung der rein militärischen Macht verabsolutiere. Tatsächlich konstruierte Kagan eine (feminine) europäische Identität, die für Differenzierungen innerhalb des Kontinents – etwa zwischen Frankreich, Großbritannien und Deutschland – kaum Interesse zeigte, sich aber in den Vereinigten Staaten nicht nur auf der Rechten wachsender Popularität erfreute. Zusammen mit der ökonomischen Kluft, die sich zwischen den beiden Seiten des Atlantiks auftat, und der scheinbaren Dauerkrise, in der sich die Europäische Union befand, drängte sich der Eindruck eines *End of Europe* auf.[56]

Doch schon bald erwies sich die Kurzlebigkeit solcher Zuschreibungen. Das friedenspolitische Scheitern der USA im Irak, die schwere, in den USA verursachte weltweite Finanzkrise des Jahres 2009 und der unter Präsident Obama versuchte Neuanfang der transatlantischen Beziehungen beendeten rasch die Konjunktur der «manichäischen» Identitätskonstruktionen à la Kagan. Manches kategorische Urteil revidierte sich von selbst, und seit 2008 begann sich die Perspektive zu verändern. Einfluß gewannen nun plötzlich Wortmeldungen, die sich nicht nur von dem aufflackernden Anti-Europäismus der Amerikaner distanzierten, sondern Europa sogar als Modell der Zukunft priesen.

So erschien 2010 das enthusiastisch rezensierte Buch des amerikanischen Politikwissenschaftlers und Publizisten Steven Hill über «Europe's Promise» mit dem sprechenden Untertitel: «Why the European Way is the Best Hope in an Insecure Age». Hier wurde nun plötzlich ein ganz anderes Bild gezeichnet, als es Kagan sieben Jahre zuvor getan hatte: Nun war jenseits des Atlantiks eine «Weltmacht» entstanden, welche im Begriff war, allgemeingültige Regeln neu zu definieren. Wenn man wissen wollte, wie moderne Gesellschaften wirtschaftliche Sicherheit, ökologische Nachhaltigkeit und globale Stabilität herstellen konnten, dann sollte man, so der Autor, nach Europa blicken. Demgegenüber kritisierte Hill die amerikanischen *Internet armchair theorists*, deren Uninformiertheit höchstens mit der Inadäquatheit ihres Urteils zu vergleichen sei.[57]

Neben dem Studium unzähliger Quellen und Literatur beruhte Hills Buch auf einer Fülle von persönlichen Eindrücken, Gesprächen und Reisen, die er in verschiedene europäische Länder unternommen hatte. Anders als Kagans «Paradise and Power» war es empirisch gut begründet. Allerdings teilten beide Bücher eine gemeinsame Schwäche, nämlich Europa zu einheitlich zu zeichnen und das so gewonnene Bild zu wenig zu differenzieren. In beiden Fällen dienten Europa und die ihm zugeschriebene recht eindimensionale «Identität» allzu offenkundig als Folie für die amerikanische Selbstverständigung. Während der neokonservative Kagan das Bild eines schwachen, «femininen» Europa brauchte, um die amerikanische Politik der Stärke zu rechtfertigen, konstruierte Hill ein starkes Europa, um die inzwischen grell zu Tage getretenen amerikanischen Probleme beim Namen zu nennen und dem heimischen Publikum einen Weckruf entgegenzuschleudern.

Ob nun aber weiche, «feminine» Identität oder Fortschrittsmodell, entscheidend war: Als das amerikanische «Andere» wurde von außen eine viel einheitlichere europäische «Identität» konstruiert, als sie sich die Europäer selbst jemals zugeschrieben hätten. Überdies muß man sich fragen, welche Reichweite eine solche von außen zugeschriebene Identität überhaupt haben konnte. Wurden nicht zum Zwecke der Selbstvergewisserung die transatlantischen Differenzen maßlos aufgebauscht? Waren die amerikanisch-europäischen Unterschiede wirklich so groß, daß in der neuen internationalen Ordnung eine Entfremdung und langfristige Auseinanderentwicklung zwischen beiden Kontinenten unvermeidlich war? Oder handelte es sich nicht vielmehr um eine allzu stark auf das amerikanische oder europäische Selbst bezogene Diskussion, ja geradezu um einen mißgünstigen «Narzißmus der kleinen Differenzen», wie der amerikanische Historiker Peter Baldwin in Anspielung auf Sigmund Freud formulierte? Statistisch betrachtet, stellten sich die Konvergenzen zwischen den USA und Europa jedenfalls ebenso deutlich dar wie die Unterschiede. Vor allem zeigt Baldwins Analyse zentraler Variablen wie wirtschaftliche Entwicklung und Haushaltseinkommen, Bildungs- und Gesundheitswesen, Religion und zivilgesellschaftliches Miteinander, daß es vor allem die inneramerikanischen und innereuropäischen Unterschiede sind, die zählen. Sie sind nachweislich viel größer als jene Differenzen, die hochaggregierte Daten zwischen Europa und den USA im Ganzen nahelegen.[58]

Dieser Befund und der rasche Wechsel ganz konträrer transatlantischer Narrative stimmen nachdenklich. Die unterkomplexe Zuschreibung einheitlicher, wenig binnendifferenzierter Identitäten, wie sie bei Kagan und in geringerem Ausmaß auch bei Hill begegnet, verfügen über eine kurze Halbwertszeit; und die Konjunkturabhängigkeit solcher Diagnosen ist ein sicheres Zeichen dafür, daß sie nur kleine Ausschnitte der Wirklichkeit erfassen. Nicht nur für Historiker, sondern gerade auch für Ökonomen, Politik- und Kulturwissenschaftler ist dies eine Mahnung vor zu raschen Festlegungen: Europas «Identität» ist nichts, was leicht greifbar oder sogar empirisch meßbar wäre.

In vergleichbarer, wenngleich anders strukturierter Weise zeigt sich dies auch in der veränderten Wahrnehmung Europas in Asien. Hier war Europa schon längst das «Andere» gewesen, es hatte als Vorbild und Bedrohung zugleich gewirkt. Individualismus und Menschenrechte, Demokratie und Marktwirtschaft standen für Leistungsfähigkeit, erschienen aber auch als Ideologie, die den Traditionsbestand asiatischer Gesellschaften gefährdete. Entsprechend verband Asien und Europa eine gemeinsame, aber problematische und asymmetrisch verflochtene Geschichte.

Aus asiatischer Sicht verknüpften sich nach 1989 historische Traditionen, postkoloniale Haltungen und der bereits eingeschlagene Weg der Liberalisierung mit den fundamentalen Veränderungen in Europa selbst. Wie beim Asia-Europe-Meeting von 1996 deutlich wurde, betrachteten die asiatischen Länder die zunehmende Heterogenität, aber auch die wachsenden nationalen Eigeninteressen der europäischen Partner mit Sorge.[59] Umgekehrt beschleunigte der europäische Gezeitenwechsel die Suche nach eigenen Entwicklungspfaden innerhalb einer sich rasch verändernden, zunehmend pluralisierten Weltordnung. Für China etwa, wo der europäische Kolonialismus erst mit der Rückgabe Hongkongs (1997) und Macãos (1999) endete, bot der Wegfall des Ost-West-Konfliktes die Möglichkeit, sich auf seine wirtschaftliche Entwicklung zu konzentrieren. Auf einer deutsch-chinesischen Konferenz im Jahre 1996 wurde dies von den chinesischen Teilnehmern auch offen ausgesprochen. Sie äußerten nicht nur Zweifel an der Möglichkeit einer global führenden Rolle des neuen Europa, sondern warnten auch vor der Verschärfung des wirtschaftlichen Wettbewerbs zwischen Japan, den USA und Europa. Während die politischen und wirtschaftlichen Konflikte der europäischen Staaten untereinander zunähmen, erweise sich China als Land des Wachstums und der wirtschaftlichen Stabilität.[60]

Paradoxerweise aber eröffnen sich Europa und der Europäischen Union in einer Phase der weltpolitischen Pluralisierung, ja geradezu der «Entokzidentalisierung» neue Möglichkeiten, als eigenständigerer Partner wahrgenommen zu werden. In den chinesisch-europäischen Beziehungen kommt dies regelmäßig zum Ausdruck, wenn die chinesische Führung die Idee verfolgt, auf dem Weg zu einer neuen Weltordnung die Europäische Union als «Strategischen Partner» zu gewinnen. So wurde das Jahr 2004 in China zum «Europajahr» erklärt, und zugleich häuften sich die Europareisen der chinesischen Führung unter Ministerpräsident Wèn Jiàbăo. Allerdings war im einzelnen nicht immer ganz klar, ob China in der EU oder doch in großen Mitgliedstaaten wie Deutschland, Frankreich und Großbritannien den strategischen Partner erkannte, und bislang hat sich diese Partnerschaft auch noch nicht wirklich institutionalisiert.[61]

In jedem Fall aber kann China gegenüber Europa zunehmend aus einer Position der Stärke auftreten. Ausgestattet mit wachsendem Selbstbewußtsein, aber auch wachsenden antiwestlichen Ressentiments steht es insbesondere einer «neuen, indirekten Form des Kolonialismus» durch westliche Ideen abwehrend gegenüber.[62] Der wirtschaftlichen soll daher definitiv keine Nachahmung der politischen Entwicklung Europas folgen. Wenn dagegen umgekehrt in Europa bisweilen die Frage gestellt wird, ob sich erfolgreiche asiatische Systeme möglicherweise langfristig als leistungsfähiger erweisen könnten als die westliche Demokratie, so ist dies nicht ohne Bedeutung. In der *Frankfurter Allgemeinen Zeitung* etwa war im Oktober 2010 zu lesen: «In Singapur oder China scheinen sie auf je eigene Weise zu gewährleisten, was immer mehr demokratische Politiker vermissen lassen: professionelles politisches Management und strategische Planung, die sich nicht an schwankenden Stimmungen orientiert.»[63] Abgesehen davon, daß solche Aussagen in einem merkwürdigen Kontrast standen zur praktisch gleichzeitig erfolgten Verleihung des Friedensnobelpreises an den inhaftierten chinesischen Menschenrechtsaktivisten Liu Xiaobo, offenbaren sie eine in Europa unverkennbar platzgreifende, fundamentale Unsicherheit über die eigene Identität.

13. Geschichte und Gedächtnis

Postheroismus und Opferkommemoration

Die seit 1989 offenkundigen Identitätsunsicherheiten Europas zeigen sich auch dort, wo die kulturellen Differenzen am stärksten hervorbrechen, nämlich im Verhältnis zur Vergangenheit. «Identität» und geschichtliche Individualität sind ja ohnehin untrennbar aufeinander bezogen.[64] Daher gerät jede Diskussion um Europas Identität spätestens dann in schweres Fahrwasser, wenn es um die jüngste Geschichte geht. Wo keine gemeinsame Vorstellung von der eigenen Geschichte kommunizierbar ist, kann sich auch kaum eine gemeinsame «Identität» ausbilden. Allerdings ist dies nur die eine Seite der Medaille. Gleichzeitig läßt sich nämlich durchaus von einem tiefverwurzelten, gemeinsamen Modus sprechen, mit dem die Europäer ihre Geschichte betrachten. Er besteht in einem grundsätzlichen Bestreben, sich von der dunklen Geschichte des Kontinents abzugrenzen. In vielfältiger Weise sucht sich Europa von seinen fatalen Vergangenheiten des 20. Jahrhunderts zu befreien und sie definitiv hinter sich zu lassen. Zahlreiche Narrative der europäischen Geschichte dienen als Negativfolie, von der sich die europäische Gegenwart abgrenzt: Großmachtrivalität, Kolonialismus und Imperialismus, totalitäre Ideologien, Weltkrieg und Völkermord. Tatsächlich konstruiert Europa mit seiner dunklen Vergangenheit ebenfalls ein spezifisches «Anderes», von dem sich die gegenwärtige Identität der europäischen «Wertegemeinschaft» wesenhaft unterscheiden läßt.[65]

Kritiker wie Pascal Bruckner sprechen daher geradezu von einer Selbstgeißelung Europas: von «moralischem Masochismus» und einer selbstauferlegten «Bußpflicht». Aus dieser Sicht sucht Europa das durch Kolonialismus, Krieg und Völkermord aufgehäufte Schuldkonto seiner Vergangenheit durch ein gefährliches Übermaß an Bußfertigkeit zu tilgen. So wenig diese Vergangenheit vergessen werden dürfe, so sehr wachse die Gefahr, daß ein zerknirschtes Europa die Errungenschaften der westlichen Moderne verleugne und damit seine eigenen, in Freiheit und Aufklärung wurzelnden kulturellen Grundlagen unterminiere: «Bei der Beschäftigung mit unserem Erbe sollten wir uns eher für unsere Triumphe begeistern, als unsere Trauerfälle zu beklagen.»[66]

Bezeichnenderweise erhitzten sich gerade in Frankreich über solche Fragen die Gemüter. Zunehmend beklagt wurde die Dominanz, ja die «Tyrannei» der *mémoire* über die *histoire*, eine schädliche Herrschaft des Gedächtnisses über die Geschichte.[67] Tatsächlich überschneiden sich in Frankreich in sehr spezifischer Weise zwei Entwicklungslinien: Die vor allem bei Intellektuellen lebendige aufgeklärt-freiheitliche Tradition trifft auf den republikanischen Etatismus, der die Dinge rechtlich regeln will. Frankreich hat daher historische Problemstellungen wiederholt durch rechtliche Normsetzung zu lösen versucht. War es in den 1980er Jahren etwa die Frage, ob es in den 1930er Jahren einen französischen «Faschismus» gegeben habe,[68] so trat nach 1990 zunehmend die geschichtspolitische Gesetzgebung in den Vordergrund. Daß die sogenannte *Loi Gayssot* vom 13. Juli 1990 das Leugnen der Shoah unter Strafe stellte, bewegte sich noch im Normalmaß der europäischen Erinnerungskultur. Aber schon das im Januar 2001 verabschiedete Gesetz, das in der Verfolgung der Armenier in der Türkei nichts anderes als einen Genozid zu sehen erlaubte, überschritt das Gewohnte. Vollends zum Streitgegenstand wurden die *Lois mémorielles*, nachdem das französische Parlament im Mai 2001 die sogenannte *Loi Taubira* verabschiedet hatte. Dieses Gesetz dekretierte eine bestimmte historische Auffassung des Sklavenhandels, der künftig als Verbrechen gegen die Menschlichkeit zu gelten hatte. In den Augen der Kritiker minimierte dies freilich in unzulässiger Weise die Rolle der arabischen und innerafrikanischen Händler und Profiteure. Als der renommierte Historiker Olivier Pétré-Grenouilleau 2004 mit einer aufsehenerregenden Analyse des Sklavenhandels hervortrat, dessen merkantile Aspekte betonte und ihm einen genozidalen Charakter absprach,[69] sah er sich bald mit einer Strafanzeige von Seiten afro-französischer Verbände konfrontiert.

Die Folge war ein Aufschrei unter französischen Historikern und Intellektuellen. Beklagt wurden die Anforderungen einer Öffentlichkeit, die mit gutem Gewissen über die Vergangenheit richtete und sich geschichtslos der Zukunft zuwandte.[70] Namhafte Kollegen Pétré-Grenouilleaus petitionierten gegen seine Strafverfolgung und forderten die Abschaffung nicht nur der *Loi Taubira*, sondern der *Lois mémorielles* insgesamt. Es gehöre definitiv nicht zur Kompetenz von Parlamenten und Regierungen, per Gesetz eine «offizielle historische Wahrheit» zu formulieren, die vermittels der Justiz eine Kontrolle der Geschichtsschreibung wie des Geschichtsunterrichts nach sich ziehe.[71] Und jenseits des Kanals wunderte sich Timothy Garton Ash darüber, daß solch ein Vorschlag wie die *Loi Taubira* überhaupt jemals in das Gesetzbuch «einer der weltweit größten Demokratien und Heimatländer historischer Gelehrsamkeit» gelangen konnte: Allerdings sei «diese Art Unsinn» umso gefährlicher, wenn sie unter der Maske der Tugend daherkomme.[72] Immerhin war die Intervention der Historiker und Intellektuellen nicht ohne Erfolg. Die Kläger zogen ihre Strafanzeige gegen Pétré-Grenouilleau zurück, und teilweise wurde auch die Modifikation der geschichtspolitischen Gesetzgebung erreicht. Überdies wurde der Protest gegen die *Loi Taubira* und ihre Konsequenzen zum Startschuß für eine längerfristige Verbandsarbeit. Unter dem Vorsitz von Pierre Nora schärft seitdem der Verein *Liberté pour l'histoire* das kritische Bewußtsein gegen die einseitige Instrumentalisierung der Geschichte zugunsten erinnerungspolitischer Interessen.[73]

Die französische Auseinandersetzung über die *Lois mémorielles* zeigt exemplarisch, wie schmal bisweilen der Grat zwischen Geschichte und Erinnerung verläuft. Sie unterstreicht, daß wissenschaftliche Geschichtsschreibung und kulturelles Gedächtnis nicht dasselbe sind und letztlich klar voneinander unterschieden werden müssen. Dessen ungeachtet aber bildete die beständige und immer wieder neu eingeforderte Abgrenzung von der eigenen (Unrechts-)Geschichte den wichtigsten gemeinsamen Modus der Europäer. Der Wille und die Fähigkeit, vergangenes Unrecht zu identifizieren und aufzuarbeiten, werden damit zur zentralen europäischen Kulturtechnik. Ihre Beherrschung ist gleichsam die Eintrittskarte, die erforderlich ist, um den europäischen Zug zu besteigen.[74] So bleiben die türkischen Aussichten auf volle europäische Teilhabe solange getrübt, wie der Massenmord an den Armeniern im Ersten Weltkrieg tabuisiert wird; und die serbische Regierung begriff die Festnahme des mutmaßlichen Kriegsverbrechers Ratko Mladić im Mai 2011 dezidiert als europäische Vorleistung, der nun auch die konkreten Verhandlungen zum Beitritt Serbiens zur EU folgen würden. Schon am Tag nach der Verhaftung des «Schlächters von Srebrenica» schrieb die Belgrader Tageszeitung *Politika*, Serbien habe damit «das Tor nach Europa aufgestoßen».[75]

Serbien ist damit das jüngste Beispiel für den fundamentalen Wandel, den das europäische Geschichtsbewußtsein seit dem letzten Drittel des 20. Jahrhunderts vollzieht. Zunehmend kehrt Europa einer heroischen

Anschauung von Geschichte den Rücken, wie sie im 19. Jahrhundert und im Zeitalter der Weltkriege dominiert hatte. Mit Friedrich Nietzsche läßt sie sich als eine «monumentalische Art» der Geschichte begreifen, in der die Historie vor allem der Gegenwart dient. Zu einer Zeit, in der die Nationen Europas überall ihre Helden auf den Sockel setzten, verfügte Nietzsche über genügend Anschauungsmaterial, wenn er die monumentalische Art als jene Geschichte beschrieb, die für den Tätigen, den Mächtigen, den Mutigen da ist, für den, «der einen großen Kampf kämpft» und daher «Vorbilder, Lehrer, Tröster braucht». Diese Art der Geschichte «täuscht durch Analogien: sie reizt mit verführerischen Ähnlichkeiten den Muthigen zur Verwegenheit, den Begeisterten zum Fanatismus, und denkt man sich gar diese Historie in den Händen und Köpfen der begabten Egoisten und der schwärmerischen Bösewichter, so werden Reiche zerstört, Fürsten ermordet, Kriege und Revolutionen angestiftet.»[76]

Dem entsprach ein rein gegenwartsbezogener, aktiver Modus der Geschichte, wie er dann von den totalitären Ideologien zur Perfektion gebracht wurde. Der Totalitarismus meinte, die kompromißlose Tat, und das bedeutete konkret: die Gewalttat, könne helfen, die Weltgeschichte in ihrem Verlauf zu beschleunigen – und dies zum eigenen Vorteil. Wenn sich also die totalitären Diktaturen die Historie aneigneten, so zwangen sie ihr eine charakteristische, durch Analogien geformte Struktur auf: Die Vergangenheit gibt unmittelbar anwendbare Lehren für die Gegenwart. Kampf und Leid der Vorläufer sind Quellen neuer Kraft für die Kämpfe der Gegenwart auf höherer Stufe. Solch einseitige Beschlagnahme der monumentalischen Art der Geschichte zugunsten gegenwärtiger Machtentfaltung war in der politischen Liturgie des Faschismus, Nationalsozialismus und des Bolschewismus mit Händen zu greifen: Es war eine Geschichte für tätige Helden, wie sie im ideologischen Zeitalter des 20. Jahrhunderts bis zum Exzeß gepredigt wurde.

In diesem Sinne griff noch Slobodan Milošević in seiner berüchtigten Rede auf dem Amselfeld tief in die Traditionskiste des historischen Monumentalismus: «Die Kosovo-Schlacht», so deklamierte er am 28. Juni 1989, «enthält noch ein anderes großes Symbol. Das ist das Symbol des Heroismus. Diesem Symbol wurden Gedichte, Tänze, Literatur und Romane gewidmet. Über sechs Jahrhunderte hat der Kosovo-Heroismus unsere Kreativität inspiriert, den Stolz genährt, hat uns davor bewahrt zu vergessen, dass wir einst eine große und tapfere Armee waren und stolz gemacht, auch in der Niederlage unbesiegbar zu sein.»[77] Milošević erwies sich hier als gelehriger Schüler Nietzsches und seiner «monumentalischen Art»: Das Große in der Geschichte war möglich und wird wieder möglich sein. 22 Jahre später freilich war diese Größe mit der Festnahme Mladićs, des treuesten unter den Milošević-Anhängern, nur noch Makulatur. Tatsächlich steht der heroische Modus der Geschichte den Europäern im 21. Jahrhundert kaum mehr zur Verfügung. Er ist nachhaltig delegitimiert und erschwert selbst die Verehrung «untadeliger» militärischer Helden. Ist aber deswegen die «monumentalische Art» der Geschichte verschwunden?

Sie ist so wenig verschwunden, wie die Gegenwart aus der Betrachtung der Geschichte jemals verschwinden kann. Und fragt man sich, wo heute das gegenwartsbezogene Große in der Geschichte liegen könnte, wird man rasch fündig. Die bewußte Abkehr Europas von seiner dunklen Vergangenheit läßt an die Stelle der im 19. Jahrhundert verankerten «monumentalischen Art» der Historie eine demokratische Erinnerungskultur treten. Die «monumentalische Art» galt dem Heroischen in der Geschichte. Auch das Gedenken an die Opfer heroisierte sie im Sinne der Kraftquelle für künftige Kämpfe. Demgegenüber blickt die «postheroische» demokratische Erinnerungskultur nach einem halben Jahrhundert grauenhafter Kriege und Verbrechen in erster Linie auf den zerschlagenen Menschen: auf Tod und Gewalt, Leid und Schrecken in der Geschichte. «Opferindikation» wird geradezu zu einem europäischen «Gemeinschaftsversprechen».[78] In den «postheroischen Gesellschaften» der Nachkriegszeit ist das Gedenken an die Opfer von den Versuchungen des Heroismus getrennt worden.[79]

Zwar unterscheidet sich die Stoßrichtung diametral: Die monumentalische Betrachtung der Vergangenheit hoffte darauf, daß das vergangene Große künftig wieder einmal möglich sein werde. Die Kommemoration der Opfer steht dagegen unter dem politisch-moralischen Imperativ des «Nie wieder!». Aber hier wie dort geht es darum, Geschichte zu aktualisieren, die Gegenwart in der Geschichte zu spiegeln und damit das konkrete Leben zu kräftigen. Und in beiden Fällen muß «die Individualität des Vergangenen in eine allgemeine Form hineingezwängt und an allen scharfen Ecken und Linien zu Gunsten der Uebereinstimmung zerbrochen werden».[80] Beide Modi der Vergangenheitsaneignung – die «monumentalische» Art wie die demokratische Erinnerungskultur – sind daher selektiv; sie sind mehr an den «effectus als an den causae» interessiert und fördern folglich die Ikonisierung und Zeremonialisierung der Geschichte. Sie ringen der Geschichte Sinn und Bedeutung ab und formen sie zu einem Narrativ, das weitererzählbar ist und schon bald den Charakter des Mythischen annimmt.

Damit aber enden die europäischen Gemeinsamkeiten im Umgang mit der Geschichte. Vielmehr sind das Feld der Erinnerungskultur und die Frage, wie sich in ihr das Verhältnis von Tätern und Opfern, von Schuldanerkenntnis und Versöhnung konkret gestalten läßt, zu einem dauerhaften

Streitpunkt geworden. In geradezu paradigmatischer Weise wurden und werden diese Probleme in der Bundesrepublik Deutschland verhandelt. In erster Linie ging es dabei um einen neuen Anlauf zur Aufarbeitung der nationalsozialistischen Vergangenheit. Vor dem historischen Hintergrund von Angriffskrieg und Massenmord rangen die Deutschen schon lange vor 1989 um die Gestaltung einer demokratischen Erinnerungskultur, die ein sachlich adäquates, international anerkanntes und zugleich historisch gerechtes Verhältnis zur eigenen Vergangenheit gewährleisten sollte. Und mehr als einmal stellten sie fest, wie schwierig und mühsam dieser Weg war.

Das sprunghaft gestiegene Interesse an diesen Problemen stand im Zusammenhang einer übergeordneten Entwicklung, die sich ganz allgemein als «Rückkehr der Geschichte» beschreiben läßt und im wesentlichen die 1970er Jahre umfaßte. Die spürbare Beschleunigung technischer und soziokultureller Modernisierungsprozesse begründete Verlusterfahrungen und das Gefühl einer «Schrumpfung» der Gegenwartszeit.[81] Als Reaktion hierauf ließ sich eine regelrechte «Geschichtswelle» beobachten, in der alles Vergangene und funktionslos Gewordene musealisiert und damit dem «stahlharten Gehäuse» der Modernisierung entrissen wurde. Diese Rückkehr der Geschichte forderte zugleich auch ein neues und spezifischeres Gedenken an den Nationalsozialismus und seine Opfer ein. Neben die großen Ausstellungs- und Museumsprojekte, etwa zu den Staufern und zur Geschichte Preußens, trat eine Fülle regionaler und lokaler Initiativen. Gerade auch im Hinblick auf die NS-Zeit wollte man es nun genauer wissen. Die bundesdeutsche Erinnerungskultur der 1980er Jahre kennzeichnete daher eine Inflation neu errichteter Mahnmale und Gedenkstätten, die die NS-Vergangenheit des Landes thematisierten. Die Gedenkstätte Dachau erfuhr einen nie dagewesenen Besucherzulauf; die Gedenkstätten Bergen-Belsen und Neuengamme wurden erweitert und konzeptionell neu gestaltet. In Berlin wurde nach einer langwierigen Vorgeschichte auf dem Prinz-Albrecht-Gelände, wo Gestapo und Reichssicherheitshauptamt residiert hatten, eine Dokumentation zur «Topographie des Terrors» entwickelt und 1987 eröffnet. Und an unzähligen weiteren Orten vergegenwärtigten lokale Initiativen, Schülergruppen und «Geschichtswerkstätten» die örtliche NS-Vergangenheit, entwanden die Opfer der Anonymität und richteten Stätten der Erinnerung, der Dokumentation und der Begegnung ein.[82] Insofern folgten die 1980er Jahre einer neuen Logik. Sie läßt sich als Versuch beschreiben, Opfer, aber auch Täter in der öffentlichen Erinnerung zu konkretisieren. Diese vergegenwärtigende Konkretisierung der NS-Opfer, zu denen nun neben den Juden zunehmend auch Sinti und Roma, Zeugen

Jehovas und Homosexuelle, Deserteure, Zwangsarbeiter und andere gezählt wurden, schlug ein neues Kapitel in der schon abgeschlossen geglaubten Wiedergutmachung auf.[83]

Je konkreter die Deutschen es freilich wissen wollten, desto mehr holte sie ein lange verdrängtes Problem wieder ein, nämlich die Frage, wie sich das Verhältnis von Tätern und Opfern im Rahmen der deutschen Geschichte erzählen ließ. Offenen Streit hierüber gab es seit Mitte der 1980er Jahre, als Bundeskanzler Helmut Kohl darauf drängte, in Bonn eine zentrale Gedenkstätte zu errichten. Kritiker witterten die historische Einebnung und Relativierung des Holocaust, letztlich sogar die Gleichsetzung von Opfern und Tätern, wenn einer überwölbenden Trauer um alle Toten aus der Zeit von 1933 bis 1945 das Wort geredet wurde. Die Diskussion um das Bonner Mahnmal offenbarte daher die fast unlösbare Schwierigkeit, gleichzeitig und in einem einzigen Erinnerungsakt sowohl der durch Deutsche umgebrachten Opfer als auch der eigenen Toten zu gedenken. «Trauer ist immer nur konkret», so lautete eine typische Kritik. «Wenn sie das nicht ist, wenn sie nicht genau sagt, ich trauere um dies, um diesen Menschen, um diesen Zusammenhang, dann ist sie sofort das, was bei uns in Deutschland immer als Trauer ausgegeben wird, nämlich dieses ewige Selbstmitleid und diese grausige Sentimentalität, die beim Gedenken an Deutschland mitschwingt.»[84] Als im Mai 1985 ein geplanter deutsch-amerikanischer Erinnerungs- und Versöhnungsgestus auf dem Soldatenfriedhof von Bitburg verunglückte,[85] blieben Diskussion und Vorbereitungen einer zentralen Bonner Gedenkstätte vollends stecken.

Die umstrittene Täter-Opfer-Relation markierte die Barriere, über die Kohls geschichtspolitisches Konzept zu keinem Zeitpunkt hinwegkam. Es brach sich an dem Vorwurf, mittels einer «Entkonkretisierung» der NS-Verbrechen solle eine letztlich verlogene Normalisierung der deutschen Geschichte geschaffen und damit neue nationale Identität gestiftet werden. Erst nach dem Mauerfall und der Wiedervereinigung, als die «alte» Bundesrepublik selbst zur Geschichte gerann, wurde die Etablierung neuer historischer Riten wieder möglich. 1993 gelang es Kohl trotz zum Teil fortbestehend scharfer Kritik, die Neue Wache in Berlin zur zentralen Gedenkstätte der «Berliner Republik» zu erheben.[86] Charakteristischerweise erfolgte dies in einer Art erinnerungskulturellem Junktim mit der ungefähr gleichzeitig geplanten zentralen Holocaust-Gedenkstätte nahe dem Reichstagsgebäude, die 1999 vom Bundestag beschlossen und 2005 fertiggestellt wurde.

In der Bundesrepublik fanden entsprechende Debatten schon lange vor dem Zusammenbruch der DDR statt. Nach 1989/90 aber weitete sich der Horizont noch einmal. Neben den Opfern des Nationalsozialismus drängten nun auch die Opfer und Mitlebenden des Kommunismus auf adäquate Würdigung. Zugleich verlangten auch die deutschen Opfer von Flucht und Vertreibung nach einem angemessenen Platz im Erinnerungsdiskurs. Nach 1990 explodierte förmlich das Bemühen der Vertriebenen beziehungsweise ihrer Nachkommen, ihr Schicksal und ihre Rolle als Opfer der Geschichte doch noch, gleichsam in letzter Minute, dem deutschen und europäischen kulturellen Gedächtnis einzuschreiben.[87] Als sichtbarste Frucht dieses Bemühens richtete die Bundesrepublik 2009 in Berlin die Stiftung «Flucht, Vertreibung, Versöhnung» ein. Maßgeblich auf Betreiben des Bundes der Vertriebenen zurückgehend und vom Bundestag 2008 beschlossen, bestand ihre Hauptaufgabe in der Erarbeitung einer Dauerausstellung. Zunächst überwiegend begrüßt, rückte ihre Arbeit bald in das Zentrum kontroverser Debatten. Kritiker in Deutschland wie in Polen befürchteten den Versuch, nationalsozialistische Verbrechen und die Vertreibung der Deutschen aus den Gebieten östlich der Oder und Neiße gegeneinander aufrechnen und damit die jüngste deutsch-polnische Geschichte neu verhandeln zu wollen. Ein Konsens über das kulturelle Gedächtnis der Deutschen war unter diesen Umständen nicht zu erwarten.

Um wieviel mehr noch mußte dies für den ostmittel- und osteuropäischen Raum gelten! In Moskau und Sankt Petersburg stand die Wiege des Leninismus; von der Sowjetunion ging der Eishauch des Stalinismus aus. Schließlich hatte Ost- und Ostmitteleuropa den hauptsächlichen Schauplatz des Zweiten Weltkriegs gebildet. Hier wurde die brutale Herrschaft des Nationalsozialismus im Zeichen von Vernichtungskrieg und Holocaust durchlitten; und hier erlebten die Menschen den *roll back* des Stalinismus: mit Roter Armee, sowjetischer Militäradministration und kommunistischen Satellitenstaaten. Das millionenfache, stets aber individuell erduldete Leid, das der Zweite Weltkrieg und seine Folgen über den östlichen Teil Europas brachten, entstammte unterschiedlichen Quellen. Mit keinem anderen historischen Ereigniskomplex verbinden sich daher so zersplitterte, atomisierte und letztlich unvereinbare Erfahrungen wie mit dem Zweiten Weltkrieg. Umso schwerer tut sich das neue Europa, in dessen östlicher Hälfte erst seit 1989/90 eine offene Diskussion möglich ist, mit einer gemeinsamen Erinnerungskultur.

Holocaust und kulturelles Gedächtnis

Diese für das europäische Gedächtnis so charakteristische Ungleichzeitigkeit läßt sich mit Jan Assmanns bekannter Unterscheidung von «kulturellem» und «kommunikativem» Gedächtnis fassen.[88] In Westeuropa war die Erinnerung an Nationalsozialismus und Holocaust schon längst vom kommunikativen Gedächtnis der Betroffenen in das kulturelle Gedächtnis übergegangen. Die hierfür kritische Schwelle von rund 40 Jahren war bereits 1989/90 erreicht worden. Persönliche Erinnerung begann zu verlöschen, und die Erfahrung des Holocaust wurde von der noch miterlebenden Generation tradiert. Das kulturelle Gedächtnis an den Holocaust wurde nicht mehr bestritten; es begann seine rituellen Formen zu finden und bestimmte die Regeln des Sagbaren. In Westeuropa entstand damit eine kohärente Rahmenerzählung: Faschismus, Nationalsozialismus und Holocaust bildeten in ihr eine Art negativen Gründungsmythos. Die Erinnerung daran erfolgte in zunehmend ritualisierter Form, die Inhalte des Gedenkens erschienen als quasi objektiviert und waren nicht mehr grundsätzlich verhandelbar. Auf dieser Grundlage entstand auch jene Tendenz, die sich als «Universalisierung» des Holocaust-Gedenkens begreifen läßt.[89]

Dessen sichtbarstes Zeichen war die Einführung des 27. Januar in die internationale Erinnerungskultur. Mit seinem Gedenken an die Befreiung des Vernichtungslagers Auschwitz im Jahre 1945 steht dieses Datum für die elementare physische Befreiung der überlebenden Opfer des NS-Regimes. In Deutschland proklamierte Bundespräsident Roman Herzog bereits 1996 den 27. Januar zum Tag des Gedenkens an die Opfer des Nationalsozialismus. Bald danach erhoben auch Italien, Schweden und Großbritannien den 27. Januar zu einem nationalen Gedenktag. Und im November 2005 zog die Generalversammlung der Vereinten Nationen nach und erhob den 27. Januar zum *International Holocaust Remembrance Day*. Hieraus ergab sich für jedes UN-Mitglied die Pflicht, die Erinnerung an die Opfer des Holocaust zu würdigen und mit Programmen der politischen Bildung darauf hinzuwirken, künftige genozidale Akte zu verhindern.[90]

Die Geschehnisse des Tages selbst wurden damit von ihrem historischen Kern getrennt und zu einem Zeichen universalen Gedenkens gemacht. Dem konnte sich auch die jüdische Erinnerungskultur anschließen, deren eigener gesetzlicher Trauertag (Jom haShoah, 9. April) ja die Einzigartigkeit der nationalsozialistischen Judenvernichtung hervorhebt. Gerade mit dieser schrecklichen Einzigartigkeit wurde der Holocaust zunehmend auch zu einer allgemeinen Mahnung an die gesamte Menschheit. «Der Holocaust lehrt uns nichts über die jüdische Identität», so brachte es der britische Chief Rabbi Jonathan Sacks auf den Punkt, «aber er lehrt uns, was es heißt, ein Mensch zu sein, die Humanität anderer anzuerkennen und bereit zu sein, für sie zu kämpfen. Die Qual des Holocaust ist spezifisch, aber seine Botschaft ist universal.»[91]

Postkommunismus und kommunikatives Gedächtnis

Das sich solcherart festigende kulturelle Gedächtnis Westeuropas und des Westens insgesamt hatte sich seit 1990 mit dem kommunikativen Gedächtnis Osteuropas auseinanderzusetzen. Tatsächlich, so läßt sich zuspitzen, ist die internationale Festigung des Holocaust-Gedenkens auch als Reaktion auf die Herausforderung durch die neu aufbrechenden, jüngeren und zum Teil konkurrierenden Erinnerungsschichten im postkommunistischen Europa zu begreifen. Dort waren die Erfahrung des Kommunismus und das von ihm verursachte Leid noch frisch, konkrete Erinnerungen noch lebhaft in den Biographien der Mitlebenden präsent. Und sie schafften sich eine fluide kommunikative Situation, drängten danach, sich mitzuteilen, und erheischten Anerkennung.

Tatsächlich begleitete den Umbruch von 1989/90 nicht nur die vielbeschworene «Rückkehr nach Europa», sondern zugleich auch die Rückkehr der historischen Erinnerung: Die Wiederkehr der eigenen nationalen Geschichte erzwang in den postkommunistischen Staaten früher oder später die Auseinandersetzung mit dem Kommunismus: die Frage des Umgangs mit Schuld und Verantwortung, mit Opfern und Tätern. In das schmelzende Eis des Kommunismus drangen die Stimmen seiner Opfer. Die Erfahrungsperspektive von Millionen, die selbst oder deren Angehörige unter den kommunistischen Diktaturen gelitten hatten, erhob nachhaltig den Anspruch auf politische Beachtung und auf historische Relevanz. Schnell wurde deutlich, wie vergeblich es war, die inkommensurable Erfahrungsperspektive der Mitlebenden zu einem kohärenten Ganzen zusammenzuschmieden. Und binnen kurzem verlor die bis 1989 gültige westeuropäische Rahmenerzählung, die sich an Holocaust-Überwindung und demokratischem Wiederaufstieg orientiert hatte, an Autorität. Europäische Erinnerung wurde komplexer, vielstimmiger. Die Rolle des Kommunismus sprengte bis dahin geltende Denkmuster; sein Ort im europäischen Gedächtnis mußte neu justiert werden.

Dies ist die Problematik, unter der sich heute die Neukonstruktion des kollektiven Gedächtnisses im vereinten Europa vollzieht. Sie entstammt der Divergenz und der tendenziellen Unvereinbarkeit unterschiedlicher existentieller Erfahrungen. Das europäische Reden über Faschismus, Nationalsozialismus und Kommunismus bewegt sich daher in einem strukturellen Dilemma, für das gegenwärtig noch keine Lösung erkennbar ist: Einerseits gehört es zum Selbstverständnis des freien Europa, daß die Opfer aller Regime sich frei äußern können müssen und eine legitime Stimme erhalten. Andererseits aber würde die Reduzierung der Erinnerung auf die Erfahrungsperspektive einzelner Opfer oder auch Opfergruppen – wie sie uns immer wieder in Zeitzeugenberichten begegnet – zur Atomisierung der Geschichte führen. Tatsächlich führt von Auschwitz zum Gulag kein Weg der gemeinsamen Erinnerung. Begnügte man sich daher mit der Erfahrungsgeschichte, könnte über das vergangene Geschehen keine Kommunikation mehr stattfinden; aber ohne Kommunikation gibt es keine Erinnerung und schon gar keine Versöhnung.

Allerdings wäre es ganz irreführend, allein von einer erinnerungspolitischen Dichotomie zwischen West- und Osteuropa zu sprechen. Vielmehr war von Beginn an der rechte Umgang mit dem Kommunismus innerhalb der postkommunistischen Gesellschaften selbst hoch umstritten. Der vordergründig einfachste Weg, die kommunistische Vergangenheit aufzuarbeiten, bestand dabei in einer ebenso klaren wie letztlich nur scheinbaren Trennung zwischen kommunistischem Regime und dem Volk. Ein solches Verfahren wurde nach 1989 anfangs vor allem in Rumänien, zum Teil auch in Bulgarien, angewendet. Die wichtigsten Protagonisten der kommunistischen Regime wurden kriminalisiert, abgeurteilt und ansonsten ließ man die Vergangenheit ruhen. Von ferne erinnert diese Haltung an den Umgang der frühen Bundesrepublik mit dem Nationalsozialismus. Aber die Geschichte seit 1990 hat gezeigt, daß sich eine solche Politik auf die Dauer ebenso wenig durchhalten läßt wie die Politik des «dicken Strichs», wie sie in Polen zu Beginn der 1990er Jahre versucht wurde. Auch in den Staaten des früheren Ostblocks mußte eine schwierige Debatte über die Vergangenheit geführt werden. Und es war unvermeidlich, daß diese Debatte alte Gräben vertiefte, neue aufriß und auch zu neuen Polarisierungen führte.

Dies galt umso mehr, als die Rückkehr der Geschichte in Osteuropa keineswegs nur die Diskussion über den Kommunismus freisetzte, sondern auch die Erinnerung an Weltkrieg, Besatzung und Holocaust zurückkehren ließ. Bis 1989 war sie in den Keller eines sterilen «Antifaschismus» oder in das ebenso sterile Siegeszeremoniell des «Großen Vaterländischen Krieges» verbannt worden. Nach dem Umbruch aber vervielfältigten sich die Stimmen, die einen neuen und häufig schärferen Blick auf die Zeit von 1939 bis 1945 warfen. Ähnlich wie zuvor schon im Westen wollte man nun Genaueres wissen über die Opfer, aber auch über die Täter. Dies reaktivierte alte Themen wie die Frage der individuellen Entschädigung von Osteuropäern, die vom NS-Regime als Zwangsarbeiter mißbraucht worden waren.[92] Hinzu traten aber auch neue und zum Teil erbitterte Auseinandersetzungen wie etwa die innerpolnische Diskussion über die Forschungen des in Princeton lehrenden Exilpolen Jan Tomasz Gross. In seinen Büchern über die Judenpogrome von Jedwabne im Jahre 1941 und von Kielce im Jahre 1946 erschienen die Polen nicht mehr als Opfer, sondern vereinzelt als Kollaborateure des Holocaust und sogar als Täter, die nach Ende des Krieges Juden ermordeten.[93] Gewöhnt an ein lange tradiertes nationales Selbstverständnis als Opfer der neueren europäischen Geschichte, war das polnische Publikum ausgesprochen schlecht vorbereitet auf solche Thesen. Viele reagierten erschüttert, während nationale Kreise die Glaubwürdigkeit Gross' generell infrage stellten. «Ernsthaftigkeit, Trauer und Schock» kennzeichneten die Debatte.[94] Und Gross' neuestes Werk, das 2011 unter dem Titel «Goldene Ernte» erschien,[95] ließ die innerpolnische Debatte noch einmal eskalieren. Indem er auf Fälle hinwies, in denen sich Polen an den Wertsachen der ermordeten Juden bereicherten, brach er einmal mehr ein Tabu. Daß sich der traditionelle polnische Opferstatus plötzlich in ein partielles antisemitisches Kollaborateurs- und Täterprofil zu wandeln drohte, verstörte viele Polen. Das ist leicht verständlich, aber im Grunde offenbarte der Vorgang lediglich, wie dynamisch sich das europäische Gedächtnis seit 1989/90 pluralisierte und zugleich auch polarisierte. Harmonisch konvergierten allein die west- und osteuropäischen Erinnerungen an den Widerstand gegen den Nationalsozialismus. Wenn dagegen die Erinnerung an den Widerstand und lang gepflegte Opferrollen durch Bilder der Kollaboration gestört wurden, erhöhte dies die Komplexität der Erinnerung in geradezu schmerzhafter Weise.[96]

Kaum zu überbieten waren in dieser Hinsicht die Verhältnisse in den baltischen Staaten. In einzigartiger Weise spielten hier baltischer Nationalismus, anti-sowjetischer Widerstand, der Holocaust und die moralische Verwerflichkeit der NS-Kollaboration ineinander. Die Daten 1918, 1940, 1941–1944 und 1989 schürzten sich zu einem gordischen Knoten, der sich kaum durchschlagen ließ. Vermochte man die baltische Geschichte überhaupt ohne die sowjetische Okkupation im Jahre 1940 zu begreifen? Und standen zum Beispiel jene Letten, die im Zweiten Weltkrieg gegen die Sowjetunion ins Feld gezogen waren, nicht als «nationale» Kämpfer auf der richtigen Seite? Oder hatten sie sich nicht vielmehr als SS-Legionäre unwiderruflich der Kollaboration schuldig gemacht und damit die lettische Ehre vor der Geschichte beschmutzt?[97]

Diese komplexe Gemengelage in den baltischen Staaten zwischen sowjetischer Okkupation und deutscher Aggression, vielfach erfahrenem eigenen Leid und den Versuchungen der Kollaboration erlaubte keine allgemein anerkannte und verbindliche Erinnerungskultur. Vielmehr führte sie zwangsläufig zu Konflikten. So prallen bis heute die unterschiedlichen Bewertungen des Zweiten Weltkriegs im Baltikum und in Rußland aufeinander. Während der 9. Mai 1945 für das russische Geschichtsbild nach wie vor den ruhmreichen Sieg im Großen Vaterländischen Krieg bedeutet, begreifen die baltischen Staaten das Ende des Weltkriegs als den Beginn einer neuen Okkupation. Konkret wurden solche Gegensätze in der Auseinandersetzung um Denkmäler. So ließ die Regierung in Estland am 27. April 2007 eine Bronzestatue im Herzen Tallinns entfernen, die sechzig Jahre zuvor von der UdSSR zum Gedenken an die sowjetischen Kriegstoten errichtet worden war. Die russische Minderheit in Estland sowie die russische Regierung empfanden dies als Akt der Provokation, und der Schritt der estnischen Regierung führte zu den schwersten Unruhen seit der Unabhängigkeit des Landes.[98] In der Folgezeit häuften sich die Stimmen aus Moskau, die davor warnten, die Geschichte durch die Gleichsetzung von Sowjetkommunismus und Nationalsozialismus «umschreiben» zu wollen.[99]

Tatsächlich wird die baltische Erinnerungskultur infolge der historischen Verschränkung von sowjetischer und nationalsozialistischer Besatzung, von Zwangsrekrutierungen und Deportationen durch die Sowjets und dem Mord an den Juden durch die Deutschen besonders kompliziert. Deutlich tritt dies in der geschichtsmusealen Repräsentation der baltischen Geschichte hervor. Die zeitgeschichtlichen Museen in Riga wie in Tallinn dokumentieren ausführlich die sowjetische Annexion von 1940, die Zerstörung der staatlichen Unabhängigkeit, die Sowjetisierung der Gesellschaft und die Verbrechen an der baltischen Zivilbevölkerung. Kritiker beklagen, daß gegenüber dieser Zuspitzung die Erinnerung an die nationalsozialistische Besetzung und die Verbrechen des NS-Regimes über Gebühr in den Hintergrund treten. Insbesondere der historisch im Baltikum präsente Antisemitismus, der Holocaust und die Frage der baltischen Kollaboration würden in den Museen ausgeklammert.[100] Einen Höhepunkt erreichte der hier schlummernde Konflikt im März 2004, als die damalige lettische Außenministerin Sandra Kalniete in ihrer Rede zur Eröffnung der Leipziger Buchmesse Nationalsozialismus und Kommunismus als «gleich kriminell» bezeichnete. Kalnietes Angehörige waren im Zweiten Weltkrieg von den Sowjets deportiert worden. Es war daher nachvollziehbar, wenn sie nun darauf beharrte, niemals dürfe es eine Unterscheidung zwischen den beiden Diktaturen geben, «nur weil eine Seite auf der Seite der Sieger gestanden hat. Der Kampf gegen den Faschismus kann nicht als etwas angesehen werden, das die Sowjetunion, die zahllose Unschuldige im Namen der Ideologie einer Klasse unterdrückte, für immer von ihren Sünden freispricht.»[101] Salomon Korn, der Vizepräsident des Zentralrats der Juden in Deutschland, der sich unter den Zuhörern befand, verließ daraufhin den Raum mit den wohl nur gemurmelten Worten: «Das höre ich mir nicht an.»[102] Es war ein stiller Eklat, der erst am nächsten Tag ins Bewußtsein der Öffentlichkeit trat. Korns Haltung wurde gleichermaßen begrüßt und kritisiert; und wie immer man sich zu der Kontroverse stellen wollte, eines machte sie doch schmerzlich klar: Die Rückkehr der Erinnerung an den Holocaust in Osteuropa einerseits und die Herausforderung der Diskussion über die Opfer des Kommunismus in Westeuropa andererseits erhöhten noch einmal die Komplexität des Diskurses um die Vergangenheit.

Was bedeutet dies, so muß man sich schließlich fragen, für die Würde der Opfer? Gerade an dieser Frage entzündet sich der Streit, werden zweifelhafte vergangenheitspolitische Motive vermutet, falsche Gleichsetzungen und problematische Proportionen beklagt. Aber der Streit ergibt sich fast zwingend aus eben jenem Übergang vom kommunikativen in das kulturelle Gedächtnis, der ja letztlich darüber entscheidet, welche Stimmen welcher individuellen Opfer und welcher Opfergruppen Eingang finden werden in das künftige kollektive Gedenken Europas. Natürlich ist es immer nur das eine, das individuelle Leben, das zerstört oder beschädigt; die eine und individuelle körperliche Unversehrtheit, die zerschlagen; die eine und individuelle Freiheit, die genommen wird. Die Menschenrechte sind historisch betrachtet unteilbar. Nimmt man diese Maxime ernst, dann ist eine Hierarchisierung der Opfer nicht möglich. Andererseits dürfen aber auch die historische Erklärung und damit die Frage nach Konkretion und Kausalität, nach Verbrechen und Verantwortung nicht durch den Gestus einer alles überwölbenden europäischen Kommemoration der Opfer überdeckt werden. An dieser Stelle bleibt die Unterscheidung zwischen Gedächtnis und Geschichte wichtig. Das Gedenken an die Opfer muß deren Würde im Auge behalten und kommt am Ende auch nicht aus ohne eine klare politisch-normative Trennung zwischen Demokratie und Diktatur, zwischen der rechtlich gesicherten Freiheit des Individuums und der Zwangsherrschaft einer Partei. Insofern verträgt die ritualisierte Erinnerung im kulturellen Gedächtnis kein Übermaß an Differenzierung und an Grautönen; vielmehr muß sie in ihrem Sinngehalt eindeutig sein. Um Differenzierung aber muß es der Geschichte und der wissenschaftlichen Erforschung der Geschichte allemal zu tun sein. Sie verträgt umgekehrt keine Ritualisierung, sondern fragt nach dem Konkreten. In diesem Sinne eine richtige, das heißt eine konsensfähige und aushaltbare Balance zu finden zwischen Gedächtnis und Geschichte – das wird eine zentrale Herausforderung für eine künftige gemeinsame europäische Identität sein.

Vor diesem Hintergrund läßt der Blick auf die aktuelle Diskussion über das europäische Gedächtnis Skepsis aufkommen. Häufig überwiegt die Diagnose des Defizits. Beklagt wird längst nicht nur eine mangelnde Aufarbeitung, sei es der kommunistischen sei es der nationalsozialistischen

Vergangenheit; beklagt wird vor allem die Konstruktion unzutreffender Kausalitäten, irreführender Zuordnungen und falscher Hierarchien. «Jedes individuelle Leid, vor allem dasjenige unbeteiligter und unschuldiger Menschen, ist ohne jede Einschränkung gleichermaßen zu würdigen. Worauf es bei der Beurteilung vor allem einschneidender geschichtlicher Ereignisse, zumal bei deren Abgleich, ankommt, ist nicht vorrangig das je individuelle Leid, so beklagenswert es auch sein mag, sondern ist Unterscheidung, Differenzierung und begriffliche Trennschärfe der jeweiligen historisch-politischen Bedeutungen und Dimensionen sowie deren Langzeitfolgen.» Diese Worte, mit denen Salomon Korn seinen Protest gegen Sandra Kalnietes «Gleichsetzung» von Kommunismus und Nationalsozialismus begründete,[103] markieren das Dilemma der europäischen Erinnerungskultur. Diese bricht sich letztlich an der Frage nach der Täter-Opfer-Relation und an der Unvereinbarkeit von Leid und Schuld.[104] Tatsächlich trifft die häufig gestellte Diagnose zu, Europa sei noch weit entfernt von der Bildung eines gemeinsamen kulturellen Gedächtnisses. Allerdings wird ein solches gemeinsames europäisches Gedächtnis auch künftig wohl kaum zu haben sein. Seine Voraussetzung wäre ja unter anderem das, was Ernest Renan 1882 als ein entscheidendes Merkmal der Nationsbildung bezeichnete, nämlich die Fähigkeit zu vergessen und den Konsens darüber, was zu vergessen sei.[105] Ein solcher Konsens ist schon im nationalen Rahmen, wie das französische, deutsche, polnische oder auch das baltische Beispiel zeigt, kaum herzustellen und schon gar nicht in einem Europa, dessen Erinnerung seit 1989 gekennzeichnet ist durch die massive Steigerung ihrer Komplexität und Pluralität.

SCHLUSS:
KRISE UND KONVERGENZ

14. Europa in der Finanz- und Wirtschaftskrise 2008–2011

Einmal mehr wurden allerdings die Dauerdebatten um eine europäische «Identität» und um ein gemeinsames europäisches Gedächtnis von den harten ökonomischen Realitäten eingeholt. Fassungslos beobachteten Politiker und Wirtschaftsbosse, Journalisten und das breite Publikum, wie Amerika und Europa im Jahre 2008 von einer internationalen Bankenkrise ungekannten Ausmaßes erfaßt wurden. Zehn Jahre nach Einführung des Euro-Raums und nach einem deutlichen Konjunkturaufschwung seit 2005/06 bedeutete dies für die Europäer ein böses Erwachen. Und als zu Beginn des Jahres 2009 offenbar wurde, daß die westliche Welt vor einer Rezession stand, wie sie es seit vielen Jahrzehnten nicht gegeben hatte, griff Angst um sich. Für historische Vergleichszwecke mußte man bis zur Weltwirtschaftskrise von 1929 zurückgehen; entsprechend spekulierten manche Horrorszenarien über den drohenden Zusammenbruch der Finanzsysteme, flächendeckende Konkurse und künftige Arbeitslosenzahlen. Der Einbruch in der Wirtschaftsentwicklung mit einem Rückgang des BIP von EU-weit deutlich über vier Prozent im Jahre 2009 verlieh solchen Befürchtungen Nahrung.

Bankenkrise «made in the US»

Die Hauptquelle der Krise lag in den USA, wo wiederum mehrere Faktoren zusammenwirkten. In einer langfristigen Perspektive betrachtet, war es zunächst die seit den 1980er Jahren forcierte Deregulierung und Liberalisierung des Finanzmarktes, die sich nach zwei Jahrzehnten in ihren Folgen selbst ad absurdum führten. Ende der 1970er Jahre befand sich der amerikanische Finanzsektor in einer tiefen Krise. In seiner Binnenstruktur war er zersplittert in die Crème der großen Geschäftsbanken, eine Fülle von kleineren Banken und Sparkassen mit unterschiedlichem Rechtsstatus und geringerer Bewegungsfreiheit sowie zahllosen anderen Finanzdienstleistern: Immobilienfinanzierern, Börsenmaklern, privaten wie institutionellen Investmentfonds und anderen mehr. International lag der amerikanische Finanzsektor zurück und hatte sich der dynamischen Konkurrenz japanischer, aber auch europäischer Großbanken zu erwehren.[1]

Die Lösungsstrategie der Reagan-Administration zielte darauf, den ganzen Finanzsektor zu reformieren und zu dynamisieren. Zu diesem Zweck wurde die Vielzahl der bestehenden, häufig aus den 1930er und 1940er Jahren überkommenen Reglements sukzessive beseitigt. Gemäß der neoliberalen Lehre von der Selbstregulation der Märkte räumte der Staat den Banken und Finanzinstituten immer mehr Bewegungsfreiheit ein, baute gesetzliche Hemmnisse ab und übertrug den Marktteilnehmern selbst die Hauptverantwortung für ihr Controlling. Auf das Finanzwesen richtete sich also im Kern die gleiche Politik, die Mitte der 1980er Jahre auch den internationalen Handel liberalisierte und damit maßgeblich zur Globalisierung beitrug. Die Rechnung ging auf, hatte aber ihren Preis. Einerseits belebte sich das US-amerikanische Finanzwesen nachhaltig, ja geradezu sensationell. Im Bestreben, die erweiterten Spielräume zu nutzen, erfanden die Anbieter immer neue Finanzprodukte, mit denen sich Risiken umschichten und Renditechancen spekulativ erhöhen ließen. Diese Investmentzertifikate und Derivate schufen einen rasch wachsenden, dynamischen Markt. Um die Anteile an ihm trat überdies die Wall Street in eine scharfe Konkurrenz mit der Londoner City, die 1986 ihren eigenen «Big Bang» inszenierte.[2] Daß beide Standorte gleichsam in einen Wettlauf der Deregulierung eintraten, um die Marktteilnehmer an sich zu binden, verstärkte diesen Trend noch einmal. Und in den 1990er Jahren geriet Europa insgesamt immer stärker unter den Einfluß des angelsächsischen Modells der Aktienkapitalisierung und des *shareholder value*.[3]

Andererseits wurde schon in den 1980er Jahren die Kehrseite der Deregulierung erkennbar. Wo Regeln fehlten, drohte Regellosigkeit. Wo in der Theorie die «unsichtbare Hand» herrschen sollte, verbreiteten sich bald schon Maßlosigkeit, Gier und Korruption. Wo sich der Staat allzu weit zurückzog, traten auch Markt und Moral allzu weit auseinander. Filme wie Oliver Stones «Wall Street» (1987) und Romane wie Tom Wolfes «Fegefeuer der Eitelkeiten» aus demselben Jahr vermittelten einen sprechenden Eindruck von diesen Mechanismen. Daß sie allmählich systemisch wurden, zeigte sich im Verlauf des folgenden Jahrzehnts. Denn wenn die Grundlagen für neue, angelsächsisch geprägte Formen des Finanzkapitalismus in den 1980er Jahren gelegt wurden, so entfalteten sie sich in den 1990er Jahren zu voller Blüte. Angetrieben von der rasch voranschreitenden Digitalisierung, die Raum und Zeit schrumpfen ließ und grenzüberschreitende Transaktionen immer schneller ermöglichte, etablierte sich ein dynamischer internationaler Finanzmarkt. Er wurde zum Tummelplatz der Ambitionierten, lockte mit Traumgehältern und Bonuszahlungen. Eine neue internationale Elite von (meist männlichen) Investment-Bankern griff nach beruflichem «Thrill», persönlichem Reichtum und gesellschaftlichem Prestige. «Betriebsunfälle» auf dem Weg dorthin nahm die Community billigend in Kauf oder achselzuckend zur Kenntnis. Besonders spektakulär war der Fall des britischen Investment-Bankers Nick Leeson. In Singapur tätig, geriet er Ende Februar 1995 an den fernöstlichen Wertpapierbörsen in Schwierigkeiten. Seit Jahren hatte er hinter dem Rücken seines Arbeitgebers, der britischen Barings Bank, auf eigene Rechnung, aber mit fremdem Kapital spekuliert. Nach einer Serie von Rückschlägen stieg der von ihm akkumulierte Verlust auf rund 619 Millionen britische Pfund. Die illegalen Machenschaften ließen sich nicht mehr verheimlichen, und Barings, die älteste Privatbank Europas, gegründet 1762, war pleite – von einem einzigen ihrer leitenden Angestellten in den Ruin getrieben.[4]

Als langfristige Ursachen der Finanzkrise des Jahres 2008 lassen sich also durchaus die Politik der Deregulierung und der mit ihr verbundene Mentalitätswandel der Marktteilnehmer bestimmen. Das alte System der Regulierung wurde niedergerissen, ohne daß neue Kontrollmechanismen an seine Stelle getreten wären. Die Folge war eine ungeordnete Globalisierung der Finanzmärkte. Deren systemimmanente Risiken wurden in den 1990er und 2000er Jahren aber noch durch einen anderen Faktor massiv verstärkt, nämlich durch die Politik des billigen Geldes. Um die Konjunktur anzukurbeln, entfernten sich die USA seit den 1990er Jahren immer weiter von früheren monetaristischen Prinzipien. Vor allem unter ihrem legendären Vorsitzenden Alan Greenspan, der von 1987 bis 2006 amtierte, betrieb die US-Notenbank Federal Reserve (Fed) eine zunehmend expansive Geldpolitik. Den Anlaß hierzu gaben meist aktuelle Krisen, vor denen monetaristische Grundüberzeugungen zu weichen hatten. Schon der ersten großen Herausforderung seiner Amtszeit, dem Börsenkrach vom 19. Oktober 1987 («Schwarzer Montag»), begegnete Greenspan mit der Versicherung, die Fed werde als «Quelle der Liquidität» das Finanzsystem nachhaltig stützen.[5] Zehn Jahre später bekämpfte Greenspan die schwere Finanzkrise in Asien, indem er ebenfalls Dollars in die Märkte pumpen ließ; und nach dem 11. September 2001 senkte die Fed langsam aber stetig den Leitzins, bis er im Jahre 2004 das historische Tief von einem Prozent erreichte.

Fiskalpolitisch begleitete dies, vor allem unter den republikanischen Präsidentschaften Reagans und der beiden Bushs, eine Serie von Steuersenkungen. Hieraus ergab sich eine historisch neuartige, politisch bequeme, auf die Dauer aber höchst riskante Mischung aus neoliberalen Konzepten und stark expansiver Geldpolitik. In den Wirtschaftswissenschaften ist sie geradezu als eine unheilige Allianz zwischen angebotsorientierter Politik und «Bastard-Keynesianismus» bezeichnet worden.[6] Erkauft wurde sie nicht zuletzt durch ein immer stärker wachsendes Haushalts- und Leistungsbilanzdefizit.

Die Politik des billigen Geldes und die Deregulierung bewirkten in den USA während der 1990er und 2000er Jahre ein langanhaltendes Wirtschaftswachstum. In seinen besten Jahren wurde dieses Konzept als vorbildlich dargestellt, im Kern beruhte es jedoch auf einer unsoliden Basis. Zum einen entkoppelten sich die finanzmarktgetriebenen Einkommen und Vermögen zunehmend von der Realwirtschaft. Zum anderen finanzierte sich der amerikanische Konsum, der als so entscheidend wichtiger Konjunkturtreiber galt, immer stärker aus Krediten und stand damit auf tönernen Füßen. Nirgends anders galt dies mehr als auf dem Immobilienmarkt, womit dann auch schon die kurzfristigen Ursachen der Finanz- und Wirtschaftskrise benannt sind.

Die Euphorie des Booms, das leichte Geld und die Hoffnung der «Finanzalchemisten», durch gute Verkäufe noch bessere Provisionen zu erzielen, führten in den 2000er Jahren zu einer schweren Überhitzung des amerikanischen Immobilienmarktes. Immer häufiger wechselten Wohnungen und Häuser in die Hände wenig solventer Käufer, was aber die Banken und Kreditvermittler nicht davon abhielt, Darlehen auch bei zweifelhafter Bonität zu vergeben. Auf diese Weise entstand ein «Subprime»-Segment schlechter Kredite. Dem damit entstehenden Risiko begegneten die Banken, indem sie Pakete schnürten, deren Inhalt aus einem schwer durchschaubaren Mix aus Subprime- und sicheren Krediten bestand. Diese zweifelhaften, aber handelbaren Wertpapiere verkauften die Banken an Anleger in den USA und in Europa: erneut gegen Gebühren, Provisionen und hohe Renditeerwartungen. Sie enthielten aber jene «toxischen» Papiere, die dann im Herbst 2008 die weltweite Finanzkrise auslösten.[7]

Am Ende glich die Situation einem geplatzten Kettenspiel: Nachdem über lange Zeit viele Marktteilnehmer an der Blase verdient hatten – Immobilienverkäufer, Kreditgeber, Berater und Anleger – blieben die letzten auf den wertlosen Papieren sitzen. Schon seit 2006, mit dem Nachlassen der amerikanischen Konjunktur, zeichnete sich ein Platzen der Immobilienblase ab. Der zunehmend rasche Verfall der Immobilienpreise beendete auch das Geschäft mit den Subprime-Papieren; immer mehr Schuldner konnten ihre Hypothekendarlehen nicht mehr bedienen. Andere konnten nach dem Wertverfall ihres mit wenig Eigenkapital gekauften Hauses keine Sicherheiten mehr nachlegen. In jedem Fall verloren die durch Immobilien besicherten, gehandelten Schuldverschreibungen ihren Wert. Dementsprechend stieg das Risikobewußtsein der Banken, aber auch ihr gegenseitiges Mißtrauen: Wieviele schlechte Papiere ein Geschäftspartner in seinem Portfolio hatte, konnte man schließlich nicht wissen, und dementsprechend tendierte die Bereitschaft der Banken bald gegen Null, sich untereinander Geld zu leihen.

Zum ersten prominenten Opfer der Finanzkrise wurde die britische Northern Rock.[8] Als deren Schieflage im September 2007 bekannt wurde, kam es zu einer regelrechten Panik. Dem *Run* auf ihre Schalter konnte die Bank ohne staatliche Hilfe nicht mehr Herr werden: Die Northern Rock wurde verstaatlicht. Tatsächlich zeichnete sich hier schon recht früh jenes Muster ab, mit dem die Bankenkrise schließlich zu bewältigen war: Allein die massive Intervention des Staates, die unbegrenzte Garantie der Einlagen und die ganze Übernahme bankrotter, aber «systemrelevanter» Banken durch die öffentliche Hand waren die einzigen Mittel, um den vollständigen Zusammenbruch des Finanzmarktes mit allen verheerenden Konsequenzen zu vermeiden. Auf diese Weise wurden zum Beispiel in Deutschland, das durch die Bankenkrise besonders hart betroffen war, Geschäftsbanken wie die IKB, die Hypo Real Estate und die Commerzbank quasi verstaatlicht oder zumindest unter staatliche Kuratel gestellt. Den Steuerzahler kosteten diese Transaktionen sowie die Rettung der ebenfalls schwer angeschlagenen Landesbanken Milliarden an verlorenen Zuschüssen und Ausfallbürgschaften.

Welche Auswirkungen es indes hatte, eine aufgrund ihrer Größe «systemrelevante» Bank nicht zu retten, bewies der Zusammenbruch der großen amerikanischen Investment-Bank Lehman Brothers am 15. September 2008. Binnen kurzem erreichte nun das gegenseitige Mißtrauen auf den internationalen Finanzmärkten seinen Höhepunkt. Da der Kreditverkehr weitgehend zum Erliegen kam, fehlten bald auch der Realwirtschaft liquide Mittel, so daß sich die Finanzkrise zur veritablen Wirtschaftskrise fortentwickelte. Erneut war es allein die Politik, die durch die Bereitstellung großflächiger Rettungsschirme für gefährdete Banken, eine weiterhin expansive Geldpolitik, die Übernahme «toxischer» Papiere, neu aufgelegte Konjunkturprogramme und Abfederung der sozialen Folgen das Schlimmste zu verhindern vermochte. Der Öffentlichkeit bot sich somit ein paradoxes Schauspiel dar: Nachdem der (National-)Staat über lange Zeit hinweg als Auslaufmodell abgeschrieben worden war, das die immer komplexeren Probleme der globalisierten Welt nicht mehr lösen könne, erlebte er im Zuge der Bankenkrise ein erstaunliches Comeback. Binnen kürzester Zeit und ohne große Diskussionen im Parlament oder mit den Interessenverbänden stellten die Regierungen in Europa wie in den USA dreistellige Milliardenbeträge zur Verfügung und dämmten damit die Wirkungen der Krise ein.

Allerdings bestanden erhebliche Unterschiede. Für viele überraschend, war es Deutschland, das sich trotz einer Rezession von 4,7 Prozent im Jahre 2009 am schnellsten von der Krise erholte. In der Vergangenheit war Deutschland von der OECD und der EU-Kommission häufiger dafür getadelt worden, daß es den Umbau von der Industrie- zur Dienstleistungsgesellschaft zu wenig energisch betrieb. Jetzt aber wurde aus der vermeintlichen Schwäche eine Stärke. Mit ihrem starken, exportorientierten Industriesockel profitierte die deutsche Wirtschaft von der rasch wieder anziehenden Weltkonjunktur. Wachstumsraten von mehr als drei Prozent bei gleichzeitig deutlich sinkender Arbeitslosigkeit zeugten von einer dynamischen Erholung. Jene Länder dagegen, die wie Großbritannien oder auch Irland einseitig auf den Dienstleistungs- und hier vor allem den Finanzsektor gesetzt hatten, sahen sich mit größeren Problemen konfrontiert. Bemüht wirkten in diesem Zusammenhang die Vorstellungen des britischen Wirtschaftsministers, die traditionelle Ingenieurskunst des Landes wiederzubeleben.[9] Die lange Phase der Entindustrialisierung, die insbesondere England erlebt hatte, ließ sich nicht von heute auf morgen korrigieren. In anderen Ländern wie vor allem Spanien hatte sich das vor der Wirtschaftskrise starke Wachstum vor allem aus dem boomenden, seit 2009 aber lahmenden Immobilienmarkt gespeist. Entsprechend tiefer und langfristiger wirkte sich die Finanzkrise aus, und entsprechend mühsamer verlief die Erholung.

Die europäische Schuldenkrise

Im übrigen wurden die Europäer, kaum hatten sie ihre Banken gerettet, von einer anderen Finanzkrise eingeholt. Zwar war sie mit der großen, von den USA ausgehenden Weltfinanzkrise verflochten; ihre Ursprünge lagen aber doch vor allem in Europa selbst. Im Kern handelte es sich um eine Staatsschuldenkrise gewaltigen Ausmaßes, die durch die Stützungsaktionen im Zuge der Bankenkrise noch verschärft worden war. Im Zentrum der neuen Krise stand Griechenland. Um ihres Zieles willen, 2001 beim Start des Euro dabei zu sein, hatte die griechische Regierung geschönte, um nicht zu sagen gefälschte Haushaltsdaten nach Brüssel übermittelt,[10] de facto aber regelmäßig gegen die Konvergenzkriterien der Europäischen Union verstoßen. Schon vor der Bankenkrise hatte die Staatsverschuldung Griechenlands daher einen Rekordstand erreicht. Infolge der Finanzkrise, in deren Verlauf auch die griechische Regierung den Banken des Landes unter die Arme griff, erhöhte sich das Defizit noch einmal. Als daher im November 2009 der neugewählte sozialistische Ministerpräsident Giorgios Papandreou reinen Tisch machte, begann in

Die europäischen Staats- und Regierungschefs verabschieden den Euro-Rettungsschirm in Brüssel, Oktober 2010

Griechenland, aber auch auf der europäischen Bühne ein Heulen und Zähneklappern.

Faktisch stand das Land vor dem Staatsbankrott, und in dem Maße, in dem dies offenbar wurde, verlor es das Vertrauen der Finanzmärkte. Griechische Staatsanleihen galten fortan als Risikopapiere, und in Europa grassierte die Angst, die griechische Misere könnte sich auf andere überschuldete Staaten der Euro-Zone wie Spanien, Portugal oder sogar Italien ausdehnen. In diesem Fall, so waren alle maßgeblichen Politiker überzeugt, drohten ein massiver Kapitalabfluß aus Europa und ein Kollaps der Euro-Zone insgesamt. Hektisch suchten die europäischen Regierungen daher nach einem Ausweg und fanden ihn in Form eines Hilfspaketes für Griechenland. Gemeinsam mit dem Internationalen Währungsfonds und gegen harte Sparauflagen legte die Europäische Union im Mai 2010 einen milliardenschweren Rettungsfonds für Griechenland auf. Um den Euro weiter zu stabilisieren, mobilisierten Europäischer Rat und IWF nur einen Tag später einen Kreditrahmen in Höhe von 750 Milliarden Euro. In ihrer Zahlungsfähigkeit gefährdete Länder sollten sich künftig unter diesen Rettungsschirm begeben können.[11]

Beide Maßnahmen bewirkten zunächst den angestrebten Effekt. Sie stabilisierten die akute Situation und festigten das Vertrauen der Finanzmärkte in die Euro-Zone. Aber die europäische Finanzkrise kehrte seitdem regelmäßig zurück auf die Tagesordnung. Im Dezember 2010 mußte sich Irland und im Mai 2011 auch Portugal unter den Rettungsschirm begeben. Und als Griechenland im Juni 2011 erneut vor der Insolvenz stand, eskalierte der Konflikt. Die Bundesregierung forderte vehement eine Umschuldung Griechenlands unter Beteiligung der privaten Gläubiger. Als weitaus größter Nettozahler in der EU und unter Rücksicht auf die Stimmungslage der eigenen Bürger hatte Deutschland ein vitales Interesse daran, die griechische Schuldenkrise nicht zu einem «Faß ohne Boden» werden zu lassen. Die Mehrheit der Euro-Partner und die EZB, die griechische Staatsanleihen in Höhe von etwa 40 Milliarden Euro hielt,[12] lehnten die deutsche Forderung allerdings ebenso vehement ab. Unklar war nämlich, ob ein Insolvenzverfahren nicht zu einer Neuauflage der Bankenkrise geraten und damit noch kostspieliger werden würde. Die französische Regierung zum Beispiel motivierte offenkundig das Bemühen, die eigenen Banken zu schützen, wenn sie sich dem deutschen Vorschlag eines «geordneten» Insolvenzverfahrens für Griechenland verschloß. Über diese Fragen brach offener Streit aus.

Binnen kürzester Zeit weitete sich daher die Finanzkrise zu einer allgemeinen politischen und auch zur Vertrauenskrise der Europäischen Union aus. Neben die Sorge um die finanzielle Stabilität Europas und des Euro-Raums traten immer stärker innereuropäische Spannungen. Als besonders prekär wurde empfunden, daß die Währungsunion nun zur Haftungsgemeinschaft mutierte. Dies verstieß nicht nur gegen die sogenannte No-bail-out-Klausel des Vertrages von Maastricht, die eine Haftung für die Schulden anderer Staaten ausdrücklich ausschloß; mindestens ebenso gravierend war es, daß die Finanztransfers und die Auflagen, mit denen sie verknüpft wurden, geradezu Öl in die abklingende Glut alter nationaler Gegensätze und Vorurteile gossen. So entwickelte sich die Griechenlandhilfe zu einer politischen Zwickmühle. In Deutschland etwa ließ es sich politisch immer schwerer vermitteln, daß der heimische Steuerzahler nicht nur für das Versagen der Banken aufkommen, sondern nun auch die griechischen Schulden bezahlen sollte. Entsprechend leicht war es, an eher dumpfe Vorurteile über griechische Korruption, europäische Erpressung und ministerielle Unfähigkeit zu appellieren. Umgekehrt wuchs die Wut der Griechen angesichts des rigorosen Sparprogramms, das die EU und der IWF ihrer Regierung auferlegten. Tatsächlich war es ein paradoxes Schauspiel: Während weltweit noch die Politik des billigen Geldes als Mittel der Wahl galt, um die Wirtschaftskrise zu überwinden, war die griechische Regierung gezwungen, eine geradezu brutale Konsolidierungspolitik zu exekutieren. Massendemonstrationen, Generalstreiks und Ausschreitungen waren die Folge. Von der Empörung über die Kürzung von Gehältern, Dienst- und

Die Kommunistische Partei Griechenlands protestiert gegen die Sparmaßnahmen der Regierung in Athen

Sozialleistungen hin zum gleichfalls eher antieuropäischen Ressentiment und zur besonderen Feindseligkeit gegenüber Deutschland war es dann nur noch ein kleiner Schritt. Im Juni 2011 schien überdies das ganze politische System in Griechenland gefährdet.

Mitte 2011 bestand also die große Gefahr, daß der Versuch, die Euro-Zone mittels finanzpolitischer Kraftakte zu stabilisieren, die politische Atmosphäre in Europa vergiftete. «Jeder schaut auf sich», so formulierte es der deutsche Europa-Abgeordnete Elmar Brok. «Die anderen 26 meinen derzeit, wir seien die einzigen Nutznießer der EU, während wir denken, wir seien der einzige Finanzier. Das stimmt natürlich nicht, führt aber zu mieser Stimmung.»[13]

Wieder einmal wurde also die «Krise» Europas diagnostiziert. Die empfohlenen Rezepte unterschieden sich dabei allerdings fundamental voneinander. Die Pessimisten forderten den Rückbau Europas, was den Kontinent hinter den erreichten Stand der Integration zurückwerfen würde. Manche empfahlen, Griechenland solle aus der Euro-Zone austreten und wieder zur Drachme zurückkehren – eine Möglichkeit, die die Verträge allerdings gar nicht vorsahen. Andere hielten sogar den Euro insgesamt für eine Gefahr für Europa und forderten, die gemeinsame Währung aufzugeben und sie allenfalls auf ein ökonomisches Kerneuropa zu beschränken.[14] Optimistischere Stimmen drängten dagegen unter dem Eindruck der Krise darauf, die supranationale Integration weiter voranzutreiben. Dauerhafte Stabilität ließ sich aus ihrer Sicht nur dann erzielen, wenn es eine gemeinsame europäische Wirtschafts-, Haushalts- und Steuerpolitik gab oder zumindest eine stärkere obligatorische Harmonisierung erreicht wurde. Solche Überlegungen rührten freilich an kardinale Fragen der verbliebenen einzelstaatlichen Souveränität und der intergouvernementalen Zusammenarbeit. Überdies warfen sie das nach wie vor unbefriedigend gelöste Problem auf, wie sich europäische Entscheidungen demokratisch legitimieren ließen. Sie besaßen daher höchstens prospektiv-konzeptionellen Charakter und trugen zur konkreten Problemlösung noch nichts bei.

Insgesamt dominierte daher Mitte 2011 das Gefühl einer tiefgreifenden europäischen Malaise, die sich auch politisch ganz konkret auswirkte: So mußten im Herbst 2011 die Regierungschefs Griechenlands und Italiens, Papandreou und Berlusconi, zurücktreten. Dies verband sich mit diffusen Ängsten vor einer nicht mehr zu beherrschenden Eskalation der Finanzkrise, dem Zusammenbruch der Euro-Zone und einer galoppierenden Europamüdigkeit der Bürger. Sorgen um den Sinn und Ausgang der europäischen Entwicklung gewannen an Gewicht.

15. Wächst Europa zusammen?

Teleologische Versuchungen

1989 hatte es sehr gut ausgesehen für Europa. Nach der Überwindung des Kalten Krieges, dem Fall des Eisernen Vorhangs und im Zuge fortschreitender wirtschaftlicher Integration herrschte Optimismus vor. Europa schien zusammenzuwachsen. 2011 sah es dagegen nicht gut aus für Europa. Aus der Schuldenkrise erwuchs eine tiefgreifende Vertrauenskrise, die den Pessimismus nährte. Europa drohte auseinanderzufallen. *Die Zeit* kommentierte: «Statt Europa zusammenzuführen, spaltet der Euro den Kontinent [...] Geschichte [ist] kein linearer Prozess. Europa kann wieder zerfallen, so wie es geeint wurde.»[15]

Was bedeuten solche widersprüchlichen Befunde für die historische Betrachtungsweise? Wächst Europa zusammen oder bricht es zusammen? Ist die jüngste Geschichte des Kontinents geprägt durch das kontinuierliche Zurücktreten der nationalen Partikularismen zugunsten einer von Brüssel gesteuerten Vereinheitlichung? Oder gerät der vielstimmige Chor der nationalen Einzelinteressen zur europäischen Kakophonie, die das Erreichte gefährdet? Gibt es im globalen Zeitalter eine gemeinsame europäische Identität? Oder steigert die Globalisierung die kulturellen Differenzen so weit, daß die Selbstverständigung über den gemeinsamen Standort nicht mehr möglich ist?

Werden diese Fragen normativ verstanden, so sind sie falsch gestellt. Antworten, die nur ein bloßes Entweder-Oder zulassen, werden der Komplexität des Gegenstandes nicht gerecht und sind überdies ideologieanfällig. Insbesondere ist die Fundamentalkritik an den europäischen Zuständen, wie sie regelmäßig in der tagesaktuellen Publizistik begegnet, problematisch. Denn ob gewollt oder nicht, schürt sie anti-europäische Ressentiments, die ihrerseits nicht mehr anzubieten haben als den Rückfall in nationale Partikularpositionen. Jede Analyse, welche die europäische Realität an einem gewünschten Fortschritt und idealen Zustand mißt und sie dann als unbefriedigend verwirft, argumentiert latent normativ und verfehlt damit wesentliche Aspekte der europäischen Geschichte. Ebenso ideologieanfällig ist freilich die umgekehrte, teleologische Sichtweise, die den heutigen Zustand Europas als Ziel der Geschichte betrachtet: als ein Ziel, auf das die historischen Entwicklungsprozesse linear hingearbeitet haben. Die Versuchung zu einer solchen *Whig interpretation* der Geschichte Europas ist groß, und im Diskurs über Europa wird ihr tagtäglich nachgegeben. Damit aber werden gegenläufige Tendenzen der herrschenden Sichtweise untergeordnet und an der Elle des gewünschten Ziels gemessen. Das Ergebnis ist eine eher flache europäische Fortschrittsgeschichte, teleologisch reduziert und ebenfalls ihrer Komplexität entkleidet. Sie wird zum eurozentrischen Mythos, zur bloßen Meistererzählung.[16]

Die Wurzeln dieser Meistererzählung liegen im Zeitalter der Weltkriege. Europa ist seitdem stets eine normative, auf die Zukunft gerichtete Vorstellung gewesen. Sie ist daher ein Konstrukt, dessen Entstehung nicht von der vernichtenden Weltkriegserfahrung getrennt werden kann. Aber jede ideale Vorstellung Europas sorgt sich um ihr negatives Gegenbild. Aus der Selbstreflexion über die gewünschte Zielvorstellung entwickelt sich deren radikale Infragestellung, nämlich die «Krise» Europas. In die Irre führt daher ein chronologisch-lineares Konzept, in dem etwa dem politisch-institutionellen Entwurf Europas seine Krise folgt, die dann wiederum überwunden werden kann. Vielmehr gehören die Vorstellung von der Zukunft Europas und die Diagnose seiner Krise unmittelbar zusammen und sind kognitiv aufeinander bezogen. Die historische Betrachtungsweise verlangt es daher, die jeweils konträren Dimensionen zusammenzudenken und auf ihrer Basis eine differenzierte Antwort zu geben. Unbefriedigend bleibt dabei das viel gehörte Wort von der «Einheit in Vielfalt». Zumindest solange nicht klar ist, wie sich beides zueinander verhält, bleiben die Merkmale «Einheit» und «Vielfalt» statische Größen und können Veränderungen nicht erklären. Eine historisch argumentierende Antwort auf die gestellte Frage nach dem Zusammenwachsen Europas faßt dagegen die Dynamik der Entwicklung und ihre Widersprüchlichkeit ins Auge. Zugleich betont sie die grundsätzliche Offenheit der geschichtlichen Entwicklung.

Angleichung in der Ungleichheit

Aus den vorstehenden Seiten ist deutlich geworden, wie dynamisch und zugleich dialektisch die europäische Geschichte seit den 1980er Jahren verlaufen ist. Ihre paradoxen Charakteristika sind die permanente Angleichung in der Ungleichheit, Vereinheitlichung bei fortschreitender Differenzierung und neue Desintegration inmitten beschleunigter Integrationsprozesse. Zugleich fällt man nicht in teleologische Deutungsmuster zurück, wenn man konstatiert, daß dieser dialektisch angetriebene, krisenhafte Gestaltwandel für Europa einen unverkennbaren Konvergenzschub bedeutete. Er läßt sich auf mehreren Ebenen greifen.

Der größte Zuwachs an Konvergenz und Angleichung ergab sich zunächst in politischer Hinsicht, nämlich aus der Befreiung Europas vom Kommunismus. Das gilt in einem ganz elementaren Sinne, insofern nämlich, als die physische Spaltung durch Mauer und Stacheldraht entfiel. Zugleich vermochten sich nun auch die Völker Osteuropas als freie Nationen zu konstituieren. Staat und Nation, Verfassung und Demokratie zu etablieren und in ein Gleichgewicht zu bringen, war seit dem 19. Jahrhundert ein bestimmender leitmotivischer Entwicklungspfad der europäischen Geschichte. Im Osten des Kontinents wurde er zunächst durch die Herrschaft der multinationalen Imperien verschüttet, später, in der Zwischenkriegszeit, durch Nationalsozialismus und Kommunismus gewaltsam abgebrochen. Nach 1989 holten die postkommunistischen Staaten diese Entwicklung gleichsam im Zeitraffer nach, waren dabei aber keineswegs allein. Sie konnten umfänglich auf verfassungsrechtliche Transfers aus den westeuropäischen Demokratien zurückgreifen und orientierten sich an den erkennbaren Ansätzen zu einem gemeineuropäischen Verfassungsrecht ebenso wie an den klar formulierten Standards der Europäischen Union.[17] Alles dies offenbarte, wie weit die demokratiekulturelle Angleichung in Europa schon zu diesem Zeitpunkt gediehen war.

Dabei folgte die Entwicklung nach 1989 einer aus der europäischen Geschichte bekannten Logik: Nationen brauchen territoriale Grenzen und suchen sich damit ihre staatliche Form. Auch die Demokratie bleibt nach aller historischen Erfahrung auf eine klare Vorstellung von Grenze und Abgrenzung und damit auf die Nation verwiesen. Das Resultat war daher paradox: Einerseits war die Konvergenz Europas im Namen von Nation und Demokratie ganz offensichtlich. Zwanzig Jahre nach dem Umbruch bestand Europa auch in seinem östlichen Teil aus überwiegend stabilen demokratischen Nationalstaaten. Andererseits bestand der Preis hierfür in neuen Grenzen und neuen Staaten: Vor 1989 bestanden in Ost- und Ostmitteleuropa acht Staaten; an ihre Stelle traten bis in die 2000er Jahre nicht weniger als 26 unabhängige Staaten. Politisch-staatliche Differenzierung und neue Territorialisierung waren mithin die notwendige Begleiterscheinung und der Preis der politischen Angleichung.

Aus der politischen erwuchs die ökonomische Konvergenz. Der forcierte Übergang der postkommunistischen Staaten zur Marktwirtschaft glich die Regeln, nach denen in Europa gewirtschaftet wurde, schlagartig einander an. Unter dem wachsamen Auge der Europäischen Union entfaltete sich in ganz Europa eine marktwirtschaftliche Ordnung mit ausreichend starkem Privatsektor, gesicherter Vertragsfreiheit und hinreichender Rechtssicherheit. Dies erlaubte die Vereinheitlichung des europäischen Wirtschaftsraums, die Vollendung des schon vor 1989 auf den Weg gebrachten Binnenmarktes und für die Zukunft auch die sukzessive Aufnahme der ostmitteleuropäischen Staaten in die Euro-Zone. Handel, Verkehr und Binnenmigration, Finanzen und grenzübergreifende Investitionen sorgten für eine zunehmende Verflechtung Europas. Indes vollzog sich diese unbestreitbar dynamische Konvergenz im Rahmen fortbestehender oder sogar noch wachsender ökonomischer Gegensätze. Der Fortfall des Eisernen Vorhangs, das Wegbrechen der osteuropäischen Märkte und der kalte Wind der kapitalistischen Wirtschaftsweise offenbarten schlagartig das gewaltige Wohlstandsgefälle innerhalb Europas. Nur langsam vermochten die Ökonomien der postkommunistischen Länder den Rückstand zu verkürzen. Soziale Ungleichheit und ökonomische Angleichung gehörten daher in Europa wie auch in anderen Regionen untrennbar zusammen. «Es gibt anhaltend große Unterschiede zwischen den europäischen Ländern, aber auch sehr wichtige Entwicklungen der Konvergenz», lautet eine charakteristische Zusammenfassung.[18] In jedem Fall aber muß Europa wie andere Weltregionen auch – etwa Nordamerika und Nordostasien – mit der Herausforderung tiefgreifender sozialer und ökonomischer Ungleichheit leben.

Aber allen Ungleichheiten zum Trotz zeichnete sich das 1989/90 gebildete neue Europa durch eine nachhaltige kulturelle Konvergenz aus. Die Politik der Europäischen Union gewährleistete grenzüberschreitende Freizügigkeit, relativierte die Bedeutung der Grenzen und baute die Grenzkontrollen ab. Dieser gemeinsame politische und wirtschaftliche Binnenraum

Europas wurde dadurch zum Schauplatz einer gewaltig ansteigenden Mobilität und der damit verbundenen Transaktionen.[19] Das neue Europa wirkte gleichsam als ein gigantischer Lernort nicht nur für seine Eliten, sondern auch für die Bevölkerungen der europäischen Länder. Das Schrumpfen der räumlichen Distanzen, wie es nicht zuletzt in der Verbilligung des Reisens zum Ausdruck kam, setzte interkulturelle Kommunikations- und Lernprozesse und damit eine kulturelle Angleichung Europas «von unten» in Gang. Sie konnte sich in der Niederlassung im europäischen Ausland, im Erwerb von Bildung und Sprachkenntnissen ausdrükken, aber auch in den einfacheren Formen des touristischen Bereisens fremder europäischer Länder oder dem Verfolgen von internationalen Sportereignissen. Erleichtert und verstärkt wurden die hiermit freigesetzten Konvergenzprozesse durch Möglichkeiten und Wirkungen der sozialen Kommunikation. Die neuen Kommunikationstechnologien folgten nicht nur in Europa, sondern überall auf der Welt einem uniformen Standard. Sie überbrückten die räumliche Distanz auf ihre Art, konditionierten individuelles Verhalten und erleichterten den internationalen und interregionalen Austausch. Zugleich vereinheitlichten sich die Formen des Freizeit- und Medienkonsums im Hinblick auf Film- und Fernsehprogramme, Computerspiele und Musikangebote. Insofern wiederholte sich auf europäischer Ebene ein Prozeß, der aus der Geschichte nationaler Gesellschaften bekannt war: Die egalisierende Macht der modernen Freizeit-, Konsum- und Massenkultur bewirkte eine kulturelle Angleichung über klassen-, schicht- und milieuspezifische Grenzen hinweg; dies aber unter Beibehaltung der strukturellen sozialen Ungleichheiten.

Allerdings wird die uniformierende Wirkung der westlichen Massenkultur begleitet von einer ebenfalls zunehmenden kulturellen Diversität in Europa. Teils in Reaktion auf die Einflüsse der Globalisierung, teils als deren direkte Folge, wie im Falle der außereuropäischen Einwanderung, vervielfältigte sich die Zahl der möglichen kulturellen Identitäten. Regionalistische oder religiöse, sprachliche oder ethnische Motive speisten das Bedürfnis ganzer Gruppen, durch kulturelle Abgrenzung gegenüber ihrer Umwelt die eigene, unverwechselbare Präsenz sichtbar zu machen. Solche Formen der *identity politics* nahmen im neuen Europa beständig zu, machten es «bunter», provozierten aber auch neue Konflikte. Offenkundig besteht zwischen der vereinheitlichenden Wirkung der Massenkultur und dem gleichzeitigen Wunsch nach kultureller Abgrenzung um der eigenen Identität willen ein innerer Zusammenhang. Dynamische Angleichung und fortschreitende Differenzierung gehören daher in der Kultur des neuen Europa zusammen. Demgegenüber wäre es inadäquat, eine konsistente europäische Identität zum Maßstab für eine gewünschte kulturelle Einheit Europas zu machen.

Krise Europas?

Abschließend sei der Blick noch einmal auf die politisch-institutionelle Entwicklung Europas gerichtet. Sie steht meist im Mittelpunkt, wenn von der «Krise» Europas gesprochen wird. Und seit 1989 vergingen keine fünf Jahre, in denen eine solche Krise nicht immer wieder diagnostiziert und ein drohendes Auseinanderfallen Europas prognostiziert wurde: Europa hatte keine politische Öffentlichkeit und keine eigene Identität, es verfügte über kein Konzept zur Vertiefung und zur Bildung einer politischen Union. Europa versagte in außenpolitischer Hinsicht und wurde seinem selbstgesteckten Anspruch, eine internationale Friedensmacht zu sein, nicht gerecht. Schließlich dominierten in Europa wechselweise die Bürokraten oder die nationalen Egoismen, und seine Bürger wandten sich von ihm ab.

Nun wurde bereits darauf hingewiesen, daß jede Analyse der europäischen Geschichte die historische Gleichzeitigkeit und das wechselseitige Aufeinanderbezogensein zwischen zukunftsgerichteter Vorstellung und Krise Europas berücksichtigen muß. Beides gehört untrennbar zusammen, und die vorstehenden Kapitel haben gezeigt, daß nahezu jede Krise mit einem weiteren, wenngleich stets mühsamen Integrationsschritt beantwortet wurde.

So war der mit der Einheitlichen Europäischen Akte von 1986 beschrittene Weg zum Binnenmarkt die europäische Antwort auf die Wirtschaftskrise der späten 1970er Jahre; der Herausforderung der Globalisierung suchte die EU mit der Lissabon-Strategie zu begegnen, das heißt durch die Hebung des Bildungsniveaus ihrer Bürger im Zeitalter der «Wissensgesellschaft» und mittels der Durchsetzung einheitlicher Bildungsstandards. Das weitgehende Versagen Europas im Jugoslawienkonflikt hatte eine zwar limitierte, aber spürbare Stärkung der europäischen Außen- und Sicherheitspolitik zur Folge. Mit der Osterweiterung begegneten die EU-Mitgliedstaaten der Gefahr einer neuen Spaltung Europas aufgrund des ökonomischen Ungleichgewichts. Der Zwang schließlich, die Union angesichts einer Verdoppelung ihrer Mitglieder funktionsfähig zu halten, lag an der Wurzel des europäischen Verfassungsprojekts und der Verträge von Amsterdam und Lissabon. Stets also bergen die europäischen Krisen den Antrieb zu einem neuen Anlauf für die Integration und zunehmende Konvergenz Europas. Der eher europaskeptische Generalsekretär der CSU, Alexander Dobrindt, brachte diesen Mechanismus Anfang Juni 2011 auf den Punkt, wenn er – in freilich kritischer Absicht – sagte: «Die Macht der

EU ist nach jeder Krise größer geworden, die darauf folgende Krise nicht kleiner. Wir müssen deshalb den Automatismus, der zu einer fortschreitenden Machtverschiebung in Richtung Brüssel führt, auf den Prüfstand stellen.»[20] Und wohl niemand würde leugnen, daß die Folgen dieses Mechanismus durchaus ambivalent sind.

Offenkundig aber ist der Raum, in dem die europäischen Eliten und nationalen Spitzenpolitiker agieren, bereits so weit institutionalisiert und verrechtlicht, daß außerhalb der in ihm geltenden Gesetzmäßigkeiten keine Krisenlösungen mehr möglich sind. In diesem Sinne ist die Europäische Union die mächtige «Objektivation» einer aus historischer Erfahrung gespeisten Vorstellung geworden.[21] Politik in Europa unterliegt seitdem einer strukturellen Pfadabhängigkeit, das heißt: Politische Aufgaben (und Krisen) können nur mittels jener Elemente und im Rahmen jener Institutionen gelöst werden, die der historische Pfad bereits zur Verfügung gestellt hat. Den Pfad zu verlassen, verbietet der Blick auf die dann fälligen politischen, finanziellen und kulturellen Kosten, die für niemanden legitimierbar erscheinen. Unter den politischen Integrationstheorien entspricht dieser Einsicht am ehesten der (neo-)föderalistische Ansatz. Bei aller unbestrittenen Bedeutung der vielfältigen funktionalen Verflechtungen sieht er in der einmal auf den Weg gebrachten supranationalen Integration die letztlich entscheidende Antriebskraft für Europas Zusammenwachsen («function follows form»). Die Folge ist eine fortschreitende «endogene» Kompetenz- und Machterweiterung der europäischen Institutionen.[22]

Diese Pfadabhängigkeit schlug sich regelmäßig in der konkreten Bewältigung der komplexen europäischen Agenda und ihrer Krisen nieder. Europäische Probleme waren, so hieß es dann, nur durch «mehr Europa» zu lösen. Diesen Ton schlugen auch jüngst die meisten europäischen Amts- und Mandatsträger an, als es um die Lösung der Euro-Krise ging.[23]

Allerdings stellt die gegenwärtige Krise der griechischen Staatsfinanzen, die zur Krise des gesamten Euro-Raumes geworden ist, für den in diesem Buch analysierten Mechanismus der europäischen Angleichung den bis dahin härtesten Test dar. Schon beim Beitritt des wirtschaftlich zurückliegenden Griechenlands zur Euro-Zone hatte die politische Priorität über die ökonomische Vernunft triumphiert. Zwar schien es über etliche Jahre hinweg so, als würde die Rechnung aufgehen und die auf den Euro getrimmte Funktion der griechischen Finanzen der (währungs-)politisch gebildeten Form nachfolgen. Aber es entsprach der geschilderten europäischen Dialektik, daß die Politik der Konvergenz zentrifugale Tendenzen hervorrief. Die Folgen waren paradox: Denn obwohl die Griechen sich auf die Maastrichter Stabilitätskriterien verpflichtet hatten, erlaubten ihnen die

Zugehörigkeit zur Euro-Zone eine weitaus höhere Staatsverschuldung, als es zuvor möglich gewesen wäre. Denn auf sich allein gestellt, wäre die Drachme dem Druck der Finanzmärkte schon längst erlegen und der Staatsbankrott unvermeidlich gewesen. So aber übernehmen nun die anderen, das heißt vor allem die starken Euro-Länder für das griechische Defizit die Haftung, während in Griechenland selbst die erzwungene Sparpolitik zu massiven politischen und sozialen Verwerfungen führt. Erschwerend treten die Folgen der Dynamik hinzu, die durch die zügellose Liberalisierung der internationalen Finanzmärkte seit den 1980er Jahren freigesetzt worden war. Sie treiben nun die europäische Politik in Form von Währungsspekulationen und Voten von Rating-Agenturen vor sich her. Sie beschwören nicht nur das Damoklesschwert einer «Ansteckung» der gesamten Euro-Zone durch die griechische Schuldenkrise. Vielmehr erscheint auch die Risikobeteiligung privater Gläubiger durch eine geordnete Teilinsolvenz beziehungsweise «Umschuldung» Griechenlands als noch riskanter für die Stabilität der Euro-Zone als die Bürgschaft der öffentlichen Hand. Dahinter tun sich freilich erhebliche nationale Interessendivergenzen auf. Insbesondere reduziert die erhöhte deutsche Beteiligung am Euro-Rettungsschirm das Risiko nichtdeutscher privater Banken, die in Griechenland investiert haben.

Längst hat also die Finanzkrise eine Vertrauenskrise erzeugt, die Europa alles abverlangt. Eine Prognose für die Zukunft kann hier nicht gegeben werden. Indes läge es in der Logik der beschriebenen Pfadabhängigkeit, wenn die in der Finanzkrise freigesetzten zentrifugalen Tendenzen doch wieder durch eine Politik des «mehr Europa» gebändigt würden. Die Werkzeuge hierfür liegen bereit, ihre Anwendung wird mehr und mehr gefordert, und sie weisen den Weg zur weiteren Föderalisierung beziehungsweise Supranationalisierung. Sie lauten Einführung gemeinsamer Staatspapiere (Eurobonds), stärkere Absprache oder sogar Vergemeinschaftung der europäischen Steuer- und Wirtschaftspolitiken bis hin zu ihrer partiellen Abgabe an die Brüsseler Kommission. Die Ergebnisse des EU-Gipfels vom 9. Dezember 2011 jedenfalls deuten in diese Richtung. Sofern die hier beschlossenen Maßnahmen nachhaltig in die Tat umgesetzt werden, könnte sich Europa in die Richtung einer Fiskalunion mit eingebauter Schuldenbremse entwickeln. Andererseits darf nicht vergessen werden, daß es sich hierbei keineswegs nur um eine finanztechnische, sondern vor allem auch um eine politische Herausforderung handelt. Und wie die europäische Bevölkerung auf entsprechend scharfe nationale Sparmaßnahmen und Brüsseler Sanktionen reagieren wird, ist gegenwärtig überhaupt nicht abzusehen. Gleichwohl kann ein weiterer bedeutsamer «Fortschritt» in der Geschichte der europäischen Integration infolge der Schuldenkrise nicht nur nicht ausgeschlossen werden, sondern er ist sogar durchaus wahrscheinlich. Auch dies gehört für die europäischen Völker und Politiker zum Preis der Freiheit.

Somit gehen Konvergenz und Angleichung in Europa mit dem krisenhaft angetriebenen Fortschritt der europäischen Institutionen Hand in Hand, ja beides bedingt einander. Damit ist nicht einer unkritischen «Finalität» des europäischen Prozesses das Wort geredet, denn das Ende kennen wir ohnehin nicht. Und schon gar nicht kann es darum gehen, vergangene nationalgeschichtliche Teleologien durch ein neues, europäisch gewandetes Fortschrittsnarrativ zu ersetzen. Unverkennbar aber ist, daß eine entsprechende europäische «Meistererzählung» bereits existiert. Sie äußert sich in der Sprache der politischen Akteure, die das europäische Fortschrittsnarrativ aus zwei Gründen dringend brauchen: einerseits um sich selbst zu legitimieren, andererseits aber um nicht an der Dauerkrise ihres Betätigungsfeldes und an der schieren Komplexität ihrer Aufgaben zu verzweifeln.

Selbstverständlich muß diese Sprache ideologiekritisch betrachtet werden. Unbestreitbar stehen hinter ihr materielle Interessen und institutionell aufgerichtete Zwänge, sachliche Verkürzungen und bürokratische Machtansprüche. Teilweise erschweren sie das Leben der Europäer und müssen daher aufgedeckt und beim Namen genannt werden. Aber dies gehört zu den Realitäten der jüngsten europäischen Geschichte und zu ihrer fundamentalen Ambivalenz. Die Angleichung Europas ist nicht ohne Bürokratie zu haben, Bewegungsspielräume nicht ohne Reglementierungen und die gewonnene Freiheit nicht ohne neues Risiko. Die Krise Europas besteht in seinem Zusammenwachsen.

ANMERKUNGEN

Einführung

1 So Martin Winter, Aus der Traum, in: Süddeutsche Zeitung (künftig SZ), 24./25.9.2011.
2 Vgl. zu dieser Problematik Horst Möller, Erinnerung(en), Geschichte, Identität, in: Aus Politik und Zeitgeschichte (B 28/2001), S. 8–14, hier v. a. S. 13.
3 Anselm Doering-Manteuffel u. Lutz Raphael, Nach dem Boom. Perspektiven auf die Zeitgeschichte seit 1970, Göttingen 2008.
4 So die klassische Formulierung von Hans Rothfels, Zeitgeschichte als Aufgabe, in: Vierteljahrshefte für Zeitgeschichte 1 (1953), S. 1–8, hier S. 2.
5 Von einem «Forschungsstand» kann hierbei nur in einem sehr eingeschränkten Sinne gesprochen werden. Zwar gibt es praktisch zu jeder thematisierten Einzelfrage eine unübersehbare Masse aktueller Literatur aus den politik-, wirtschafts- und sozialwissenschaftlichen Nachbardisziplinen. Auf deren Erkenntnisse wird in den jeweiligen Abschnitten zu verweisen sein. Das geschichtswissenschaftliche Schrifttum ist jedoch noch überaus dünn gesät. Bedeutsam ist das magistrale Werk von Tony Judt, Postwar. A History of Europe Since 1945, New York 2005, S. 637–800. Eher summarisch bleiben die Textbooks von Jeremy Black, Europe Since the Seventies, London 2009, und Ivan T. Berend, Europe Since 1980, Cambridge 2010. Beachtlich, mit zum Teil sehr eigenwilligen Urteilen: Perry Anderson, The New Old World, London 2009; anregend auch das Buch der Journalistin Elizabeth Pond, The Rebirth of Europe, 2. Aufl. Washington D. C. 2002. Unter längerfristigen sozialgeschichtlichen Fragestellungen sind unentbehrlich: Göran Therborn, Die Gesellschaften Europas 1945–2000. Ein soziologischer Vergleich, Frankfurt/M. 2000 (zuerst engl. 1995); Hartmut Kaelble, Sozialgeschichte Europas 1945 bis zur Gegenwart, München 2007.
6 Vgl. hierzu Andreas Wirsching, Stationen auf dem Weg nach Maastricht, in: Historisch-Politische Mitteilungen 10 (2003), S. 261–273, sowie Ders., Europa als Wille und Vorstellung. Die Geschichte der europäischen Integration zwischen nationalem Interesse und großer Erzählung, in: Zeitschrift für Staats- und Europawissenschaften 4 (2006), S. 488–506. Siehe auch unten, S. 72 f.
7 So die inzwischen klassische Formulierung von Benedict Anderson, Imagined Communities. Reflections on the origins and spread of nationalism (zuerst 1983), 10. Aufl. London u. a. 2000.
8 Vgl. Dipesh Chakrabarty, Provincializing Europe. Postcolonial Thought and Historical Difference, Princeton/N. J. 2000. Zum Konzept der Weltgesellschaft vgl. die interessanten Beiträge in: Bettina Heinz u. a. (Hrsg.), Weltgesellschaft. Theoretische Zugänge und empirische Problemlagen (Sonderheft der Zeitschrift für Soziologie), Stuttgart 2005.
9 Zu der hier angedeuteten Problematik vgl. allgemein mit aktuellen Literaturhinweisen Christoph Dipper u. Lutz Raphael, «Raum» in der Europäischen Geschichte, in: Journal of Modern European History 9 (2011), S. 27–40.
10 Anregend hierzu: Karl Schlögel, Die Mitte liegt ostwärts. Europa im Übergang, Frankfurt/M. 2008. Vgl. zu Europas Grenzen auch unten, S. 350 ff.
11 Siehe hierzu die Beiträge im Schwerpunkt des Themenportals Europäische Ge-

schichte (Europa Clio online), Zur Europäizität des östlichen Europa, hrsg. v. Stefan Troebst, http://www.europa.clio-online.de/site/lang__de/40208781/Default.aspx (letzter Abruf 1.10.2011).

12 Kaelble, Sozialgeschichte Europas, S. 12.

I. Europa und seine demokratische Revolution 1989/90

1 Siehe die Beiträge in Helga Haftendorn u. Jakob Schissler (Hrsg.), Rekonstruktion amerikanischer Stärke. Sicherheits- und Rüstungskontrollpolitik der USA während der Reagan-Administration, Berlin 1988. Zur Nachrüstungskrise siehe jetzt den wichtigen Sammelband von Philipp Gassert u. a. (Hrsg.), Zweiter Kalter Krieg und Friedensbewegung. Der NATO-Doppelbeschluss in deutsch-deutscher und internationaler Perspektive, München 2011.

2 Jahrbuch der Europäischen Integration 1983, S. 114. Vgl. Thomas Raithel u. Thomas Schlemmer (Hrsg.), Die Rückkehr der Arbeitslosigkeit. Die Bundesrepublik Deutschland im europäischen Kontext 1973–1989, München 2009.

3 Kurt Becker, Gipfel in Scherben. Europa verspielt seine Chancen, in: Die Zeit, 2.5.1980. Vgl. Ders., Englische Krankheit. Europas Weltpolitik: Fehlanzeige?, in: Die Zeit, 30.5.1980.

4 «Goldene Neunziger?», in: Die Zeit, 5.1.1990.

5 Allgemein zum Veränderungsdruck, der sich in den 1970er Jahren aufbaute, vgl. die Beiträge in: Niall Ferguson u. a. (Hrsg.), The Shock of the Global. The 1970s in Perspective, Cambridge/Mass. 2010. Siehe ferner die einordnenden Beiträge von Göran Therborn, Geoff Eley, Hartmut Kaelble, Philippe Chassaigne u. Andreas Wirsching, The 1970s and 1980s as a Turning Point in European History?, in: Journal of Modern European History 9,1 (2011), S. 8–26, sowie das Themenheft European Responses to the Crisis of the 1970s and 1980s, hrsg. v. Andreas Wirsching u. Marc Lazar, in: Journal of Modern European History 9,2 (2011).

6 Vgl. zu den Rahmenbedingungen Kim Priemel, Gewerkschaftsmacht? Britische und westdeutsche Gewerkschaften im Strukturwandel, in: Raithel u. Schlemmer (Hrsg.), Rückkehr der Arbeitslosigkeit, S. 107–120. Zum «miners' strike» von 1985 vgl. Kenneth O. Morgan, The Peoples's Peace. British History 1945–1990, Oxford 1990, S. 473–475.

7 Ebd., S. 475.

8 Stephan H. Lindner, Den Faden verloren. Die westdeutsche und die französische Textilindustrie auf dem Rückzug, 1930/45–1990, München 2001; Andreas Wirsching, Abschied vom Provisorium. Geschichte der Bundesrepublik Deutschland 1982–1990, München 2006, S. 246–251.

9 Ebd., S. 239.

10 Als zeitgenössischer Eindruck instruktiv: Daniel Yergin, Crisis and Adjustment: An Overview, in: Ders. u. Martin Hillenbrand (Hrsg.), Global Insecurity. A Strategy for Energy and Economic Renewal, Boston/Mass. 1982, S. 1–28. Eine umfassende europäische Wirtschaftsgeschichte seit 1973 liegt bislang noch nicht vor. Siehe einstweilen: Derek H. Aldcroft, The European Economy 1914–1990, 3. Aufl. London u. New York 1993, S. 219–252; Anthony Sutcliffe, An Economic and Social History of Western Europe since 1945, London u. New York 1996, v. a. S. 199–249. Zu den langfristigen Folgen der ersten Ölpreiskrise vgl. Jens Hohensee, Der erste Ölpreisschock 1973/74, Stuttgart 1996, v. a. S. 236 ff.

11 Vgl. hierzu Ton Notermans, Money, Markets, and the State. Social Democratic Economic Policies since 1918, Cambridge 2000, S. 160–221.

12 Vgl. hierzu Doering-Manteuffel u. Raphael, Nach dem Boom. Konrad Jarausch (Hrsg.), Das Ende der Zuversicht? Die siebziger Jahre als Geschichte, Göttingen 2008; Thomas Raithel u. a. (Hrsg.), Auf dem Weg in eine neue Moderne. Die Bundesrepublik Deutschland in den siebziger und achtziger Jahren, München 2009.

13 Auf umfassende bibliographische Verweise muß hier verzichtet werden. Einflußreich waren: Ulrich Beck, Risikogesellschaft. Auf dem Weg in eine andere Moderne, Frankfurt a. M. 1986; Robert Inglehart, The Silent Revolution. Changing values and political styles among western publics, Princeton/N. J. 1977; Andreas Rödder u. Wolfgang Elz (Hrsg.), Alte Werte – Neue Werte. Schlaglichter des Wertewandels, Göttingen 2008.

14 Vgl. hierzu Karl U. Mayer, Whose Lives? How History, Societies, and Institutions Define and Shape Life Courses, in: Research in Human Development 1 (2004), S. 161–187, hier S. 172.

15 Zeitgenössische Diskussion u. a. bei Ulrich Beck, Risikogesellschaft, S. 220 ff.; Bernd Guggenberger, Wenn uns die Arbeit ausgeht. Die aktuelle Diskussion um Arbeitszeitverkürzung, Einkommen und die Grenzen des Sozialstaats, München 1988.

16 Dirk J. van de Kaa, Europe's Second Demographic Transition, in: Population Bulletin, Bd. 42, Nr. 1 (März 1987), v. a. S. 12–25.

17 So insbesondere Robert Castel, Les métamorphoses de la question sociale. Une chronique du salariat, Paris 1995. Siehe Jean Fourastié, Les trente glorieuses. Ou la révolution invisible de 1946 à 1975, Neuauflage Paris 1992. Siehe Ders., Le Grand Espoir du XXe siècle. Progrès technique, progrès économique, progrès social. Paris 1949, ND 1989.

18 Vgl. insbesondere Stefan Wolle, Die heile Welt der Diktatur. Alltag und Herrschaft in der DDR 1971–1989, 3. Aufl. Berlin 2009.

19 Eindrücklich hierzu die Dokumentation von Andreas Malycha, Ungeschminkte Wahrheiten. Ein vertrauliches Gespräch von Gerhard Schürer, Chefplaner der DDR, mit der Stasi über die Wirtschaftspolitik der SED im April 1978, in: Vierteljahrshefte für Zeitgeschichte 59 (2011), S. 283–305.

20 Der Begriff des «Anti-Chaos-Reflexes» wurde von Richard Löwenthal im Hinblick auf die Revolution von 1918/19 geprägt. Siehe Richard Löwenthal, Bonn und Weimar: Zwei deutsche Demokratien, in: Heinrich A. Winkler (Hrsg.), Politische Weichenstellungen im Nachkriegsdeutschland 1945–1953, Göttingen 1979, S. 9–25, hier S. 11.

21 Hartmut Kaelble, Wege zur Demokratie, München 2001, S. 8. Vgl. Samuel Huntington, The Third Wave. Democratization in the Late Twentieth Century. Norman/OK 1991.

22 Adam Michnik, Der lange Abschied vom Kommunismus, Reinbek 1992, S. 19.

23 Hans-Hermann Höhmann, Sowjetische Wirtschaftspolitik unter Gorbatschow. Vom «Durchwursteln» zu neuem Profil?, in: Europa-Archiv 40 (1985), S. 425–432, hier S. 426.

24 Zur komplexen Persönlichkeit Gorbatschows und seiner Karriere jetzt György Dalos, Gorbatschow. Mensch und Macht. Eine Biografie, München 2011.

25 Józef Pajestka, Towards the Greater Global Rationality of Mankind. How Can Eastern Europe Contribute?, in: Paweł Bożyk (Hrsg.), Global Challenges and European Responses, Warschau 1988, S. 25–45, hier S. 42.

26 Daniel Küchenmeister u. Gerd-Rüdiger Stephan, Gorbatschows Entfernung von der Breshnew-Doktrin. Die Moskauer Beratung der Partei- und Staatschefs des Warschauer Vertrages vom 10./11. November 1986, in: Zeitschrift für Geschichtswissenschaft 42 (1994), S. 713–721, hier S. 719 f.

27 Michail Gorbatschow, Das gemeinsame Haus Europa und die Zukunft der Perestroika, Düsseldorf u. a. 1989, S. 288–299, hier S. 291 f. Hervorhebungen im Original.

28 Rafael Biermann, Zwischen Kreml und Kanzleramt. Wie Moskau mit der deutschen Einheit rang, Paderborn u. a. 1997, S. 342.

29 Jacob Burckhardt, Weltgeschichtliche Betrachtungen, Stuttgart 1935, S. 229.

30 Vgl. hierzu Helmut Altrichter, Russland 1989. Der Untergang des sowjetischen Imperiums, München 2009, S. 320 f.

31 Diskussion Gorbačevs mit Beratern am 29. September 1986 über außenpolitische Aufgaben, in: Aleksandr Galkin u. Anatolij Tschernjajew (Hrsg.), Michail Gorbatschow und die deutsche Frage. Sowjetische Dokumente 1986–1991, München 2011, Nr. 8, S. 15–17, hier S. 16.

32 Hans-Peter Schwarz, «Der größte Reformer des Jahrhunderts»: Gorbatschow, in: Ders., Das Gesicht des Jahrhunderts. Monster, Retter und Mediokritäten, Berlin 1998, S. 749.

33 Wojciech Jaruzelski, Hinter den Türen zur Macht. Der Anfang vom Ende einer Herrschaft, Leipzig 1996, S. 381.

34 Zitate nach Hermann Wentker, Entsatellisierung oder Machtverfall? Das sowjetische Imperium und die innerstaatlichen Konflikte im Ostblock 1953 bis 1981, in: Henrik Bispinck u. a. (Hrsg.), Aufstände im Ostblock. Zur Krisengeschichte des realen Sozialismus, Berlin 2004, S. 231–255, hier S. 245.

35 Ebd., S. 247.

36 Zit. n. György Dalos, Der Vorhang geht auf. Das Ende der Diktaturen in Osteuropa, München 2009, S. 45.

37 Mieczyslaw Rakowski, Es begann in Polen. Der Anfang vom Ende des Ostblocks, Hamburg 1995, S. 317.

38 Vgl. hierzu ebd., S. 329 f.

39 Telegramm Ceauşescus an den Botschafter der DDR in Bukarest, Herbert Plaschke, 19./20. August 1989, hier zit. n. Altrichter, Russland 1989, S. 310 f.

40 Zit. n. ebd., S. 311.

41 Zit. n. Andreas Schmidt-Schweizer, Politische Geschichte Ungarns von 1985 bis 2002. Von der liberalisierten Einparteienherrschaft zur Demokratie in der Konsolidierungsphase, München 2007, S. 43.

42 Zit. n. ebd., S. 53.

43 Vgl. hierzu ebd., S. 132–144.

44 Vgl. hierzu Attila Pók, Geschichte im Transformationsprozeß Ungarns, in: Helmut Altrichter (Hrsg.), GegenErinnerung. Geschichte als politisches Argument im Transformationsprozeß Ost-, Ostmittel- und Südosteuropas, München 2006, S. 173–189, hier v. a. S. 177.

45 Ebd., S. 177 f.

46 Hierzu und zum folgenden vgl. Hans-Hermann Hertle, Chronik des Mauerfalls. Die dramatischen Ereignisse um den 9. November 1989, Berlin 1996, S. 61 ff.

47 Archiv der Gegenwart, 11.9.1989.

48 SZ, 21.8.1989.

49 Der ungarische Botschafter in Bonn, Horváth, schätzte ihre Zahl auf ca. 6000. Siehe Deutsche Einheit, Sonderedition aus den Akten des Bundeskanzleramtes 1989/90 (Dokumente zur Deutschlandpolitik), bearb. v. Hanns Jürgen Küsters, München 1998, Nr. 41, S. 405.

50 Vermerk des Bundesministers Genscher über das Gespräch des Bundeskanzlers Kohl mit Ministerpräsident Németh und Außenminister Horn, 25.8.1989, in: Deutsche Einheit, Dok. Nr. 28, S. 377–380. Siehe auch: Zur Freiheit durch Ungarn. Die

Öffnung der ungarischen Grenze in der Nacht vom 10. auf den 11.September 1989. Symposium der Konrad-Adenauer-Stiftung am 8. September 1994, Sankt Augustin 1994.

51 Charles S. Maier, Das Verschwinden der DDR und der Untergang des Kommunismus, Frankfurt/M. 1999, S. 211; SED-Politbürositzung am 5.9.1989, in: Gerd-Rüdiger Stephan (Hrsg.), «Vorwärts immer, rückwärts nimmer!» Interne Dokumente zum Zerfall von SED und DDR 1988/89, Berlin 1994, Nr. 20, S. 124 (das Zitat). Vgl. ebd., Nr. 30, S. 146–154, Sitzung des SED-Politbüros am 12.9.1989.

52 Telegramm des Bundeskanzlers Kohl an Ministerpräsident Németh, 12.9.1989, in: Deutsche Einheit, Nr. 40, S. 404 (das Zitat).

53 Hans-Hermann Hertle u. Gerd-Rüdiger Stephan (Hrsg.), Das Ende der SED. Die letzten Tage des Zentralkomitees, 3. Aufl. Berlin 1997, S. 364.

54 Gespräch Gorbačevs mit dem italienischen Ministerpräsidenten Andreotti am 29. November 1989, in: Galkin u. Tschernjajew (Hrsg.), Michail Gorbatschow und die deutsche Frage, Nr. 57, S. 245–252, hier S. 247.

55 Vgl. Altrichter, Russland 1989, S. 358.

56 Ebd., S. 313.

57 Frankfurter Allgemeine Zeitung (künftig FAZ), 17.3.1998. Siehe Daniel Küchenmeister (Hrsg.), Honecker – Gorbatschow. Vieraugengespräche, Berlin 1993, S. 256 (Gorbatschow: «Wenn wir zurückbleiben, bestraft uns das Leben sofort.») Zum ganzen vgl. auch Biermann, Kreml, S. 204. Ebd., S. 106–112, über die fortschreitende Entfremdung zwischen Honecker und Gorbatschow. Zur Überlieferungsgeschichte: Ulla Plog, Ein historischer Satz: «Wer zu spät kommt, den bestraft das Leben.» Nur, wer hat ihn wirklich gesagt?, in: Frankfurter Allgemeine Sonntagszeitung, 3.10.2004, S. 16.

58 Vgl. hierzu und zum folgenden Andreas Rödder, Deutschland einig Vaterland. Die Geschichte der Wiedervereinigung, München 2009, S. 85–89.

59 Dalos, Vorhang, S. 194.

60 Timothy Garton Ash, Ein Jahrhundert wird abgewählt. Aus den Zentren Mitteleuropas 1980–1990, München u. Wien 1990, S. 401. Zur tschechoslowakischen Revolution siehe insbesondere Niklas Perzi u. a. (Hrsg.), Die Samtene Revolution. Vorgeschichte – Verlauf – Akteure, Frankfurt/M. 2009; Beata Blehova, Der Fall des Kommunismus in der Tschechoslowakei, Wien 2006.

61 Ilja Trojanow, Die fingierte Revolution. Bulgarien, eine exemplarische Geschichte, München 1999.

62 Das Protokoll der Telefonkonferenz bei Dalos, Vorhang, S. 220 f.

63 Gerhard u. Nadja Simon, Verfall und Untergang des sowjetischen Imperiums, München 1993; Ronald Grigor Suny, The Revenge of the Past. Nationalism, Revolution, and the Collapse of the Soviet Union, Stanford/Ca. 1993. Allgemein vgl. Vladislav M. Zubok, A Failed Empire. The Soviet Union in the Cold War from Stalin to Gorbachev, 2. Aufl. Chapel Hill/N. C. 2009, v. a. S. 303–335; Archie Brown, Aufstieg und Fall des Kommunismus, Berlin 2009, S. 731–763; Mariá Huber, Moskau, 11. März 1985. Die Auflösung des sowjetischen Imperiums, München 2002.

64 Deklaration des Obersten Sowjet der Estnischen Sowjetischen Sozialistischen Republik: Über die Souveränität der Estnischen SSR, in: G. u. N. Simon, Verfall, Dok. 14, S. 275.

65 Deklaration über die staatliche Souveränität der Ukraine, verabschiedet vom Obersten Sowjet der Ukrainischen SSR, 16.7.1990, abgedr. in: ebd., Dok. 15, S. 276 f.

66 Der Begriff wird hier in Anlehnung an die bekannte Typologie verwendet, die Theodor Schieder im Hinblick auf das Jahr 1918 entwickelte. Theodor Schieder,

Der Nationalstaat in Europa als historisches Phänomen (1964) sowie Typologie und Erscheinungsformen des Nationalstaats in Europa (1966), beides in: Ders.: Nationalismus und Nationalstaat. Studien zum nationalen Problem im modernen Europa, hrsg. v. Otto Dann und Hans-Ulrich Wehler, Göttingen 1991, S. 65–86 u. S. 87–101, hier v. a. S. 68–72.

67 Vgl. Walter C. Clemens, Jr., Baltic Independence and Russian Empire, New York 1991; Gerhard Simon, Die Nationalbewegungen und das Ende des Sowjetsystems, in: Osteuropa. Zeitschrift für Gegenwartsfragen 41 (1991), S. 774–790; Michael Brettin, Das Scheitern eines unfreiwilligen Experiments: Die sowjetische Nationalitätenpolitik in der «Perestroika» (1985/87–1991) dargestellt am Beispiel Estlands, Hamburg 1996.

68 Michail Gorbatschow, Erinnerungen, Berlin 1995, S. 14.

69 Interessant hierzu: Zaki Laïdi, Espace, vitesse et sens à l'heure de la mondialisation, in: Politique étrangère 61 (1996), S. 179–190.

70 Jean François-Poncet, Die europäische Herausforderung für Frankreich und Deutschland, in: Europa-Archiv 46 (1991), S. 327–331, hier S. 328.

71 Anna Wolff-Powęska, Die Zukunft Osteuropas. Herausforderungen, Probleme, Strategien, in: Europa-Archiv 46 (1991), S. 567–572.

72 Dazu siehe unten, S. 193 ff.

73 Siehe dazu unten, S. 348 ff.

74 Vgl. hierzu Thomas Risse, A Community of Europeans? Transnational Identities and Public Spheres, Cambridge 2010, S. 63–86. Als Überblick Günter Buchstab u. Rudolf Uertz (Hrsg.), Nationale Identität im vereinten Europa, Freiburg i. Br. 2006.

75 Vgl. die ausgewogene Diskussion von Alain Prate, Quelle Europe?, Paris 1991. Prate war ein Mitarbeiter von Jacques Delors. Von ihm auch: La France en Europe, Paris 1995.

76 Philippe Moreau Defarges, La France, province de l'Union européenne?, in: Politique étrangère 61 (1996), Nr. 1, S. 37–48.

77 Besonders nachhaltige, gaullistisch grundierte Europakritik im Namen von Frankreichs «Unabhängigkeit» im Cercle Nation et République. Siehe Jacques Myard (Hrsg.), Mondialisation – l'Europe fédérale une réponse pour la France? NON, Paris 2004; Benjamin Landais u. a., L'idéologie européenne, Brüsssel 2008.

78 William Wallace, Foreign Policy and National Identity in the United Kingdom, in: International Affairs 67 (1991), S. 65–80, hier S. 68 f. Alle Übersetzungen aus dem Englischen und Französischen, sofern nicht anders angegeben, vom Verfasser.

79 Heinz Stadlmann, Die Europäische Gemeinschaft nach der französischen Ratspräsidentschaft. Die Bedeutung der gemeinsamen Rolle Frankreichs und der Bundesrepublik Deutschland, in: Europa-Archiv 39 (1984), S. 447–454, hier S. 447.

80 Margaret Thatcher, Speech to the College of Europe (Brügge), 20.9.1988, http://www.margaretthatcher.org/speeches/displaydocument.asp?docid=107332 (Abruf 5.9.2009).

81 Nina Grunenberg, Seid fair zu Lady de Gaulle!, in: Die Zeit 30.9.1988.

82 Stephen Wall minute (Geoffrey Howe's criticisms of No. 10 draft of MT Bruges speech), 1.9.1988, http://www.margaretthatcher.org/archive/displaydocument.asp?docid=111785 (Abruf 5.9.2009).

83 Hierzu siehe Christopher Brooker u. Richard North, The Great Deception. The Secret History of the European Union, London 2003, S. 241–261.

84 Vgl. hierzu als Blick von innen: Chris Patten, Cousins and Strangers. America, Britain, and Europe in a New Century, New York 2006, S. 77–103.

85 Ebd., S. 79 (»With billions in traded currency crashing across the exchanges at the click of computers in London, Frankfurt, and New York, I sometimes questioned what it meant to be sovereign in global markets where technology has speeded and amplified every economic activity»).

86 Anthony Sampson, The Essential Anatomy of Britain. Democracy in Crisis, London 1992, S. 160, zit. Jones, English Nation, S. 262.

87 Peter Stothard in: The Times, 6.8.1990, zit. Wallace, Foreign Policy, S. 75.

88 Trevor Taylor, The Future of West European Security and Defence Cooperation: United Kingdom Positions, in: Peter Schmidt (Hrsg.), In the Midst of Change: On the Development of West European Security and Defence Cooperation, Baden-Baden 1992, S. 135–157, hier S. 135.

89 Rede des britischen Premierministers, John Major, bei der Einweihung der Europäischen Bank für Wiederaufbau und Entwicklung (EBRD) in London am 15. April 1991, in: Europa-Archiv (Dokumente) 46 (1991), D 258-D 260, hier D 259.

90 »Indeed, it is ironic that just when those countries such as the Soviet Union, which have tried to run everything from the centre, are learning that success depends on dispersing power and decisions away from the centre, there are some in the Community who seem to want to move in the opposite direction.» Wie Anm. 80.

91 Europa-Archiv (Dokumente) 46 (1991), D 258-D 260, hier D 259.

92 Norman Macrae, A future history of privatisation, 1992–2022, in: The Economist, 12/21/91 – 1/3/92, Vol. 321, Issue 7738, S. 15–18.

93 Prate, La France en Europe, S. 352–354.

94 Hierzu Georges-Henri Soutou, L'alliance incertaine. Les rapports politico-stratégiques franco-allemands 1954–1996, Paris 1996.

95 Vgl. Anne-Marie Le Gloannec, Europe by other means?, in: International Affairs 73 (1997), S. 83–98.

96 Europa-Archiv (Dokumente) 46 (1991), D 253-D 254.

97 Karl Ludwig Günsche, Polen drängt auf einen raschen EU- und Nato-Beitritt, in: Die Welt, 15.6.1995.

98 Richard Davy, Großbritannien und die Deutsche Frage, in: Europa-Archiv, 45 (1990), S. 139–144, hier S. 139.

99 «Margaret Thatcher's conversation with Mikhail Gorbachev», 23.9.1989, in: http://www.margaretthatcher.org/document/112005 (Abruf am 4.4.2011).

100 Letter from Mr Powell (Strasbourg) to Mr Wall, 8.12.1989, in: Documents on British Policy Overseas (DBPO) Series III, vol. VII: German Unification 1989–1990, hrsg. v. Patrick Salmon u. a., Milton Park 2010, Nr. 71, S. 164.

101 Davy, Großbritannien, S. 140; Gallup-Umfrage, zit. nach Daily Telegraph vom 25.11.1989; Umfrage des Economist, veröffentlicht am 26.1.1990.

102 Julian Bullard, Die britische Haltung zur deutschen Wiedervereinigung, in: Josef Becker (Hrsg.), Außen- und Innenansichten zur staatlichen Einheit Deutschlands, München 1992, S. 27–42, hier S. 38 ff. Für eine ausführliche Presseanalyse siehe John Theobald / Gertrud Zuber, La perception de la chute du mur de Berlin dans la presse française et britannique, in: Allemagne d'aujourd'hui 125 (juillet-août 1993), S. 31–61.

103 Dominic Lawson, Saying the Unsayable about the Germans, in: The Spectator, 14.7.1990, S. 8.

104 Das Protokoll wurde von Thatchers Privatsekretär Charles Powell verfaßt und ist verfügbar unter: http://www.margaretthatcher.org/document/9D2F1EFFB60C4F1 0879687C160B4B529.pdf (Abruf am 24.9.2009); abgedruckt im Independent on Sunday, 15.7.1990, sowie im Spiegel vom 16.7.1990.

105 Vgl. die Analyse eines der Beteiligten: Gordon Craig, Die Chequers-Affäre von 1990. Beobachtungen zum Thema Presse und internationale Beziehungen, in: Vierteljahrshefte für Zeitgeschichte 39 (1991), S. 611–623.
106 Mallaby an Hurd, 1.2.1990, in: DBPO, Series III, vol. VII, Nr. 115, S. 238 f.
107 George Robertson, Britain in the New Europe, in: International Affairs 66 (1990), S. 697–702, hier S. 698.
108 Emil J. Kirchner, The Impact of German Unification on the New European Order, in: Hugh Miall (Hrsg.), Redefining Europe: New Patterns of Conflict and Cooperation, London 1994, S. 206–225, siehe bes. S. 206.
109 Ernst Weisenfeld, Quelle Allemagne pour la France? La politique étrangère française et l'unité allemande, Paris 1989, S. 159.
110 Pressekonferenz Mitterrands vom 3.11.1989, zit. nach Pierre Guillen, La question allemande (1945–1995), Paris 1996, S. 147.
111 Zit. nach Jacques Attali, Verbatim III. 1988–1991, Paris 1995, S. 313. Zu Mitterrands Position gegenüber Deutschland jetzt umfassend: Ulrich Lappenküper, Mitterrand und Deutschland. Die enträtselte Sphinx, München 2011.
112 Urbain N'Sonde, Les réactions à la réunification allemande. En France, en Grande-Bretagne et aux Etats-Unis, Paris 2006, S. 140–141.
113 Libération vom 13.11.1989. Vgl. Gilles Freissinier, La chute du mur de Berlin à la télévision française. De l'événement a l'histoire 1961–2002, Paris 2005, S. 114–115.
114 Jacques Rupnik, Central Europe or Mitteleuropa, in: Deadalus, 1/119 (Winter 1990), S. 249–278, hier bes. S. 273–275.
115 Guillen, La question allemande, S. 192, 207.
116 Pierre Lellouche, France in Search of Security, in: Foreign Affairs, 72/2 (Spring 1993), S. 122–131, hier S. 122, 128.
117 André Fontaine, Une Europe du possible, in: Le Monde, 6.7.1990.
118 Gespräch Gorbačevs mit dem französischen Staatspräsidenten Mitterrand am 6. Dezember 1989 in Kiew, in: Galkin u. Tschernjajew (Hrsg.), Michail Gorbatschow und die deutsche Frage, Nr. 62, S. 266–271, hier S. 267.
119 Siehe beispielsweise: Sir R. Braithwaite (Moscow) to Mr Hurd, 8.12.1989, in: DBPO Series III, vol. VII, Nr. 69. S. 161; Le chancelier dérape sur la frontière, in: Le Monde, 1.3.1990.
120 Siehe insbesondere die empirischen Erhebungen der Arbeitsgruppe «Bildung, Arbeit und gesellschaftliche Entwicklung» des Max Planck-Instituts für Bildungsforschung, zusammenfassend Karl Ulrich Mayer, Soziale Mobilität und Erwerbsverläufe in der Transformation Ostdeutschlands, in: Wolfgang Schluchter u. Peter E. Quint (Hrsg.), Der Vereinigungsschock. Vergleichende Betrachtungen zehn Jahre danach, Weilerswist 2001, S. 336–365. Zusammenfassend: Jürgen Kocka, Vereinigungskrise. Geschichte der Gegenwart, Göttingen 1995; Rödder, Deutschland einig Vaterland, S. 343; Gerhard A. Ritter, Der Preis der deutschen Einheit. Die Wiedervereinigung und die Krise des Sozialstaats, 2. Aufl. München 2007, S. 118 f. Allgemein siehe Eckart Conze, Die Suche nach Sicherheit. Eine Geschichte der Bundesrepublik Deutschland von 1949 bis in die Gegenwart, Berlin 2009, S. 775–819, sowie Manfred Görtemaker, Die Berliner Republik. Wiedervereinigung und Neuorientierung, Berlin 2009, S. 85–105.
121 Siehe die Sammlung von Leitartikeln von Hermann Rudolph, Das erste Jahrzehnt. Die Deutschen zwischen Euphorie und Enttäuschung, Stuttgart u. München 2000.
122 Mayer, Soziale Mobilität, S. 343 ff.

123 Vgl. hierzu unten, S. 273 ff.
124 Schluchter u. Quint (Hrsg.), Vereinigungsschock.
125 Heinz Ludwig Arnold, Vergänglicher Sommer, trüber Herbst, eiskalter Winter, in: Jörg-Dieter Kogel u. a. (Hrsg.), Neues Deutschland. Innenansichten einer wiedervereinigten Nation, Frankfurt/M. 1993, S. 25–29.
126 Stephan Welker, Wirtschaftliche und soziale Zufriedenheit. Voraussetzung für das Gelingen der inneren Einheit, in: Peter Amsler, Was eint und was trennt die Deutschen? Stimmungs- und Meinungsbilder nach der Vereinigung, Mainz 1995, S. 60–74, hier S. 70.
127 Helmut Klages u. Thomas Gensicke, Geteilte Werte? Ein deutscher Ost-West-Vergleich, in: Werner Weidenfeld (Hrsg.), Deutschland. Eine Nation – doppelte Geschichte, Köln 1993, S. 47–59, hier S. 47.
128 Mauer in den Köpfen, in: Frankfurter Rundschau, 29.1.1993.
129 Erst vereint, nun entzweit, in: Der Spiegel, 18.1.1993.
130 Aus Brüdern und Schwestern werden Fremde, in: Berliner Zeitung, 1.3.1993.
131 Manuela Glaab, Gibt es eine deutsche Identität?, in: Zeitschrift für Politische Bildung, 4 (1993), S. 38–43.
132 Patrick Süskind, «Deutschland – eine Midlife-crisis», in: Ulrich Wickert (Hrsg.), Angst vor Deutschland, Hamburg 1992, S. 11–122, hier. S. 117.
133 Vgl. hierzu Wirsching, Europa als Wille und Vorstellung.
134 Aus der Präambel des Vertrages von Maastricht.
135 Jacques Delors, Rede vor dem Europa-Kolleg in Brügge, 17.10.1989, Bulletin der EG, 10 (22), S. 114–123, hier S. 122.
136 Europa-Archiv (Dokumente) 45 (1990), D 656-D664.
137 Rede des französischen Staatspräsidenten, François Mitterrand, vor dem rumänischen Parlament in Bukarest am 19. April 1991, in: Ebd., D 260-D 262, hier D 261.
138 Europa-Archiv (Dokumente) 46 (1991), D 280-D 286 (Reden von Mitterrand und Havel).
139 Ebd., D 284.
140 Zit. n. Gereon Schuch, Plädoyer für Mitteleuropa, in: Cyrus Salimi-Asl u. a. (Hrsg.), Die Transformation nationaler Politik. Europäisierungsprozesse in Mitteleuropa, Budapest 2006, S. 5–12, hier S. 9.
141 György Konrád, Die Erweiterung der Mitte. Europa und Osteuropa am Ende des 20. Jahrhunderts, Wien 1998.
142 Peter Oliver Loew (Hrsg.), Polen denkt Europa. Politische Texte aus zwei Jahrhunderten, Frankfurt/M. 2004, hier die Einleitung des Herausgebers, S. 43.
143 Milada Anna Vachudova, Europe Undivided. Democracy, Leverage, and Integration after Communism, Oxford 2005, S. 83.
144 Die Visegrad Declaration, 15.2.1991, http://www.ena.lu/visegrad_declaration_visegrad_15_february_1991-3-13390 (Abruf am 16.11.2010).
145 Tzvedtan Todorov, Die verhinderte Weltmacht. Reflexionen eines Europäers, Bonn 2004, S. 66 f.
146 Die besten Darstellungen sind Vachudova, Europe Undivided, und: Laure Neumayer, L'enjeu européen dans les transformations postcommunistes. Hongrie, Pologne, République tchèque 1989–2004, Paris 2006.
147 Jerzy Jedlicki, The Revolution of 1989. The Unbearable Burden of History, Washington D. C. 1990, S. 6, zit. n. László Kürti, Globalisation and the Discourse of Otherness in the ‹New› Eastern and Central Europe, in: Tariq Modood u. Pnina Werbner (Hrsg.), The Politics of Multiculturalism in the New Europe. Racism, Identity and Community, London u. New York 1997, S. 29–53, hier S. 29.

148 So der polnische Verhandlungsführer Andrzej Olechowski, zit. n. Vachuda, Europe Undivided, S. 86.

149 Jiri Dienstbier, Central Europe's Security, in: Foreign Affairs 83 (Sommer 1991), S. 119–127, hier 126.

150 Ebd.

151 Leszek Balcerowicz, Post-Communist Transition: Some Lessons, London 2002, S. 47 f.

152 Neumayer, L'enjeu européen, S. 109.

153 Ebd., S. 33–44.

154 Maria N. Todorova, Improbable Maverick or Typical Conformist? Seven Thoughts on the New Bulgaria, in: Ivo Banac, Eastern Europe in Revolution, Ithaca/N. Y. 1992, S. 148–167, hier S. 167.

II. Das östliche Europa in den 1990er Jahren

1 Eine umfassende historische Gesamtdarstellung zum osteuropäischen Transformationsprozeß liegt bislang nicht vor. Siehe einstweilen den Überblick von Padraic Kenney, The Burden of Freedom. Eastern Europe since 1989, London u. New York 2006. Aus der Vielzahl der Sammelbände siehe Grzegorz Ekiert u. Stephen E. Hanson (Hrsg.), Capitalism and Democracy in Central and Eastern Europe. Assessing the Legacy of Communist Rule, Cambridge 2003; Wolfgang Franzen u. a. (Hrsg.), Osteuropa zwischen Euphorie, Enttäuschung und Realität. Daten zur Systemtransformation 1990–2003 für eine nachhaltige Entwicklung, Frankfurt/M. u. New York 2005 (ökonomisch orientiert). Vgl. auch Philipp Ther, Das «neue Europa» seit 1989. Überlegungen zu einer Geschichte der Transformationszeit, in: Zeithistorische Forschungen/Studies in Contemporary History, Online-Ausgabe, 6 (2009) H. 1, URL: http://www.zeithistorische-forschungen.de/16126041-Ther-1-2009 (Abruf 18.6.2011)

2 Vgl. zu den entsprechend positiven Funktionen des Nationalen, Valerie Bunce, The Political Economy of Postsocialism, in: Slavic Review 4 (1999), S. 756–793, hier v. a S. 783.

3 C. A. Macartney, National States and National Minorities, Oxford 1934, S. 450.

4 Schlußfolgerungen der Tagung des Europäischen Rates der Staats- und Regierungschefs in Kopenhagen am 21. u. 22. Juni 1993, in: Europa-Archiv 48 (1993), II: Dokumente, D 258-D 268, hier D 264.

5 Siehe Statistisches Jahrbuch 1990, S. 74: Zwischen 1968 und 1989 wanderten demnach 853.482 Personen deutscher Abstammung von Polen in die Bundesrepublik ein.

6 Janusz Bugajski, Ethnic politics in Eastern Europe. A guide to nationality policies, organizations, and parties, New York u. London 1994, S. 366 ff.

7 Deutscher Bundestag 12. WP, Drucksache 12/2310: Bericht der Bundesregierung zur Verbesserung der kulturellen Lage der Deutschen in Mittel- und Osteuropa vom 20. März 1992, S. 5 (zu Polen). Vgl. Dieter W. Bricke, Minderheiten im östlichen Mitteleuropa. Deutsche und europäische Optionen, Baden-Baden 1995, S. 79.

8 Michael Mann, The dark side of democracy. Insgesamt vgl. Paul Latawski (Hrsg.), Contemporary Nationalism in East Central Europe, New York 1995; Margareta Mommsen (Hrsg.), Nationalismus in Osteuropa. Gefahrvolle Wege in die Demokratie, München 1992. Überblick bei: Georg Brunner, Nationalitätenprobleme und Minderheitenkonflikte in Osteuropa. Strategien für Europa, Gütersloh 1996.

9 Ein ausführlicher Überblick über die Minoritätenverhältnisse in den osteuropäischen Ländern bei Valeria Heuberger u. a. (Hrsg.), Brennpunkt Osteuropa. Minderheiten im Kreuzfeuer des Nationalismus, Wien u. München 1996.

10 Maya Hertig, Die Auflösung der Tschechoslowakei. Analyse einer friedlichen Staatsteilung, Basel u. a. 2001, S. 164 f., 290 u. 294. Die Studie von Hertig ist die gründlichste Untersuchung des Teilungsprozesses, die über die im Mittelpunkt stehende juristisch-staatsrechtliche Fragestellung weit hinausgeht.

11 Zu den Einzelheiten siehe ebd., S. 295–327.

12 Ludvík Vaculík, Unsere slowakische Frage, in: Literarní Noviny, 3.5.1990, zit. n. Hertig, Auflösung, S. 243 f.

13 Vgl. hierzu Stephanie Junkers, Ethnische Konflikte und Staatenteilung am Beispiel der Tschechoslowakei, Marburg 2001.

14 Klaus Stern, Ausstrahlungswirkung des Grundgesetzes auf ausländische Verfassungen, in: Bundesministerium des Innern (Hrsg.), Bewährung und Herausforderung. Die Verfassung vor der Zukunft, Opladen 1999, S. 249–262, hier S. 252.

15 So programmatisch Peter Häberle, Gemeineuropäisches Verfassungsrecht, in: Europäische Grundrechte-Zeitschrift 18 (1991), Heft 12–13, S. 261-274, hier S. 262. Siehe auch Ders., Dokumentation von Verfassungsentwürfen und Verfassungen ehemals sozialistischer Staaten in (Süd)Osteuropa und Asien, in: Jahrbuch des Öffentlichen Rechts der Gegenwart, N. F. 43 (1995), S. 105–325, hier S. 141 f.

16 György Szabad, Zukunft aus der Geschichte, in: Uwe Thaysen u. Hans-Michael Kloth (Hrsg.), Wandel durch Repräsentation – Repräsentation im Wandel. Entstehung und Ausformung der parlamentarischen Demokratie in Ungarn, Polen, der Tschechoslowakei und der ehemaligen DDR, Baden-Baden 1992, S. 29–32, hier S. 31.

17 Anneli Ute Gabanyi, Das politische System Rumäniens, in: Wolfgang Ismayr (Hrsg.), Die politischen Systeme Osteuropas, 2. Aufl. Opladen 2004, S. 553–592, hier S. 557 f.

18 Margarete Mommsen, Das politische System Rußlands, in: Ismayr (Hrsg.), Die politischen Systeme Osteuropas, S. 372–472, hier S. 387.

19 Zit. n. Juraj Baláž, Eine sanfte Dekommunisierung? Der Lustrationsdiskurs nach der «sanften Revolution» in den tschechischen und slowakischen Medien, in: Krisztina Mänicke-Gyöngyösi (Hrsg.), Öffentliche Konfliktdiskurse aus Restitution von Gerechtigkeit, politische Verantwortung und nationale Identität, Frankfurt/M. u. a. 1996, S. 163–181, hier S. 167, Anm. 12.

20 Jan Sokol, Ostmitteleuropa: ein Prüffeld demokratischer Institutionen, in: Thaysen u. Kloth (Hrsg.), Wandel durch Repräsentation, S. 131-138, hier S. 133. Sokol war einer der Erstunterzeichner der Charta 77 und ein Bürgerrechtler der ersten Stunde in der Tschechoslowakei.

21 Adam Michnik, Weshalb ich nicht für Lech Wałęsa stimme, in: Gazeta Wyborcza, 27.10.1990, hier zit. n. Ders., Abschied, S. 87–103, hier S. 99. Des weiteren: Jan Lityński, Politik zwischen Versprechungen und Verantwortung, in: Thaysen u. Kloth (Hrsg.), Wandel durch Repräsentation, S. 102–108, hier S. 103 f. Ausführlich zur Erosion und Spaltung der Solidarność im Jahre 1990 Jerzy Maćków, Polens Weg in die Dritte Republik, in: Ebd., S. 69–101; Hartmut Kühn, Das Jahrzehnt der Solidarność. Die politische Geschichte Polens 1980–1990, Berlin 1999, S. 515–522.

22 Timothy Garton Ash, Intellektuelle und Politiker (1995), in: Ders., Zeit der Freiheit. Aus den Zentren von Mitteleuropa, München u. Wien 1999, S. 152–176, hier S. 156 f.

23 Miroslav Kubin, Zur Überlast der untrainierten Demokraten, in: Thaysen u. Kloth

(Hrsg.), Wandel durch Repräsentation, S. 139–144, hier S. 139. Kubin war 1968 aus der KP der Tschechoslowakei ausgestoßen worden, 1990 rehabilitiert, Außen- und Europapolitiker.

24 Peter Gerlich/Fritz Plaser/Peter A. Ulram (Hrsg.), Regimewechsel. Demokratisierung und politische Kultur in Ost-Mitteleuropa, Wien u. a. 1992, S. III, das Vorwort der Herausgeber. Zur empirischen Begründung siehe die eingehenden Länderstudien in diesem Band.

25 Die Daten beruhen auf Umfrageergebnissen, die das Fessel + GfK-Institut in Wien in den Jahren 1991 bis 1993 erhob. Siehe Fritz Plasser u. Peter A. Ulram, Zum Stand der Demokratisierung in Ost-Mitteleuropa, in: Dies. (Hrsg.), Transformation oder Stagnation? Aktuelle politische Trends in Osteuropa, Wien 1993, S. 9–87, hier S. 20–23.

26 Jerzy Maćków, Polens Weg zur Dritten Republik, in: Thaysen u. Kloth (Hrsg.), Wandel durch Repräsentation, S. 69–101, hier S. 69. Als fundierte vergleichende Gesamtdarstellung des wirtschaftlichen Transformationsprozesses siehe Anders Åslund, How Capitalism Was Built. The Transformation of Central and Eastern Europe, Russia, and Central Asia, Cambridge 2007.

27 D. M. W. N. Hitchens u. a., The Comparative Productivity of Manufacturing Plants in the Czech Republic and Hungary, in: Economic Systems, Bd. 19, Nr. 3, S. 194.

28 Zum folgenden vgl. John Gray, From Post-Communism to Civil Society: The Reemergence of History and the Decline of the Western Model, in: Ellen Frankel Paul u. a. (Hrsg.), Liberalism and the Economic Order, Cambridge 1993, S. 27–50, hier v. a. S. 37–46.

29 So Klaus in Literání noviny, 4.3.1991, hier zit. n. Zdenka Mansfeldová, Privatisierungsstrategie, institutionelle Konfliktregelung und Symbolisierung im tschechischen ökonomischen Diskurs, in: Krisztina Mänicke-Gyöngyösi (Hrsg.), Öffentliche Konfliktdiskurse um Restitution von Gerechtigkeit, politische Verantwortung und nationale Identität. Institutionenbildung und symbolische Politik in Ostmitteleuropa, Frankfurt/M. 1996, S. 241–257, hier S. 252.

30 Siehe Hans-Erich Gramatzki, Polen im Übergang zur Markt- und Geldwirtschaft. Vom «weichen Geld» zur Schocktherapie des Jahres 1990, in: Siegfried Baske (Hrsg.), Polen im Übergang zu den 90er Jahren, Berlin 1992, S. 101–152, hier S. 118–125.

31 Zit. n. ebd., S. 121.

32 Václav Klaus, What is real liberalism, in: Ders., Dismantling Socialism: A Preliminary Report, Prag 1992, S. 51 f., zit. n. Andreas J. Hofmann, Die Ära des Václav Klaus. Bilanz und Perspektiven der Transformation in der Tschechischen Republik nach den Parlamentswahlen im Juni 1998, in: Osteuropa. Zeitschrift für Gegenwartsfragen 48 (1998), S. 1166–1183, hier S. 1167.

33 Mansfeldová, Privatisierungsstrategie, S. 248.

34 Magdalena Wróblewska, Perspektywy rozwoju rynku pracy na wsi w warunkach wejścia do EU (Die Perspektiven der Arbeitsmarktentwicklung auf dem Lande angesichts des Beitrittes zur EU), in: Ronictwo Polskie we Wspólnej Polityce Rolnej Unii Europejskiej (Polnische Landwirtschaft in CAP der EU), hrsg. v. Maciej Walkowski, Zdzisław W. Puślecki, Poznań 2004, S. 149–162, hier S. 153. Elzbieta Tarkowska, An Underclass without Ethnicity: The Poverty of Polish Women and Agricultural Laborers, in: Rebecca Jean Emigh u. Iván Szelényi (Hrsg.), Poverty, Ethnicity, and Gender in Eastern Europe During the Market Transition, Westport/Conn. 2001, S. 83–122, hier S. 105–108. Für die Übersetzung aus dem Polnischen danke ich Katarzyna Woniak.

35 Augustyn Woś, Społeczno ekonomiczna stratyfikacja rolnictwa, in: Ders., Rolnictwo Polskie w okresie transformacji systemowej 1989–1997 (Die polnische Landwirtschaft in der Zeit der Transformation der Staatsform), Warschau 1998 S. 37.
36 Andrzej Mozołowski, Kosynierzy są na rencie (Die Landwirte sind Rentner), in: Polityka, 5/1995 (1970).
37 Rafał A. Ziemkiewicz, Chłop u szyi (Bauer beim Nacken), in: Wprost, 32/2002 (1028).
38 Zahlen nach: Horst Brezinski, Der Stand der wirtschaftlichen Transformation sieben Jahre nach der Wende, in: Georg Brunner (Hrsg.), Politische und ökonomische Transformation in Osteuropa, 2. Aufl. Berlin 1997, S. 143–172, hier S. 155 f.
39 Michnik, Der lange Abschied, S. 68.
40 Kubin, Überlast, S. 143.
41 Zit. n. Julie Trappe, Kollektive Unschuld und die Rückkehr nach Europa – Rumäniens Umgang mit dem Unrecht der kommunistischen Vergangenheit, in: Regina Fritz u. a. (Hrsg.), Nationen und ihre Selbstbilder. Postdiktatorische Gesellschaften in Europa, Göttingen 2008, S. 193–210, hier S. 196.
42 Ebd., S. 197.
43 Vgl. Vladimir Tismaneanu, Romanian exceptionalism? Democracy, ethnocracy, and uncertain pluralism in post-Ceausescu Romania, in: Karen Dawisha u. Bruce Parrott (Hrsg.), Politics, Power, and the Struggle for Democracy in South-East Europe, Cambridge 1997, S. 403–451, hier S. 409–414. Der in den USA lebende, rumänisch-stämmige Politikwissenschaftler Tismaneanu wurde 2006 zum wissenschaftlichen Leiter der Kommission zur Analyse der kommunistischen Diktatur in Rumänien berufen. Siehe insgesamt Trappe, Kollektive Unschuld.
44 Vgl. hierzu Wolf Oschlies, Ceauşescus Schatten schwindet. Politische Geschichte Rumäniens 1988–1998, Köln u. a. 1998, S. 78–85.
45 Dietmar Müller, Strategien des öffentlichen Erinnerns in Rumänien nach 1989. Postkommunisten und postkommunistische Antikommunisten, in: Ulf Brunnbauer u. Stefan Troebst (Hrsg.), Zwischen Amnesie und Nostalgie. Die Erinnerung an den Kommunismus in Südosteuropa, Köln u. a. 2007, S. 47–69, hier S. 51–58. Zum Kontext auch: Constantin Petcu, Totalitarian City. Bucharest 1980–9, semio-clinical files, in: Neil Leach (Hrsg.), Architecture and Revolution. Contemporary perspectives on Central and Eastern Europe, London 1999, S. 177–188.
46 Ulf Brunnbauer u. Stefan Troebst, Erinnerung und Geschichte, in: Dies. (Hrsg.), Zwischen Amnesie und Nostalgie, S. 1; sowie Trappe, Kollektive Unschuld, S. 194.
47 Todor Zhivkov; Bulgarian Dictator, Kremlin Loyalist, in: Los Angeles Times, 7.8.1998.
48 Maria Spirova, The Bulgarian Socialist Party: The long road to Europe, in: Communist and Post-Communist Studies 41 (2008), S. 481–495. Dies., Political Parties in Post-Communist Societies. Formation, Persistence and Change, New York 2007.
49 Zum Mord an Lukanov und seine Bedeutung vgl. Rumen Dimitrov, Elitenlosigkeit und Postkommunismus. Fragmente zum kulturellen Hintergrund der Mafiabildung in Bulgarien, in: Magarditsch A. Hatschikjan u. Franz-Lothar Altmann (Hrsg.), Eliten im Wandel. Politische Führung, wirtschaftliche Macht und Meinungsbildung im neuen Osteuropa, Paderborn u. a. 1998, S. 103–142, hier S. 127–129.
50 Václav Havel, Versuch in der Wahrheit zu leben (1978), Reinbek 2000, S. 95.
51 Siehe hierzu die Beiträge in: Materialien der Enquete-Kommission «Überwindung der Folgen der SED-Diktatur im Prozeß der deutschen Einheit» (13. WP des Deutschen Bundestages), hrsg. vom Deutschen Bundestag, Bd. II/1–2: Strukturelle Leistungsfähigkeit des Rechtsstaats Bundesrepublik Deutschland bei der Überwindung

der Folgen der SED-Diktatur im Prozeß der deutschen Einheit – Opfer der SED-Diktatur/Elitenwechsel im öffentlichen Dienst/justitielle Aufarbeitung, Frankfurt/M. u. Baden-Baden 1999.

52 Einzelheiten bei: Georg Brunner, Aktuelle Entwicklungen der rechtsvergleichenden Betrachtung justitieller Aufarbeitung in Ost- und Mitteleuropa unter verfassungsrechtlichen und rehabilitationsrechtlichen Gesichtspunkten, in: Materialien der Enquete-Kommission «Überwindung der Folgen der SED-Diktatur im Prozeß der deutschen Einheit», Bd. II/2, S. 1799–1849, hier S. 1831–1842.

53 Zit. n. Christiane Brenner, Vergangenheitspolitik und Vergangenheitsdiskurs in Tschechien 1989–1998, in: Helmut König u. a. (Hrsg.), Vergangenheitsbewältigung am Ende des 20. Jahrhunderts, Opladen 1998, S. 195–232, hier S. 221.

54 Vgl. Christoph Reinprecht, Nostalgie und Amnesie. Bewertungen von Vergangenheit in der tschechischen Republik und in Ungarn, Wien 1996, S. 161 f. Das Zitat bei Tony Judt, Die Vergangenheit ist ein anderes Land. Politische Mythen im Nachkriegseuropa, in: Transit. Europäische Revue 6 (1993), S. 86–119, hier S. 114.

55 Vgl. Jürgen Danyel, Der Prager Frühling nach der «samtenen» Revolution. Die Erinnerung an 1968 im postkommunistischen Tschechien, in: Zeitschrift für Geschichtswissenschaft 46 (1998), S. 677–684; Birgit Hofmann, «Prager Frühling» und «Samtene Revolution»: Narrative des Realsozialismus in der tschechischen nationalen Identitätskonstruktion, in: Fritz u. a. (Hrsg.), Nationen und ihre Selbstbilder, S. 171–192.

56 Diese Meinung vertritt Baláž, Sanfte Dekommunisierung?, S. 181.

57 Siehe Silvia Miháliková, Abrechnung mit der Vergangenheit auf slowakisch, in: Mänicke-Gyöngyösi (Hrsg.), Öffentliche Konfliktdiskurse, S. 183–201.

58 Krysztof Ruchniewicz, Der Umgang mit der Vergangenheit in postkommunistischen Gesellschaften. Polen nach 1989, in: Alfons Kenkmann u. Hasko Zimmer (Hrsg.), Nach Kriegen und Diktaturen. Umgang mit der Vergangenheit als internationales Problem. Bilanzen und Perspektiven für das 21. Jahrhundert, Essen 2005, S. 69–80, hier S. 70. Der hier zitierte Begriff «Bürgerkrieg um die Tradition» stammt von Andrzej Paczkowski.

59 Rzeczpospolita, 23.12.1991, hier zit. n. Sabine Grabowski, Vergangenheitsbewältigung in Polen, in: Helmut König u. a. (Hrsg.), Vergangenheitsbewältigung am Ende des 20. Jahrhunderts, Opladen 1998, S. 261–290, hier S. 282.

60 Vgl. Dieter Bingen, die Aufarbeitung der kommunistischen Vergangenheit in Polen, in: Dagmar Unverhau (Hrsg.), Lustration, Aktenöffnung, demokratischer Umbruch in Polen, Tschechien, der Slowakei und Ungarn, Berlin u. a. 1999, S. 57–97, hier S. 76.

61 Zit. n. Grabowski, Vergangenheitsbewältigung, S. 288.

62 Gunter Hofmann, Jagd à la McCarthy, in: Die Zeit, 27.4.2007.

63 Adam Michnik, Begreifen, was wir zu tun wagten, in: Die Zeit, 1.9.2005.

64 Václav Havel, Rede zur Eröffnung der Salzburger Festspiele, Juli 1990, in: Ders., Angst vor der Freiheit. Reden des Staatspräsidenten, Reinbek 1991, S. 100–107, hier S. 100 f.

65 Claus Offe, Das Dilemma der Gleichzeitigkeit. Demokratisierung, Marktwirtschaft und Territorialpolitik in Osteuropa (1991), in: Ders., Der Tunnel am Ende des Lichts. Erkundungen der politischen Transformation im Neuen Osten, Frankfurt/M. 1994, S. 57–80.

66 Rede anläßlich des Besuches von George Bush, 21.8.1990, in: Havel, Angst vor der Freiheit, S. 110–115, hier S. 115.

67 Zygmunt Bauman, Auf der Suche nach der postkommunistischen Gesellschaft – das Beispiel Polen, in: Soziale Welt 44 (1993), S. 157–176, hier S. 160.

68 István Eörsi, Der Schock der Freiheit (1991), in: Jószef Bayer/Rainer Deppe (Hrsg.), Der Schock der Freiheit. Ungarn auf dem Weg in die Demokratie, Frankfurt/M. 1993, S. 67–76, hier S. 69 f.

69 Henryk Domański u. a., Społeczeństwo bez reguł, in: Andrzej Rychard u. Michał Federowicz (Hrsg.), Społeczeństwo w transformacji: Ekspertyzy i studia, Warschau 1993, hier zit. n. Raymond Taras, Consolidating Democracy in Poland, Boulder/Co 1995, S. 236. Vgl. auch: Grazina Firlit-Fesnak, Auswirkungen von Systemtransformationen auf die soziale Situation von Frauen in Polen, in: Osteuropa 48 (1998), S. 46–56.

70 Vgl. Jiři Večernik, Anciennes et nouvelles inégalités économiques: le cas tchèque, in: Revue d'études comparatives Est-Ouest 27 (1996), S. 81–108, hier v. a. S. 94 f.

71 Bingen, Aufarbeitung, S. 80. Vgl. mit zum Teil anderen Zahlen Magaditsch A. Hatschikjan, Zeitenwende und Elitenwandel in Osteuropa, in: Dies./Altmann, Eliten im Wandel, S. 251–269, hier S. 258 f.

72 Maria Jarosz, Macht, Privilegien, Korruption. Die polnische Gesellschaft 15 Jahre nach der Wende, Wiesbaden 2005, S. 31.

73 Ebd., S. 49.

74 Trojanow, Die fingierte Revolution, S. 9.

75 Vgl. zum Wiederentstehen der ex-kommunistischen Parteien Alison Mahr and John Nagle, Resurrection of the Successor Parties and Democratization in East-Central Europe, in: Communist and Post-Communist Studies 28 (1995), S. 393–409.

76 Siehe Florian Grotz, Politische Institutionen und post-sozialistische Parteiensysteme in Ostmitteleuropa. Polen, Ungarn, Tschechien und die Slowakei im Vergleich, Opladen 2000.

77 Werner Gumpel, Ein Land am Abgrund. Zur wirtschaftlichen Lage in Rußland, in: Osteuropa 47 (1997), S. 762–771, das Zitat S. 771.

78 Rainer Lindner, Präsidialdiktatur in Weißrußland. Wirtschaft, Politik und Gesellschaft unter Lukašenka, in: Osteuropa 47 (1997), S. 1038–1052, Zitat S. 1052.

79 Wolfgang Eichwede, Stabilität in Widersprüchen? Rußlands Wirklichkeiten 1996, in: Osteuropa 46 (1996), S. 843–854.

80 Siehe die Transition reports der European Bank for Reconstruction and Development 1994–1996.

81 János Kornai, The great transformation of Central Eastern Europe. Success and disappointment, in: Economics of Transition 14 (2006), S. 207–244.

82 Jarosz, Macht, S. 54. Die Kritik bezieht sich auf auf den neoliberalen amerikanischen Ökonom Jeffrey Sachs, der den polnischen Transformationsprozeß empirisch begleitete. Siehe Sachs, Poland's jump to the market economy, Cambridge, Mass. 1994.

83 Jarosz, Macht, S. 56 u. 76.

84 Rede von Maria Jarosz anläßlich der Vorstellung der deutschen Übersetzung ihres Buches «Macht, Privilegien, Korruption» in Berlin im Jahre 2006, http://www.polen-news.de/puw/puw78–05.html (letzter Abruf am 28.3.2009).

85 Adam Michnik, Begreifen, was wir zu tun wagten, in: Die Zeit, 1.9.2005.

86 Vgl. Marie-Janine Calic, Krieg und Frieden in Bosnien-Hercegovina, erw. Neuausgabe Frankfurt/M. 1996, S. 58 f. zum befriedigenden «multiethnischen Zusammenleben» bis 1991.

87 Ernest Renan, Was ist eine Nation? Rede am 11. März 1882 an der Sorbonne, mit einem Essay von Walter Euchner, Wien 1995, S. 7–38.

88 Vgl. zu den ethnischen Gemengelagen in Jugoslawien Gerhard Seewann, Die Ethnostruktur der Länder Südosteuropas aufgrund der beiden letzten Volkszählungen im Zeitraum 1977–1992, in: Südosteuropa 42 (1993) H. 1, S. 78–82.

89 Zur politischen Umformung des Serbokroatischen in die «serbische» und «kroatische» Sprache siehe: Keine gemeinsame Sprache mehr. Konsequenzen des Krieges auf sprachlichem Gebiet in Serbien, in: Osteuropa-Archiv 43 (1993), A 103–105. Allgemein Radoslav Katičić, Jugoslawien im Lichte seiner Sprachen, in: Dunja Melčić, Rückblick auf den Krieg im Lichte neuerer Veröffentlichungen, in: Dies. (Hrsg.), der Jugoslawien-Krieg. Handbuch zu Vorgeschichte, Verlauf und Konsequenzen, 2. Aufl. Wiesbaden 2007, S. 255–267. Ein interessanter Beitrag zur jüngsten Nationsbildung im früheren Jugoslawien: Daniel Grabić, Montenegrizität. Sprache und Kirche im Spiegel des Identitätsdiskurses in der Republik Montenegro 1990–2007, Frankfurt/M. u. a. 2010.

90 Renan, Was ist eine Nation?, S. 32.

91 John V. A. Fine, The Medieval and Ottoman Roots of Modern Bosnian Sociecty, in: Mark Pinson (Hrsg.), The Muslims of Bosnia-Herzegovina. Their Historic Development from the Middle Ages to the Dissolution of Yugoslavia, Cambridge (Mass.) 1996, S. 1–21, hier S. 20. Vgl. insgesamt Wolf Dietrich Behschnitt, Nationalismus bei den Serben und Kroaten 1930–1914. Analyse und Typologie der nationalen Ideologie, München 1980. Vgl. Noel Malcolm, Bosnia. A Short History, London 1996, S. 12 (dt. Übersetzung Frankfurt 1996). Holm Sundhaussen, Geschichte Serbiens, Wien u. a. 2007, v. a. S. 115–126.

92 Ein Überblick bei Edgar Hösch, Die Entstehung des Nationalstaats in Südosteuropa, in: Georg Brunner (Hrsg.), Osteuropa zwischen Nationalstaat und Integration, Berlin 1995, S. 73–89.

93 Als zeitgenössische Analyse Dennison Rusinow, Nationalities Policy and the «National Question», in: Pedro Ramet (Hrsg.), Yugoslavia in the 1980s, Boulder/Col. u. London 1985, S. 131–165. Grundlegend zum jugoslawischen Föderalismus Sabrina P. Ramet, Nationalism and Federalism in Yugoslavia, 1962–1991, 2. Aufl. Bloomington/Ind. 1992; aus staatsrechtlicher Sicht: Monika Beckmann-Petey, Der jugoslawische Föderalismus, München 1990, hier v. a. S. 136–140 zur Gleichberechtigung der Nationen.

94 So die große These von Mann, Dark Side of Democracy, v. a. S. 2–10 u. 382–427. Vgl. auch Vesna Pešić, Krieg um Nationalstaaten, in: Thomas Brenner u. a. (Hrsg.), Serbiens Weg in den Krieg. Kollektive Erinnerung, nationale Formierung und ideologische Aufrüstung, Berlin 1998, S. 15–42.

95 Zoran Đinđić, Jugoslawien: Nationalitäteneintopf, scharf gewürzt, in: Transit. Europäische Revue 1 (1990), S. 153–166. Eine entsprechende Interpretation findet sich z. B. bei Robert D. Kaplan, Balkan Ghosts. A journey through history, New York 1993; dt. Ausgabe: Die Geister des Balkans: eine Reise durch die Geschichte und Politik eines Krisengebiets, Hamburg 1993.

96 So etwa die Tendenz des Bandes von Hannes Hofbauer (Hrsg.), Balkankrieg. Die Zerstörung Jugoslawiens, Wien 1999.

97 Horst Bacia, Milošević: Deutschland verursacht Balkankrieg, in: FAZ, 31.08.2004.

98 Hierzu siehe Marie-Janine Calic, Geschichte Jugoslawiens im 20. Jahrhundert, München 2010, S. 264–297.

99 Vgl. hierzu Elizabeth Pond, Endgame in the Balkans. Regime Change, European Style, Washington D. C. 2006, S. 9 f.

100 Melčić, Rückblick auf den Krieg, S. 519 (das Zitat). Siehe auch Dies., Der Jugoslawismus und sein Ende, in: Dies. (Hrsg.), Jugoslawienkrieg, S. 210–234.

101 Dunja Melčić, Communication and National Identity: Croatian and Serbian Patterns, in: Praxis International, Special issue, 13, 4 (Januar 1994), S. 359–372, hier S. 361.

102 Die internationale Literatur zur Auflösung Jugoslawiens und zu den Kriegen von 1990 bis 1999 ist unübersehbar. Augenzeugenberichte, populäre Darlegungen und offenkundige Parteinahmen in diesem nach wie vor hoch umstrittenen Feld lassen sich nicht immer von wissenschaftlichen Analysen unterscheiden. Eine umfassende historische, aus den Quellen gearbeitete Analyse und Darstellung muß jedenfalls weiterhin als Desiderat gelten. Grundlegend einstweilen Melčić (Hrsg.), Der Jugoslawien-Krieg. Stimulierend auch: Pond, Endgame in the Balkans.

103 Zum historischen und politisch-sozialen Kontext Jill Benderly u. Evan Kraft (Hrsg.), Independent Slovenia. Origins, Movements, Prospects, New York 1994, hier v. a. den Beitrag von Tomaž Mastnak, From Social Movements to National Sovereignty, S. 93–111. Die US Army flog am 15. April 1986 schwere Luftangriffe gegen Libyen, weil der amerikanische Geheimdienst Gaddafi für den Anschlag auf die Berliner Diskothek «La Belle» verantwortlich machte, dem u. a. zwei US-Soldaten zum Opfer gefallen waren.

104 Arno Weckbecker, Die politischen und ökonomischen Systeme der Nachfolgestaaten (1990–1996), in: Jürgen Elvert (Hrsg.), Der Balkan. Eine europäische Krisenregion in Geschichte und Gegenwart, Stuttgart 1997, S. 255–335, hier S. 322.

105 Interview mit Goran Bregović am 14.9.1989, in: Sabrina Petra Ramet, Balkan Babel. The Disintegration of Yugoslavia from the Death of Tito to Ethnic War, New York 1996, S. 30. Zu dieser Problematik vgl. auch den Überblick von Arnold Suppan, Yugoslavism versus Serbian, Croatian, and Slovene Nationalism. Political, Ideological, and Cultural Causes of the Rise and Fall of Yugoslavia, in: Norman M. Naimark u. Holly Case (Hrsg.), Yugoslavia and its historians: understanding the Balkan wars of the 1990s, Stanford/Calif. 2003, S. 116–139.

106 Siehe die farbige, journalistische Schilderung bei Laura Silber u. Allan Little, Bruderkrieg. Der Kampf um Titos Erbe, Graz 1995, S. 31–37. Ausführlich zu Aufstieg und Fall Miloševićs Miloš Nicolić, The Tragedy of Yugoslavia. The rise, the reign and the fall of Slobodan Milošević, Baden-Baden 2002.

107 Siehe Ramet, Nationalism and Federalism, S. 227–235.

108 So etwa der Tenor in einem kritischen Nachruf der Neuen Zürcher Zeitung, 12.3.2006: Skrupelloser Techniker der Macht. Vgl. auch Matthias Rüb, Jugoslawien unter Milošević, in: Melčić (Hrsg.), Jugoslawien-Krieg, S. 332–344; Hans-Joachim Hoppe, Die politische Führung des Milošević-Regimes, Köln 1999; Hans-Christoph Reich, Kurzstudie: Das «Aktions- und Reaktionsmuster» von Milošević von 1989 bis 1999, Waldbröl 1999.

109 Siehe unten, S. 328 ff.

110 Zu den unterschiedlichen Zahlen, die im Umlauf sind, vgl. Weckbecker, Systeme der Nachfolgestaaten, in Elvert, Der Balkan, S. 278, und Philipp Harfst, Wahlsystemwandel in Mittelosteuropa. Strategisches Design einer politischen Institution, Wiesbaden 2007, S. 114; Nenad Zakosek, Wahlen in Kroatien 1990–2000, in: Klaus Ziemer (Hrsg.), Wahlen in postsozialistischen Staaten, Opladen 2003, S. 121.

111 Heinz-Jürgen Axt, Hat Genscher Jugoslawien entzweit? Mythen und Fakten der Außenpolitik des vereinten Deutschlands, in: Europa-Archiv 48 (1993), S. 352.

112 Patrick Michels, La France face aux déclarations d'indépendance slovène et croate, in: Revue d'études comparatives Est – Ouest 27 (1996), S. 75–101, hier S. 97. Siehe auch: Xavier Bougarel, Bosnie-Herzégovine: anatomie d'une poudrière, in: Hérodote nr. 67, 1992, S. 84–148. Eine abwägende Analyse gibt: Richard Caplan, Europe and the Recognition of New States in Yugoslavia, Cambridge 2005, v. a. S. 43–48. Zur deutschen Politik im Kontext der transatlantischen Beziehungen vgl. insbesondere Knut Kirste, Der Jugoslawienkonflikt, Trier 1998, in: http://www.

deutsche-aussenpolitik.de/resources/conferences/Jugo.pdf (Abruf 22.2.2011). Ferner: Thomas Jäger u. a., Macht Führung Regeln? Die Koordinierung der Außenpolitiken der EG-Staaten im Konflikt um Jugoslawien 1991/92, in: Michèle Knodt u. Beate Kohler-Koch (Hrsg.), Deutschland zwischen Europäisierung und Selbstbehauptung, Frankfurt/M. u. New York 2000, S. 110–134; Franz-Josef Meiers, Zu neuen Ufern? Die deutsche Sicherheits- und Verteidigungspolitik in einer Welt des Wandels 1990–2000, Paderborn u. a. 2006, S. 258–267.

113 Ebd., S. 266.

114 EPZ-Erklärung zu Jugoslawien, Außerordentliche EPZ-Ministertagung, Brüssel, 27.8.1991, in: Europa-Archiv 46 (1991), Dokumente, D 543.

115 Abkommen über einen Waffenstillstand in Kroatien, unterzeichnet am 1. September 1991 in Belgrad, in: Europa-Archiv 46 (1991), Dokumente, D 544f. Nikolić, Tragedy, S. 51.

116 Siehe Europa-Archiv 46 (1991), Dokumente, D 545–558.

117 Erklärung der EG-Außenminister im Rahmen der EPZ, Rom, 8.11.1991, in: Europa-Archiv 47 (1992), Dokumente, D 118.

118 N. N., UN-Tribunal. Haftstrafen wegen Massakers in Vukovar, in: FAZ, 27.09.2007, unter: http://business-archiv.faz.net/intranet/biblionet/r_suche/webcgi?START=A20&DOKM=1264082_FAZ_0&WID=08333-2260151-81205_10 (Stand 02.05.2011); N. N., Serbische Offiziere wegen Vukovar-Massakers verurteilt, in: Neue Zürcher Zeitung, 27.09.2007, unter: http://www.nzz.ch/nachrichten/politik/international/vukovar_massaker_haftstrafe_den_haag_uck_1.561503.html (Abruf 02.05.2011).

119 Gemeinsamer Standpunkt im Hinblick auf die Anerkennung jugoslawischer Republiken, Brüssel, 16.12.1991, in: Europa-Archiv 47 (1992), Dokumente, D 121. Vgl. hierzu Caplan, Europe, S. 23 f.

120 Sundhaussen, Geschichte Serbiens, S. 414.

121 Calic, Krieg in Bosnien-Herzegowina, S. 87–95.

122 Slavenka Drakulić, Sterben in Kroatien. Vom Krieg mitten in Europa, Reinbek bei Hamburg 1992, S. 84 f.

123 N. N., Das traurige Ende der «Serbischen Republik Krajina», in: Osteuropa-Archiv 46 (1996), H. 3, S. 146–152, Zitate S. 146–150.

124 Ramet, Balkan Babel, S. 263.

125 Weckbecker, Systeme der Nachfolgestaaten S. 255. Über die langfristige Herausbildung ethnischer Identitäten in Bosnien-Herzegowina siehe Sanda Cudic, Multikulturalität und Multikulturalismus in Bosnien-Herzegowina, Frankfurt/M. 2001.

126 Die ethnische Mischung der Gebiete macht eine Aufteilung des Landes unmöglich, Artikel aus der Zeitschrift Nedeljna Borba, 23./24.7.1994, S. 9, hier zit. n. Osteuropa. Zeitschrift für Gegenwartsfragen 45 (1995), A 160.

127 Weckbecker, Systeme der Nachfolgestaaten, S. 273.

128 So der Bericht des amerikanischen Korrespondenten Roy Gutman, Augenzeugen des Völkermords. Reportagen aus Bosnien, Göttingen 1994, S. 59 (3.3.1992).

129 Ebd., S. 59 f.

130 Calic, Krieg und Frieden, S. 91.

131 Ganz Bosnien ist die Hölle, in: Der Spiegel 33/10.8.1992, S. 128–133. Aus der Fülle an Erhebungen und Augenzeugenberichten: War Crimes in Bosnia-Hercegovina. A Helsinki Watch Report I, New York 1993; The Ethnic Cleansing of Bosnia-Hercegovina. A Staff Report to the Committee of Foreign Relations, United States Senate, Washington/D. C. 1992; Report on the situation of human rights in the territory of the former Yugoslavia submitted by Mr. Tadeusz Mazowiecki, S. 16–117,

http://www.scribd.com/doc/31230414/Tadeusz-Mazowiecki-Report-on-the-Situation-of-Human-Rights-in-the-Territory-of-the-Former-Yugoslavia (Abruf 21.2.2011); Roy Gutman, Augenzeuge; Jadranka Cigelj, Appartement 102 Omarska. Ein Zeitzeugnis, Würzburg 2007. Zusammenfassend: Karl Kaser, Das ethnische «engineering», in: Melčić (Hrsg.), Jugoslawien-Krieg, S. 401–414.

132 Alexandra Stiglmayer (Hrsg.), Massenvergewaltigung. Krieg gegen die Frauen, Freiburg i.Br. 1993; Amnesty International, Bosnia-Hercegovina, Rape and Sexual Abuse by Armed Forces, Index EUR 63/01/93. Die Stimmen der Betroffenen bei: Seada Vranić, Breaking the Wall of Silence. The Voices of Raped Bosnia, Zagreb 1996.

133 Željko Ivanković u. Dunja Melčić, Der bosniakisch-kroatische «Krieg im Kriege», in: Melčić (Hrsg.), Jugoslawien-Krieg, S. 415–438.

134 Vgl. die Schilderung bei Erich Rathfelder, Kosovo. Geschichte eines Konflikts, Frankfurt/M. 2010, S. 154 f.

135 Ed Vulliamy, Bosnia: the crime of appeasement, in: International Affairs 74 (1998), S. 73–92.

136 EPZ-Erklärung zu Jugoslawien, Außerordentliche EPZ-Ministertagung, Brüssel, 27.8.1991, in: Europa-Archiv 46 (1991), Dokumente, D 543.

137 «Ganz Bosnien ist die Hölle», in: Der Spiegel 33/10.8.1992, S. 128–133, hier S. 128 f.

138 Zur ambivalenten Rolle der UNPROFOR-Truppen vgl. Carsten Giersch, Konfliktregulierung in Jugoslawien 1991–1995. Die Rolle von OSZE, EU, UNO und NATO, Baden-Baden 1998, S. 213–263.

139 Ebd., S. 152–159.

140 Die Literatur über das Massaker von Srebrenica ist reichhaltig, wenngleich häufig beeinträchtigt durch die Emotionen, die die Geschehnisse unweigerlich hervorriefen, einerseits oder das proserbische Bemühen, diese herunterzuspielen, andererseits. Siehe: United Nations, General Assembly, 54th session, 15 November 1999, Agenda item 42: The situation in Bosnia and Herzegowina, Report of the Secretary-General pursuant to General Assembly resolution 53/35, hier v. a. S. 72–84 (http://daccess-dds-ny.un.org/doc/UNDOC/GEN/N99/348/76/IMG/N9934876.pdf?OpenElement). Aus der Literatur siehe den Augenzeugenbericht von Emir Suljagić, Srebrenica. Notizen aus der Hölle, Wien 2009 (zuerst 2005); Julija Bogoeva u. Caroline Fetscher, Srebrenica. Dokumente aus dem Verfahren gegen General Radislav Krstić vor dem Internationalen Strafgerichtshof für das ehemalige Jugoslawien in Den Haag, Frankfurt/M. 2002; Jan Willem Honig u. Norbert Both, Srebrenica: der größte Massenmord in Europa nach dem Zweiten Weltkrieg, München 1997; Sylvie Matton, Srebrenica. Un génocide annoncé, Paris 2005; Dunja Melčić, Kriegsverbrechen. Srebrenica 1995, in: Wegweiser zur Geschichte. Bosnien-Herzegowina, hrsg. v. Militärgeschichtlichen Forschungsamt, Paderborn u. a. 2007, S. 146–155. Proserbisch: Jürgen Elsässer, «Die Rampe von Srebrenica». Wie die Deutschen zu ihrem ersten Krieg nach 1945 kamen, in: Ders., Kriegsverbrechen. Die tödlichen Lügen der Bundesregierung und ihre Opfer im Kosovo-Konflikt, Hamburg 2000, S. 14–36; Alexander Dorin u. Zoran Jovanovic, Srebrenica wie es wirklich war: Unterdrückte Tatsachen über die an Serben begangenen Massaker 1992–1995, Freiburg 2010.

141 Vgl. Izetbegovic verlangt militärische Bestrafung der bosnischen Serben, in: FAZ, 30.08.1995, in: http://business-archiv.faz.net/intranet/biblionet/r_suche/webcgi?START=A20&DOKM=211466_FAZ_0&WID=34543-3170771-31803_5 (Abruf 28.04.2011); Giersch, Konfliktregulierung in Jugoslawien, S. 261 und S. 291 f.

142 Mario Juricevic, Reformen des politischen Systems in Bosnien und Herzegowina. Die Entwicklung der politischen Strukturen nach Dayton, unter besonderer Berücksichtigung der Verfassungsproblematik, Leipzig 2008; Lejla Starčević-Srkalović, The Democratization Process in Post-Dayton Bosnia and Herzegovina and the Role of the European Union, Baden-Baden 2010; Wolfgang Petritsch, Bosnien und Herzegowina 5 Jahre nach Dayton. Hat der Friede eine Chance?, Klagenfurt 2001. Zum Friedensprozeß selbst wichtig: Richard Holbrooke, Meine Mission. Vom Krieg zum Frieden in Bosnien, München 1998.

143 So die offizielle Angabe des Hohen Flüchtlingskommissars der UN (UNHCR) im September 2004, http://www.unhcr.ch/index.php?id=396&tx_ttnews[tt_news]=446&tx_ttnews[backPid]=351&cHash=7c870102d8&type=1&no_cache=1. Zur prekären Stabilisierung in Bosnien-Herzegowina nach Dayton siehe Vedran Džihć, Ethnopolitik in Bosnien-Herzegowina: Staat und Gesellschaft in der Krise, Baden-Baden 2009.

144 Siehe v. a. Rafael Biermann, Lehrjahre im Kosovo. Das Scheitern der internationalen Krisenprävention vor Kriegsausbruch, Paderborn 2006.

145 So Joschka Fischer, Die rot-grünen Jahre. Deutsche Außenpolitik vom Kosovo bis zum 11. September, Köln 2007, S. 100.

146 Marina Blagojević, Der Exodus aus dem Kosovo. Ein serbisches Trauma im Propagandakrieg, in: Thomas Bremer u. a. (Hrsg.), Serbiens Weg in den Krieg. Kollektive Erinnerung, nationale Formierung und ideologische Aufrüstung, Berlin 1998, S. 75–91; Sundhaussen, Geschichte Serbiens, S. 387.

147 Ebd. S. 403.

148 Eine ausführliche Analyse des Amselfelds als serbischen «Erinnerungsort» gibt Sundhaussen, Geschichte Serbiens, S. 97–115. Allgemein zur Symbolik in Serbien: Ivan Čolović, The Politics of Symbol in Serbia, London 2002.

149 Zit. nach Slobodan Milošević, Rede anlässlich des 600. Jahrestages der Schlacht auf dem Amselfeld, 28.06.1989, in: Klaus Hartmann (Hrsg.), Die Zerstörung Jugoslawiens. Slobodan Milošević antwortet seinen Anklägern, Frankfurt/Main 2006, S. 107–112, hier S. 111 f.

150 Zit. n. Sundhaussen, Geschichte Serbiens, S. 76. Zur Rolle der von Milošević gleichgeschalteten «Politika» in der nationalistisch-großserbischen Propaganda siehe auch Aleksandar Nenadović, Die *Politika* im Sturm des Nationalismus, in: Bremer u. a. (Hrsg.), Serbiens Weg in den Krieg, S. 279–298, hier v. a. S. 292–296.

151 Berthold Löffler, Das Elend der Balkanpolitik des Westens am Beispiel des Kosovo, in: Osteuropa 51 (2001), S. 938–952, hier S. 940.

152 Vgl. Christine von Kohl u. Wolfgang Libal, Kosovo: gordischer Knoten des Balkan, Wien u. Zürich 1992; Der trügerische Frieden. Bericht der Internationalen Balkan-Kommission, hrsg. v. Aspen-Institute Berlin und Carnegie Endowment for International Peace, Reinbek bei Hamburg 1997 (zuerst englisch 1996), S. 171–175. Zur entstehenden «Parallelgesellschaft» im Kosovo siehe Oliver Jens Schmitt, Kosovo. Kurze Geschichte einer zentralbalkanischen Landschaft, Wien u. a. 2008, S. 318–321. Zur Identitätsbildung in der Vorgeschichte des Kosovo-Krieges siehe auch Julie A. Mertus, Kosovo. How myths and truths started a war, Berkeley/Calif. 1999. Allgemein auch: Erich Reiter (Hrsg.), Der Krieg um das Kosovo 1998/99, Mainz 2000.

153 Biermann, Lehrjahre, S. 468, sowie Rathfelder, Kosovo, S. 163.

154 Biermann, Lehrjahre, S. 488–492. Das Zitat S. 489 (nach FAZ, 30.1.1996).

155 Hierzu siehe den eindrücklichen, durch eigene Anschauung fundierten Bericht von Rathfelder, Kosovo, S. 158–184.

156 Zahlen nach UN-Angaben, hier zit. n. August Pradetto, Intervention, Regimewechsel, erzwungene Migration. Die Fälle Kosovo, Afghanistan und Irak, Frankfurt/M. 2008, S. 19. Eindrückliche Impressionen bei Rathfelder, Kosovo.

157 Vgl. die gesammelten Feuilletonkommentare aus der FAZ in: Frank Schirrmacher (Hrsg.), Der westliche Kreuzzug. 41 Positionen zum Kosovo-Krieg, Stuttgart 1999.

158 Florian Bieber, Der Kosovo-Krieg als Mobilisierung für politischen Wandel? Erklärungsansätze für den Demokratisierungsdruck in Serbien im Sommer 1999, in: Südost-Forschungen 68 (2009), S. 456 – 478.

159 Schlagzeilen aus *Politika*, zit. n. Nikolić, Tragedy, S. 140.

160 Vgl. Laurel E. Fletcher u. Harvey M. Weinstein, A world unto itself? The application of international justice in the former Yugoslavia, in: Eric Stover u. Harvey M. Weinstein (Hrsg.), My Neighbor, My Enemy. Justice and Community in the Aftermath of Mass Atrocity, Cambridge 2004, S. 29–48, hier S. 33.

161 Unter vergleichender rechtswissenschaftlicher Untersuchungsperspektive Leonie von Braun, Internationalisierte Strafgerichte. Eine Analyse der Strafverfolgung schwerer Menschenrechtsverletzungen in Osttimor, Sierra Leone und Bosnien-Herzegowina, Berlin 2008; Corinna Contag, Der Internationale Strafgerichtshof im System Kollektiver Sicherheit, Baden-Baden 2009. Historisch vergleichend: Gary Jonathan Bass, Stay the Hand of Vengeance. The Politics of War Crimes Tribunals, Princeton/N. J. 2000, S. 206–275.

162 Ebd., S. 273.

163 Milosevic: Deutschland verursachte Balkankrieg, in: FAZ 31.8.2004. Zum Hintergrund des Milošević-Prozesses siehe den Bericht der Chefanklägerin Carla del Ponte, Im Namen der Anklage. Meine Jagd auf Kriegsverbrecher und die Suche nach Gerechtigkeit, Frankfurt/M. 2009, S. 188–235.

164 Künstler-Appell für Milošević, in: http://www.aikor.de/info/05101502.pdf (Abruf 7.3.2011); Vgl. auch Ralph Hartmann, Der Fall Milošević. Ein Lesebuch, Berlin 2002; Germinal Civikov, Der Milosevic-Prozess. Bericht eines Beobachters, Wien 2006.

165 Slavenka Drakulić, Keiner war dabei. Kriegsverbrechen auf dem Balkan, Wien 2004, S. 182.

166 Siehe z. B.: Die serbischen Intellektuellen und ihr «völkisches Denken». Zum 22. Kongreß der serbischen Intellektuellen 22./23. April 1994, in: Osteuropa 44 (1994), A 640-A 648. Vgl. zur Präsenz und historischen Deutung vergangener Verbrechen David Bruce MacDonald, Balkan holocausts? Serbian and Croatian victim-centered propaganda and the war in Yugoslavia, Manchester 2002.

167 ICTY, Case information sheet Biljana Plavšić, S. 3 f. http://www.icty.org/x/cases/plavsic/cis/en/cis_plavsic_en.pdf (Abruf 7.3.2011). Vgl. zur Rolle des Empfindens, eine Verteidigung durchzuführen, Harald Welzer, Täter. Wie aus ganz normalen Menschen Massenmörder werden, Frankfurt/M. 2005, S. 236 f.

168 Alkohol und Krieg – ein serbisches Phänomen?, in: Osteuropa 44 (1994), A 651–653.

169 Ebd., A 653 (Interview mit dem serbischen Sozialpsychologen Boro Kuzmanović).

170 Siehe das Case information sheet des ICTY über die Anklage gegen Karadžić in: http://www.icty.org/x/cases/karadzic/cis/en/cis_karadzic_en.pdf (Abruf 15.6.2011).

171 Neue Zürcher Zeitung, NZZ Online, 28.10.2010 http://www.nzz.ch/nachrichten/politik/international/serbien_verzehnfacht_belohnung_fuer_ergreifung_von_mladic_1.8179777.html (Abruf am 15.6.2011).

172 Siehe Marc Hoch, Des Teufels General, in: SZ, 27.5.2011.

III. Das gemeinsame Europa als politisches Projekt

1 Siehe hierzu unten, S. 348 ff.
2 Siehe hierzu unten, S. 250 ff.
3 Vgl. Arthur I. Cyr, The euro: faith, hope and parity, in: International Affairs 79 (2003), S. 979–992.
4 Im Überblick hierzu u. a. Hans-Jürgen Wagener, Thomas Eger u. Heiko Fritz, Europäische Integration. Recht und Ökonomie, Geschichte und Politik, München 2006, S. 539–556; Christopher Flockton, Economic Integration since Maastricht, in: Klaus Larres (Hrsg.), A Companion to Europe since 1945, Oxford 2009, S. 270–301.
5 Pond, Rebirth, S. 165 f.
6 Siehe Werner Becker u. Barbara Böttcher, Währungspolitik, in: Jahrbuch der Europäischen Integration 2005, S. 205–210, hier S. 208 f.
7 SZ, 10.5.2010.
8 FAZ, 3.2.2010. Sehr überzeugend zu der hier angeschnittenen Thematik Maurizio Bach, Die Bürokratisierung Europas. Verwaltungseliten, Experten und politische Legitimation in Europa, Frankfurt/M. 1999, S. 123–125.
9 Siehe OECD, Economic Survey of the Euro Area 2005: Integrating Service Markets, Paris 2005, S. 6 (http://www.oecd.org/dataoecd/8/31/35106741.pdf (Abruf am 18.8.2010).
10 Richtlinie 2006/123/EG des Europäischen Parlaments und des Rates vom 12. Dezember 2006 über Dienstleistungen im Binnenmarkt, in: Amtsblatt der Europäischen Union, 27.12.2006, L 376/36.
11 Europäische Kommission, An Internal Market Strategy for Services, Brüssel 2000, S. 1.
12 John Gillingham, European Integration 1950–2003. Superstate or New Market Economy, Cambridge 2003, S. 473 ff. (»an international market-conforming regulatory agency«).
13 Vgl. etwa Markus M. Müller, Wirtschaftspolitik, in: Oskar W. Gabriel u. Sabine Knopp (Hrsg.), Die EU-Staaten im Vergleich. Strukturen, Prozesse, Politikinhalte, Wiesbaden 2008, S. 690–710.
14 Tagung des Europäischen Rates der Staat- und Regierungschefs am 8. u. 9. Dezember 1989 in Straßburg, in: Europa-Archiv 45 (1990), II: Dokumente, D 9.
15 Susanne Burri u. Sacha Prechal, Geschlechtergleichstellungsrecht der EU, Brüssel 2008; Dies., Die EU-Vorschriften zur Geschlechtergleichstellung: Wie wurden diese in nationales Recht umgesetzt?, Brüssel 2009.
16 Amtsblatt der Europäischen Gemeinschaft C (364/1-21) vom 18.12.2000, http://www.europarl.europa.eu/charter/pdf/text_de.pdf (Letzter Abruf 3.6.2011).
17 Siehe z. B. Berthold Busch, Der EU-Binnenmarkt. Anspruch und Wirklichkeit, Köln 2009, v. a. S. 22–25.
18 Kaelble, Sozialgeschichte Europas, S. 352–354.
19 Gillingham, European Integration, S. 461–473; Martin Höpner u. Armin Schäfer Grundzüge einer politökonomischen Perspektive auf die europäische Integration, in: Dies. (Hrsg.), Die Politische Ökonomie der europäischen Integration, Frankfurt/M. u. New York 2008, S. 11–48, hier v. a. S. 15–20 (das Zitat); Henrik Enderlein, Wandel durch den Euro. Wie die Währungsunion die nationale Fiskal- und Lohnpolitik verändert, in: ebd., S. 415–448.
20 Siehe insbesondere William Outhwaite, European Society, Cambridge 2008; Berend, Europe since 1980, S. 291. Steffen Mau u. Roland Verwiebe, Die Sozialstruk-

tur Europas, Konstanz 2009, S. 313–219. Abwägend: André Schmidt, Die Integrationskraft des Europäischen Binnenmarktes, in: Peter-Christian Müller-Graff (Hrsg.), Der Zusammenhalt Europas – in Vielfalt geeint, Baden-Baden 2009, S. 23–42.

21 Artur Borzeda, Die französisch-polnischen Beziehungen. Das Gewicht der Geschichte und die wirtschaftlichen Realitäten, in: Dokumente 58/3 (2002), S. 59–64, hier S. 60.

22 Ebd., S. 61.

23 Cooperation franco-polonaise vue de France et de Pologne. Rapports de recherche, in: Cahiers franco-polonais 4 (octobre – décembre 1992), S. 3–14.

24 Françoise Mayer, Mémoires polonaises à l'usage du touriste français, in: Marthe Molinari (Hrsg.), Pologne – France: La vision de l'autre, Paris 1994, S. 153–170, hier S. 156 f.

25 Vgl. Klaus Hänsch, Perspektiven der europäischen Integration, in: Alf Leiße (Hrsg.), Die Europäische Union nach dem Vertrag von Lissabon, Wiesbaden 2010, S. 69–75, hier S. 71.

26 Challenges, 28.5.2008: Nicolas Sarkozy éclipse le «fantasme» du plombier polonais. Vgl. Nouvel Observateur, 5.6.2008: Bienvenue au plombier polonais.

27 Vgl. hierzu Joanna Lucia Bodenstein, Frankreichs Antwort auf das Ende des Ost-West-Konflikts. Die Reaktion des politischen Systems auf den Umbruch 1989, Münster 2002, S. 228–237.

28 Jacques Santer (Hrsg.), Robert Schuman – christlicher Demokrat und Europäer, Aktualität eines Vorbilds, Melle 1988, S. 1.

29 Schlußfolgerungen der Tagung des Europäischen Rates der Staats- und Regierungschefs in Kopenhagen am 21. u. 22. Juni, in: Europa-Archiv 48 (1993), II: Dokumente, D 264.

30 Kommission der Europäischen Gemeinschaften, Berichte über die von den einzelnen Bewerberländern auf dem Weg zum Beitritt erzielten Fortschritte, 4. November 1998, S. 32, http://ec.europa.eu/enlargement/archives/pdf/key_documents/1998/composite_de.pdf (Abruf am 19.11.2010).

31 Europa-Archiv (Dokumente) 46 (1991), D 253–D 254.

32 Erklärung des Bundeskanzlers der Bundesrepublik Deutschland, Helmut Kohl, bei der Unterzeichnung des deutsch-polnischen Vertrages in Bonn am 17. Juni 1991, in: Europa-Archiv 46 (1991) II: Dokumente, D 327.

33 CDU/CSU-Fraktion im Deutschen Bundestag, Überlegungen zur europäischen Politik, von Wolfgang Schäuble und Karl Lamers, 1.9.1994, http://www.cducsu.de/upload/schaeublelamers94.pdf (Abruf am 31.10.2010).

34 Krysztof Skubiszewski, Deutschland: Anwalt Mitteleuropas. Eine polnische Sicht der deutschen Europa-Politik, in: Internationale Politik 52,2 (Februar 1997), S. 29–33, hier S. 29. Skubiszewski war von 1989 bis 1993 polnischer Außenminister.

35 Kommission der Europäischen Gemeinschaft (Hrsg.), Weißbuch. Vorbereitung der assoziierten Staaten Mittel- und Osteuropas auf die Integration in den Binnenmarkt der Union, Brüssel 3.5.1995, http://eur-lex.europa.eu/LexUriServ/LexUriServ.do?uri=COM:1995:0163:FIN:DE:PDF (Abruf 3.6.2011).

36 Sondertagung des Europäischen Rates über Beschäftigungsfragen in Luxemburg, 20./21. November 1997, Schlußfolgerungen des Vorsitzes, Teil I, Punkt 16–19, http://consilium.europa.eu/uedocs/cms_data/docs/pressdata/de/ec/00300.D7.htm (letzter Abruf 3.6.2011).

37 Schlußfolgerungen des Vorsitzes des Europäischen Rates am 10. u. 11. Dezember 1999 in Helsinki, in: Internationale Politik 2000, S. 80–104.

38 Kommission der Europäischen Gemeinschaften, Strategiepapier und Bericht der Europäischen Kommission über die Fortschritte jedes Bewerberlandes auf dem Weg zum Beitritt, 9.10.2002, S. 18, http://eur-lex.europa.eu/LexUriServ/LexUriServ.do?uri=COM:2002:0700:FIN:DE:PDF (Abruf am 19.11.2010).
39 Franz Knipping, Rom, 25. März 1957. Die Einigung Europas, München 2004, S. 319 f.
40 Martin Grosse Hüttmann, Die Osterweiterung der Europäischen Union, in: Die Osterweiterung der EU, Heft 1 (2004), S. 4–10.
41 Siehe z. B. Jens Schneider, Im Luna-Park der Grenzenlosigkeit, in: SZ, 3.5.2004.
42 EU vollendet historische Erweiterung, in: SZ, 3.5.2004, S. 1.
43 Joachim Fritz Vannahme, Europa, einig Vaterland, in: Die Zeit, 29.4.2004.
44 Typisch hierfür z. B. Landais u. a., L'idéologie européenne; Hans-Peter Martin, Die Europafalle. Das Ende von Demokratie und Wohlstand, 2. Aufl. München u. Zürich 2009.
45 Karol Kostrzębski, Die Mobilisierung von Euroskepsis: Basis des Populismus in Ostmitteleuropa am Beispiel Polen, in: Susanne Frölich-Steffen u. Lars Rensmann (Hrsg.), Populisten an der Macht. Populistische Regierungsparteien in West- und Osteuropa, Wien 2005, S. 209–225.
46 Vgl. hierzu Catharina Sørensen, Love me, love me not. A typology of public euroscepticism, Sussex European Institute Working Paper 101, http://www.sussex.ac.uk/sei/documents/workingpaper101.pdf (Abruf 10.11.2010).
47 Catherine Perron, Eine realistische Vision der europäischen Integration? Der tschechische Europadiskurs, in: Frank Baasner (Hrsg.), Von welchem Europa reden wir? Reichweiten nationaler Europadiskurse, Baden-Baden 2008, S. 95–117, hier S. 104.
48 Václav Klaus, Humboldt-Rede: Kritik der heutigen Form der europäischen Integration, 3.5.2010, die Zitate S. 3 u. 4, www.whi-berlin.de/.../VaclavKlaus_Kritik_der_heutigen_Form_der_europaeischen_Integration.pdf (Abruf 10.11.2010). Vgl. zur Entwicklung der EU-kritischen und nationalstaatsbezogenen Haltung von Václav Klaus und seiner tschechischen Regierungspartei ODS sowie zur tschechischen Debatte insgesamt: Volker Weichsel, Tschechien in Europa. Nationalpolitische Traditionen und integrationspolitische Konzepte, Berlin 2007, S. 73–104.
49 Vgl. u. a. Reinhold Vetter, Wer sind die wahren Europäer? Ostmitteleuropa und die EU-Krise, in: Osteuropa 55 (2005), S. 103–116; Amelie Kutter u. Vera Trappmann, Das Erbe des Beitritts. Europäisierungseffekte in Mittel- und Osteuropa, Baden-Baden 2006, S. 13–55, hier v. a. S. 24; Baasner (Hrsg.), Von welchem Europa reden wir?, die Einleitung, S. 7–16; Buchstab u. Uertz (Hrsg.), Nationale Identität; Stefan Auer, Wer hat Angst vor Osteuropa? Nationalismus und europäische Integration nach 1989, in: Osteuropa (2009), S. 311–332.
50 Siehe z. B. Winfried Steffani, Parlamentarismus in den EG-Staaten und demokratisches Defizit der europäischen Institutionen, in: Zeitschrift für Parlamentsfragen 9 (1978), S. 233–253; ferner Peter Becker u. Olaf Leiße, Die Zukunft Europas. Der Konvent zur Zukunft der Europäischen Union, Wiesbaden 2005, S. 30 f. Vgl. allgemein: Anderson, The New Old World, S. 60–64, sowie die tiefschürfende Analyse von Erik O. Eriksen, The Unfinished Democratization of Europe, Oxford 2009.
51 Joschka Fischer, Vom Staatenverbund zur Föderation – Gedanken über die Finalität der europäischen Integration (Rede vom 12. Mai 2000 in der Humboldt-Universität Berlin), in: Frank Ronge (Hrsg.), In welcher Verfassung ist Europa – Welche Verfassung für Europa?, Baden-Baden 2001, S. 299–309, hier S. 304.

52 Stellungnahme der Europäischen Kommission zur Regierungskonferenz in Turin, 8.3.1996, in: Internationale Politik 51 (1996) II: Dokumente, S. 86–97, hier S. 87. Es handelte sich um das Bonmot eines ungenannten europäischen Staatschefs.

53 Kritische Diskussionen hierzu bei Jens Alber u. Wolfgang Merkel (Hrsg.), Europas Osterweiterung: Das Ende der Vertiefung? (WZB-Jahrbuch 2005), Berlin 2006.

54 Dies., Einleitung, in: ebd.

55 BVerfGE 89, 155 vom 12. Oktober 1993, Az: 2 BvR 2134, 2159/92. Vgl. Sven Hölscheidt u. Thomas Schotten, Von Maastricht nach Karlsruhe. Der lange Weg des Vertrages über die Europäische Union, Darmstadt 1993, v. a. S. 92–133.

56 Vgl. Siegbert Alber, Braucht Europa eine Verfassung?, in: Frank Ronge (Hrsg.), In welcher Verfassung ist Europa – Welche Verfassung für Europa?, Baden-Baden 2001, S. 123–132; Jürgen Meyer, Braucht die Europäische Union eine Verfassung?, in: Olaf Leiße (Hrsg.), Die Europäische Union nach dem Vertrag von Lissabon, Wiesbaden 2010, S. 60–68, hier v. a. S. 60 f. Vgl. zur Diskussion auch die Beiträge in: Erik Oddvar u. a. (Hrsg.), Developing a Constitution for Europe, London 2004; Marcus Höreth u. a. (Hrsg.), Die Europäische Verfassung. Analyse und Bewertung ihrer Strukturentscheidungen, Baden-Baden 2005.

57 White Paper der britischen Regierung: A Partnership of Nations. The British Approach to the European Union Intergovernmental Conference 1996, Presented to Parliament in March 1996. Vgl. dazu auch Wolfgang Krieger, Großbritannien setzt auf WEU. Zum Stande der britischen Vorbereitungen auf die EU-Regierungskonferenz 1996, Ebenhausen 1995.

58 Rede des britischen Außenministers, Malcolm Rifkind, vor dem Unterhaus, 21.3.1996, in: Internationale Politik 51, 8 (August 1996), S. 97–103, hier S. 98.

59 Rede des britischen Außenministers, Malcolm Rifkind, vor dem European Policy Forum am 1. Mai 1996 in London, Internationale Politik 51,8 (August 1996), S. 117–119, hier S. 117.

60 Vgl. hierzu Susanne Wanninger, New Labour und die EU. Die Europapolitik der Regierung Blair, Baden-Baden 2007; Sebastian Heindrichs, Die Europapolitik Großbritanniens unter besonderer Berücksichtigung der britischen Position zur Osterweiterung der Europäischen Union und der Regierung Blair, Berlin 2005. Vgl. auch Henning Hoff, Eine Chance für Europa? Der Vermittler: Tony Blairs Britannien will den Kontinent führen, in: Internationale Politik 60,7 (Juli 2005), S. 112–117.

61 Fischer, Vom Staatenverbund zur Föderation, S. 304.

62 Vgl. zum folgenden Becker u. Leiße, Zukunft Europas.

63 Zu dieser besonders in Deutschland lebhaft geführten Diskussion vgl. Christoph Dorau, Bedarf und Inhalt einer Verfassung für die Europäische Union, in: Ronge (Hrsg.), In welcher Verfassung ist Europa, S. 155–185, hier v. a. S. 157 ff. Als Gegenposition Dieter Grimm, in: Ohne Volk keine Verfassung, in: Die Zeit, 18.3.1999.

64 Schlussfolgerungen des Vorsitzes des Europäischen Rates am 29. März 1996 in Turin, in: Internationale Politik 51 (1996) II: Dokumente, S. 112–116, hier S. 113. Zu der Verfassungsdiskussion und den Verfassungsentwürfen der 1980er Jahre siehe Jürgen Schwarze u. Roland Bieber (Hrsg.), Eine Verfassung für Europa. Von der Europäischen Gemeinschaft zur Europäischen Union, Baden-Baden 1984; Werner Weidenfeld (Hrsg.), Wie Europa verfaßt sein soll – Materialien zur Politischen Union, Gütersloh 1991, hier v. a. S. 105–134; Rudolf Luster, Gero Pfennig u. Friedrich Fugmann, Bundesstaat Europäische Union: Ein Verfassungsentwurf (1988), S. 354–385; Europäisches Parlament, Entwurf eines Vertrages zur Gründung der Europäischen Union (14.2.1984). Vgl. ferner Becker u. Leiße, Zukunft Europas, S. 34–37.

65 Zum Vertrag von Amsterdam und zu seiner Bilanzierung siehe Mathias Jopp u. a. (Hrsg.), Die Europäische Union nach Amsterdam. Analysen und Stellungnahmen zum neuen EU-Vertrag, Bonn 1998 (mit Dokumenten); Werner Weidenfeld (Hrsg.), Amsterdam in der Analyse. Strategien für Europa, Gütersloh 1998.

66 Gemeinsame Erklärung Frankreichs, Belgiens und Italiens zum Protokoll über die Organe im Hinblick auf die Erweiterung der EU, 15.9.1997, in: Internationale Politik 11 (1997), S. 127. Vgl. Werner Weidenfeld (Hrsg.), Nizza in der Analyse. Strategien für Europa, Gütersloh 2001, S. 309.

67 Vgl. hierzu Andreas Maurer, Die institutionellen Reformen: Entscheidungseffizienz und Demokratie, in: Jopp u. a. (Hrsg.), Die Europäische Union nach Amsterdam, S. 41–81, hier v. a. S. 41 f.

68 Richard von Weizsäcker, Jean-Luc Dehaene, David Simon, The institutional implications of enlargement. Report to the European Commission, Brüssel, 18.10.1999, http://www.ena.lu/report_european_commission_enlargement_october-1999-03-17947 (Abruf 3.6.2011).

69 Wolfgang Wessels, Zukunftsfähig? Die Europäische Union à 27, in: Internationale Politik 56,2 (Februar 2001), S. 13–22, hier S. 13. Vgl. Becker u. Leiße, Zukunft Europas, S. 53.

70 Siehe mit den Einzelheiten Claus Giering, Die institutionellen Reformen von Nizza, in: Weidenfeld (Hrsg.), Nizza in der Analyse, S. 51–144.

71 Anlage IV des Vertrags von Nizza: Erklärung für die Schlussakte der Konferenz zur Zukunft der Union, abgedr. in: Internationale Politik 56,2 (Februar 2001), S. 99.

72 Deutscher Bundestag 13. WP, 44. Sitzung, 22.6.1995, S. 3562 f. (Drucksache 13/44).

73 Beschluß des Europäischen Rates zur Erarbeitung einer Charta der Grundrechte der EU, 3./4. Juni 1999, in: Deutscher Bundestag (Hrsg.), Der Weg zum EU-Verfassungskonvent (Zur Sache 5/2002), Berlin 2002, S. 405.

74 Charta der Grundrechte der Europäischen Union, ebd., S. 409–423. Vgl. Becker u. Leiße, Zukunft Europas, S. 41–48, zur Arbeit des Grundrechtekonvents.

75 Europäischer Rat (Laeken), 14./15.12.2001: Erklärung «Zur Zukunft der EU», in: Dt. Bundestag (Hrsg.), Der Weg zum EU-Verfassungskonvent, S. 442–451 (Zitate S. 445 u. 451). Vgl. Becker u. Leiße, Zukunft Europas, S. 66–72.

76 Jean-Luc Dehaene, «Les perspectives de la convention», in L'Europe en formation. 2002, Nr. 1, S. 9–16, hier S. 9, zit. nach der Übersetzung in: http://www.ena.lu/jean_luc_dehaene_aussichten_konvents-3-14783 (Abruf 1.12.2010).

77 Ebd., S. 178.

78 Zur Arbeitsweise und zu den einzelnen Sitzungen des Konvents ebd., S. 78–181.

79 SZ, 6.10.2004. Siehe auch das Interview mit Buttiglione, SZ, 15.2.2004 («Sünde ist ein theologischer Begriff»).

80 Katja Ridderbusch, Feierlicher Akt, tiefe Gräben, in: Die Welt 30.10.2004.

81 Ausschnitte hiervon finden sich auf der Website des «European Navigator» www.ena.lu.

82 René Cuperus, Why the Dutch Voted No. An Anatomy of the New Euroscepticism in Old Europe, in: Progressive Politics 4 (2005), S. 92–101; Jean-Marie Colombani, L'impasse, in: Le Monde, 31.05.2005; Gilles Ivaldi, Beyond France's 2005 Referendum on the European Constitutional Treaty: Second-Order Model, Anti Establishment Attitudes and the End of the Alternative European Utopia, in: West European Politics 29 (2006), S. 47–69. Vgl. auch das treffende Resümee eines der Vizepräsidenten des Verfassungskonvents, Giuliano Amato, Nach der Sintflut. Die jüngsten Rückschläge sind eine heilsame Lektion, in: Internationale Politik 60,7 (Juli 2005), S. 13–16, hier S. 16 f.

83 Werner Weidenfeld, Die Bilanz der Europäischen Integration 2005, in: Jahrbuch der Europäischen Integration 2005, S. 13–28, hier S. 24.

84 Erklärung der Staats- und Regierungschefs der Mitgliedstaaten der Europäischen Union zur Ratifizierung des Vertrags über eine Verfassung für Europa, 18.6.2005, www.http://europa.eu/rapid/pressReleasesAction.do?reference=DOC/05/3&format=HTML&aged=1&language=DE&guiLanguage=en (Abruf 2.12.2010).

85 Vgl. zum Vertrag von Lissabon u. a. Werner Weidenfeld (Hrsg.), Lissabon in der Analyse. Der Reformvertrag der Europäischen Union, Baden-Baden 2008, v. a. S. 74–85 zum Amt des Präsidenten des Europ. Rates; Frank Decker u. Marcus Höreth (Hrsg.), Die Verfassung Europas. Perspektiven des Integrationsprojekts, Wiesbaden 2009, hier v. a. der Beitrag von Andreas Hofmann u. Wolfgang Wessels, Eine dauerhafte Verfassung für Europa? Die Beantwortung konstitutioneller Grundfragen durch den Vertrag von Lissabon, S. 69–95; Olaf Leiße (Hrsg.), Die Europäische Union nach dem Vertrag von Lissabon, Wiesbaden 2010.

86 Peter-Christian Müller-Graff, Entwicklungslinien des Europäischen Verfassungsvertrags, in: Jahrbuch der Europäischen Integration 2003/04, S. 39–50, hier S. 39.

87 Vgl. die Tagung des Europäischen Rates vom 11./12. Dezember 2008 in Brüssel. Schlussfolgerungen des Vorsitzes, Teil I, Punkt 1–4 und Anlage I, http://www.consilium.europa.eu/uedocs/cms_data/docs/pressdata/de/ec/104697.pdf (Abruf 3.6.2011). Vgl. auch Peter Häberle, Europäische Verfassungslehre, Baden-Baden 2009, S. 709 ff.

88 Vgl. Wirsching, Weg nach Maastricht.

89 Siehe als Beispiele aus der Diskussion: Hans-Olaf Henkel, Rettet unser Geld! Deutschland wird ausverkauft, München 2010; Norbert Horn, Die Verteidigung des Euro. Ein historischer Rückblick auf die Euro-Krise im Mai 2010, in: Festschrift für Georg Maier-Reimer zum 70. Geburtstag, München 2010, S. 245–263; Siegfried Franke, Europa am Scheideweg. Statt Vertiefung und Erweiterung nun die Eurokrise? Marburg 2010; Jürgen Matthes, Die Eurokrise. Für mehr Ausgewogenheit in der ökonomischen Debatte, in: Orientierung zur Wirtschafts- und Gesellschaftspolitik 125 (2010), S. 36–42.

90 Aus der Präambel des Vertrages von Maastricht.

91 Berliner Erklärung des Europäischen Rates anlässlich des 50. Jahrestages der Unterzeichnung der Römischen Verträge, 25.3.2007, in: http://www.eu2007.de/de/News/download_docs/Maerz/0324-RAA/German.pdf (Abruf 2.12.2010).

92 Ebd.

93 Z. B.: Agnès Poirier, Britain's High Representative is letting Europe down badly. Lady Ashton does not cut la moutarde, in: The Times, 28.1.2010; Claus Hecking, Französisch: mangelhaft, in: Financial Times Deutschland, 25.3.2010.

94 Franz Kernic, Die Außenbeziehungen der Europäischen Union. Eine Einführung, Frankfurt/M. u. a. 2007, S. 50.

95 Vgl. hierzu Ettore Greco, Nature and Classification of New Security Challenges in Europe, in: Cianni Bonvicini u. a. (Hrsg.), A Renewed Partnership for Europe. Tackling European Security Challenges by EU-NATO Interaction, Baden-Baden 1995, S. 15–38.

96 EEA Art. 30, 1 u. 2c, in: Auswärtiges Amt (Hrsg.), Gemeinsame Außen- und Sicherheitspolitik der Europäischen Union (GASP). Dokumentation, 10. Aufl. Bonn 1994, S. 78.

97 Siehe hierzu Eberhard Birk, Der Funktionswandel der Westeuropäischen Union (WEU) im europäischen Integrationsprozeß, Würzburg 1999.

98 Erklärung der EG-Mitgliedstaaten im Rahmen der EPZ zur Krise in der Golf-Region, Rom, 4.8.1990, in: Europa-Archiv 46 (1991), Dokumente, D 41 f.

99 International Herald Tribune, 1./2.9.1990, zit. in: Trevor C. Salmon, Testing times for European political cooperation: The Gulf and Yugoslavia, 1990–1992, in: International Affairs 68 (1992), S. 233–253, hier S. 245.

100 Knut Kirste, Die USA und Deutschland in der Golfkrise 1990/91, Fallstudie zum DFG-Projekt ‹Zivilmächte›, Universität Trier, 7.1.1998, S. 19 (http://www.deutsche-aussenpolitik.de/resources/conferences/golf.pdf) (Abruf am 11.12.2010). Siehe auch Michael Jochum u. Christopher Daase, «Partner in einer Führungsrolle?» Das einige Deutschland aus der Sicht der USA, in: Außenpolitik 43 (1992), S. 237–245.

101 Ian Buruma, The pax asix, New York Review of Books, 25.4.1991, zit. n. Michael Brenner, The alliance: a Gulf post-mortem, in: International Affairs 67 (1991), S. 665–678, hier S. 671.

102 Vgl. Frederick S. Wyle, Die erhöhte Verantwortung der Deutschen. Plädoyer für eine neue Rolle in der internationalen Politik, in: Europa-Archiv. Beiträge und Berichte 45 (1990), S. 732. Siehe auch Stephen Kinzer, War in the Gulf: Kohl Draws Rising Charges Of an Insufficient War Role, in: The New York Times, 26.1.1991.

103 Eine eingehende Analyse der deutschen Politik während des ersten Irak-Krieges bei Michael Staack, Handelsstaat Deutschland. Deutsche Außenpolitik in einem neuen internationalen System, Paderborn u. a. 2000, S. 468–476.

104 Salmon, Testing Times, S. 239.

105 Attali, Verbatim III, S. 563.

106 Friedemann Buettner u. Martin Landgraf, The European Community's Middle Eastern Policy. The New Order of Europe and the Gulf Crisis, in: Tareq Y. Ismael u. Jacqueline S. Ismael (Hrsg.), The Gulf War and the New World Order. International Relations of the Middle East, Gainesville/Florida u. a. 1994, S. 77–115, hier S. 95.

107 Das Zitat in: Salmon, Testing Times, S. 239. Zur Politik Frankreichs vgl. Frédéric Prater, La France et la crise du Golfe, in: Politique étrangère 56 (1991), S. 441–453; Walter Schütze, Frankreich und die Lehren des Golfkrieges: Neuorientierung der Verteidigungspolitik, in: Frankreich-Jahrbuch 1992, S. 103–114.

108 Le Monde, 5.3.1991, zit. n. Robert Picht, Frankreich 1990/91. Rolle und Rang in einer veränderten Welt, in: Frankreich-Jahrbuch 1991, S. 9–31, hier S. 16.

109 Christopher Coker, Britain and the New World Order: the special relationship in the 1990s, in: International Affairs 68 (1992), S. 407–421, hier S. 408.

110 Margaret Thatcher an George Bush u. Brent Scowcroft, 18.10.1990, in: http://www.margaretthatcher.org/document/110719 (Abruf 14.12.2010). Margaret Thatcher, Downing Street No. 10. Die Erinnerungen, Düsseldorf u. a. 1993, S. 1128; Pierre Salinger u. Eric Laurent, Krieg am Golf. Das Geheimdossier, München 1991, S. 102 u. 106.

111 Thatcher hits at Europeans' Gulf efforts, in: The Times, 31.8.1990.

112 The Times, 19.2.1992, zit n. Coker, Britain and the New World Order, S. 407. Vgl. insgesamt zur britischen Politik Raghid El-Solh, Britain's Two Wars with Iraq, 1941, 1991, Berkshire 1996, hier v. a. S. 203–252.

113 Vgl. zu den Entscheidungen und zur amerikanischen Politik während des ersten Irakkriegs Steve A. Yetiv, The Absence of Grand Strategy. The United States in the Persian Gulf, 1972–2005, Baltimore/Maryland 2008, S. 76–90; Gérard Chaliand, D'une Guerre d'Irak à l'autre 1991–2004, Paris 2004.

114 Vgl. Frédéric Bozo u. Jérôme Paolini, L'Europe entre elle-même et le Golfe, in: Politique étrangère 56 (1991), S. 179–192, hier v. a. S. 190 f.; Giuseppe Sacco, Rückbesinnung auf den Ursprung der Europäischen Integration. Lehren aus dem Golf-Krieg, in: Europa-Archiv 46 (1991), S. 461–469.

115 Vgl. Buettner u. Landgraf, The European Community's Middle Eastern Policy, S. 92–99. Zu den sicherheitspolitischen Diskursen der drei Länder vgl. instruktiv: Jolyon Howorth, Discourse, Ideas and Epistemic Communities in European Security and Defence Policy, in: West European Politics 27 (2004), S. 211–234.

116 Vgl. hierzu Peter Schmidt, The Special Franco-German Security Relationship in the 1990s (Chaillot Papers 8), Brüssel 1993.

117 «Le maintien du rang de la France dans le monde sera pour une large part lié à son aptitude à influer sur la construction européenne et les évolutions à venir de l'Europe.» Livre Blanc sur la Défense (Documentation), Paris 1994, S. 50, zit. n. Simone Weske, Deutschland und Frankreich – Motor einer Europäischen Sicherheits- und Verteidigungspolitik?, Baden-Baden 2006, S. 65.

118 Der von Mitterrand am 21. April 1982 verwendete Begriff des «sanctuaire» in: Jacques Attali, Verbatim I, Paris 1993, S. 211.

119 Vgl. zur deutschen Außenpolitik in der Dekade der 1990er Jahre Axel Lüdeke, «Europäisierung» der deutschen Außen- und Sicherheitspolitik? Konstitutive und operative Europapolitik zwischen Maastricht und Amsterdam, Opladen 2002; Franz-Josef Meiers, Zu neuen Ufern? Die deutsche Sicherheits- und Verteidigungspolitik in einer Welt des Wandels 1990–2000, Paderborn 2006, v. a. S. 125–130.

120 Siehe ebd., S. 62–66. Vgl. insgesamt auch Axel Sauder, Souveränität und Integration. Französische und deutsche Konzeptionen europäischer Sicherheit nach dem Ende des Kalten Krieges (1990–1993), Baden-Baden 1995; Ilja-Kristin Seewald, Multilaterale Strukturen und Staatenpolitik. Die deutsch-französische Kooperation in der «Neuen Europäischen Sicherheitsstruktur», Baden-Baden 1997.

121 Vorschläge des französischen Präsidenten, François Mitterrand, und des deutschen Bundeskanzlers, Helmut Kohl, zur Gestaltung der Politischen Union, vom 6. Dezember 1990, in: Werner Weidenfeld (Hrsg.), Maastricht in der Analyse. Strategien und Optionen für Europa, 2. Aufl. Gütersloh 1995, S. 115–117, hier S. 117. Vgl. ebd, S. 119–122, Deutsch-französisches Papier zur sicherheitspolitischen Zusammenarbeit im Rahmen der Gemeinsamen Außen- und Sicherheitspolitik der Politischen Union, 6.2.1991.

122 Französisch-deutsche Initiative in der Außen-, Sicherheits- und Verteidigungspolitik, 14.10.1991, ebd., S. 129 u. 131.

123 Siehe Titel V des Vertrags über die Europäische Union vom 7.2.1992; Bericht der Außenminister an den Europäischen Rat (Lissabon) über die voraussichtliche Entwicklung der Gemeinsamen Außen- und Sicherheitspolitik, Anlage I zu den Schlußfolgerungen der Tagung des Europäischen Rates der Staats- und Regierungschefs am 26./27. Juni 1992 in Lissabon, in: Europa-Archiv 47 (1992), Dokumente, D 499–504, hier D 502–504.

124 Ebd., D 500.

125 Vgl. die Würdigung bei Josef Janning, Außen- und Sicherheitspolitik nach Maastricht, in: Weidenfeld (Hrsg.), Maastricht in der Analyse, S. 55–69.

126 Vgl. hierzu Robert W. Komer, Sicherheitsfragen zwischen den Vereinigten Staaten und Europa, in: Europa-Archiv 39 (1984), S. 249–258, hier v. a. S. 253; Helga Haftendorn, Lastenteilung im Atlantischen Bündnis. Die Zukunft der amerikanischen militärischen Präsenz in Europa, in: Europa-Archiv 40 (1985), S. 497–506.

127 Günther van Well, Die europäische Einigung und die USA, in: Europa-Archiv 46 (1991), S. 527–536, das Zitat S. 528. Vgl. insgesamt Eckart Conze, Die gaullistische Herausforderung. Die deutsch-französischen Beziehungen in der amerikanischen Europapolitik 1958–1963, München 1995.

128 Rede des amerikanischen Außenministers, James A. Baker, vor dem Berliner Presse-

club, 12.12.1989, in: Europa-Archiv 45 (1990), Dokumente, D 77–D 84, das Zitat D 80. Vgl. hierzu Sophie Vanhoonacker, The Bush Administration and the Development of a European Security Identity, Maastricht 1999, S. 106 f.

129 Robert L. Hutchings, Als der Kalte Krieg zu Ende war. Ein Bericht aus dem Innern der Macht, Berlin 1999 (zuerst amerik. 1997), S. 350.

130 Gemeinsame Erklärung zu den Beziehungen zwischen der EG und den Vereinigten Staaten, 23.11.1990, in: Europa-Archiv 46 (1991) Dokumente, D 18–D 21 (Zitate D 19). Vgl. Vanhoonacker, Bush Administration, S. 109–112.

131 The Times, 7.11. u. 11.12.1991, zit. n. Coker, Special relationship, S. 416.

132 Aus der Fülle der Literatur vgl. etwa: Reinhard C. Meier-Walser u. Susanne Luther (Hrsg.), Europa und die USA. Transatlantische Beziehungen im Spannungsfeld von Regionalisierung und Globalisierung, München 2002; Éric Philippart u. Pascaline Winand (Hrsg.), Ever Closer Partnership. Policy-Making in US-EU Relations, Brüssel 2001.

133 Guter Überblick hierzu bei Jacques Rupnik, Die Welt im Balkanspiegel: Das Agieren der Großmächte, in: Melčić (Hrsg.), Jugoslawien-Krieg, S. 461–474.

134 Zur amerikanischen Jugoslawienpolitik in dieser Phase: Thomas Paulsen, Die Jugoslawienpolitik der USA 1989–1994. Begrenztes Engagement und Konfliktdynamik, Baden-Baden 1995.

135 Zur Geschichte der Gruppe Christoph Schwegmann, Die Jugoslawien-Kontaktgruppe in den Internationalen Beziehungen, Baden-Baden 2003.

136 Zu Verhandlungen und Abkommen von Rambouillet ebd., S. 152–170; Marc Weller, The Rambouillet conference on Kosovo, in: International Affairs 75 (1999), S. 211–251.

137 Zit. n. Eric A. Witte, Die Rolle der Vereinigten Staaten im Jugoslawien-Konflikt und der außenpolitische Handlungsspielraum der Bundesrepublik Deutschland (1990–1996), Mitteilungen des Osteuropa-Instituts München, Nr. 32 (März 2000), S. 6.

138 Siehe die exemplarischen Auszüge aus dem Spektrum: Militärischer NATO-Einsatz im Kosovo ohne UN-Mandat, aber mit deutscher Beteiligung? Stellungnahme von Staats- und Völkerrechtlern vom 15. Oktober 1998, in: Blätter für deutsche und internationale Politik 43 (1998), S. 1395–1397; Not kennt kein Gebot? Stellungnahmen zum Spannungsverhältnis zwischen politischem Handlungsdruck und Völkerrecht im Fall Kosovo, in: ebd., S. 1451–1478; Joschka Fischer, Vortrag vor den Mitgliedern der Deutschen Gesellschaft für Auswärtige Politik, 24.11.1999, in: Internationale Politik 55,2 (Februar 2000), S. 58–64, hier v. a. S. 62 f. Zusammenfassend: Roland Friedrich, Die deutsche Außenpolitik im Kosovo-Konflikt, Wiesbaden 2005.

139 Vgl. Christopher Hill, The Capability-Expectations Gap, or Conceptualizing Europe's International Role, in: Journal of Common Market Studies 31 (1993), S. 305–328.

140 Douglas Hurd, Developing the Common Foreign and Security Policy, in: International Affairs 70 (1994), S. 421–428, hier S. 424.

141 Samuel P. Huntington, The Lonely Superpower, in: Foreign Affairs 78,2 (March-April 1999), S. 35–49; siehe auch die anderen Beiträge in diesem Heft.

142 Constanze Stelzenmüller, Pflugscharen zu Schwertern, in: Die Zeit, 25.11.1999 (das Zitat); Pläne für eine schnelle europäische Eingreiftruppe, in: FAZ, 21.11.1999.

143 Schlussfolgerungen des Vorsitzes des Europäischen Rates, Helsinki, 10./11.12.1999, Abschnitt II: Gemeinsame Europäische Außen- und Sicherheitspolitik, http://www.consilium.europa.eu/uedocs/cms_data/docs/pressdata/de/ec/00300-r1.d9.htm (Abruf am 5.6.2011).

144 Vgl. hierzu Alexander Reichwein u. Peter Schlotter, Auf dem Weg zu einem kollek-

tiven Akteur? Die EU-Politik gegenüber Mazedonien, in: Mathias Jopp u. Peter Schlotter (Hrsg.), Kollektive Außenpolitik – Die Europäische Union als internationaler Akteur, 2. Aufl. Baden-Baden 2008, S. 239–277.

145 Vgl. zu seiner Tätigkeit in Mostar Hans Koschnick u. a., Brücke über die Neretva. Der Wiederaufbau von Mostar, München 1995.

146 Andreas Wittkowsky, Der Stabilitätspakt für Südosteuropa und die «führende Rolle» der Europäischen Union, in: Aus Politik und Zeitgeschichte B 29–30 (2000), S. 3–13; Annegret Bendiek, GASP und die Südosteuropapolitik der Europäischen Union, in: Hans-Georg Ehrhart u. a. (Hrsg.), Die Europäische Union im 21. Jahrhundert. Theorie und Praxis europäischer Außen-, Sicherheits- und Friedenspolitik, Wiesbaden 2007, S. 162–173; Dies., Komplexität und Kohärenz? – Die Geschichte des Stabilitätspaktes für Südosteuropa und die Rolle der Europäischen Union, in: Jopp u. Schlotter (Hrsg.), Kollektive Außenpolitik, S. 211–237.

147 Vgl. hierzu Andreas Marchetti, Die Europäische Sicherheits- und Verteidigungspolitik. Politikformulierung im Beziehungsdreieck Deutschland – Frankreich – Großbritannien, Baden-Baden 2009, S. 89–139. Skeptischer dagegen: Wolfram Hilz, Europas verhindertes Führungstrio. Die Sicherheitspolitik Deutschlands, Frankreichs und Großbritanniens in den Neunzigern, Paderborn u. a. 2005.

148 Jan Reckmann, Die EU als kollektiver Akteur? Reaktionen der Europäischen Union auf die Terroranschläge vom 11. September 2001, in: Jopp u. Schlotter (Hrsg.), Kollektive Außenpolitik, S. 149–178. Ausführlicher auch: Ders., Die außenpolitischen Reaktionen der Europäischen Union auf die Terroranschläge vom 11. September 2001, Münster u. Berlin 2004.

149 Sondertagung des Rates – Allgemeine Angelegenheiten – am 12. September 2001 in Brüssel, Pressemitteilung PRES/01/318 vom 12.9.2001, http://europa.eu/rapid/pressReleasesAction.do?reference=PRES/01/318 (Abruf 17.12.2010).

150 Gemeinsame Erklärung der Staats- und Regierungschefs der Europäischen Union, Brüssel, 14.9.2001, in: Internationale Politik 56,12 (2001), S. 88.

151 Schlussfolgerungen des Rates Allgemeine Angelegenheiten der EU vom 17.10.2001, in: ebd., S. 122; Reckmann, Reaktionen, S. 166–171.

152 Klaus-Dieter Frankenberger, Mehr Schein als Sein. Europäische Außenpolitik in der Krise, in: Internationale Politik 57,1 (2002), S. 23–26, hier S. 24; Christian Wernicke, Räkeln im Herrenzimmer, in: Die Zeit, 15.11.2001.

153 Frankenberger, Mehr Schein als Sein, S. 24.

154 Rede des amerikanischen Präsidenten George W. Bush in Washington, 26.2.2003, in: Internationale Politik 58,3 (2003), S. 129.

155 Die wissenschaftliche Literatur zur Geschichte des zweiten Irak-Krieges ist noch nicht allzu weit gediehen und noch stark geprägt von den politischen Auseinandersetzungen in seinem Umfeld. Informativ, mit Schwerpunkt auf den USA jetzt Stephan Bierling, Geschichte des Irakkriegs. Der Sturz Saddam Husseins und Amerikas Albtraum im Mittleren Osten, München 2010. Vgl. ferner die tagebuchartige Darlegung bei Wolfgang Sofsky, Operation Freiheit. Der Krieg im Irak, Frankfurt/M. 2003. Kritische Analyse mit Insiderinformationen von William Rivers Pitt u. Scott Ritter, Krieg gegen den Irak. Was die Bush-Regierung verschweigt, Köln 2002.

156 George W. Bush, On the state of the nation, 29.1.2002, in: John W. Dietrich (Hrsg.), The George W. Bush Foreign Policy Reader. Presidential Speeches with Commentary, New York u. London 2005, S. 59–62.

157 Vgl. Hans-Christian Hausmann, Frankeichs Irak-Politik seit 1990, Diss. Hamburg 2005, v. a. S. 136–196.

158 Regierungserklärung Gerhard Schröders vor dem Deutschen Bundestag, 25. Sitzung

am 13.2.2003, in: Verhandlungen des Deutschen Bundestages. Stenographische Berichte, 15. WP, Bd. 215, 1874 A-1909 A.

159 Vgl. hierzu Politbarometer 09/2002 u. 10/2002, in: Politbarometer, hrsg. von der Forschungsgruppe Wahlen e. v., Mannheim, Bd. 2000–2004; Markus Quandt, Neue Themen, neue Lage: Irak-Krise und Elbe-Hochwasser als wahlentscheidende Ereignisse?, in: Manfred Güllner u. a., Die Bundestagswahl 2002. Eine Untersuchung im Zeichen hoher politischer Dynamik, Wiesbaden 2005, S. 162–180.

160 Philip Webster, Tony Blair: ‹I wanted war – it was the right thing to do›, in: The Times, 17.11.2007.

161 Siehe die Gemeinsame Erklärung Russlands, Deutschlands und Frankreichs zu Irak vom 10.2.2003, in: Internationale Politik 58,3 (2003), S. 119 f.

162 Piotr Buras u. Henning Tewes, Polens Weg. Von der Wende bis zum EU-Beitritt, Leipzig 2005, S. 17. Vgl. Kai Olaf Lang, Außenpolitik in Ostmitteleuropa. Zwischen Atlantizismus und Europäisierung, in: Jule Böhmer u. Marcel Vietor (Hrsg.), Osteuropa heute, Hamburg 2007, S. 77–93, hier v. a. S. 84. Insgesamt zum Hintergrund Daria W. Dylla, Die Irak-Entscheidung Polens vor 2003: Eine Analyse aus Sicht der Ökonomischen Theorie der Demokratie, in: Thomas Jäger u. Daria W. Dylla (Hrsg.), Deutschland und Polen. Die europäische und internationale Politik, Wiesbaden 2008, S. 211–238.

163 Juliusz Ćwieluch u. Wawrzyniec Smoczyński, Nareszcie wracamy [Endlich kehren wir zurück], in: Polityka 43, 25.10.2008, S. 40–45.

164 Paul Lendvai, zit. n. Daria W. Dylla, Deutschland und Polen. Die Irak-Entscheidung Polens von 2003: Eine Analyse aus Sicht der Ökonomischen Theorie der Demokratie, in: Thomas Jäger u. Daria W. Dylla (Hrsg.), Deutschland und Polen. Die europäische und internationale Politik, Wiesbaden 2008, S. 211–238, hier S. 211; Gabriele Lesser, Polen im Irak. Großmacht von Amerikas Gnaden, in: taz, 5.5.2003 (http://www.taz.de/1/archiv/archiv/?dig=2003/05/05/a0075, Abruf am 16.6.2011); Jan Ross, Das Glück, ein Vasall zu sein, in: Die Zeit, 6.2.2003 (http://www.zeit.de/2003/07/Vasallen, Abruf am 16.6.2011).

165 Gemeinsamer Aufruf von acht europäischen Staats- und Regierungschefs, 30.1.2003, in: Internationale Politik 58,5 (2003), S. 79.

166 Erklärung der zehn Länder der Vilnius-Gruppe, 5.2.2003, in: Blätter für deutsche und internationale Politik 3 (2003), S. 374.

167 Pressekonferenz Rumsfelds im Foreign Press Center, 22.1.2003 (http://www.defense.gov/transcripts/transcript.aspx?transcriptid=1330, Abruf am 18.12.2010). Siehe auch die Rede Rumsfelds auf der Münchner Konferenz für Sicherheitspolitik, 8.2.2003, in: Internationale Politik 58,3 (2003), S. 106–110.

168 Jürgen Habermas u. Jacques Derrida, February 15, or, what binds us Europeans together: Plea for a common foreign policy, beginning in core Europe, in: Daniel Lévy u. a. (Hrsg.), Old Europe, new Europe, core Europe: transatlantic relations after the Iraq war, London 2005, S. 3–13.

169 «So geht es nicht weiter». Rom warnt vor einer Spaltung der EU, in: FAZ, 28.4.2003. Als Momentaufnahme vgl. Christian Hacke, Deutschland, Europa und der Irakkonflikt, in: Aus Politik und Zeitgeschichte (B 24-25/2003), S. 8–16.

170 Ćwieluch u. Smoczyński, Nareszcie wracamy (wie Anm. 163).

171 Vgl. hierzu: Marcin Lason, Voraussetzungen und Folgen der Beteiligung Polens am Militäreinsatz und Stabilisierungsprozess im Irak, Hamburg 2010, S. 109–111.

172 Siehe Die Zeit, 10.3.2005, das Interview mit Giuliana Sgrena.

173 Entwurf einer Europäischen Sicherheitsstrategie, vorgelegt von Javier Solana, 20.6.2003, in: Internationale Politik 58,9 (2003), S. 107–114, hier S. 112 f.

174 Zum «Berlin-plus»-Abkommen vgl. Frank Pfetsch, Die Europäische Union, München 2005, S. 230–277, hier v. a. S. 251.

175 Zur Operation «Artemis» der EU im Kongo siehe Sammi Sandawi, Kohärentes Krisenmanagement? Die Operationen der Europäischen Sicherheits- und Verteidigungspolitik auf dem Balkan und im Kongo, in: Jopp u. Schlotter (Hrsg.), Kollektive Außenpolitik, S. 123–148, hier v. a. S. 136–142.

176 So Petra Pinzler, Pubertär und peinlich. Die EU-Mission im Kongo sollte ein Vorzeigeprojekt werden – und geriet zur Posse, in: Die Zeit, 16.3.2006. Vgl. Mathias Jopp u. Sammi Sandawi, Europäische Sicherheits- und Verteidigungspolitik, in: Jahrbuch der Europäischen Integration 2006, S. 241–250, hier S. 247; Magnus Pahl, Die Beteiligung der Bundeswehr an der Operation EUFOR RD Congo, in: Bernhard Chiari u. Magnus Pahl (Hrsg.), Auslandseinsätze der Bundeswehr, Paderborn u. a. 2010, S. 109–119, hier S. 113 f.

177 Mathias Jopp u. Sammi Sandawi, Europäische Sicherheits- und Verteidigungspolitik, in: Jahrbuch der Europäischen Integration 2009, S. 241–248, hier S. 245 f.

178 Vgl. hierzu Annette Jünemann u. Niklas Schörnig, Die Sicherheits- und Verteidigungspolitik der «Zivilmacht Europa». Ein Widerspruch in sich?, Köln 2002; Peter Schlotter (Hrsg.), Europa – Macht – Frieden? Zur Politik der «Zivilmacht Europa», Baden-Baden 2003; Mathias Jopp u. Peter Schlotter, Die Europäische Union – ein kollektiver außenpolitischer Akteur? Theoretische Annäherung und Einführung, in: Dies. (Hrsg.), Kollektive Außenpolitik.

179 Siehe Natalia Chaban u. a., The European Union As Others See It, in: European Foreign Affairs 11 (2006), S. 245–262, hier S. 250 f.

180 Elfriede Regelsberger, Gemeinsame Außen- und Sicherheitspolitik, in: Jahrbuch der Europäischen Integration 2009, S. 249–256, hier S. 253 f.

181 Franz-Josef Meiers, EU als Militärmacht, in: Hans-Georg Ehrhardt u. a. (Hrsg.), Die Europäische Union im 20. Jahrhundert. Theorie und Praxis europäischer Außen-, Sicherheits- und Friedenspolitik, Wiesbaden 2007, S. 132–147; Steven Everts u. Daniel Keohane, The European Convention and EU Foreign Policy: Learning from Failure, in: Survival 3/2003, S. 167–186.

182 Bereits im Jahre 2000 prägte diesen Begriff Helen Wallace, The Institutional Setting. Five Variations on Theme, in: Dies. u. William Wallace (Hrsg.), Policy-Making in the European Union, 4. Aufl. Oxford 2000, S. 3–38, hier S. 31 f.

IV. Die Herausforderungen der Globalisierung

1 Pierre Bourdieu, Der Mythos «Globalisierung» und der europäische Sozialstaat, in: Ders., Gegenfeuer. Wortmeldungen im Dienste des Widerstandes gegen die Neoliberale Invasion, Konstanz 1998, S. 39–52. Einen nützlichen Überblick über den Stand der Globalisierungskritik bieten: Chamsy el-Ojeili u. Patrick Hayden, Critical Theories of Globalization, Basingstoke 2006.

2 Kevin H. O'Rourke u. Jeffrey G. Williamson, Globalization and History. The Evolution of a Nineteenth-Century Atlantic Economy, Cambridge/Mass. 1999. Gleichsam eine Stufenfolge von historischen Globalisierungsschritten schlägt A. G. Hopkins vor: von der «archaischen Globalisierung über die «Proto-Globalisierung bis hin zur «imperialen» und «postkolonialen» Globalisierung des späten 19. und des 20. Jahrhunderts. Siehe A. G. Hopkins, Globalization – An Agenda for Historians, in: Ders. (Hrsg.), Globalization in World History, London 2002, S. 1–10.

3 Vgl. hierzu Jan Aart Scholte, Global Trade and Finance, in: John Baylis u. Steve

Smith (Hrsg.), The Globalization of World Politics. An Introduction to International Relations, 3. Aufl. Oxford 2006, S. 599–619, hier S. 602 f.

4 Vgl. hierzu Notermans, Money, Markets, and the State, S. 160–221.

5 OECD, Progress in Structural Reform, Paris 1990, v. a. S. 8–15. Für eine kritische Auseinandersetzung siehe die Beiträge in: Christoph Butterwegge u. a. (Hrsg.), Neoliberalismus. Analysen und Alternativen, Wiesbaden 2008.

6 Scholte, Global Trade, S. 603, sowie United Nations Conference on Trade and Development (UNCTAD), World Investment Report 2004, New York u. Genf 2004, S. 382 u. UNCTAD, World Investment Report 2008, New York u. Genf 2008, S. 257; http://stats.unctad.org/FDI (letzter Abruf am 9.9.2009).

7 World Investment Report 2008, S. 6.

8 Pietro Basso, Modern Times, Ancient Hours. Working Lives in the Twenty-first Century, London u. New York 2003 (zuerst italienisch 1998), S. 113.

9 Vgl. hierzu William Milberg, Nouvelle structure de la production et des échanges mondiaux. Quelles implications politiques?, in: Jean-Michel Servais u. a. (Hrsg.), Travail et temps au XXIe siècle, Genf 2006, S. 61–110.

10 Siehe: Transport Links between Europe and Asia, hrsg. von der Europäischen Konferenz der Verkehrsminister, Paris 2006, das Zitat S. 19.

11 Alle Zahlen nach: Conférence Europénne des Ministres des Transports, Évolution des transports 1970–2005, OECD Paris 2007, S. 62.

12 http://www.bertelsmann.com/bertelsmann_corp/wms41//customers/bmcorp/pdf/Annual_Report_2008_final.pdf (Abruf am 9.9.2009).

13 SAP-Geschäftsbericht 2006, http://www.sap.com/germany/about/investor/reports/gb2006/index3322.html?lang=de (Abruf am 4.9.2009).

14 Dan Steinbock, The Nokia Revolution. The Story of an Extraordinary Company That Transformed an Industry, New York u. a. 2001, v. a. S. 85–155.

15 Vgl. Barry Eichengreen, The European Economy since 1945, Princeton/N. J. 2007, S. 398–406.

16 Baily u. Kirkegaard, Transforming the European Economy. Einen systematischen Vergleich zwischen der EU und der US-Wirtschaft bietet Guillermo de la Dehesa, Europe at the Crossroads. Will the EU Ever Be Able to Compete with the United States as an Economic Power?, New York u. a. 2006. Siehe auch Harm G. Schröter, Amerikanisierung nach 1970. Vom Primat des Politischen zum Primat der Wirtschaft, in: Technikgeschichte 71 (2004), S. 345–361, hier v. a. S. 352–356.

17 Europäischer Rat (Lissabon), 23./24. März 2000, Schlußfolgerungen des Vorsitzes, S. 1 f. Dokument auch unter http://www.europarl.europa.eu/summits/lis1_de.htm (Abruf am 10.9.2009).

18 Für eine typische Wortmeldung in diesem Sinne siehe z. B. Michael Hübner, Umbau der Sozialen Sicherungssysteme im Zeichen der Globalisierung?, in: Zeitschrift für Wirtschaftspolitik 46 (1997), S. 193–214.

19 Ebd., S. 12. Für eine ausführliche Analyse der europäischen Wirtschaft im Lichte der Lissabon-Strategie vgl. Martin Neil Baily u. Jacob Funk Kirkegaard, Transforming the European Economy, Washington D. C. 2004, S. 3: «*The most important theme of this book is that workers, companies, and policy-makers must be able to adapt to change.*» Hervorhebung im Original.

20 Die Herausforderung annehmen. Die Lissabon-Strategie für Wachstum und Beschäftigung. Bericht der Hochrangigen Sachverständigengruppe unter Vorsitz von Wim Kok, November 2004, Luxemburg 2004, http://ec.europa.eu/growthandjobs/pdf/kok_report_de.pdf, (Abruf 10.9.2009), S. 6 f.

21 Baily u. Kirkegaard, Transforming the European Economy, S. 121.

22 So Ivan T. Berend, An Economic History of Twentieth-Century Europe. Economic Régimes from Laissez-faire to Globalization, Cambridge 2006, S. 325 f.

23 George Graham, It was ‹absolute hell with a wooden floor›, in: Financial Times 25.10.1996.

24 Damian Grimshaw u. Lorrie Marchington, United Kindom: Persistent inequality and vulnerability traps, in: François Eyraud u. Daniel Vaughan-Whitehead (Hrsg.), The evolving world of work in the enlarged EU. Progress and vulnerability, Genf 2007, S. 517–554, hier S. 546 f.

25 De la Dehesa, Europe at the Crossroads, S. 37.

26 Europäische Bank für Wiederaufbau und Entwicklung, Jahresbericht 1991, S. 1.

27 Dani Rodrik, Foreign Tade in Eastern Europe's Transition: Early Results, in: Olivier Jen Blanchard, Kenneth A. Froot u. Jeffrey D. Sachs (Hrsg.), The Transition of Eastern Europe, Bd. 2: Restructuring, Chicago/Ill. u. London 1994, S. 319–356, hier S. 328 f.; Daniel Labaronne, Les échanges extérieurs des pays d'Europe centrale et orientale avec les pays de la Communauté européenne, de l'AELE et du Bassin méditerranéen, in: Revue d'études comparatives Est-Ouest 27 (1996), S. 5–37, hier v. a. S. 11. Vachudova, Europe Undivided, S. 86–89.

28 Coopération franco-polonaise vue de France et de Pologne. Rapports de recherche, in: Cahiers franco-polonais 4 (octobre-décembre 1992), S. 3–14.

29 UNCTAD, World Investment Report 1994, S. 98–106, das Zitat S. 98.

30 Ebd., S. 103.

31 Vgl. zur starken deutschen Position zu Beginn der 1990er Jahre Labaronne, Échanges, S. 35; Steve Wood, Germany and East-Central Europe. Political, Economic and Socio-Cultural Relations in the Era of EU Enlargement, Aldershot 2004, S. 85–104.

32 Tomasz Majchrowski, Polish-French Relations, in: Yearbook of Polish Foreign Policy 9 (2005), S. 119–123, hier S. 121. Eine ausführliche vergleichende Analyse für den Beginn der neunziger Jahre von: Fabienne Boudier-Bensebaa, Analyse comparée des investissement directs français et allemands dans le triangle de Visegrad (Hongrie, Tchécoslovaquie, Pologne), in: Revue d'études comparatives Est – Ouest 24 (1993), S. 101–140.

33 Prague, Budapest, Varsovie. Europe de l'Est: la vague allemande, in: Nouvel Observateur, 25.1.2002.

34 Siehe Nina Bandelj, From Communists to Foreign Capitalists. The Social Foundations of Foreign Direct Investment in Postsocialist Europe, Princeton/N. J. 2008, S. 104–110 sowie passim zum Kontext und zu konkreten Fallstudien.

35 Vgl. Eichengreen, European Economy, S. 406 f.

36 http://new.radio.cz/de/artikel/92363 (Abruf am 11.9.2009).

37 Vgl. hierzu Perry Anderson, The New Old World, London 2009, S. 55.

38 Vgl. hierzu Bjork, James, The Uses of Conditionality: Poland and the IMF, East European Quarterly, 29 (1995), S. 89–124, das Zitat John L. Campbell, Convergence or Divergence? Globalization, Neoliberalism and Fiscal Policy in Postcommunist Europe, in: Steven Weber (Hrsg.), Globalization and the European Political Economy, Cambridge 2001, S. 107–139; Karen E. Smith, Western Actors and the Promotion of Democracy, in: Jan Zielonka u. Alex Pravda (Hrsg.), Democratic Consolidation in Eastern Europe, Bd. 2: International and Transnational Factors, Oxford 2001, S. 31–57; Susan Senior Nello, The Impact of External Economic Factors. The Role of the IMF, in: Ebd., S. 76–111; Rachel A. Epstein, In Pursuit of Liberalism. International Institutions in Postcommunist Europe, Baltimore/MY 2008 (interessanter Versuch, «rationalist» und «constructivist» aspects miteinander zu verbinden).

39 Daniel Bell, The Coming of Post-Industrial Society. A Venture in Social Forecasting, New York 1973, S. 24–33 u. S. 143 f., 423.
40 Manager-Magazin 11/1987, S. 140 f. Siehe auch die vom Bundespostministerium herausgegebene Broschüre: «Chance und Herausforderung der Telekommunikation in den 90er Jahren», Bonn 1987.
41 Klaus Haefner, Mensch und Computer im Jahre 2000. Ökonomie und Politik für eine human computerisierte Gesellschaft, Basel u. a. 1984, S. 245.
42 Die Computerisierung der Kinderzimmer, in: FAZ, 22.3.1993; http://www.rissberger.de (Abruf am 15.9.2009).
43 Manuel Castells, Information Technology, Globalization, and Social Development. United Nations Research Institute for Social Development, Discussion Paper DP 114, Genf 1999, S. 4. u. 9. Siehe Manuel Castells' Opus Magnum über: The Information Age. Econonmy, Society, and Culture, 3 Bde., Oxford 1996–1998.
44 Martin Carnoy u. Manuel Castells, Une flexibilité durable. Étude prospective sur le travail, la famille et la société à l'ère de l'information, Documents de travail de l'OCDE Nr. 29, Paris 1997, S. 5.
45 Albert Kuhlmann, Mensch-Maschine-System der Zukunft, in: 1984 und danach, S. 483–527, hier S. 488. Vgl. auch Gunter Gutmann, Mensch-Maschine-System: Standort und Perspektiven, in: Camilla Krebsbach-Gnath (Hrsg.), Die gesellschaftliche Herausforderung der Informationstechnik, München 1986, S. 112–121.
46 Adam Schaff, Wohin führt der Weg? Die gesellschaftlichen Folgen der Zweiten Industriellen Revolution, München u. Wien 1985, S. 148.
47 Castells, Information Technology, S. 1.
48 Bell, Coming, S. 212. Zur historischen Perspektive vgl. Margit Szöllösi-Janze, Wissensgesellschaft in Deutschland: Überlegungen zur Neubestimmung der deutschen Zeitgeschichte über Verwissenschaftlichungsprozesse, in: Geschichte und Gesellschaft 30 (2004), S. 277–313.
49 Europäischer Rat, 23./24. März 2000 in Lissabon, Schlussfolgerungen des Vorsitzes, in: http://www.europarl.europa.eu/summits/lis1_de.htm#Vorbereitung (Abruf am 15.9.2009).
50 Kok-Bericht, 2004, S. 23 f.
51 Karl-Heinz Briam, Neue Technologien – Veränderte Führungsformen, in: Walther Ch. Zimmerli (Hrsg.), Herausforderung der Gesellschaft durch den technischen Wandel. Informationstechnologie und Sprache – Biotechnologie – Technikdiskussion im Systemvergleich, Düsseldorf 1989, S. 264–277, hier S. 267.
52 Kok-Bericht, S. 39.
53 Jetzt aufs Tempo drücken. Die neue Partnerschaft für Wachstum und Arbeitsplätze. Mitteilung der Kommission für die Frühjahrstagung des europäischen Rates, Brüssel 2006, S. 24 (http://www.bmwf.gv.at/fileadmin/user_upload/europa/lissabon/forschung_lissabon _fs1.pdf, Abruf am 15.9.2009). Für eine weitgehend affirmative Analyse von *flexibility* und *employability* siehe auch Anthony Giddens, Europe in the Global Age, Cambridge 2007, S. 21–24.
54 Siehe Progress towards the Lisbon Objectives in Education and Training. Indicators and benchmarks. Commission Staff Working Document, Brüssel 2008, S. 10 (http://ec.europa.eu/education/lifelong-learning-policy/doc/report08/report_en.pdf, Abruf am 14.9.2009).
55 Ebd., S. 34.
56 Kok-Bericht, S. 36 u. 39.
57 Siehe etwa Carnoy u. Castells, Une flexibilité durable. OECD, Education at a glance, Paris 2009.

58 Résolution relative à la formation et à la mise en valeur des ressources humaines, in: Conférence internationale du Travail, Compte rendu des travaux, 88e Session, Bd. 2, Instruments adoptés par la Conférence: Textes authentiques, Genf 2000, S. 40–50, hier S. 40 f.

59 Conférence internationale du Travail, Compte rendu des travaux, 97e Session, 20 (14. Sitzung, 12.6.2008), Genf 2008, S. 8 f., 13, 50.

60 Résolution concernant l'amélioration des aptitudes professionnelles pour stimuler la productivité, la croissance de l'emplois et le développement (11. Juni 2008), in: Ebd., S. 28–49, hier S. 29–31.

61 Vgl. hierzu Michel Foucault, Archäologie des Wissens, Frankfurt/M. 1973. Ein Beispiel für die «globalization rhetoric» von «epistemic communities» oder «transnational knowledge and expertise communities» geben Gilbert Weiss u. Ruth Wodak, Debating Europe: Globalization Rhetoric and European Union Employment Policies, in: Irène Bellier u. Thomas M. Wilson (Hrsg.), An Anthropology of the European Union. Building, Imagining and Experiencing the New Europe, Oxford 2000, S. 75–92 (Beispiel: Texte der Competitiveness Advisory Group). Vgl. auch: Peter Muntigl, Gilbert Weiss u. Ruth Wodak, European Union Discourse on Un/Employment. An Interdisciplinary Approach to Employment Policy-Making and Organizational Change, Amsterdam 2000.

62 OECD, Regards sur l'éducation 2008, Paris 2009; Education at a Glance 2009, Paris 2009.

63 Progress towards the Lisbon objectives, S. 24.

64 Richard Sennett, Der flexible Mensch. Die Kultur des neuen Kapitalismus, Berlin 1999 (zuerst englisch 1998).

65 Beck, Risikogesellschaft; Will Hutton, The state we're in, London 1996; A. Gorz, Arbeit zwischen Misere und Utopie, Frankfurt/M. 2000 (zuerst frz. 1997), Robert Castel, Die Metamorphosen der sozialen Frage. Eine Chronik der Lohnarbeit, Konstanz 1995 (zuerst frz.), v. a. S. 348 ff. u. 401 ff. (hier auch der Begriff des «negativen Individualismus»).

66 Ton Wilthagen, Flexicurity: A New Paradigm for Labour Market Policy Reform?, WZB Research Paper Berlin 1998.

67 Europäische Kommission, Mitteilung der Kommission an das Europäische Parlament, den Rat, den Europäischen Wirtschafts- und Sozialausschuss und den Ausschuss der Regionen. Gemeinsame Grundsätze für den Flexicurity-Ansatz herausarbeiten: Mehr und bessere Arbeitsplätze durch Flexibilität und Sicherheit, KOM (2007) 359, Brüssel 2007, S. 24.

68 Europäische Kommission, Mitteilung der Kommission für die Frühjahrstagung des Europäischen Rates, Zusammenarbeit für Wachstum und Beschäftigung, Integrierte Leitlinien für Wachstum und Beschäftigung (2005–2008), Brüssel 2005, S. 6.

69 François Eyraud u. Daniel Vaughan-Whitehead, Employment and working conditions in the enlarged EU: Innovations and new risks, in: Dies. (Hrsg.), The evolving world of work in the enlarged EU. Progress and vulnerability, Genf 2007, S. 1–52, hier S. 26–38.

70 Ebd., S. 35.

71 Eyraud u. Vaughan-Whitehead, Employment and working conditions, S. 22 f.

72 Patrick McGovern, Deborah Smeaton u. Stephen Hill, Bad Jobs in Britain. Nonstandard Employment and Job Quality, in: Work and Occupations, May 2004, S. 225–249; Damian Grimshaw u. Lorrie Marchington, United Kingdom: Persistent inequality and vulnerability traps, in: Eyraud u. Vaughan-Whitehead (Hrsg.), The evolving world of work in the enlarged EU, S. 517–554.

73 Zur gleich bleibend hohen, zum Teil noch steigenden Arbeitszeit in Westeuropa insgesamt Basso, Modern Times, passim.
74 Grimshaw u. Marchington, United Kingdom, S. 525.
75 Claus Hulverscheidt, Das umgekrempelte Land, in: SZ, 28.10.2010. Zu Frankreich vgl. Bruno Palier, Un long adieu à Bismarck? Les évolutions de la protection sociale, in: Pepper D. Culpepper u. a. (Hrsg.), La France en mutation 1980–2005, Paris 2006, S. 197–226.
76 Philipp Méhaut, France: Patchwork – tensions between old and new patterns, in: Eyraud u. Vaughan-Whitehead (Hrsg.), The evolving world of work in the enlarged EU, S. 231–267; Akima Hamandia, Germany: Towards a dual labour market?, ebd., S. 269–318; OECD, Études économiques de l'OCDE, Allemagne, Paris 2006, 95–116; Dass., France, Paris 2007, v. a. S. 52–56; Basso, Modern Times, S. 157 f.
77 Siehe hierzu Katharina Bluhm, Experimentierfeld Osteuropa. Deutsche Unternehmen in Polen und der Tschechischen Republik, Wiesbaden 2007, S. 89 f. u. passim.
78 Ryszard Socha, «Masz pan byc podmiotem,» Polityka 3 (November 2001), zit. n. David Ost, The End of Postcommunism. Trade Unions in Eastern Europe's Future, in: East European Politics and Societies 23 (2009), S. 13–33, hier v. a. S. 14 f. mit genaueren Zahlen, S. 15.
79 Siehe Daniel Vaughan-Whitehead, The World of Work in the New EU Member States: Diversity and Convergence, in: Ders., (Hrsg.), Working and Employment Conditions in New EU Member States. Convergence or Diversity, Genf 2005, S. 1–43, hier v. a. S. 2–16, sowie die länderspezifischen Beiträge in diesem Band. Zu den Frauen siehe: Christy M. Glass, Gender and Work during Transition. Job Loss in Bulgaria, Hungary, Poland, and Russia, in: East European Politics and Societies 22 (2008), S. 757–783.
80 Ost, End of Postcommunism, S. 13–33, hier v. a. S. 14 f. mit genaueren Zahlen.
81 David Ost, The Defeat of Solidarity. Anger and Politics in Postcommunist Europe, Ithaca/N. Y. 2005. Siehe auch Phineas Baxandall, Constructing Unemployment: The Politics of Joblessness in East and West. London 2004.
82 Rudolf Balmer, Revolutionäre Risiken, in: Rheinischer Merkur, 30.4.2009.
83 Marianne Debouzy, Working for McDonald's, France: Resistance to the Americanization of Work, in: International Labor and Working-Class History 70 (2006) S. 126–142; Bryant Simon, Consuming Lattes and Labor, or Working at Starbucks, in: International Labor and Working-Class History 74 (2008), S. 193–211.
84 OECD Labour Force Statistics 1984–2004, Paris 2005, S. 37.
85 Juliet Webster, Shaping Womens's Work. Gender, Employment and Information Technology, London and New York 1996, S. 20.
86 Eine umgekehrte, freilich wenig überzeugende These vertritt Verity Burgmann, From Syndicalism to Seattle: Class and the Politics of Identity, in: International Labor and Working-Class History 67 (2005), S. 1–21.
87 M. Maisch, «Einmal Millionär und wieder zurück», in: Handelsblatt, 4.3.2005 (hier nach: http://www.handelsblatt.com/finanzen/boerse-maerkte/anlagestrategie/einmal-millionaer-und-wieder-zurueck/2480870.html?p2480870=all, (Abruf am 2.10.2011).
88 Van de Kaa, Europe's Second Demographic Transition.
89 OECD, Études économiques de l'OCDE 1996–1997: Pologne, Paris 1996, S. 103.
90 Diese und die folgenden Zahlen nach Eurostat.
91 Uta Klein, Geschlechterverhältnisse und Gleichstellungspolitik in der Europäischen Union. Akteure, Themen, Ergebnisse, Wiesbaden 2005, S. 204.
92 Vgl. Božena Chołuj, Frauen, Frauenbild und «Frauenfrage», in: polen-analysen 34/2008, S. 2–5.

93 Siehe insbesondere Frances Pine, Rückzug in den Haushalt? Geschlechterspezifische Bereiche im postsozialistischen Polen, in: Christopher Hann (Hrsg.), Postsozialismus. Transformationsprozesse in Europa und Asien aus ethnologischer Perspektive, Frankfurt/M. 2002, S. 147–173; Joanna Regulska, Vergeschlechtlichte Integration in Europa. Neue Formen der Exklusion, in: Berliner Journal für Soziologie 11 (2001), S. 51–62.

94 Vgl. Silke Reuter, Frankreich: Die vollzeitberufstätige Mutter als Auslaufmodell, in: Aus Politik und Zeitgeschichte 44 (2003), S. 39–46.

95 Siehe hierzu in vergleichender Perspektive Jonathan Gershuny, Changing Times. Work and Leisure in Postindustrial Society, Oxford 2000, S. 5–7 u. passim.

96 Als Überblick über die soziale Ungleichheit im neuen Europa siehe Steffen Mau u. Roland Verwiebe, Die Sozialstruktur Europas, Konstanz 2009, v. a. S. 176 ff. u. S. 264 ff.

97 Hannes Siegrist, Regionalisierung im Medium des Konsums, in: Comparativ 11 (2001), S. 7–26, hier S. 9.

98 Asta Vonderau, Leben im «neuen Europa». Konsum, Lebensstile und Körpertechniken im Postsozialismus, Bielefeld 2010, S. 80.

99 Ebd., S. 74–76.

100 Rafał Drozdowski, Kontrowersje wokół klasy średniej w Polsce [Die Kontroversen um die Mittelklasse in Polen], in: Kultura i Społeczeństwo 1 (1998).

101 Marek Ziółkowski, Przemiany interesów i wartości społeczeństwa polskiego [Die Wandlungen von Interessen und Werten der polnischen Gesellschaft], Posen 2000, 137. Vonderau, Leben im «neuen Europa», v. a. S. 155 ff.

102 «We have learned the freedom to consume very well.» An interview with Yvonna Gaillyova, in: Central Europe Review, Bd. 1, Nr. 8 (16. August 1999). Fundstelle: http://www.ce-review.org/99/8/consume_beckmann8.html (Abruf 17.3.2010).

103 »Realism in politics worries people.» An interview with Czech philosopher Václav Bělohradský, in: Central Europe Review, Bd. 2, Nr. 20 (22. Mai 2000). Fundstelle: http://www.ce-review.org/00/20/interview20_belohradsky.html (Abruf 17.3.2010).

104 Mit kritischem Unterton: Thomas Kielinger, Was wird aus der abendländischen Kultur? Oder: Die Amerikanisierung Europas, in: Internationale Politik 51/3 (1996), S. 33–39. Vgl. die Beiträge in: Kommerz, Kunst, Unterhaltung. Die neue Popularkultur in Zentral- und Osteuropa, hrsg. v. der Forschungsstelle Osteuropa an der Universität Bremen, Bremen 2002.

105 Siehe Rosalind Galt, The New European Cinema. Redrawing the Map, New York 2006, v. a. S. 1–25; Thomas Elsaesser, European Cinema as World Cinema. A New Beginning?, in: Ders., European Cinema. Face to Face with Hollywood, Amsterdam 2005, S. 485–513.

106 Siehe hierzu z. B. Wolle, Heile Welt der Diktatur.

107 Lizabeth Cohen, Citizens and Consumers in the United States in the Century of Mass Consumption, in: Martin Daunton u. Matthew Hilton, The Politics of Consumption. Material Culture and Citizenship in Europe and America, Oxford u. a. 2001, S. 203–222, v. a. S. 214. Vgl. Sheryl Kroen, Der Aufstieg des Kundenbürgers? Eine politische Allegorie für unsere Zeit, in: Michael Prinz (Hrsg.), Der lange Weg in den Überfluß. Anfänge und Entwicklung der Konsumgesellschaft seit der Vormoderne, Paderborn 2003, S. 533–564. Der Begriff der «feinen Unterschiede» nach Bourdieu.

108 Ryszard Legutko, Amerykanizatorzy [Die Amerikanachmacher], in: Ders., Czasy wielkiej imitacji [Die Zeiten der großen Imitation], Krakau 1998, S. 13.

109 Marek Świerkocki, Kultura Hotdoga, czyli complex polski [Die Hotdog-Kultur –

Polens Komplex], in: Ex Libris Nr. 54 (1994), S. 1 f.; Tomasz Szlendak u. Krzysztof Pietrowicz, Kultura konsupcji jako kultura wyzwolenia? [Die Konsumkultur als Befreiungskultur?], in: Kultura i społeczeństwo [Kultur und Gesellschaft] 3 (2005), S. 85–108.

110 Vonderau, Leben im «neuen Europa», S. 87.

111 Vgl. Benjamin Etzold, Illegalisierte Migration in der Flüssigen Moderne. Migranten aus Afrika und die europäische Grenzsicherungspolitik, Berlin 2009.

112 Vgl. hierzu auch unten, S. 350 f.

113 William Wallace, Foreign Policy and National Identity in The United Kingdom, in: International Affairs 67 (1991), S. 65–80, hier S. 68 (»British society has become more international. British residents made eight times as many journeys overseas in 1989 as in 1969, with tourism extending beyond Europe to the United States, Africa and the Indian Ocean.»)

114 Mau u. Verwiebe, Sozialstruktur Europas, S. 277.

115 Vgl. hierzu mit Fallstudien Roland Verwiebe, Transnationale Mobilität innerhalb Europas, Berlin 2004.

116 Commission européenne, Direction générale de l'emploi, des affaires sociales et de l'égalité des chances, Les Européens en movement. Portrait de 31 travailleurs mobiles, Luxemburg 2006, S. 11–13. (Zitate 11 u. 13). «Europeans on the move, Portraits of 31 mobile workers», Published by the Office for Official Publications of the European Commission (http://bookshop.europa.eu/eubookshop/FileCache/PUBPDF/KE7606115ENC/KE7606115ENC_002.pdf)

117 Ebd., S. 19–21, Zitate alle S. 21.

118 Ebd., S. 27–29, Zitate. S. 28. http://www.linkedin.com/in/antekbaranski (Abruf 30.9.2009).

119 Ebd., S. 43–45, Zitat S. 45.

120 http://www.euractiv.com/de/enterprise-jobs/skyeurope-grnder-hedge-fonds-zusammenbruch-schuld/article-185644 (Abruf am 1.10.2009); http://www.vol.at/news/tp:vol:special_wirtschaft_aktuell/artikel/skyeurope---billigflieger-am-boden/cn/apa-11 31219071 (Billigflieger am Boden, Abruf am 1.10.2009).

121 Klaus J. Bade, Europa in Bewegung. Migration vom späten 18. Jahrhundert bis zur Gegenwart, München 2000.

122 Zahlen nach Edda Currle, Migration in Europa. Daten und Hintergründe, Stuttgart 2004, S. 60; Eurostat.

123 Norbert Cyrus, Die befristete Beschäftigung von Arbeitsmigranten aus Polen, in: Jochen Blaschke (Hrsg.), Ost-West-Migration. Perspektiven der Migrationspolitik in Europa, Berlin 2001, S. 57–78. Zahlen nach Eurostat.

124 Steve Cohen, Modern migrants and new slaves. How the UK welfare state denies well-being, enforces immigration control and creates slavery, in: Reconciling migrants' well-bring and the public interest. Welfare state, firms and citizenship in transition, Trends in social cohesion 19 (2008), hrsg. vom Europarat, Brüssel, S. 63–89.

125 Jonas Pfau, Prekäre Migration und Ausschluss: Die gesellschaftliche Perzeption von illegaler Migration, Fluchthilfe und Menschenschmuggel in und nach Mitteleuropa, in: Comparativ. Zeitschrift für Globalgeschichte und vergleichende Gesellschaftsforschung 18 (2008), S. 23–41.

126 Graciela Malgesini u. Martina Fischer, «Der Tod ist besser als das Elend»: Spanien und das Mittelmeer als Schleuse für die Einwanderung aus dem Süden, in: Martina Fischer (Hrsg.), Fluchtpunkt Europa. Migration und Multikultur, Frankfurt/M. 1998, S. 65–89, das Zitat S. 65.

127 Hierzu mit reichem Material Etzold, Illegalisierte Migration.
128 Kaelble, Sozialgeschichte Europas, S. 246; Statistisches Bundesamt (Hrsg.), Statistisches Jahrbuch 1990 für das Ausland, Stuttgart 1990, S. 193.
129 Eurostat.
130 Tomas Gerholm u. Yngve Georg Lithman (Hrsg.), The New Islamic Presence in Western Europe, London 1988. Vgl. hierzu auch unten, S. 358 ff.
131 Bruno Riccio, From «Ethnic Group» to «Transnational Community». Senegalese Migrants' Ambivalent Experiences and Multiple Trajectories, in: Journal of Ethnic and Migration Studies 27 (2001), S. 583–599; Jacqueline Andall, Catholic and State Constructions of Domestic Workers. The Case of the Cape Verdean Women in Rome in the 1970s, in: Khalid Koser u. Helma Lutz (Hrsg.), The New Migration in Europe. Social Constructions and Realities, London 1998, S. 124–142; Gregor Benton u. Frank Pieke (Hrsg.), The Chinese in Europe, London 1998; Bülent Diken, Strangers, Ambivalence and Social Theory, Aldershot 1998; Nadje Al-Ali u. a., Refugees and transnationalism. The experience of Bosnians and Eritreans in Europe, in: Journal of Ethnic and Migration Studies 27 (2001), S. 615–634.
132 Karlheinz Reif, Cultural Convergence and cultural diversity as factors in European identity. In: Soledad Garcia (Hrsg.), European Identity and the Search for Legitimacy, London 1993, S. 131–154, hier S. 131.
133 So etwa Krishan Kumar, The Idea of Europe. Cultural Legacies, Transnational Imaginings, and the Nation-State, in: ebd., S. 33–50, hier S. 36.
134 So z. B. Udo Ulfkotte, SOS Abendland: Die schleichende Islamisierung Europas, Rottenburg 2008, sowie unten, S. 365 ff.
135 Thomas H. Marshall, Citizenship and Social Class (1949), in: Ders., Class, Citizenship, and Social Development, Westport/Conn. 1973, S. 65–122.
136 Yasemin Nuhoğlu Soysal, Limits of Citizenship. Migrants and postnational membership in Europe, Chicago/Ill. 1996.
137 Mabel Berezin, Territory, Emotion, and Identity. Spatial Recalibration in a New Europe, in: Dies. u. Martin Schain (Hrsg.), Europe Without Borders. Remapping Territory, Citizenship, and Identity in a Transnational Age, Baltimore/MY 2003, S. 1–30, hier S. 1 f.
138 Vgl. Amnesty Report 2010, Ungarn, http://www.amnesty.de/jahresbericht/2010/ungarn. Vgl. Amnesty Report 2010, Tschechien, http://www.amnesty.de/jahresbericht/2010/tschechien; Katrin Reemtsma, Sinti und Roma. Geschichte, Kultur, Gegenwart, München 1996, S. 156–163.
139 Human Rights Watch, Universal Periodic Review: Italy, 1.9.2009, http://www.hrw.org/en/news/2009/09/01/human-rights-watch-upr-submission-italy. Siehe auch den Bericht von Amnesty International, Amnesty Report 2009, Italien, http://www.amnesty.de/jahresbericht/2009/italien
140 Human Rights Watch, France: Reject Anti-Roma Bill, 27.9.2010, http://www.hrw.org/en/news/2010/09/27/france-reject-anti-roma-bill. «Paris korrigiert umstrittenes Roma-Rundschreiben», ZEIT ONLINE, 13.9.2010, http://www.zeit.de/politik/ausland/2010-09/roma-abschiebungen-rueckzieher.
141 Vgl. «Sarkozy empört über EU-Kritik an Roma-Abschiebung», Zeit online 15.9.2010, URL: http://www.zeit.de/politik/ausland/2010-09/sarkozy-roma-kritik.
142 Siehe Reemtsma, Sinti und Roma, S. 171 f.
143 Ruud Koopmans u. Paul Stratham, Challenging the Liberal Nation-State? Postnationalism, Multiculturalism, and the Collective Claims Making of Migrants and Ethnic Minorities in Britain and Germany, in: American Journal of Sociology 105 (1999), S. 652–696.

144 Jacqueline Bhabha, Belonging in Europe: Citizenship and Post-National Rights, in: International Social Science Journal 159 (1999), S. 11–23.
145 Franck Frégosi, Penser l'islam dans la laïcité. Les musulmans de France et la République, Paris 2008, S. 449. Frégosis Buch ist zugleich die tiefschürfendste Analyse des Verhältnisses der muslimischen Gemeinde in Frankreich zum Staat.
146 French Muslim removes scarf and hair in protest, in: The Muslim News online, 1.10.2004 (http://www.muslimnews.co.uk/news/news.php?article=8171, (Abruf am 28.9.2009).
147 Vgl. Frégosi, Penser l'islam, S. 452.
148 Richard Morin u. Juliana Menasce Horowitz, Europeans Debate the Scarf and the Veil, 20.11.2006, http://pewresearch.org/pubs/95/europeans-debate-the-scarf-and-the-veil (Abruf 28.9.2009).
149 Stefano Allievi, Konflikte um islamische Symbole in Europa, in: Journal für Konflikt- und Gewaltforschung 5 (2003), S. 6–31, hier S. 9 f.
150 Vgl. hierzu ebd.
151 Ebd., S. 17 f.
152 Vgl. u. a. Rosemarie Sackmann, Collective Identities and Social Integration, in: Dies., Bernhard Peters u. Thomas Faist (Hrsg.), Identity and Integration. Migrants in Western Europe, Aldershot 2003, S. 1–12.
153 Vgl. Michael Keating, Thirty Years of Territorial Politics, in: West European Politics 31 (2008), S. 60–81.
154 Union Européenne, Comité des Régions, La cohésion territoriale en Europe, Brüssel 2002.
155 John Agnew, Territoriality and Political Identity in Europe, in: Berezin u. Schain (Hrsg.), Europe without Borders, S. 219–242, hier S. 227. Aus der Fülle der Literatur stellvertretend: Kurt Duwe (Hrsg.), Regionalismus in Europa. Beiträge über kulturelle und sozio-ökonomische Hintergründe des politischen Regionalismus, Frankfurt/M. u. a. 1987; empirisch gehaltvoll: Jörg Kemmerzell, Entstehungs- und Erfolgsbedingungen regionalistischer Parteien. Eine Analyse des politisch-institutionellen Kontextes, Baden-Baden 2008; Michael Keating, Nations against the State. The New Politics of Nationalism in Quebec, Catalonia and Scotland, London u. New York 1996. Für den historischen Zusammenhang wertvoll: Matthias Schulz, Regionalismus und die Gestaltung Europas. Die konstitutionelle Bedeutung der Region im europäischen Drama zwischen Integration und Desintegration, Hamburg 1993.
156 Gershon Shafir, Immigrants and Nationalists. Ethnic Conflict and Accommodation in Catalonia, the Basque Country, Latvia, and Estonia, New York 1995, v. a. S. 69–128.
157 Hierzu Luis Moreno, The Federalization of Spain, London 2005.
158 Hierzu vgl. Daniele Conversi, The Basques, the Catalans and Spain. Alternative Routes to Nationalist Mobilisation, London 1997.
159 Keating, Nations against the State, S. 139 f.; Conversi, Basques, S. 211 f.
160 Grundgesetz 6/2006 vom 19. Juli zur Novellierung des Autonomiestatuts von Katalonien, http://www.parlament.cat/porteso/estatut/estatut_alemany_080207.pdf (Abruf am 18.6.2010), die Zitate S. 1 u. 2.
161 Ebd., S. 5.
162 SZ, 12.7.2010.
163 Vernon Bogdanor, Devolution in the United Kingdom, Oxford 1999.
164 Vgl. zur Funktionsweise des neuen schottischen Regionalparlaments und seiner Regierung Gerry Hassan u. Chris Warhurst (Hrsg.), The New Scottish Politics. The First Year of the Scottish Parliament and beyond, London 2000.

165 Günther Pallaver, The Südtiroler Volkspartei: from Irredentism to Autonomy, in: Lieven de Winter, Margarita Gómez-Reino u. Peter Lynch (Hrsg.), Autonomist Parties in Europe. Identity Politics and the Revival of the Territorial Cleavage, Bd. II, Barcelona 2006, S. 163–188.

166 Michel Quévit, La Wallonie: L'indispensable autonomie, Paris 1982, v. a. S. 149 ff.

167 Siehe mit Dokumenten André Alen, Der Föderalstaat Belgien. Nationalismus – Föderalismus – Demokratie, Baden-Baden 1995, sowie Frank Berge u. Alexander Grasse, Belgien – Zerfall oder föderales Zukunftsmodell. Der flämisch-wallonische Konflikt und die Deutschsprachige Gemeinschaft, Opladen 2003, und die einschlägigen Beiträge in Bernard Fournier u. Min Reuchamps (Hrsg.), Le fédéralisme en Belgique et au Canada. Comparaison sociopolitique, Brüssel 2009.

168 De Standaard, 31. August 1992, zit. bei Alen, Föderalstaat Belgien, S. 11.

169 Michael Stabenow, BHV oder B-HV und kein Ende, in: FAZ, 23.4.2011.

170 Cerstin Gammelin, Wie lange bleibt Belgien noch Belgien?, in: SZ, 14.6.2010.

171 Kris Deschouwer, La dynamique fédérale en Belgique, in: Fournier u. Reuchamps (Hrsg.), Fédéralisme, S. 65–72.

172 Begriffe («dual identity» und «compound nationality» nach Moreno, Federalization, S. 110–126; sowie Ders., Scotland, Catalonia, Europeanization and the ‹Moreno Question›, in: Scottish Affairs 54 (2006), S. 1–21.

173 Ebd., S. 8 f.

174 Zit. n. Schulz, Regionalismus, S. 268.

175 Peter Schmidhuber, Europa der Regionen – die Position der EG-Kommission, in: Franz Ludwig Knemeyer (Hrsg.), Europa der Regionen – Europa der Kommunen, Baden-Baden 1994, S. 123–133, hier S. 132. Zur kritischen Aufarbeitung des Begriffs, der personalistische Wurzeln hat und im anti-nationalen Sinne instrumentalisierbar ist vgl. Undine Ruge, die Erfindung des «Europa der Regionen». Kritische Ideengeschichte eines konservativen Konzepts, Frankfurt/M. 2003.

176 Ebd., S. 302–305.

177 Siehe etwa: Commission européenne. Direction générale de la politique régionale, Au service des régions, Brüssel 2001.

178 Danuta Hübner, Editorial, in: Panorama. Inforegio, 29 (printemps) 2009, S. 3.

179 Comité des régions de l'Union européenne, Une Europe plus proche des citoyens. Les propositions du Comité des régions à la Convention européenne, Brüssel 2003.

180 Göttrik Wewer, Die Zukunft des Regierens in turbulenter Welt, in: Carl Böhret u. Göttrik Wewer (Hrsg.), Regieren im 21. Jahrhundert – zwischen Globalisierung und Regionalisierung, Opladen 1993, S. 9–27, hier S. 11.

181 Aus der Fülle der Literatur siehe Hartmut Behr u. Siegmar Schmidt (Hrsg.), Multikulturelle Demokratie im Vergleich. Institutionen als Regulativ kultureller Vielfalt?, Opladen 2001; Ramón Máiz u. Ferran Requejo (Hrsg.), Democracy, Nationalism and Multiculturalism, London 2005.

182 Vgl. hierzu und zum hieraus folgenden «demokratischen Paradox» Margaret Canovan, Taking Politics to the People: Populism as the Ideology of Democracy, in: Yves Mény u. Yves Surel (Hrsg.), Democracies and the Populist Challenge, Basingstoke u. New York 2002, S. 25–44, hier S. 26 f. u. 38 f.

183 Colin Crouch, Postdemokratie, Frankfurt/M. 2008 (zuerst it. 2003); Anthony Giddens: Der dritte Weg. Die Erneuerung der sozialen Demokratie, Frankfurt/M. 1999; Mark E. Warren, A second Transformation of Democracy?, in: Bruce E. Cain u. a. (Hrsg.), Democracy Transformed? Expanding Political Opportunities in Advanced Industrial Democracies, Oxford 2003, S. 223–249, hier S. 224: Die gegenwärtige Transformation bildet nach dem Übergang von der territorialen direkten zur reprä-

sentativen Demokratie den zweiten Übergang zu einer dritten, neuen Form der Demokratie. Zum Beginn der Unregierbarkeitsdebatte vgl. Gabriele Metzler, Staatsversagen und Unregierbarkeit in den siebziger Jahren?, in: Jarausch (Hrsg.), Ende der Zuversicht, S. 243–260.

184 Anregend hierzu: Michael Th. Greven, Die politische Gesellschaft. Kontingenz und Dezision als Probleme des Regierens und der Demokratie, 2. Aufl. Wiesbaden 2009.

185 Vgl. Jean-Michel Belorgey, Le parlement à refaire, Paris 1991.

186 Thomas Meyer, Die Transformation des Politischen, Frankfurt/M. 1994, S. 58. Vgl. Ders., Mediokratie – Auf dem Weg in eine andere Demokratie?, in: Aus Politik und Zeitgeschichte (B 15-16/2002), S. 7–14; Karl-Rudolf Korte u. Gerhard Hirscher (Hrsg.), Darstellungspolitik oder Entscheidungspolitik? Über den Wandel von Politikstilen in westlichen Demokratien, München 2000; Frank Marcinkowski u. Barbara Pfetsch (Hrsg.), Politik in der Mediendemokratie (Politische Vierteljahresschrift Sonderheft 42), Wiesbaden 2009.

187 Peter Merseburger, Willy Brandt. 1913–1992. Visionär und Realist, München 2002, v. a. S. 386–391; Daniela Münkel, Willy Brandt und die «Vierte Gewalt». Politik und Massenmedien in den 50er bis 70er Jahren, Frankfurt/M. 2005.

188 Zit. n. Gerda-Marie Schönfeld, «Der Typ ist ein politischer Triebtäter», in: Der Stern, 1.4.2008. Vgl. die impressionistische Reportage des Wahlkampfes von Sarkozy von Yasmina Reza, Frühmorgens, abends oder nachts, München 2008.

189 Zit. n. Roger de Weck, Der fremde Eroberer, in: Die Zeit, 13.3.2008.

190 Die Welt, 10.4.2008.

191 Ralf Dahrendorf, Über Populismus: Acht Anmerkungen (2003), in: Ders., Der Wiederbeginn der Geschichte. Vom Fall der Mauer zum Krieg im Irak, München 2004, S. 314–321, hier S. 318.

192 Als instruktives Fallbeispiel siehe die Arbeit von Regina Vetters, Konvent + Verfassung = Öffentlichkeit? Die Verfassungsdebatte der Europäischen Union in den deutschen, britischen und französischen Printmedien, Baden-Baden 2008.

193 Risse, Community of Europeans, S. 158 ff.; Craig Calhoun, The Democratic Integration of Europe. Interests, Identity, and the Public Sphere, in: Berezin u. Schain (Hrsg.), Europe without Borders, S. 243–274, hier v. a. S. 262–271.

194 Richard S. Katz u. Peter Mair, Changing Models of Party Organization and Party Democracy. The Emergence of the Cartel Party, in: Party Politics 1 (1995), S. 5–28, hier v. a. S. 15–21.

195 Klaus Detterbeck, Der Wandel politischer Parteien in Westeuropa. Eine vergleichende Untersuchung von Organisationsstrukturen, politischer Rolle und Wettbewerbsverhalten von Großparteien in Dänemark, Deutschland, Großbritannien und der Schweiz, 1960–1999, Opladen 2002, S. 259 ff.

196 Michael Gallagher u. a., Representative Government in Modern Europe. Institutions, Parties, and Governments, 3. Aufl. New York 2001, S. 188.

197 Siehe konzeptionell: Doering-Manteuffel u. Raphael, Nach dem Boom.

198 Josef Mooser, Abschied von der Proletarität. Sozialstruktur und Lage der Arbeiterschaft in der Bundesrepublik in historischer Perspektive, in: Werner Conze (Hrsg.), Sozialgeschichte der Bundesrepublik Deutschland. Beiträge zum Kontinuitätsproblem, Stuttgart 1985, S. 143–186; Gerhard A. Ritter, Über Deutschland. Die Bundesrepublik in der deutschen Geschichte, 2. Aufl. München 2000, S. 91–94.

199 Oddbjørn Knutsen, Class Voting in Western Europe. A Comparative Longitudinal Study, Oxford 2006; Mattei Dogan, Class, religion, party. Triple decline of electoral cleavages in Western Europoe, in: Lauri Karvonen u. Stein Kuhnle (Hrsg.),

Party Systems and Voter Alignments Revisited, London u. New York 2001, S. 93–114, hier v. a. S. 100–104.

200 Vgl. insgesamt ebd., sowie die Beiträge in Russell J. Dalton u. Martin P. Wattenberg (Hrsg.), Parties without Partisans. Political Change in Advanced Industrial Democracies, Oxford 2000, hier v. a. die Beiträge von Russell J. Dalton, The Decline of Party Identifications, S. 19–36, sowie von Russell J. Dalton, Ian McAllister u. Martin P. Wattenberg, The Consequences of Partisan Dealignment, S. 37–63. Versuch einer Typologie bei Oskar Niedermayer, Konvergenz oder andauernde Diversität? Die strukturelle Entwicklung der europäischen Parteiensysteme 1990–2010, in: Zeitschrift für Staats- und Europawissenschaften 8 (2010), S. 340–357.

201 Zahlen nach Oskar Niedermayer, Parteimitglieder in Deutschland: Version 1/2009. Arbeitshefte aus dem Otto-Stammer-Zentrum, Nr. 15, Freie Universität Berlin 2009, S. 2 (http://www.polsoz.fu-berlin.de/polwiss/forschung/systeme/empsoz/schriften/Arbeitshefte/Oskar_Niedermayer_-_Parteimitglieder_in_Deutschland_-_Version_1-2009.pdf#Parteimitglieder%20in%20Deutschland:%20Version%20 1/2009, (Abruf am 8.8.2010) sowie http://www.spd.de/de/pdf/mitglieder/Mitgliederbestand_091231.pdf (Abruf am 8.8.2010)).

202 Paul Webb, Political Parties in Britain. Secular Decline or Adaptive Resilience?, in: Ders., David Farell u. Ian Holliday (Hrsg.), Political Parties in Advanced Industrial Democracies, Oxford 2002, S. 17–45, hier S. 24.

203 Für die Frühzeit siehe Ferdinand Müller-Rommel, Grüne Parteien in Westeuropa. Entwicklungsphasen und Erfolgsbedingungen, Opladen 1993; Dick Richardson u. Chris Rootes (Hrsg.), The Green Challenge. The development of Green parties in Europe, London u. New York 1995.

204 Siehe Jörg Kemmerzell, Entstehungs- und Erfolgsbedingungen regionalistischer Parteien. Eine Analyse des politisch-institutionellen Kontextes, Baden-Baden 2008.

205 Vgl. Lieven de Winter, Marc Swyndgedouw u. Patrick Dumont, Party System(s) and Electoral Behaviour in Belgium: From Stability to Balkanisation, in: West European Politics 29 (2006), S. 933–956.

206 Piero Ignazi, Extreme Right Parties in Western Europe, Oxford 2003, S. 55.

207 Hierzu Daniele Albertazzi u. Duncan McDowell, The Lega Nord in the Second Berlusconi Government: In a League of Its Own, in: West European Politics 28 (2005), S. 952–972.

208 Vgl. hierzu Oskar Niedermayer, Parteiensystem, in: Eckhard Jesse u. Roland Sturm (Hrsg.), Demokratien des 21. Jahrhunderts im Vergleich. Historische Zugänge, Gegenwartsprobleme, Reformperspektiven, Opladen 2003, S. 261–288, hier v. a. S. 276 f.

209 Klaus Bachmann, Populistische Parteien und Bewegungen in Mittelosteuropa, in: Frank Decker (Hrsg.), Populismus in Europa. Gefahr für die Demokratie oder nützliches Korrektiv?, Wiesbaden 2006, S. 216–232, hier S. 219.

210 Daniele Albertazzi u. Duncan McDonnell, Twenty-First Century Populism. The Spectre of Western European Democracy, New York u. London 2008, S. 3. Freilich sei darauf hingewiesen, daß eine allgemein akzeptierte Defintion des Populismus bislang nicht vorliegt.

211 Vgl. Frank Decker, Die populistische Herausforderung. Theoretische und ländervergleichende Perspektiven, in: Ders. (Hrsg.), Populismus, S. 9–32, hier S. 23 f.

212 Gilles Ivaldi u. Marc Swyngedouw, Rechtsextremismus in populistischer Gestalt: Front National und Vlaams Blok, in: Decker (Hrsg.), Populismus, S. 121–143, hier S. 122.

213 Tore Bjørgo, ‹The Invaders›, ‹the Traitors› and ‹the Resistance Movement›: The Extreme Right's Conceptualisation of Opponents and Self in Scandinavia, in: Tariq Modood u. Pnina Werbner (Hrsg.), The Politics of Multiculturalism in the New Europe. Racism, Identity and Community, London u. New York 1997, S. 54–72, hier S. 59.

214 Ivaldi u. Swyngedouw, Rechtsextremismus; Jens Rygren, Explaining the Emergence of Radical Right-Wing Populist Parties: The Case of Denmark, in: West European Politics 27 (2004), S. 474–502.

215 Jean-Marie Le Pen in der Sendung «L'heure de vérité» auf Antenne 2, März 1984.

216 Siehe mit Belegen Katja Thimm, Die politische Kommunikation Jean-Marie Le Pens. Bedingungen einer rechtspopulistischen Öffentlichkeit, Frankfurt/M. 1999, S. 101–106.

217 «Comment voulez-vous que le travailleur français qui travaille avec sa femme et qui, ensemble, gagnent environ 15 000 francs, et qui voit sur le palier à côté de son HLM, entassée, une famille avec un père de famille, trois ou quatre épouses, et une vingtaine de gosses, et qui gagne 50 000 francs de prestations sociales, sans naturellement travailler … si vous ajoutez le bruit et l'odeur, éh bien le travailleur français sur le palier devient fou. Et ce n'est pas être raciste que de dire cela …» Jacques Chirac auf einer gaullistischen Parteiveranstaltung am 20. Juni 1991 in Orléans. Siehe http://www.youtube.com/watch?v=UEKnbPE_fgo (Abruf am 11.8.2010).

218 Eine Analyse der Wahl bei: Arnauld Miguet, The French Elections of 2002: After the Earthquake, the Deluge, in: West European Politics 25 (2002), S. 207–220.

219 Vgl. Nonna Mayer, The French National Front, in: Hans-Georg Betz u. Stefan Immerfall (Hrsg.), The New Politics of the Right. Neo-Populist Parties and Movements in Established Democracies, Basingstoke 1998, S. 11–25, hier S. 19.

220 Vgl. Fritz Plasser u. Peter A. Ulram, Protest ohne Parteibindung. Die Wählerschaft der FPÖ, in: Hans-Henning Scharsach (Hrsg.), Haider. Österreich und die rechte Versuchung, Reinbek bei Hamburg 2000, S. 128–143, hier v. a. S. 134–137. Siehe insgesamt auch die anderen Beiträge in diesem Band sowie Frank Decker, Parteien unter Druck. Der neue Rechtspopulismus in den westlichen Demokratien, Opladen 2000, S. 115 f.

221 Vgl. Oliver Geden, Diskursstrategien im Rechtspopulismus. Freiheitliche Partei Österreichs und Schweizerische Volkspartei zwischen Opposition und Regierungsbeteiligung, Wiesbaden 2006, v. a. S. 64–94.

222 Vgl. Ruth Wodak, Discourse and Politics: The Rhetoric of Exclusion, in: Dies. u. Anton Pelinka (Hrsg.), The Haider Phenomon in Austria, New Brunswick/N. J. 2002, S. 33–60.

223 Reinhold Gärtner, The FPÖ, Foreigners, and Racism in the Haider Era, ebd., S. 17–31.

224 Hierzu: Waldemar Hummer u. Anton Pelinka (Hrsg.), Österreich unter «EU-Quarantäne». Die «Maßnahmen der 14» gegen die österreichische Bundesregierung aus politikwissenschaftlicher und juristischer Sicht. Chronologie, Kommentar und Dokumentation, Wien 2002.

225 1987, in der Fernsehsendung «Grand Jury».

226 Zahlen nach Dieter Nohlen u. Philip Stöver (Hrsg.), Elections in Europe. A Data Handbook, Baden-Baden 2010. Für Dänemark: Richard Stöss, Rechtsextreme Parteien in Westeuropa, in: Oskar Niedermayer u. a. (Hrsg.), Die Parteiensysteme Westeuropas, Wiesbaden 2006, S. 521–563, hier S. 549.

227 Zur Geschichte der FI siehe Jens Urbat, Rechtspopulisten an der Macht. Silvio Berlusconis Forza Italia im neuen italienischen Parteiensystem, Hamburg 2007.

228 Zur gemeinsamen Geschichte sowie zur typologischen und empirischen Unterscheidung dieser drei Parteien vgl. Carlo Ruzza u. Stefano Fella, Re-inventing the Italian Right. Territorial politics, populism and ‹post-fascism›, Oxford u. New York 2009.

229 Aus der Fülle der Literatur hervorzuheben ist: Gian Enrico Rusconi, Thomas Schlemmer u. Hans Woller (Hrsg.), Berlusconis Macht. Die Politik der italienischen Mitte-Rechts-Regierungen in vergleichender Perspektive, München 2010.

230 Birgit Schönau, Berlusconi, schon wieder, in: Die Zeit, 14.4.2008.

231 Karin Priester, Populismus. Historische und aktuelle Erscheinungsformen, Frankfurt/M. u. New York 2007, S. 209.

232 Vgl. Priester, ebd., S. 182 ff., die Fortuyn als sophistisch agierenden, «postmodernen» Populisten und «Trendsetter der Netzwerkgesellschaft» begreift.

233 Friso Wielenga, Die Niederlande. Politik und politische Kultur im 20. Jahrhundert, Münster u. a. 2008, S. 358.

234 Siehe Joop J. M. Van Holsteyn u. Galen A. Irwin, Never a Dull Moment: Pim Fortuyn and the Dutch Election of 2002, in: West European Politics 26 (2003), S. 41–66, hier S. 42. Ebd. für eine ausführliche Analyse der Wahl.

235 Frankreichs Rechtsextreme rütteln an Sarkozys Thron, Spiegel online, 5.3.2011, http://www.spiegel.de/politik/ausland/0,1518,749302,00.html (Abruf am 18.6.2011).

236 Klaus Ott u. Hans Leyendecker, Ein skandalöses Erbe, in: SZ, 16.8.2010.

237 Zit. n. Patrick Tornberry u. María Maor Martín Estébanez, Minority rights in Europe, Straßburg (Europarat) 2004, S. 9.

238 In der politikwissenschaftlichen Forschung wurden über lange Zeit hinweg die Unterschiede zwischen der postkommunistischen Entwicklung der ost(mittel)europäischen und den etablierten westeuropäischen Demokratien betont und die tendenzielle Unvergleichbarkeit hervorgehoben. Erst in letzter Zeit finden sich Ansätze des gesamteuropäischen Demokratie- und Populismusvergleichs. Siehe insbesondere Cas Mudde, Populist Radical Right Parties in Europe, Cambridge 2007, v. a. S. 1, 277–292; Bachmann, Populistische Parteien und Bewegungen in Mittelosteuropa; Susanne Frölich-Steffen, Populismus im Osten und im Westen als parallele Entwicklungen?, in: Ellen Bos u. Dieter Segert (Hrsg.), Osteuropäische Demokratien als Trendsetter? Parteien und Parteiensysteme nach dem Ende des Übergangsjahrzehnts, Opladen 2008, S. 303–321.

239 Andrzej Szczypiorski, Macht des Wortes, Macht der Bilder, in: Die Macht der Medien, hrsg. v. der Staatskanzlei des Landes Sachsen-Anhalt, München 1996, S. 23–31, hier S. 25 f.

240 Schmidt-Schweizer, Politische Geschichte Ungarns, S. 360 f.

241 Michał Maliszewski, Mediale Machtspiele. Fernsehen und Rundfunk in Polen, in: Osteuropa 11–12 (2008), S. 271–281; Aleksandra Seklecka, Ustawa medialna IV RP i jej wpłw na funkcjonowanie polskich mediów [Das Mediengesetz der Vierten Republik und sein Einfluß auf das Funktionieren polnischer Medien], in: Danuta Karnowska, Demokracja w Polsce po 2005, Torún 2008, S. 107–125.

242 Vgl. zu den Wahlen Klaus Ziemer, Wahlen im postsozialistischen Polen, in: Ders. (Hrsg.), Wahlen in postsozialistischen Staaten, Opladen 2003, S. 155–188, hier S. 163.

243 Andrea Huterer, Kampf der Rechten und Gerechten. Die politische Rhetorik der Kaczynskis, in: Osteuropa 11–12 (2008), S. 53–69.

244 József Bayer, Die Fidesz im Wechsel zwischen Oppositions- und Regierungspartei, in: Susanne Frölich-Steffen u. Lars Rensmann (Hrsg.), Populisten an der Macht. Populistische Regierungsparteien in West- und Osteuropa, Wien 2005, S. 173–191, hier S. 175.

245 Vgl. hierzu Zoltán Kiszelly, Ungarn: Auf dem Weg zum Kartellparteiensystem?, in: Bos u. Segert (Hrsg.), Osteuropäische Demokratien als Trendsetter?, S. 121–132.
246 Thomas von Ahn, Demokratie oder Straße. Fragile Stabilität in Ungarn, in: Osteuropa 10 (2006), S. 89–105, hier S. 90.
247 Neue Zürcher Zeitung, 27.5.2010: «Ein Pass für Ausland-Ungarn».
248 Siehe die zornige Abrechnung von Paul Lendvai, Mein verspieltes Land. Ungarn im Umbruch, Salzburg 2010.
249 Vgl. Andreas Zielcke, Ein europäischer Skandal. Am heutigen Montag wird Ungarns neue Verfassung verabschiedet – mit einem unheiligen Geist, in: SZ, 18.4.2011.
250 Richard Rose u. a., Democracy and its Alternatives. Understanding post-communist societies, Baltimore/MY 1998, S. 110.
251 Ebd., S. 131.
252 Ebd., S. 168.
253 Neben Rose siehe auch Carmen González Enríquez, Le comportement électoral en Europe de l'Est, in: Revue d'études comparatives Est-Ouest 27 (1996), S. 5–29.
254 Russell J. Dalton u. Steven A. Weldon, Public Images of Political Parties: A Necessary Evil?, in: West European Politics 28 (2005), S. 931–951, hier S. 935 f.
255 Vgl. hierzu u. a.: Winfried Steffani, Parteien als soziale Organisationen. Zur politologischen Parteienanalyse, in: Zeitschrift für Parlamentsfragen 19 (1988), S. 549–560; Ludger Helms, Parteiensysteme als Systemstruktur. Zur methodisch-analytischen Konzeption der funktional vergleichenden Parteiensystemanalyse, in: Zeitschrift für Parlamentsfragen 26 (1995), S. 642–657; Richard Stöss, Melanie Haas u. Oskar Niedermayer, Parteiensysteme in Westeuropa: Stabilität und Wandel, in: Dies. (Hrsg.), Parteiensysteme Westeuropas, S. 7–37. Katz u. Mair, Changing Models.

V. Kulturelle Selbstbesinnungen und europäische «Identität»

1 Typisch z. B. Sabine Penth, Einführung: Die Grenzen Europas, in: Dies. u. a. (Hrsg.), Die Grenzen Europas, St. Ingbert 2006, S. 9–18, hier S. 9. Als Ideensammlung siehe die Beiträge in Jeffrey T. Checkel u. Peter J. Katzenstein (Hrsg.), European Identity, Cambridge 2009; Marloes Beers u. Jenny Raflik (Hrsg.), Cultures nationales et identité communautaire. Un défi pour l'Europe?, Brüssel 2010. Optimistisch bezüglich des gegenwärtigen Entstehens einer europäischen Identität im Sinne eines sozialen und transnationalen Prozesses: Risse, Community of Europeans.
2 Jean-Marie Domenach, Europe – défi culturel, Paris 1990, v. a. S. 12 f., 37, 65 f. u. 77–81; Jacques Derrida, Das andere Kap. Die vertagte Demokratie. Zwei Essays zu Europa, Frankfurt/M. 1992, v. a. S. 11 f., 47, 56–58.
3 Dipesh Chakrabarty, Europa provinzialisieren. Postkolonialität und die Kritik der Geschichte, in: Sebastian Conrad u. Shalini Randeria (Hrsg.), Jenseits des Eurozentrismus. Postkoloniale Perspektiven in den Geistes- und Kulturwissenschaften, Frankfurt/M. 2002, S. 283–312, hier S. 283. Siehe Ders., Provincializing Europe. «Klassisch»: Immanuel Wallerstein, Eurocentrism and its Avatars: The Dilemmas of Social Science, in: New Left Review 226, (November-December 1997), S. 93–107. Kritisch-resümierend: Edouard Conte, Prisms of Eurocentrism, in: Paul Messerli, Rainer C. Schwinges u. Thomas Schmid (Hrsg.), Entwicklungsmodell Europa. Entstehung, Ausbreitung und Herausforderung durch die Globalisierung, Zürich 2011, S. 39–67.
4 György Dalos, Die Befreiung der Sowjetunion von ihren Satelliten. Entwurf einer mitteleuropäischen Konföderation, in: Kursbuch 81 (1985), S. 1–11, wiederabgedruckt in: Ders., Der Vorhang geht auf, S. 239–252. Vgl. Bożena Choluj, Die Re-

naissance des Begriffs «Mitteleuropa», in: Tim Beichelt u. a. (Hrsg.), Europa-Studien. Eine Einführung, Wiesbaden 2006, S. 111–124. Siehe auch die Textsammlung von Sven Papcke u. Werner Weidenfeld (Hrsg.), Traumland Mitteleuropa. Beiträge zu einer aktuellen Kontroverse, Darmstadt 1988.

5 Vgl. Karl Schlögel, Grenzland Europa (1993), in: Ders., Die Mitte liegt ostwärts, S. 186–194; Manfred Hildermeier, Wo liegt Osteuropa und wie gehen wir mit ihm um? Schlußvortrag 45. Deutscher Historikertag Kiel 2004, Kommunikation und Raum, Berichtsband, Neumünster 2005, S. 343–352.

6 Roderic Lyne (britischer Botschafter in Moskau 2000–2004), Russland gehört in die EU, in: SZ, 7.3.2006.

7 Konfetti, Feuerwerk und Luftballons für Europa, Welt-online, 21.12.2007.

8 Corinna Milborn, Gestürmte Festung Europa. Einwanderung zwischen Stacheldraht und Ghetto. Das Schwarzbuch, Wien u. a. 2006, S. 6, sowie die folgenden Reportagen.

9 Die Welt, 9.4.2011, 12.4.2011; FAZ, 12.4.2011.

10 SZ, 11.5.2011.

11 Hans-Ulrich Wehler, Grenzen und Identität Europas bis zum 21. Jahrhundert (2008), in: Ders., Land ohne Unterschichten? Neue Essays zur deutschen Geschichte, München 2010, S. 28–40, hier S. 29.

12 Benedict Anderson, Die Erfindung der Nation. Zur Karriere eines folgenreichen Konzepts, Frankfurt a. M./New York 1996 (zuerst englisch 1983), S. 16; Hans-Ulrich Wehler, Die türkische Frage. Europas Bürger müssen entscheiden, in: FAZ, 19.12.2003; wiederabgedruckt in: Claus Leggewie (Hrsg.), Die Türkei und Europa. Die Positionen, Frankfurt/M. 2004, S. 57–69. Niklas Luhmann, Die Gesellschaft der Gesellschaft, Bd. 1, Frankfurt a. M. 1997, S. 150 (das Zitat).

13 Vgl. Claire Demesmay, Wortkrieg um das europäische Selbstverständnis: eine Vergleichsanalyse der Türkei-Debatte in Deutschland und Frankreich, in: Frank Baasner (Hrsg.), Von welchem Europa reden wir? Reichweiten nationaler Europadiskurse, Baden-Baden 2008, S. 183–202. Siehe ferner die Länderbeiträge in: Angelos Giannakopoulos u. Konstadinos Maras (Hrsg.), Die Türkei-Debatte in Europa. Ein Vergleich, Wiesbaden 2005. Allgemein: Risse, Community of Europeans, S. 213–220. Eine Synopse der Pro- und Contra-Argumente zu einem EU-Beitritt der Türkei findet sich in: Heinz Kramer, EU-kompatibel oder nicht? Zur Debatte um die Mitgliedschaft der Türkei in der Europäischen Union, Stiftung Wissenschaft und Politik S34 (August 2003).

14 Einen Überblick gibt: Sena Ceylanoglu, Von der unumstrittenen Beitrittsperspektive zu umstrittenen Beitrittsverhandlungen: Wandlungen des Verhältnisses der Europäischen Union zur Türkei, in: Gabriele Clemens (Hrsg.), Die Türkei und Europa, Hamburg 2007, S. 151–170.

15 Otfried Höffe, Das Übermorgenland. So schnell wird die Türkei nicht europäisch, in: FAZ, 11.12.2002; William Pfaff, Die Türkei vor Europa. Frei nach Brecht, in: Blätter für deutsche und internationale Politik 10 (2005), S. 1231–1233, hier S. 1232 (die Zitate).

16 Wehler, Die türkische Frage, des weiteren: Ders., Das Türkenproblem, in: Die Zeit, 12.9.2002. Ders., Laßt Amerika stark sein. Europa bleibt eine Mittelmacht. Eine Antwort auf Jürgen Habermas, in: FAZ, 27.6.2003. Vgl. auch André Grjebine, L'adhésion de la Turquie, une dissolution de l'Europe?, in: Le Figaro, 9.4.2004.

17 Heinrich A. Winkler, Soll Europa künftig an den Irak grenzen?, in: FAZ, 11.12. 2002. Alain Besançon, Non. La Turquie n'est pas européenne, in: Le Figaro, 25.11.2002.

18 Mark Siemons, Kultur als Kampfbegriff. Von Politik ist nicht die Rede: Zur Kritik der Türkei-Debatte, in: FAZ, 7.12.2002.
19 Ceylanoglu, Beitrittsperspektive, S. 153 f.
20 Siehe z. B. Wolfgang Burgdorf, Die europäische Antwort. Wir sind der Türkei verpflichtet, in: FAZ, 6.1.2004; Udo Steinbach, Die Türkei und die EU. Die Geschichte richtig lesen, in: Aus Politik und Zeitgeschichte, 9.8.2004, S. 3–5; Garip Turunç, La Turquie et l'Europe: Une relation embroulliée, in: Monde en développement 128/4 (2004), S. 89–113, hier S. 100 f. u. 111 f.; Kalypso Nicolaïdis, La Turquie dans l'Union, en miroir de l'Europe, in: Mouvements 31 (janvier-février 2004), S. 128–132, hier S. 130; Jean François Pérouse, La Turquie est-elle intégrable? Quelques réflexions surdes frontières de part et d'autre imaginées, in: Outre-Terre 7/2 (2004), S. 355–374, hier S. 364.
21 So die Kopenhagener Beitrittskriterien von 1993, in: Europa-Archiv 48 (1993), II: Dokumente, D 258–D 268, hier D 264.
22 Siehe etwa Gerhard Schröder: Warum die Türkei in die EU gehört, in: Die Welt, 13.10.2004. Die aktuelle Entwicklung bringt eher entgegengesetzte Positionen hervor: Boris Kálnoky, Erdogans Medienpolitik im Kreuzfeuer, in: Die Welt, 13.4.2011. Zum türkischen Reformprozeß vgl. Mehtap Söyler, Der demokratische Reformprozess in der Türkei, in: Aus Politik und Zeitgeschichte, 21.9.2009, S. 3–8. Erdogan wurde im Juni 2011 triumphal wiedergewählt.
23 Boris Kálnoky, Erdogan träumt von arabisch-türkischer Weltmacht, Welt online, 12.01.2011. Vgl. auch La France, la Turquie et l'Union européenne, Editorial in Le Monde, 8.4.2010.
24 Winkler, Europa am Scheideweg, in: FAZ, 12.11.2003; Franz Peter Basten, Welches Europa?, in: FAZ, 3.1.1998; Höffe, Übermorgenland, in: FAZ, 11.12.2002.
25 Karl-Peter Schwarz, Freihandel und Freiheit. Europa wird auf der Suche nach seiner Identität nicht fündig werden, solange es dabei versucht, sich von den Vereinigten Staaten abzugrenzen, in: FASZ, 3.7.2005; Salomon Korn, Die Zukunft der Erinnerung in Europa, in: FAZ, 2.6.2005; Gerd Koenen, Opfer der Gemeinschaft. Der Völkermord an den Armeniern. Neue türkische Quellen, in: FAZ, 19.2.1997. Siehe auch: Vincent Duclert, Arménie, devoir de mémoire, Libération, 13.12.2004.
26 Loi n°2001–70 du 29 janvier 2001 relative à la reconnaissance du génocide arménien de 1915. Vgl. zu den französischen «lois mémorielles» unten, S. 376 ff.
27 Siehe z. B.: Reymer Klüver u. Christiane Schlötzer, «Ein D-Day im Krieg gegen den Terror». Bundesaußenminister Fischer sieht eine schnelle Aufnahme Ankaras als Mittel gegen gewalttätigen Islamismus, in: SZ, 21.10.2004. CDU-Politiker Ruprecht Polenz im Interview mit dem Focus: Syrien zeigt: «Türkei gehört zur EU», in: Focus, 2.5.2011, sowie im Interview mit der Frankfurter Rundschau: «Der Begriff ‹christliches Abendland› ist eine Kampfparole», in: Frankfurter Rundschau, 1.6.2010; Hrant Dink, «Eine Revolution von oben», in: taz, 24.1.2007.
28 Vgl. z. B. Klaus Martin Girardet, Das Neue Europa und seine alte Geschichte. Universität des Saarlandes, Universitätsreden Nr. 59, Saarbrücken 2005, S. 7.
29 Der Spiegel, 27.9.2004, Umstrittene Freundschaft, S. 118.
30 Hubert Markl, Wo unser Herz schlägt. Was die Kinder in der Schule und die Studenten in den Universitäten heute alles lernen müßten: Wissenschaft und die kulturelle Einheit Europas, in: FAZ, 27.12.2003. Henri Madelin, La Bible, le Coran et l'Europe, in: Le Monde, 14.7.2008.
31 Hajo Friedrich, «Made in Europe» zum Exportschlager machen. Binnenmarkt und nationale Identität / Herausforderung der Ost-Erweiterung, in: FAZ, 24.12.2002.
32 Siehe u. a. Yves Mény, L'Europe, Dieu et les Turcs, in: Le Monde, 15.11.2002;

Michel Rocard, Turquie: dire oui est vital, in: Le Monde 27.11.2002; Chantal Kafyeke, L'adhésion de la Turquie à l'Union européenne: enjeux et état du débat, in: Courrier hebdomadaire Nr. 1933–1934 (2006), S. 5–72, hier S. 40; Ruprecht Polenz, Interview in der Frankfurter Allgemeinen Sonntagszeitung, 23.5.2010; Wolfgang Burgdorf, Die europäische Antwort. Wir sind der Türkei verpflichtet, in: FAZ, 6.1.2004.

33 Hans Joachim Meyer, Der deutsche Katholizismus nach der Wiedervereinigung, in: Andreas Wirsching (Hrsg.), Die Bundesrepublik Deutschland nach der Wiedervereinigung. Eine interdisziplinäre Bilanz, München 2000, S. 115–132, hier S. 125.

34 Vgl. hierzu: Timothy A. Byrnes u. Peter J. Katzenstein (Hrsg.), Religion in an Expanding Europe, Cambridge 2006.

35 SZ, 11.8.1995.

36 Urteil des Europäischen Gerichtshofs für Menschenrechte, CASE OF LAUTSI v. ITALY, 3.11.2009, Satz 56 u. 57, http://cmiskp.echr.coe.int/tkp197/view.asp?item=7&portal=hbkm&action=html&highlight=Italy%20|%20Freedom%20|%20of%20|%20thought&sessionid=68256281&skin=hudoc-en (Abruf am 19.3.2011).

37 Die Zeit, 3.11.2009: Kreuze in Klassenzimmern verletzen Menschenrechte.

38 SZ, 19./20.3.2011.

39 Muslimische Lehrerin darf Kopftuch tragen, SZ, 7.7.2006.

40 Muslimische Lehrerin darf kein Kopftuch tragen, Welt online, 18.3.2008, http://www.welt.de/politik/article1812515/Muslimische_Lehrerin_darf_kein_Kopftuch_tragen.html (Abruf am 18.6.2011).

41 Gustav Seibt, in: SZ, 29.5.2010.

42 Urs Meier, Meinungsfreiheit hat Vorrang. Geschürte Konflikte und falsche Diskussionen um die Mohammed-Karikaturen, in: Bernhard Debatin (Hrsg.), Der Karikaturenstreit und die Pressefreiheit. Wert- und Normenkonflikte in der globalen Medienkultur, Berlin 2007, S. 29–34, hier S. 31.

43 Vgl. neben den Beiträgen in dem Sammelband von Debatin (Hrsg.), Karikaturenstreit, insbesondere Jytte Klausen, The Cartoons That Shook the World, New Haven/Conn. 2009; Jørgen S. Nielsen, Cartoons, minorities, self-censorship and freedom of speech in Denmark, in: Volker Küster u. Gé Speelman (Hrsg.), Islam in the Netherlands. Between Religious Studies and Interreligious Dialogue, Berlin 2010, S. 113–131; Stefan Piasecki, «Das Schaufenster des Schreckens in den Tagen des Zorns». Eine inhaltliche Analyse der Darstellung von Islam, Islamismus und islamischer Religiosität in der Berichterstattung über den Karikaturenstreit in Spiegel, Stern und Focus sowie ihre Wirkung auf eine säkularisierte Gesellschaft und ihre Tradition von christlicher bzw. islamischer Religiosität, Univ. Diss., Duisburg/Essen 2008; Alexander Görlach, Der Karikaturen-Streit in deutschen Printmedien. Eine Diskursanalyse, Stuttgart 2009.

44 Halleh Gorashi, Warum hat Ayaan Hirsi Ali unrecht? in: Thierry Chervel u. Anja Seeliger (Hrsg.), Islam in Europa. Eine internationale Debatte, Frankfurt/M. 2007, S. 165–176; Timothy Garton Ash, Der Islam in Europa, in: ebd., S. 30–54, hier S. 46 f.

45 Welt online, 3.2.2006 (Abruf am 14.4.2011). Als eindringliche Reportage siehe Ian Buruma, Die Grenzen der Toleranz. Der Mord an Theo van Gogh, München 2007 (zuerst 2006).

46 Pascal Bruckner, Fundamentalismus der Aufklärung oder Rassismus der Antirassisten?, in: Chervel u. Seeliger (Hrsg.), Islam in Europa, S. 55–74, hier S. 61 f. (das Zitat S. 62).

47 FAZ, 9.11.2010.

48 So Wilders im Gespräch mit dem Spiegel.

49 Speech Geert Wilders in Rome, 25th of March 2011, http://www.geertwilders.nl/index.php?option=com_content&task=view&id=1740&Itemid=1 (Abruf am 14.4.2011).

50 Sie werden uns nicht stoppen. Geert Wilders im Gespräch mit dem Spiegel, 8.11.2010; http://www.spiegel.de/spiegel/print/d-74948254.html (Abruf am 14.4.2011).

51 Thomas Meyer, Der Karikaturenstreit – Generalprobe für eine Kulturkampf-Industrie?, in: Die Neue Gesellschaft/Frankfurter Hefte 33, Heft 4 (2006), S. 12–15. Siehe auch Kai Hafez u. Carola Richter, Das Islambild von ARD und ZDF, in: Aus Politik und Zeitgeschichte 26–27 (25.6.2007), S. 40–46.

52 Siehe als Beispiel das Buch des amerikanischen Soziologen Neil Fligstein, Euro-Clash. The EU, European Identity and the Future of Europe, Oxford 2008.

53 Vgl. zur Konstruktion Amerikas als das «Andere» Europas: Risse, Community of Europeans, S. 54 f.

54 Peter Baldwin, The Narcissism of Minor Differences. How America and Europe are Alike. An Essay in Numbers, Oxford 2009, S. 2.

55 Robert Kagan, Paradise and Power. America and Europe in the New World Order, London 2003, S. 23, 54 f. u. 2, hier zit. n. der deutschen Übersetzung: Macht und Ohnmacht. Amerika und Europa in der neuen Weltordnung, München 2004, S. 29, 67 u. 9.

56 Timothy Garton Ash, The New Anti-Europeanism in America, in: Todd Lindberg (Hrsg.), Beyond Paradise and Power. Europe, America and the Future of a Troubled Partnership, New York u. London 2005, S. 121–133; Laurent Cohen-Tanugi, The End of Europe? In: Foreign Affairs 84,6 (2005), S. 55–67.

57 Steven Hill, Europe's Promise. Why the European Way is the Best Hope in an Insecure Age, Berkeley/Calif. 2010, S. 73. Siehe die Rezensionen unter http://www.europespromise.org/ (Abruf am 17.4.2011).

58 Baldwin, Narcissism.

59 Jürgen Rüland, The Asia-European Meeting: Towards a New Euro-Asian Relationship?, Rostock 1996.

60 Chen Quimao, Changing Power Constellations in East Asia: Cooperation or Conflict, in: Klaus Becher u. Reinhard Schlagintweit (Hrsg.), China and Germany – Different Answers to Strategic Change, Bonn 1995, S. 87–94, hier S. 87. Vgl. auch die anderen Beiträge in diesem Band.

61 Xuewu Gu, China als Akteur der Weltpolitik, in: Aus Politik und Zeitgeschichte 49/2006, S. 3–8, hier S. 4 f. Der Begriff der «Entokzidentalisierung» nach Hakim El Karoui, Réinventer l'occident. Essai sur une crise économique et culturelle, Paris 2010, S. 12 u. passim.

62 Eberhard Sandschneider, Asiatische Ambivalenzen, in: Internationale Politik 59/9 (2004), S. 1–8, hier S. 2. Vgl. Harro von Senger, Die VR China und die Menschenrechte, in: Boike Rehbein u. a. (Hrsg.), Identitätspolitik und Interkulturalität in Asien. Ein multidisziplinäres Mosaik, Münster 2006, S. 119–144. Andere dagegen minimieren die kulturellen Wertunterschiede zwischen Asien und Europa, so etwa Carolina Hernandez, Values and Civilizations, in: Hans Maull u. a. (Hrsg.), Europe and the Asia Pacific, London 1998, S. 32–54.

63 J. Buchsteiner, Demokraten und Meritokraten, in: FAZ, 13.10.2010.

64 Klassisch hierzu: Hermann Lübbe, Zur Identitätspräsentationsfunktion von Historie, in: Odo Marquard u. Karlheinz Stierle (Hrsg.), Identität, München 1979, S. 277–292; Margaret R. Somers, The Narrative Constitution of Identity: A Relational and Network Approach, in: Theory and Society 23 (1994), S. 605–649.

65 Vgl. Risse, Community of Europeans, S. 53, 163.

66 Pascal Bruckner, Der Schuldkomplex. Vom Nutzen und Nachteil der Geschichte für Europa. München 2008, S. 228, 15 u. 226. Der französische Originaltitel von 2006: «La tyrannie de la pénitence: Essai sur le masochisme en Occident» drückt die polemische Absicht Bruckners noch weitaus deutlicher aus. Bruckner hatte schon 1984 ähnliche Thesen im Hinblick auf die Präsenz der kolonialen Geschichte in den westeuropäischen Gesellschaften vertreten. Ders., Das Schluchzen des weißen Mannes. Europa und die Dritte Welt. Eine Polemik, Berlin 1984.

67 Philippe Joutard, La tyrannie de la mémoire, in: L'Histoire, Nr. 221 (Mai 1998), S. 98. Vgl. zum Kontext: Christine Axer, Devoir de mémoire – Devoir de l'histoire? Frankreichs Erinnerungskultur im Zeichen der *lois mémorielles*, in: Katrin Hammerstein u. a. (Hrsg.), Aufarbeitung der Diktatur – Diktat der Aufarbeitung? Normierungsprozesse beim Umgang mit diktatorischer Vergangenheit, Göttingen 2009, S. 146–159. Daniel Mollenhauer, Erinnerungspolitik in der postkolonialen Republik – Frankreich und das koloniale Erbe, in: Claudia Kraft u. a. (Hrsg.), Kolonialgeschichten. Regionale Perspektiven auf ein globales Phänomen, Frankfurt/ New York 2010, S. 119–141. Insgesamt zur Problematik vgl. die Beiträge in Konrad H. Jarausch u. Martin Sabrow (Hrsg.), Verletztes Gedächtnis. Erinnerungskultur und Zeitgeschichte im Konflikt. Frankfurt/M. 2002, sowie Ulrike Jureit u. Christian Schneider, Gefühlte Opfer. Illusionen der Vergangenheitsbewältigung, Stuttgart 2010.

68 Vgl. hierzu Andreas Wirsching, Zeev Sternhell und der französische «Faschismus», in: Mittelweg 36, Nr. 6 (Dezember/Januar 2000/2001), S. 41–52.

69 Olivier Pétré-Grenouilleau, Les traites négrières. Essai d'histoire globale, Paris 2004.

70 Jean-Pierre Rioux, La France perd la mémoire. Comment un pays démissionne de son histoire, Paris 2006, S. 181.

71 Liberté pour l'histoire! Appell von 19 Historikern in: Libération, 13.12.2005.

72 Timothy Garton Ash, The freedom of historical debate is under attack by the memory police, in: The Guardian, 16.10.2008, hier zitiert nach der Online-Ausgabe auf: http://www.lph-asso.fr (Abruf am 28.5.2011).

73 Ebd.

74 Vgl. Judt, Postwar, S. 803 f.

75 Zit. n. SZ, 28./29.5.2011, S. 4. Siehe ebd., u. SZ, 27.5.2011, für kritische Bewertungen des Zusammenhanges zwischen der Festnahme Mladićs und den EU-Beitrittsperspektiven Serbiens.

76 Friedrich Nietzsche, Vom Nutzen und Nachtheil der Historie für das Leben (Unzeitgemäße Betrachtungen. Zweites Stück), in: Ders., Sämtliche Werke. Kritische Studienausgabe, hrsg. v. Giorgio Colli u. Mazzino Montinari, ND München 1980, S. 243–334, hier S. 262 f.

77 Zit. n. http://www.friwe.at/jugoslawien/krieg/propag/milosevic.htm.

78 So die Formulierung von Ulrike Jureit in Jureit u. Schneider, Gefühlte Opfer, S. 86.

79 Hierzu Herfried Münkler, Die postheroische Gesellschaft und ihre jüngste Herausforderung, in: Ders., Der Wandel des Krieges. Von der Symmetrie zur Asymmetrie, Weilerswist 2006, S. 310–354, sowie – international vergleichend – Manfred Hettling, Politischer Totenkult im internationalen Vergleich, in: Berliner Debatte initial 20 (2009), S. 104–116.

80 Nietzsche, Nutzen und Nachtheil der Historie für das Leben, S. 261.

81 Vgl. Hermann Lübbe, Historisches Bewußtsein heute, in: Werner Weidenfeld (Hrsg.), Geschichtsbewußtsein der Deutschen. Materialien zur Spurensuche einer Nation, Köln 1987, S. 139–154.

82 Klaus Neumann, Mahnmale, in: Etienne François u. Hagen Schulze (Hrsg.), Deutsche Erinnerungsorte, Bd. I, München 2001, S. 622–637. Siehe auch: Ulrike Puvogel (Hrsg.), Gedenkstätten für die Opfer des Nationalsozialismus. Eine Dokumentation, Bonn 1987. Topographie des Terrors. Gestapo, SS und Reichssicherheitshauptamt auf dem «Prinz-Albrecht-Gelände». Eine Dokumentation, hrsg. von Reinhard Rürup, 7. Aufl. Berlin 1989. Allgemein zur Erinnerung an den Nationalsozialismus: Peter Reichel, Politik mit der Erinnerung. Gedächtnisorte im Streit um die nationalsozialistische Vergangenheit, Frankfurt/M. 1999, zur Topographie des Terrors vgl. ebd., S. 165–171.

83 Hans Günter Hockerts, Wiedergutmachung in Deutschland. Eine historische Bilanz 1945–2000, in: Vierteljahrshefte für Zeitgeschichte 49 (2001), S. 167–214, hier S. 199–202; Constantin Goschler, Schuld und Schulden. Die Politik der Wiedergutmachung für NS-Verfolgte seit 1945, Göttingen 2005, S. 345–356.

84 Dieter Hoffmann-Axthelm, Über das Weitergehen von Geschichte (1984), zit. n. Sabine Moller, Die Entkonkretisierung der NS-Herrschaft in der Ära Kohl. Die Neue Wache, das Denkmal für die ermordeten Juden Europas, das Haus der Geschichte der Bundesrepublik Deutschland, Hannover 1998, S. 18.

85 Vgl. dazu Wirsching, Abschied vom Provisorium, S. 478–480.

86 Moller, Entkonkretisierung, S. 40ff. Des weiteren siehe Karen E. Till, Staging the Past: Landscape Designs, Cultural Identity and *Erinnerungspolitik* at Berlin's *Neue Wache*, in: Ecumene. A Journal of Environment, Culture, Meaning 6 (1999), S. 251–283. Zu seinen Bemühungen bis 1990 vgl. auch Helmut Kohl, Erinnerungen 1982–1990, München 2005, S. 377–382.

87 Vgl. hierzu Gilad Margalit, Guilt, Suffering, and Memory. Germany Remembers Its Dead of World War II, Bloomington (Indiana) 2010.

88 Jan Assmann, Das kulturelle Gedächtnis. Schrift, Erinnerung und politische Identität in frühen Hochkulturen, 4. Aufl., München 2002. Die neue Ungleichzeitigkeit des europäischen Gedächtnisses seit 1989 hat eine unübersehbare Fülle von Literatur hervorgebracht. Stellvertretend seien genannt: Bernd Faulenbach u. Franz-Josef Jelich (Hrsg.), «Transformationen» der Erinnerungskulturen in Europa nach 1989, Essen 2006; Helmut König (Hrsg.), Europas Gedächtnis. Das neue Europa zwischen nationalen Erinnerungen und gemeinsamer Identität, Bielefeld 2008. Ein guter Überblick findet sich in: Richard Ned Lebow u. a. (Hrsg.), The politics of memory in postwar Europe, Durham/N. C. 2006. Vgl. insgesamt auch die Beiträge in Małgorzata Pakier u. Bo Stråth (Hrsg.), A European Memory. Contested Histories and Politics of Remembrance, New York 2010.

89 Vgl. hierzu mit vergleichenden Länderstudien: Jan Eckel u. Claudia Moisel (Hrsg.), Universalisierung des Holocaust? Erinnerungskultur und Geschichtspolitik in internationaler Perspektive, Göttingen 2008.

90 http://www.un.org/en/holocaustremembrance/docs/res607.shtml (Abruf 29.5.2011).

91 http://www.chiefrabbi.org/ReadArtical.aspx?id=1304 (Abruf 29.5.2011).

92 Vgl. hierzu Constantin Goschler, Die Auseinandersetzung um die Entschädigung der Zwangsarbeiter zwischen Kaltem Krieg und Globalisierung, in: Hans-Christoph Seidel u. Klaus Tenfelde (Hrsg.), Zwangsarbeit im Europa des 20. Jahrhunderts. Bewältigung und vergleichende Aspekte, Essen 2007, S. 115–130, sowie die juristische Studie von Jörg Hagen Hennies, Entschädigung für NS-Zwangsarbeit vor und unter der Geltung des Stiftungsgesetzes vom 2.8.2000, Baden-Baden 2006.

93 Jan Tomasz Gross, Neighbors. The destruction of the Jewish community in Jedwabne, Poland, Princeton/N. J. 2001; Ders., Fear. Anti-semitism in Poland after

Auschwitz. An essay in historical interpretation, New York 2006. Zur langfristigen Entwicklung der polnischen Erinnerungskultur seit 1945 vgl. Annamaria Orla-Bukowska, New Threads on an Old Loom: National Memory and Social Identity in Postwar and Post-Communist Poland, in: Lebow u. a. (Hrsg.), Politics of memory, S. 177–209.

94 So Adam Michnik, Szok Jedwabnego (Schock von Jedwabne), in: Gazeta Wyborcza, 17.3.2001.

95 Das Buch ist bislang nur auf Polnisch erschienen. Siehe zur Diskussion http://www.dradio.de/dlf/sendungen/andruck/1433867/ (Abruf am 2.10.2011).

96 Vgl. Holly Case, Being European: East and West, in: Checkel u. Katzenstein (Hrsg.), European Identity, S. 111–131, hier v. a. S. 126–128.

97 Vgl. hierzu die Beiträge in Osteuropa-Archiv 50 (2000), A 1–A 8.

98 Berthold Forssman, Der Streit um Sowjetdenkmäler in Osteuropa, in: Archiv / Magazin / Gesellschaft, hrsg. v. der Bundeszentrale für Politische Bildung, 30.5.2007, http://www.eurotopics.net/de/archiv/magazin/gesellschaft-verteilerseite/denkmalstreit_2007_05/debatte_denkmalstreit_2007_05 (Abruf am 2.6.2011).

99 Siehe z. B. Maxim Shevchenko, Linking Communism With Nazism, The Moscow Times, 18.7.2008.

100 Joachim F. Tornau, Ehrendes Gedenken an SS-Mitläufer. Estland tut sich schwer, die Rolle seiner Soldaten in der Nazi-Zeit aufzuarbeiten, in: Frankfurter Rundschau, 12.6.2007; Sonja Zekri, Ausweitung der Diskurszone. Das Okkupationsmuseum in der lettischen Hauptstadt Riga dokumentiert das Trauma einer dreifachen Besetzung, in: SZ, 31.3.2004; Regina Fritz u. Katja Wezel, Konkurrenz der Erinnerungen? Museale Darstellungen diktatorischer Erfahrungen in Lettland und Ungarn, in: Hammerstein u. a. (Hrsg.), Aufarbeitung der Diktatur, S. 233–247, hier S. 234–239.

101 Sandra Kalniete, Altes Europa, Neues Europa. Rede zur Eröffnung der Leipziger Buchmesse am 24. März 2004, http://www.die-union.de/reden/altes_neues_europa.htm (Abruf am 2.6.2011).

102 Ijoma Mangold, Eklat in Leipzig. Salomon Korns Protest, in: SZ, 26.3.2004. Korns eigene Darlegung: NS- und Sowjetverbrechen. Sandra Kalnietes falsche Gleichsetzung, in: SZ, 31.3.2004. Insgesamt siehe auch: Joachim Güntner, Unkenntnis und ungleiches Gedenken. Gulag und Holocaust – Nachbetrachtungen zum Eklat von Leipzig, in: Neue Zürcher Zeitung, 3.4.2004.

103 Salomon Korn, NS- und Sowjetverbrechen. Sandra Kalnietes falsche Gleichsetzung, in: SZ, 31.3.2004.

104 Vgl. hierzu am deutschen Beispiel Aleida Assmann, Zur (Un-)Vereinbarkeit von Leid und Schuld in der deutschen Erinnerung, in: Zeitgeschichte 33 (2006), S. 68–77, hier v. a. S. 74 f.

105 Renan, Was ist eine Nation?, S. 14.

Schluss: Krise und Konvergenz

1 Hierzu und zum folgenden vgl. Élie Cohen, Penser la crise. Défaillances de la théorie, du marché, de la régulation, Paris 2010, S. 150 ff. Cohens Studie gehört zu den besten Analysen der Finanzkrise.

2 Vgl. oben, S. 240.

3 Vgl. hierzu Schröter, Amerikanisierung nach 1970, S. 356–358.

4 Vgl. hierzu mit Einzelheiten http://zeitenwende.ch/finanzgeschichte/nick-leeson-und-der-konkurs-der-barings-bank-1995/ (Abruf am 16.6.2011).

5 Zit n. John Tamny, In 2008, Shades Of October 1987, in: Forbes, 7.02.2008, http://www.forbes.com/2008/07/01/fed-bernanke-greenspan-oped-cx_jt_0702dollar.html (Abruf am 16.6.2011).

6 Lynn Turgeon, Bastard Keynesianism. The evolution of economic thinking and policymaking since World War II, Westport/Conn. 1996, v. a. S. 61 f.

7 Vgl. die konzise Darstellung bei Hanno Beck u. Helmut Wienert, Anatomie der Weltwirtschaftskrise: Ursachen und Schuldige, in: Aus Politik und Zeitgeschichte 20 (2009), S. 7–12, hier S. 8 f. Hier auch der Begriff der «Finanzalchemisten».

8 Eine detaillierte Chronologie der Bankenkrise bei Hans-Werner Sinn, Kasino-Kapitalismus. Wie es zur Finanzkrise kam und was jetzt zu tun ist, Berlin 2009, S. 78–83.

9 Andreas Oldag, Kranker Mann auf der Insel, in: SZ, 17.6.2011.

10 http://epp.eurostat.ec.europa.eu/cache/ITY_PUBLIC/GREECE/EN/GREECE-EN.PDF (Abruf am 16.6.2011).

11 Vgl. Henrik Enderlein, Krise in der Euro-Zone, in: Aus Politik und Zeitgeschichte 43 (2010), S. 7–12.

12 Stefan Kaiser, Banken bleiben auf Griechenland-Anleihen sitzen, in: Spiegel online, 17.6.2011 http://www.spiegel.de/wirtschaft/unternehmen/0,1518,768788,00.html (Abruf am 17.6.2011).

13 Elmar Brok im Interview, SZ, 16.6.2011.

14 So etwa Hans-Olaf Henkel, Rettet unser Geld! Deutschland wird ausverkauft – Wie der Euro-Betrug unseren Wohlstand gefährdet, München 2010, v. a. S. 167 ff.

15 Mark Schieritz, Rebellion gegen den Euro, in: Die Zeit, 20.4.2011.

16 Zur Kritik siehe exemplarisch mit weiterer Literatur: Jürgen Osterhammel, Europamodelle und imperiale Kontexte, in: Journal of Modern European History 2 (2004), S. 157–182; Dominic Sachsenmeier, Recent Trends in European History: The World beyond Europe and Alternative Historical Spaces, in: Journal of Modern European History 7 (2009), S. 5–25.

17 Dazu oben, S. 87 f.

18 Mau u. Verwiebe, Sozialstruktur Europas, S. 314.

19 Vgl. hierzu Karl W. Deutsch, Nationalism and Social Communication, Cambridge/Mass. 1953.

20 «Fortschreitende Machtverschiebung in Richtung Brüssel», in: FAZ, 5.6.2011, http://www.faz.net/artikel/C31147/fuenf-punkte-memorandum-fortschreitende-machtverschiebung-in-richtung-bruessel-30432514.html (Abruf am 17.6.2011).

21 Dies im Sinne der konstruktivistischen Theorie von Peter L. Berger u. Thomas Luckmann, Die gesellschaftliche Konstruktion der Wirklichkeit. Eine Theorie der Wissenssoziologie, Frankfurt a. M. 5. Aufl. 1992 (zuerst englisch 1966).

22 Vgl. Bach, Bürokratisierung Europas, S. 123–131.

23 So zuletzt Bundesfinanzminister Wolfgang Schäuble am 3.10.2011: «Schäuble: Antwort auf Krise lautet mehr Europa», in: FAZ.net, 3.10.2011.

ABKÜRZUNGSVERZEICHNIS

ABB	Asea Brown Boveri Ltd AG
AG	Aktiengesellschaft
AKP	Adalet ve Kalkınma Partisi, dt. *Partei für Gerechtigkeit und Aufschwung* (Türkei)
Art.	Artikel
AWS	Akcja Wyborcza Solidarność, dt. *Wahlaktion Solidarność* (Polen)
BHV	Brüssel-Halle-Vilvoorde
BIP	Bruttoinlandsprodukt
BRD	Bundesrepublik Deutschland
BVerfGE	Entscheidungen des Bundesverfassungsgerichts
BZÖ	Bündnis Zukunft Österreich
bzw.	beziehungsweise
ca.	circa
CAD	Computer Aided Design
CDU	Christlich Demokratische Union Deutschlands
CiU	Convergència i Unió (Katalonien)
CSU	Christlich-Soziale Union
DBPO	Documents on British Policy Overseas
DC	Democrazia Cristiana (Italien)
DDR	Deutsche Demokratische Republik
DF	Dansk Folkeparti, dt. *Dänische Volkspartei*
DM / D-Mark	Deutsche Mark
DOS	Demokratska Opozicija Srbije, dt. *Demokratische Opposition Serbiens*
EAJ/PNV	Eusko Alderdi Jeltzalea/Partido Nacionalista Vasco, dt. *Baskische Nationalistische Partei*
ebd.	ebenda
EBRD	European Bank for Reconstruction and Development, dt. *Europäische Bank für Wiederaufbau und Entwicklung*
EDV	Elektronische Datenverarbeitung
EEA	Einheitliche Europäische Akte
EG	Europäische Gemeinschaft
EGKS	Europäische Gemeinschaft für Kohle und Stahl
EPZ	Europäische Politische Zusammenarbeit
ERC	Esquerra Republicana de Catalunya, dt. *Republikanische Linke Kataloniens*
ESS	Europäische Sicherheitsstrategie
ESVP	Europäische Sicherheits- und Verteidigungspolitik
ETA	Euskadi Ta Askatasuna, dt. *Baskenland und Freiheit*
EU	Europäische Union
EU-12	Mitgliedsstaaten der EG/EU bis 1995 (Belgien, Dänemark, Deutschland, Frankreich, Griechenland, Großbritannien, Irland, Italien, Luxemburg, Niederlande, Portugal, Spanien)
EU-15	Mitgliedsstaaten der EU 1995 bis 2004 (Belgien, Dänemark, Deutschland, Finnland, Frankreich, Griechenland, Großbritannien, Irland,

	Italien, Luxemburg, Niederlande, Österreich, Portugal, Schweden, Spanien)
EU-25	Mitgliedsstaaten der EU 2004 bis 2006 (EU-15 plus Estland, Lettland, Litauen, Malta, Polen, Slowakei, Slowenien, Tschechische Republik, Ungarn, Zypern)
EU-27	Mitgliedsstaaten der EU seit 2007 (Belgien, Bulgarien, Dänemark, Deutschland, Estland, Finnland, Frankreich, Griechenland, Großbritannien, Irland, Italien, Lettland, Litauen, Luxemburg, Malta, Niederlande, Österreich, Polen, Portugal, Rumänien, Schweden, Slowakei, Slowenien, Spanien, Tschechische Republik, Ungarn, Zypern)
Euratom/EAG	Europäische Atomgemeinschaft
Eurostat	Statistisches Amt der Europäischen Union
EVG	Europäische Verteidigungsgemeinschaft
EWI	Europäisches Währungsinstitut
EZB	Europäische Zentralbank
FAZ	Frankfurter Allgemeine Zeitung
Fed	Federal Reserve System
FI	Forza Italia
FIDESZ	Fiatal Demokraták Szövetsége, dt. *Bund Junger Demokraten*
FMI	Folkebevegelsen mot innvandring, dt. *Volksbewegung gegen Einwanderung*
FPÖ	Freiheitliche Partei Österreichs
FRP	Fremskridtspartiet, dt. *Fortschrittspartei* (Dänemark)
FrP	Fremskrittspartiet, dt. *Fortschrittspartei* (Norwegen)
GASP	Gemeinsame Außen- und Sicherheitspolitik
GATT	General Agreement on Tariffs and Trade, dt. *Allgemeines Zoll- und Handelsabkommen*
GB	Großbritannien
GUS	Gemeinschaft Unabhängiger Staaten
HDZ	Hrvatska demokratska zajednica, dt. *Kroatische Demokratische Union*
IBM	International Business Machines Corporation
ICTY	International Criminal Tribunal for the former Yugoslavia, dt. *Internationaler Strafgerichtshof für das ehemalige Jugoslawien*
IKB	Deutsche Industriebank AG
IKT	Informations- und Kommunikationstechnologie
ILO	International Labour Organization, dt. *Internationale Arbeitsorganisation*
ISAF	International Security Assistance Force, dt. *Internationale Sicherheitsunterstützungstruppe*
IT	Information Technology, dt. *Informationstechnik*
IuK	Information und Kommunikation
IUR	International Union of Roma
IWF	Internationaler Währungsfonds
Jobbik	Jobbik Magyarországért Mozgalom, dt. *Bewegung für ein rechtes und besseres Ungarn*
KP	Kommunistische Partei
KPdSU	Kommunistische Partei der Sowjetunion
KSZE	Konferenz über Sicherheit und Zusammenarbeit in Europa

LDK	Lidhja Demokratike e Kosovës , dt. *Demokratische Liga des Kosovo*
LPF	List Pim Fortuyn
MIÉP	Magyar Igazság és Élet Pártja, dt. *Partei für ungarische Gerechtigkeit und Leben*
Mrd.	Milliarden
MSZMP	Magyar Szocialista Munkáspárt, dt. *Ungarische Sozialistische Arbeiterpartei*
MSZP	Magyar Szocialista Párt, dt. *Ungarische Sozialistische Partei*
NATO	North Atlantic Treaty Organization
NGO	Non-Governmental Organisation, dt. *Nichtregierungsorganisation (NRO)*
NL	Niederlande
NPD	Nationaldemokratische Partei Deutschlands
NS	Nationalsozialismus
N-VA	Nieuw-Vlaamse Alliantie, dt. *Neu-Flämische Allianz*
ODS	Občanská Demokratická Strana, dt. *Demokratische Bürgerpartei* (Tschechien)
OECD	Organisation for Economic Co-operation and Development, dt. *Organisation für wirtschaftliche Zusammenarbeit und Entwicklung*
OSZE	Organisation für Sicherheit und Zusammenarbeit in Europa
ÖVP	Österreichische Volkspartei
P.E.N.	Poets Essayists Novelists
PC	Personal Computer
PDS	Partei des Demokratischen Sozialismus
PGR	Państwowe Gospodarstwo Rolne, dt. *Staatliche Landwirtschaftliche Betriebe* (Polen)
PiS	Prawo i Sprawiedliwość, dt. *Recht und Gerechtigkeit* (Polen)
PISA	Programme for International Student Assessment
PKW	Personenkraftwagen
PO	Platforma Obywatelska, dt. *Bürgerplattform* (Polen)
PSI	Partito Socialista Italiano, dt. *Sozialistische Partei Italiens*
PSL	Polskie Stronnictwo Ludowe, dt. *Polnische Bauernpartei*
PVAP	Polnische Vereinigte Arbeiterpartei, poln. *Polska Zjednoczona Partia Robotnicza (PZPR)*
RGW	Rat für gegenseitige Wirtschaftshilfe
RSP	Rolnicza Spółdzielnia Produkcyjna, dt. *Landwirtschaftliche Produktionsgenossenschaften*
RTL	Radio Télévision Luxembourg
SAP	Systeme Anwendungen Produkte
SB	Służba Bezpieczeństwa, *dt. Sicherheitsdienst* (Polen)
SED	Sozialistische Einheitspartei Deutschlands
SLD	Sojusz Lewicy Demokratycznej, dt. *Bund der demokratischen Linken* (Polen)
SMS	Short Message Service
SNP	Scottish National Party
SPD	Sozialdemokratische Partei Deutschlands
SPÖ	Sozialdemokratische Partei Österreichs
SS	Schutzstaffel der NSDAP
SSR	Sowjetische Sozialistische Republik
Stasi	Ministerium für Staatssicherheit der DDR

SZ	Süddeutsche Zeitung
tkm	Tonnenkilometer
UČK	Ushtria Çlirimtare e Kosovës, dt. *Befreiungsarmee des Kosovo*
UDF	Union pour la Démocratie Française, dt. *Union für die französische Demokratie*
UdSSR	Union der Sozialistischen Sowjetrepubliken
UN	United Nations, dt. *Vereinte Nationen*
UNCTAD	United Nations Conference on Trade and Development
UNO	United Nations Organization, dt. *Organisation der Vereinten Nationen*
UNPROFOR	United Nations Protection Force, dt. *Schutztruppe der Vereinten Nationen*
US	United States
USA	United States of America
usf.	und so fort
v.H.	von Hundert
WEU	Westeuropäische Union
WTO	World Trade Organization, dt. *Welthandelsorganisation*
WWU	Wirtschafts- und Währungsunion
z. B.	zum Beispiel
ZJI	Zusammenarbeit im Bereich Justiz und Inneres
ZK	Zentralkomitee der kommunistischen Parteien

QUELLEN- UND LITERATURVERZEICHNIS

(Es handelt sich um eine knappe Auswahl, die im wesentlichen nur die mehrfach zitierte Literatur ausweist. Nähere Literaturhinweise finden sich in den Anmerkungen.)

Albertazzi, Daniele u. McDonnell, Duncan, Twenty-First Century Populism. The Spectre of Western European Democracy, New York u. London 2008.

Aldcroft, Derek H., The European Economy 1914–1990, 3. Aufl. London u. New York 1993.

Alen, André, Der Föderalstaat Belgien. Nationalismus – Föderalismus – Demokratie, Baden-Baden 1995.

Altrichter, Helmut, Russland 1989. Der Untergang des sowjetischen Imperiums, München 2009.

Anderson, Benedict, Die Erfindung der Nation. Zur Karriere eines folgenreichen Konzepts, Frankfurt a. M./New York 1996 (zuerst englisch 1983).

Anderson, Perry, The New Old World, London 2009.

Ash, Timothy Garton, Ein Jahrhundert wird abgewählt. Aus den Zentren Mitteleuropas 1980–1990, München u. Wien 1990.

Ash, Timothy Garton, Zeit der Freiheit. Aus den Zentren von Mitteleuropa, München u. Wien 1999.

Anders Åslund, How Capitalism Was Built. The Transformation of Central and Eastern Europe, Russia, and Central Asia, Cambridge 2007.

Baasner, Frank (Hrsg.), Von welchem Europa reden wir? Reichweiten nationaler Europadiskurse, Baden-Baden 2008.

Bach, Maurizio, Die Bürokratisierung Europas. Verwaltungseliten, Experten und politische Legitimation in Europa, Frankfurt/M. 1999.

Bade, Klaus J., Europa in Bewegung. Migration vom späten 18. Jahrhundert bis zur Gegenwart, München 2000.

Baily, Martin Neil u. Kirkegaard, Jacob Funk, Transforming the European Economy, Washington D. C. 2004.

Baláž, Juraj, Eine sanfte Dekommunisierung? Der Lustrationsdiskurs nach der «sanften Revolution» in den tschechischen und slowakischen Medien, in: Krisztina Mänicke-Gyöngyösi, (Hrsg.), Öffentliche Konfliktdiskurse um Restitution von Gerechtigkeit, politische Verantwortung und nationale Identität. Institutionenbildung und symbolische Politik in Ostmitteleuropa, Frankfurt/M. 1996, S. 163–181.

Balcerowicz, Leszek, Post-Communist Transition: Some Lessons, London 2002.

Baldwin, Peter, The Narcissism of Minor Differences. How America and Europe are Alike. An Essay in Numbers, Oxford 2009.

Banac, Ivo, Eastern Europe in Revolution, Ithaca/N. Y. 1992.

Bandelj, Nina, From Communists to Foreign Capitalists. The Social Foundations of Foreign Direct Investment in Postsocialist Europe, Princeton/N. J. 2008.

Bass, Gary Jonathan, Stay the Hand of Vengeance. The Politics of War Crimes Tribunals, Princeton/N. J. 2000.

Basso, Pietro, Modern Times, Ancient Hours. Working Lives in the Twenty-first Century, London u. New York 2003 (zuerst italienisch 1998).

Baylis, John u. Smith, Steve (Hrsg.), The Globalization of World Politics. An Introduction to International Relations, 3. Aufl. Oxford 2006.
Beck, Ulrich, Risikogesellschaft. Auf dem Weg in eine andere Moderne, Frankfurt a. M. 1986.
Becker, Peter u. Leiße, Olaf, Die Zukunft Europas. Der Konvent zur Zukunft der Europäischen Union, Wiesbaden 2005.
Bell, Daniel, The Coming of Post-Industrial Society. A Venture in Social Forecasting, New York 1973.
Berend, Ivan T., An Economic History of Twentieth-Century Europe. Economic Régimes from Laissez-faire to Globalization, Cambridge 2006.
Berend, Ivan T., Europe since 1980, Cambridge 2010.
Berezin, Mabel u. Schain, Martin (Hrsg.), Europe without Borders. Remapping Territory, Citizenship, and Identity in a Transnational Age, Baltimore/MY u. London 2003.
Bierling, Stephan, Geschichte des Irakkriegs. Der Sturz Saddam Husseins und Amerikas Albtraum im Mittleren Osten, München 2010.
Biermann, Rafael, Lehrjahre im Kosovo. Das Scheitern der internationalen Krisenprävention vor Kriegsausbruch, Paderborn 2006.
Bispinck, Henrik u. a. (Hrsg.), Aufstände im Ostblock. Zur Krisengeschichte des realen Sozialismus, Berlin 2004.
Black, Jeremy, Europe Since the Seventies, London 2009.
Blehova, Beata, Der Fall des Kommunismus in der Tschechoslowakei, Wien 2006.
Bogdanor, Vernon, Devolution in the United Kingdom, Oxford 1999.
Bos, Ellen u. Segert, Dieter (Hrsg.), Osteuropäische Demokratien als Trendsetter? Parteien und Parteiensysteme nach dem Ende des Übergangsjahrzehnts, Opladen 2008.
Brown, Archie, Aufstieg und Fall des Kommunismus, Berlin 2009.
Brunner, Georg (Hrsg.), Politische und ökonomische Transformation in Osteuropa, 2. Aufl. Berlin 1997.
Buchstab, Günter u. Uertz, Rudolf (Hrsg.), Nationale Identität im vereinten Europa, Freiburg i.Br. 2006.
Bugajski, Janusz, Ethnic politics in Eastern Europe. A guide to nationality policies, organizations, and parties, New York u. London 1994.
Byrnes, Timothy A. u. Katzenstein, Peter J. (Hrsg.), Religion in an Expanding Europe, Cambridge 2006.
Calic, Marie-Janine, Krieg und Frieden in Bosnien-Hercegovina, erw. Neuausgabe Frankfurt/M. 1996.
Calic, Marie-Janine, Geschichte Jugoslawiens im 20. Jahrhundert, München 2010.
Caplan, Richard, Europe and the Recognition of New States in Yugoslavia, Cambridge 2005.
Carnoy, Martin u. Castells, Manuel, Une flexibilité durable. Étude prospective sur le travail, la famille et la société à l'ère de l'information, Documents de travail de l'OCDE Nr. 29, Paris 1997.
Castel, Robert, Die Metamorphosen der sozialen Frage. Eine Chronik der Lohnarbeit, Konstanz 1995 (zuerst frz.).
Castells, Manuel, The Information Age. Econonmy, Society, and Culture, 3 Bde., Oxford 1996–1998.
Castells, Manuel, Information Technology, Globalization, and Social Development. United Nations Research Institute for Social Development, Discussion Paper DP 114, Genf 1999.
Ceylanoglu, Sena, Von der unumstrittenen Beitrittsperspektive zu umstrittenen Beitritts-

verhandlungen: Wandlungen des Verhältnisses der Europäischen Union zur Türkei, in: Gabriele Clemens (Hrsg.), Die Türkei und Europa, Hamburg 2007, S. 151–170.
Chaliand, Gérard, D'une Guerre d'Irak à l'autre 1991–2004, Paris 2004.
Checkel, Jeffrey T. u. Katzenstein, Peter J. (Hrsg.), European Identity, Cambridge 2009.
Chervel, Thierry u. Seeliger, Anja (Hrsg.), Islam in Europa. Eine internationale Debatte, Frankfurt/M. 2007.
Chakrabarty, Dipesh, Provincializing Europe. Postcolonial Thought and Historical Difference, Princeton/N.J. 2000.
Coker, Christopher, Britain and the New World Order: the special relationship in the 1990s, in: International Affairs 68 (1992), S. 407–421.
Conze, Eckart, Die Suche nach Sicherheit. Eine Geschichte der Bundesrepublik Deutschland von 1949 bis in die Gegenwart, Berlin 2009.
Crouch, Colin, Postdemokratie, Frankfurt/M. 2008 (zuerst it. 2003).
Currle, Edda, Migration in Europa. Daten und Hintergründe, Stuttgart 2004.
Dahrendorf, Ralf, Über Populismus: Acht Anmerkungen (2003), in: Ders., Der Wiederbeginn der Geschichte. Vom Fall der Mauer zum Krieg im Irak, München 2004, S. 314–321.
Dalos, György, Der Vorhang geht auf. Das Ende der Diktaturen in Osteuropa, München 2009.
Dalos, György, Gorbatschow. Mensch und Macht. Eine Biografie, München 2011.
Davy, Richard, Großbritannien und die Deutsche Frage, in: Europa-Archiv 45 (1990), S. 139–144.
Debatin, Bernhard (Hrsg.), Der Karikaturenstreit und die Pressefreiheit: Wert- und Normenkonflikte in der globalen Medienkultur, Münster 2007.
Decker, Frank, Parteien unter Druck. Der neue Rechtspopulismus in den westlichen Demokratien, Opladen 2000.
Decker, Frank u. Höreth, Marcus (Hrsg.), Die Verfassung Europas. Perspektiven des Integrationsprojekts, Wiesbaden 2009.
Dehesa, Guillermo de la, Europe at the Crossroads. Will the EU Ever Be Able to Compete with the United States as an Economic Power?, New York u. a. 2006.
Doering-Manteuffel, Anselm u. Raphael, Lutz, Nach dem Boom. Perspektiven auf die Zeitgeschichte seit 1970, Göttingen 2008.
Dogan, Mattei, Class, religion, party. Triple decline of electoral cleavages in Western Europoe, in: Lauri Karvonen u. Stein Kuhnle (Hrsg.), Party Systems and Voter Alignments Revisited, London u. New York 2001, S. 93–114.
Dylla, Daria W. u. Jäger, Thomas (Hrsg.), Deutschland und Polen. Die europäische und internationale Politik, Wiesbaden 2008.
Ehrhart, Hans-Georg u. a. (Hrsg.), Die Europäische Union im 21. Jahrhundert. Theorie und Praxis europäischer Außen-, Sicherheits- und Friedenspolitik, Wiesbaden 2007.
Eichengreen, Barry, The European Economy since 1945, Princeton/N.J. 2007.
Elvert, Jürgen (Hrsg.), Der Balkan. Eine europäische Krisenregion in Geschichte und Gegenwart, Stuttgart 1997.
Eriksen, Erik O., The Unfinished Democratization of Europe, Oxford 2009.
Etzold, Benjamin, Illegalisierte Migration in der Flüssigen Moderne. Migranten aus Afrika und die europäische Grenzsicherungspolitik, Berlin 2009.
Eyraud, François u. Vaughan-Whitehead, Daniel (Hrsg.), The evolving world of work in the enlarged EU. Progress and vulnerability, Genf 2007.
Feldblum, Miriam, Reconstructing citizenship. The politics of nationality reform and immigration in contemporary France, Albany/N. Y. 1999.

Ferguson, Niall u. a. (Hrsg.), The Shock of the Global. The 1970s in Perspective, Cambridge/Mass. 2010.

Fischer, Joschka, Vom Staatenverbund zur Föderation – Gedanken über die Finalität der europäischen Integration (Rede vom 12. Mai 2000 in der Humboldt-Universität Berlin), in: Frank Ronge (Hrsg.), In welcher Verfassung ist Europa – Welche Verfassung für Europa?, Baden-Baden 2001, S. 299–309.

Fournier, Bernard u. Reuchamps, Min (Hrsg.), Le fédéralisme en Belgique et au Canada. Comparaison sociopolitique, Brüssel 2009.

Frankenberger, Klaus-Dieter, Mehr Schein als Sein. Europäische Außenpolitik in der Krise, in: Internationale Politik 57,1 (2002), S. 23–26.

Frégosi, Franck, Penser l'islam dans la laïcité. Les musulmans de France et la République, Paris 2008.

Fligstein, Neil, Euro-Clash. The EU, European Identity and the Future of Europe, Oxford 2008.

Franzen, Wolfgang u. a. (Hrsg.), Osteuropa zwischen Euphorie, Enttäuschung und Realität. Daten zur Systemtransformation 1990–2003 für eine nachhaltige Entwicklung, Frankfurt/M. u. New York 2005.

Fritz, Regina, Sachse, Carola u. Wolfrum, Edgar (Hrsg.), Nationen und ihre Selbstbilder. Postdiktatorische Gesellschaften in Europa, Göttingen 2008.

Frölich-Steffen, Susanne, Populismus im Osten und im Westen als parallele Entwicklungen?, in: Ellen Bos u. Dieter Segert (Hrsg.), Osteuropäische Demokratien als Trendsetter? Parteien und Parteiensysteme nach dem Ende des Übergangsjahrzehnts, Opladen 2008, S. 303–321.

Frölich-Steffen, Susanne u. Rensmann, Lars (Hrsg.), Populisten an der Macht. Populistische Regierungsparteien in West- und Osteuropa, Wien 2005.

Gabriel, Oskar W. u. Knopp, Sabine (Hrsg.), Die EU-Staaten im Vergleich. Strukturen, Prozesse, Politikinhalte, Wiesbaden 2008.

Galkin, Aleksandr u. Tschernjajew, Anatolij (Hrsg.), Michail Gorbatschow und die deutsche Frage. Sowjetische Dokumente 1986–1991, München 2011.

Giannakopoulos, Angelos u. Maras, Konstadinos (Hrsg.), Die Türkei-Debatte in Europa. Ein Vergleich, Wiesbaden 2005.

Giddens, Anthony, Europe in the Global Age, Cambridge 2007.

Gillingham, John, European Integration 1950–2003. Superstate or New Market Economy, Cambridge 2003.

Gorbatschow, Michail, Erinnerungen, Berlin 1995.

Görtemaker, Manfred, Die Berliner Republik. Wiedervereinigung und Neuorientierung, Berlin 2009.

Gorz, André, Arbeit zwischen Misere und Utopie, Frankfurt/M. 2000 (zuerst frz. 1997).

Grabowski, Sabine, Vergangenheitsbewältigung in Polen, in: Helmut König u. a. (Hrsg.), Vergangenheitsbewältigung am Ende des 20. Jahrhunderts, Opladen 1998.

Guillen, Pierre, La question allemande (1945–1995), Paris 1996.

Gutman, Roy, Augenzeugen des Völkermords. Reportagen aus Bosnien, Göttingen 1994.

Hatschikjan, Magarditsch A. u. Altmann, Franz-Lothar (Hrsg.), Eliten im Wandel. Politische Führung, wirtschaftliche Macht und Meinungsbildung im neuen Osteuropa, Paderborn u. a. 1998.

Hertig, Maya, Die Auflösung der Tschechoslowakei. Analyse einer friedlichen Staatsteilung, Basel u. a. 2001.

Hill, Steven, Europe's Promise. Why the European Way is the Best Hope in an Insecure Age, Berkeley/Calif. 2010.

Holbrooke, Richard, Meine Mission. Vom Krieg zum Frieden in Bosnien, München 1998.

Huber, Mariá, Moskau, 11. März 1985. Die Auflösung des sowjetischen Imperiums, München 2002.

Huntington, Samuel, The Third Wave. Democratization in the Late Twentieth Century, Norman/Oklahoma 1991.

Ismayr, Wolfgang (Hrsg.), Die politischen Systeme Osteuropas, 2. Aufl. Opladen 2004.

Ivaldi, Gilles u. Swyngedouw, Marc, Rechtsextremismus in populistischer Gestalt: Front National und Vlaams Blok, in: Frank Decker (Hrsg.), Populismus. Gefahr für die Demokratie oder nützliches Korrektiv?, Wiesbaden 2006, S. 121–143.

Jarausch, Konrad (Hrsg.), Das Ende der Zuversicht? Die siebziger Jahre als Geschichte, Göttingen 2008.

Jarosz, Maria, Macht, Privilegien, Korruption. Die polnische Gesellschaft 15 Jahre nach der Wende, Wiesbaden 2005.

Jeanneney, Jean-Marcel u. Pujals, Georges, Les économies de l'Europe occidentale et leur environnement international de 1972 à nos jours, Paris 2005.

Jones, Edwin, The English Nation. The Great Myth, Phoenix Mill, Gloucestershire 1998.

Joop, Mathias u. Schlotter, Peter (Hrsg.), Kollektive Außenpolitik – Die Europäische Union als internationaler Akteur, Baden-Baden 2008.

Judt, Tony, Postwar. A History of Europe Since 1945, New York 2005.

Jureit, Ulrike u. Schneider, Christian, Gefühlte Opfer. Illusionen der Vergangenheitsbewältigung, Stuttgart 2010.

Kaelble, Hartmut, Wege zur Demokratie. Von der Französischen Revolution zur Europäischen Union, München 2001.

Kaelble, Hartmut, Sozialgeschichte Europas. 1945 bis zur Gegenwart, München 2007.

Katz, Richard S. u. Mair, Peter, Changing Models of Party Organization and Party Democracy. The Emergence of the Cartel Party, in: Party Politics 1 (1995), S. 5–28.

Keating, Michael, Nations against the State. The New Politics of Nationalism in Quebec, Catalonia and Scotland, London u. New York 1996.

Kenney, Padraic, The Burden of Freedom. Eastern Europe since 1989, London u. New York 2006.

Kocka, Jürgen, Vereinigungskrise. Geschichte der Gegenwart, Göttingen 1995.

König, Helmut (Hrsg.), Europas Gedächtnis. Das neue Europa zwischen nationalen Erinnerungen und gemeinsamer Identität, Bielefeld 2008.

Kok-Bericht: Die Herausforderung annehmen. Die Lissabon-Strategie für Wachstum und Beschäftigung. Bericht der Hochrangigen Sachverständigengruppe unter Vorsitz von Wim Kok, November 2004, Luxemburg 2004, http://ec.europa.eu/growthandjobs/pdf/kok_report_de.pdf.

Kubin, Miroslav, Zur Überlast der untrainierten Demokraten, in: Uwe Thaysen u. Hans-Michael Kloth (Hrsg.), Wandel durch Repräsentation – Repräsentation im Wandel. Entstehung und Ausformung der parlamentarischen Demokratie in Ungarn, Polen, der Tschechoslowakei und der ehemaligen DDR, Baden-Baden 1992, S. 139–144.

Kühn, Hartmut, Das Jahrzehnt der Solidarność. Die politische Geschichte Polens 1980–1990, Berlin 1999.

Labaronne, Daniel, Les échanges extérieurs des pays d'Europe centrale et orientale avec les pays de la Communauté européenne, de l'AELE et du Bassin méditerranéen, in: Revue d'études comparatives Est-Ouest 27 (1996), S. 5–37.

Lappenküper, Ulrich, Mitterrand und Deutschland. Die enträtselte Sphinx, München 2011.

Lebow, Richard Ned u. a. (Hrsg.), The politics of memory in postwar Europe, Durham/N. C. 2006.

Leggewie, Claus (Hrsg.), Die Türkei und Europa. Die Positionen, Frankfurt/M. 2004.

Leiße, Olaf (Hrsg.), Die Europäische Union nach dem Vertrag von Lissabon, Wiesbaden 2010.

Mänicke-Gyöngyösi, Krisztina (Hrsg.), Öffentliche Konfliktdiskurse um Restitution von Gerechtigkeit, politische Verantwortung und nationale Identität. Institutionenbildung und symbolische Politik in Ostmitteleuropa, Frankfurt/M. 1996.

Mann, Michael, The Dark Side of Democracy. Explaining Ethnic Cleansing, Cambridge 2005.

Mansfeldová, Zdenka, Privatisierungsstrategie, institutionelle Konfliktregelung und Symbolisierung im tschechischen ökonomischen Diskurs, in: Krisztina Mänicke-Gyöngyösi (Hrsg.), Öffentliche Konfliktdiskurse um Restitution von Gerechtigkeit, politische Verantwortung und nationale Identität. Institutionenbildung und symbolische Politik in Ostmitteleuropa, Frankfurt/M. 1996, S. 241–257.

Mau, Steffen u. Verwiebe, Roland, Die Sozialstruktur Europas, Konstanz 2009.

Mayer, Karl Ulrich, Soziale Mobilität und Erwerbsverläufe in der Transformation Ostdeutschlands, in: Wolfgang Schluchter u. Peter E. Quint (Hrsg.), Der Vereinigungsschock. Vergleichende Betrachtungen zehn Jahre danach, Weilerswist 2001, S. 336–365.

Melčić, Dunja (Hrsg.), Der Jugoslawien-Krieg. Handbuch zu Vorgeschichte, Verlauf und Konsequenzen, 2. Aufl. Wiesbaden 2007.

Michnik, Adam, Der lange Abschied vom Kommunismus, Reinbek bei Hamburg 1992.

Modood, Tariq u. Werbner, Pnina (Hrsg.), The Politics of Multiculturalism in the New Europe. Racism, Identity and Community, London u. New York 1997.

Moller, Sabine, Die Entkonkretisierung der NS-Herrschaft in der Ära Kohl. Die Neue Wache, das Denkmal für die ermordeten Juden Europas, das Haus der Geschichte der Bundesrepublik Deutschland, Hannover 1998.

Moreno, Luis, The Federalization of Spain, London 2005.

Morgan, Kenneth O., The Peoples's Peace. British History 1945–1990, Oxford 1990.

Mudde, Cas, Populist Radical Right Parties in Europe, Cambridge 2007.

Münkler, Herfried, Die postheroische Gesellschaft und ihre jüngste Herausforderung, in: Ders., Der Wandel des Krieges. Von der Symmetrie zur Asymmetrie, Weilerswist 2006, S. 310–354.

Neumayer, Laure, L'enjeu européen dans les transformations postcommunistes. Hongrie, Pologne, République tchèque 1989–2004, Paris 2006.

Nicolić, Miloš, The Tragedy of Yugoslavia. The rise, the reign and the fall of Slobodan Milošević, Baden-Baden 2002.

Nietzsche, Friedrich, Vom Nutzen und Nachtheil der Historie für das Leben (Unzeitgemäße Betrachtungen. Zweites Stück), in: Ders., Sämtliche Werke. Kritische Studienausgabe, hrsg. v. Giorgio Colli u. Mazzino Montinari, ND München 1980, S. 243–334.

Notermans, Ton, Money, Markets, and the State. Social Democratic Economic Policies since 1918, Cambridge 2000.

Nuttall, Simon J., European Foreign Policy, Oxford 2000.

Offe, Claus, Das Dilemma der Gleichzeitigkeit. Demokratisierung, Marktwirtschaft und Territorialpolitik in Osteuropa (1991), in: Ders., Der Tunnel am Ende des Lichts. Erkundungen der politischen Transformation im Neuen Osten, Frankfurt/M. 1994, S. 57–90.

Ost, David, The Defeat of Solidarity. Anger and Politics in Postcommunist Europe, Ithaca/N. Y. 2005.
Outhwaite, William, European Society, Cambridge 2008.
Patten, Chris, Cousins and Strangers. America, Britain, and Europe in a New Century, New York 2006.
Perzi, Niklas u. a. (Hrsg.), Die Samtene Revolution. Vorgeschichte – Verlauf – Akteure, Frankfurt/M. 2009.
Pond, Elizabeth, The Rebirth of Europe, 2. Aufl. Washington D. C. 2002.
Pond, Elizabeth, Endgame in the Balkans. Regime Change, European Style, Washington D. C. 2006.
Prate, Alain, La France en Europe, Paris 1995.
Priester, Karin, Populismus. Historische und aktuelle Erscheinungsformen, Frankfurt/M. u. New York 2007.
Progress towards the Lisbon Objectives in Education and Training. Indicators and benchmarks. Commission Staff Working Document, Brüssel 2008, S. 10 (http://ec.europa.eu/education/lifelong-learning-policy/doc/report08/report_en.pdf).
Ramet, Sabrina P., Balkan Babel. The Disintegration of Yugoslavia from the Death of Tito to Ethnic War, New York 1996.
Ramet, Sabrina P., Nationalism and Federalism in Yugoslavia, 1962–1991, 2. Aufl. Bloomington/Ind. 1992.
Raithel, Thomas u. Schlemmer, Thomas (Hrsg.), Die Rückkehr der Arbeitslosigkeit. Die Bundesrepublik Deutschland im europäischen Kontext 1973–1989, München 2009.
Rathfelder, Erich, Kosovo. Geschichte eines Konflikts, Frankfurt/M. 2010.
Reckmann, Jan, Die außenpolitischen Reaktionen der Europäischen Union auf die Terroranschläge vom 11. September 2001, Münster u. Berlin 2004.
Reemtsma, Katrin, Sinti und Roma. Geschichte, Kultur, Gegenwart, München 1996.
Renan, Ernest, Was ist eine Nation? Rede am 11. März 1882 an der Sorbonne, mit einem Essay von Walter Euchner, Wien 1995.
Risse, Thomas, A Community of Europeans? Transnational Identities and Public Spheres, Cambridge 2010.
Ritter, Gerhard A., Der Preis der deutschen Einheit. Die Wiedervereinigung und die Krise des Sozialstaats, 2. Aufl. München 2007.
Rödder, Andreas, Deutschland einig Vaterland. Die Geschichte der Wiedervereinigung, München 2009.
Rose, Richard, Mishler, William u. Haerpfer, Christian, Democracy and its Alternatives. Understanding Post-communist Societies, Baltimore/MY 1998.
Ruge, Undine, Die Erfindung des «Europa der Regionen». Kritische Ideengeschichte eines konservativen Konzepts, Frankfurt/M. 2003.
Ruzza, Carlo u. Fella, Stefano, Re-inventing the Italian Right. Territorial politics, populism and ‹post-fascism›, Oxford u. New York 2009.
Sachs, Jeffrey, Poland's jump to the market economy, Cambridge, Mass. 1994.
Salmon, Trevor C., Testing times for European political cooperation: The Gulf and Yugoslavia, 1990–1992, in: International Affairs 68 (1992), S. 233–253.
Schluchter, Wolfgang u. Quint, Peter E. (Hrsg.), Der Vereinigungsschock. Vergleichende Betrachtungen zehn Jahre danach, Weilerswist 2001.
Schmidt-Schweizer, Andreas, Politische Geschichte Ungarns von 1985 bis 2002. Von der liberalisierten Einparteienherrschaft zur Demokratie in der Konsolidierungsphase, München 2007.
Schröter, Harm G., Amerikanisierung nach 1970. Vom Primat des Politischen zum Primat der Wirtschaft, in: Technikgeschichte 71 (2004), S. 345–361.

Spirova, Maria, Political Parties in Post-Communist Societies. Formation, Persistence and Change, New York 2007.

Stöss, Richard, Haas, Melanie u. Niedermayer, Oskar (Hrsg.), Die Parteiensysteme Westeuropas, Wiesbaden 2006.

Sundhaussen, Holm, Geschichte Serbiens, Wien u. a. 2007.

Sutcliffe, Anthony, An Economic and Social History of Western Europe since 1945, London u. New York 1996.

Thaysen, Uwe u. Kloth, Hans-Michael (Hrsg.), Wandel durch Repräsentation – Repräsentation im Wandel. Entstehung und Ausformung der parlamentarischen Demokratie in Ungarn, Polen, der Tschechoslowakei und der ehemaligen DDR, Baden-Baden 1992.

Trappe, Julie, Kollektive Unschuld und die Rückkehr nach Europa – Rumäniens Umgang mit dem Unrecht der kommunistischen Vergangenheit, in: Regina Fritz, Carola Sachse u. Edgar Wolfrum (Hrsg.), Nationen und ihre Selbstbilder. Postdiktatorische Gesellschaften in Europa, Göttingen 2008, S. 193–210.

Trojanow, Ilja, Die fingierte Revolution. Bulgarien, eine exemplarische Geschichte, München 1999.

Vachudova, Milada Anna, Europe Undivided. Democracy, Leverage, and Integration after Communism, Oxford 2005.

Van de Kaa, Dirk J., Europe's Second Demographic Transition. In: The Population Bulletin 42/ 1 (1987).

Vanhoonacker, Sophie, The Bush Administration and the Development of a European Security Identity, Maastricht 1999.

Vaughan-Whitehead, Daniel (Hrsg.), Working and Employment Conditions in New EU Member States. Convergence or Diversity, Genf 2005.

Verwiebe, Roland, Transnationale Mobilität innerhalb Europas, Berlin 2004.

Vonderau, Asta, Leben im «neuen Europa». Konsum, Lebensstile und Körpertechniken im Postsozialismus, Bielefeld 2010.

Wagener, Hans-Jürgen, Eger, Thomas u. Fritz, Heiko, Europäische Integration. Recht und Ökonomie, Geschichte und Politik, München 2006.

Webb, Paul, Political Parties in Britain. Secular Decline or Adaptive Resilience?, in: Ders., David Farell u. Ian Holliday (Hrsg.), Political Parties in Advanced Industrial Democracies, Oxford 2002, S. 17–45.

Weckbecker, Arno, Die politischen und ökonomischen Systeme der Nachfolgestaaten (1990–1996), in: Jürgen Elvert (Hrsg.), Der Balkan. Eine europäische Krisenregion in Geschichte und Gegenwart, Stuttgart 1997, S. 255–335.

Weidenfeld, Werner (Hrsg.), Amsterdam in der Analyse. Strategien für Europa, Gütersloh 1998.

Weidenfeld, Werner (Hrsg.), Lissabon in der Analyse. Der Reformvertrag der Europäischen Union, Baden-Baden 2008.

Weidenfeld, Werner (Hrsg.), Nizza in der Analyse. Strategien für Europa, Gütersloh 2001.

Wirsching, Andreas, Europa als Wille und Vorstellung. Die Geschichte der europäischen Integration zwischen nationalem Interesse und großer Erzählung, in: Zeitschrift für Staats- und Europawissenschaften 4 (2006), S. 488–506.

Wirsching, Andreas, Stationen auf dem Weg nach Maastricht, in: Historisch-Politische Mitteilungen 10 (2003), 261–273.

Wirsching, Andreas, Abschied vom Provisorium. Geschichte der Bundesrepublik Deutschland 1982–1990, München 2006.

Wolle, Stefan, Die heile Welt der Diktatur. Alltag und Herrschaft in der DDR 1971–1989, 3. Aufl. Berlin 2009.
Zubok, Vladislav M., A Failed Empire. The Soviet Union in the Cold War from Stalin to Gorbachev, 2. Aufl. Chapel Hill/N. C. 2009.

BILDNACHWEIS

S. 39, 43, 47, 62, 142, 149, 171, 188, 207, 210, 221, 336, 338, 370, 371, 400 AP-Photo
S. 353, 398 Getty Images
S. 203 Walter Hanel / Stiftung Haus der Geschichte
S. 315, 316 imago
S. 160 Der Spiegel
S. 46, 106, 140, 177 Süddeutsche Zeitung Photo

Die Coverabbildungen oben von links nach rechts:

Der Kommandeur der bosnischen Serben General Ratko Mladić (links) prostet dem Niederländischen UN-Kommandeur Tom Karremans (zweiter von rechts) zu, Srebrenica 12. Juli 1995 (AP Photo)

Der serbische Präsident Slobodan Milošević (links), der bosnische Präsident Alija Izetbegović (mitte) und der kroatische Präsident Franjo Tuđjman (rechts) paraphieren das Friedensabkommen von Dayton, 21. November 1995 (AP Photo/David Longstreath)

Wahlplakate für den zweiten Volksentscheid über den Vertrag von Lissabon in Dublin, Oktober 2009 (AP Photo/Peter Morrison)

Regierung und Opposition verhandeln paritätisch am ersten «Runden Tisch» in Warschau, Januar 1989 (AP Photo)

Die Senatorin Ada Spadoni spricht Berlusconi während einer Vertrauensabstimmung im September 2010 Mut zu (imago/Anan Sesa)

Junge Tschechen feiern den Beitritt der Tschechischen Republik zur EU in der Prager Altstadt, 30. April 2004 (AP Photo/CTK, Martin Sterba)

Alexander Dubček und Václav Havel feiern gemeinsam in Prag das Ende der kommunistischen Herrschaft, 24. November 1989 (AP Photo/Dusan Vranic)

Die Schranken an der deutsch-tschechischen Grenze in Bayerisch-Eisenstein fallen, 1. Mai 2004 (AP Photo/Diether Endlicher)

Demonstration gegen den Irak-Krieg in London, 15. Februar 2003 (AP Photo/Alastair Grant)

Jose Manuel Barroso, Nicolas Sarkozy, Borut Pahor, Jose Socrates und Angela Merkel verabschieden den Euro-Rettungsschirm in Brüssel, 16. Dezember 2010 (John Thys/AFP/Getty Images)

Demonstration gegen die französische Anti-Islam-Konferenz in Paris, 18. Dezember 2010 (AP Photo/Michel Euler)

Coverabbildung unten:

Die Kommunistische Partei Griechenlands protestiert gegen die Sparmaßnahmen der Regierung in Athen, 4. Mai 2010 (AP Photo/Nikolas Giakoumidis)

ORTS- UND NAMENSREGISTER

Kursivschreibung markiert Erwähnung in Anmerkungen.

AUS DEM VERLAGSPROGRAMM

Geschichte Europas – Beck'sche Reihe

C.H.Beck Geschichte Europas – die zehnbändige Reihe vereint herausragende Vertreter der deutschen Geschichtswissenschaft, die auf dem neuesten Stand der Forschung eine zugängliche und zeitgemäße europäische Geschichte vorlegen. Ihr Blickwinkel ist europäisch, nicht nationalstaatlich. Sie konzentrieren sich auf zentrale Entwicklungen, die ein ganzes Zeitalter prägten, und vermitteln zugleich das wichtigste Wissen über den behandelten Zeitraum. So wird deutlich, was «Europa» in den unterschiedlichen Epochen seiner langen Geschichte ausmachte und was für Vorstellungen jeweils mit dem Begriff verbunden wurden.

Hartmut Leppin
Das Erbe der Antike
288 Seiten mit 10 Abbildungen und 6 Karten. Paperback
Beck'sche Reihe Band 1980

Bernd Schneidmüller
Grenzerfahrung und monarchische Ordnung
Europa 1200–1500
304 Seiten mit 14 Abbildungen. Paperback
Beck'sche Reihe Band 1982

Luise Schorn-Schütte
Konfessionskriege und europäische Expansion
Europa 1500–1648
288 Seiten. Paperback
Beck'sche Reihe Band 1983

Andreas Fahrmeir
Revolutionen und Reformen
Europa 1789–1850
304 Seiten mit 3 Karten und 3 Abbildungen. Paperback
Beck'sche Reihe Band 1985

Lutz Raphael
Imperiale Gewalt und mobilisierte Nation
Europa 1914–1945
320 Seiten mit 4 Karten. Paperback
Beck'sche Reihe Band 1987

Hartmut Kaelble
Kalter Krieg und Wohlfahrtsstaat
Europa 1945–1989
288 Seiten mit 3 Abbildungen. Paperback
Beck'sche Reihe Band 1988

Weitere Bände in Planung:

Rudolf Schieffer
Christianisierung und Reichsbildungen.
Europa 800–1200

Gerrit Walther
Staatenkonkurrenz und Vernunft.
Europa 1648–1789

Johannes Paulmann
Globale Vorherrschaft und Fortschrittsglaube.
Europa 1850–1914

Andreas Wirsching
Demokratie und Globalisierung.
Europa seit 1989

Verlag C.H.Beck